Leonard Mosley

Göring

Leonard Mosley

Göring

Eine Biographie

Mit einer Einführung
von Wolfgang Jacobmeyer

Desch

Titel der englischen Ausgabe
THE REICH MARSCHALL
Ins Deutsche übertragen von Hans Jürgen von Koskull

Mit 28 Abbildungen

Inhalt

Einführung

Von Wolfgang Jacobmeyer

Wenn eine für die Öffentlichkeit publizierte Biographie die Antwort darstellt auf die Leistungen und das öffentliche Wirken einer historisch
bedeutsamen Persönlichkeit, dann ist eine Biographie, die sich dem Leben
Hermann Görings widmet, nicht zur Rechtfertigung dieses Vorhabens
genötigt. Mit dieser Feststellung ist noch keine Wertung – weder im positiven, noch im negativen Sinne – jener Person erfolgt, die hier gleichsam
zum »Gegenstand« geworden ist. Allerdings ist der Reiz wohltemperierter
Mediokrität für den Biographen so gering wie für den Leser, und dieser
Umstand hat bewirkt, daß sich im Genre der Biographie zahlenmäßig die
Repräsentanten extremer Verhaltensweisen und Lebensformen in den Vor-
dergrund schieben. Aus dieser Voraussetzung folgt auch, daß bei biogra-
phiewürdigen Lebensläufen in aller Regel kein geradlinig-kontinuierliches
Abspulen menschlicher Existenz vorliegt, sondern nahezu immer eine in
Schüben und auf gewundenen Wegen verlaufende Entwicklung mit ihren
besonderen Höhen und Tiefen.
Auch im Hinblick darauf besteht kein Zweifel, daß das Leben Hermann
Görings diese Forderungen reichlich erfüllt. Dafür bietet schon allein die
breite Streuung der Urteile über seine Person genügend Indiz. – So heißt
es zum Beispiel im Lexikon »1 000 Makers of the 20th Century« ganz
pointiert:
»Er war ein besserer Schauspieler als ein Administrator, und sein Nieder-
gang, der mit der Schlacht um England begann, vollendete sich durch Ver-
sorgungsfehler in Rußland. Er zog sich in die Traumwelt des Morphiums
zurück, drapiert in seine Toga. Göring belegte, daß man kein ›Gentleman‹-Nazi sein konnte. Er war Parasit einer parasitären Revolution.«[1]
Nahezu entgegengesetzt nimmt sich die Person Görings im Urteil eines
zeitgenössischen Beobachters aus:
»Göring war zweifellos eine Persönlichkeit von Format . . . dieser ener-
giegeladene Mann, der einen gesunden Menschenverstand hatte . . . Er
sonnte sich in der Beliebtheit bei dem Volk, für das er ›unser Hermann‹
war. Es fehlte die weise Führung von oben, die seine guten Seiten förder-
te, seinen Schwächen keine Nahrung gab und ihm Aufgaben stellte, die
seinen Gaben entsprachen. Es geschah in jeder Beziehung das Gegenteil!«[2]
Solche entschuldigende Begründung, daß es Göring an »weiser Führung
von oben« gefehlt habe – und damit kann nur Hitler gemeint sein, dessen
Eignung für mäßigende Anweisungen doch wohl bestritten werden muß –,
will eine unmittelbar nach dem Kriege entstandene Schrift nicht gelten lassen. Vielmehr wird in ihr das Wesen Görings, der angeblich kein überzeugter Nationalsozialist gewesen sein soll, auf triebhafte Genußsucht und

auf Bauernschlauheit im Umgang mit dem einfachen Volk reduziert; daraus aber leitet sich das folgende Bild ab:

»Hinter der Maske des Biedermannes verbarg sich ein roher, triebhafter, genußsüchtiger Patron, ein Mörder ohne Hemmungen. Es ist kaum faßlich, daß sich unser Volk von diesem Menschen, dessen Intelligenz kaum über das Mittelmaß hinausging, alles verzieh und ihm zujubelte, wo er sich zeigte.«[3]

Freilich, das Mittelmaß überstieg Görings Intelligenz beträchtlich. Denn der amerikanische Gerichtspsychiater Gilbert hatte in Nürnberg Gelegenheit zu eingehenden Tests und Untersuchungen am Gefangenen Göring, und er kam zu dem Ergebnis, daß dieser einen Intelligenzquotient von 138 besaß. Gilbert stellte aufgrund seiner vielen eindringenden Unterhaltungen mit Göring fest, daß dieser im wesentlichen durch eine »narzißtische Gier« beherrscht werde, die seine Hemmungslosigkeit und bedenkenlose Genußsucht erklären könne. Der Nationalsozialismus habe Göring lediglich die Chance geboten, diese Wesenszüge auszuleben. Im übrigen handle es sich bei ihm um »eine rücksichtslos aggressive Persönlichkeit, die sich, wenn es dem Zweck dienlich war, hinter entwaffnender Herzlichkeit verbarg; . . . aber er hatte keinen moralischen Mut.«[4]

Ähnliche Urteile äußerte der ehemalige Reichskriegsminister von Blomberg in einer Vernehmung durch amerikanische Offiziere:

»Görings Verhalten war höchstwahrscheinlich eher durch Emotionen und Verlangen bestimmt als durch kühle Rationalität. Er war ein Mann, der nur dem Augenblick lebte. Er war eine primitive Natur . . . Er besaß nur das eine wichtige Interesse – die Person Hermann Görings. Er war ein skrupelloser Egoist, dem die Schatten seiner Opfer nicht den Schlaf raubten.«[5]

Knapper und sachlicher äußerte sich Hans Kehrl, der ehemalige Chef des Rohstoff- und Planungsamtes im Reichsministerium für Rüstung und Kriegsproduktion, über Göring:

»Seine physische und psychische Labilität, seine mangelhafte Gründlichkeit und Sprunghaftigkeit, sowie das deutliche Nachlassen seiner Arbeitskraft machten ihn völlig ungeeignet.«[6]

Andererseits ordnete Göring mitten im Kriege an, daß in der Wehrmacht die Anrede des Vorgesetzten in der althergebrachten dritten Person wegfallen solle.[7] Aber man fragt sich mit Recht, was dieser gewiß spektakuläre Vorgang wiegt, wenn nicht ausgeschlossen werden kann, daß Göring damit lediglich der entsprechenden Anordnung Himmlers für die ss aus dem Jahre 1936 folgte. Völlig einsichtig verhielt sich Göring, als die Knabenoberschule Gütersloh ihm das Patronat der Anstalt anträgt. Hier läßt er durch seinen Referenten im Stabsamt antworten, die Benennung von Schulen nach seinem Namen müsse bis nach dem Kriege zurückgestellt werden.[8] Eine solche Antwort paßt jedenfalls nicht zum Bild des um jeden Preis geltungsbedürftigen Mannes, der nach Hitler den zweiten Rang im

Staat beanspruchen konnte – zumal der Krieg zum Zeitpunkt der Anfrage noch verheißungsvoll aussah.

Andererseits führte Göring in allen Wehrmachtsteilen den »Deutschen Gruß« als verbindlich ein, und zwar wenige Tage nach dem gescheiterten Attentat auf den »Führer«, und er tat dieses zu einem Zeitpunkt, als die Niederlage längst greifbare Formen angenommen hatte.[9] Mehr noch, im November 1944 ist Göring neben Goebbels, der aber eher pflichtgemäß handelt, der einzige unter den »Großen« des Dritten Reiches, der sich mit markigen Durchhalte-Appellen an die Öffentlichkeit wagt.[10]

Ähnliche Brüche im Verhalten Görings finden sich bezüglich des Vorwurfs der Brutalität. Als ihm nach seiner Gefangennahme auf einer Pressekonferenz im Mai 1945 alliierte Journalisten erklären, er stehe auf der Liste der Hauptkriegsverbrecher, entgegnete er, das erstaune ihn sehr; er sei sich keiner Schuld bewußt.[11] Aber so, wie Göring schon 1935 die »rücksichtslose Unterbindung kirchlichen Widerstands«[12] forderte, so machte er im Frühjahr 1944 auf einer Besprechung über Rüstungsfragen den Vorschlag, die Insassen der »Stalags« sollten zwecks Leistungssteigerung an die ss überstellt werden.[13] Dabei darf als sicher gelten, daß »Leistungssteigerung« in diesem Zusammenhang nichts anderes heißt als erbarmungslose Ausbeutung der physischen Arbeitskraft.

Schon allein diese aus der Masse des überlieferten Dokumentenmaterials herausgegriffenen Einzelbelege und Vorgänge, die nicht den Anspruch systematisierter Zusammenstellung erheben, zeigen sehr deutlich, daß man recht bald in ein ausgesprochenes Bewertungsdilemma gerät, wenn man über Göring aufgrund solcher Einzelzeugnisse urteilen will. Ohne einen festen Orientierungsrahmen inhaltlicher Normen findet man aus dem Irrgarten widersprüchlicher Lebenszeugnisse schwerlich heraus.

Daher müssen wenigstens zwei Bemerkungen vorausgeschickt werden zur Person dieses eitlen und pompösen, aber intelligenten Mannes, des am Ende machtlosen Reichsmarschalls, des geschmacklosen Kunstsammlers aus Beutetrieb und Raffsucht und des organisationsuntüchtigen Administrators. Diese Vorbemerkungen sind eher grundsätzlicher Natur. Denn sie weisen einmal auf die immerhin erstaunliche Tatsache hin, daß die bloße Nennung seines Namens heute nicht so stark von der Erinnerung an die Greuel des ns-Regimes begleitet ist, jedenfalls nicht so stark, wie das bei den übrigen Machthabern des Dritten Reiches der Fall ist. Und sie müssen sich mit dem Umstand beschäftigen, daß die bisher vorgelegten Biographien die Widersprüche ihres gewiß fragwürdigen »Helden« zwar herausstellen, daß sie aber vielleicht doch an der falschen Stelle über diese logischen Brüche rätseln.

Damit ist zugleich dargelegt, mit welcher grundsätzlichen Schwierigkeit jede schlankweg erzählende Biographie belastet ist. Diese ist nämlich nahezu zwangsläufig auf den Detailzusammenhang mit ihrem »Helden« angewiesen. Sie muß in dessen Biographie beispielsweise die »toten« Zeiten zu überbrücken suchen; sie unterliegt in aller Regel dem vorgegebenen, aus der unmittelbaren Nähe des Dargestellten gelieferten und damit personalistisch zugeschnittenen Material; sie kann nur gelegentlich den Standort der Zeugen überprüfen. – Mit einem Wort: die formalen Forderungen der Biographie werden durch die Hereinnahme von außerhalb liegenden Fragestellungen und Urteilsnormen verunsichert oder sogar schwer gestört. Denn die Biographie reiht Ereignisse auf, statt sie in mehr theoretischen Zusammenhang zu bringen und dadurch über die bloße Abfolge hinaus transparent zu machen. Das Urteil des Biographen ist zwangsläufig dem Augenblick des darzustellenden Zeitpunktes verhaftet. Er hat sich in dieser Situation eingerichtet, dabei aber die Kraft zum Absprung verloren, weil ihn die Gewichte der eigenen Konzeption des bloßen Berichtens zuverlässig am Boden halten.

Als eines der Probleme, die in den bisherigen Biographien unbefriedigend abgehandelt worden sind, wäre die Morphiumsucht Görings zu nennen. Sie hat seit der Verwundung im Hitler-Putsch sein Leben überschattet und ist erstmals durch die systematische Entziehung in der Nürnberger Haft, also nach über zwanzigjähriger Dauer, eingedämmt worden. Diese Bindung an die Sucht hat zu vielfältigen ethischen und moralischen Bedenken gegen Göring Anlaß gegeben, und sie hat auch zu reizvollen, aber fruchtlosen Spekulationen über einen nichtsüchtigen Göring herausgefordert.

Auch von historischem Belang ist sie nicht, jedenfalls so lange nicht, wie ihr konkreter Stellenwert nicht ermittelt werden kann. So weit wir sehen, hat der Psychiater Gilbert als erster die These von dem umgekehrten Kausalzusammenhang vorgetragen: daß nämlich nicht die Sucht ein bestimmtes Verhalten bei Göring hervorgebracht hat, sondern daß sie als ein Resultat von Görings psychischer Grundkonstitution zu werten ist. Nach Gilberts professionellen Beobachtungen hat Göring ständig versucht, sich in einer narzißtischen Phantasiewelt einzurichten, so daß das Morphiumderivat »Paracodein« in der Tat nur ein Mittel zur Realitätsflucht und Verschönerung der Gegenwart war.[14]

Daher ist es zu kurz gesehen, wenn Görings Sucht lediglich als Problem seiner individuellen Psychopathologie begriffen wird. Wenn man so verfährt, liegt die Gefahr nahe, daß mit dieser personalistischen Verengung die Gestalt Görings auf die unverbindliche, geschichtslose Insel individueller Beschaffenheit entrückt wird. Die Sucht ist nicht das »eigentliche« Problem. Maßgeblich ist vielmehr die Reflexion auf solche Zustände der Gesellschaft, die diese für sich selbst geschaffen hat, in denen Göring akzeptiert wurde, aufsteigen und herrschen konnte.[15]

Dieser Zusammenhang zwischen den persönlichen Exzentrizitäten in Görings Lebensführung und der darauf geradezu programmierten Erwartungshaltung des Volkes kann deutlich gemacht werden, wenn man einen Blick in die Stimmungsberichte wirft, die Himmler als »Reichsführer ss und Chef der Deutschen Polizei und des sd« regelmäßig anfertigen ließ.

Dort heißt es etwa im Oktober 1940:

»Der Auftrag des Führers an Göring zur Fortführung des Vierjahresplanes wurde trotz seiner unauffälligen Ankündigung eifrig besprochen. Auch diese Tatsache trug dazu bei, die Befürchtungen einer langen Kriegsdauer zu bekräftigen ... Viele Volksgenossen äußerten den Wunsch, daß Reichsmarschall Göring wieder einmal zum deutschen Volke sprechen möge.«[16]

Als Göring dann am 11. Januar 1941 in einer Großkundgebung vor Bergarbeitern spricht, heißt es in den amtlichen Beobachtungen:

»Die Auswirkungen der Rede des Reichsmarschalls ... zeigen, daß diese Rede ein wichtiger Beitrag zu weiterer Festigung der im allgemeinen zuversichtlichen Haltung der Bevölkerung gewesen ist ... Überall kam dabei die große Beliebtheit des Reichsmarschalls gerade auch in Arbeiterkreisen zum Ausdruck.«[17]

Es besteht kein Zweifel, daß Göring diese Sympathie und den Vorschuß an Vertrauen, die er in weiten Bevölkerungskreisen genoß, zur bewußten Stabilisierung des Regimes einsetzte – so zum Beispiel durch seine Rede zum Erntedanktag 1942, die »einen besonders nachhaltigen Eindruck gemacht« habe:

»Vor allem habe die volkstümliche Art weite Bevölkerungskreise stark angesprochen und insbesondere auch die Frauen zu einer positiven Stellungnahme veranlaßt ... Einfache Volksgenossen gaben ihren Gesamteindruck mit den Worten wieder: ›Göring sprach zum Herzen und zum Magen.‹ Starke Beachtung fanden allgemein die ehrfürchtigen und herzlichen Worte über den Führer und sein Feldherrngenie ... Die ausdrückliche Versicherung des Reichsmarschalls, daß die Vergeltungsangriffe gegen England kommen werden ..., ist überall mit Genugtuung aufgenommen worden.«[18]

Zum sachlichen Gehalt dieser Rede muß mindestens angemerkt werden, daß sich das Verhältnis zwischen Hitler und Göring wegen des Versagens der Luftwaffe längst krisenhaft zugespitzt hatte, daß sich Hitlers »Feldherrngenie« inzwischen bei Stalingrad der Bewährungsprobe stellen mußte und daß die angekündigten Vergeltungsangriffe gegen England schon lange zu einer bloßen Fiktion geworden waren. Dennoch heißt es vier Tage später im Rückblick auf diese Rede bezeichnenderweise:

»Insgesamt sieht die Bevölkerung der Zukunft zuversichtlich entgegen und *macht sich auch über die militärische Lage*, z. B. über die Dauer der Kämpfe um Stalingrad, *nicht mehr so viel Gedanken.«*[19]

Hier wird der oben behauptete Zusammenhang erhärtet, denn offensichtlich hatte Görings zum Zweck der Beruhigung gehaltene Rede tatsächlich narkotisierende Wirkung gehabt. Die Realität des Krieges wurde durch die irreale Zuversicht überlagert, daß die Führung des Reiches über die Nöte des »kleinen Mannes« eingehend unterrichtet sei und für Abhilfe sorgen werde. Im gleichen Sinne wurde Görings Neujahrsaufruf für 1943 gewertet:

»Die Hoffnung des Reichsmarschalls, das neue Jahr soll ein Jahr des Sieges und des Friedens sein, hat ... besonderes Interesse gefunden. *Der Reichsmarschall habe das wiedergegeben, was alle hofften*, nämlich, daß der Krieg in diesem Jahr zu Ende gehen möge.«[20]

Indessen wurde die militärische Lage in Stalingrad, ein Indiz für den Stand der Siegesaussichten, immer hoffnungsloser, und wenige Wochen später mußte Göring dem Volk die Wahrheit über die Katastrophe wenigstens andeuten – in einer Rede, die ihren Vorwand ausgerechnet aus der Erinnerung an den zehnten Jahrestag der Machtergreifung nahm. Im Stimmungsbericht heißt es über die Reaktionen der Bevölkerung:

»Vor allem seien die Volksgenossen dem Reichsmarschall dankbar, daß er auf manche Fragen offene, wenn auch zum Teil schmerzliche Aufschlüsse gab. Der Vergleich zwischen Stalingrad und den Thermopylen verdichtete die Ahnung zur Gewißheit, daß ein Entsatz [Stalingrads] nicht mehr möglich war ... haben die soldatisch harten Worte des Reichsmarschalls von der Selbstverständlichkeit des Soldatentodes tiefe Erschütterung ausgelöst.«[21]

Jetzt erst beginnt der Nimbus Görings zu zerbrechen – ein legendärer und aus Wunschglauben gespeister Ruf, der die schleichende Entmachtung des Reichsmarschalls um lange Zeit überdauert hatte. Gerüchte über eine angebliche Flucht Görings werden nicht nur in breiten Volkskreisen kolportiert[22], sondern auch in Parteikreisen genährt. So führte etwa Professor Schöpke von der »Volksdeutschen Mittelstelle« auf einer Tagung von Kreisjugendgruppenführerinnen der Gaue Südhannover-Braunschweig und Westfalen-Nord am 28. Juli 1943 aus, Göring befinde sich in Schweden, wo er privaten Besitz habe, und zwar habe er sich wegen des schweren Zerwürfnisses mit Hitler aufgrund des Versagens der Luftwaffe außer Landes begeben. Der hannoversche Gauleiter hinterbrachte Himmler diese Bemerkung am 21. September, und dieser veranlaßte die Einweisung Schöpkes für vier Wochen in ein KZ – »als Sühne für seine dumme und leichtfertige Schwätzerei«.[23]

Auffällig an diesem Vorgang ist indessen, daß ein nach nationalsozialistischen Normen so schwerwiegendes Delikt, Verbreitung eines defätistischen und »Hoheitsträger« verleumdenden Gerüchts, derart milde bestraft wurde.[24] Daraus läßt sich sowohl der Schluß ziehen, daß Göring in den Führungskreisen des Dritten Reiches nicht mehr ernst genommen wurde, als auch der, daß sich Görings Funktionen gegenüber dem Volk erschöpft hatten, weil das Mittel seiner Reden die betäubenden Wirkungen verloren hatte. Jedenfalls heißt es im November 1943 über eine der letzten »großen« Reden Görings mit deutlichem Unterton:

»Bei der Wiedergabe der Rede des Reichsmarschalls Göring ... sei der Ernst des Reichsmarschalls aufgefallen, den man sonst bei ihm nicht kenne.«[25]

Mit anderen Worten: Es war nun Zeit geworden für die stärkeren Mittel eines Goebbels, der sich schon am 18. Februar 1943 die Bereitschaft des deutschen Volkes zum »totalen Krieg« hatte bekräftigen lassen, und dessen Durchhalte-Propaganda nach der fragwürdigen Metapher verfuhr: »Je kühler die Nacht wird, desto näher steht sie dem Morgen.«[26] Auf die Situation Görings konnte dieser Satz allerdings kaum angewandt werden, denn er hatte seinen Rang als »zweiter Mann« des Regimes schon eingebüßt. In den Führungskämpfen zwischen Himmler, Lammers, Bormann und Speer spielte Göring, wenn überhaupt, nur eine nachgeordnete Rolle. An dieser Entwicklung, die im Herbst 1940 eingesetzt hatte und spätestens Mitte 1943 abgeschlossen war, ist zunächst einmal bemerkenswert, daß der Positionsverlust im Machtgefüge des Dritten Reiches so wenig äußerlich erkennbare Konsequenzen hatte. Jedenfalls hat Göring keine Ämter und Würden abgeben müssen, im Gegenteil – 1943 wurde er sogar zum Vorsitzenden des Zentralen Planungsamtes bestellt.

Im Folgenden soll versucht werden, diesen scheinbaren Widerspruch zu klären, indem einmal ein Überblick über die Ämter erfolgt, die Göring zwischen 1932 und 1945 innehatte, und zum anderen die Frage geprüft wird, ob es überhaupt berechtigt ist, Göring als den »zweiten Mann im Staat« zu bezeichnen, d. h. ob die Vorstellung von einem strikt hierarchischen Aufbau des nationalsozialistischen Herrschaftssystems haltbar ist. Die Antwort auf diese Frage ist um so dringlicher, als die Biographien über die führenden Nationalsozialisten – mit Ausnahme der Studien über Hitler – nahezu sämtlich von dieser Annahme ausgehen, daß der »Führerstaat« ein in sich geschlossenes Gebilde mit klaren Kompetenzen durch eine systematische hierarchische Gliederung gewesen sei.

Für einen Überblick über die Funktionen Görings im Dritten Reich wählen wir die Form einer Tabelle, in die nacheinander die Positionen eingetragen werden, die er in der NSDAP (I), im preußischen Staatsdienst (II), im Reichsdienst (III), in Luftfahrt und Luftwaffe (IV) und in der Wirtschaftsorganisation des Reiches (V) innegehabt hat. (s. S. 14)

Die Tabelle zeigt sehr eindrucksvoll, in welchem Maße die Biographiewürdigkeit Görings nach den eingangs erwähnten Kriterien durch seine Tätigkeit in den Jahren von 1932 bis 1945 mediatisiert ist. – Seine Jugend war ein nicht einmal besonders glatter Anlauf, dem das Sprungbrett zum Außerordentlichen versagt blieb; die Zeit im Ersten Weltkrieg, auch sein Einsatz im berühmten Richthofen-Geschwader, taugt allenfalls für eine Historie des »Fliegenden Zirkus«, die sich damit aber kaum über den landläufigen Typus der Regimentsgeschichte erhöbe; das folgende »Nachkriegsloch« klafft bis weit über die Mitte der zwanziger Jahre hinaus; und vor 1931 kann für Göring wenig mehr als eine Erwähnung in den Fußnoten beansprucht werden. Denn die inzwischen detailliert erforschte Frühgeschichte der NSDAP geht nahezu achtlos über ihn hinweg. Göring war ein eifrig um Anerkennung bemühter, jedoch nur gelegentlich nützlicher Anhänger Hitlers. Die Knochenarbeit der Parteikarriere war ihm fremd;

13

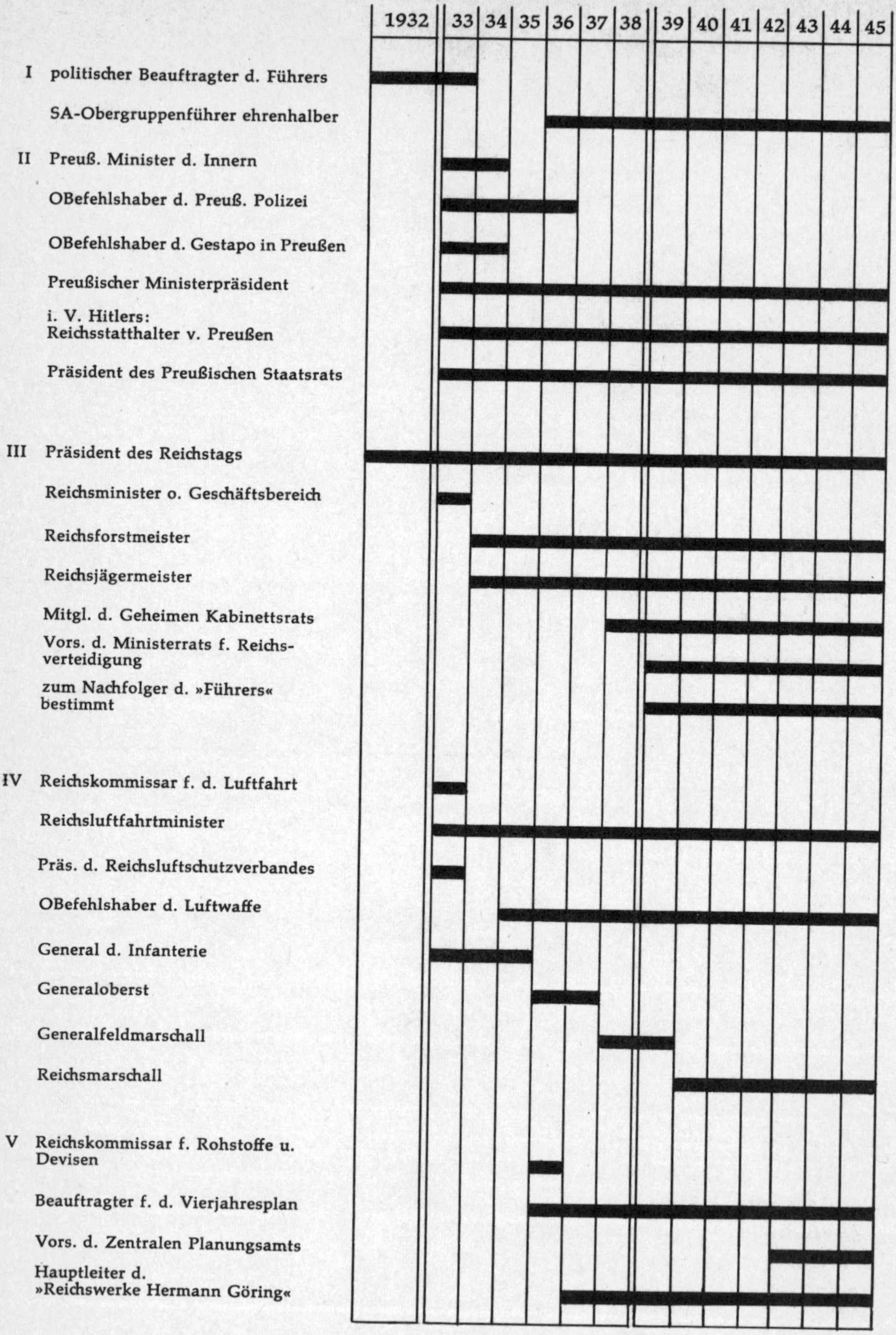

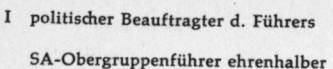

	1932	33	34	35	36	37	38	39	40	41	42	43	44	45

I   politischer Beauftragter d. Führers

    SA-Obergruppenführer ehrenhalber

II Preuß. Minister d. Innern

    OBefehlshaber d. Preuß. Polizei

    OBefehlshaber d. Gestapo in Preußen

    Preußischer Ministerpräsident

    i. V. Hitlers:
    Reichsstatthalter v. Preußen

    Präsident des Preußischen Staatsrats

III Präsident des Reichstags

    Reichsminister o. Geschäftsbereich

    Reichsforstmeister

    Reichsjägermeister

    Mitgl. d. Geheimen Kabinettsrats

    Vors. d. Ministerrats f. Reichs-
    verteidigung

    zum Nachfolger d. »Führers«
    bestimmt

IV Reichskommissar f. d. Luftfahrt

    Reichsluftfahrtminister

    Präs. d. Reichsluftschutzverbandes

    OBefehlshaber d. Luftwaffe

    General d. Infanterie

    Generaloberst

    Generalfeldmarschall

    Reichsmarschall

V Reichskommissar f. Rohstoffe u.
    Devisen

    Beauftragter f. d. Vierjahresplan

    Vors. d. Zentralen Planungsamts

    Hauptleiter d.
    »Reichswerke Hermann Göring«

sie blieb es auch nach 1933, weil er sie dann nicht mehr nötig hatte. Erst das Reichstagsmandat schob ihn nach vorn, dann allerdings auch gleich so kräftig, daß er allein im Jahre 1933 sieben kurzlebige Ämter und Würden (neben den fünf langfristigen) auf sich vereinigen konnte.

Es ist die Vielzahl der Funktionen Görings, die in dieser tabellarischen Zusammenstellung zunächst das Augenmerk fesselt. Blickt man hingegen genauer auf die Überlappung der Amtsinhalte, so muß überraschen, in welch reichem Maße sich diese Funktionen wechselseitig überschneiden und widersprechen. Daß Göring als preußischer Ministerpräsident zum mindesten dreifach sein eigener Vorgesetzter war (Innenminister, Polizei, Gestapo) widerspricht in so drastischer Weise den überkommenen Normen der ordentlichen Staatsverwaltung, daß diese für außer Kraft gesetzt erkannt werden müssen.

Allerdings war hier nicht einfach zeitlich befristete Unordnung eingerissen, etwa in dem Sinne, daß die Personalisierung von Staatsämtern den Zweck verfolgt hätte, die »Errungenschaften der völkischen Revolution« von 1933 über die erste kritische Zeit zu bringen. Vielmehr zeigt der Überblick über die auch später – und besonders in der Kriegszeit – von Göring besetzten Ämter und Funktionen mit aller Deutlichkeit, daß hier die hergebrachte Staatsverwaltung für die gesamte Zeit des Dritten Reiches durch ein System der autoritären Anarchie ersetzt worden ist. Der zu beobachtende Ämter-Darwinismus im »Führer-Staat« war nichts anderes als eine systemnotwendige Konsequenz dieses Ansatzes. Und Görings Beispiel bietet insgesamt einen besonders sinnfälligen Beleg für die damit einsetzende inflationäre Vervielfältigung von Institutionen, Kompetenzen, Führungsansprüchen und Machtpositionen, für die zügellose Vermehrung von Sondervollmachten und -verwaltungen, von rivalisierenden Apparaten und Organisationen.

Nach dem kompetenten Urteil von Hans Kehrl saß Göring »fest und eifersüchtig auf all diesen Vollmachten, ohne sie sinnvoll und methodisch wahrzunehmen«.[27] Jedenfalls ist ein grotesk anmutendes Beispiel für die Göring betreffenden Widersprüche dieser Ämter-Akkumulation überliefert. Aufgrund einer Absprache mit dem Oberkommando der Wehrmacht hatte Göring 1942 in seiner Eigenschaft als »Beauftragter für den Vierjahresplan« eine Einschränkung von Geldüberweisungen an Wehrmachtsangehörige verfügt, mußte diese Verfügung aber im Hinblick auf die Luftwaffe, deren Oberbefehlshaber er gleichzeitig war, wieder zurücknehmen. Daraufhin schrieb Major von Brauchitsch (Görings Chefadjutant in der Luftwaffe) an Ministerialrat Dr. Görnnert (Görings Referent im Stabsamt des Ministerpräsidenten):

»Es muß mit dem Vierjahresplan eine Abmachung getroffen werden, daß der Reichsmarschall in seinen verschiedenen Eigenschaften nicht Befehle unterschreiben und selber wieder aufheben muß.«[28]

Ein zweites Beispiel mag zeigen, daß Göring die verwaltungstechnischen

Konsequenzen dieses Zustands nicht erkannt hat, den er doch selbst mit herbeizuführen bemüht war. Als Speer im Oktober 1942 einen von Funk, Himmler und Sauckel mitunterzeichneten Erlaß zur Energieverbrauchslenkung herausgab, protestierte Göring scharf und betonte, »daß ein derartiger Erlaß eingehendst mit mir hätte besprochen werden müssen. ... Diese Form der Herausgabe eines Erlasses ist vollständig unmöglich und stellt ein bisher nie dagewesenes Novum dar.«[29]

Im Gegenzug mußte sich Göring freilich von dem dynamischen Speer belehren lassen, daß er doch von den Problemen mit der Luftwaffe völlig ausgelastet sei, daß Speer den Erlaß sehr wohl allein hätte zeichnen können und daß im übrigen die Mitzeichnung von Erlassen seit Anfang 1942 ein durchaus übliches Verfahren darstelle.[30] Daraufhin zog Göring seinen Protest mit der wenig glaubwürdig wirkenden Feststellung zurück, der strittige Erlaß habe ihn »weiterhin nicht tangiert.«[31]

Beide Vorgänge interessieren hier nicht als Belege für die Machtdeflation im Bereich Görings, sondern im Hinblick auf die politische Struktur des Dritten Reiches. Denn schon aus diesen Beispielen erhellt zur Genüge, daß der Staat Adolf Hitlers kein geschlossener Block war, kein festes Gefüge einer stufenweisen, hierarchischen Gliederung darstellte. Vielmehr müssen wir ihn als wechselnde Koalition von mehreren quasi-autonomen Machtsäulen erkennen, als ein Gebilde, in dem der Machtausgleich nicht länger in (ver)öffentlich(t)en, institutionalisierten Übereinkünften erfolgte, sondern in ad-hoc-Aktionen[32] mit der Anrufung des Führers als letzter Schiedsinstanz.

Göring war nicht »der zweite Mann« des Dritten Reiches, sondern er konnte lediglich für eine gewisse Zeit mehr Macht auf sich vereinigen als die anderen »Hoheitsträger« auf der Stufe unterhalb Hitlers. Hitler selbst hat dieses auf Rivalität zwischen seinen Paladinen angelegte »Nicht-System« offenbar mit Befriedigung betrachtet und durch mehrdeutige Führerbefehle genährt. Denn es sicherte seine Position und legte ihm keine Entscheidungszwänge für bestimmte Personen oder Sachprobleme auf.

Die im Vorstehenden angedeutete politische Struktur des Dritten Reiches besagt auch, daß der sachliche Gehalt von Staats- und Parteiämtern dem Machtstreben der Männer auf der Ebene unterhalb Hitlers zugeordnet war. Damit ist zugleich auch die Frage beantwortet, wann und wieviel Macht sich mit der wünschenswerten neuen Ordnung im Führerstaat vereinbaren ließ; die Entscheidung darüber hing nämlich nicht von überindividuellen Größen wie etwa dem geltenden Recht ab, sondern sie war mit rapider Beschleunigung auf den Willen des »Führers« selbst konzentriert. Gerade hierfür ist die Karriere Görings im Dritten Reich äußerst aufschlußreich, als er sich spätestens nach dem nationalsozialistischen Wahlerfolg vom September 1930 das Vertrauen Hitlers erworben hatte und als dessen politischer Beauftragter in Berlin agieren konnte. Dabei gründete sich Görings Aufstieg bezeichnenderweise auf die Dienste, die er dem Führer – und nicht der Partei – erwies. Gewiß hatten Görings gesellschaftlich ehrenvolle Kontakte, sein recht undogmatisches Auftreten und seine weltmännisch-verbindlichen Umgangsformen die Karriere beschleunigt. Aber sie war und blieb davon abhängig, daß Hitler dem Prinzip folgte, Macht an Personen zu delegieren – wie denn auch der häufige Titel »Beauftragter« eine signifikante Vokabel für den Vorgang selbst darstellte. Görings Politik in den dreißiger Jahren bis Kriegsbeginn war daher auch kaum vom strikten Sachgehalt seiner Ämter und offiziellen Funktionen bestimmt, sondern seine Tätigkeit war ein Reflex der Überzeugung, er müsse Hitler bei der Verwirklichung von politischen Zielen ganz pragmatisch zur Hand gehen.

Ein besonders einleuchtendes Beispiel für diesen Sachverhalt ist Görings Mitwirkung an der Beseitigung der von Röhm als dem Chef der 2,5 Millionen starken SA beanspruchten Geltung. Dabei war das Vorgehen Hitlers gegen die SA im Sommer 1934, wie die historische Forschung längst im Detail erwiesen hat, keineswegs die blutige Erstickung eines von Röhm vorbereiteten »Putsches«. Vielmehr ging es in diesem Falle um eine weit tiefere Krise der von Hitler kommandierten Machtausübung.

Die Reichswehr widersetzte sich den lautstarken Forderungen der SA, daß ihre Mitglieder ohne Rangverlust in die Reichswehr übernommen werden sollten. Und zwar befürchtete die Reichswehr nicht nur einen beträchtlichen militärischen Substanzverlust und die drohende Politisierung des Truppenkörpers, sondern auch unangenehmes Aufsehen im Ausland und vor allem die mögliche Kompromittierung ihrer eigenen diskreten Bemühungen in der Wiederaufrüstung. Hier nun war Hitler zu taktischem Verhalten gezwungen, da ihm völlig klar war, daß die von ihm gewünschte Aufrüstung sich nur bei williger Mitarbeit von Reichswehr und Industriekreisen bewerkstelligen ließ. Als Röhm daher am 9. Juni 1934 Hitler mündlich erklärte, er werde sich einer Reduzierung der SA an Zahl und Status mit aller Entschiedenheit widersetzen, lag für Hitler die Entscheidung auf der Hand: Die Führungsschicht der SA mußte zugunsten einer einvernehmlichen Zusammenarbeit mit der Reichswehr fallen, damit die größte Organisation der »Kampfzeit« und Vertreterin der »Revoluzzer«-Tendenzen in der Partei entmachtet werden konnte. Gleichzeitig bot sich Hitler dabei die Möglichkeit, sein Regime durch die Beseitigung konservativ-katholischer Gegner abzusichern, deren Standpunkte etwa Papen in der Marburger Rede vom 17. Juni 1934 provokativ vorgetragen hatte.

Görings Gespür für die Situation hatte ihn längst auf Seiten Hitlers Stellung beziehen lassen. In der »Nacht der langen Messer« kommandierte er als Chef der preußischen Polizei die Landespolizeigruppe, die erwartungsgemäß zuschlug und in der ehemaligen Kadettenanstalt in Lichtenfelde die Exekution von Gegnern unterschiedlichster Couleur ohne viel Aufsehen, freilich auch mit ausdrücklicher Billigung seitens der Reichswehr, durchführte. Beide, Hitler wie Göring, hatten mit diesem glatten Erfolg ihre

Ziele erreicht. Hitlers Führungsautorität war gegen Ansprüche aus der Partei und ihren Gliederungen abgesichert, so daß die Auseinandersetzung mit den übrigen Machtgruppen im Staat (Reichswehr, Beamtenschaft) nun gemächlichere und vergleichsweise unblutige Wege gehen konnte; und Göring hatte sich das wichtige Verdienst bedingungsloser Treue zu Hitler erworben, das seinen Aufstieg weithin gegen Konkurrenz absicherte. Am 7. September 1934 konnte Hitler auf dem Nürnberger Parteitag mit Fug und Recht behaupten:

»Nicht der Staat befiehlt uns, sondern wir befehlen dem Staat! Nicht der Staat hat uns geschaffen, sondern wir schaffen uns unseren Staat.«[33]

Seit der erfolgreichen Auslöschung der SA-Führung begann Göring – ganz im Einklang mit diesen programmatischen Ausführungen Hitlers –, Politik im größeren Stil zu machen, ohne für sein jeweiliges Tätigkeitsfeld eine eigentlich ressortmäßige Zuständigkeit zu besitzen.

Das gilt nicht nur für die Auseinandersetzung mit der Wehrmachtsführung Mitte der dreißiger Jahre, sondern vor allem für das Gebiet der auswärtigen Politik, wo Göring in Überschreitung seiner nominellen Ressortzuständigkeiten schon vor 1933, verstärkt aber in den Jahren bis 1936/37 nationalsozialistische Bündnispolitik betrieb. Das Auswärtige Amt wurde über solche Missionen Görings in Italien, Polen, Griechenland und den Balkanstaaten, wenn überhaupt, nur höchst unzulänglich informiert. Von daher gesehen stellte es keinen Zufall dar, daß Göring beim deutschen Einmarsch in Österreich, dem sogenannten »Anschluß«, die Zentralgestalt darstellte – wenn er auch hinter der Szene blieb und mit telefonischen Mitteln die Regierung Schuschnigg zur Kapituation zwang.[34]

Seinen Höhepunkt fand dieser auf dem Hintergrund der Struktur des Dritten Reiches nicht planlose Wirrwarr der Kompetenzen zu Beginn des Zweiten Weltkrieges. Damals bemühte Göring sich, auf dem Wege von Mittelsmännern – hauptsächlich mit Hilfe des Schweden Birger Dahlerus –, Großbritannien vom Eintritt in einen Krieg gegen Deutschland Abstand nehmen zu lassen. Auch bei diesen Aktivitäten war Göring nicht von festen Zuständigkeiten abgedeckt, sondern er nutzte zum wiederholten Male die Gelegenheit, Stegreif-Aktionen aus eigener Machtvollkommenheit und unbekümmert um Ressortfragen vorzunehmen. Daß Göring dabei überhaupt glaubhaft auftreten konnte, verdankte er allerdings der unbegründeten, wenngleich zählebigen Vorstellung bei einigen britischen »Appeasement«-Politikern, daß es sich bei dem Reichsmarschall um ein Mitglied oder möglicherweise sogar um den Kopf einer Gruppe der gemäßigten Politiker in Deutschland handle.[35]

Dieser Anschauung muß jedoch entgegengehalten werden, daß Görings persönliche Ergebenheit, die letztendlich auch die Billigung der von Hitler betriebenen Politik mit einschloß, von solchen Verhandlungsversuchen niemals beeinflußt worden ist. Es braucht nicht bezweifelt zu werden, ob Göring den Frieden mit England aufrichtig wünschte; aber die Inhalte der von ihm der britischen Seite übermittelten Verhandlungsangebote verfolgten nur das Ziel, die zweite polnische Republik von ihrem britischen Bündnispartner zu isolieren. Göring wollte Frieden, offerierte England aber den Preis, daß Polen in die Situation der Tschechoslowakei von 1938 gesetzt würde. Wenn also selbst Ulrich von Hassel schreibt, es sei »bezeichnend, daß in der Verzweiflung alles immer auf Göring als einzige Rettung hofft[36]«, so ist auch dieses lediglich als zusätzlicher Beleg für die Summe der Mißverständnisse zu werten, aus denen sich der Mythos des Friedensstifters Göring zusammensetzte.

Ein anderes, in der Literatur bisher nicht abgeklärtes Problem ist Görings Standort in der Judenfrage. Zweifellos war Göring kein strikter Anhänger der antisemitischen Dogmen des Nationalsozialismus; sein Taufpate von Epenstein war Jude, und Göring hat diese Tatsache, wie die vorliegende Biographie ausgiebig dargelegt, niemals als anstößig empfunden.[37] Ebenso ist Görings gelegentliches Eintreten für einzelne Juden — sei es aus pragmatischen Gründen, sei es um des ehelichen Friedens willen im Nachgeben auf die Bitten von Emmy Göring hin — über allen Zweifel hinweg bezeugt. Diese Haltung konnte sich sogar bis zu einer Art semi-offizieller Mogelei steigern, etwa im Hinblick auf Milch und andere, so daß Göring im patronathaften Vollgefühl seiner Macht gelegentlich geäußert hat: »Wer Jude ist, bestimme ich.«

Ganz andere Urteile müssen dagegen gefällt werden, wenn man die offizielle Seite betrachtet, wo Göring in amtlicher Eigenschaft handelte. Auf diesem Gebiet, das ohne Frage den wichtigsten Aspekt für unser Urteil enthält, gibt es nicht den geringsten Anhalt dafür, daß Göring von der Konsequenz der auf die Vernichtung aller Juden zusteuernden Politik etwa unangenehm berührt gewesen wäre oder gar versucht hätte, dieser Politik die Stirn zu bieten. Nach Ausweis der vorhandenen Quellen muß vielmehr ein scharfer Unterschied zwischen seiner eher privaten und seiner amtlichen Einstellung zum Judenproblem gemacht werden.

Diese Haltung Görings artikulierte sich besonders rein in seinen Reaktionen auf die sogenannte »Reichskristallnacht«, d. h. auf das von Goebbels inszenierte reichsweite Judenpogrom vom 9. November 1938. Der Vorgang selbst, den man als eine die Fundamente menschlicher Gesittung verletzende Aktion bezeichnen muß, markierte im Rahmen der nationalsozialistischen Judenpolitik den Übergang zu einer totalen Radikalisierung. Im Zuge dieses von Goebbels angezettelten und von Heydrichs Staatspolizei organisierten Pogroms — selbst ein Himmler hatte die Beteiligung der ss verboten, weil die Aktion seinem bürokratischen Ordnungssinn mißfiel — wurden Hunderte von Synagogen angezündet, Tausende von jüdischen Geschäften und Privatwohnungen verwüstet und ausgeplündert und etwa 20 000 Juden in Konzentrationslager eingeliefert.

Am 12. November 1938 lud Reichswirtschaftsminister Funk zu einer Sitzung, deren Protokoll genauen Aufschluß darüber gibt, aus welchen Gründen Göring über diese Aktion empört war. Hier einige Auszüge aus diesem Protokoll:

»Meine Herren, diese Demonstrationen (G. meint das Pogrom!) habe ich satt. ... Es ist irrsinnig, ein jüdisches Warenhaus auszuräumen und anzuzünden, und dann trägt eine deutsche Versicherungsgesellschaft den Schaden, und die Waren, die ich dringend brauche ... werden verbrannt. Da kann ich gleich die Rohstoffe anzünden, wenn sie hereinkommen. ... Mir wäre lieber gewesen, Ihr hättet zweihundert Juden erschlagen und hättet nicht solche Werte vernichtet. ... Aber lieber Heydrich, Sie werden nicht darum herumkommen, in ganz großem Maßstab in den Städten zu Gettos zu kommen. Die müssen geschaffen werden.«[38]

Für Göring ist das Pogrom also nichts anderes als ein Vorgang, der mit rechnerischem Kalkül betrachtet werden muß. Eine moralisch-ethische oder auch nur allgemein menschliche Betrachtungsweise scheidet für ihn aus. Um bei ähnlichen Vorkommnissen künftig den Verlust von Sachwerten zu vermeiden – Görings Hauptbedenken gegen diese Aktion! –, schlägt er sogar die Gettoisierung der deutschen Juden vor. Allerdings nicht aus diesem Grunde allein, wie die folgende Bemerkung Görings aus der gleichen Sitzung deutlich macht:

»Wenn das Deutsche Reich in irgendeiner absehbaren Zeit in außenpolitische Konflikte kommt, so ist es selbstverständlich, daß wir in Deutschland in allererster Linie daran denken werden, eine Abrechnung an den Juden zu vollziehen.«[39]

Damit war die Politik der systematischen Judenvernichtung vorprogrammiert, für die sich Göring hier als Wortführer aufspielte. Im gleichen Sinne wies er am 24. Januar 1939 in seiner Eigenschaft als »Beauftragter für den Vierjahresplan« durch Erlaß Heydrich an, »die Judenfrage ... einer den Zeitverhältnissen entsprechend möglichst günstigen Lösung«[40] zuzuführen. Zu dieser Zeit dachte Göring noch an das Konzept einer vollständigen Auswanderung der Juden. Als aber in der ersten Phase des Krieges das Judenproblem, besonders im Osten (Polen, Sowjetunion), sich in ganz anderen Größenordnungen darstellte, während sich gleichzeitig der Spielraum für radikale Lösungen nahezu unbegrenzt erweitert hatte, schrieb Göring erneut an Heydrich:

»In Ergänzung der Ihnen bereits mit Erlaß vom 24. 1. 1939 übertragenen Aufgabe ... beauftrage ich Sie hiermit, alle erforderlichen Vorbereitungen in organisatorischer, sachlicher und materieller Hinsicht zu treffen für eine Gesamtlösung der Judenfrage im deutschen Einflußgebiet in Europa.«[41]

Es kann also kein Zweifel bestehen, daß Göring als der Initiator der notorischen »Wannsee-Konferenz« anzusehen ist, auf der die administrativ-technische Seite der Judenvernichtung im großen Stil abgesprochen wurde. Diese Verbindung ist deshalb dokumentarisch so gut abgesichert, weil sich Heydrich – gleichsam der »Schirmherr« dieser Konferenz – zu Eingang des Protokolls ausdrücklich auf den Auftrag Görings bezieht; jedenfalls heißt es dort:

»Chef der Sicherheitspolizei und des SD, SS-Obergruppenführer Heydrich, teilte eingangs seine Bestellung zum Beauftragten für die Vorbereitung der Endlösung der europäischen Judenfrage durch den Reichsmarschall mit und wies darauf hin, daß zu dieser Besprechung geladen wurde, um Klarheit in grundsätzlichen Fragen zu schaffen. Der Wunsch des Reichsmarschalls, ihm einen Entwurf über die organisatorischen, sachlichen und materiellen Belange im Hinblick auf die Endlösung ... zu übersenden, erfordert die vorherige gemeinsame Behandlung aller an diesen Fragen unmittelbar beteiligten Zentralinstanzen im Hinblick auf die Parallelisierung der Linienführung.«[42]

An dieser Passage fällt nicht nur auf, wie eng sich Heydrich schon in der Formulierung an den Wortlaut des von Göring erteilten Auftrags anschließt, sondern auch der generelle Umstand, daß die Judenvernichtung, die »Endlösung«, nicht das Werk besonders verbrecherischer Persönlichkeiten allein gewesen ist, sondern auch eine rein »technische Frage« dargestellt hat.

Die Biographen Görings haben es als unerklärlichen Widerspruch herausgestellt, daß er persönlich niemals einen Juden gehaßt habe[43], daß er gleichwohl als Administrator die Liquidierung der Juden im größten Stil in die Wege zu leiten wesentlich mitgewirkt hat. Die Biographen haben aus diesem Sachverhalt einen für Göring angeblich charakteristischen Mangel an moralischem Mut abgeleitet. Diese Konstruktion krankt indessen daran, daß Göring aller Wahrscheinlichkeit nach keine »mens rea«, kein Schuldbewußtsein der verbotenen Tat besessen hat. Im Gegenteil: Nach dem »Anschluß« Österreichs führte Göring auf einer Großkundgebung vom 26. März 1938 in Wien aus, diese Stadt sei wegen der in ihr lebenden 300 000 jüdischen Einwohner keine »deutsche« Stadt; zur Erreichung dieses Zieles sei die Eliminierung der Juden nötig; es müsse das »aber völlig systematisch« geschehen.

Abneigung äußert Göring mithin gegen ein unordentliches, dem Pogrom angenähertes Vorgehen. Seine Forderung nach Systematisierung dagegen enthält die vollständige Billigung der nationalsozialistischen Judenpolitik. Als Repräsentant staatlicher Gewalt stellte Göring sich auf den Standpunkt, daß das Verbrechen des Völkermords sich im Rahmen einer »legalen« Ordnung vollziehe. Er bekennt sich damit zu dem pervertierten etatistischen Gedanken, daß der Staat seinen Bestand um jeden Preis sichern müsse, auch um den Preis kalkulierten Verbrechens; so daß auf der Ebene der reinen Staatsnotwendigkeit der verbrecherische Charakter solcher »Politik« wieder aufgehoben sei. Dieses ist das eigentliche Kennzeichen und das eigentliche Problem der nationalsozialistischen Judenverfolgung.[44]

Erst auf dem Hintergrund solcher Überzeugungen kann überhaupt verständlich werden, weshalb Göring sich 1945 in alliiertem Gewahrsam für schuldlos hielt. Denn der von seinen Biographen herausgestellte Widerspruch operiert mit einem objektiven Rechtsbewußtsein, wie Göring es nicht besaß, ohne dessen subjektives Rechtsbewußtsein in Rechnung zu stellen. Görings als »liberal« gerühmtes Verhalten gegenüber einzelnen ihm bekannten Juden umfaßt die Ausnahmen von jenem generellen Verfahren des Völkermords, wie er ihn in Ausübung staatlicher Hoheitsfunktionen gefördert hat. Es handelt sich hier also um nichts anderes als um eine recht pittoreske Abweichung von der Norm. Görings Schuld wird davon weder in zahlenmäßiger noch in qualitativer Hinsicht berührt.

Dieses Urteil lenkt zurück auf die zu Beginn beschriebenen grundsätzlichen Gefahrenmomente einer Biographie Görings. Denn wenn die Abweichungen von der Norm so augenfällig sind, so farbenprächtige Züge tragen – man denke etwa an seine Kleidungsgewohnheiten –, dann verliert man nur zu leicht die Normen aus dem Blickfeld, die für den Politiker Hermann Göring konstitutiv waren. Für den Stellenwert dieser Exzentrizitäten ist eine vielsagende Äußerung Hitlers aus dem Mai 1938 überliefert, die sich auf Görings Phantasie-Uniformen bezieht:

»Das ist ein Einzelfall, und ich lasse ihm seinen Spaß. Er ist nun einmal eine barocke Figur; diese kleinen Schwächen werden durch seine Verdienste aufgehoben.«[45]

Es ist unbestritten, daß Göring sich um die nationalsozialistische Herrschaft des Dritten Reiches und um das Ausgreifen des braunen Imperialismus seit der Mitte der dreißiger Jahre »verdient« gemacht hat, wie Hitler oben bemerkt. Göring war ein äußerst nützlicher Reichstagspräsident, als man sich in das demokratische System zum Zweck seiner Vernichtung einnisten mußte; er war ein zuverlässiger Mitstreiter Hitlers, als dieser sich gegen Röhm zu behaupten suchte; er war ein erfolgreicher Administrator der Luftwaffe, als es um offensive Aufrüstung ging; und er war seit 1936 der verantwortliche Manager des »Vierjahresplans«[46], mit dem die wirtschaftliche Autarkie des Dritten Reiches betrieben und auf die kommenden Anstrengungen des Krieges zugeschnitten wurde.

Für Görings naiv-protzigen Umgang mit der Macht sind viele erhellende Beispiele zu nennen, die seine Person in vielfältiger Abschattierung zeigen können. Kindliche Gläubigkeit an Deutschlands Sendung, rührende Schlichtheit in den ehelichen Bindungen und Fürsorglichkeit gegenüber Untergebenen stehen dabei unverbunden neben dem blinden Glauben an den »Führer«, neben bramarbasierendem Überschwang, taktischer Raffinesse und unverhüllter Brutalität.

Die geradezu unglaubliche Naivität des Politikers Göring dagegen kann kaum besser beleuchtet werden als durch die Episode aus dem Februar 1945, als Göring ohne erkennbaren dienstlichen Anlaß mit dem ehemals sowjetischen, jetzt mit den Deutschen kollaborierenden General Wlassow sprach.

Nach Görings Zusage, künftig werde man die aus der Sowjetunion zwangsrekrutierten »Ostarbeiter« mit den übrigen ausländischen Arbeitskräften gleichstellen, d. h. besser behandeln als zuvor, wandte sich das Gespräch der hoffnungslosen Situation an der Ostfront zu:

»Schließlich fragte der Reichsmarschall, ob es zuträfe, daß Stalins Einstellung im Grunde doch mehr anti-englisch als anti-deutsch sei, und warum dann der Krieg in erster Linie gegen Deutschland geführt werde.«[47]

Daß ein Machthaber des Dritten Reiches diese Frage überhaupt stellen konnte, ist kaum zu begreifen. Allenfalls ist diese Frage ein Beleg für das Maß an Illusionismus, das für die Person Görings als kennzeichnend gelten muß.

Vorwort

Einer der bevorzugten Treffpunkte ausländischer Diplomaten und Journalisten in Berlin vor Ausbruch des Zweiten Weltkrieges war das Kabarett der Komiker. Hier feierte ich 1938 mit Freunden meinen Geburtstag, und bei dieser Gelegenheit lernte ich Hermann Göring kennen.

Im Mittelpunkt des Programms stand Werner Finck mit seinem unschlagbaren Witz. Seine Spezialität war es, sich über die Nazis lustig zu machen. Wenn er auf die Bühne kam, hob er den Arm wie zum »deutschen Gruß« und bemerkte dabei lässig: »So hoch kann mein Hund springen!« Zum Schluß seines Auftritts folgte wieder eine Grußpantomime mit den scheinbar verwirrten Worten: »Heil . . . ja . . . wie war doch gleich der Name?« Bei diesen Auftritten pflegte er die neuesten Witze über die Nazigrößen zu erzählen, die in Berlin im Umlauf waren.

Es war eine Zeit, in der ein Kabarettist sich Sorgen um seine Zukunft machen mußte, wenn er sich über Hitler und seine Gefolgsleute mokierte. Die Nazigrößen hatten fast alle viel Sinn für Repräsentation, aber kaum Sinn für Humor. Finck war schon ein paarmal übel von Rowdies im Braunhemd zusammengeschlagen und polizeilich festgenommen worden, weil er den »Führer« beleidigt hatte. Aber er ließ sich nicht verunsichern und machte sich auch weiter über die Männer lustig, die das Schicksal des Dritten Reichs in den Händen hielten.

Hermann Göring war immer wieder die Zielscheibe seines Spotts. In jener Zeit erfand Finck die Geschichte von den Gummiorden Görings, die dieser angeblich in der Badewanne zu tragen pflegte, und er berichtete von einem jungen Elefanten im Zirkus, der Göring unter den Zuschauern entdeckt und »Papa! Papa!« trompetet habe. Später erwähnte Finck, Göring sei der einzige Naziführer gewesen, der nie mit »Maßnahmen« gegen ihn geantwortet habe. Einmal ist Finck allerdings nur knapp davongekommen. Das war, als bekannt wurde, daß Görings Frau Emmy ein Kind erwartete.

»Wissen Sie, wie Göring seinen erstgeborenen Sohn nennen wird?« fragte Finck seine Zuhörer, denen natürlich das bevorstehende Ereignis bekannt war, und antwortete selbst: »Hamlet! Ja, Hamlet. Und wissen Sie, weshalb?« Nach einer erwartungsvollen Pause zitierte Finck die Worte des Dänenprinzen: »Sein oder nicht sein, das ist hier die Frage!«

Göring war wütend, daß jemand, wenn auch nur im Scherz, anzudeuten gewagt hatte, seine Frau Emmy hätte ihn betrogen. Er schickte seinen Adjutanten und ihm seit 1918 ergebenen Vertrauten, Karl Bodenschatz, regelmäßig ins Kabarett der Komiker mit dem Auftrag, dafür zu sorgen, daß Finck das Familienleben der Görings nicht mehr zur Zielscheibe seines Spotts machte.

Es war Bodenschatz, der sich 1938 während meiner Geburtstagsfeier an unseren Tisch setzte. Als Bodenschatz erfuhr, daß ich noch nicht als Korrespondent akkreditiert war und deshalb an offiziellen Veranstaltungen nicht teilnehmen durfte, lud er mich persönlich zu einer Pressekonferenz Görings ein, die drei Tage später stattfinden sollte. Dort wurde ich dem blonden Hünen Ernst Udet vorgestellt, der im Ersten Weltkrieg als Flieger im gleichen Verband gedient hatte wie Göring und nun technischer Leiter der deutschen Luftwaffe war. Dann lernte ich Erhard Milch, den stellvertretenden Befehlshaber der Luftwaffe, und schließlich auch Hermann Göring selbst kennen.

Wenn es ihm vorteilhaft erschien, konnte Göring ein sehr charmanter und aufmerksamer Gastgeber sein. Er war gern mit Journalisten zusammen, wahrscheinlich aber nur deshalb, weil er durch ihre Berichte in der ganzen Welt bekannt wurde, was seiner Eitelkeit schmeichelte. Ich hatte außerdem das Gefühl, daß ihm die Gespräche mit den Reportern besser gefielen als das langweilige Geschwätz, das er sich im Kreise der Vertrauten Hitlers anhören mußte. Er machte sich sogar die Mühe, die Namen der meisten Vertreter der ausländischen Presse in Berlin zu behalten, sich über sie zu informieren und ihre neuesten Berichte zu lesen, um dann mit ihnen darüber diskutieren zu können. Aber wenn es irgend möglich war, vermied er es, schwierige tagespolitische Fragen anzuschneiden; vielmehr verlegte er sich immer wieder auf seine beiden Lieblingsthemen: die Kunstsammlung und das Naturschutzgebiet, das er in der Schorfheide bei Karinhall hatte abgrenzen lassen.

Ich erinnere mich, daß ich mich nach diesem ersten Zusammentreffen mit ihm gefragt habe, wie ein so weltgewandter, kultivierter Mann sich mit einer so miesen Mörderbande, wie es die Nazis waren, hatte einlassen können. Die Antwort erhielt ich wenig später, als ich ihn auf einer zweiten Pressekonferenz erlebte und feststellen mußte, daß er sich hier nicht als der liebenswürdige Kunst- und Tierfreund gab, sondern als großsprecherischer, lautstarker Antisemit, der voller Haß und Bosheit die Schlagworte der Partei im Munde führte.

Bevor ich Berlin nach der Entfesselung des Zweiten Weltkriegs verließ, habe ich ihn noch einige Male erlebt, und jedesmal wurde mir diese Zwiespältigkeit seines Charakters deutlicher bewußt. Welches war der wirkliche Hermann Göring? War es der aufrichtige Freund Großbritanniens, als der er sich hinstellte, der ehrlich darum bemüht war, 1939 einen Krieg zwischen England und Deutschland zu verhindern? War es der treusorgende Familienvater, der Naturfreund und Kunstliebhaber, oder war es der Parteibonze und blinde Gefolgsmann Hitlers? Oder war es schließlich der aufgeblasene, eitle Pfau, der jede List anwendete, um ausländische Staatsmänner zu täuschen?

Als ich aus Berlin abreiste, war ich mir über die Antwort auf diese Fragen noch nicht schlüssig. Bei meinem letzten Zusammentreffen mit Göring

schien er so davon überzeugt, den Zweiten Weltkrieg vermeiden zu können, daß er um eine Flasche Champagner mit mir wettete, Großbritannien
werde nicht in einen Krieg gegen Deutschland eintreten. Er bezahlte seine
Wette und schickte mir zwei Wochen nach Kriegsbeginn eine Kiste Dom
Perignon ins Amstel Hotel nach Amsterdam. Hat er wirklich den Mut
gehabt, Hitlers Kriegspläne durchkreuzen zu wollen, oder war es nur ein
Trick?

Das Buch ist der Versuch, eine Antwort auf diese Frage zu finden. Ganz
gewiß ist es keine Geschichte des Dritten Reichs aus dem Gesichtswinkel
eines seiner bedeutendsten Vorkämpfer. Auch soll hier nicht die Geschichte der Schlacht um Großbritannien, des Krieges gegen die Sowjetunion,
des Bunkerlebens von Adolf Hitler oder des Aufstiegs und Niedergangs der
NSDAP erzählt werden. Hier soll vielmehr der Versuch unternommen werden, einen Mann abzubilden, der in alle diese Geschehnisse verwickelt und
aktiv an ihnen beteiligt war, und es soll dargelegt werden, wer er wirklich
gewesen ist.

Ich hoffe, es ist mir gelungen, die Person Hermann Görings auf den folgenden Seiten lebendig werden zu lassen.

1

Die Vaterfigur

Im letzten Jahrzehnt des vorigen Jahrhunderts gab es nicht weit von Rosenheim, etwa 70 Kilometer süd-östlich Münchens an der nach Salzburg führenden Bahnstrecke, ein Genesungsheim, das sogenannte Marienbad-Sanatorium. Seine Leitung lag in den Händen eines Arztes und einer Oberin, die beide aus Österreich stammten. Vorher hatten sie in Karlsbad, Franzensbad und Marienbad im Sudetenland gearbeitet und sich einen so guten Ruf erworben, daß jetzt Patienten aus ganz Deutschland und Österreich-Ungarn zu ihnen kamen, um sich unter fachkundiger Pflege von langwierigen Krankheiten zu erholen.

Das Sanatorium lag auf einer bewaldeten Anhöhe, von der aus man die ganze Stadt überschaute. Aus den Fenstern und von den Terrassen erblickte man das herrliche Panorama der bayerischen Berge bis hin zu den österreichischen Alpen. Die Gäste waren zwar vor allem blutarme Rekonvaleszenten; da damals aber die guten Deutschen die Verpflichtung fühlten, dem Vaterland möglichst viele Kinder zu schenken, und weil Bayern ein sehr fruchtbares Land war, hatte der Direktor zwei Hebammen angestellt und eine Abteilung des Sanatoriums als Entbindungsheim eingerichtet.

Hier brachte Frau Franziska Göring Anfang Januar 1893 ihr viertes Kind zur Welt. Fanny Göring, wie sie genannt wurde, war damals 27 Jahre alt, eine üppige Blondine, in deren hübschem Bauerngesicht (sie stammte aus einer bayerisch-österreichischen Bauernfamilie) die strahlend blauen Augen besonders auffielen. Mit diesen Augen hatte sie wohl auch ihren Mann, den sie vor acht Jahren kennengelernt hatte, bezaubert und an sich gefesselt. Heinrich Ernst Göring war bei ihrer Begegnung höherer Beamter im deutschen Konsulardienst, 45 Jahre alt und verwitwet. Von seiner verstorbenen Frau hatte er fünf Kinder. Jetzt suchte er nach einer Mutter für sie. Nach wenigen Monaten sollte er in die neue deutsche Kolonie nach Südwestafrika abreisen und brauchte eine Frau, die nicht nur fähig war, die Sorge für seine Kinder auf sich zu nehmen, sondern auch das harte Leben in den Kolonien zu meistern. Die erst neunzehnjährige lebenslustige Fanny Tiefenbrunner schien alle Voraussetzungen für eine pflichtbewußte Stiefmutter und tüchtige Hausfrau zu erfüllen, die den Anstrengungen des Lebens in einem fremden und unzivilisierten Land gewachsen war.

Mit dem Segen der Brauteltern übersiedelte das junge Paar im Frühjahr 1885 nach London, wo Heinrich Göring bei der britischen Kolonialverwaltung einen Schnellkursus absolvieren sollte. Auch die Hochzeit fand in London statt. Als sie beide nach Afrika abreisten, wo Heinrich durch Reichskanzler Otto von Bismarck zum Statthalter ernannt worden war, erwartete die junge Frau bereits ihr erstes Kind. Trotz ihrer guten Konstitution wurde es eine schwere Geburt. Die Verhältnisse in der neuen deutschen Kolonie waren damals noch recht primitiv. Das Wasser war knapp, Hitze und Staub fast unerträglich, und die dort lebenden deutschen Kolonisten kamen dem neuen Vertreter der Reichsregierung in Berlin nicht gerade freundlich entgegen. Bismarck, der an Staatsausgaben für den deutschen Kolonialbesitz nicht besonders interessiert war, hatte durchgesetzt, daß alle öffentlichen Ausgaben in Südwestafrika zu Lasten der dort ansässigen Firmen gingen. Fanny hätte sterben oder einen Dauerschaden davontragen können, wenn sich nicht der junge deutsche Arzt, der zur Entbindung ins Haus geholt worden war, so eifrig um sie bemüht hätte. Nachdem das Kind, der erste Sohn Karl, glücklich zur Welt gebracht war, nahm er sich der sehr mitgenommenen und unter den Nachwehen leidenden jungen Mutter an und versorgte sie, bis sie endlich erschöpft einschlief.

Der Arzt, ein untersetzter, dunkelhaariger Berliner, dessen voller, sinnlicher Mund von einem martialischen Schnurrbart halb verdeckt wurde, hieß Hermann Ritter von Epenstein. Der Adelstitel war ihm erst vor wenigen Jahren von Wilhelm II. verliehen worden. Später wurde er ein enger Freund der Familie Göring und gewann auf den jetzt noch nicht geborenen Sohn Hermann einen starken Einfluß. Als Fanny sich so weit erholt hatte, daß sie aufstehen konnte, war sie bereits seiner Faszination erlegen. Er war in der Stunde der Not erschienen und hatte ihr das Leben gerettet. Sie fühlte sich ihm zu Dankbarkeit verpflichtet und war entschlossen, sich eines Tages erkenntlich zu zeigen.

Sieben Jahre später, nach zwei weiteren Kindern, wurde sie zum viertenmal schwanger. Inzwischen hatte die Familie manches erlebt. Nach Jahren anstrengender, aber auch erfolgreicher Verwaltungstätigkeit in Südwestafrika war Heinrich zunächst nach Deutschland zurückgekehrt und dann zum Generalkonsul auf der Insel Haiti ernannt worden. Das hatte jedoch seine und Fannys Beziehungen zu Ritter von Epenstein nicht beeinträchtigt. Auf dessen Rat hin war Fanny, als sie ihr viertes Kind erwartete, in das Marienbad-Sanatorium nach Rosenheim gegangen. Ihren Kindern erzählte sie später, daß Epenstein damals zufällig einen Urlaub in Österreich verbrachte, während Heinrich in Haiti bleiben mußte. Als sie im Sanatorium eintraf, hielt er sich, nur wenige Stunden Bahnfahrt von ihr entfernt, im Nachbarland auf. Am Morgen des 12. Januar 1893 brachte sie ihr viertes Kind, den zweiten Sohn, zur Welt. Noch am gleichen Tag hielt ein Pferdeschlitten vor dem Marienbad-Sanatorium, und man meldete ihr die Ankunft des Ritters von Epenstein.

Fanny deutete stolz auf ein kleines Bündel in der Wiege neben ihrem Bett und sagte: »Das ist Hermann Göring.« Sie hatte schon vorher die Absicht gehabt, das Kind, wenn es ein Junge würde, nach Epenstein zu nennen. Sein voller Name war Hermann Wilhelm Göring. Den zweiten Namen hatte man ihm zu Ehren des deutschen Kaisers, Wilhelms II., gegeben.

»Sehen Sie«, fügte sie hinzu, »er hat die gleichen blauen Augen wie ich.«
Epenstein meinte, fast alle Kinder würden mit blauen Augen geboren, und
die Farbe könne sich später noch ändern.

»Nein«, sagte Fanny bestimmt. »Hermann wird seine blauen Augen
behalten.« Sie bemerkte, daß Epenstein durch die Wahl dieses Namens
beeindruckt war. Er blieb noch einige Tage in Rosenheim und besuchte sie
jeden Nachmittag, bevor er seinen Urlaub in Österreich fortsetzte. Von
dort schrieb er an Fanny und Heinrich, um ihnen mitzuteilen, er habe sich
entschlossen, die Patenschaft für Hermann Wilhelm Göring zu übernehmen, wenn die Eltern damit einverstanden seien.

Als Fanny Göring ihren kleinen Sohn im Frühjahr 1893 entwöhnt hatte,
verließ sie Deutschland und kehrte nach Haiti zu ihrem Mann und den
anderen Kindern zurück. Erst drei Jahre später kam sie wieder nach
Deutschland. In der Zwischenzeit blieb Hermann in der Obhut seiner Pfle-
gefamilie in Fürth und wurde dort mit den beiden kleinen Töchtern aufge-
zogen.[1] Später erinnerten sich seine Pflegeschwestern daran, daß er ein
weinerliches Kind gewesen war, aber auch zu Zornesausbrüchen geneigt
hatte. Dann wurde er jedesmal mit Geschenken und Liebkosungen getrö-
stet. Offenbar war er ein einsames Kind, und seine Pflegeeltern haben
wohl nicht verstanden, ihm die leiblichen Eltern zu ersetzen. Viele Jahre
später hat Hermann Göring einmal gesagt: »Das Grausamste, was einem
Kind geschehen kann, ist die Trennung von der Mutter in den ersten
Lebensjahren.«[2] Seine ältere Schwester Olga berichtet, daß der dreijährige
Hermann sich, als Herr und Frau Göring aus Haiti zurückkehrten und er
sie auf dem Bahnhof begrüßen sollte, von dem einfahrenden Zug abgewandt habe. Als die Mutter ihn hochhob und auf den Arm nahm, schlug
er sie ins Gesicht und auf die Brust und brach in Tränen aus. Den fremden
Mann, der sein Vater sein sollte, würdigte er keines Blickes.

Heinrich Göring hatte sich um das Vaterland verdient gemacht, denn er
hatte unter den härtesten Bedingungen erfolgreich für seine Regierung
gearbeitet. Wäre Bismarck das deutsche Kolonialreich nicht so gleichgültig
gewesen, dann hätte er die treuen Dienste des Konsularbeamten Göring in
Südwestafrika sicher entsprechend gewürdigt. Als Göring nach Südwestafrika kam, war das Land erst seit zwölf Monaten deutsche Kolonie, und
die Eingeborenen waren mißtrauisch und unfreundlich. Er hatte die wider-
strebenden Hereros und Hottentotten dazu gebracht, die weißen Herren zu
akzeptieren, und hatte andererseits darauf bestanden, daß die ihm unterstellten Deutschen die Eingeborenen höflich und verständnisvoll behandelten. Erst nachdem er die Kolonie verlassen hatte, erhoben sich die Stämme
gegen seinen brutalen und verständnislosen Nachfolger. Im Rahmen seiner Tätigkeit war er auch mit Cecil Rhodes und anderen einflußreichen
Briten in Südafrika zusammengetroffen. Er hatte die drohende Auseinandersetzung zwischen Großbritannien und den Buren vorausgesehen, die

vielleicht hätte vermieden werden können, wenn man seinem Rat gefolgt wäre. Auch auf Haiti verschaffte er als Konsul dem deutschen Namen Achtung und Anerkennung. Sein Ziel war es gewesen, die Situation der Eingeborenen der Insel durch ärztliche Versorgung und weitreichende Erziehungs- und Bildungsmöglichkeiten zu verbessern.

Aber als Heinrich Göring 1896 nach Berlin zurückkehrte, herrschten in Deutschland starke antiliberale Strömungen, und jeder, der wie Heinrich von den Eingeborenen Afrikas als menschliche Wesen sprach, stieß auf heftiges Mißtrauen und mußte damit rechnen, für einen Sozialisten gehalten zu werden – und die Sozialisten waren damals die meistgehaßten Leute. So stellte sich auch bald heraus, daß er mit Beförderung nicht mehr rechnen konnte. Der Dienst in Afrika und auf der karibischen Insel hatte seine Kräfte verbraucht, und er wirkte erheblich älter als seine 56 Jahre. Vorzeitig pensioniert und enttäuscht darüber, daß seine Leistungen nicht anerkannt wurden, versuchte er, sich mit Alkohol zu trösten. Er wurde zum Trinker. Zwar blieb er ruhig und ausgeglichen, doch schon am frühen Abend war er nicht mehr ansprechbar. Man kann es deshalb Hermann Göring, der seinen Vater nie vorher kennengelernt hatte, kaum verdenken, wenn er diesen Mann jetzt von Herzen verachtete, wenn auch diese Haltung sein Gewissen in späteren Jahren stark belastet hat.

Die Achtung vor dem Vater wurde auch dadurch kaum gestärkt, daß sein Patenonkel, der Ritter von Epenstein, die Familie Göring nun immer häufiger in ihrer Wohnung in einem ruhigen Vorort von Berlin besuchte. Auch dieser hatte inzwischen den Abschied genommen, war aber im übrigen mit dem dahinvegetierenden Konsul a. D. nicht zu vergleichen. Er hatte es wenigstens zu etwas gebracht und konnte das Leben genießen. Da er von Hause aus reich und nicht verheiratet war, galt er in der Gesellschaft in Wien und Berlin als heiratsfähiger Junggeselle und schien für die Töchter des niederen Adels eine gute Partie zu sein. Er hatte auch den Ruf eines erfolgreichen Liebhabers einer Reihe ansehnlicher Mütter solcher Töchter. Zwar war er nur mittelgroß und dicklich – weshalb er regelmäßig zur Kur nach Karlsbad, Spa und Vichy ging. Doch kleidete er sich elegant, hatte eine arrogante Art zu sprechen und sich zu bewegen, und beeindruckte die meisten Menschen, denen er begegnete. Wenn er, von seinen Reisen nach Kairo, Konstantinopel, Neapel oder St. Petersburg zurückgekehrt, die Görings besuchte, brachte er in die trübe Atmosphäre ihres Hauses den Hauch des großen Abenteuers mit.

Für Hermann Göring, der sich bereits damals für Uniformen begeisterte und sich als Kind im Spiel mit mittelalterlichen Schlachten und Ritterturnieren beschäftigte, war der Patenonkel ein strahlender Held, dem man in seinem Äußeren, in seiner Haltung, in seiner Redeweise und in seiner Kühnheit nacheifern mußte. Wenige Jahre nach Heinrichs Pensionierung erschien Epenstein in Berlin und erklärte, er werde die ganze Familie nach Österreich mitnehmen, wo er in einem Tal des Tauerngebirges nahe der bayerischen Grenze das Schloß Mauterndorf erworben hatte. In Mauterndorf hatte Epenstein, wie Hermann Göring und seine Geschwister zu ihrem Entzücken feststellten, seiner Vorliebe für die Pracht des Mittelalters Rechnung getragen. Seine Diener waren als Knappen kostümiert, die Mahlzeiten wurden mit einem Hornsignal angekündigt, und bei festlichen Gelegenheiten musizierten Sänger mit Instrumentalbegleitung auf der Galerie des großen Speisesaals. Ritter von Epenstein gefiel sich in der Rolle des großen Feudalherrn, und ihm gehörte auch tatsächlich die ganze Umgebung, so weit das Auge reichte. Wenn er seinen Besitz besichtigte und Anweisungen gab, wurde er von den Männern ehrerbietig begrüßt, während die Frauen in einen Hofknicks versanken, als sei er ein Angehöriger der kaiserlichen Familie. Das waren Erlebnisse, die Hermann Göring nie vergessen sollte, und es war sein Traum, eines Tages Gleiches zu erreichen.

Wann hatte das Liebesverhältnis zwischen Fanny Göring und Epenstein begonnen?
Die meisten, die sich mit der Familiengeschichte der Görings beschäftigt haben, nehmen an, es sei ein Jahr oder neun Monate vor der Geburt von Hermanns jüngstem Bruder Albert gewesen. In dieser Zeit war Heinrich Göring mehrere Monate krank. Er litt an einer Bronchitis, zu der eine Lungenentzündung hinzukam, und bald nach der Geburt Alberts machte Epenstein den Vorschlag, die Familie solle »wegen des Gesundheitszustandes von Heinrich« Berlin verlassen und ein Schloß beziehen, das er kürzlich gekauft habe. Es war die Burg Veldenstein, eine restaurierte alte fränkische Festung auf einem Felsen oberhalb der kleinen Bierbrauerstadt Neuhaus an der Pegnitz. Die Burg lag inmitten der Hügel und Wälder Frankens, etwa 40 Kilometer nördlich von Nürnberg in der Nähe von Bayreuth, das Epenstein als Bewunderer Wagners gerne zu den Opernaufführungen der Wagner-Festspiele besuchte.
Nach der Geburt von Albert erklärte Epenstein, er wolle für alle fünf Kinder Fannys die Patenschaft übernehmen. »Hermann war bis dahin sein liebstes Patenkind gewesen«, sagte seine Schwester Olga später, »aber nachdem Albert geboren war, beschäftigte er sich ständig mit ihm.« Dabei erwähnte sie freilich nicht, daß dieses Kind keine blauen Augen hatte, sondern ebenso rehbraune wie Epenstein selbst, und daß Albert, je älter er wurde, immer mehr dem Wohltäter der Familie glich. Allerdings stellte sie auch fest: »Hermann wurde recht eifersüchtig auf seinen jüngeren Bruder.«
Hermann war inzwischen sieben Jahre alt geworden und wußte wie alle anderen, daß seine Mutter die Geliebte des Paten war, obwohl er vielleicht nicht ganz verstand, was das bedeutete. In Mauterndorf war allgemein bekannt, daß, wenn Ritter von Epenstein eine Abendgesellschaft gab — und das geschah fast täglich —, Fanny die Rolle der Hausfrau übernahm,

während Heinrich und die Kinder in einem der Jagdhäuser blieben, in dem sie untergebracht waren. Wenn sich der gesellige Kreis aufgelöst hatte, blieb Fanny im Haupthaus und traf die Familie erst zum Frühstück wieder. Solange die Görings auf Burg Veldenstein wohnten, blieb dort ein aus Schlaf- und Wohnzimmer bestehendes Appartement für den Wohltäter reserviert. Das galt besonders für die Zeit der Festspiele in Bayreuth. Wenn Epenstein die Gastfreundschaft in seinem Hause in Anspruch nahm, mußte Heinrich sich mit der Tatsache abfinden, daß seine Frau das Bett mit dem Gast und nicht mit ihm teilte.

Wir dürfen mit einiger Sicherheit annehmen, daß der junge Hermann Göring über das Verhältnis seiner Mutter mit dem Paten Bescheid wußte. »Wir haben nie daran gezweifelt«, sagte Professor Hans Thirring später. Auch Professor Thirring und sein Bruder waren Patenkinder des Ritters von Epenstein, der eng mit ihrem Vater befreundet war. Thirring senior hatte den Kauf von Mauterndorf für seinen Freund in die Wege geleitet. »Jeder, der nach Mauterndorf kam, kannte die Verhältnisse, und Hermann schien sich ebensowenig dabei zu denken wie die anderen Kinder. Wie wir alle lebten sie in Furcht und Bangen vor dem Paten Epenstein. Wenn er mit uns sprach, mußten wir strammstehen und durften ihn nicht ungefragt ansprechen. Aber wir alle bewunderten ihn. Er war ein so schneidiger Mann; ja, man könnte fast sagen, eine glänzende Erscheinung. Wenn jemand es gewagt hätte, unfreundlich von ihm zu sprechen, dann hätten wir den Betreffenden gehaßt. Hermann schlug sogar einen Jungen aus dem Dorf, der uns besuchte, die Nase blutig, weil er gesagt hatte, der Pate habe seinen Adelstitel vom Kaiser gekauft, er sei ihm nicht für persönliche Verdienste verliehen worden. Ich habe nie herausgefunden, wie der Pate etwas von diesem Vorfall erfahren hat, aber am folgenden Tage waren der Junge und seine Eltern aus Mauterndorf verschwunden, und Hermann durfte den ganzen Tag mit dem Paten in die Berge auf die Gamsjagd gehen.«[3]

Wie groß die Bewunderung Hermanns für seinen Paten war, läßt sich erst ermessen, wenn man bedenkt, daß sie auch dann noch anhielt, als bekannt wurde, daß Epenstein jüdischer Abstammung war.

Ritter von Epenstein war katholischen Glaubens und legte großen Wert darauf, seine Gäste und Patenkinder in Mauterndorf oder bei seinen Besuchen auf Veldenstein in Neuhaus in die Kirche zu führen, wo immer Sitze für ihn reserviert blieben. Doch sein Vater war Jude gewesen. Als Arzt am Hof Friedrich Wilhelms iv. von Preußen hatte er sich der Gunst der königlichen Familie erfreut, die Bekanntschaft der Tochter eines reichen nichtjüdischen Kaufmanns und Bankiers gemacht und war in aller Stille vor der Heirat zum Katholizismus übergetreten. Die Familie wurde in den Semi-Gotha[4] aufgenommen, in dem alle in Deutschland geadelten jüdischen Familien registriert waren, und hätte Hermann von Epenstein noch die Zeit Adolf Hitlers und der Nationalsozialisten erlebt, so hätte man ihn

Heinrich Ernst Göring, der Vater Hermann Görings, in der Uniform eines deutschen Kolonialbeamten. Als Generalresident hat er zwischen 1885–89 in Deutsch-Südwest-Afrika gewirkt

Hermann Göring als Jagdflieger im Jahre 1917 in seiner Jagdmaschine »Albatros – DIII 2049«

Hermann Göring, der letzte Kommandeur des Jagdgeschwaders Richthofen, bei der Rückkehr von einem Feindflug im Jahre 1918

Göring im Kreise der erfolgreichsten Kampfflieger von 1918. V. l. n. r.: Veltjens, Boenigk, von Schleich, Loerzer, Göring, Udet, Bongartz und Jacobs

entsprechend der Definition der Nürnberger Gesetze zweifellos als Juden angesehen und demgemäß behandelt.

Erst 1904, als Hermann Göring nach Ansbach in Franken auf ein Internat kam, erfuhr er die Wahrheit über die Familie seines Paten. Er war damals elf Jahre alt, stolz, arrogant und eigensinnig; er führte bei seinen Geschwistern das große Wort und wollte überall die erste Rolle spielen. In Ansbach mußte er plötzlich feststellen, daß er nur ein kleiner Fisch in einem großen Teich war. Seine Mitschüler waren ebenso übermütig und eigensinnig wie er, nur älter und stärker. Sein Aufenthalt im Internat wurde ihm zur Qual. Es herrschte strenge Disziplin, das Essen war schlecht, und obwohl er zu Hause Klavierstunden gehabt hatte, mußte er hier auf Anordnung des Musiklehrers Geigenstunden nehmen. Er haßte dieses Instrument, weil er ihm nur schrille Mißtöne entlocken konnte. Der entscheidende Augenblick war da, als die Klasse einen Aufsatz schreiben mußte mit dem Thema »Der Mann, den ich am meisten bewundere«. Man erwartete natürlich patriotische Aufsätze über Wilhelm II., Bismarck oder Friedrich den Großen oder auch eine ehrerbietige Darstellung des Vaters. Hermann Göring verfaßte ein begeistertes Loblied auf Ritter von Epenstein. Am folgenden Tage wurde er zum Direktor befohlen, der ihm kühl eröffnete, in Ansbach sei es nicht üblich, Schulaufsätze zur Verherrlichung von Juden zu schreiben. Als Hermann leidenschaftlich protestierte und behauptete, sein Pate sei katholisch, zeigte man ihm die Eintragung im Semi-Gotha und befahl ihm, hundertmal zu schreiben: »Ich soll keine Aufsätze zur Verherrlichung von Juden schreiben.« Außerdem mußte er alle Namen von A bis E aus dem Semi-Gotha abschreiben.

Wenige Stunden später war die Geschichte im ganzen Internat bekannt, und die Mitschüler begannen, Hermann damit aufzuziehen und zu beleidigen. Die Sache fand ihren Höhepunkt in einer Prügelei auf dem Schulhof. Man hatte Göring gezwungen, mit einem Schild um den Hals im Kreise herumzulaufen; auf dem Schild stand: MEIN PATE IST EIN JUDE. Am folgenden Morgen ging er in aller Frühe zum Bahnhof und kaufte sich von seinem letzten Taschengeld eine Fahrkarte nach Neuhaus. Bevor er das Internat verließ, zerschlug er seine Geige und zerschnitt die Saiten aller Streichinstrumente des Schulorchesters.[5]

Im Deutschland Kaiser Wilhelms II. gab es natürlich keinerlei Judenverfolgung, den Juden standen alle Berufe offen, und sie hatten Stellungen im Staatsdienst inne. Es gab dennoch eine antisemitische Unterströmung in ganz Deutschland, Juden wurden öffentlich verhöhnt und von der Presse attackiert, und es gab bestimmte Klubs, Häuser und Gesellschaftskreise, zu denen man ihnen den Zugang verwehrte. Doch die Einstellung Görings zu seinem Helden änderte sich sein ganzes Leben lang nicht.

Professor Hans Thirring erläutert: »In einer Beziehung konnte man sich auf Hermann verlassen. Wenn er einen Menschen zu seinem Helden gemacht hatte, dann hielt er zu ihm durch dick und dünn.« Epenstein hat sicher niemals auch nur andeutungsweise gezeigt, daß er die Loyalität seines Patenkindes brauchte. Sein Selbstvertrauen und seine selbstsichere Art waren so stark, daß er wahrscheinlich nie mit Hermann darüber gesprochen hat, welches Blut in seinen Adern floß. Wohl gab es Deutsche oder Österreicher, die hinter seinem Rücken abfällig über Hermann von Epenstein sprachen, aber es gehörte schon viel Mut dazu, ihm so etwas ins Gesicht zu sagen, und das ist sicherlich nur sehr selten geschehen.

Eine Zeitlang konzentrierte sich Epensteins Zuneigung auf den jüngsten Sohn Fannys, Albert, der ihm so ähnlich wurde, daß die meisten Menschen, die beide zusammen sahen, sofort vermuteten, sie seien Vater und Sohn. Außer der körperlichen Ähnlichkeit hatte Albert jedoch nichts von seinem leiblichen Vater geerbt. Er war weich und verletzlich. So wandte sich Epensteins Vorliebe wieder Hermann Göring zu, der alle Eigenschaften entwickelte, die man damals bei einem deutschen Jungen erwartete. Er war mutig, entschlossen und völlig furchtlos. Im Alter von zehn Jahren war er schon ein leidenschaftlicher Bergsteiger. Um zu beweisen, daß man ihn auch auf schwierige Touren mitnehmen könne, bestieg er den Steilhang des Felsens, auf dem die Burg Veldenstein steht. Drei Jahre später nahm er mit einem Schwager und einem anderen jungen Mann an einer Besteigung des Großglockners teil, und zwar auf der schwierigsten Route, die damals auch von geübten Bergsteigern nur selten begangen wurde. Bei einer Bergtour auf den Montblanc renkte er sich die Schulter aus, während er einen Felsvorsprung umkletterte, renkte sie am Seil hängend wieder ein und stieg trotz starker Schmerzen weiter zum Gipfel auf.
»In der Höhe kenne ich keine Furcht. Das Bergsteigen regt mich an«, sagte er. »Außerdem lohnt es sich, die Gefahr zu suchen, wenn man dabei auf den Gipfel kommt. Hier hat man eine Aussicht, die nur wenige Menschen je genießen werden.«
Fanny, der viel am Erfolg ihres Sohnes gelegen war, veranlaßte Heinrich Göring und Epenstein, die beide bei der Kavallerie gedient hatten, sich dafür zu verwenden, daß er in die Kadettenanstalt Karlsruhe aufgenommen würde. Heinrich Göring befürchtete, die Unbotmäßigkeit seines Sohnes und die Tatsache, daß er als rebellisch und undiszipliniert galt, sprächen gegen ihn. Aber seine Befürchtungen erwiesen sich als grundlos. Die Kadettenanstalt war stolz darauf, auch die wildesten Geister zähmen zu können, und nahm besonders gern verwegene junge Leute auf. Im Alter von 16 Jahren wurde Hermann mit ausgezeichneten Noten in Verhalten, Reiten, Geschichte, Englisch, Französisch und Musik entlassen. Im Abschlußzeugnis hieß es: »Göring war ein vorbildlicher Schüler. Er hat Eigenschaften entwickelt, mit denen er es zu etwas bringen wird. Er scheut sich nicht, ein Risiko einzugehen.«
Dank diesem Zeugnis hatte er keine Schwierigkeiten, in die Kadettenanstalt von Lichterfelde bei Berlin aufgenommen zu werden, wo die künfti-

gen aktiven Offiziere der preußischen Armee ausgebildet wurden. Es schien, als wären seine kindlichen Soldatenspiele und die Verkleidungen mit Phantasieuniformen nur eine Vorbereitung auf dieses Leben gewesen. Die Kadettenuniform war schneidig, und der Ausgehanzug war besonders prächtig. Hermann Göring gehörte zu einer der exklusivsten Kadettenkompanien, und hier folgte man Regeln, »die in mir den Eindruck erweckten, ich sei der Erbe aller Tugenden des deutschen Rittertums«. So stand es in einem Brief an seine Familie. Es gab auch Zeiten, in denen er, wie er an seine Schwester Olga schrieb, davon träumte, ein moderner Siegfried zu sein, dazu bestimmt, der Lichtbringer Deutschlands zu werden. Er erwähnte allerdings nicht, daß es für einen Kadetten in Lichterfelde auch manche andere weltliche Freuden gab; großartige Bierabende, die Rennen in Ruhleben, das Schwimmen im Wannsee und das Flirten mit jungen Mädchen. Seine Mutter hatte übrigens recht behalten: Hermanns Augen behielten ihre grün-blaue Farbe, und ihre Wirkung auf das andere Geschlecht war beträchtlich.

Lichterfelde hätte die glücklichste Zeit im Leben Hermann Wilhelm Görings sein können, wenn die Familie in Veldenstein nicht plötzlich in Schwierigkeiten geraten wäre. Nachdem Heinrich Göring sich vierzehn Jahre lang hatte Hörner aufsetzen lassen, begann er nun, gegen das Verhältnis seiner Frau mit Ritter von Epenstein Einwände zu erheben. Einen ungeeigneteren Augenblick hätte er sich dazu nicht aussuchen können. Fanny Göring war nie die einzige Geliebte ihres Liebhabers gewesen. Sie muß auch gewußt haben, daß er sie, obwohl sie in Veldenstein und Mauterndorf das Bett mit ihm teilte, mit anderen Frauen betrog, wenn er nicht zu Hause war. Epenstein gefiel sich in der Rolle des reichen, lebenslustigen Junggesellen, und hatte sich deshalb darauf verlegt, vor allem mit verheirateten Frauen anzubändeln.

Aber 1912, als Hermann Göring seine Ausbildung in Lichterfelde abgeschlossen hatte, trat eine Frau ganz anderer Art in das Leben Epensteins. Das führte zu einer Katastrophe für die Familie Göring.

Hermann Göring hatte die Kadettenanstalt mit ausgezeichnetem Ergebnis absolviert, und seine Familie war mit Recht stolz auf ihn. In fast jedem Fach bekam er die Note *magna cum laude*, und seine Zukunft schien gesichert. Mit neunzehn Jahren war er ein schlanker, feingliedriger, charmanter und fröhlicher junger Mann, dem die Herzen der jungen Damen zuflogen. Er trat in das Regiment Nr. 112 Prinz Wilhelm ein und wurde in den Regimentsstab nach Mühlhausen versetzt. Bevor er seinen Dienst dort antrat, kam er auf die Burg Veldenstein in Urlaub, um sich Eltern und Geschwistern in der neuen Uniform zu zeigen. Zu seiner großen Enttäuschung war Ritter von Epenstein nicht zu seiner Begrüßung erschienen, obwohl der Pate ihn schriftlich beglückwünscht und ihm eine kleine, mit Goldstücken gefüllte Geldbörse geschickt hatte.

Der junge Offizier war über das Aussehen seiner Eltern entsetzt. Der

Vater war zu einem mürrischen alten Mann geworden, der den ganzen Tag auf den düsteren Korridoren herumschlurfte und dabei leise vor sich hinmurmelte. Fanny war dick geworden und stark gealtert. Sie lächelte nur noch selten – außer wenn sie stolz zu ihrem Sohn aufblickte. Als er seinen Paten erwähnte, wurde der Vater zornig und sprach böse über den »Verrat an der Freundschaft«. Die Augen der Mutter wurden feucht. Aber er fand einen Brief von Epenstein vor, der ihn nach Mauterndorf einlud.

Als Hermann dort eintraf, begriff er sofort, weshalb sein Pate das Haus nicht mehr verließ. Zum erstenmal in seinem Leben hatte sich der arrogante Feudalherr richtig verliebt. Er war 62 Jahre alt, aber die Leidenschaft hatte ihn tief getroffen. Zu seinem Unglück war das Mädchen, dem er verfallen war, kaum 20 Jahre alt, verfügte aber über die Verführungskünste einer gereiften Frau. Sie flirtete unverschämt mit ihm. Doch die junge Dame, die später Lilly von Epenstein heißen sollte, hatte beschlossen, mit niemandem ins Bett zu gehen, bevor sie nicht den Ehering am Finger trug. In Berlin, Salzburg und Wien sprach alles von der brennenden, aber von so wenig Erfolg gekrönten Leidenschaft Epensteins. In Mauterndorf schlossen die Männer Wetten ab, wer zuerst nachgeben würde. Aber die Frauen, die die Jugend, die Unbekümmertheit und den schalkhaften Charme Lillys richtiger einschätzten, hatten wenig Zweifel daran, wie die Sache ausgehen würde.[6]

Die Beziehung zwischen Epenstein und Fanny Göring kühlte begreiflicherweise ab. Das Ende kam Anfang 1913, als Epenstein nach Burg Veldenstein kam, um seiner Geliebten mitzuteilen, er habe eine Frau gefunden, die er liebe und heiraten wolle. Heinrich Göring platzte in das Gespräch hinein und machte den beiden eine fürchterliche Szene. Er beschuldigte seinen alten Freund des Verrats, und es folgte eine heftige Auseinandersetzung, die damit endete, daß Heinrich der erschrockenen Familie erklärte, sie könnten nicht mehr länger im Hause eines Freundes bleiben, der ihn und seine Ehre in so niederträchtiger Weise verletzt habe.

Hermann Göring, der inzwischen den Dienst bei seinem Regiment angetreten hatte, war entsetzt, als er davon erfuhr, hatte er sich doch vor seinen Kameraden mit »unserer Burg« Veldenstein gebrüstet. Aber es war zu spät, um noch irgend etwas zu retten. Epenstein war zu seiner jungen Frau zurückgekehrt, die ihm resolut erklärte, sie sei nicht damit einverstanden, daß er seine Schlösser irgend jemandem mietfrei zur Verfügung stelle. Jetzt spielte es keine Rolle mehr, ob Heinrich Göring seine Drohung, Veldenstein zu verlassen, ernst gemeint hatte oder nicht, denn in einem kurzen Schreiben aus Mauterndorf wurde der Familie Göring eine Frist gesetzt, innerhalb derer sie das Schloß zu räumen hatte.

Im späten Frühjahr 1913 nahmen die Görings Abschied von der Burg Veldenstein, und Heinrich und Fanny sollten das romantische alte Gemäuer, in dem sie fünfzehn Jahre ihres Lebens verbracht hatten, nicht mehr wiedersehen. Heinrich Göring war ein schwerkranker Mann, und der

Abschiedsschmerz, gekoppelt mit den gespannten Beziehungen zu Fanny, belastete ihn so stark, daß er kurz nach dem Eintreffen in München, wo die Familie ein Haus gemietet hatte, bettlägerig wurde und starb. Hermann Göring kam zur Beerdigung heim und half seiner Mutter vor den Beisetzungsfeierlichkeiten einen ganzen Tag und eine Nacht dabei, die Papiere des Vaters zu sichten. Während er die verblichenen Fotografien, die alten Tagebücher und Briefe betrachtete und seine Mutter ihm von den Erfolgen und Fehlschlägen in Südwestafrika und Haiti erzählte, erkannte er zum erstenmal, welches Format sein Vater in seinen besten Jahren als Kolonialbeamter gehabt hatte. Später erzählte er, er habe schwere Schuldgefühle gegenüber dem Vater empfunden, weil er es nicht verstanden hatte, die richtige Beziehung zu ihm herzustellen.

2

Der Krieg

Zu Beginn des Ersten Weltkrieges war Hermann Göring 21 Jahre alt. Wahrscheinlich hat es auf beiden Seiten nur wenige junge Männer gegeben, die mit größerer Begeisterung ins Feld zogen. Heute, wo wir alle Illusionen über den Krieg und die Ideologien verloren haben, ist es kaum mehr zu verstehen, von welcher Begeisterung die Jugend ergriffen wurde, als es zum Krieg in Europa kam. Was Göring betrifft, so trugen die Einflüsse, denen er seit seiner frühen Kindheit innerhalb der Familie ausgesetzt war, dazu bei, seinen Eifer zur Pflichterfüllung im Kampf für Ruhm und Ehre des Vaterlandes nur noch zu erhöhen.

Obwohl er nicht daran zweifelte, daß Deutschland für eine gerechte Sache kämpfte, war dies nicht sein Hauptanliegen. Auf den Krieg selbst als Mutprobe und Herausforderung seines Wertes als Mann kam es ihm an.

Nach den Akten seines Regiments und den Unterlagen, die sein offizieller deutscher Biograph, Erich Gritzbach, benutzt hat, kam Göring schon wenige Stunden nach Beginn der Feindseligkeiten mit dem Gegner in Gefechtsberührung. Die Garnisonstadt des Regiments »Prinz Wilhelm« war Mülhausen, das doppelt bedroht war, nachdem der Krieg begonnen hatte. Mülhausen liegt auf der linken Rheinseite in Elsaß-Lothringen, das nach dem deutsch-französischen Krieg von 1870/71 von Deutschland annektiert worden war. Nach der französischen Kriegserklärung retirierte daher das Regiment »Prinz Wilhelm« über den Rhein auf deutsches Gebiet, und die Vorausabteilungen der französischen Armee unter dem Befehl des Generals Paul Pau stießen sofort in die Lücke nach. Die Franzosen hißten die französische Flagge auf dem Rathaus und erklärten die Bewohner der Stadt wieder zu französischen Bürgern. Während die Feierlichkeiten in Mülhausen noch im Gange waren, fuhr ein Zug deutscher Soldaten unter der Führung des Leutnants Hermann Göring in einem Panzerzug wieder über den Rhein, und die Franzosen, die hier nur sehr schwache Kräfte eingesetzt hatten, zogen sich in aller Eile auf ihre Hauptstellungen zurück. Göring holte persönlich die französische Flagge vom Rathaus herunter, befahl seinen Männern, alle Plakate abzureißen, die die Franzosen an den Hauswänden angebracht hatten, und kehrte kurz vor Einbruch der Dunkelheit auf deutsches Gebiet zurück. Dabei nahm er vier Pferde mit, die die französische Kavallerie bei ihrem eiligen Rückzug zurückgelassen hatte.

Am folgenden Tage war es unmöglich geworden, mit der Eisenbahn über den Rhein zu fahren, denn die Franzosen hatten die Bahnlinie über Nacht besetzt und Verstärkung in die Stadt geholt. Wieder wehte die Trikolore über dem Rathaus, wo General Pau sein Stabsquartier eingerichtet hatte. Doch Göring ließ sich dadurch nicht beeindrucken, führte einen Spähtrupp mit sieben Mann auf Fahrrädern über den Fluß und gelangte auf Nebenwegen nach Mülhausen. Die Deutschen waren dabei im Vorteil, denn sie kannten die Stadt und ihre Umgebung viel besser als der Gegner. Bald nach Morgengrauen fuhren sie, nachdem sie einige französische Vorposten am Stadtrand überwältigt hatten, durch verlassene Straßen in die Stadtmitte von Mülhausen bis dicht an den Stadtplatz. Dort hatte sich der größte Teil der Bevölkerung versammelt, um die französischen Truppen willkommen zu heißen. Göring merkte schnell, daß der französische Befehlshaber, General Paul Pau, mitten in der erwartungsvollen Menge stand. In aller Eile faßte er einen verwegenen Plan, den er seinen Männern flüsternd erklärte. Während sie ihm Feuerschutz gaben, wollte er eines der Pferde nehmen, die am Rande des Stadtplatzes standen, durch die Menge bis zum General galoppieren, den kleinen Mann auf den Sattel heben und mit ihm zu den deutschen Stellungen zurückreiten.

Es läßt sich heute nicht mehr sagen, ob dieser verrückte Plan gelungen wäre, denn als Göring die Zügel des nächsten Pferdes ergreifen wollte, kam einer seiner Leute vor Aufregung an den Abzug seines Gewehrs, und ein Schuß löste sich. Das Pferd stieg und brach aus. Das löste auf französischer Seite Alarm aus, und den Deutschen blieb nichts anderes übrig, als die Fahrräder zu ergreifen und davonzurasen, während ringsum die Geschosse aus den französischen Gewehren einschlugen.

Entschlossen, nicht unverrichteter Dinge zu den eigenen Linien zurückzukehren, überfiel Göring auf dem Rückweg noch einen französischen Vorposten, der nicht erwartet hatte, von der falschen Seite her angegriffen zu werden, und nahm vier Poilus gefangen. Für dieses Husarenstück wurde Göring zum erstenmal wegen seines Wagemuts und seiner Initiative lobend im Heeresbericht erwähnt.

Doch hatte der Krieg auch seine Kehrseite, wie Göring feststellen mußte, und brachte schmerzliche Erlebnisse, Kälte, Schlamm und Langeweile. Als der Winterregen an der Westfront eingesetzt hatte und die Fronten sich versteiften, rückte das Regiment »Prinz Wilhelm« in die Schützengräben ein, und es folgten Monate verlustreicher Stellungskämpfe. Hermann Göring hatte Glück. Schon wenige Wochen nach seinem Einsatz im festgefahrenen Stellungskrieg erkrankte er an Rheumatismus und kam in ein Militärlazarett nach Freiburg. Wäre das nicht geschehen, hätte er mit den anderen Offizieren seines Regiments an der für Deutschland erfolglosen und blutigen Marneschlacht teilnehmen müssen.

Zu den jungen Männern, mit denen sich Göring in der Garnison Mülhausen befreundet hatte, gehörte der Leutnant Bruno Loerzer. Die Freundschaft mit ihm hielt fast das ganze Leben, aber kurz nach Kriegsbeginn hatten sich die beiden trennen müssen. Jetzt trafen sie in Freiburg wieder zusammen, denn Loerzer war hierher an die Fliegerschule der damals noch jungen deutschen Luftwaffe zur Ausbildung als Pilot versetzt worden. Göring war begeistert, seinen alten Freund wiederzusehen, aber er war auch neidisch auf ihn. Er machte sich keine Illusionen mehr darüber, wie der Krieg für einen Infanteristen aussah, und fürchtete, es werde künftig an der Westfront kaum mehr irgendwelche wilden Abenteuer oder die Möglichkeit geben, als Einzelner Initiative zu zeigen. Bei der Luftwaffe müßte das doch ganz anders sein . . .

Die deutschen Zeitungen berichteten damals schon mit großen Schlagzeilen über die Leistungen der Kriegsflieger an der Westfront. Ein junger Mann namens Leutnant Karl von Hiddesen war zum Nationalhelden geworden, weil er im Dezember 1914, als die Deutschen vor Paris standen, ein paarmal die französische Hauptstadt in geringer Höhe überflogen und die erbosten Franzosen mit Kunstflugfiguren unterhalten hatte. Das letztemal hatte er den Eiffelturm umkreist, ohne sich durch die Maschinengewehre stören zu lassen, die dort aufgestellt waren, und mit denen man versucht hatte, ihn abzuschießen. Inmitten des Geschoßhagels war er schließlich im Tiefflug hinuntergegangen und hatte die Menge durch den Abwurf eines Bündels erschreckt, das man zunächst für eine Bombe hielt. In Wirklichkeit war es ein Sandsack, an dem ein Zettel mit folgender Aufschrift hing: »Ergebt euch! Die Deutschen stehen vor den Toren. Morgen wird Paris unser sein!«

Das war ein Unternehmen ganz nach Görings Geschmack, und die Tatsache, daß die Deutschen Paris nicht erobern konnten, spielte für ihn keine Rolle. Nun saß sein Freund Bruno neben ihm, der wahrscheinlich in allernächster Zeit ähnlich erregende Abenteuer bestehen würde. Neidisch hörte er zu, wie Loerzer von seinen Hoffnungen und Erwartungen sprach und erzählte, was er tun würde, wenn er seinen Pilotenschein gemacht hätte. Doch Göring brach in schallendes Gelächter aus, als sein Freund sagte: »Im Vertrauen gesagt, ich habe mich zur Brieftaubenabteilung Ostende gemeldet.«

Daß Bruno Loerzer sich nur deshalb zum Piloten ausbilden ließ, um den Krieg damit zuzubringen, Brieftauben auf die Reise zu schicken, kam ihm unglaublich sinnlos vor. Aber sein Freund vertraute ihm an, daß die Brieftaubenabteilung Ostende der Deckname für einen geheimen Verband sei, in dem Flugzeuge und Piloten in Belgien zusammengezogen würden. Sie sollten später in Calais an der Kanalküste stationiert werden, sobald Paris und der größte Teil Frankreichs von den Deutschen besetzt seien. »Und von Calais aus«, sagte Loerzer, »werden wir Bombenangriffe gegen England fliegen!«

Hier gab es offenbar so glänzende Aussichten, kriegerische Lorbeeren zu ernten, daß Göring entschlossen war, sich gleichfalls zu diesem Verband zu melden. Er mußte sofort seine Versetzung beantragen. Als der Freund ihn verlassen hatte, schrieb er an seinen Kommandeur und bat um die Versetzung zur Fliegerschule nach Freiburg. Als er nach zwei Wochen noch keine Antwort erhalten hatte, verschaffte sich Göring, der inzwischen genesen war, die notwendigen Papiere in einer Freiburger Kaserne, füllte sie aus und fälschte die Unterschrift auf dem Versetzungsformular. Er war überzeugt, die Erlaubnis zu bekommen. Wenn er mit Loerzer nach Ostende gehen wollte, durfte er keine Zeit mehr verlieren. Er hatte sich bereits eine Fliegerausrüstung besorgt und flog als Beobachter in Loerzers Maschine mit, als die Antwort seines Regiments eintraf. Die Versetzung wurde ihm entschieden verweigert, mehr noch, das Schreiben enthielt den Befehl, sich umgehend bei seinem Regiment zu melden, sobald er wieder gesundgeschrieben sei.

Dazu war Göring unter keinen Umständen bereit. Er hatte inzwischen erlebt, welche Freude ihm das Fliegen bereitete; es begeisterte ihn noch mehr als das Bergsteigen. Der Gedanke, wieder in die schlammigen Gräben an der Westfront zurück zu müssen, war ihm unerträglich. Wenn Ungehorsam die einzige Voraussetzung dafür war, fliegen zu können, dann würde er den Befehl verweigern. Außer seinem Freund Bruno Loerzer erzählte er niemandem etwas von dem Brief, den er von seinem Regiment erhalten hatte, und verbrachte jede Stunde, in der ein Flugzeug zur Verfügung stand, mit seinem Freund in der Luft. Dabei übte er sich in der Aufgabe, die er nun übernehmen wollte: der des Beobachters und Luftfotografen in einem Aufklärungsflugzeug. Die Umstände ließen erwarten, daß er keine Zeit mehr haben würde, sich zum Piloten ausbilden zu lassen, wenn er noch aktiv am Einsatz der Fliegertruppe teilnehmen wollte.

Da man bei seinem Regiment inzwischen erfahren hatte, daß er aus dem Lazarett entlassen worden war, erhielt er einen Marschbefehl zur Front. Göring ließ den Befehl unbeachtet. Seine Biographen haben die Situation als harmlos hingestellt oder nicht einmal erwähnt, aber tatsächlich befand er sich jetzt in einer äußerst prekären Lage. Offiziell hätte er vor Gericht gestellt werden können, weil er seine Versetzungspapiere gefälscht und die Truppe unerlaubt verlassen hatte. Das war nach der Fahnenflucht das zweitschwerste Verbrechen, dessen sich ein Offizier im Kriege schuldig machen konnte. Nun stand nicht nur seine Offizierslaufbahn, sondern auch seine Freiheit auf dem Spiel. Als er von seinen Freunden im Regiment erfuhr, daß der Kommandeur wütend sei und ihn vor ein Kriegsgericht stellen wolle, telegrafierte Göring, der mehr denn je entschlossen war, nicht wieder in die Schützengräben der Infanterie an der Somme zurückzugehen, an seinen Paten. Noch einmal bewies Ritter von Epenstein seine besondere Zuneigung zu diesem Patensohn. Er besorgte dem Leutnant Göring nicht nur ein ärztliches Attest, das ihn für den Infanteriedienst untauglich erklärte, sondern er verwendete sich auch diskret bei Hofe für ihn. Hier verfügte er noch über einen gewissen Einfluß. Jetzt kam es darauf an, wer schneller sein würde, die Militärpolizei oder die Luftwaffe. Der Fall lag dem Militärgericht schon vor, als Göring von seinem Paten die Nachricht erhielt, seine Bemühungen hätten Erfolg gehabt, und Hermann würde zusammen mit seinem Freund Bruno Loerzer zu einem fliegenden Verband versetzt werden.

Ob dieser Umstand oder Görings bisher glänzende Karriere und seine Beliebtheit im Regiment das Gericht milder gestimmt hat, läßt sich nicht mehr feststellen. Jedenfalls wurde ihm nur noch vorgeworfen, er habe sich zu spät bei der Truppe zurückgemeldet. Er erhielt den Befehl, sich beim Regimentsstab zu melden und wurde mit 21 Tagen Stubenarrest bestraft. Doch ehe er die Strafe noch antreten konnte, kam ein Befehl von höchster Stelle, nämlich vom Kronprinzen persönlich. Der älteste Sohn des Kaisers, Kronprinz Wilhelm, war ein begeisterter Förderer der neuen Fliegertruppe. Seinem Befehl unterstand auch der fliegende Verband der deutschen 5. Armee, der die Verbände unterstützte, die jetzt gegen die französischen Befestigungsanlagen bei Verdun anrannten. Der Kronprinz befahl, daß Bruno Loerzer und Hermann Göring einer an der Front eingesetzten Beobachtereinheit zugeteilt würden. Göring hat später erzählt, er habe mit seinem Freund in Freiburg ein Flugzeug gestohlen, mit dem sie direkt nach Stenay in Nordfrankreich geflogen seien, um zu verhindern, daß die Feldgendarmen ihn festnehmen und zum Regimentsstab bringen würden, wo er seine Strafe hätte absitzen müssen. Ob das nun stimmt oder nicht, sicher ist, daß Göring nicht mehr zur Infanterie zurückgekehrt ist.

Man würde den jungen Göring falsch beurteilen, wollte man behaupten, er habe die neue Aufgabe nur übernommen, weil er fürchtete, in dem Gemetzel zu fallen, das jetzt in den Schützengräben an der Westfront begann. Angst – jedenfalls physische Angst – hat Hermann Göring nur selten gezeigt, und wohl kaum im Alter von 21 Jahren, als es ihm nur darauf ankam, sich persönlich auszuzeichnen. Vermutlich war ihm die tödliche Langeweile des festgefahrenen Stellungskriegs unerträglich geworden, und die Möglichkeit, im persönlichen Einsatz etwas zu leisten, ließ ihm die Versetzung in die Fliegertruppe so erstrebenswert erscheinen. Er selbst hat das einmal so ausgedrückt: »Wenn ich oben in der Luft bin und auf die Erde hinunterblicke, dann komme ich mir erst richtig lebendig vor. Dann fühle ich mich wie ein kleiner Gott.«

Natürlich sagte es ihm auch mehr zu, nun wieder jede Nacht in einem bequemen Bett zu schlafen, nicht mehr im Dreck zu liegen und von Ratten und Granateinschlägen gestört zu werden. Es machte ihm auch keine besonderen Gewissensbisse, daß er hier soviel essen und trinken (besonders Champagner) konnte, wie er wollte. Für ihn war der Krieg wieder das gleiche packende Abenteuer geworden wie in der Zeit unmittelbar nach Beginn der Feindseligkeiten. Die folgenden vier Jahre waren die erregendsten seines Lebens, das nie wieder so unkompliziert und so glücklich werden sollte.

Als Bruno Loerzer und sein Beobachter Hermann Göring im Frühjahr 1915 von Stenay aus ihre Einsätze zu fliegen begannen, deutete sich im Luftkrieg über den Schlachtfeldern Frankreichs bereits eine entscheidende Wende an. Bis dahin war es nur sehr selten vorgekommen, daß französische oder britische Flugzeuge deutsche Maschinen angriffen und Abschüsse verzeichnet wurden. Zu Beginn des Krieges begegneten sich die feindlichen Maschinen sehr oft im Luftraum, flogen dicht aneinander vorbei, und die Piloten winkten sich zu. Viel mehr konnten sie nicht tun. Einige Beobachter und Piloten trugen allerdings Gewehre oder Pistolen und schossen im Vorbeifliegen auf ihre Gegner. Aber das waren nur ganz wenige, und man hielt dieses Verhalten für nicht kavaliersmäßig. Außerdem gab es dabei kaum eine Chance, den Gegner zu treffen.

Da die meisten Flugzeuge Artilleriebeobachter oder Aufklärer waren, kümmerten sie sich nicht viel um ihre Gegner, sondern versuchten ihre jeweilige Aufgabe so gut wie möglich zu erfüllen. Die größte Gefahr für sie war der Beschuß von der Erde aus, wenn sie im Tiefflug festzustellen versuchten, wo die Artilleriestellungen des Gegners lagen oder um die feindlichen Schützengräben zu fotografieren. Da bei solchen Gelegenheiten ganze Gruppen von Infanteristen und Maschinengewehrschützen gleichzeitig das Feuer auf sie eröffneten, bestand die Gefahr, von unten her an den empfindlichsten Körperstellen getroffen zu werden. So legten die meisten Piloten nach den ersten Verlusten Metalltabletts auf ihre Sitze, bis diese später mit Stahlplatten verstärkt wurden.

Als Luftfotograf und Beobachter hatte Göring eine besonders schwierige Aufgabe. Bald hatte er den Spitznamen »der Mann auf dem fliegenden Trapez«. Die Maschine, in der er und Loerzer flogen, war eine zweisitzige Albatros, ein Doppeldecker, dessen untere Tragfläche direkt unter dem zweiten Sitz lag. Das war für den Beobachter besonders unbequem, da er seine Kamera nicht über die Bordwand halten und senkrecht nach unten fotografieren konnte. Göring pflegte zu warten, bis das Flugzeug ungefähr über dem Ziel war, um dann Loerzer ein Zeichen zu geben, der zum Tiefflug ansetzte, während er sich aufstellte. Dabei lehnte er sich weit aus der Beobachterkanzel heraus, klammerte sich mit Füßen und Beinen fest, und während er seitlich aus der Maschine hing, kippte Loerzer die Maschine ab, um ihm eine Aufnahme aus dem richtigen Winkel zu ermöglichen. Göring hielt sich praktisch nur mit den Zehen fest, und während das Flugzeug vom Boden aus unter starkes Infanteriefeuer genommen wurde, machte er in aller Ruhe seine Aufnahmen und wechselte die Platten.

Die deutsche 5. Armee, der Loerzer und Göring zugeteilt waren, stand unter dem Befehl des Kronprinzen, aber der Oberbefehlshaber in diesem Abschnitt war der Chef des Generalstabes, General Erich von Falkenhayn. Für Falkenhayn war die von den Franzosen besetzte Festung Verdun der Schlüsselpunkt der gegnerischen Verteidigungsstellung, und er war überzeugt, daß seine Armeen niemals in das fruchtbare französische Tiefland würden durchbrechen können, solange diese Befestigungen von den französischen Truppen gehalten wurden. Er sollte recht behalten. Die Franzosen hielten Verdun, und der Durchbruch gelang den Deutschen nicht. Falkenhayn hatte vor den feindlichen Befestigungsanlagen eine große Anzahl schwerer Geschütze in Stellung bringen lassen, deren Granaten Tag und Nacht auf die gegnerischen Stellungen trommelten. Jeden Tag verlangte Falkenhayn Aufklärungsfotos von den Befestigungen bei Verdun, aber das Abwehrfeuer aus dem Belagerungsring war so konzentriert, daß es nahezu unmöglich war, solche Aufnahmen zu machen. Entweder wurden die Flugzeuge abgeschossen, die Kameras gingen zu Bruch, die Bilder waren verwackelt oder aus zu großer Entfernung aufgenommen.

Loerzer und Göring meldeten sich freiwillig für diese Aufgabe und flogen drei Tage lang im Tiefflug über der Kette der Forts hin und her. Dabei kippte Loerzer seine Albatros immer wieder seitlich ab, während Göring über die Bordwand hinaushängend seine Aufnahmen machte. Die Fotos zeigten das Gelände aus so großer Nähe und waren so scharf, daß Kronprinz Wilhelm die beiden Flieger Loerzer und Göring für ihren Einsatz mit dem Eisernen Kreuz Erster Klasse auszeichnete.

Die beiden jungen Fliegeroffiziere tranken bei der anschließenden Feier die Champagnerbestände einer in der Nähe stationierten Nachschubeinheit aus und kehrten, wie Loerzer später berichtete, »mit schweren Köpfen, aber leichten Herzens« zu ihrem Feldflugplatz zurück. Für Göring war es aber nicht nur ein einfaches Zechgelage gewesen. Er hatte sich gewisse Dinge ausgedacht, und als die Albatros das nächstemal zu einem Aufklärungsflug startete, stellte Loerzer fest, daß sein Beobachter ein Maschinengewehr an Bord gebracht und vor seinem Sitz befestigt hatte. Wenn sie jetzt die feindlichen Linien überflogen, bot sich ihm ein noch ungewöhnlicherer Anblick. Wie vorher hing Göring, der sich mit den Fußspitzen an seinem Sitz festhielt, über die Bordwand hinaus und machte seine Aufnahmen, dann griff er nach dem Maschinengewehr und feuerte, weit hinausgelehnt, auf die feindlichen Soldaten, die das Flugzeug vom Boden aus beschossen. Zwar konnte Loerzer seine Stimme nicht hören, aber im Rückspiegel konnte er sehen, wie sein Beobachter in brüllendes Gelächter ausbrach, wenn er sah, daß die feindlichen Infanteristen auseinanderliefen und Deckung suchten.[1]

Im April 1915 veränderte sich der Luftkrieg von Grund auf. Vier Aufklärungsflugzeuge vom Typ Albatros, die der 5. Armee zugeteilt waren, überflogen bei der Rückkehr zu ihrer Basis französisches Gebiet. Sie waren unbewaffnet, aber da sie sich in 3000 Meter Höhe befanden, fühlten sie sich vollkommen sicher. Auch konnten die französischen Flugzeuge, deren Beobachter jetzt nach Görings Beispiel Maschinengewehre mitnahmen, mit einer so schweren Last im Cockpit nicht in diese Höhe aufsteigen. Als einer der Albatrospiloten einen französischen Eindecker auf sich zufliegen sah, machte er seine Kameraden mit einem Signal darauf aufmerksam, aber niemand verließ die Formation oder machte sich irgendwelche Sorgen. Was hätte ein französischer Eindecker ihnen schon anhaben können?

Was sie nicht ahnten, war die Tatsache, daß das Flugzeug nicht nur bewaffnet war, sondern von dem erfahrenen französischen Flieger Roland Garros geflogen wurde, der in den folgenden Minuten zwei deutsche Flugzeuge abschoß und damit eine neue Phase des Luftkriegs einleitete. Zum erstenmal in der Geschichte der Kriegsfliegerei hatte er den Versuch unternommen, mit einem im Flugzeug montierten leichten Maschinengewehr durch die Propeller des Sternmotors zu schießen. Die Schußfolge des Maschinengewehrs war aber nicht mit der Propellerumdrehung synchronisiert, und Roland Garros wußte, daß der Propeller mit Sicherheit getroffen werden und große Splitter aus ihm herausgerissen würden, obwohl er mit Stahlbändern verstärkt worden war. Doch was machte das schon aus, wenn es gelang, einen Deutschen abzuschießen?

Er flog direkt auf die vier feindlichen Flugzeuge zu und eröffnete auf kürzeste Entfernung das Feuer. Die Maschine links von ihm brach auseinander, fing an zu brennen und stürzte sofort ab. Die anderen drei versuchten zu entkommen. Der Franzose flog hinterher und schoß noch ein zweites deutsches Flugzeug ab, bevor die beiden übrigen in den Wolken verschwanden und seine eigene Maschine wild zu taumeln begann. Einer seiner Propellerflügel war fast vollständig zertrümmert. Ohne sich davon beeindrucken zu lassen, stellte er den Motor ab, wendete und ging im Gleitflug immer tiefer, bis er sicher auf einem Feldflugplatz landete.

Am folgenden Tage startete er mit einem neuen Propeller und nahm die Jagd wieder auf. Im Verlauf der folgenden 18 Tage schoß Garros in vier Luftkämpfen fünf deutsche Maschinen ab. Sein Einsatz hatte jedoch weitreichende Auswirkungen. Die deutschen Luftstrategen wollten es zunächst nicht glauben, gerieten aber dann in Panik. Wie hatte so etwas geschehen können? War es denn möglich, daß ein Eindecker mit einem Maschinengewehr bestückt war, das augenscheinlich durch den eigenen Propeller schoß? Achtzehn Tage nach dem ersten Luftgefecht lüftete sich das Geheimnis. Garros war wieder gestartet, um weitere deutsche Flugzeuge abzuschießen, mußte aber wegen eines Motorschadens hinter den deutschen Stellungen notlanden. Hier wurde er gefangengenommen, noch ehe er Feuer an seine Maschine legen konnte. Er selbst wurde zur Vernehmung nach hinten gebracht, seine Maschine genau untersucht.[2]

Der junge Holländer Anthony Herman Gerard Fokker konstruierte damals Flugzeuge für die deutsche Fliegertruppe, und weil das neueste Modell, das er herausgebracht hatte, ein Eindecker war, der dem von Garros geflogenen Flugzeug sehr ähnlich zwar, wurde Fokker beauftragt, die Beutemaschine und ihre erstaunliche Bewaffnung in Augenschein zu nehmen. Würde er etwas Ähnliches konstruieren können?

Fokker, der später zu den bedeutendsten Flugzeugkonstrukteuren der Welt gehörte, verstand nichts von Schußwaffen. Nachdem er jedoch das Maschinengewehr in dem Beuteflugzeug oberflächlich untersucht hatte, erklärte er den besorgten Deutschen, er könne das viel besser machen.

Dies sei praktisch eine Selbstmordwaffe, meinte er und deutete auf die mit

Stahlbändern verstärkten Propeller. »Wenn ein Geschoß den Propeller trifft, kann es einen so großen Splitter herausreißen, daß dieser den Motor zerschmettern oder den Piloten töten könnte. Ein so montiertes Maschinengewehr kann man nur benutzen, wenn es mit dem Propeller synchronisiert würde.«

Die deutschen Militärs hielten das nicht für möglich.

»Es ist möglich«, sagte Fokker ruhig. Er erinnerte sich daran, wie er und seine Spielkameraden in Holland als kleine Jungen versucht hatten, auf den Feldern in der Umgebung von Haarlem Steine durch rotierende Windmühlenflügel zu werfen. Dabei mußte man folgendermaßen vorgehen: man wartete, bis ein Flügel senkrecht stand und warf dann den Stein direkt darauf. Ehe der Stein auftreffen konnte, hatte sich der Flügel weitergedreht, und der Stein flog durch die Lücke. Man konnte wahrscheinlich das gleiche Prinzip anwenden, um ein Geschoß durch die rotierenden Propeller zu schießen.

Fokker, der sich seiner Sache sehr sicher war, versprach den zweifelnden Experten der Heeresleitung, er werde das Problem lösen und innerhalb einer Woche eine verbesserte Version der Waffe konstruieren, die Garros verwendet hatte. Erstaunlicherweise wurde er schon vorher fertig. Mit Hilfe von drei zuverlässigen Mitarbeitern brauchte er nur 48 Stunden, um hinter das Geheimnis der Synchronisierung zu kommen. Bald darauf stellte Fokker fest, daß Franz Schneider 1912 eine ähnliche Lösung gefunden hatte, die ihm sogar patentiert worden war. Aber in Deutschland hatte man Schneiders Erfindung zu den Akten gelegt und vergessen. Nach sechs Tagen brachte er einen Eindecker mit der neuen Konstruktion zu einer offiziellen Vorführung nach Berlin. Die deutschen Militärs inspizierten die Maschine und wollten nicht glauben, daß die Sache funktionieren könne. Fokker führte seinen Mechanismus am Boden vor, aber die Fachleute zweifelten nun daran, daß er sich auch im Fluge bewähren würde. Fokker startete deshalb die Maschine, zog sie auf 300 Meter Höhe hinauf, richtete die Nase des Flugzeugs auf einen Abfallhaufen am Rande eines Feldes und eröffnete das Feuer. Die Geschosse rissen nicht nur den Abfallhaufen auseinander, sondern die Querschläger schwirrten über das ganze Feld, so daß die deutschen Experten um ihr Leben laufen mußten. Das hatte Fokker mit Absicht getan. Später schrieb er: »Als ich sie laufen sah, war ich überzeugt, sie würden nie vergessen, daß das Maschinengewehr in der Luft ebenso präzise schießen konnte wie am Boden.«

Aber seine Auftraggeber waren auch jetzt noch nicht zufrieden. Sie wollten wissen, ob man mit der neuen Waffe auch ein feindliches Flugzeug abschießen könne. Wenn Fokker Wert darauf legte, daß man ihm seine Erfindung mit der Summe bezahlte, die man ihm zugesagt hatte, dann solle er auch beweisen, daß sie die erwartete Wirkung habe. Als er erwiderte, er sei Holländer, Nichtkombattant, Zivilist und der Bürger eines neutralen Landes, zuckte man nur mit den Schultern.

Mitte Mai 1915 nahm Anthony Fokker in der Uniform eines deutschen Leutnants mit einem falschen Ausweis in der Tasche an einem Sektfrühstück teil, das Kronprinz Wilhelm in einem Schloß in der Nähe des Flugplatzes von Douai gab. Mit ihm saßen eine Reihe deutscher Piloten um den Tisch, unter ihnen auch Hermann Göring und Bruno Loerzer. Erregt verfolgten sie die Vorbereitungen für die Vorführung der neuen Waffe, die Fokker noch am gleichen Nachmittag über der Front erproben wollte. Göring war besonders gespannt darauf, wie sie sich bewähren würde, denn er hatte erkannt, daß sie den Luftkrieg revolutionieren könnte. Aber es hatte keinen Sinn, um die Erlaubnis zum Mitfliegen zu bitten. Die Albatros, in der er und Loerzer ihre Einsätze flogen, war neben Fokkers Eindecker zu langsam. Als Göring viele Jahre später Freundschaft mit Fokker geschlossen hatte, erinnerte er ihn an dieses gemeinsame Frühstück und daran, daß er ihm ermutigend auf die Schulter geklopft habe, »weil Sie so unglücklich aussahen und kaum etwas essen wollten«.

»Ich war unglücklich«, antwortete Fokker. »Ich dachte darüber nach, wie ich in diese Lage hatte kommen können. Ich war kein Soldat, und jetzt sollte ich starten, um ein Flugzeug abzuschießen. Wenn ich abgeschossen würde oder auf feindlichem Gebiet notlanden müßte, dann würde ich als Spion erschossen werden, und zwar mit vollem Recht.«

Fokker startete an diesem Nachmittag vergeblich, denn kein feindliches Flugzeug ließ sich blicken. Aber acht Tage darauf flog er in 2000 Meter Höhe über Douai, als ein zweisitziges französisches Flugzeug vom Typ Farman am Horizont erschien. Er ging im Sturzflug auf den Franzosen zu, der nicht ahnen konnte, welche Waffe gegen ihn gerichtet war, und Fokker deshalb auch nicht auswich.

Fokker berichtete: »Als die Entfernung zu meinem Gegner sich verringerte, sah ich sein Flugzeug in der Zieleinrichtung immer größer werden. Ich konnte mir vorstellen, wie meine Geschosse den Kraftstofftank durchschlagen würden ... Auch wenn ich den Piloten und den Beobachter nicht traf, mußte das Flugzeug brennend abstürzen. Ich hatte den Finger am Abzug ... Ich empfand keine Feindschaft gegenüber dem Franzosen. Ich flog nur, um festzustellen, ob ein bestimmter Mechanismus, den ich erfunden hatte, sich bewähren würde. Inzwischen war ich nahe genug herangekommen, um das Feuer zu eröffnen, die französischen Flieger sahen neugierig zu mir herüber und wunderten sich augenscheinlich, weshalb ich hinter ihnen herflog. Im nächsten Augenblick würde ich über ihnen sein. Plötzlich faßte ich den Entschluß, mich den Teufel um meinen Auftrag zu scheren. Die Sache hatte für mich zu viel von einem Meuchelmord an sich. Für mich war das nichts. Mir lag nichts daran, Franzosen oder Deutsche zu töten. Das sollten sie gefälligst unter sich ausmachen!«

Beim deutschen Einsatzstab war man überrascht und wütend. Man versuchte, Fokker mit Drohungen und Beschimpfungen von seinem Entschluß abzubringen, aber das rührte ihn nicht. Schließlich einigte man sich darauf, daß er einem deutschen Piloten die Verwendung der Waffe erklären solle, und der später zu den erfolgreichsten deutschen Kampffliegern gehörende Leutnant Oswald Boelcke übernahm die Aufgabe. Auf dem dritten Feindflug schoß er den ersten ahnungslosen Gegner ab, und die deutschen Luftstrategen waren endlich davon überzeugt, wie entscheidend die neue Waffe werden konnte. Es wurde angeordnet, alle Jagdflugzeuge damit auszurüsten. Leutnant Max Immelmann, der später als Erfinder eines berühmten Flugmanövers bekannt wurde, war der zweite, der ein mit dem Fokker-Maschinengewehr ausgerüstetes Flugzeug erhielt.

Aaron Norman schreibt: »Es war ein verbessertes Modell mit der Bezeichnung Fokker E-2 mit einer 100 PS Oberursel Maschine anstelle der 80 PS Argus. Innerhalb von drei oder vier Wochen war ein halbes Dutzend dieser Maschinen im Fronteinsatz. Immelmann, Boelcke und die anderen Fokkerpiloten – Mitte Juni waren es sechzehn – brauchten nur ein feindliches Flugzeug auszumachen und sich darüber oder dahinterzusetzen, um es mit Sicherheit abzuschießen. Sie stellten fest, daß sie, wenn sie die Nase des Eindeckers leicht kreisen ließen, nicht eine gerade Geschoßgarbe, sondern einen Geschoßkegel erzeugten, in dessen Zentrum das feindliche Flugzeug gefangen war, das, wohin es sich auch wenden mochte, in den tödlichen Geschoßhagel geraten mußte.«[3]

Im Sommer 1915 hatte die deutsche Fliegertruppe über der Westfront die absolute Luftüberlegenheit. Das dauerte allerdings nicht lange.

Jetzt mußte natürlich auch Hermann Göring Pilot werden. Wir wissen, daß er ein sehr begeisterungsfähiger junger Mann war, der, sobald er alle Möglichkeiten eines Spiels oder einer Tätigkeit erschöpft hatte, neue Abenteuer suchte. Eine Zeitlang war er als der Mann am fliegenden Trapez im Sitz seines Flugzeugs das Hauptgesprächsthema in den Kasinos der Fliegertruppe an der Westfront gewesen. Nun, da sich neue und gefährlichere Formen des Luftkriegs entwickelten, war der Jagdflieger zum Helden des Tages geworden. Die Namen von Immelmann, Boelcke und Udet erschienen in den Schlagzeilen der Zeitungen. Es wurde berichtet, wie viele Gegner sie über der Front abgeschossen hatten. Göring hatte natürlich den Ehrgeiz, zu ihnen zu gehören.

Im Juni 1915 kam er nach Freiburg, um an einem Pilotenlehrgang teilzunehmen, und nicht zum erstenmal in seinem Leben zeichnete er sich vor allen anderen aus. Von Anfang an waren seine Starts und Landungen die besten. Das war kein Zufall, denn er hatte Loerzer oft genug dabei beobachtet. In der Luft bewies er bald seine Begabung für den Kunstflug, er beeindruckte seine Lehrer, und seine Kameraden wurden blaß vor Neid. Er brüstete sich damit, daß er den Kursus als einziger ohne Unfall absolviert und in der ganzen Zeit keine Ausbildungsmaschine beschädigt hatte.

Im Oktober 1915 wurde er zur Jagdstaffel 5 versetzt. Sie war mit zweimotorigen Flugzeugen ausgerüstet, die jetzt an der Westfront eingesetzt

Göring 1923 in der Kampfuniform der SA mit dem Pour le mérite
als erster Führer der Sturmabteilung Adolf Hitlers in München

Als Reichsjägermeister gab Göring den Auftrag, ihm in der Schorfheide einen, nach seiner ersten verstorbenen Frau »Karinhall« genannten, pompösen Prunkbau im germanischen Blockhausstil zu
errichten

Karin Göring (geb. Gräfin Fock aus Schweden)
kurz vor ihrem Tod 1931

Die Empfangs- und Haupthalle im Erdgeschoß
war mit wertvollen Teppichen und Gobelins ausgestattet

wurden. Schon nach drei Wochen Frontdienst hatte er seine erste Begegnung mit dem neuen riesigen Bomber vom Typ Handley-Page, den die Briten neuerdings über ihrem Abschnitt verwendeten. Als Göring die Umrisse des gewaltigen Flugzeugs aus einer Wolke des Novemberhimmels auftauchen sah, nahm er Kurs darauf, um das Monstrum in Augenschein zu nehmen, ohne daran zu denken, daß die anderen Maschinen seiner Staffel abgedreht hatten. Offenbar hatte Göring vergessen, daß die neuen Bomber stets von einer Jagdstaffel eskortiert wurden.

Bei der Annäherung an das feindliche Flugzeug merkte Göring, daß er aus dem Heck und aus dem Cockpit beschossen wurde. Er wendete und flog dann, aus beiden Maschinengewehren feuernd, auf den Riesen zu. Er sah, wie der Heckschütze getroffen in sich zusammensank und ein auf der Tragfläche des Gegners montierter Motor zu brennen begann. Länger konnte er die Handley-Page nicht beobachten, denn inzwischen hatte sich eine Kette britischer Sopwith-Jäger auf ihn gestürzt. Sie kamen von allen Seiten auf ihn zu und durchlöcherten seine Maschine mit Geschossen. Zuerst wurde eine Tragfläche und dann der Kraftstofftank getroffen. Dann spürte er, wie ein Geschoß in seinen Körper schlug. Instinktiv suchte er Deckung in einer Wolke, verlor aber die Kontrolle über seine Maschine und konnte nicht mehr feststellen, wie schnell sie an Höhe verlor. Obwohl nahezu bewußtlos, fiel ihm plötzlich ein, daß er ungefähr über den feindlichen Linien sein mußte. Aber das von den britischen Bodentruppen gegen ihn gerichtete Feuer weckte seinen Überlebenstrieb – und ebenfalls die Schmerzen in seiner Hüfte.

Er hielt die Maschine, so gut es gehen wollte, auf geradem Kurs, und es gelang ihm im Tiefflug, über Bäume und Hecken springend, bis hinter die deutschen Stellungen zurückzufinden, wo er eine Bruchlandung machte.[4] Zuerst glaubte er, er sei auf einem Friedhof gelandet, aber dann stellte sich heraus, daß es ein Truppenverbandsplatz war. Das war sein Glück. Wäre er an einer anderen Stelle abgestürzt, dann wäre er mit Sicherheit verblutet. So zog man ihn aus den Trümmern seines Flugzeugs heraus und legte ihn sofort auf den Operationstisch, wo das Geschoß und die Knochensplitter aus seiner Hüfte entfernt wurden. Damals ahnte er es natürlich nicht, aber diese verwundete Hüfte sollte später auch seelisch der wunde Punkt Hermann Görings werden.

Wenig später wurde er in ein weiter rückwärts gelegenes Feldlazarett verlegt, wo er monatelang bettlägerig war, bis die Wunde geschlossen war und die zersplitterten Knochen zu heilen begannen. Im Sommer 1916 fuhr er zu einem Erholungsurlaub nach Hause und verbrachte die meiste Zeit auf Schloß Mauterndorf bei seinem Paten. Dort verliebte er sich zum erstenmal.

Auf Schloß Mauterndorf hatte sich manches verändert, seit Lilly von Epenstein, allgemein Baronin Lilly genannt, die Pflichten der Hausfrau übernommen hatte. Jetzt, da sie verheiratet war, schien sie glücklich und zufrieden. Zwar flirtete sie noch immer heftig mit ihrem Gatten, aber sie tat es offenbar nur diesem zu Gefallen. Sie war vierzig Jahre jünger als ihr Mann, und das Leben mit ihm zeigte sich ihr von der besten Seite.

Ihre fröhliche Unbekümmertheit machte sich überall im Schloß und seiner Umgebung bemerkbar. Sie hatte die schweren, altmodischen Möbel aus den großen Räumen entfernen lassen und alle muffigen, düsteren Ecken mit Licht und Farbe aufgehellt. Ihr war es auch zu verdanken, daß die Angestellten auf dem Gut nicht mehr so sehr unter der altfränkischen Strenge Epensteins zu leiden hatten. Im Umgang mit den Familien blieb sie zweifellos die Gutsherrin, aber auf eine hilfreiche Art. Außerdem stellte sie freundliche Beziehungen zu den benachbarten Gutsbesitzern her, was ihr Mann bisher aus Snobismus vermieden hatte, und lud zum Essen, zu Festlichkeiten und zu Jagden auf Gut Mauterndorf ein.

Auf einer dieser Gesellschaften lernte Hermann Göring die Tochter eines Gutsbesitzers aus der Gegend kennen: Marianne Mauser. Gesellschaftliche Veranstaltungen hatten ihm immer schon gut gefallen, denn hier konnte er besonders glänzen. Er sagte einmal von sich: »Ich bin nicht wie die Engländer. Sie trinken zu Beginn eines Festes zwei Gläser zuwenig – ich zwei zuviel.« Seine Verwundung war ausgeheilt, und in der Fliegeruniform mit dem Eisernen Kreuz auf der Brust sah er schick und attraktiv aus. Mit den auffallenden blauen Augen, die er von seiner Mutter geerbt hatte, wußte er seinen Charme noch zu verstärken. Marianne Mauser war nicht das einzige Mädchen, das ihm verfiel, aber sie war die einzige, der er seine Aufmerksamkeit schenkte. Die beiden verliebten sich so heftig ineinander, daß Göring am letzten Tag seines Aufenthalts in Mauterndorf Herrn Mauser aufsuchte und ihn förmlich um die Hand seiner Tochter bat. Diesen beeindruckten die Leistungen Görings weniger als die Tatsache, daß seine Familie weder Geld noch Grundbesitz hatte. Er war nicht besonders begeistert, aber da er nicht Epenstein durch die Zurückweisung seines Patensohnes kränken wollte, behielt er sich die endgültige Entscheidung vor und stimmte einer heimlichen Verlobung zu.[5] Offenbar glaubte er, die Überlebensaussichten an der Westfront seien so schlecht, daß es doch nie zu der Heirat kommen werde.

Bevor Göring ins Lazarett zurückfuhr, um sich gesund schreiben zu lassen und dann zur Truppe zurückzukehren, begleitete er Baronin Lilly bei einem kurzen Besuch auf Veldenstein. Er tat es nur ungern, denn er fürchtete die Erinnerungen, die dort auf ihn einstürzen würden. Doch bei der Ankunft wartete eine rührende Überraschung auf ihn. Seine Mutter war gekommen, um ihn wiederzusehen. Lilly von Epenstein hatte an sie geschrieben und sie davon zu überzeugen versucht, daß es am besten wäre, wenn die beiden Frauen sich versöhnen und Freundschaft schließen würden.

Offenbar wollte Lilly wieder gutmachen, daß die Familie Göring ihretwegen das Wohnrecht in Veldenstein verloren hatte.

Später erzählte Frau Göring ihrer Tochter Olga, daß Lilly kurz vor Görings Abreise, als sie zu dritt an der alten Burgmauer standen und auf den grünen Frankenwald hinunterblickten, sich an den jungen Leutnant gewandt und ihm die Hand gedrückt habe. »Eines Tages«, sagte sie, »wird das alles Ihnen gehören, ebenso wie Mauterndorf.«

»Soll ich Ihnen erzählen, warum sie das gesagt hat?« fragte Olga später. »Lilly von Epenstein liebte Hermann. Aber er hat es nie gemerkt. Er konnte sich nicht vorstellen, daß jemand ihn seinem vergötterten Paten vorziehen könnte.«

3

Der Jagdflieger

Im Winter 1916, als Hermann Göring an die Westfront zurückkehrte, war Freiherr Manfred von Richthofen der bekannteste deutsche Jagdflieger. Deutsche und britische Zeitungen nannten ihn den »roten Baron«, weil sein Flugzeug rot angestrichen war, aber er zeichnete sich nicht durch eine besonders ritterliche Haltung aus. In den Luftgefechten über Flandern war es an sich üblich, daß die Flieger dem besiegten Feinde, dessen Flugzeug notlanden mußte oder brennend abstürzte, Achtung und Mitgefühl zeigten. Im Kriegstagebuch der Staffel Görings findet sich eine bezeichnende Eintragung, in der einer seiner Piloten die Beschädigung einer britischen Sopwith meldet. Sie schließt mit den Worten: »Er hatte tapfer und gut gekämpft, aber das Glück war auf meiner Seite. Ich habe ihn nicht abgeschossen, sondern zur Notlandung auf unserem Gebiet gezwungen.« Göring vermerkte am Rand: »Gut!«

Richthofen hatte für eine so ritterliche Verhaltensweise keine Zeit. Ihm kam es auf die Zahl der abgeschossenen feindlichen Maschinen an, und seine Kameraden beschwerten sich darüber, daß er feindliche Flugzeuge angriff, die sie bereits getroffen hatten, um den Abschuß für sich zu buchen. Für jedes feindliche Flugzeug, das er abschoß, ließ er sich einen kleinen silbernen Becher anfertigen, auf dem der Flugzeugtyp und das Datum des Abschusses eingraviert wurden. Als er selbst abgeschossen wurde, standen 80 solcher Becher auf seinem Kaminsims.

Göring meldete sich am 3. November 1916 wieder bei seiner Einheit, am gleichen Tage, an dem Oswald Boelcke, der zwei Tage vorher abgeschossen worden war, mit allen militärischen Ehren beigesetzt wurde. Es war bezeichnend, daß Richthofen noch vor dem Frühstück in seine Maschine stieg, startete, einen französischen Jagdflieger abschoß, zurückkam und nach dem Frühstück die Extrauniform anzog, um Boelcke die letzte Ehre zu erweisen. Göring gehörte jetzt der Jagdstaffel 26 an, die unter dem Kommando von Bruno Loerzer stand. Das Geschwader in Mülhausen war zu weit entfernt, als daß es sich um die Trauerfeierlichkeiten hätte kümmern können. Aber Loerzer beschloß, Boelcke am Tage der Beerdigung durch den Abschuß einiger feindlicher Flugzeuge zu ehren. Deshalb saß Göring schon vier Stunden nach seinem Eintreffen wieder in seiner Maschine. Doch an diesem Tage zeigte sich kein feindliches Flugzeug am Himmel.

Als Jagdflieger hatte Göring nicht den Schwung, die Angriffslust und vielleicht auch nicht das Glück eines Richthofen, der in einem Monat 21 feindliche Flugzeuge abgeschossen hatte. Er war vielleicht auch nicht so rücksichtslos wie der lachende Riese Ernst Udet, der in der Rangliste der erfolgreichsten Jagdflieger an zweiter Stelle stand. Aber er war geschickt und mutig, und niemand konnte behaupten, er habe eine Herausforderung nicht angenommen oder sei einem Gefecht ausgewichen. Mitte 1917 hatte er 17 Flugzeuge abgeschossen, war mit zwei weiteren Orden ausgezeichnet worden und hatte sich damit die Sporen verdient. Jetzt übernahm er den Befehl über die neuaufgestellte Jagdstaffel 27, die gemeinsam mit der Staffel Loerzers in Yseghem an der Flandernfront stationiert war. Der Luftkrieg wurde lebhafter und härter; und die britischen und französischen Jäger, ausgerüstet mit neuen Flugzeugen und synchronisierten Maschinengewehren, waren gemeinsam mit einigen wagemutigen Piloten aus den Vereinigten Staaten jetzt ebenso stark wie die Deutschen, wenn sie ihnen nicht sogar schon die Luftüberlegenheit abgerungen hatten.

Obwohl sie jetzt verschiedenen Staffeln angehörten, waren die Beziehungen zwischen Loerzer und Göring eher noch enger geworden. In den Luftkämpfen über Flandern kamen sie einander immer wieder zu Hilfe, und der eine hatte den anderen manches Mal davor bewahrt, abgeschossen zu werden.

Göring war ein guter Staffelkommandeur. Seine Ausbildung beim Heer kam ihm in der Verwaltung und bei der taktischen Führung seiner Truppe gut zustatten. Seine Piloten stellten fest, daß sich in ihm – je nach den Erfordernissen der Lage – zwei Persönlichkeiten vereinigten. Außer Dienst war er ein guter Gesellschafter und bereit, sich mit seinen Untergebenen an jedem Vergnügen zu beteiligen und gemeinsam mit ihnen jungen Frauen nachzustellen. Aber im Dienst war er ein kühler, harter und unnachgiebiger Vorgesetzter, der unbedingten Gehorsam verlangte. In der Luft erwartete er von seinen Piloten, daß sie sich genau an seine Anweisungen hielten, nicht aus dem Verband ausscherten oder sich Husarenstückchen leisteten, wie er selbst das zu Anfang des Krieges getan hatte. Er hatte die Entwicklung des Luftkrieges über Flandern genau beobachtet und war überzeugt, nur die am besten ausgebildeten und disziplinierten Staffeln könnten jetzt noch den Feind besiegen. Seinen Piloten war diese Disziplin nicht angenehm, aber sie mußten zugeben, daß sie mehr feindliche Maschinen abgeschossen und selbst geringere Verluste hatten als andere Verbände. Wie erfolgreich die Jagdstaffel 27 war, kann man vielleicht daraus ersehen, daß Göring die höchste deutsche Auszeichnung, den Orden Pour le mérite, der bisher nur an Piloten verliehen worden war, die wie Boelcke, Udet und Richthofen mehr als 20 feindliche Flugzeuge abgeschossen hatten, schon zu der Zeit erhielt, als er erst 15 Abschüsse zu verzeichnen hatte. Das war die offizielle Anerkennung seiner besonderen Führerqualitäten und seiner Tüchtigkeit. Insgesamt hat Göring 22 feindliche Flugzeuge abgeschossen. Er wurde nach Berlin befohlen, um die Auszeichnung vom Kaiser persönlich entgegenzunehmen. Dort erlebte er zum erstenmal, wie es ist, wenn man als Held gefeiert wird.

Für die großen Luftschlachten über Flandern stellten die Deutschen ihre Jagdflieger zu größeren Verbänden, sogenannten Jagdgeschwadern, zusammen. Das Jagdgeschwader Nr. 1 stand unter dem Kommando des erfolgreichsten Jagdfliegers und hatte den Spitznamen »Richthofens fliegender Zirkus.« Am Morgen des 20. April 1918 wurde Richthofen bei seiner Ankunft von den Hurrarufen des Bodenpersonals begrüßt. Er kam zu einer kleinen Feier in das Kasino, weil er seinen 80. Gegner abgeschossen hatte. »Achtzig!« sagte er befriedigt, »das ist eine vernünftige Zahl.« Mit selbstgefälliger Miene ließ er sich von seinen Kameraden zutrinken, die einen Toast auf ihn ausbrachten und riefen: »Auf unseren Führer, unseren Lehrer und unseren Kameraden, dem Besten der Besten!«

Es sollte sein letzter Luftsieg bleiben. Am folgenden Tage spielte eine Militärkapelle, als Richthofens Maschine auf die Startbahn rollte. Ihr scharlachroter Anstrich ließ die anderen leichten Jagdflugzeuge grau und unscheinbar erscheinen. Der Adjutant, Karl Bodenschatz, kam vom Beobachtungsturm herunter und meldete dem Kommandeur, die Wetterberichte seien ungünstig, der Wind käme von Osten, und jedes beschädigte deutsche Flugzeug würde Schwierigkeiten haben, wieder zu den eigenen Linien zurückzufliegen. Aber die rote Maschine und ihre acht Begleiter starteten, um sich über dem Sommekanal mit dem Rest des Geschwaders zu treffen. Eine halbe Stunde später befanden sie sich im Luftkampf mit einer Gruppe britischer Sopwiths, denen sich eine Staffel unter der Führung des kanadischen Hauptmanns Roy Brown angeschlossen hatte. An diesem Tage gehörte zu Browns Staffel auch der Kanadier Wilfred R. May, für den dieses Gefecht die Feuertaufe war. Für seinen ersten Feindflug hatte May den Befehl erhalten, sich möglichst nicht auf einen Zweikampf mit einem deutschen Gegner einzulassen. Er flog in 4000 Meter Höhe am Rande der großen Luftschlacht. Als dann ein feindliches Flugzeug und kurz darauf ein zweites unter ihm vorüberflog, war die Versuchung zu groß. Er ging im Sturzflug hinunter, verfolgte den Gegner und feuerte. Er verfehlte jedoch nicht nur die feindliche Maschine, sondern blieb zu lange auf Dauerfeuer, und beide Maschinengewehre bekamen Ladehemmung. Bei dem Manöver war er mitten in das Kampfgeschehen geraten. Es gelang ihm aber, abzudrehen, und als er eben erleichtert aufseufzte, stellte er fest, daß er verfolgt und beschossen wurde.

Richthofen hatte die leichte Beute gewittert und wollte ihn abschießen. Doch Brown hatte sich gerade von einem anderen Gegner gelöst und bemerkte, daß Mays Maschine von einer roten Fokker verfolgt wurde. Der »rote Baron« war wieder dabei, zuzuschlagen. Sie flogen nun schon recht dicht über dem Boden, und die britische Infanterie hatte das Feuer auf das deutsche Flugzeug eröffnet. Heute läßt sich nicht mehr feststellen, wer den berühmten Flieger abgeschossen hat, Brown oder ein Maschinengewehr der Bodentruppen.

Der rote Dreidecker glitt langsam über die grünen Felder. Dann kippte er ab und stürzte in einen Granattrichter. Das Fahrgestell riß ab, und das Flugzeug machte eine Bauchlandung neben der Straße.

Aaron Norman schreibt: »Die Truppen in diesem Abschnitt hatten den Befehl, die Straße und das Gelände daneben zu meiden, weil es vom Feinde eingesehen werden konnte. Aber die neugierigen Soldaten kümmerten sich nicht darum, sondern versammelten sich um das Flugzeugwrack. Ein Offizier stellte fest, daß der Pilot tot war, löste die Gurte und hob zusammen mit ein paar anderen Männern den leblosen Körper aus dem Sitz. Das Gesicht unter dem Fliegerhelm und der Schutzbrille war blutverschmiert. Die Männer legten den Toten auf den Boden und durchsuchten ihn nach seinen Papieren. ›Mein Gott, es ist Richthofen!‹ rief der Offizier aus. ›Himmel‹, staunte ein Tommy, ›jetzt haben sie den verdammten roten Baron erwischt!‹«

Erst am 23. April 1918 erfuhren seine Kameraden, welches Ende Richthofen genommen hatte. An jenem Tage überflog ein britisches Flugzeug den Feldflugplatz des Geschwaders in Cappy und warf einen an einem Wimpel befestigten Metallbehälter ab. Darin befanden sich eine Aufnahme von der militärischen Beisetzung Richthofens durch die Briten und eine kurze schriftliche Mitteilung.

An das deutsche Fliegerkorps.
Rittmeister Freiherr Manfred von Richthofen ist am 21. April 1918 in einem Luftgefecht gefallen. Er ist mit allen militärischen Ehren beigesetzt worden.

Die britische Royal Air Force

Als Hermann Göring die Nachricht vom Tode des großen Jagdfliegers erhielt, war er ebenso erschüttert wie jedermann in Deutschland. Aber er ahnte nicht, welche Folgen das für ihn persönlich haben würde. Auch er war am selben Tag mit seiner Jagdstaffel im Gefecht gewesen und hatte vier seiner Piloten verloren. Zu ihrem und zu Richthofens Andenken veranstaltete er am 24. April 1918 eine Trauerfeier und hielt eine Ansprache auf die Männer, die ihr Leben für das Vaterland geopfert hatten. Wenige Stunden später, am Nachmittag, war die Staffel wieder im Einsatz, und Göring gelang es, eine Sopwith-Maschine des gleichen Typs abzuschießen, die auch Richthofens Gegner geflogen hatten.

Richthofen hatte ein Testament hinterlassen, das nach seinem Tode verlesen werden sollte. Der Adjutant des Jagdgeschwaders Nr. 1, Karl Bodenschatz, öffnete es am Morgen des 22. April, als er überzeugt war, der Geschwaderkommandeur werde von seinem letzten Feindflug nicht mehr zurückkommen. Zu jedermanns Überraschung hatte Richthofen den Hauptmann Wilhelm Reinhard als seinen Nachfolger benannt.

Reinhard war mit 27 Jahren der älteste Offizier des Verbandes, aber nicht das war es, was seine Kameraden erstaunte. Wahrscheinlich hatte seine gereifte Urteilsfähigkeit Richthofen veranlaßt, ihn zu benennen. Obwohl er ein charakterfester, mutiger und tüchtiger Mann war, fehlte ihm eine Eigenschaft, die er als Kommandeur des »fliegenden Zirkus« brauchen würde, wenn die Deutschen auch weiterhin den alliierten Luftstreitkräften über Flandern überlegen bleiben wollten: er war nicht flexibel genug. Er hielt sich als Pilot zu genau an die Vorschriften. Wer aber damals alle Regeln befolgte, hatte kaum Aussichten, die spektakulären Erfolge zu haben, die Deutschland in dieser Lage von seinen Piloten erwarten mußte. Reinhards Führerqualitäten wurden dadurch nicht besser, daß er seine Schwächen kannte. Fast bei jedem Gefecht überließ er es einem ihm unterstellten Jagdflieger, die gegenüber dem Feind anzuwendende Taktik zu bestimmen. Eines Tages, als einer seiner Leute im Luftkampf abgeschossen worden war, schrieb er in sein Tagebuch: »Er besaß die Eigenschaften eines hervorragenden Führers, und in der Luft bin ich stets seinen Anweisungen gefolgt.«

Es war nur dieser Zurückhaltung zu verdanken, daß der »fliegende Zirkus« (offiziell hieß der Verband von jetzt an Jagdgeschwader Richthofen Nr. 1) in den ersten Maiwochen so bemerkenswerte Erfolge erzielte, und am 15. des Monats nicht weniger als 13 britische Bomber und Jagdflugzeuge abschoß. Am 20. Mai erhielt das Geschwader den Befehl, seinen Standort von Cappy nach Guise zu verlegen, um sich auf die große Offensive vorzubereiten, die General Ludendorff an der Aisne gegen die alliierten Armeen vorbereitete. Die Piloten waren glücklich über die Verlegung, denn mit Cappy verbanden sich viele Erinnerungen an den großen Richthofen und sein scharlachrotes Flugzeug. Bei der Ankunft in Guise erfuhren sie, daß sie und andere Geschwader noch vor der Offensive mit einem neuen Flugzeugtyp ausgerüstet werden sollten. Das war der Doppeldecker Fokker D-7, der an die Stelle des Fokker-Dreideckers treten sollte, den sie bisher geflogen hatten. Die Piloten waren alles andere als erfreut darüber, denn sie hatten gerüchteweise gehört, der neue Doppeldecker sei recht schwerfällig, besitze nicht genügend Steigfähigkeit und lasse sich weniger leicht manövrieren als der Dreidecker, an den sie sich gewöhnt hatten. Sie flogen die neuen Maschinen jedoch in den folgenden Wochen, ohne daß sie besondere Schwierigkeiten damit gehabt hätten. Immerhin waren sie erleichtert, als sie hörten, daß bald ein neues Flugzeug aus der Produktion kommen würde. Dabei handelte es sich um ein außerordentlich leistungsfähiges Jagdflugzeug. Es war die Fokker D-8, ein Eindecker, den die Briten und Amerikaner später als »fliegendes Rasiermesser« bezeichneten.

Für den 3. Juli waren einige Geschwaderkommandeure von der Westfront nach Adlershof befohlen worden, um das neue Flugzeug zu erproben. Zu ihnen gehörten Hermann Göring und der neue Kommandeur des »fliegenden Zirkus«, Wilhelm Reinhard. Beide absolvierten ihre Testflüge und äußerten sich anschließend sehr befriedigt über die Leistungen der Maschine. Dann gingen sie ins Kasino und setzten sich mit dem jungen Anthony Fokker zusammen, um sich mit ihm zu unterhalten und ein Glas zu trinken. Als sie wieder herauskamen, fiel Görings Blick auf einen seltsam aussehenden Doppeldecker am Rande des Flugfeldes, und auf seine Frage sagte man ihm, es sei ein von Dr. Claudius Dornier konstruiertes Versuchsflugzeug (später baute Dornier seine berühmten Wasserflugzeuge), das auf der Zeppelinwerft gebaut worden sei.

Göring sagte, er würde es gerne ausprobieren, und nach einigem Zögern erklärte man ihm kurz die Instrumente; die Maschine wurde aufgetankt, er rollte damit auf den Flugplatz und startete. Er stellte fest, daß es ein sehr wendiges und manövrierfähiges Flugzeug war und führte eine Reihe halsbrecherischer Kunstflugfiguren vor.

Wilhelm Reinhard, der sich in seinem Ehrgeiz herausgefordert fühlte, erklärte, auch er wolle zeigen, was man mit diesem so plump aussehenden Vogel tun könne. Er ließ die Dornier wieder auftanken und ging nach dem Start sofort in den Steilflug bis auf etwa 3 000 Meter, ohne in den Geradeausflug abzukippen. Plötzlich hörte man einen Knall wie einen Pistolenschuß, und zu ihrem Entsetzen sahen die Zuschauer, daß die linke Tragfläche einknickte und dann abbrach. Die Dornier stellte sich auf die Nase und stürzte in Spiralen ab, bis sie am Boden aufschlug. Als die Kameraden an die Unfallstelle kamen, stellten sie fest, daß eine Tragflächenverstrebung unter der hohen Beanspruchung gerissen war. Der Kommandeur des Jagdgeschwaders Richthofen Nr. 1 war tot. Zum zweitenmal innerhalb kurzer Zeit stellte sich damit die Frage, wer das Kommando über das Jagdgeschwader übernehmen sollte.

Zum Jagdgeschwader Richthofen Nr. 1 gehörten vier berühmte Piloten. Einer von ihnen war Ernst Udet, ein anderer Carl Loewenhardt. Beide waren erbitterte Rivalen, und zwar nicht nur im Hinblick auf die Übernahme des Kommandeurspostens, sondern auch im Wettstreit um die höchste Zahl der Abschüsse. Dabei ging es darum, wer als erster ihr Vorbild Richthofen übertreffen würde. Am 4. Juli wurde Udet zum vorläufigen Kommandeur ernannt, aber am folgenden Tage wurde der Befehl widerrufen. Udet war überzeugt, Loewenhardt habe gegen ihn intrigiert, und man munkelte schon, daß die beiden die Sache in einem Fliegerduell austragen wollten.

Jedermann erwartete, daß Loewenhardt das Kommando anstelle von Udet übernehmen würde, doch statt dessen kam der Adjutant des Jagdgeschwaders, Karl Bodenschatz, am 7. Juli 1918 mit einem Papier in der Hand ins Kasino und befahl alle Piloten und das Bodenpersonal zu einer Befehlsausgabe in die große Flugzeughalle. Hier verlas er den soeben aus Berlin eingetroffenen Befehl. Darin hieß es:

»Auf Befehl des Oberkommandierenden der deutschen Streitkräfte wird Leutnant Hermann Wilhelm Göring, Träger des Pour le mérite, des Eisernen Kreuzes Erster Klasse, des Zähringer Löwen mit Schwertern, des Karl-Friedrich-Ordens mit Schwertern, des Hohenzollernordens Dritter Klasse mit Schwertern, gegenwärtiger Kommandeur der Jagdstaffel 27, zum Kommandeur des Jagdgeschwaders Freiherr von Richthofen Nr. 1 ernannt.«

Die versammelten Piloten und Flugzeugmechaniker sahen sich betreten an, und Ernst Udet sagte: »Mein Gott, sie haben einen Fremden zum Kommandeur gemacht!«

4

Die Katastrophe

Am Morgen des 14. Juli 1918 waren die Piloten des Jagdgeschwaders »Richthofen Nr. 1« wieder einmal in der großen Halle des Flugplatzes von Guise versammelt. Die Atmosphäre knisterte vor Spannung wie immer dann, wenn diese Asse unter den deutschen Kriegsfliegern einen besonders wichtigen Einsatzbefehl erhielten. Diesmal stand ihnen jedoch nichts anderes bevor als die Begrüßung durch den neuen Kommandeur. Von der Bekanntgabe seiner Ernennung bis zu seinem Eintreffen hatte sich die Antipathie gegen ihn ständig verstärkt, und weder Udet noch Loewenhardt hatten etwas gegen diese Stimmungen unternommen. Zwar war Udet später einer der engsten Freunde und Mitarbeiter Hermann Görings, aber im Augenblick wußte er sich als Verlierer, dessen Pläne durchkreuzt worden waren, und es lag ihm nichts daran, dem Gewinner die Hand zu reichen.
Die Piloten des »fliegenden Zirkus« zweifelten zwar weder an den fliegerischen Leistungen ihres neuen Kommandeurs noch an seiner Fähigkeit, dieses Kommando zu übernehmen. Was ihnen jedoch mißfiel, war die Tatsache, daß er nicht zu ihnen gehörte. Er war nicht Mitglied ihres exklusiven Klubs. Die Piloten von Richthofens »fliegendem Zirkus« waren eine Elite tapferer und tüchtiger Männer, deren Qualitäten der Feind ebenso anerkannte wie die eigenen Leute. Ihre kleine Welt war in sich geschlossen, und ihr Kommandeur hätte nach ihrer Auffassung aus den eigenen Reihen kommen sollen.
Am Morgen des 14. Juli hatte Hermann Göring wahrscheinlich nur einen einzigen Freund im Jagdgeschwader Richthofen Nr. 1, und das war der Adjutant Karl Bodenschatz. Er hatte seine Sympathien für den neuen Kommandeur schon beim ersten Zusammensein mit ihm entdeckt, und seine Bewunderung für Göring sollte das ganze Leben andauern. Wenig später schrieb er: »Er hat viel persönlichen Charme, aber dahinter ist er, glaube ich, ein grober Kunde. Das sah man aus seinen Bewegungen, das hörte man aus seinen Worten, und das atmete aus seinem ganzen Wesen.«
Bodenschatz machte Göring taktvoll darauf aufmerksam, wie die Piloten über seine Ernennung dachten, und es freute ihn, daß Göring sich weder darüber ärgerte noch davon irritiert war. Er sagte: »Das ist verständlich. Wollen wir es nicht dadurch noch schlimmer machen, daß wir sie warten lassen.«
In seinem Buch »The Great Air War«, das die Zusammenhänge im allgemeinen durchaus zutreffend darstellt, schreibt Aaron Norman über die erste Begegnung des »fliegenden Zirkus« mit dem neuen Kommandeur: »Dann hielt er seine Begrüßungsansprache. Er machte ihnen – den Veteranen des Luftkriegs und siegreichen Jagdfliegern, den besten Kämpfern der deut-

schen Fliegertruppe – klar, was sie bisher falsch gemacht hätten, und teilte ihnen mit, welche Neuerungen er einführen wolle. Die bisherigen Richtlinien würden geändert werden, und die neuen, von Göring aufgestellten, würden seinen Zuhörern nicht gefallen.« Das ist keine gerechte und den Tatsachen entsprechende Darstellung dessen, was geschah. Hermann Göring war 25 Jahre alt und kein Narr. Er übernahm das Kommando der angesehensten Fliegertruppe der Welt, und er wußte, daß er in seiner neuen Stellung keinen Erfolg haben würde, wenn sie nicht bereitwillig mit ihm zusammenarbeitete. Durch nichts konnte er diese Bereitwilligkeit leichter verlieren als durch die Kritik an ihren bisherigen Leistungen. Veränderungen mußten warten. Jetzt kam es darauf an, das Vertrauen der Piloten zu gewinnen.

Gefolgt von Bodenschatz und einem jungen Piloten, der ihn seinen Kameraden vorstellen sollte, trat er vor das versammelte Geschwader. Leutnant von Wedel war nervös und sprach so undeutlich, daß ein unzufriedenes Raunen durch die Reihen ging. Dann trat Bodenschatz vor und überreichte Göring den Geschwaderstock, einen Spazierstock, den Richthofen von einem bayerischen Holzschnitzer geschenkt bekommen hatte. Richthofen hatte ihn auch am Tage seines Todes im Flugzeug bei sich gehabt, und die Briten hatten ihn über dem Stabsquartier des Geschwaders abgeworfen. Dann hatte Reinhard ihn als Zeichen der Würde übernommen. Jetzt nahm ihn Göring in die Hand und betrachtete ihn aufmerksam. Das Symbol der Führung war auf ihn übergegangen. Er schwieg einen Augenblick und sah die Flieger mit seinen durchdringenden blauen Augen an. Er wartete, bis völlige Ruhe eingetreten war, und sagte dann: »Meine Herren, lassen Sie mich zunächst sagen, welche große und besondere Ehre Seine Kaiserliche Majestät mir damit erwiesen hat, daß er mich zum Kommandeur dieses berühmten Geschwaders ernannt hat. Großartige Schlachten sind ausgefochten worden und große Männer sind gefallen, um das aus ihm zu machen. Ich bin mir nur allzusehr der Tatsache bewußt, daß es in der ganzen Welt keine besseren Flieger gibt als Sie, die Sie hier vor mir stehen. Ich hoffe, ich werde mich Ihres Vertrauens würdig erweisen. Ich hoffe, auch Sie werden dem Andenken der Kameraden würdig sein, die ihr Leben für die Fliegertruppe und für Deutschland dahingegeben haben. Wir alle werden unser Bestes geben müssen, denn vor uns liegen schwere Zeiten. Zur Ehre unseres Vaterlandes werden wir gemeinsam unsere Aufgabe erfüllen.«

Die Piloten waren beeindruckt. Bodenschatz schrieb in sein Tagebuch: »Der neue Kommandeur hat sich gut eingeführt.«

Drei Tage später startete er zum erstenmal mit seinem neuen Geschwader und geriet in zwei Gefechte. Einmal kämpfte er gegen ein paar britische Jagdflieger und das andere Mal gegen einen französischen Bomberverband, der auf dem Flug zum Angriff gegen deutsche Nachschublager hinter der Front war. Bei der Landung war Göring schlechter Stimmung. Diesmal erlebten seine Piloten ihn von einer anderen Seite. Er selbst hatte keinen Erfolg gehabt, denn er hatte beim Angriff gegen die französischen Bomber seine ganze Munition verschossen, ohne jedoch gegen die Panzerung der Flugzeuge etwas ausrichten zu können. In einer Meldung vom 17. Juli schrieb er: »Die englischen Einsitzer, meist in mehreren starken Ketten der Höhe gestaffelt, schlagen sich nach altbewährter Weise gut. Die französischen Jagdflieger dagegen stoßen nur selten über die Front vor und meiden jeden ernsten Kampf. Im Gegensatz hierzu treten die französischen Doppelsitzer in starken Geschwadern immer geschlossen auf, sie führen ihre Bombenangriffe zum Teil in niedrigen Höhen rücksichtslos durch. Die doppelmotorigen Coudrons werden hierzu mit Vorliebe verwandt. Ihre Panzerung wird nach wiederholten Versuchen erfahrungsgemäß von unseren K-Geschossen nicht durchschlagen . . . Ich habe selbst bei einem Angriff am 15. 7. 1918 auf einen Coudron aus nächster Nähe fast meine ganze Munition verfeuert. Der Coudron flog, ohne sich um mich zu kümmern, ruhig weiter.«[1]

Dann fragte er, weshalb man die gepanzerten französischen Flugzeuge nicht mit Fliegerabwehrgeschützen bekämpfe, anstatt das Leben der Piloten bei Angriffen aufs Spiel zu setzen, die von vornherein aussichtslos waren. Er beschwerte sich darüber, daß seine Männer fünfmal täglich zum Feindflug starten mußten, und sagte, daß weder die Piloten noch die Flugzeuge solchen Strapazen gewachsen seien. Er verlangte vernünftigere Aufgaben und bessere Nachrichtenverbindungen.

Er kritisierte aber nicht nur seine Vorgesetzten, sondern auch seine Untergebenen. Wenige Stunden nach Rückkehr der letzten Staffeln am 15. Juli bestellte er die Kettenführer zu sich und warf ihnen Disziplinlosigkeit beim Einsatz an diesem Tage vor. Ohne Zweifel war dieser Mangel an Disziplin unter der Führung Wilhelm Reinhards eingerissen, der zu nachsichtig gewesen war; und der Umstand, daß er die Führung im Luftkampf einem seiner Untergebenen überlassen hatte, wirkte sich jetzt auf den Korpsgeist des Geschwaders aus. Nach Görings Ansicht erlaubten sich die Piloten zu oft die »freie Jagd«, bei der jeder für sich darauf ausging, einen Gegner abzuschießen, ohne sich um die Taktik des Gesamtverbandes zu kümmern. In einem Verband, dem so erfolgreiche Kampfflieger angehörten wie Udet, Loewenhardt und Lothar von Richthofen, der Bruder des gefallenen Kommandeurs, die darin wetteiferten, die meisten feindlichen Flugzeuge abzuschießen, mußte es zwei verschiedene Arten von Leuten geben, die Erfolgspiloten und die Mittelmäßigen. Am Boden und in der Luft neigten die Piloten mit den meisten Abschüssen immer mehr zu Starallüren. Reinhard hatte sich nicht dadurch stören lassen, aber Göring wollte es nicht dulden. Für ihn gab es nur einen Star in seinem Geschwader, nämlich ihn selbst. Er traf die Entscheidungen, er bestimmte die Taktik, und er allein durfte Launen haben, wenn etwas mißlang.

Wenn man sagt, seine Kettenführer hätten es übelgenommen, wie er mit ihnen umsprang, dann ist das sehr zurückhaltend ausgedrückt. Göring wußte genau, daß er schon zu weit gegangen war, wenn er ihnen nur die Zähne zeigte. Er besaß noch lange nicht das bedingungslose Vertrauen seiner Männer. Aber wie er Karl Bodenschatz später erzählte, hatte er sich entschlossen, eine Krise heraufzubeschwören, um sie dann auf seine Seite zu bringen. »Der Pfau muß gerupft werden«, sagte er, »wenn er über die eigenen Federn stolpern soll.« Seine Rüge hatte die Piloten tief verletzt, und er entließ sie, damit sie ihrem Unmut im Kasino im Kreis der Kameraden Luft machen konnten. Am Abend des 17. Juli 1918 befahl er alle Ketten- und Staffelführer noch einmal zu sich und erklärte ihnen das Unternehmen des Geschwaders für den folgenden Morgen. Dann ließ er die Bombe platzen. Jeder Staffelführer sollte diesmal das Kommando seinem Stellvertreter übergeben und seine Staffel allein fliegen lassen. Die Staffelführer einschließlich Udet, Loewenhardt und Lothar von Richthofen unterstellte Göring sich selbst und befahl ihnen, hinter ihm herzufliegen. Sie sahen ihn ungläubig an, als habe er einen Scherz gemacht. Als sie feststellten, daß er es ernst meinte, wurde Loewenhardt rot vor Wut, Richthofen biß sich auf die Lippen und blickte zu Boden, aber Ernst Udet grinste nur. Später sagte Göring zu Bodenschatz, er habe sich sofort denken können, weshalb. Göring konnte seine Untergebenen vielleicht zunächst durch seinen ungewöhnlichen Befehl demütigen, aber sobald sie in der Luft waren, würden sie es ihm mit gleicher Münze heimzahlen. Er hatte vor, mit den acht tüchtigsten Piloten, die es in diesem Luftkrieg gab, gegen den Feind zu fliegen, und wenn er das Unternehmen nicht zur Farce werden lassen wollte, dann mußte er sie so führen, wie es ihren Maßstäben entsprach. War er wirklich der Mann, das zu tun?

Im Kriegstagebuch des Jagdgeschwaders Richthofen Nr. 1 steht für den 18. Juli 1918 der folgende, von Göring persönlich geschriebene Eintrag: »Am 18. 7. 1918 griff ich um 8 Uhr 15 vormittags einige Spads an. Ich drückte einen Spad herunter und schoß ihn nach Kurvenkampf ab. Er fiel in die Waldschlucht bei St. Bandry.«[2]

Aber das war keineswegs alles. Während des ganzen Unternehmens hatte er sich so verhalten wie der »rote Baron«. Er hatte seine berühmten Piloten gezwungen, im Hintergrund zu bleiben, während die stellvertretenden Staffelführer das Gefecht führten und den Ruhm für sich in Anspruch nahmen. In der letzten Phase hatte er den Stars endlich erlaubt, einzugreifen, und war an der Spitze seiner Unterführer gegen den Feind geflogen, um ihnen zu zeigen, wie man fliegt und einen Verband führt. Immer wieder stieß er in die britischen Formationen hinein und trieb sie auseinander, so daß Udet, Loewenhardt, Richthofen und die anderen ihm folgen und die gegnerischen Maschinen abschießen konnten. Es war großartig, denn jedesmal, wenn seine hochmütigen Untergebenen ein Ziel fanden, wußten sie nur zu gut, daß es ihr Kommandeur gewesen war, der ihnen diese Chance gegeben hatte. Erst in den allerletzten Minuten flog Göring auf eine britische Spad zu und deutete damit an, daß dieses Flugzeug sein Gegner sei. Mit geschickten Drehungen, Wendungen und einer genau kontrollierten Schlußspirale, mit der er sich im Augenblick vor dem Abschuß hinter das feindliche Flugzeug setzte, gab er den anderen eine gekonnte Vorstellung.

Dies war das 22. und letzte Flugzeug, das Hermann Göring abschoß. Aber das hatte er jetzt auch nicht mehr nötig. Er hatte seinen Untergebenen gezeigt, worauf es ankam. Der »fliegende Zirkus« wußte jetzt, daß Zusammenarbeit der wichtigste taktische Grundsatz war.

Anfang August 1918 hatte Hermann Göring das Vertrauen seines Jagdgeschwaders in so hohem Maße gewonnen (er war vielleicht noch beliebter als der »rote Baron« selbst), daß er glaubte, er könne sich einen kurzen Urlaub gönnen. Er übergab das Kommando des Jagdgeschwaders Richthofen an Lothar von Richthofen und fuhr über München nach Mauterndorf. Dort war er mehr mit seinem Paten und Baronin Lilly zusammen als mit seiner heimlich Verlobten. Marianne Mausers Vater hatte erkannt, daß der Krieg sich einem für Deutschland ungünstigen Ende näherte. Welcher Zukunft sah ein junger ehemaliger Pilot, wie tapfer er auch gewesen sein mochte, in einem besiegten Deutschland entgegen? Vater Mauser hielt es für besser, die Tochter mit einem Gutsbesitzer zu verheiraten, der die schlechten Zeiten eher überstehen konnte als ein charmanter junger Offizier ohne Geld und ohne Zukunft. »Was haben Sie meiner Tochter jetzt zu bieten?« schrieb Herr Mauser im Januar 1919 an Göring nach München. »Nichts«, telegrafierte Göring zurück.

Als er zu seiner Truppe zurückkehrte, hatte sich das Blatt an der Westfront bereits gewendet, und der Erste Weltkrieg war in seine Endphase getreten. Der »fliegende Zirkus« hatte viele Piloten verloren, konnte keinen Mannschaftsersatz mehr bekommen, und Kraftstoff wurde knapp. Bei den täglichen Luftkämpfen stießen die deutschen Verbände auf immer stärkere französische, britische und amerikanische Formationen. Ende September meldete Bodenschatz die Stärke des Jagdgeschwaders Richthofen mit nur mehr 53 Offizieren (einschließlich des technischen Personals) und 473 Unteroffizieren und Mannschaften. Er schrieb: »Die Anspannung ist im Gesicht des Leutnants Göring deutlich zu erkennen. Er ist mager und hart. Wir alle werden jetzt hart.«

Am 7. Oktober 1918 brachte der Schweizer Gesandte in den Vereinigten Staaten eine persönlich an Präsident Wilson gerichtete Botschaft der deutschen Regierung in das State Department. Darin bat die Reichsregierung um einen sofortigen Waffenstillstand und forderte den Präsidenten auf, »Schritte für die Wiederherstellung des Friedens zu unternehmen, alle kriegführenden Parteien von diesem Ersuchen zu benachrichtigen und sie aufzufordern, zur Aufnahme von Verhandlungen Bevollmächtigte zu ernennen.«[3] Die deutschen Armeen an der Westfront begannen auseinanderzubrechen und vor den unaufhörlichen Angriffen der Alliierten zurückzuweichen. Bulgarien verließ das Bündnis mit den Mittelmächten und bat um einen Waffenstillstand. Das Habsburgerreich lag in den letzten Zügen.

Die deutsche Note an den Präsidenten der Vereinigten Staaten wurde streng geheimgehalten, denn die Truppe durfte nichts davon erfahren. Man befürchtete eine Panik. Die deutsche Regierung hoffte immer noch darauf, einen ehrenvollen Frieden zu schließen; für diese Illusion war sie bereit, weiterzukämpfen. Das Kriegsende ließ noch länger als einen Monat auf sich warten, und während hinter den Kulissen um die Friedensbedingungen gefeilscht wurde, mußten noch Tausende ihr Leben lassen.

Für Hermann Göring und den »fliegenden Zirkus« kam ein Aufgeben nicht in Frage. Als Göring von Unruhen bei der Truppe, von Meutereien und Befehlsverweigerung der Soldaten gegenüber ihren Offizieren hörte, war er entsetzt. In den folgenden drei Wochen mußte das Geschwader seine Operationen unterbrechen, denn das Wetter war schlecht, der Nachschub kam nicht heran, und die Verbindung mit dem Armeestab war unterbrochen. Die Nachrichten aus dem rückwärtigen Frontgebiet und aus Deutschland wurden immer beunruhigender. Gerüchteweise verlautete, die Alliierten hätten die Abdankung des Kaisers verlangt. Angehörige von Kameraden, die in deutschen Hafenstädten lebten, berichteten von Meutereien in der Kriegsmarine und der Einsetzung von revolutionären Matrosenräten. Göring befahl das Personal des Jagdgeschwaders 1 in den großen Hangar von Guise, hielt eine Ansprache und verlangte von seinen Männern, sie sollten weiterkämpfen, dem Vaterland die Treue bewahren und sich vor allem nicht um absurde Gerüchte kümmern wie die, daß »unser geliebter Kaiser uns in der Stunde der Not im Stich lassen will«. Er gab seiner festen Überzeugung Ausdruck, der Kaiser werde seinen Soldaten auch weiterhin die Treue halten, und sie dürften den Kaiser nicht verlassen und müßten, wenn notwendig, für ihn und für die Ehre der Nation sterben. Die Ansprache wurde mit Beifall aufgenommen.

Aber wenige Tage später strömten deutsche Soldaten auf dem Rückzug über den Flugplatz, und das Jagdgeschwader 1 erhielt den Befehl, seinen Standort zu verlegen, weil die Alliierten die Maas überschritten hatten. Göring richtete sein neues Stabsquartier in Tellancourt auf einem für den Einsatz seiner Maschinen wenig geeigneten Feldflugplatz ein. Die Startbahn war vom Regen, der in diesem Winter schon früh eingesetzt hatte, halb überschwemmt, und die Räder der Flugzeuge blieben im Schlamm stecken, und es war unmöglich, gegen den Feind zu starten. Man traf sich im Kasino und hörte alarmierende Berichte vom Chaos und dem Blutvergießen in Deutschland, die durch neu eingetroffene Reservisten kolportiert wurden. Das Schicksal der deutschen Streitkräfte entschied sich schließlich in einem Eisenbahnwagen im Wald von Compiègne, wo die deutsche Waffenstillstandskommission auf die Unterzeichnung der alliierten Vorlage wartete. Inzwischen war am 9. November ein telegrafischer Befehl eingetroffen, der alle Luftoperationen an der Westfront untersagte. Göring war zutiefst enttäuscht und weigerte sich, zu glauben, daß der Krieg vorüber und Deutschland geschlagen sei. Er sagte Bodenschatz, am liebsten würde er in seine Maschine steigen und mit den Kameraden zum Armeehauptquartier fliegen, um die Feiglinge dort zu bombardieren. Aber diese Stimmung ging bald vorüber. Das Wetter machte weiterhin alle Luftoperationen unmöglich, und wahrscheinlich hätte er das Hauptquartier auch gar nicht gefunden, denn die Stäbe räumten schon ihre Stellungen und setzten sich in Etappen nach Deutschland ab. Doch immer noch trafen einander widersprechende Befehle von irgendwelchen Vorgesetzten ein, er solle sich den amerikanischen Streitkräften an der Maas ergeben, und dann wieder, er solle seine Leute und die Flugzeuge nach Darmstadt bringen.

Am 10. November erfuhren die verwirrten Flieger, daß der Kaiser abgedankt habe und Soldaten hinter der roten Fahne der Arbeiterrepublik gegen Berlin marschierten. Jetzt erhielt Göring einen eindeutigen Befehl vom Stab der 5. Armee. Er solle alle seine Flugzeuge am Boden lassen und sich mit seinen Besatzungen den nächsten alliierten Truppen ergeben. Das waren die Amerikaner. »Vor den Yankees werde ich nie kapitulieren!« sagte er. Er rief seine Männer zusammen und teilte ihnen mit, der Waffenstillstand stünde kurz bevor, und die deutsche Regierung werde sich geschlagen geben. Dann gab er bekannt, welchen Inhalt der erhaltene Befehl hatte.

»Es ist ein Befehl, den ich nicht zu befolgen gedenke!« rief er. »Ich werde es nicht zulassen, daß meine Männer oder meine Maschinen dem Feind in die Hände fallen. Wir können nicht hierbleiben und weiterkämpfen, aber wir können dafür sorgen, daß wir bei Kriegsende in Deutschland sind. Das Geschwader wird sofort alle wichtigen Papiere und Ausrüstungsstücke auf dem Landweg nach Darmstadt bringen. Zelte und beschädigte Maschinen lassen wir zurück. Mit den startbereiten Flugzeugen fliegen wir nach Darmstadt.«

Bodenschatz sollte die Führung der Fahrzeugkolonne übernehmen und bereitete alles vor, um durch Schlamm und Regen auf den durch zurückflutende Truppen verstopften Straßen zur deutschen Grenze zu fahren. Die Piloten machten eben ihre Maschinen für den Flug nach Darmstadt startklar, als ein deutsches Militärfahrzeug über das aufgeweichte Flugfeld rollte und vor ihnen anhielt. Göring kletterte wieder aus seiner Maschine; er war rot vor Wut und schwang den Geschwaderstock, als wollte er den Stabsoffizier schlagen, der auf ihn zueilte.

»Wie können Sie es wagen, sich uns in den Weg zu stellen?« schrie er ihn an. »Machen Sie, daß Sie mit dem verdammten Wagen von der Startbahn runterkommen!«

»Ich habe Ihnen einen wichtigen Befehl zu überbringen, den Sie sofort lesen müssen«, erwiderte der Offizier. Er übergab Göring einen versiegelten

Umschlag, den dieser ungeduldig aufriß. In dem Befehl las er: »Stab 5. Armee an Kommandeur Jagdgeschwader Freiherr von Richthofen Nr. 1. – Sie rüsten sofort Ihre Flugzeuge ab und fliegen zum französischen Luftstab nach Straßburg, wo alle Vorbereitungen für Ihre unbehinderte Landung getroffen sind. Bestätigen.«

Göring wandte sich an Bodenschatz: »Die Franzmänner wollen unsere Fokker D-8 haben«, sagte er. »Das haben sie schon immer gewollt. Aber sie werden sie nicht bekommen. Hängen Sie sich ans Telefon, Bodenschatz, und sagen Sie ihnen das.«

Hier unterbrach ihn der Stabsoffizier und erklärte, welche schwerwiegenden Folgen es haben werde, wenn er den Befehl in dieser Weise verweigere. Die Franzosen könnten daraus schließen, daß die Deutschen es mit ihrem Waffenstillstandsangebot nicht ernst meinten. Das könne die Alliierten veranlassen, die Feindseligkeiten wiederaufzunehmen, ehe die deutschen Streitkräfte sich darauf vorbereitet hätten. Dem Generalhauptquartier und der deutschen Delegation komme es jetzt darauf an, Zeit zu gewinnen, behauptete der Offizier. Man sei gewillt, die Kämpfe wiederaufzunehmen, wenn die Waffenstillstandsbedingungen nicht anständig und ehrenhaft seien. (Eine Zeitlang glaubte die deutsche Öffentlichkeit dies auch wirklich.) Wollte Göring gegen den ihm erteilten Befehl verstoßen, dann könnten sich alle diese Pläne zerschlagen.

Der Kommandeur des »fliegenden Zirkus« befahl den Piloten, die Motoren abzustellen, und ging eine Stunde lang mit Bodenschatz, Udet, Loewenhardt und Lothar von Richthofen im Schlamm auf und ab, um die Lage mit ihnen zu besprechen. Schließlich kam er zu dem Stabsoffizier zurück und teilte ihm seine Entscheidung mit. Fünf durch das Los bestimmte Offiziere würden mit fünf Flugzeugen nach Straßburg fliegen und dem dortigen Stab mitteilen, daß sie das Vorauskommando seien. Der Rest der Maschinen würde jedoch nicht zu den Franzosen, sondern nach Darmstadt fliegen.

Der Stabsoffizier widersprach und sagte Göring, auch das sei eine Mißachtung des gegebenen Befehls. Es sei seine Pflicht, den vorgesetzten Stellen zu melden, welches Täuschungsmanöver geplant sei. Göring teilte ihm lächelnd mit, er habe mit dieser Möglichkeit gerechnet, und um ihn von der Verantwortung zu entbinden, hätten er und seine Offiziere beschlossen, den Stabsoffizier gefangenzunehmen.

»Leutnant Bodenschatz steht von jetzt an zu Ihrer Verfügung«, sagte er. »Sie werden ihn nach Darmstadt begleiten.« Dann fügte er grinsend hinzu: »In Ihrem Dienstwagen.«

Die fünf Flugzeuge mit den ausgelosten Piloten starteten und verschwanden im Dunst. Göring hatte dem Stabsoffizier nicht gesagt, daß sie die Maschinen bei der Landung in Straßburg auf seinen Befehl zu Bruch gehen lassen sollten, damit den Franzosen keine intakten Flugzeuge in die Hände fielen – was sie auch taten. Als ihre Kameraden abgeflogen waren, bereiteten sich die übrigen Piloten des Geschwaders auf den Start und Heimflug vor. Doch damit war die Pechsträhne für das Geschwader noch nicht vorüber. In dem sehr ungünstigen Wetter verflogen sich einige Flugzeuge und landeten in Mannheim. Als sie aus ihren Maschinen stiegen, stellten die Piloten fest, daß über dem Verwaltungsgebäude eine rote Fahne wehte. Sie wurden sofort von bewaffneten Soldaten und Zivilisten umzingelt. In Mannheim hatte ein Arbeiter- und Soldatenrat die Macht ergriffen, dem es an Waffen für den bevorstehenden Machtkampf in Deutschland fehlte. Die Leute nahmen den Fliegern ihre Schußwaffen ab und demontierten die Maschinengewehre an den Flugzeugen. Widerstrebend erklärten sie sich schließlich bereit, die Fliegeroffiziere in einem Lastwagen nach Darmstadt zu bringen. Dort meldeten sie Göring den unglücklichen Ausgang ihres Unternehmens. Der Geschwaderkommandeur war außer sich vor Wut.

»Denen werden wir eine Lektion erteilen!« schrie er.

In aller Eile stellte er eine Staffel aus neun Flugzeugen zusammen und besetzte zwei von ihnen mit Piloten, die vorher in Mannheim gelandet waren. Dann spielte sich folgendes ab: Nach seinen Instruktionen kreisten sieben Flugzeuge in geringer Höhe über dem Flugplatz von Mannheim, flogen dicht über die Dächer und vollführten allerlei Kunststücke. Die Piloten der beiden anderen Maschinen setzten auf dem Flugplatz auf, gingen zum Arbeiter- und Soldatenrat und präsentierten das Ultimatum Görings. Entweder gäbe man alle den Piloten abgenommenen Waffen zurück und entschuldige sich schriftlich für das vorangegangene Verhalten, oder Göring würde den Flugplatz mit seinen Maschinen angreifen und auf alles schießen, was sich dort bewege.

»Er wird vier Minuten warten, nicht länger«, sagte einer der Piloten und deutete auf Görings Flugzeug. Er hatte eine Signalpistole in der Hand. »Ich soll damit das Zeichen geben, wenn Sie auf unsere Bedingungen eingegangen sind.«

»Dann schießen Sie die Leuchtrakete ab!« sagte der Führer des Soldatenrats. »Natürlich gehen wir darauf ein.«

Die Waffen wurden in die Flugzeuge verladen, die Entschuldigung geschrieben, und beide Maschinen starteten, um mit ihren Kameraden nach Darmstadt zurückzufliegen. Dort landete Hermann Göring als erster. Am Ende der Rollbahn stellte er sein Flugzeug absichtlich quer und ließ es zu Bruch gehen. Die anderen Piloten taten das gleiche.

Am Abend schrieb er in das Kriegstagebuch des Jagdgeschwaders 1:

»11. November. Waffenstillstand. Geschwaderflug bei ungünstigen Witterungsverhältnissen nach Darmstadt. – Dunstig –

Das Geschwader hat seit seiner Begründung 644 Luftsiege errungen. Die Verluste betrugen durch feindliche Einwirkungen an Toten 56 Offiziere und Flugzeugführer,

6 Mannschaften,
an Verwundeten 52 Offiziere und Flugzeugführer,
7 Mannschaften.

gez. Hermann Göring
Oberleutnant u. Geschwaderkommandeur.«[4]

Damit hatte der »fliegende Zirkus« aufgehört, ein fliegender Verband zu
sein, war aber noch nicht endgültig aufgelöst. Die Männer blieben noch
ein paar Tage zusammen, bevor sie für immer auseinandergingen.
Karl Bodenschatz berichtet: »Nach der Vernichtung unserer Flugzeuge erhielten wir den Befehl, uns in Aschaffenburg zu melden, wo sich die Reste
des deutschen Generalstabs versammelt hatten. Göring und Ernst Udet
kamen im Hause eines Industriellen am Stadtrand unter, und wir richteten
unser Stabsquartier in einer Papierfabrik ein. Dort befand sich ein großer
Hof, auf dem die Offiziere und Mannschaften antreten konnten. Es war
auch genügend Platz für die Unterbringung unseres Gepäcks vorhanden.
Während wir auf die Auflösung des Geschwaders und unsere Entlassung
warteten, hatten meine Schreiber und ich viel zu tun, um alle Papiere in
Ordnung zu bringen. Aber die Piloten konnten nichts tun als warten. Das
taten sie meist in irgendwelchen Lokalen, wo sie sich oft betranken, denn
sie waren aufs äußerste verbittert. Das war verständlich. Das Deutschland,
das wir gekannt und geliebt und für das wir gekämpft hatten, war vor
unseren Augen zerbrochen, und wir konnten nichts daran ändern. Offiziere wurden auf der Straße von den Mannschaften angepöbelt, und man riß
ihnen die Orden von der Brust, die sie sich mit dem Einsatz ihres Lebens
verdient hatten.«
Die Entlassung erfolgte auf dem Fabrikhof. Alles ging schnell und einfach
vor sich, und es wurden keine Reden mehr gehalten. Die Mannschaften und
etwa die Hälfte der Offiziere – meist die jüngeren Reservisten – nahmen
ihr Gepäck auf und marschierten ab. Aber Bodenschatz mußte noch dort-
bleiben, um die schriftlichen Arbeiten abzuschließen, ebenso Göring und
die meisten dienstälteren Offiziere, die zum Teil auch blieben, wenn sie
keine dienstliche Veranlassung mehr dazu hatten.
»Sie hätten nach Hause fahren können, aber es fiel ihnen offenbar schwer,
abzureisen, als fürchteten sie sich vor dem, was sie dort erwartete«, sagte
Bodenschatz. »In diesem neuen, fremdartigen, schrecklichen, besiegten
Deutschland fühlten wir uns wie Fremde, und wie Fremde hielten wir zusammen. Das Lokal, in dem wir uns trafen, war unser Getto, und die meisten von uns verließen es so selten wie möglich. Hermann war, soweit ich
mich erinnere, entweder zynisch oder wütend. Einmal sprach er davon,
nach Südamerika auswandern zu wollen, um Deutschland für immer den
Rücken zu kehren, aber im nächsten Augenblick wollte er einen großen
Kreuzzug organisieren, um das so tief gestürzte Vaterland zu retten.
Zum letztenmal für viele Jahre habe ich ihn am Abend der Auflösung des

Geschwaders gesehen, als wir uns zu einer Trauerfeier im Restaurant versammelt hatten. An diesem Abend stieg Hermann mit dem Glas in der Hand auf das Podium, und obwohl alles durcheinanderbrüllte, brachte uns seine Haltung zum Schweigen. Er begann zu sprechen. Dabei erhob er kaum die Stimme, aber es lag ein besonderer emotionaler Ton darin, der uns unter die Haut und zu Herzen ging. Er sprach vom Geschwader Richthofen, sagte, was es geleistet hatte und wie diese Leistungen, das Können und der Mut seiner Piloten es weltberühmt gemacht hätten. ›Nur in Deutschland wird sein Name in den Schmutz gezogen, werden seine Taten vergessen und seine Offiziere verhöhnt.‹ Er schimpfte auf die revolutionären Kräfte, die sich überall in Deutschland bemerkbar machten, sprach von der Schande, die sie über die Armee und ganz Deutschland gebracht hätten. Dann sagte er: ›Aber die Kräfte der Freiheit und des Rechts und der Moral werden am Ende siegen. Wir werden gegen die Mächte kämpfen, die uns versklaven wollen, und wir werden siegen. Die gleichen Eigenschaften, die das Geschwader Richthofen groß gemacht haben, werden sich im Frieden ebenso durchsetzen wie im Kriege. Unsere Zeit wird wieder kommen.‹ Dann hob er das Glas und sagte: ›Meine Herren, ich trinke auf das Vaterland und auf das Geschwader Richthofen.‹ Nachdem er ausgetrunken hatte, warf er sein Glas auf den Boden, und wir alle folgten seinem Beispiel. Viele von uns hatten Tränen in den Augen, auch Hermann. Es war ein gefühlsbetonter Augenblick.«

Hermann Göring und Ernst Udet wollten von Darmstadt nach München fahren, aber unter den damals in Deutschland herrschenden chaotischen Verhältnissen war dies nur auf dem Umweg über Berlin möglich. Im Dezember 1918 trafen sie in der Hauptstadt ein und mußten feststellen, daß die Regierungsgewalt von den Mehrheitssozialisten unter Führung von Friedrich Ebert übernommen worden war. Jetzt bemühte sich Ebert darum, die Offiziere der deutschen Streitkräfte auf seine Seite zu ziehen, und hatte den aktiven General Walther Reinhardt als Kriegsminister in sein Kabinett berufen. Die beiden ehemaligen Piloten kamen gerade recht zu einer Massenversammlung, die General Reinhardt in der Berliner Philharmonie veranstaltete. Bei dieser Gelegenheit wollte er die Offiziere auffordern, die neue Regierung zu unterstützen und ihrer jüngsten Verordnung Folge zu leisten, nach der alle Offiziere ihre Rangabzeichen ablegen und anstelle der Schulterstücke Ärmelstreifen tragen sollten. Der General selbst erschien mit Ärmelstreifen auf der Rednertribüne. Schulterstücke und Orden hatte er abgelegt.

Göring ging in seiner Dienstuniform zu der Versammlung. Als er jedoch gerüchteweise hörte, was der Minister sagen wollte, kehrte er in seine Unterkunft zurück und zog sich um. Er kam erst wieder in die Philharmonie, als General Reinhardt eben seine Rede beendet hatte. Nachdem der General sich gesetzt hatte, ging Hermann Göring ans Rednerpult. Er trug seine Extrauniform mit den silbernen Schulterstücken und den Rangabzeichen eines Hauptmanns, den Pour le mérite und seine anderen Auszeichnungen. »Ich bitte um Verzeihung, Herr General«, sagte er und wendete sich an die Zuhörer. Ein Raunen ging durch die Reihen der Offiziere, die ihn erkannten, als er die Hand hob und um Ruhe bat. Dann sah er sich nach dem verwirrten General um und fuhr fort: »Ich habe damit gerechnet, daß Sie hier als Kriegsminister in Erscheinung treten würden. Aber ich hatte doch gehofft, an Ihrem Ärmel einen Trauerflor zu sehen, der Ihre tiefe Trauer über die erlittene Schmach ausdrücken sollte. Sie aber tragen an Stelle des schwarzen Bandes drei blaue Streifen an Ihrem Ärmel. Ich nehme allerdings an, daß es für Sie passender wäre, drei rote Ärmelstreifen zu tragen!«

Er wartete, bis der Beifall sich gelegt hatte, und sprach dann weiter: »Wir Offiziere haben jahrelang unsere Pflicht getan. Wir haben unser Leben fürs Vaterland eingesetzt. Nun kehren wir in die Heimat zurück – und wie behandelt man uns? Man spuckt uns an, man nimmt uns alles, was uns heilig ist. Aber – das kann ich Ihnen versichern – nicht das Volk ist für so eine Führung verantwortlich zu machen. Gerade die einfachen deutschen Menschen waren ja unsere Kameraden, die Kameraden von jedem einzelnen von uns, ohne Rücksicht auf Stand und Herkunft – vier harte Kriegsjahre hindurch . . . Schuld sind nur die, die das Volk jetzt aufstacheln, die Männer, die unseren ruhmreichen Armeen in den Rücken fielen, die nichts anderes wollten als Macht und die sich auf Kosten des Volkes bereichert haben . . . Aber der Tag wird kommen, an dem wir solche Leute aus Deutschland herausjagen werden. Bereitet euch vor auf diesen Tag! Rüstet euch für diesen Tag!«[5]

Göring erhielt gewaltigen Applaus und verließ die Versammlung mit einer Gruppe von Offizieren zu einem großen Zechgelage. Aber mit dem Kater des folgenden Tages kam zugleich die Erkenntnis, daß sein Gefühlsausbruch nichts an der Lage ändern würde. Er blieb noch wenige Tage mit Udet in Berlin, ohne etwas Rechtes anfangen zu können, und entschloß sich dann, nach München weiterzureisen, wo seine Mutter lebte. Ende Dezember 1918 bestieg er einen überfüllten Eisenbahnwagen dritter Klasse, um nach Süden zu fahren. Er trug Zivil, und niemand hätte vermutet, daß der bescheidene, stille junge Mann einer der großen deutschen Kampfflieger war.

»Diese Heimfahrt war eine der traurigsten Erfahrungen meines Lebens«, sagte Hermann Göring später. »Ich war nie wieder so bedrückt wie damals.«

5

Eine fremde Welt

Als Hermann Göring im August 1918 seinen letzten Urlaub in München verbracht hatte, war es noch die Hauptstadt des Königreichs Bayern, und König Ludwig III. hatte noch den Thron inne. Jetzt, nach nur drei Monaten, war alles anders geworden. Schon am 7. November, vier Tage vor der offiziellen Unterzeichnung des Waffenstillstands, hatten die Bayern genug vom Kriege. Am Nachmittag hatte sich eine große aus Soldaten und Zivilisten bestehende Menschenmenge auf der Theresienwiese versammelt und hörte in der warmen Herbstsonne die Ansprache Kurt Eisners, der sie dazu aufrief, die Regierung zu stürzen.

»Verteilt euch in der ganzen Stadt«, rief Eisner, »besetzt die Kasernen, verschafft euch Waffen und Munition, bringt die übrigen Soldaten auf eure Seite und übernehmt die Regierungsgewalt!«

Die Menge folgte dieser Aufforderung. Bei Einbruch der Dunkelheit wehte über jeder Kaserne in der Stadt eine rote Fahne. Eisner selbst begab sich zum »Mathäser«, wo ein Arbeiter- und Soldatenrat ihn zum Regierungsoberhaupt der »Bayerischen Republik« ernannte. Am 8. November hatte die »Regierung« Eisners den Hauptbahnhof, alle Zeitungsredaktionen, das Hauptquartier der bayerischen Armee und die meisten anderen öffentlichen Gebäude in der Hand.

Richard M. Watt schreibt: »König Ludwig III. hatte nicht den Mut, der Revolution entgegenzutreten. Seine Minister schlugen ihm vor, abzudanken. Sogar der General, der den Posten des königlich bayerischen Kriegsministers innehatte, war hilflos. In seiner Verwirrung wußte er nur zu sagen: ›Die Revolution – und hier stehe ich in meiner Uniform!‹ Ludwig und seine Familie setzten sich in ein Automobil und flohen aus der Stadt. Sie überließen die Macht in Bayern einem jüdischen Intellektuellen (Eisner), der sich bisher als Theaterkritiker betätigt hatte.«

Aber das dauerte nicht lange. Die hungrigen und unzufriedenen Bürger, die meuternden Soldaten und Matrosen in München hatten Eisner zu ihrem Führer gemacht, weil sie glaubten, er werde sie vom preußischen Joch befreien und eine bayerische sozialistische Republik gründen. Aber Eisner war ein Mann des Wortes und nicht der Tat. Die bayerische Revolutionsregierung verlor jede Übersicht über die Lage, und die Lebensmittelvorräte gingen ebenso schnell zur Neige wie das Geld.

In dieser chaotischen und anarchistischen Situation kamen Hermann Göring und Ernst Udet im Dezember 1918 nach München. Göring, von jeher ein überzeugter Monarchist und von früher Jugend an in den romantischen Vorstellungen vom Königtum erzogen, zuckte zusammen, als er sah, daß Soldaten auf der Straße Karikaturen verkauften, die Kaiser Wilhelm in einem Boot auf einen Kanal in Holland zeigten, während Krone und Zepter im Wasser schwammen. Eine zweite Karikatur, die ihn besonders erboste, trug die Unterschrift »Herr Militarismus, geboren in Berlin, gestorben in München, mit allen militärischen Ehren beigesetzt.«

Aber bald erkannte Göring, daß Eisners provisorische Regierung sich nicht lange würde an der Macht halten können. Seine Hauptgegner gehörten der Partei der Mehrheitssozialisten an, die in Berlin schon die Regierung übernommen hatte und jetzt versprach, den heimgekehrten Soldaten Arbeit, ihren Familien Wohnungen und für die gesamte Bevölkerung Lebensmittel zu beschaffen. Dabei gab es all das schon seit Monaten nicht mehr, weil das Verkehrsnetz zusammengebrochen war und die Bauern ihre Erzeugnisse horteten. Bei den im Januar 1919 stattfindenden Wahlen gewann die Partei die Mehrheit und bereitete sich darauf vor, die Regierungsgeschäfte zu übernehmen. Bis dahin durfte Eisner nominell den Posten eines Chefs der provisorischen Regierung behalten.

Das Regierungsprogramm der Mehrheitssozialisten entsprach nicht den monarchistischen und halb-feudalistischen Vorstellungen Görings, aber die Mehrheitssozialisten predigten wenigstens nicht die rote Revolution. Sie versuchten sogar, gegen die Ausschreitungen der Soldatenräte vorzugehen. Wenn die Mehrheitssozialisten an die Regierung kamen, dann würde in Bayern nach dem Chaos der letzten Wochen endlich wieder eine gewisse Ordnung eintreten. Ohne Zweifel würde es neue Schwierigkeiten geben, besonders wenn die Alliierten zu hohe Reparationen von den Deutschen verlangten und Deutschland nicht den gerechten Frieden gaben, auf den man noch hoffte. Die Rechtsparteien glaubten dagegen, wenn es soweit wäre, seien sie in der Lage, ihre Forderungen durchzusetzen. Göring und Udet hatten sich bereits einem Freikorps angeschlossen. Solche Freikorps bildeten sich in ganz Deutschland. Sie bestanden aus ehemaligen Offizieren, Unteroffizieren und Berufssoldaten, deren Ziel es war, das Fortbestehen der Armee zu sichern und die militärische Tradition zu erhalten, um im richtigen Augenblick die Macht zu übernehmen.

Dann aber wurde alles durch die Tat eines Fanatikers über den Haufen geworfen. Der junge Graf Anton Arco-Valley, der während des Krieges in der bayerischen Armee gedient hatte, wollte keinem Freikorps beitreten, denn die Ziele der Freikorps für den Wiederaufbau in Deutschland waren ihm zu gemäßigt. Statt dessen hatte er sich um die Aufnahme in eine der damals entstandenen militanten rechtsradikalen Vereinigungen beworben. In diesem Fall handelte es sich um die Thulegesellschaft, zu deren Mitgliedern Schriftsteller und Intellektuelle gehörten wie Dietrich Eckart, Rudolf Heß und Alfred Rosenberg. Die Thulegesellschaft beschäftigte sich mit der Verbreitung antisemitischer Literatur und Propaganda und richtete sich gegen die »jüdischen Revolutionäre«, die angeblich die Macht in Deutschland übernommen hatten. Das Emblem der Thulegesellschaft war das Hakenkreuz, und die Mitglieder begrüßten einander mit dem Ruf »Heil!«. Über die jetzt folgenden Ereignisse gibt es verschiedene Berichte. Nach der ersten Version erhielt Graf Arco-Valley die Aufforderung, durch eine besondere Tat zu beweisen, daß er würdig sei, in die Gesellschaft aufgenommen zu werden. Nach einer anderen wurde ihm die Mitgliedschaft verweigert, weil seine Mutter jüdischer Abstammung war. Er habe sich dann aus gekränkter Ehre entschlossen, durch die Tat zu beweisen, wie sehr er die Juden haßte. Jedenfalls stellte sich Graf Arco-Valley am 21. Februar 1919 um 9.00 Uhr vormittags vor dem Außenministerium in München Kurt Eisner in den Weg und feuerte aus kürzester Entfernung zwei Pistolenschüsse auf ihn ab. Eisner war auf der Stelle tot. Der Zufall wollte es, daß Eisner sich eben entschlossen hatte, seinen Rücktritt einzureichen, um damit den Mehrheitssozialisten die Gelegenheit zur Machtergreifung zu geben. Eisners Tod veränderte die politische Lage vollständig.

Niemand glaubte, Graf Arco-Valley habe aus eigener Initiative gehandelt. Die Revolutionäre in den Arbeiter- und Soldatenräten waren überzeugt, daß eine Verschwörung aus den rechtsradikalen Kreisen der Freikorps, der Thulegesellschaft und gewisser Studentenvereinigungen dahinterstecke. Sie forderten Rache. Lewien und Leviné griffen ein und ließen alle verdächtigen Konservativen und die Mitglieder der Freikorps zusammentreiben.

Ob das Leben Hermann Görings durch die Aktivitäten linker Kräfte gefährdet war, läßt sich heute nicht mehr feststellen. Zwar hat er Vereinigungen angehört, die Eisner gegenüber eine feindliche Haltung einnahmen, aber das hatten die meisten anderen Offiziere ebenfalls getan. Gegen Ende der Herrschaft der Kommune kam es zu dem Massaker im Luitpoldgymnasium, bei dem zwanzig angesehene Münchner Bürger ermordet und verstümmelt wurden. Abgesehen von diesem Zwischenfall wurden nur wenige Rechtsradikale als Mitglieder der Freikorps vor die Arbeitertribunale gestellt und zum Tode verurteilt. Als jedoch ein Komitee in Görings Abwesenheit in das Haus seiner Mutter kam und nach ihm fragte, nahm Göring an, auch er stünde auf der schwarzen Liste, und beschloß unterzutauchen. Er hatte das Glück, genau zu wissen, wo man ihn höchstwahrscheinlich nicht finden und deshalb auch nicht würde festnehmen können.

Zufällig war einer der leitenden Offiziere bei der alliierten Waffenstillstandskommission in München ein gewisser Captain Frank Beaumont vom Royal Flying Corps. Göring kannte ihn gut. Im Kriege war Beaumont, nachdem er zwei feindliche Flugzeuge abgeschossen hatte, auf deutschem Gebiet zu einer Bruchlandung gezwungen und von Angehörigen des Jagdgeschwaders 1 gefangengenommen worden. Damals behandelte das Personal der deutschen Kriegsgefangenenlager die gefangenen ausländischen Offiziere nicht besonders rücksichtsvoll, und Göring, der Beaumont als hervorragenden Flieger bewunderte und als Menschen schätzte, hatte ihn unter seinen persönlichen Schutz genommen. Bevor

Beaumont in ein Kriegsgefangenenlager kam, lebte er mehrere Monate beim Jagdgeschwader Richthofen. Jetzt war er, da er ausgezeichnet Deutsch sprach, als ehemaliger Fliegeroffizier bei der Waffenstillstandskommission in München mit der Aufgabe betraut, die deutsche Fliegertruppe aufzulösen.

Göring bat ihn um Hilfe bei dem Versuch, sich dem Zugriff der Roten zu entziehen. Beaumont ermöglichte es Göring, die Stadt zu verlassen und sich einem Freikorps anzuschließen, das von Berlin nach Süddeutschland geschickt worden war und den Auftrag hatte, die Münchner Kommune zu liquidieren. Das Freikorps hatte außerhalb von München bei Dachau ein Lager bezogen und stand dort zum Sturm auf die Stadt bereit. Nach wenigen Tagen gelang es ihm, den Widerstand der Roten mit Artillerie und Flammenwerfern zu brechen, und die Angehörigen des Freikorps marschierten über die Ludwigstraße in das Stadtzentrum. Dort trieben sie ihre Gegner zusammen, und es folgte eine blutige Säuberungsaktion.

Hermann Göring wartete nicht, bis es zum Kampf kam und die rechtsgerichteten Kräfte ihre Aktion beendet hatten. Er war von Deutschland und dem deutschen Volk zutiefst enttäuscht und wollte den Hunger, die Hoffnungslosigkeit, das Blutvergießen und den Brudermord hinter sich lassen, von denen das geschlagene Deutschland heimgesucht wurde.

Wohin konnte er denn gehen? Er hatte kein Geld, denn ehemalige Offiziere und Soldaten erhielten weder Renten noch Pensionen, und er konnte sich nicht an seinen Paten wenden, der irgendwo in Österreich lebte. Er hatte keinen anderen Beruf gelernt als den des Soldaten und Piloten. Nach seiner Rede in der Berliner Philharmonie war sein Eintritt in die kleine Armee ausgeschlossen, die Deutschland jetzt noch unterhalten durfte; zudem hatten die Alliierten die Aufstellung einer Fliegertruppe verboten. Seltsamerweise erlaubten sie jedoch den Deutschen auch weiterhin den Bau von Flugzeugen, und eine Reihe von Firmen beschäftigte sich noch damit. Die meisten von ihnen bauten Zivilflugzeuge für das Ausland. Zu ihnen gehörte das Unternehmen von Anthony Fokker, der außerdem eine Fabrik bei Amsterdam in Holland besaß. Da Göring einer der erfolgreichsten Testpiloten für die Maschinen des Holländers gewesen war, bat man ihn nun, das 1919 gebaute Modell eines Verkehrsflugzeugs zu erproben. Es war der Eindecker Fokker F-7, und Göring kam so gut damit zurecht, daß man ihn aufforderte, die Maschine bei der bevorstehenden Flugzeugschau in Dänemark vorzuführen. Dort erwies er sich als so geschickter Kunstflieger, und seine Zuschauer waren dermaßen von seinen Leistungen beeindruckt, daß Fokker sich entschloß, Göring die Maschine für längere Zeit zu leihen. Er rechnete damit, daß der Pilot mit seinem fliegerischen Können die Aufmerksamkeit der Fachleute in aller Welt auf das neue Flugzeug lenken werde. Damit begann eine Erfolgsperiode für Göring als Kunstflieger in Dänemark und Schweden. Er trat als ehemaliger Kommandeur des

»fliegenden Zirkus« von Richthofen auf und erweckte den Eindruck, das Flugzeug, mit dem er über die Köpfe der begeisterten Zuschauer hinflog, sei die Maschine, mit der er an der Westfront gegen die alliierten Flieger gekämpft hatte.

Fast ein Jahr lebte er, wie Bodenschatz später erzählte, »wie ein Boxweltmeister; er hatte mehr Geld, als er verbrauchen konnte, und jedes Mädchen, das ihm gefiel.« An einem denkwürdigen Tage im Sommer 1919 in Kopenhagen führte er zusammen mit vier ehemaligen Angehörigen des Jagdgeschwaders Richthofen eine Serie von Kunstflugfiguren vor, bei denen die Piloten mit ihrer Geschicklichkeit und ihrem Mut die Zuschauer zu Begeisterungsstürmen hinrissen. Nach der Vorführung lernte er eine attraktive junge Dänin kennen, die er nach Hause begleitete. Später schrieb er an Bodenschatz: »Wir haben in jener Nacht in Sekt gebadet.« Bodenschatz bemerkte dazu: »Ich habe nicht feststellen können, ob er das wörtlich gemeint hat, und natürlich habe ich nicht gewagt, ihn danach zu fragen.«

Hermann Göring war jetzt 27 Jahre alt und wußte genau, daß sein Leben als Kunstflieger ihm im Augenblick zwar großartige Erfolge brachte, aber nicht immer so weitergehen könnte. Es war eine Übergangslösung und außerdem gefährlich. Je anspruchsvoller die Zuschauer wurden, desto waghalsiger mußten seine Kunststücke werden, um sie in Spannung zu halten. Einmal hatte er schon das Fahrgestell seines Flugzeugs abgerissen. Sein Einsatz war riskanter als der eines Trapezkünstlers im Zirkus. Allerdings trug er bei seinen Vorführungen einen automatischen Fallschirm, für den er die Vertretung in Skandinavien hatte. Er brauchte eine weniger gefährliche Dauerbeschäftigung und entschloß sich, eine Anstellung in der zivilen Luftfahrt zu suchen. Wie sehr Deutschland ihn enttäuscht hatte, zeigt sich darin, daß er nicht versuchte, bei der kleinen in Deutschland entstandenen zivilen Luftfahrtgesellschaft unterzukommen, sondern sich als Pilot bei der schwedischen Firma Svensk-Lufttrafik bewarb. Dort wurde er ärztlich untersucht und legte eine technische Prüfung ab. Dann sagte man ihm, er würde auf die Warteliste gesetzt werden, bis eine Stelle frei würde.

Neben seiner Tätigkeit als Kunstflieger verdiente Hermann Göring seinen Lebensunterhalt auch als Pilot eines Lufttaxis. Dabei unternahm er kurze Flüge mit Leuten, die zum erstenmal das erregende Erlebnis des Fliegens haben wollten. Anspruchsvolleren Kunden, vor allem Geschäftsleuten, stellte er sich zu Flügen in ganz Skandinavien zur Verfügung. Das wurde nach geflogenen Kilometern bezahlt. Auf diese Weise lernte er im Winter 1920 den Grafen Eric von Rosen kennen, der in Stockholm den Zug versäumt hatte und schnell zu seinem Schloß Rockelstad am Bavensee bei Sparreholm in Mittelschweden gebracht werden wollte. Das Wetter war ungünstig, und es hatte angefangen zu schneien. Kaum ein anderer hätte daran gedacht, die Reise im Flugzeug zu unternehmen. Aber Rosen war ein furchtloser Mann, der sich als Forscher in Afrika und im hohen Norden bereits in der ganzen Welt einen Namen gemacht hatte. Er fragte Göring, ob er ihn nach Hause fliegen wolle, und erwähnte nebenbei, drei andere Piloten hätten sich wegen des schlechten Wetters geweigert, es zu tun. Er bot Göring doppelte Bezahlung.

Das Wetter war tatsächlich selbstmörderisch, besonders für einen Flug in das schwedische Hinterland, wo es für den Fall eines Maschinenschadens kaum Notlandeplätze gab. Aber Göring fühlte sich durch das Angebot Rosens herausgefordert und übernahm den Auftrag sofort. Der Flug erwies sich viel schwieriger als vorauszusehen war. Ein paarmal verflogen sie sich zwischen den Bergen und über den Seen, bis sie endlich den Bavensee fanden und auf dem Eis unter den hohen Mauern von Rockelstad landeten. Es war eine prächtige mittelalterliche Festung, ganz nach dem Herzen Görings. Nachdem er das Flugzeug festgezurrt hatte – denn es wurde schon dunkel, und Rosen hatte ihn eingeladen, über Nacht sein Gast zu sein –, stapfte er mit seinem Gastgeber durch den hohen Schnee zum Burgtor und wartete gespannt auf das, was ihm hier bevorstand.

Eine Verwandte des Grafen Rosen, die spätere Schwägerin Görings, hat über die jetzt folgende Szene einen Bericht geschrieben, den wir hier zitieren, weil darin die märchenhafte Stimmung zum Ausdruck kommt, in der Göring sich befunden haben mag:

»Froh winkend, obgleich etwas besorgt, stand die junge Hausfrau auf der Treppe, empfing die Männer und führte sie hinein in die Halle, wo loderndes Kaminfeuer und warme Getränke bald die steifgefrorenen Glieder erwärmten. Wie schön war doch dieses Heim! An den Wänden in dem hohen, bis in den zweiten Stock reichenden Raum hingen alte Waffen und Rüstungen, schöne Bilder und Wandtapeten mit nordischen Motiven. Überall fanden sich Jagdtrophäen und Erinnerungen an die weiten, in alle Erdteile ausgedehnten Reisen des kühnen Forschers. Am Treppenaufgang stand ein riesiger Bär, einer der vielen, die der Hausherr nach altnordischem Brauch mit dem Speer erlegt hatte.

Hermann Göring stand vor dem offenen Kamin und sah in die Flammen. Zwei große Hakenkreuze aus Schmiedeeisen schmückten die eisernen Stangen, auf denen die Holzscheite aufgestapelt waren. Das Hakenkreuz ... ihm war, als hätte er es immer gekannt, von uralten Zeiten her.

Die Treppe hinunter kommt eine hohe Gestalt, die Schwester der Hausfrau, Karin. Ihre tiefen blauen Augen begegnen Hermann Görings suchendem Blick. Schweigend und ehrfurchtsvoll stand er da. Ihm war, als hätte er sie immer gekannt. Eine solche Liebe kann nicht erklärt oder besprochen werden.«[1]

Das Schicksal hätte für das erste Zusammentreffen von Hermann Göring und Karin keinen geeigneteren Augenblick wählen können. Sie war 32 Jahre alt, eine hochgewachsene Brünette mit ebenso tiefblauen Augen wie der junge deutsche Flieger. Sie war eine von fünf Töchtern des schwedischen Aristokraten Baron Carl von Fock und seiner anglo-irischen Frau Huldine Beamish. Von ihren vier Schwestern lebte die eine noch im Elternhaus, eine zweite hatte einen Künstler geheiratet, die beiden anderen, denen sie am nächsten stand, waren ebenfalls mit Adeligen verheiratet. Ihre Schwester Mary war die Frau des Grafen Rosen, und die älteste Schwester Fanny war die Witwe des im Kriege gefallenen deutschen Offiziers, Graf Wilamowitz-Moellendorff. Karin selbst hatte vor zehn Jahren den schwedischen Berufssoldaten Nils von Kantzow geheiratet, und dieser Verbindung entstammte der jetzt acht Jahre alte Sohn Thomas. Allerdings gab es schon seit einiger Zeit gewisse Schwierigkeiten in dieser Ehe. Es lag nicht daran, daß Nils von Kantzow seine Frau nicht geliebt hätte. Er empfand eine tiefe Zuneigung für sie, die er bis ans Ende seines Lebens bewahrte. Der Grund lag vielmehr darin, daß sich die schöne, verträumte Karin, die in der Welt nordischer Mythen groß geworden war, heimlich nach einem Helden sehnte, der ihr Herz höher schlagen lassen würde. Der konservative Ehemann, seine geordnete Laufbahn und das gemeinsame Leben in verschiedenen schwedischen Garnisonen langweilten sie.

An diesem Abend, sie hatte in der Halle von Schloß Rockelstad vor dem Kaminfeuer auf einem Sofa Platz genommen, folgte sie mit wachsender Spannung dem Gespräch zwischen ihrem Schwager und dem gutaussehenden jungen Flieger. Göring sah zu dieser Zeit besonders attraktiv aus und verstand es, Frauen zu beeindrucken. Auf die Frage des Hausherrn berichtete er von seinem Leben an der Westfront beim Geschwader Richthofen, von den schrecklichen Dingen, die jetzt in Deutschland geschahen und den Auswirkungen des Versailler Vertrags auf die Deutschen. Hier fand er verständnisvolle Zuhörer. Obwohl die Mutter Engländerin war, hatten sich alle Töchter wie auch Rosen selbst während des Krieges ganz auf die Seite Deutschlands gestellt und täglich in der Hauskapelle für den Sieg der Deutschen gebetet. Angeregt durch den Wein, die anheimelnde Wärme und die Sympathie, die ihm entgegengebracht wurde, befand sich Göring in glänzender Form. Er war witzig, bescheiden und temperamentvoll in seinen Erzählungen. Dabei fühlte er die ganze Zeit die aus dem Schatten auf ihn gerichteten Blicke Karins. Für die schöne dunkelhaarige Frau war er unwiderstehlich. Er war der Held, dem zu begegnen von jeher ihre Sehnsucht gewesen war. »Er ist der Mann, von dem ich immer geträumt habe«, sagte sie später zu ihrer Schwester Fanny.

Im Verlauf des Abends erhob Eric von Rosen das Glas, »gefüllt mit deutschem Wein«, und trank »auf die Zukunft Deutschlands, an die er wie das ganze Schwedenvolk unerschütert glaubte«. Er stand auf und drückte dem Gast die Hand. Dann ergriff Rosen seine Laute, und man sang gemeinsam nordische und deutsche Volkslieder über die Heldentaten der Vorfahren. Hermann Göring stimmte bewegt mit ein.

Seine Gastgeber waren begeistert von ihm. Fanny hat die Szene später gefühlvoll geschildert: »Viel hat Hermann Göring mit Karin an diesem ersten Abend nicht sprechen können. Dazu war ihm die Seele zu bewegt. Der Sturmvogel des offenen Meeres hatte endlich Land in Sicht bekommen.«[2]

Er versäumte es nicht, sich nach Karins Adresse in Stockholm zu erkundigen, um sie dort besuchen zu können.

Hauptmann Nils von Kantzow, seine Frau Karin und ihr Sohn Thomas lebten damals in einem kleinen Haus am Grev Karlavägen in Stockholm, und hier wurde Hermann Göring Anfang 1921 zum Essen eingeladen. Für Nils von Kantzow muß es ein eigenartiges Erlebnis gewesen sein, denn weder seine Frau noch Göring gaben sich ernstlich Mühe, ihre Gefühle füreinander zu verbergen. Die Leidenschaft, die sie beim ersten Zusammentreffen füreinander entdeckt hatten, hatte sich durch die Trennung nur noch gesteigert. Der damals erst neunjährige Thomas von Kantzow erinnerte sich auch noch später lebhaft an sein erstes Zusammentreffen mit Hermann Göring.[3]

»Mir war er sofort sympathisch«, sagte er. »Man mußte ihn einfach gern haben. Er war so ein netter Kerl. Man merkte, daß er es nicht gewohnt war, mit Kindern umzugehen. Zuerst war er zurückhaltend, aber mich behandelte er wie einen Erwachsenen und hörte mir aufmerksam zu. Immer wieder brachte er uns zum Lachen, besonders wenn er lustige Geschichten über die Fliegerei erzählte. Mein Vater war ganz begeistert von ihm, und meine Mutter sah ihn unentwegt an. Damals hätte ich es wohl nicht mit Worten ausdrücken können, aber ich fühlte, daß sie sich in ihn verliebt hatte.«

Karin von Kantzow beschrieb ihre Gefühle der Schwester: »Wir sind wie Tristan und Isolde. Wir haben den Liebestrank gekostet, und wir sind hilflos, ja ekstatisch hilflos unter seiner Wirkung.«

Eine Zeitlang traf sie sich mit dem Geliebten in ihrem Elternhaus in Stockholm, und später pflegten sie in die kleine Hauskapelle zu gehen, um sich dort bei den Händen zu halten und gemeinsam zu beten. Die Kapelle war der Treffpunkt einer religiösen Frauengemeinschaft, der »Edelweißgesellschaft«, die einen pantheistischen Mystizismus vertrat. Sie war von Karins anglo-irischer Großmutter gegründet worden, versammelte ihre Mitglieder unter dem Symbol des Edelweiß, und W. B. Yeats und einige nordische Barden waren die Dichter, von deren Werken man sich beflügeln ließ. Nach ihrem ersten Zusammensein in der Kapelle schenkte Karin Hermann Göring ein Edelweiß, das er von da an am Hut trug.

Die Familie Fock war zunächst amüsiert über die Verliebtheit Karins, begann aber sich Sorgen zu machen, als Karin erklärte, sie habe ihrem Mann diese Gefühle offenbart und ihm gesagt, sie wolle sein Haus verlassen. Göring habe ihr einen Heiratsantrag gemacht, sie wolle sich jedoch nicht scheiden lassen, weil sie wisse, Nils von Kantzow werde darauf nicht eingehen. Dieser hatte mit Recht darauf hingewiesen, daß Göring keine feste Anstellung habe und Karin nicht gewohnt sei, mit wenig Geld auszukommen und einen Haushalt zu führen. Er wolle warten, bis die Beziehungen sich wieder abgekühlt hätten.

Damals erfuhr auch Thomas von Kantzow, daß der gutaussehende Mittagsgast sich anschickte, das Leben seiner Familie zu zerstören. Ganz unverhofft wurde Thomas nach Rockelstad zu seinem Onkel und seiner Tante, Eric und Mary von Rosen, gebracht.

»In Rockelstad gab es zwei Türme, den Turm der Sünde und den Turm der Tugend«, erzählte er. »Der Turm der Sünde hatte eine eigenartige Atmosphäre. Hier gab es fernöstliche Skulpturen, an den Wänden hingen Bilder von Zwergen und Teufeln und geheimnisvolle Hieroglyphen, und es roch nach Weihrauch. Im Turm der Tugend befanden sich ein Bild der Jungfrau, religiöse Gemälde und ein Deckenmosaik, das den heiligen Georg mit dem Drachen darstellte. Eines Morgens nahm mich meine Tante Mary an der Hand und führte mich in den Turm der Tugend. Dort eröffnete sie mir, daß meine Mutter uns mit einem Mann verlassen habe. Sie sagte, ich dürfe ihr deswegen nicht böse sein, denn sie liebe diesen Mann, und das entschuldige alles. Ich sagte, ich könnte meiner Mutter niemals böse sein, aber ich wünschte, sie hätte mich mitgenommen – und dieser Wunsch wurde noch stärker, als sie mir sagte, wer dieser Mann war. Ich brach in Tränen aus.«

Um diese Zeit bezogen Karin und Göring eine Wohnung in Stockholm und lebten dort einige Monate ganz offen zusammen. Nils von Kantzow stellte seiner Frau einen bestimmten Geldbetrag zur Verfügung, mit dem sie einigermaßen auskommen konnten; aber für Karin von Kantzow, die seit ihrer Kindheit in wohlhabenden Verhältnissen gelebt hatte, dürfte es ein ziemlicher Schock gewesen sein, als sie nun am eigenen Leib spürte, mit wie wenig Geld Menschen in bescheidenen Verhältnissen auskommen müssen. Es zeigt, wie sehr sie Hermann Göring liebte, daß sie sich in die neuen Umstände fügte und nie darüber klagte.

Erstaunlicherweise war es Göring und nicht sie, der sich um den Skandal Sorgen machte, den seine Affäre in der schwedischen Gesellschaft verursachte. Das Gerede der Menschen war Karin gleichgültig; eine gottgegebene Liebe, wie sie sie für Hermann empfand, konnte nach ihrer Meinung keine Sünde sein. Andererseits litt Göring darunter, daß die von ihm verehrte Frau als Ehebrecherin verachtet wurde. Der einzige Punkt, in dem er ihr nicht zustimmen konnte, war ihre Weigerung, die Scheidung einzuleiten. Vielleicht hatte er im Unterbewußtsein einen Schuldkomplex wegen der ehebrecherischen Beziehungen seiner Mutter. Karin erklärte ihm immer wieder, daß ihr Mann im Falle einer Scheidung das Sorgerecht für Thomas erhalten werde und daß sie das nur schwer ertragen könne. Schon jetzt konnte sie nur unter Schwierigkeiten mit ihrem Sohn zusammenkommen. Der Junge verließ das Haus seines Vaters, um zur Schule zu gehen, und besuchte seine Mutter und Göring in der Mittagspause. Oft brachte er ihnen irgendwelche Leckerbissen aus der Küche von zu Hause mit, die sie sich jetzt nicht leisten konnten. Im kalten Winter war die Wohnung oft nicht genügend geheizt, und dann saßen Karin, ihr Liebhaber und ihr Sohn eng aneinandergeschmiegt zusammen, um sich gegenseitig zu wärmen.

»Dabei steckten wir uns die Bissen in den Mund«, erzählt Thomas, »und lachten und scherzten darüber, wie komisch es gewirkt hätte, wenn irgend jemand uns dabei hätte beobachten können. Es waren glückliche Augenblicke. Ich war froh zu sehen, daß die beiden so glücklich miteinander waren, aber ich vermißte meine Mutter sehr.«

1921 beschloß Hermann Göring, Schweden zu verlassen, vor allem um die Gefühle Karins auf die Probe zu stellen. Beruflich konnte er in Schweden nicht weiterkommen. Bei seinen Gesprächen mit Karin, die eine umfassende Bildung besaß und viel von Musik, Malerei und Architektur verstand, stellte er große Lücken in seiner eigenen Bildung fest, und er glaubte, er müsse sie jetzt endlich ausfüllen. Sie führte ihn in Galerien und Museen und weckte in ihm die Begeisterung für Gemälde und Skulpturen, die in seinem späteren Leben zur Leidenschaft werden sollte. Doch anderes würde er sich allein erarbeiten müssen. Er begann wieder, sich für Deutschland zu interessieren und las begierig die Zeitungen aus Berlin und München, um sich auf dem laufenden zu halten. Endlich gelang es seiner Mutter, ihm einen Studienplatz an der Universität München zu besorgen, wo er Geschichte und politische Wissenschaften studieren wollte. Nach einigem Zögern erklärte sich Karin einverstanden, in Schweden zu bleiben, bis Göring in Deutschland eine Existenz gefunden hätte. Doch in Wirklichkeit brachte sie es nicht fertig, sich von ihrem Sohn zu trennen.

Aber kaum war Göring abgereist, als die Sehnsucht nach ihm so stark in ihr wurde, daß sie ihm schon vor Ablauf des ersten Monats der Trennung telegrafierte, sie sei auf dem Wege zu ihm. In München wohnte sie bei Görings Mutter Franziska, der sie sofort gefiel und die davon überzeugt war, daß diese Frau ihres Sohnes würdig sei. Sie verlangte entschieden, daß die Scheidung jetzt in die Wege geleitet würde. In gewissen schwedischen Kreisen sei es vielleicht nicht notwendig, verheiratet zu sein, in Deutschland seien die Verhältnisse jedoch anders, auch wenn sich durch die Revolution manches verändert habe. Wenn Karin ihrem Mann künftig beruflich helfen wolle (keine der beiden Frauen wußte allerdings, welchen Beruf er ergreifen würde), dann müsse sie das Opfer bringen, ihre gesellschaftliche Stellung zu festigen und ihn zu heiraten.

Karin fuhr nach Schweden zurück, um die Sache mit Nils von Kantzow zu besprechen. Dieser hatte zwar schwer unter der Trennung von seiner Frau gelitten, aber er unternahm sofort die notwendigen Schritte. Er erklärte sich sogar bereit, seiner Frau nach der Scheidung regelmäßig eine gewisse Summe zu zahlen und ihr zu erlauben, bei ihren Besuchen in Schweden mit ihrem Sohn zusammenzukommen. Die Scheidung wurde rasch und ohne Schwierigkeiten durchgeführt, und nach einem schmerzlichen Abschied von Thomas reiste Karin nach München zurück.

Am 3. Februar 1923 wurde in München die Ehe zwischen Karin von Kantzow, geborene Fock, und Hermann Wilhelm Göring geschlossen. Die Braut trug ein weißes Kleid und einen Kranz aus weißen Rosen im Haar. Der Brautstrauß bestand aus roten Nelken, die mit zwei Seidenbändern zusammengehalten wurden. Eines zeigte die Farben der Familie Fock, grün-weiß, das andere die der Görings, rot-weiß. Der Bräutigam trug ein Edelweiß im Knopfloch. An der Trauung nahmen Görings Mutter, seine Geschwister, Karins älteste Schwester Fanny und deren Tochter, Dagmar von Wilamowitz-Moellendorff, teil. Anschließend fand für die Freunde der Familie im Parkhotel ein Empfang statt. Unter den Gästen befand sich auch Major Karl Bodenschatz, der als aktiver Offizier in das neue deutsche Heer (Reichswehr) eingetreten war. Görings alte Fliegerkameraden hatten ihm einen Glückwunsch geschickt, der beim Essen verlesen wurde: »Wir haben es schon immer gesagt, unser Göring macht es besser als alle anderen!«

Die Flitterwochen verbrachte das junge Paar in einem kleinen Jagdhaus in Hochkreuth bei Bayrischzell. Als sie nach München zurückkamen, stellte Karin fest, daß ihr jetzt dreißig Jahre alter Mann endlich einen Beruf gefunden hatte.

Aber die Tätigkeit war nicht so beschaffen, daß Nils von Kantzow sie als feste Anstellung bezeichnet hätte, und sie schien auch keine große Zukunft zu haben.

6

Der Putsch

Als sich Hermann Göring 1922 an der Universität München immatrikulieren ließ, stellte er fest, daß in Bayern und seiner Hauptstadt eine zeitweilige (wenn auch trügerische) Ruhe eingekehrt war. Die rote Rebellion war niedergeschlagen, und das darauf folgende Terrorregime der Rechtsradikalen war vorüber. Die Söldnertruppen der Freikorps, durch deren blutige Exzesse der Sieg über die rote Kommune beschmutzt worden war, hatten sich aufgelöst. In Deutschland hatte sich eine Republik etabliert, die sich in Weimar ihre Verfassung gegeben hatte. Aber aus innen- und außenpolitischen Gründen war der Friede in der Stadt noch nicht gesichert. Die jüngeren Leute zeigten mehr und mehr, daß sie mit der Haltung der Reichsregierung nicht einverstanden waren.

Die meisten Kriegsteilnehmer und, wie Göring feststellte, auch die meisten deutschen Studenten waren der Ansicht, Deutschland habe den Krieg nicht deshalb verloren, weil es im Felde besiegt worden war, sondern weil die sozialistische Linke dem Frontheer »mit einem Dolchstoß in den Rücken gefallen« sei und die neue Reichsregierung zu früh um den Waffenstillstand gebeten habe. Außerdem hätten die Alliierten die Deutschen durch üble Tricks dazu gebracht, auf absolut unerfüllbare Friedensbedingungen einzugehen. Die Republik befand sich in einer äußerst ungünstigen wirtschaftlichen Lage, die dadurch erschwert wurde, daß die Alliierten immer höhere Reparationsforderungen stellten. Es herrschten Hunger, Arbeitslosigkeit und Verzweiflung. Mehrere aufeinander folgende Regierungen hatten versäumt, der Inflation durch drastische Maßnahmen Einhalt zu gebieten. Als Folge der Inflation strich die Schwerindustrie hohe Gewinne ein, und die Regierung war lediglich durch die Geldentwertung imstande, die Staatsschulden abzubauen. Die Bevölkerung dagegen hatte das Nachsehen und litt Hunger und Elend.

Studenten und ehemalige Soldaten sahen in der Art und Weise, wie ihr Vaterland behandelt wurde, eine unerträgliche Demütigung. Nach ihrer Auffassung gab es zwei Elemente, die daran Schuld trugen: die »schlechten Deutschen«, die das Land in diese Lage gebracht hatten, und der Versailler Vertrag als Ursache für das Elend und die Schande. Bald nach seiner Rückkehr nach Deutschland gelangte auch Hermann Göring zu der Überzeugung, daß die »November-Verräter«, die das unselige Kriegsende herbeigeführt hatten, und die rachsüchtigen Alliierten an allem schuld seien. Aber er dachte nicht mehr daran, die Monarchie wiederherstellen zu wollen, und seine Bewunderung für Kaiser Wilhelm II., der jetzt ein recht auskömmliches Leben im holländischen Exil führte, hatte sich in das Gegenteil verkehrt (obwohl er grundsätzlich Monarchist geblieben war).

Er stellte fest, daß die meisten jungen Männer, mit denen er zusammenkam – und zwar nicht nur ehemalige Soldaten wie er –, das Ziel hatten, Deutschlands Ansehen wiederherzustellen und die »schlechten Deutschen«, die ihr Volk »verraten« hatten, auf diese oder jene Weise zu liquidieren und die monströsen Bedingungen des Versailler Vertrags aus der Welt zu schaffen. Sie alle waren geeignete Anwärter für die Mitgliedschaft in den sogenannten Vaterländischen Verbänden, die jetzt überall in Deutschland und besonders in Bayern aus dem Boden schossen. Wie Professor Harold J. Gordon jr. schreibt, unterschieden sich diese Verbände im Hinblick auf ihre Größe, ihre Organisation, ihre Methoden und ihre Ziele, aber sie alle waren entschieden nationalistisch, antisemitisch, wollten Deutschland mit radikalen Mitteln gegen seine inneren und äußeren Feinde verteidigen und waren locker gegen die linken Kräfte aller Schattierungen miteinander verbündet, die sie als Verräter und zerstörerische Elemente innerhalb der deutschen Gesellschaft ansahen.

Als sich Göring wieder in München niedergelassen hatte, gab es drei Flügel der vaterländischen Bewegung, und jeder hatte eine eigene Privatarmee aufgestellt. Ihre Gesamtstärke in Deutschland schätzte man damals auf mindestens 300 000 Mitglieder. Es gab den nationalistischen Flügel, der vor allem von der Wirtschaft, von Regierungsbeamten und Angehörigen der traditionsgebundenen Veteranenverbände unterstützt wurde. Diese Leute waren Gegner der Linken, befürworteten jedoch gemäßigte Methoden. Dann gab es den Flügel, der nach außenhin mit der Regierung zusammenarbeitete, in Wirklichkeit jedoch ihren Sturz anstrebte, und ein dritter linker Flügel sammelte schließlich die militanten Kräfte der Nationalsozialistischen Deutschen Arbeiterpartei (der späteren NSDAP) und ihre Verbündeten um sich.

»Dies war das militanteste Element innerhalb der Bewegung«, schreibt Professor Gordon, »hier wurde die Forderung erhoben, durch revolutionäre Gewaltanwendung einen neuen Staat und ein drastisch verändertes Gesellschaftssystem zu schaffen.« Das waren die sogenannten »Völkischen Verbände«. Allerdings gab es auch Angehörige und Gruppen der Mitte, die sich »völkisch« nannten. Die radikalen Verbände unterschieden sich im Typus und durch den Grad ihrer Virulenz ... Doch die einzige Organisation vaterländischer Bewegung, die den Vorteil genoß, sowohl eine paramilitärische als auch eine Propagandaorganisation zu sein, war die NSDAP. Sie war auch die einzige Gruppe, die Anfang 1923 (nach Görings Rückkehr) damit begonnen hatte, sich aus einem mehr oder weniger amorphen Zusammenschluß Gleichgesinnter in eine straff organisierte politische Partei zu verwandeln. Sie verwarf zwar den Parlamentarismus und die Parlamentarier, bereitete sich aber schon darauf vor, den politischen Kampf im Parlament aufzunehmen, obwohl sie es jetzt noch ablehnte, am parlamentarischen Leben teilzunehmen ... Das bedeutete, daß die NSDAP sich des taktischen Vorteils erfreute, am äußerst radikalen Rand der

Bewegung zu stehen ... Darüber hinaus waren die Nationalsozialisten die bestgeführte, am besten organisierte und flexibelste Gruppe.

Im Winter 1922 lernte Hermann Göring den Führer der NSDAP kennen und stellte fest, daß dieser Gedanken aussprach, die ihn selbst bewegten, und eine politische Linie vertrat, die ihm die Erfüllung seiner Wünsche zu versprechen schien – die Wiederherstellung der deutschen Ehre und Unabhängigkeit.

Das Leben als Student an einer Universität kann in mancher Hinsicht enttäuschend sein, wenn man fast dreißig Jahre alt ist. Göring bildete hier keine Ausnahme. Die Kriegsteilnehmer, die ihr Studium an der Universität München gleich nach Kriegsende abschließen wollten, hatten sie inzwischen schon fast alle verlassen, und die meisten jungen Kommilitonen waren neun bis zehn Jahre jünger als er und gehörten einer Generation an, deren Auffassungen und persönliche Erfahrungen sich wesentlich von den seinen unterschieden. Zwar waren auch sie über die in Deutschland herrschende Not verbittert und haßten die »schlechten Deutschen«, die, wie sie glaubten, für den verlorenen Krieg verantwortlich waren. Doch sonst hatten sie wenig mit ihm gemein. Der Kriegsheld, dem man in Skandinavien zugejubelt hatte, war für diese eifrig über ihren Büchern sitzenden jungen intellektuellen Männer nur noch irgendein ehemaliger Soldat der geschlagenen deutschen Armee. Göring mußte feststellen, daß es für ihn zu spät war, die Kunst der Politik aus Büchern zu lernen, während ringsumher alles nach politischer Aktion verlangte.

Statt zu studieren, verbrachte er immer mehr Zeit damit, allein, unglücklich und von Sehnsucht nach Karin verzehrt, in München umherzuwandern und mit wachsender Ungeduld die großartigen Reden der Politiker und Agitatoren auf den Parteiversammlungen anzuhören, die er jetzt immer häufiger besuchte.

Im November 1922 wurde die vaterländische Bewegung von einer neuen Welle der Leidenschaft ergriffen, weil die siegreichen Alliierten den Deutschen eine neue Beleidigung zugefügt hatten. Nachdem es ihnen nicht gelungen war, die holländische Regierung zur Auslieferung des dort im Exil lebenden Kaisers Wilhelm II. zu bewegen, der als Kriegsverbrecher vor Gericht gestellt werden sollte, verlangten sie jetzt von den Deutschen die Auslieferung der führenden Generäle der alten kaiserlichen Armee. Zu ihnen gehörten auch Feldmarschall Paul von Hindenburg und General Ludendorff. Für die vaterländische Bewegung war diese kränkende Forderung – Hindenburg wurde im ganzen deutschen Volk aufrichtig bewundert und verehrt – der geeignete Anlaß, die allgemeine Unzufriedenheit zu schüren und sich in leidenschaftlichen Reden gegen die Alliierten und die Niedertracht des Versailler Vertrags zu wenden.

Alle der Bewegung angehörenden Kräfte organisierten an einem Sonntagabend eine Protestversammlung, und Hermann Göring gehörte zu den

Tausenden, die sich eingefunden hatten, um die Parteiführer zu hören. Die Reden, die hier gehalten wurden, enttäuschten Göring, denn die meisten Sprecher ereiferten sich lediglich in nutzlosen Phrasen über das Elend in Deutschland, und keiner von ihnen machte Vorschläge für praktische Lösungen. Er blieb jedoch, weil sich in seiner unmittelbaren Nähe die verschiedenen Parteiführer versammelt hatten, die darauf warteten, an das Rednerpult gerufen zu werden. Einer war darunter, für dessen Ansichten Göring sich besonders interessierte.

Er hatte ihn auf seinen Spaziergängen durch Schwabing schon gesehen und wußte, daß er Adolf Hitler hieß und der Führer der NSDAP war. Er hatte ihn aber noch nicht persönlich kennengelernt oder sprechen hören. Jetzt hatte er zum erstenmal die Gelegenheit dazu.

Als Hitler aufgerufen wurde, sah Göring, daß er den Kopf schüttelte und sich weigerte, nach vorn zu gehen.

Später erzählte Göring: »Es war reiner Zufall, daß ich ganz in seiner Nähe stand und so die Gründe für seine Weigerung mitanhören konnte. Hitler sagte, es wäre doch sinnlos, Proteste in die Welt hinauszuschreien, ohne die geringste Möglichkeit zu haben, ihnen mit Machtmitteln Nachdruck zu verleihen. Das hat mich sehr stark beeindruckt – ich war ja völlig derselben Ansicht . . .«[1]

Wenige Tage darauf ging Göring zu einer Versammlung der NSDAP in einem Münchner Vorort. Was der Parteiführer dort äußerte, entsprach vollkommen den Erwartungen Görings. Er erwähnte die Protestversammlung und nannte seine Gründe für die Weigerung, vor der Massenversammlung als Redner aufzutreten. Er sagte, auch er lehne den Versailler Vertrag ab, der für ungültig erklärt werden müsse, doch hätte es keinen Sinn, nur davon zu sprechen. Ein Protest könne nur Erfolg haben und eine Ungültigkeitserklärung würde nur dann Eindruck machen, wenn Kräfte dahinterständen, die solchen Aktionen Gewicht verliehen. Solange Deutschland nicht erstarkt sei, meinte Hitler, seien derartige Gesten zwecklos.

Göring war so beeindruckt, daß er nach Hause ging, über Hitlers Äußerungen, seine politischen Grundsätze und Anregungen nachdachte und zu dem Schluß kam, dies sei der Mann und dies sei die Bewegung, denen er sich anschließen müsse. Er beschloß, Adolf Hitler im Münchner Parteibüro der NSDAP zu besuchen.

Er wollte zunächst nur mit ihm sprechen und sehen, ob er ihm irgendwie helfen könnte; Hitler empfing Göring sofort. »Nun schien es auch für ihn ein Glücksfall zu sein, daß ich als der letzte Kommandeur des Kampfgeschwaders Richthofen an seine Seite rücken sollte«, sagte Göring rückschauend im Nürnberger Prozeß dazu.[2]

Bereits in dieser ersten Zeit der Entwicklung der nationalsozialistischen Partei zeigte Adolf Hitler unverkennbare Führereigenschaften. Wie Göring schon beim erstenmal feststellte, war Hitler ein faszinierender

Redner, dessen Wortgewandtheit seine Zuhörer nicht nur in Bann schlug, sondern ihre Stimmung über längere Zeit euphorisierte.

Hitler, der ein sicheres Urteil darüber besaß, wer sich für die Mitarbeit in seiner Partei eignete, sah sehr bald, was dieser junge, harte und tatendurstige ehemalige Fliegeroffizier für die Bewegung leisten könnte, und tat alles, um seine persönliche Ausstrahlung und alle ihm zur Verfügung stehende Liebenswürdigkeit auf Göring wirken zu lassen.

Hitler erläuterte Göring ausführlich und überzeugend die Strategie des nationalsozialistischen Parteiprogramms – »meines Programms«, wie er immer wieder sagte. Er erklärte, drei Hauptziele zu haben. Erstens wolle er Deutschland von den »Novemberverbrechern«, die den alliierten Forderungen nachgekommen waren, und von den »gemeinen Juden« und Marxisten befreien, die als Hintermänner dieser Verräter anzusehen seien. Dann werde er das Volk aufrufen, sich hinter ihn und die NSDAP zu stellen, um ein neues, stolzes, nationales Deutschland aufzubauen. Schließlich würde dieses neue Deutschland den Versailler Vertrag zerreißen und, wenn notwendig, kämpfen, um für Deutschland den ihm zustehenden Platz in der Welt zu erobern.

Das war ein Programm nach dem Herzen Görings. Etwas Besseres konnte er sich nicht vorstellen. Andere vaterländische Parteien beschimpften die Regierung und riefen zu ihrem Sturz auf, konnten aber selbst keine konstruktiven Vorschläge bieten. Hitler wollte nicht nur das alte zerstören, sondern auch ein neues Deutschland aufbauen.

Göring sagte später: »Ich sagte ihm: ich selbst und alles, was ich sei und besäße, stünden ihm vorbehaltlos zur Verfügung.«

Wenige Tage später schwor er Hitler persönlich die Treue und wurde als Mitglied in die NSDAP aufgenommen. In diesem entscheidenden Augenblick der Geschichte seiner Partei war Göring für Hitler der wichtigste Mitarbeiter. Göring besaß Schwung und Energie. Außerdem verfügte er über Erfahrungen als Soldat, die für die Nazis außerordentlich wertvoll waren, und Hitler hatte in seiner Organisation auch schon einen Posten für ihn.

Hermann Göring war es sofort klar, daß dies ein bedeutender (vielleicht der bedeutendste) Wendepunkt in seinem Leben war. Er leistete seinen Treueeid mit solcher Begeisterung, daß der ebenfalls anwesende, etwas zynisch veranlagte Ernst (»Putzi«) Hanfstaengl über den emotionalen Unterton in Görings Stimme feixen mußte. Aber Göring meinte es bitterernst. Adolf Hitler war jetzt sein Mann.

»Als ich den Führer besser kennengelernt hatte«, sagte er später, »gab ich ihm die Hand und sagte: ›Ich vertraue Ihnen im Guten und im Bösen mein Schicksal an . . . in guten und in schlechten Zeiten . . . auch wenn es mich das Leben kosten sollte.‹«

Jetzt hatte er wieder seinen Helden, der an die Stelle des Ritters von Epenstein treten konnte.

Ende 1922 schrieb der stellvertretende Militärattaché bei der Botschaft der Vereinigten Staaten in Berlin, Captain Truman Smith, in einem offiziellen Bericht an das State Department:

»Es ist sehr schwierig, einen Eindruck von der Gesamtstärke der Partei zu gewinnen. Hitlers Gegner schätzen sie auf 200 000, andere, neutrale Beobachter auf 35 000. Der Unterschied zwischen aktiven Parteimitgliedern und Leuten, die mit Hitler sympathisieren, in der Bewegung aber noch nicht aktiv tätig sind, ist jedoch nicht leicht zu ergründen. Letztere finden sich in der Regierung, im Heer und bei der Presse. Man hat behauptet, der größte Teil der Münchner Polizei sympathisiere uneingeschränkt mit den Nationalsozialisten.«[3]

Ein offizieller Polizeibericht vom Sommer 1923 schätzte, daß die Partei in München 35 000 und in ganz Bayern etwa 150 000 Mitglieder hatte. Auch im benachbarten Franken hatte sich unter der Führung des notorischen Judenhassers Julius Streicher eine starke nationalsozialistische Gruppe gebildet.[4]

Hitler hatte zwei mächtige Waffen in der Hand, die den wachsenden Einfluß der Nationalsozialisten im Lande dokumentierten. Dieses waren ausgezeichnete Propagandaorgane: einmal das offizielle Parteiblatt, der »Völkische Beobachter«; zum anderen erfreute sich die NSDAP der Sympathie einiger großer bayerischer Zeitungen wie zum Beispiel des damals einflußreichen »Miesbacher Anzeigers«. Außerdem unterstand Hitler eine etwa 11 000 Mann starke Privatarmee, die Sturmabteilung, kurz SA, die diese Bezeichnung von bestimmten Einheiten aus dem Ersten Weltkrieg übernommen hatte. Diesem Verband gehörten viele ehemalige Soldaten und Angehörige der Freikorps an, die 1919 gegen Kommunisten und Sozialisten gekämpft hatten.

Aber der SA fehlten, obwohl sie über geeignete Leute verfügte, die Disziplin, der Zusammenhalt und die Schlagkraft. Adolf Hitler hatte sofort erkannt, daß Hermann Göring durch seine militärische Ausbildung, seine Vergangenheit als Kriegsflieger und wegen seines Temperaments genau der richtige Mann war, um der Sturmabteilung den Korpsgeist zu geben, den sie brauchte. Darum ernannte Hitler den soeben in die NSDAP aufgenommenen Göring unmittelbar nach dessen Vereidigung zum Befehlshaber der SA und übertrug ihm die volle Verantwortung für deren Neugliederung.

Göring bat um einen Aufschub von zwei Monaten, um seine persönlichen Angelegenheiten zu regeln. Dazu gehörte auch die Heirat mit Karin. Dann übernahm er seine neue Aufgabe in der »Bewegung«. Er arbeitete intensiv und bewirkte mit den bunt zusammengewürfelten ehemaligen Soldaten, Studenten, Landarbeitern, Werftarbeitern, Offizieren und Büroangestellten, aus denen die SA bestand, wahre Wunder. Von den Zielen der Bewegung selbst begeistert, sprach er zu den Besuchern der vielen SA-Versammlungen davon, wie notwendig es sei, loyal, diszipliniert und vaterlandsliebend zu sein, um ein neues Deutschland aufzubauen. Darüber hinaus sorgte er dafür, daß die sa-Männer eine straffe militärische Ausbildung erhielten.

Sehr bald traten an die Stelle der rauhbeinigen Einzelkämpfer und Raufbolde, die bei den nationalsozialistischen Massenversammlungen den Saalschutz übernommen hatten, gewandte, aber nicht weniger harte militärische Kommandos. Göring stellte motorisierte Streifen auf zum Schutz Hitlers und seiner Gefolgsleute vor Angriffen kommunistischer und sozialistischer Unruhestifter und zur Störung der Versammlung dieser gegnerischen Organisationen. Die Sturmtrupps veranstalteten allwöchentlich Aufmärsche in den kleinen Städten Südbayerns und Frankens, und ihre militärische Disziplin wurde von den Zuschauern mit Beifall begrüßt. Die sa-Männer waren uniformiert; zur Uniform gehörten Schirmmütze, Braunhemd, Reithose, Wickelgamaschen oder hohe Stiefel, Koppel mit Schulterriemen und die Armbinde mit dem Hakenkreuz. Bei Schlägereien mit den linksgerichteten Organisationen trugen sie Stahlhelme und kämpften mit Knüppeln und Messern, aber nur selten mit Schußwaffen.

Am 15. April 1923 marschierten die neugegliederten sa-Verbände durch München, und ein aus Berlin als Beobachter entsandter Regierungsbeamter schrieb in seinem Bericht:

»Wie ich mich selbst überzeugen konnte, waren in dem schätzungsweise 5000 bis 6000 Mann zählenden Aufgebot Hitlers neben den nationalsozialistischen ›Stoßtrupps‹ der Blücherbund, die Reichsflagge, der Bund Oberland und einige kleinere Organisationen enthalten. Die Teilnehmer setzten sich aus allen Bevölkerungskreisen zusammen. Neben einem großen Teil von Arbeitern herrschten ehemalige Soldaten, zum Teil mit Stahlhelm ausgerüstet, im übrigen aber unbewaffnet, vor. Auch einige nationalsozialistische Stoßtrupps aus dem Oberland waren in ihren Trachten in dem Zuge vertreten. *Hervorzuheben ist noch die straffe militärische Disziplin der Leute.*«[5]

Aber es war mehr als nur die Disziplin, die auch dem unbefangenen Betrachter auffiel; was sie hier sahen, ließ die Gegner der Nationalsozialisten erschrecken. Göring hatte die sa nicht nur zu einem gut ausgebildeten Verband zusammengeschweißt, sondern er hatte sie auch emotional geeint und ihnen den Korpsgeist eingeflößt, ohne den keine kämpfende Truppe im Ernstfall den notwendigen Zusammenhalt hat. Er hatte diesen Effekt dadurch erreicht, daß er in jeder Ansprache betonte, seine Männer seien jetzt Waffenkameraden. Er hatte von ihnen verlangt, daß sie in feierlicher Form noch einmal den Eid leisteten, den sie schon bei ihrer Einstellung geschworen hatten – oft nur als leere Formel vor sich hingemurmelt. Es war ein Eid, der die Klassenlosigkeit des Verbandes betonte und darauf hinwies, daß alle sa-Männer ohne Rücksicht auf ihre Herkunft gleichberechtigt seien.

Jeder sa-Mann gab die folgende Verpflichtungserklärung ab: »Ich gelobe, daß ich in jedem Angehörigen der Sturmabteilung ohne Rücksicht auf

Klasse, Beruf, Reichtum oder Armut nur meinen Bruder und wahren Kameraden sehen werde, mit dem ich mich in Freud und Leid verbunden fühle.«

Adolf Hitler war glücklich, als er den neugebildeten Verband in München an sich vorbeimarschieren sah. Nach der Parade klopfte er Hermann Göring auf die Schulter und küßte Karin die Hand.

An ihren Sohn Thomas schrieb Karin nach Schweden: »Eines Tages wirst du sehr stolz auf den Geliebten sein, der jetzt dein zweiter Vater ist. Heute führte er seine Armee aus echten jungen Deutschen seinem Führer vor, und ich sah sein Gesicht aufleuchten, als sie an ihm vorbeimarschierten. Der Geliebte hat so hart mit ihnen gearbeitet, hat ihnen so viel von seiner Tapferkeit und seinem Heroismus eingeflößt, daß aus den früher — ich muß es gestehen — manchmal rauhen und furchteinflößenden Burschen eine Armee des Lichtes geworden ist, ein Kreuzritterheer, das bereit ist, auf Befehl des Führers zu marschieren, um dieses unglückliche Land zu befreien ... Als es vorüber war, umarmte der Führer den Geliebten und sagte mir, wenn er mir erzählen würde, was er wirklich über seine Leistungen dächte, dann würde dem Geliebten der Kopf schwellen. Ich antwortete, auch ich sei vor Stolz geschwollen, und er küßte mir die Hand und sagte: ›Ein so hübscher Kopf wie der Ihre sollte nie geschwollen sein.‹ Das war vielleicht kein sehr elegantes Kompliment, aber es machte mich glücklich ...«[6]

Hermann Göring hatte im Münchner Vorort Obermenzing, unweit von Schloß Nymphenburg, ein kleines Haus gekauft und es zum Teil schon vor Karins Eintreffen eingerichtet. Sie machte ihm das Zugeständnis, das Erdgeschoß mit schweren altdeutschen Möbeln einzurichten, die eher in ein Schloß gepaßt hätten, denn das entsprach seinem schwärmerischen Geschmack. Aber im oberen Stockwerk bestimmte sie den Stil. Sie hatte aus Schweden die damals beliebten spätviktorianischen Möbel mitgebracht. Aus ihrer Mitgift bei der Verheiratung mit Nils von Kantzow stammten auch die Teppiche, die chinesischen Gobelins, die Bilder und eine kleine weiße Orgel, auf der sie Hermann begleitete, wenn er, allein mit ihr, Volkslieder oder Opernarien sang. Er hielt sich für einen begabten Bariton.[7]

Doch damals waren die beiden nicht oft miteinander allein. Die Villa in Obermenzing wurde bald zum Treffpunkt der Führer der NSDAP. Adolf Hitler, der eine Schwäche für schöne Frauen hatte, war fasziniert von den blauen Augen Karin Görings, und ihre sanfte Art verzauberte ihn. Er wußte, daß sie viel Temperament hatte und zu Gefühlsausbrüchen neigte, wenn man sie provozierte, und er hatte erlebt, wie leidenschaftlich sie reagiert hatte, als irgend jemand meinte, als Ausländerin und Adelige habe so wohl kein Verständnis für den Kampf, den die Nationalsozialisten führten.

In Wirklichkeit war sie eine ebenso begeisterte Nationalsozialistin wie alle anderen und hatte die Sache der Partei ganz zu ihrer eigenen gemacht.

Man hat behauptet, die Parteiführer hätten sich in ihrem Haus betrunken und lärmende politische Diskussionen geführt. Deshalb habe sie sie verachtet; sie sei empört gewesen über ihr schlechtes Betragen, ihre grobe Ausdrucksweise und die unflätigen Beschimpfungen gegen Angehörige der Regierung, Großindustriellen und die Juden. Wie konnte eine Frau von so vornehmer Herkunft und so guter Erziehung die Vorurteile dieser ungehobelten Bande von Bier trinkenden Fanatikern teilen?

Die Erklärung liegt zum Teil darin, daß sie ebenso wie ihr Mann der Faszination Adolf Hitlers erlegen war. Er war von seinen Ansichten zutiefst überzeugt und wußte sie mit solcher Überzeugungskraft vorzutragen, daß alle, die ihn hörten, in seinen Bann gezogen wurden. Abgesehen davon war man auch in viel gebildeteren Kreisen als dort, wo Karin Göring jetzt verkehrte, der Regierung gegenüber skeptisch, man betrachtete das Großkapital mit Argwohn und hatte starke antisemitische Gefühle; denn das ganze Volk litt unter den Auswirkungen der militärischen Niederlage und suchte nach einem Schuldigen.

Aus Karins Äußerungen gegenüber ihren Verwandten und aus den Briefen, die sie nach Schweden schrieb, läßt sich deutlich erkennen, daß sie die nationalistischen Führer mit großer Begeisterung in ihrem Hause aufgenommen hat.

Ihre Schwester Fanny schreibt: »Hier trafen oft die Nationalgesinnten aller Lager zusammen, die sich zu Hitler und seiner Freiheitsbewegung gesellt hatten. Spät abends kam der Führer selbst, und hier sah man die ersten Getreuen – Dietrich Eckart, Hermann Esser, Hanfstaengl und andere. Nach den ernsten Unterhaltungen kamen dann heitere, fröhliche Stunden, die Karin mit Freude erfüllten.«[8]

Andere, die sich an den nächtlichen Diskussionen beteiligten, waren Rudolf Heß, Alfred Rosenberg und Ernst Röhm, der mit besonderer Schärfe über die Gegner der Partei zu sprechen pflegte. Röhm war im Verlauf des Krieges aus dem Unteroffiziersstand zum Offizier befördert worden und machte kein Hehl daraus, daß er nicht viel von denen hielt, die es auf anderem Wege so weit gebracht hatten. Zwar war er homosexuell, konnte aber Frauen gegenüber außerordentlich liebenswürdig sein. Im Umgang mit Karin war er galant und höflich und ließ deutlich erkennen, daß er ihren Mann als eine Ausnahme betrachte und ihn nicht mit den anderen Offizieren, die er verachtete, auf eine Stufe stellte.

Es gab damals noch einen anderen Mann, der oft in der Villa Göring zu Gast war. Seine Mitarbeit war für das Ansehen der NSDAP mindestens ebenso wertvoll wie die Hermann Görings (obwohl Adolf Hitler zu schlau war, um ihn hinsichtlich seiner Pläne auf lange Sicht in die gleiche Kategorie einzuordnen). Das war der hochmütige, arrogante und temperamentvolle General Erich Ludendorff, einer der wenigen deutschen Generale, die ebenso wie Hindenburg durch den verlorenen Krieg nichts von ihrem Ansehen eingebüßt hatten. Er war um seine Entlassung als Chef des Generalstabs eingekommen, weil ihm die Waffenstillstandsbedingungen unannehmbar erschienen, und Kaiser Wilhelm genehmigte die Entlassung am 26. 10. 1918 als Konsequenz des Konflikts zwischen Ludendorff und dem damaligen Reichskanzler Prinz Max von Baden. Diese Haltung macht ihn im Nachkriegsdeutschland zum Helden. Er hatte den Ehrgeiz, sich zum Diktator aufzuschwingen, und war überzeugt, das Vaterland sei nur zu retten, wenn seine starke Hand die Führung übernehmen würde, um sich den durch die Alliierten erzwungenen Friedensbedingungen zu widersetzen. Im März 1920 hatte er sich an dem gegen die Weimarer Republik gerichteten Kapp-Putsch beteiligt. Aber obwohl die neue deutsche Reichswehr unter General von Seeckt sich weigerte, im Sinne der Regierung die Truppen einzusetzen und die Reichsregierung bereits aus Berlin geflohen war, brach der Putsch durch die Ausrufung des Generalstreiks zusammen und die Anführer mußten fliehen. General Ludendorff sah sich gezwungen, sich nach Bayern abzusetzen und in dem kleinen Dorf Prinz-Ludwigs-Höhe bei München Zuflucht zu suchen, wo er, Tag und Nacht von Leibwächtern bewacht, in einem Haus hinter einer hohen Mauer lebte.

Erich Ludendorff hatte eine Schwäche für das weibliche Geschlecht, was seine Gattin Margarethe zu ihrem Kummer hatte feststellen müssen. Noch empfänglicher war er für Schmeicheleien. In Bayern, wo er nichts anderes zu tun hatte, als Zeitungen zu lesen und sich über die jüngsten Demütigungen zu erregen, die Deutschland von den Alliierten zugefügt wurden, erlag er dieser Schwäche immer mehr. Eines Tages lernte er bei einem Volksfest im Nachbardorf eine Frau kennen, die ihm unverblümt erklärte, er sei der bedeutendste Soldat, den es je auf der Welt gegeben habe. Ludendorff war überwältigt. Diese Frau war Mathilde von Kemnitz, eine glühende Anhängerin der Nationalsozialistischen Partei.

Sie war eine zierliche attraktive und gebildete Person und eine völlig unkritische Verehrerin des Generals. Bald wurde ihre gegenseitige Anziehung so stark, daß er ihr nicht mehr widerstehen konnte. Beide waren aufs äußerste verbittert über das schwere Schicksal, das ihr Vaterland betroffen hatte; aber während Ludendorff glaubte, der Krieg sei wegen des Defätismus und der Unfähigkeit bestimmter Führer verlorengegangen, hatte Mathilde von Kemnitz eine geheimnisvollere Erklärung. Als ihre Beziehungen enger wurden, glaubte auch er ebenso leidenschaftlich daran wie sie selbst.

Später schrieb er: »Allmählich erkannte ich die verderblichen Kräfte, die schuld am Zusammenbruch Deutschlands waren, und in ihnen die wirklichen Feinde der Freiheit der deutschen Rasse. Immer deutlicher wurde ich mir der Spaltpilze innerhalb unserer Gesellschaftsstruktur bewußt ... in der Form geheimer, übernationaler Kräfte – der Juden und Roms und ihrer Werkzeuge, der Freimaurer, der Jesuiten, okkulter und satanischer Vereinigungen.«

Mathilde von Kemnitz hatte ihn sehr bald überzeugt, daß genau diese

Kräfte das rassische Erbe und den Nationalcharakter des deutschen Volkes systematisch zerstörten.

Diese Erkenntnisse begeisterten ihn, denn sie bewiesen, daß er immer recht gehabt hatte; daß nämlich Deutschland den Krieg nicht militärisch verloren habe, sondern vom internationalen Judentum, den Freimaurern und durch die verschwörerische Tätigkeit der römischen Kirche besiegt worden sei. Doch wo gab es positive Kräfte in Deutschland, die in der Lage waren, sich gegen diese dunklen Mächte zur Wehr zu setzen und das deutsche Volk aus ihren Fängen zu befreien? Um Ludendorff diesen Lichtblick zu verschaffen, stellte Mathilde von Kemnitz ihm Adolf Hitler vor und überredete ihn, in die Nationalsozialistische Partei einzutreten.

Im Januar 1923 führte die französische Regierung ein Unternehmen durch, das viele Deutsche nicht ganz so unerwartet traf wie den General Ludendorff, der durch dieses Ereignis an den Rand der Verzweiflung getrieben wurde. Der französische Präsident Poincaré monierte, die deutsche Regierung habe versäumt, 140 000 Telegrafenmasten als Teil der Reparationszahlungen rechtzeitig zu liefern, und ließ am 11. Januar fünf französische Divisionen in das Rheinland einmarschieren, das wirtschaftliche und industrielle Herz Deutschlands. Auch hatten die Franzosen dabei so starke Kontingente schwarzer Kolonialtruppen nach Deutschland gelegt, daß die meisten Deutschen im besetzten Gebiet das Schlimmste fürchteten.

Fast gleichzeitig verlangten die Polen Grenzberichtigungen an der durch den Versailler Vertrag festgelegten deutsch-polnischen Grenzlinie, obwohl ihnen bereits große Teile ehemals deutschen Gebiets zugesprochen worden waren. Litauische Truppen marschierten in das Memelgebiet ein und besetzten die Hauptstadt Memel, das bisher ein deutscher Hafen an der Grenze Ostpreußens gewesen war.

Diese Maßnahmen, vor allem aber die Besetzung des Rheinlands, ohne dessen Kohle und Stahl Deutschland zum Sterben verurteilt war, trieben die Regierung und das Volk an den Rand der Revolte gegen den Versailler Vertrag. Der Oberbefehlshaber der neuen Reichswehr (deren Stärke durch den Versailler Vertrag auf 100 000 Mann begrenzt worden war), General von Seeckt, dachte ernstlich an einen bewaffneten Widerstand und ließ den britischen Botschafter in Berlin, Lord d'Abernon wissen, daß der Weg von Dortmund nach Berlin nicht sehr weit sei, aber durch Ströme von Blut führe. Wider Willen mußte er jedoch zugeben, daß die Streitkräfte für ein solches Unternehmen noch nicht stark genug waren und daß ihm nichts anderes übrigblieb, als die militärische Stärke Deutschlands im geheimen auszubauen. Er begann mit der Aufstellung einer Untergrundarmee, die später unter der Bezeichnung »Schwarze Reichswehr« bekannt wurde.

Als er noch daran dachte, sich der Besetzung der Ruhr mit Gewalt entgegenzustellen, nahm Seeckt die Verbindung mit Adolf Hitler und General Erich Ludendorff auf, um sie zu fragen, ob er im Ernstfall mit ihrer Unterstützung rechnen könne. Hitler hielt es nicht für notwendig, ihm zu antworten. Später sagte er, er habe es nicht für richtig gehalten, schon zu diesem Zeitpunkt militärisch gegen die Franzosen vorzugehen. Zunächst sei es darauf angekommen, in Deutschland die Macht zu übernehmen und das Land zu stärken. Bezeichnenderweise antwortete Ludendorff, er werde seinen international bekannten, geschichtlichen Namen zur Verfügung stellen. Die Voraussetzung war, daß man ihm im Kriegsfalle den Oberbefehl über die deutschen Streitkräfte überlassen würde.

Zum Kriege kam es nicht, statt dessen organisierte man passiven Widerstand gegen die Franzosen. Dennoch hatten die meisten Deutschen das Gefühl, die Lage spitze sich zu, denn in diesem Frühjahr, Sommer und Herbst waren die Verhältnisse in Deutschland so schlecht wie noch nie seit Kriegsende. Alle deutschen Reserven wurden für die an die Alliierten zu leistenden Reparationszahlungen aufgebraucht. Die Goldvorräte waren erschöpft, und die deutsche Währung besaß daher keine Deckung mehr. Mit der Besetzung des Rheinlands war der deutschen Wirtschaft auch der beste Devisenbringer verlorengegangen. Am Tage des französischen Einmarsches stand der Kurs des Dollars auf 10 400 Reichsmark und der des Pfund Sterling auf 50 000 Reichsmark. Drei Wochen später kostete der Dollar schon 50 000 und Ende Juli 4 000 000 Reichsmark. Schwerindustrie, Bauern und Großgrundbesitzer profitierten von der Inflation, aber der Mittelstand verlor alle Ersparnisse. Am meisten hatten die Arbeiter zu leiden, deren Lohn praktisch wertlos war.

Diese Zustände brachten Hitler und den Nationalsozialisten starken Zulauf. Er konnte nicht nur in Bayern, sondern überall in Deutschland darauf hinweisen, daß die Kriegsgewinnler trotz des allgemeinen Elends und der chaotischen Zustände ein angenehmes Leben führten. Er proklamierte: »Das sind unsere Feinde – die Kapitalisten und die Juden!« Neue Mitglieder strömten der Partei in großen Massen zu. Weil die Lage in diesem Sommer immer unerträglicher wurde, kamen Hitler und seine Gefolgsleute zu der Überzeugung, daß die Zeit gekommen sei, nach der politischen Macht zu greifen. Aber um sich den Erfolg zu sichern, brauchten sie die Unterstützung der Polizei und der in Bayern stationierten Truppen. Würde es ihnen gelingen, diese Kräfte für sich zu gewinnen? Schon einmal hatten sie gehofft, den Befehlshaber in Bayern, General Otto von Lossow, auf ihre Seite zu ziehen, aber er hatte sie bei einer gegen die Roten gerichteten Demonstration am 1. Mai des vergangenen Jahres im Stich gelassen. Jetzt beschlossen die Nationalsozialisten, sich noch einmal mit dem General in Verbindung zu setzen. Ludendorff begab sich in das Stabsquartier der Reichswehr nach München und bat Lossow um seine Unterstützung bei einem bewaffneten Aufstand gegen die Regierung in Berlin. Dabei bot er ihm den Posten des Reichswehrministers nach der Übernahme der Regierungsgewalt durch die Rebellen an. Später sagte Lossow, er habe dieses Ansinnen entrüstet zurückgewiesen und meinte, Hitler und Ludendorff hätten sich benommen wie Kinder, die Kaiser und Papst spielen. Er erklärte, er habe mit ihrem Komplott nichts zu tun haben wollen, er sei kein arbeitsloser *Comitadje;* er bekleide eine hohe Staatsstellung.[9]

In Wirklichkeit reagierte er viel vorsichtiger und undurchsichtiger. In den nun folgenden Tagen glaubten Hitler und Ludendorff, wenn es zum Aufstand käme, würden Lossow und die Reichswehr, auch wenn sie zunächst nicht eingriffen, wenigstens so lange neutral bleiben, bis der Zeitpunkt gekommen sei, sich offen auf ihre Seite zu stellen. Sie gingen deshalb daran, den Aufstand in allen Einzelheiten vorzubereiten, und während die Verschwörer im Braunen Haus in München, in Adolf Hitlers Haus bei Berchtesgaden und in der Villa Ludendorffs bis spät in die Nacht über ihren Plänen saßen, veranstalteten die Braunhemden der SA in der Umgebung der bayerischen Hauptstadt Nachtübungen zur Vorbereitung auf den großen Tag.

Die Zusammenkünfte der nationalsozialistischen Führer in der Villa Görings in Obermenzing hatten aufgehört, weil Karin Göring erkrankt war. Ende August 1923 war Fanny Göring im Alter von nur 57 Jahren plötzlich schwer erkrankt und gestorben. Das Ehepaar Epenstein kam nicht zur Beisetzung auf den Waldfriedhof, wo sie neben Heinrich Göring beerdigt wurde, aber sie schickten einen Kranz und einen Beileidsbrief. Karin bestand darauf, ihren Mann zur Beerdigung seiner Mutter zu begleiten, und zog sich in dem unfreundlichen Wetter eine schwere Erkältung zu. Sie war schon immer anfällig gewesen, und nun lag sie mit hohem Fieber zu Bett. Für Hermann Göring war es eine schwere Zeit. Er hatte seine Mutter sehr geliebt, und die Beziehungen zu ihr waren noch enger geworden, seit sich zwischen der energischen und den praktischen Dingen des Lebens zugewandten Landfrau und der romantischen Aristokratin, die jetzt seine Gattin war, ein vertrautes persönliches Verhältnis entwickelt hatte. Die Krankheit seiner Frau hat es ihm sicher schwer gemacht, sich intensiv an den Vorbereitungen des von Hitler geplanten Aufstandes zu beteiligen, doch er verbrachte im September 1923 viel Zeit damit, an Besprechungen und Aufmärschen teilzunehmen, ehe er wieder an das Krankenbett Karins eilen konnte.

Anfang September erklärte die neue Regierung in Berlin unter Gustav Stresemann, sie habe angeordnet, den passiven Widerstand gegen die französischen Besatzungstruppen an der Ruhr aufzugeben. Die Franzosen hatten mit Vergeltungsmaßnahmen gedroht. Sofort organisierten die Nationalsozialisten und ihre Anhänger in Nürnberg eine Protestversammlung. Sie veranstalteten einen »Deutschen Tag« und erhoben heftige Vorwürfe gegen die Regierung. Dabei ernannten sie Adolf Hitler zu ihrem »Kampfführer« in dem Feldzug gegen »den Marxismus, den Internationalismus, den Pazifismus, die Weimarer Verfassung, das internationale Kapital und die Juden«. Mehr denn je glaubten sie, die gesamte Öffentlichkeit stände hinter ihnen. Aber auch ihre Gegner versuchten, die öffentliche Meinung für sich zu gewinnen.

Die bayerische Regierung, die selbst gegen Berlin eingestellt war, erklärte ebenfalls, entschieden gegen eine Einstellung des passiven Widerstandes zu sein und sich nicht den Franzosen unterwerfen zu wollen. Um sich auch nach außen deutlich von Berlin zu distanzieren, trat das Kabinett in München am 26. September 1923 zurück, und der Regierungspräsident von Oberbayern, Dr. Gustav von Kahr, übernahm die Regierungsgeschäfte mit diktatorischen Sondervollmachten. Als Monarchist hatte er schon früher erklärt, er trete für die Abtrennung Bayerns vom Reich ein und sei dafür, den Sohn des im Exil lebenden Königs Ludwig, den Kronprinzen Rupprecht, auf den Thron eines süddeutschen Königreichs zu setzen.

Die Ernennung von Kahr hätte jedoch für die Nationalsozialisten in keinem ungeeigneteren Augenblick erfolgen können. Ausgerechnet zu einem Zeitpunkt, als sie und ihre Verbündeten erklärten, zum radikalen Vorgehen gerüstet zu sein und in dem Moment, als Adolf Hitler die Führung in diesem Kampf übernommen hatte, trat plötzlich dieser Monarchist auf und versuchte, den Nationalsozialisten den Wind aus den Segeln zu nehmen. Hier mußte etwas geschehen. Die einfachen SA-Männer wurden schon unruhig und beschwerten sich bei ihren Führern darüber, daß nichts geschah. Der Führer der SA-Standarte München, Wilhelm Brückner, sagte Hitler: »Es kommt der Tag, da kann ich die Leute nicht mehr halten. Wenn jetzt nichts geschieht, dann hauen die Leute ab.« Dazu erklärte er: »Wir hatten sehr viele Erwerbslose darunter, Leute, die ihr letztes Gewand, ihre letzten Schuhe, ihr letztes Zehnerl für die Ausbildung, wie sie sagten, hergaben und der Ansicht waren: jetzt geht's bald los; dann werden wir zur Reichswehr überstellt und sind aus dem ganzen Schlamassel heraus...«[10]

Es mußte etwas unternommen werden, und zwar rasch. Man mußte Kahr ausschalten, denn sonst verloren die Nazis im entscheidenden Augenblick ihren Schwung und ihre Daseinsberechtigung. Hitler mußte handeln — aber wann?

Schließlich war es Gustav von Kahr, der den Zeitpunkt bestimmte. Er erklärte, niemand anderer als General von Lossow, der Befehlshaber der Reichswehr in München, und Oberst von Seisser, Chef der Staatspolizei in Bayern, unterstützten seine Bestrebungen zur Abtrennung Bayerns vom Reich. Dieses Triumvirat werde am 8. November vor einer Versammlung in München sprechen und seine Pläne erläutern.

Zum Versammlungsort wurde der Bürgerbräukeller bestimmt.

Am Nachmittag des 8. November 1923 fuhr Hermann Göring zu seinem Haus in Obermenzing und ging in das Schlafzimmer, wo Karin im Dämmerschlaf auf einer Couch am Fenster lag. Sie hatte die ganze vergangene Nacht hohes Fieber gehabt und war so geschwächt, daß sie ihm kaum das Gesicht zuwenden konnte, als er sich über sie beugte, um sie zu küssen.

»Ich kann nicht lange bleiben, mein Liebling«, sagte Göring. »Wir haben viel vor, heute abend ist große Versammlung im Bürgerbräukeller. Vielleicht wird es spät werden. Sorge dich nicht.« Sie sah ihm fest in die Augen: »Nein, ich sorge mich nicht, ich bin ja immer dabei, auch wenn ich hier liegen muß.«[11] Göring eilte fort. Er hatte viel zu tun, ehe die Versammlung begann.

Die Behörden waren sich der Bedeutung der Veranstaltung im Bürgerbräukeller durchaus bewußt, und da sowohl der Befehlshaber der Reichswehr als auch der Polizeichef von Bayern hinter dem Veranstalter standen, beschlossen sie, den Freiherrn von Kahr und seine Gefolgsleute möglichst gut zu schützen. Deshalb sollte auch eine Polizeikompanie im Saal postiert werden. Aber Oberst von Seisser widersetzte sich diesem Plan mit der Begründung, ein zu starkes Polizeiaufgebot könne den Eindruck erwecken, die Veranstalter seien nervös. Dafür sei doch kein Grund vorhanden.

Um 19 Uhr 15 wurde der Eingang geschlossen, eine bayerische Blaskapelle spielte, und die Kellnerinnen schleppten die gefüllten Maßkrüge an die Tische. Über allem lag der mit Zigarrenrauch vermischte Bierdunst. Zu den Gästen gehörte die Crème der bayerischen Gesellschaft aus Politik, Wirtschaft und Literatur und aus dem Landadel. Kronprinz Rupprecht hatte als seinen Vertreter Josef Maria Graf Soden-Fraunhofen geschickt. Auch die bisherigen Mitglieder der bayerischen Regierung sowie zahlreiche Bankiers, hohe Polizeioffiziere und Zeitungsherausgeber waren erschienen. Gegen 20 Uhr spielte der Posaunist sein letztes Glissando, und das Orchester verließ die Bühne, die nun Gustav von Kahr, General von Lossow und Oberst von Seisser betraten, denen eine Gruppe von Mitarbeitern folgte. Die Kellnerinnen stellten die letzten schäumenden Bierkrüge auf die Tische, und ein Anhänger Kahrs erhob sich, um die einführenden Worte zu sprechen.

Ungefähr in diesem Augenblick traf Hitler am Eingang des Bierlokals ein. Er zeigte sich ungehalten darüber, daß so viele Menschen draußen vor dem Bürgerbräukeller herumstanden, ging auf einen Polizisten zu, der ihn erkannte, und machte den Vorschlag, den Platz und die Straße räumen zu lassen, damit es nicht zu Unruhen käme. Der Polizist erklärte sich einverstanden und fing an, die Leute fortzuschicken. Das genügte Hitler. Er wollte den Eingang frei haben, damit seine Männer, die er in den nächsten Augenblicken erwartete, ungehindert hereinkommen konnten. Er ging durch den Vorraum und wurde hier von seinem Leibwächter Ulrich Graf begrüßt, der ihm einen Krug Bier brachte, den er jedoch nicht anrührte. Dann ließ er sich an einem Tisch im rückwärtigen Teil des Saals nieder, von dem aus er das Rednerpult sehen konnte. Er wurde von vier seiner Gefolgsleute begleitet. Es waren der Geschäftsführer des »Völkischen Beobachters« Max Amann, Josef Gerum und Rudolf Heß, und als unerwarteter Vierter Ernst (Putzi) Hanfstaengl.

Plötzlich tauchte Ulrich Graf wieder auf, der kurz auf die Straße hinausgegangen war, und flüsterte Hitler zu: »Sie sind da!«

Auf dem Platz vor dem Eingang hielt ein Lastwagen mit einem Trupp SA-Männern mit Stahlhelm. Sie sprangen ab und liefen auf den Eingang des Bürgerbräukellers zu, an ihrer Spitze Hermann Göring. Kein Polizist versuchte sie aufzuhalten. Die Polizisten erklärten später, die SA-Männer hätten behauptet, sie seien Soldaten der Reichswehr. Nun trafen aus allen Richtungen weitere Lastwagen mit Sturmtrupps ein, die sofort absaßen und in das Lokal rückten.

Jetzt war für Hitler der Augenblick zum Handeln gekommen. Er stand auf, warf seinen Bierkrug auf den Boden und zog eine Browningpistole aus der Tasche. Seine Begleiter taten das gleiche. Von Hitler angeführt, gingen sie nach vorn. Der nationalsozialistische Führer wollte seinen Auftritt dramatisch gestalten und wie der *deus ex machina* in der altmodischen Pantomime unverhofft auf der Bühne erscheinen. Aber das Gedränge an den Tischen und auf den Bänken war so groß, daß er zunächst nicht vorankam. Gustav von Kahr hatte vor wenigen Augenblicken angefangen zu sprechen, und es dauerte eine gewisse Zeit, bis er die im Saal entstandene Unruhe bemerkte und die Stimme senkte. Schließlich machte der breitschulterige Ulrich Graf den Weg frei, die anderen Begleiter Hitlers fuchtelten mit ihren Pistolen herum, und der »Führer« kam nach vorn zur Bühne.

Aus dem unzufriedenen Murmeln der Menge wurde fast eine Panik, als die SA-Männer an den Eingängen erschienen. Wer versuchte, den Saal zu verlassen, wurde grob zurückgestoßen.

Als die Menge zu johlen begann, stieg Hermann Göring, den Stahlhelm auf dem Kopf und die Pistole in der Hand, auf einen Tisch, stieß ein paar Bierkrüge um und rief: »Ruhe!« Niemand kümmerte sich um ihn. Nun hob Hitler – es war kurz nach 20 Uhr 45 – seine Browningpistole und feuerte einen Schuß gegen die Decke ab.

»Wenn nicht sofort Ruhe wird«, rief er zornig, »werde ich ein Maschinengewehr auf die Galerie stellen lassen!« Endlich wurde es still.

Was dann folgte, war ein demagogisches Meisterstück, berichtete ein Augenzeuge später, das jedem Schauspieler Ehre gemacht hätte. Hitler begann zu sprechen, und nach fünf Minuten hatte er seine Zuhörer in der Hand.

Er begann völlig ruhig, ohne jedes Pathos. Was geschähe, richte sich in keiner Weise gegen Kahr. Dieser habe sein volles Vertrauen und solle Landesverweser Bayerns werden. Gleichzeitig aber müsse eine neue Regierung gebildet werden: Ludendorff, Lossow, Seisser und er. Ich kann mich nicht erinnern, je in meinem Leben einen solchen Umschwung der Massenstimmung in wenigen Minuten, fast Sekunden, erlebt zu haben. Sicher gab es noch viele, die nicht bekehrt waren, aber die Stimmung der Mehrzahl war völlig umgeschlagen. Hitler hatte sie mit einigen Sätzen umgedreht, wie man einen Handschuh umdreht. Es hatte fast etwas von einem Hokuspokus, von einer Zauberei. Laute *Zustimmung rauschte auf; kein Widerspruch* mehr zu hören.«[12]

Nun führte Hitler den ängstlichen Kahr, Lossow und Seisser in ein Vorzimmer, um mit ihnen zu verhandeln. Als sie sich gesetzt hatten, fuchtelte er weiter mit seiner Pistole herum, was sie nicht gerade beruhigte. Auf Vorhaltungen Seissers, er habe sein Versprechen nicht gehalten, antwortet Hitler: »Ja . . . aber im Interesse des Vaterlandes. Vier Schüsse habe ich in der Pistole: drei für meine Mitarbeiter – Kahr, Lossow und Seisser – wenn sie mich verlassen, den letzten für mich.«[13]

Dennoch konnte er die drei Männer, nachdem er zehn Minuten ernst und eindringlich auf sie eingeredet hatte, nicht dazu bewegen, ihn bei dem Putsch zu unterstützen, der jetzt beginnen sollte. Nach zehn Minuten rief er Ulrich Graf und Rudolf Heß herein und befahl ihnen, das Triumvirat zu bewachen. Dann ging er in den Saal zurück und sprach zu den Massen: ». . . draußen sind drei Männer: Kahr, Lossow und Seisser, bitter schwer wird ihnen der Entschluß – ich frage Sie, sind sie einverstanden mit dieser Lösung« (Jubel und stürmischer Beifall) ». . . aufbauen wollen wir einen Bundesstaat völkischer Art, in dem Bayern die Stellung einnimmt, die ihm gebührt. Der morgige Tag findet entweder in Deutschland eine nationale Regierung, oder uns tot – eines von beiden!«[14]

In diesem Augenblick höchster Erregung traf General Erich Ludendorff ein. Er trug die Uniform der alten kaiserlichen Armee, mit allen Orden, und schien wütend, zu spät gekommen zu sein. Aber Hitler beruhigte ihn rasch und schickte ihn in das Vorzimmer, um das Triumvirat doch noch umzustimmen. Ob es die beeindruckende Gestalt und das patriotische Gerede des Generals gewesen ist, wird sich nie mehr feststellen lassen, aber Kahr, Lossow und Seisser gaben plötzlich nach. Sie erklärten sich bereit, mit Hitler und den Nazis zusammenzuarbeiten.

Jetzt betraten alle zusammen wieder den Saal, wo Göring versucht hatte, die Menge zu beruhigen, und Kahr sagte als erster Redner, er habe sich bereit erklärt, in Bayern die Regentschaft für die Monarchie zu übernehmen. An dieser Stelle wurde er von stürmischem Applaus unterbrochen. Hitler trat vor und drückte Kahr die Hand. Dann erklärte er, er werde mit den Verbrechern abrechnen, die jetzt in Berlin regierten. Es folgten Lossow und Seisser, die beide sagten, sie wollten den Putsch und Hitlers Pläne für Deutschland unterstützen, sobald der Umsturz gelungen sei.

Hermann Göring strahlte unter seinem Stahlhelm und umarmte seine SA-Führer. Er hatte allen Grund, sich zu freuen. Mit Lossow, der Reichswehr, Seisser und der Polizei hatten die Nationalsozialisten Bayern gewonnen. Ein Widerstand war nur noch von Kräften außerhalb Bayerns zu erwarten, und damit würden sie fertig werden, wenn das Militär und die Polizei auf ihrer Seite standen. Der Putsch schien gelungen, schneller gelungen, als irgend jemand erwartet hatte.

So sah es jedenfalls am 8. November 1923 um Mitternacht aus. Göring schickte »Putzi« Hanfstaengl in die Villa Göring, um Karin die frohe Botschaft zu überbringen. Von dort brachte er ihre Schwester Fanny mit. Sie berichtete ihrem Schwager, Karin habe immer noch Fieber und sei sehr schwach, aber die gute Nachricht habe sie belebt und wie eine Medizin auf sie gewirkt.

In Wirklichkeit lag der Sieg jedoch noch in weiter Ferne, und bald sollte sich die Lage in eine Katastrophe verwandeln.

Hitler hatte einen taktischen Fehler gemacht.

Nach der triumphalen Demonstration auf der Bühne des Bürgerbräukellers hatte er sich mit Göring und Rudolf Heß beraten und beschlossen, auf alle Fälle Geiseln zu nehmen, damit niemand auf den Gedanken käme, die Ereignisse dieser Nacht wieder rückgängig zu machen. Eine Anzahl ehemaliger Minister, Bankiers, Polizeioffiziere und Stadträte wurde zusammengetrieben und von Rudolf Heß und einer Gruppe SA-Leuten bewacht.

Als Hitler jedoch vorschlug, auch Kahr, Lossow und Seisser festzunehmen, erhob Ludendorff sofort Einspruch. Er verbat sich jeden Zweifel an dem Ehrenwort eines deutschen Offiziers.

Die drei Männer durften den Bürgerbräukeller ungehindert verlassen. Sobald sie außerhalb der Reichweite der Nazis waren, brachen sie sofort ihr gegebenes Wort. Kahr und seine Mitarbeiter flohen nach Regensburg und erklärten es zum vorläufigen Sitz der bayerischen Regierung. Als Lossow in seinem Stabsquartier eintraf, übergab ihm sein Stellvertreter, der Münchner Stadtkommandant Generalmajor Ritter von Danner, ein Telegramm aus Berlin. Der Absender war General von Seeckt, der Chef der Reichswehr, dem von Danner über die Ereignisse der vergangenen Nacht berichtet hatte. Seeckt erklärte in kurzen Worten, wenn Lossow nicht sofort etwas unternähme, um den Putsch niederzuschlagen, werde er selbst aus Berlin nach München kommen und die Sache in die Hand nehmen.

»Sie haben zwar Ihr Wort gegeben – aber das war nur ein Täuschungsmanöver, nicht wahr, Herr General?« meinte von Danner.

Lossow stimmte ihm zu. Ja, er habe nur Zeit gewinnen wollen. Dann gab er seine Anforderungen. Die Telefondrähte, die von München ins Land hinausführten, spielten, und die Truppen in allen bayerischen Garnisonen erhielten den Befehl, Verstärkung in die Hauptstadt zu schicken.

Hitler, Ludendorff, Göring und Heß waren im Bürgerbräukeller geblieben. Plötzlich schien alles mißlungen zu sein, und sie wußten nicht mehr, was sie tun sollten. Sie hatten sich für den frühen Morgen mit General von Lossow verabredet, aber er war nicht gekommen. Dann hatten sie mehrere Kuriere zu ihm geschickt, aber keiner war mit einer Antwort zurückgekehrt. Der General hatte sie festnehmen lassen.

Bald erfuhren sie auch das Schlimmste. Sie hatten einen Funkspruch aufgefangen, den Lossow nach Berlin geschickt hatte, und entnahmen daraus, daß nicht nur das Triumvirat sein Wort gebrochen hatte, sondern daß für Hitler, Ludendorff und andere Führer der Putschisten Haftbefehle vorlagen. Dann kamen Meldungen aus den Randbezirken der Stadt und vom Hauptbahnhof, aus denen hervorging, daß die Reichswehr Verstärkungen heranzog. Was sollten die Rebellen jetzt tun? Für Hitler und Ludendorff war es klar: wenn die Reichswehr nicht auf ihrer Seite stand, war das ganze Unternehmen gefärdet.

Ludendorff entschied: »Wir werden in die Stadt marschieren.«

Irgend jemand unterbrach ihn und meinte, die Zugänge zur Innenstadt würden von Truppen besetzt sein, die das Feuer eröffnen könnten.

Ludendorff wies das entrüstet zurück. Auch Hitler teilte seine Ansicht. Es war undenkbar, daß ein deutscher Polizist oder Soldat es wagen würde, das Gewehr auf den Nationalhelden Ludendorff zu richten. Seine Unantastbarkeit tröstete die nationalsozialistischen Führer an diesem kühlen Morgen der Zweifel und Enttäuschungen. Jetzt fanden sie ihr Selbstvertrauen wieder.

Hitler war so sehr davon überzeugt, daß er die Lage durch diese Demonstration retten könne – und glaubte so fest daran, daß die magische Ausstrahlung Ludendorffs sie schützen würde –, daß er Göring befahl, die SA-Männer und die Mitglieder der Sturmtrupps im Bürgerbräukeller zu versammeln, wo er mit dem ordensgeschmückten General vor die Männer trat und sie feierlich auf Ludendorff vereidigte. Das war ein psychologisch geschickter Schachzug, mit dem er den Verbänden, die zum Teil bereits entmutigt waren, einen neuen Zusammenhalt und ein neues Ziel gab.

Anschließend versammelten sich die Nationalsozialisten auf der Straße vor dem Bürgerbräukeller, bildeten eine Kolonne und marschierten ab, angeführt von einem SA-Mann, der eine Hakenkreuzfahne trug.[15]

Nachdem die Kolonne die von bayerischer Landespolizei gesperrte Ludwigsbrücke über die Isar hatte überwinden können, setzte sie ihren Marsch in Richtung auf die Innenstadt fort. Von hier an stellte sich ihr niemand mehr in den Weg, sondern die Putschisten wurden von der Bevölkerung Münchens begeistert empfangen, und niemand konnte mehr daran zweifeln, auf wessen Seite die Masse der am Straßenrand wartenden Menschen stand.

Durch die Residenzstraße erreichte sie den Odeonsplatz Doch dort wartete ein Polizeikordon auf sie und versperrte den Durchgang.

Hitler gab Ulrich Graf ein Zeichen, der nach vorn kam, der Kolonne vorauslief und dem Anführer des Polizeikommandos zurief: »Nicht schießen! General Ludendorff und Adolf Hitler kommen!«

Aber der Kommandeur, Polizeioberleutnant Michael Freiherr von Godin, hatte von seinem Chef, Oberst von Seisser, den strikten Befehl erhalten, die Kolonne der Nationalsozialisten unter keinen Umständen passieren zu lassen. Hätte sie diese Absperrung passieren können, dann wäre sie auf Soldaten der Reichswehr gestoßen, die an der Feldherrnhalle postiert waren. Aber die Reichswehr wurde nicht mehr gebraucht. Als die SA in ihren Braunhemden anrückte, kommandierte Godin mit lauter Stimme: »Feuer!« Da seine Leute zögerten, ergriff er ein Gewehr, legte auf die Marschierenden an und rief noch einmal »Feuer!« Dann krachte eine Salve. Max Erwin von Scheubner-Richter, der neben Hitler ging, erhielt einen Kopfschuß und fiel seinem Führer vor die Füße. Hitler stolperte und fiel ebenfalls zu Boden. Hermann Göring duckte sich, spürte jedoch den Einschlag und einen scharfen, brennenden Schmerz, als er an der Hüfte getroffen wurde. Auch er lag jetzt auf dem Pflaster. Eine zweite Salve folgte, die Nazis erwiderten das Feuer, flohen aber dann nach allen Seiten auseinander und versuchten, Deckung zu nehmen.

Nur General Ludendorff und sein Adjutant, Major a. D. Hans Streck, marschierten erhobenen Hauptes unbekümmert weiter, als ginge sie das, was um sie her geschah, nichts an. Ludendorff hatte sich geweigert zu glauben, man könnte auf ihn schießen. Als es nun doch geschah, ignorierte er es. Er lief einem Polizisten in die Arme, der ihn festnahm. Inzwischen war jemand mit einem kleinen Auto herangefahren und lud Hitler, der noch neben dem gefallenen Scheubner-Richter am Boden lag, ein. Er hatte sich die Schulter verrenkt. Da Haftbefehl gegen ihn bestand, brachte man ihn in das außerhalb der Stadt gelegene Landhaus von »Putzi« Hanfstaengl. Wenige Tage später wurde er dort von der Polizei festgenommen.

Hermann Göring, der aus seinen Wunden in der Leistengegend und Hüfte stark blutete, wurde von einem SA-Mann in das Haus des Möbelhändlers Ballin getragen, dessen Frau Ilse ebenso wie ihre Schwester im Kriege als Krankenschwester ausgebildet worden war. Sie halfen ihm aus den Kleidern, leisteten erste Hilfe, so gut es gehen wollte und versuchten, die Blutung mit Tüchern zu stillen. Die Ballins waren Juden, und sie wußten genau, wer Göring war und wie seine Partei zu den Juden stand. Sie wußten auch, daß er von der Polizei gesucht wurde. Trotzdem versorgten sie ihn, so gut sie konnten, und versuchten auch nicht, die Polizei zu benachrichtigen. Sie behielten ihn bis zum Einbruch der Dunkelheit im Hause und nahmen auf seine dringende Bitte die Verbindung mit Professor Alwin Ritter von Ach auf, der den Nationalsozialisten nahestand und eine Klinik in der Stadt leitete. Dort wurde Göring am frühen Morgen des 10. November zur Behandlung seiner Verwundung aufgenommen.[16]

Als man die Leichen auf dem Odeonsplatz zusammentrug, stellte man fest, daß drei Polizisten und sechzehn Mitglieder der Nationalsozialistischen Partei gefallen waren. Die sechzehn Nationalsozialisten waren junge Männer aus allen Schichten der Bevölkerung. Sie waren die eigentlichen Opfer und wurden später zu »Märtyrern der Bewegung« erklärt, deren etwa auf den Parteitagen in Nürnberg besonders weihevoll gedacht wurde. Doch für den Augenblick war der Putsch mißlungen. Die Führer der Putschisten flohen und versteckten sich, und jedermann glaubte, die Nationalsozialistische Partei habe ihre Rolle als bedeutende politische Kraft im Ringen um das künftige Schicksal Deutschlands ausgespielt.

Für Hermann Göring hätte die Zukunft kaum schwärzer aussehen können.

7

Drogensüchtig

Görings Schwägerin, Fanny von Wilamowitz-Moellendorff, war auf dem Odeonsplatz, als die Schießerei begann. Sie hatte gesehen, wie die Nazis um ihr Leben liefen, nachdem Putschisten unter den Salven der Polizei gefallen waren. Es gelang ihr nicht, in die Nähe Görings zu kommen, um festzustellen, was mit ihm geschehen war; und da die Polizei sofort anfing, Nationalsozialisten und Zuschauer festzunehmen, fuhr sie schleunigst nach Obermenzing zurück.

Dort konnte sie Karin nicht einmal sagen, ob ihr Mann noch lebe oder gefallen sei. Sie wußte nur, daß der Putschversuch gescheitert war und die Führer sich auf der Flucht befanden. Gemeinsam mit ihrer Schwester wartete sie auf Nachrichten.

Am frühen Morgen kam ein SA-Mann zu ihnen und teilte ihnen mit, Göring sei in Sicherheit und befände sich in der Klinik von Professor von Ach. Der Arzt hatte angeordnet, Karin dürfe bei dem schlechten Wetter auf keinen Fall das Haus verlassen. Trotzdem ließ sie sofort einen Wagen kommen und war eine halbe Stunde später bei ihrem Mann. Göring, der unter starken Schmerzen litt, war so erleichtert, sie wiederzusehen, daß er nach wenigen Augenblicken einschlief, während sie ihm die Hand hielt. Karins Schwester Fanny war sehr erstaunt über diese jähe Veränderung, denn wenige Stunden zuvor war Karin noch vollkommen hilflos gewesen und hatte hohes Fieber gehabt. Fanny selbst hielt ihre Schwester über die neuesten Entwicklungen auf dem laufenden.

Mit Hilfe von Resten seiner SA-Leibwache wurde Göring im Auto aus München nach Garmisch-Partenkirchen gebracht, wo Freunde von Karin ihn aufnahmen. Dort blieb er zwei Tage, er war noch krank und bettlägerig. Aber im Ort sickerte schnell durch, daß sich Hermann Göring in Garmisch aufhalte, und die Bevölkerung versammelte sich vor dem Haus und demonstrierte lautstark für die Nationalsozialisten.

Am 13. November 1923 schrieb Karin an ihre Mutter: »Wir hielten es für das beste, uns über die Grenze nach Österreich zu begeben. Wir fuhren im Auto dorthin, wurden jedoch an der Grenze verhaftet, bewaffnete Polizisten fuhren mit uns nach Garmisch zurück, Volksmassen versammelten sich, ›Heil Göring‹ von allen Seiten, Spott- und Pfuirufe für die Polizeioffiziere, die von diesen aufgeregten Massen fast gelyncht wurden. Hermann mußte, krank wie er war, beruhigen und sie verteidigen. Während der ganzen Rückfahrt im Auto, die ja gräßlich schwer für ihn gewesen sein muß, dachte er nur daran, daß ich nicht erschreckt und aufgeregt würde, und war so gütig trotz seiner seelischen und körperlichen Schmerzen.«[1]

In Garmisch nahm die Polizei Göring den Paß ab, lieferte ihn ins Krankenhaus ein und stellte ihn unter Bewachung. Göring hatte sein Ehrenwort gegeben, keinen Fluchtversuch zu unternehmen, aber Karin wies mit weiblicher Logik darauf hin, daß Gustav von Kahr und seine Freunde, denen Göring sein Wort gegeben hatte, gegenüber ihm und Hitler ja wortbrüchig geworden seien. Er dürfe sich deshalb kein Gewissen daraus machen, das ihnen gegebene Ehrenwort nicht zu halten. Schließlich beschafften ihm sympathisierende Polizeibeamte und getarnte SA-Männer einen falschen Paß und arbeiten einen Fluchtplan aus.

In dem Brief an ihre Mutter fährt Karin fort: ». . . trotzdem wurde uns wie durch ein Wunder geholfen. Hermann wurde hinausgetragen (er kann ja keinen Schritt gehen), wieder in ein Auto, aber nur im Nachthemd mit Pelz und Decken, und innerhalb von zwei Stunden mit falschem Paß über die Grenze gebracht. Ich wage gar nicht zu beschreiben, wie alles zuging. Das muß ich erzählen, wenn wir uns treffen. Die Abfahrt von München geschah in solcher Eile, daß ich nur das Notwendigste in eine kleine Handtasche einpackte, da ja jede Minute kostbar war.

Mama, Du sollst nicht glauben, daß Hitlers Sache verloren ist, daß sie aufgegeben ist. O nein, im Gegenteil, die Energie ist stärker als je zuvor. Und er wird siegen. Ich fühle es, ich weiß es. Wir haben das Ende noch nicht gesehen.«

Am 21. November 1923 schrieb sie noch einmal aus Innsbruck und teilte mit, daß die Wunde heile und die Temperatur zurückginge, Göring aber immer noch vom Blutverlust geschwächt sei und schlecht schlafen könne. Dann fährt sie fort: »Hier im Krankenhaus ist vom Morgen bis zum Abend ein Strom von Menschen, die mit Liebesgaben kommen. Sie fragen, ob wir nicht bei ihnen wohnen wollen, und danken ihm für das, was er für Deutschland durchgemacht hat. Hitlers Schwester (Paula) war vorgestern hier, ein reizendes, ätherisches Wesen mit großen seelenvollen Augen in einem weißen Gesicht, zitternd aus Liebe für ihren Bruder . . . Die Arbeit geht vorwärts. Er bekommt täglich neue Anhänger wie nie zuvor, Tausende von Arbeitern schreiben sich ein, außer sich über Kahrs Verrat und gebrochenes Ehrenwort. Die Waffen sind alle verwahrt, das Zusammenhalten warm und intensiv trotz der Schwierigkeiten, die verschiedenen Regimentsführer und die politischen konferieren täglich mit Hermann persönlich oder durch Kuriere . . . Dreißig der Leiter verhaftet; allen ist Amnestie angeboten, wenn sie ihr Wort geben, ›Landfrieden zu halten‹, aber alle haben abgelehnt . . .«[2]

In den Wochen nach dem vereitelten Putsch richteten die Nationalsozialisten einen geheimen Kurierdienst zwischen München und Innsbruck ein.

Die Regierung Kahr hatte Görings Bankkonto sperren lassen und die meisten Wertgegenstände beschlagnahmt. In ganz Deutschland sah man den Steckbrief mit Görings Foto, auf den eine Belohnung für seine Festnahme ausgesetzt war. Im Dezember 1923 wurde auch der Name von Karin Göring auf die Fahndungsliste gesetzt.

Görings Zustand hatte sich vorübergehend gebessert, aber Anfang Dezember bekam er einen Rückfall. Ein Querschläger war dicht neben einer Schlagader eingedrungen und hatte durch den Abprall vom Straßenpflaster Schmutz und Steinsplitter mitgerissen. Frau Ballin und ihrer Schwester war es nicht gelungen, die Wunde vollständig zu säubern, und obwohl sie sich oberflächlich geschlossen hatte, war noch eine ganze Menge Schmutz im Innern zurückgeblieben.

In ihrem Brief vom 30. November schrieb Karin an ihre Mutter: »Hermann geht es schlecht − sein Bein schmerzt −, vor vier Tagen brachen alle Wunden von neuem wieder auf, er wurde geröntgt, und man stellte Kugelsplitter und Straßenschmutz im Bein fest, die eine starke Eiterbildung hervorgerufen hatten. Er wurde operiert, zwar in Narkose, aber seit drei Tagen liegt er jetzt mit hohem Fieber, phantasiert, weint, träumt von Straßenkämpfen und hat unbeschreibliche Schmerzen − das ganze Bein steckt voller Gummiröhren, um den Eiter abfließen zu lassen. Er ist so lieb, geduldig und gütig, aber im Herzen grenzenlos verzweifelt ... Ich wohne jetzt seit drei Tagen bei ihm hier im Krankenhaus. Der geschickteste Professor, der hier ist, behandelt ihn, und ich bete zu Gott, daß Er uns helfen möge, durch diese schwere Zeit und schweren Tage, die Er uns zu tragen gab. Zukunftspläne haben wir nicht − können auch keine machen.«

Die Ärzte, die Göring behandelten, waren übereinstimmend der Ansicht, die Wundschmerzen in der Leistengegend seien wahrscheinlich nahezu unerträglich gewesen. Es gibt keinen Hinweis darauf, daß Göring überempfindlich war, und man weiß, daß er die bei den Luftkämpfen des Ersten Weltkriegs erlittenen Verwundungen bemerkenswert tapfer ertragen hat. Es ist sogar wahrscheinlich, daß er in diesem Lebensabschnitt Schmerzen besser ertragen konnte und entschlossener war, es ohne Klagen zu tun, als viele andere Menschen.

Dennoch erwähnt Karin Göring von jetzt an in jedem Brief, wie schlimm die Schmerzen waren, mit denen er zu kämpfen hatte. »Heute ist gerade ein Monat vergangen, seitdem man auf ihn schoß, und trotz täglicher Morphiumgaben sind die Schmerzen nicht geringer«, schreibt sie an ihre Schwester Lily.

Allmählich machte die Heilung Fortschritte, aber die Schmerzen blieben, und die Zahl der Morphiumspritzen wurde auf täglich zwei erhöht. Am Heiligen Abend 1923 durfte Göring das Krankenhaus endlich verlassen, obwohl er nur auf Krücken gehen konnte, und, wie Karin schrieb, »mager und bleich wie Schnee« war. »Ich kenne ihn kaum wieder. Der ganze Mensch ist verändert. Er spricht kaum ein Wort − so deprimiert von diesem Verrat, so herunter, wie ich es nie bei ihm für möglich gehalten hätte. Aber ich hoffe, daß auch sein seelisches Gleichgewicht und seine alte Energie zurückkommen werden, wenn seine Kräfte wieder da sind.«

Das Ehepaar zog nun in den Tiroler Hof. Als Göring und seine Frau das Hotelzimmer betraten, erlebten sie eine kleine Überraschung. Die Innsbrucker Nationalsozialisten hatten ihnen einen kleinen Tannenbaum hingestellt, der mit Kerzen und schwarz-weiß-roten Bändern geschmückt war. Karin hatte für Göring kein Weihnachtsgeschenk besorgt, weil »es ihn verlegen machen würde, wo er mir doch nichts hatte kaufen können, da er ja zu Bett lag.«

Sie setzte sich an sein Bett, bis er in einen unruhigen Schlaf gefallen war. Als sie es nicht länger ertragen konnte, ihn voller Mitleid zu betrachten, ging sie hinaus an die frische Luft. »Draußen war ein fürchterlicher Schneesturm, aber ich merkte es kaum. Plötzlich hörte ich aus einem offenen Fenster in der ersten Etage etwas ganz Wundervolles – Orgel und Gesang: ›Stille Nacht, heilige Nacht‹.«

In diesem an ihren Vater gerichteten Brief fuhr sie fort: »... seltsam, auf einmal wurde ich wieder ganz ruhig. Ich weinte natürlich, war aber wieder ganz voller Vertrauen und Ruhe, kehrte zu Hermann zurück, war imstande, ihn aufzumuntern und ihm Mut zuzureden – und zwei Stunden später schliefen wir beide den Schlaf des Friedens.«

Am folgenden Morgen mußte sie feststellen, daß sie sich im Schneesturm erkältet hatte. Sie fieberte und mußte sich ebenfalls zu Bett legen.

Unterdessen bereitete die Regierung Kahr das Gerichtsverfahren gegen Hitler, Ludendorff und die anderen Putschisten vor, und Hitlers Rechtsanwalt kam mehrmals nach Innsbruck, um mit Göring zu sprechen und sich von ihm bei der Abfassung seines Plädoyers helfen zu lassen. Rudolf Heß, der nicht länger von seinem geliebten Führer getrennt sein wollte, kam ganz unerwartet nach München und stellte sich den Behörden, um Hitler bei Beginn des Verfahrens zur Seite zu stehen.

Hermann Göring hätte nur zu gerne das gleiche getan, und sicher hat er sich vorgestellt, wie er auf Krücken als verwundeter Held, der sich mutig seinen Anklägern stellt, in den Zeugenstand humpeln würde. Als er jedoch Hitler in einem Brief, der ins Gefängnis geschmuggelt werden konnte, den Vorschlag machte, nach Deutschland zurückzukehren, erhielt er sofort Gegenorder: er solle sich das aus dem Kopf schlagen. Vielleicht wollte Hitler der einzige sein, der als Märtyrer auftrat, und mochte sich von seinem SA-Führer nicht die Schau stehlen lassen. An Göring schrieb er, draußen gebe es genügend Arbeit für die Partei, und niemand würde etwas von seiner Festnahme haben außer Kahr.

Die bayerische Bevölkerung verzieh Kahr das Vorgehen gegen die Nationalsozialisten nicht, und nach der Festnahme Hitlers und Ludendorffs lichteten sich die Reihen seiner Anhänger. Anfang 1924 trat er zurück. Der in Bayern ebenfalls unbeliebte Lossow wurde als Befehlshaber der Reichswehr in München abgelöst. Bei den Wahlen, die in Bayern, Franken, Thüringen und Norddeutschland stattfanden, errangen die Nationalsozialisten einen großen Sieg und erhielten an manchen Orten fast ebenso viele Stimmen wie die Sozialdemokraten. Zum erstenmal zogen nationalsozialistische Abgeordnete in den Reichstag ein. Göring war zutiefst enttäuscht, daß er nicht dazugehörte, doch seine Anträge auf Amnestie wurden abgelehnt, und er sah sich gezwungen, vorläufig im österreichischen Exil zu bleiben. Trotzdem schienen die Nachrichten über den Machtzuwachs der Nazis (»eine halbe Million mehr Mitglieder in Bayern als vor dem Putsch!« schrieb Karin begeistert) ihn körperlich und geistig aufzurichten. Er litt immer noch unter Schmerzen und bekam Morphiuminjektionen. Aber er konnte schon auf einen Stock gestützt gehen und hatte einen Teil seiner alten Energie wiedergewonnen. Er reiste viel zwischen Innsbruck, Salzburg und Wien hin und her, nahm die Verbindung mit nationalsozialistischen Zellen auf und traf mit Parteifunktionären aus Deutschland zusammen.

Seine Hauptsorge während dieser Zeit galt Karin und der finanziellen Situation. Karins Zustand hatte sich seit der Erkältung im Schneesturm nicht gebessert, außerdem hatte sie Herzbeschwerden. Immer wieder mußte sie für längere Zeit das Bett hüten, und um sie zu beschäftigen, brachten ihr die österreichischen Parteifreunde eine Schreibmaschine, auf der sie Presseerklärungen und Manifeste tippte. Alle, die sie damals gesehen haben, behaupten, sie sei noch schöner gewesen, denn das Fieber färbte ihre Wangen und verlieh ihren Augen ein besonderes Feuer. Hermann Göring liebte sie jetzt leidenschaftlicher als je zuvor.

Aber das Geld war knapp, für die Görings ebenso wie für die Partei; ihre Konten in München blieben gesperrt, und sie waren auf die Freigebigkeit ihrer persönlichen und politischen Freunde angewiesen, um die täglichen Ausgaben zu bestreiten. Allerdings hatten sie immer genug zu essen und waren bequem untergebracht.

Spenden wurden dringend benötigt, denn die Partei brauchte Geld, um die durch das Verfahren gegen Hitler, Ludendorff und die anderen Putschisten entstandenen Kosten zu decken. Alle Anwälte erklärten sich zum Verzicht auf ihre Honorare bereit; aber Flugblätter mußten gedruckt und Geld für Propaganda flüssig gemacht werden, und nach den Wahlen war die Parteikasse leer. Unter anderem gehörte es zu den Aufgaben Görings, an wohlhabende Österreicher heranzutreten, besonders an Personen mit eigenen Interessen in Deutschland, und sie zu Spenden für die Nationalsozialisten zu veranlassen. Diese Bemühungen und die politische Tätigkeit Görings interessierten die österreichische Regierung, die durchaus nicht damit einverstanden war, weil damit wertvolle Devisen für ausländische Interessen aus dem Lande gezogen wurden. Einer der Hauptagenten und Sammler Görings, der Freikorpsführer Gerhard Roßbach, der in Bayern SA-Führer gewesen und beim Putsch mitmarschiert war, wurde in Wien festgenommen, weil er im Besitz eines falschen Passes war. Kurz darauf erhielt Göring in Innsbruck den Besuch mehrerer Sicherheitsbeamter, die ihm nahelegten, seine »Rekonvaleszenz« zu beenden. Zwar setzten sie ihm keine Frist, meinten jedoch, es sei ratsam, die Sache nicht mehr allzu lange hinauszuschieben.

Karin Göring litt schon seit einiger Zeit unter Heimweh und wollte längst ihre Mutter, die Baronin Fock, in Schweden besuchen, die dort in einem Sanatorium lebte, und nur Karins eigener schlechter Gesundheitszustand hatte sie bisher daran gehindert, die Reise zu unternehmen. Sie sehnte sich auch nach ihrem Sohn Thomas, und jetzt, da die Amnestie verweigert worden war und sie Österreich verlassen sollten, würde sie Hermann vielleicht mitnehmen können.

Am 22. Februar 1924 schrieb Hermann Göring an die Baronin Fock: »Für die Dauer des Prozesses will ich noch hierbleiben; dann aber, wenn keine Aussicht besteht, vorläufig zurückkehren zu können, wollen wir via Italien per Schiff nach Schweden, da der Aufenthalt dort immer noch billiger und vor allem auch viel schöner ist als hier in Österreich. Ich hatte schon daran gedacht, eventuell unsere Villa zu verkaufen und die Möbel nach Schweden zu senden, wo wir uns dann eine Wohnung mieten würden ... Vielleicht finde ich dort auch irgendeine Tätigkeit, bis die Verhältnisse eine Rückkehr nach Deutschland gestatten, denn ich will nur in ein nationales Deutschland zurückkehren und nicht in diese Judenrepublik ... Ich liebe Schweden ja über alles, da ich in erster Linie Germane bin und dort das reinste Germanentum zu Hause ist. Außerdem sehne ich mich ebenso wie Karin nach Euch allen, die Ihr so herzlich und gut zu uns seid. Auch um Karins willen wäre ich glücklich, einige Zeit dort wohnen zu können, damit sie endlich mal wieder mit ihrer Familie und ihren Bekannten zusammensein kann, besonders nach all den Aufregungen und Entbehrungen der letzten Monate ... Noch einmal: nimm meinen tiefsten Dank und die Versicherung, daß ich unendlich glücklich bin, Dich auch Mutter nennen zu dürfen.«[3]

Das Gerichtsverfahren gegen Hitler und die anderen Putschisten in München begann am 26. Februar 1924 und dauerte länger als einen Monat. Adolf Hitler und Rudolf Heß wurden zu fünf Jahren Festungshaft in Landsberg verurteilt. General Erich Ludendorff wurde freigesprochen. Die Geschworenen waren zu der Ansicht gekommen, er sei zu jener Zeit so überreizt gewesen, daß er nicht gewußt habe, was er tue. In voller Uniform und mit allen Orden stürmte er aus dem Gerichtssaal und erklärte, der Freispruch sei eine Beleidigung der Uniform und der Orden, die er trage.

Als Hitler und Heß aus dem Gerichtsgebäude kamen, um nach Landsberg gebracht zu werden, wo sie ihre Strafe absitzen sollten, wurden sie von einer großen Menge nationalsozialistischer Sympathisanten bejubelt. Für Hitler war das Verfahren recht günstig ausgegangen, denn, anders als Ludendorff, der immer wieder versucht hatte, sich mit lahmen Entschuldigungen herauszureden, hatte er sich mit seiner Beteiligung am Putsch gebrüstet und die Zuhörer ebenso wie die Zeitungsleser durch seine Haltung zu beeindrucken gesucht. Man war der Ansicht, er werde die ganze Strafe absitzen müssen, und die Gefängnisbeamten empfingen ihn wie einen Ehrengast.

Hermann Göring hatte gehofft, nach Abschluß des Verfahrens amnestiert zu werden, aber die Verurteilung Hitlers machte diese Hoffnung zunichte. Wieder litt er unter schweren Depressionen, und seine Verwundung machte ihm neue Beschwerden. Das Bein war steif und schmerzte, und das Gehen fiel ihm schwer.

Karin schrieb an ihren Vater, sie stürbe vor Heimweh nach Schweden, müsse jedoch zunächst nach München reisen und versuchen, das notwendige Geld für ihren Aufenthalt in Italien und die Heimreise zu beschaffen. Sie ließ Göring im Krankenhaus zurück, wo er noch einmal untersucht werden sollte, und kam Mitte April in der bayerischen Hauptstadt an. Dort fuhr sie sofort zu ihrer Villa nach Obermenzing. Das Haus war jetzt ebenso wie Görings Wagen von den Behörden freigegeben worden. Das Auto verkaufte sie an die Partei, um mit dem Erlös und den Ersparnissen, die sie jetzt wieder von ihrem Konto abheben durfte, einen größeren Geldbetrag zur Verfügung zu haben.

Nach wenigen Tagen kehrte sie zurück und war glücklich, zu sehen, daß Göring sein Bein wieder bewegen konnte und keine so starken Schmerzen mehr hatte. Doch die Nervosität war geblieben. Ende des Monats reiste das Ehepaar nach Italien, und Karin hoffte, der Alptraum, in dem sie seit Mißlingen des Putsches gelebt hatten, sei nun vorüber.

Zunächst sah es auch wirklich so aus, als könnten sie in Italien die Erholung finden, die sie so dringend brauchten. Am 4. Mai 1924 trafen sie in Venedig ein und stiegen im Hotel Britannia am Canal Grande ab, eine halbe Minute vom Markusplatz entfernt. Der Direktor war Deutscher und ein Bewunderer Görings. So konnten sie auch hier zu einem niedrigen Sonderpreis leben. Außerdem waren beide zum erstenmal in Italien, und sie genossen die Sonne, die Wärme, das Licht und die Farben.

Sie schlenderten an den Kanälen entlang, besichtigten die Inseln, die Kirchen und die Läden, und Göring versuchte, seine italienischen Sprachkenntnisse aufzufrischen. Für Karin war es wie eine Hochzeitsreise, und beide vergaßen ihre bedrängte Lage und die Unsicherheit für die Zukunft. Manchmal wurden sie allerdings daran erinnert.

Nur mit Mühe konnten sie das Fahrgeld für die Reise über Florenz und Siena nach Rom aufbringen. In der italienischen Hauptstadt fanden sie allerdings keinen Nazisympathisanten oder Göringfreund mehr, der ihnen für billiges Geld ein Luxusappartement im Hotel angeboten hätte. Deshalb quartierten sie sich in einer kleinen Pension ein. Dann bemühte sich Göring darum, von dem neuen italienischen Diktator Benito Mussolini empfangen zu werden, dessen siegreichen Marsch auf Rom Hitler mit einem Marsch auf Berlin hatte nachahmen wollen, wenn der Putsch gelungen wäre. Es dauerte seine Zeit, aber als die beiden Männer schließlich einander gegenübersaßen, verstanden sie sich sofort. Göring hatte vorher schmerzstillende Mittel genommen und war ebenso lebhaft und großsprecherisch wie sein Gastgeber. Aber er war zu stolz, um ihm zu sagen, mit welchen finanziellen Schwierigkeiten er zu kämpfen hatte, und vielleicht hatte der Duce auch aus Deutschland erfahren, daß Göring von seinen Parteigenossen abgeschrieben war. Jedenfalls unternahm er keinen Versuch, sich noch einmal mit ihm zu verabreden, und Göring kehrte bedrückt und schlechter Stimmung in die Pension zurück.

Man hätte in ihm jetzt kaum mehr den fröhlichen, frischen und unternehmungslustigen jungen Mann wiedererkannt, der er noch vor einem Jahr gewesen war. Durch die Verwundung verursachte Drüsenstörungen hatten sich seine Persönlichkeit und sein Äußeres offenbar stark verändert, und auch die schmerzstillenden Drogen, die er ständig nahm, sowie die kalorienreichen billigen Mehlspeisen, die seine Hauptnahrung bildeten, wirkten sich ungünstig auf seinen Zustand aus. Er war blaß, wurde schwammig und zusehends dicker. Meist war er schlechter Laune; er neigte zu Zornausbrüchen, und um die geliebte Karin nicht durch seine Stimmungen zu belasten, ging er oft stundenlang durch die Straßen Roms und besuchte Museen, Galerien und Kirchen, um seine Verzweiflung durch die Beschäftigung mit der Kunst zu betäuben.

»Ich erinnere mich, daß ich eines Morgens um drei Uhr vor dem Trevibrunnen gestanden habe«, erzählte er seinem Stiefsohn Thomas von Kantzow später, »und überlegte, was die Leute sagen würden, wenn sie mich anstelle der Münzen, die hier als Glücksbringer hineingeworfen wurden, am Grunde liegen sähen. Aber dann stellte ich fest, daß das Wasser zu seicht war, um sich darin zu ertränken, und sprang nicht hinein.«

Das muß zu einer Zeit gewesen sein, als Karin nicht in Rom war, denn er hätte sicher nicht daran gedacht, sich das Leben zu nehmen, während sie in der kleinen Pension auf ihn wartete. Karins Gesundheitszustand war jetzt so schlecht, daß sie oft längere Zeit das Bett hüten mußte. Ihre Krankheit, die Geldsorgen, die Sorgen um Hermann und das verzweifelte Heimweh nach Schweden verdarben ihr den Aufenthalt in Italien. Das Land hatte für sie alle Romantik verloren. Seine Farben verblaßten, und die Menschen erschienen ihr laut und aufdringlich.

Um nach Norden zu reisen, brauchten beide Geld, und da sie schon so lange finanziell von Karins Eltern abhängig waren, beschlossen sie, sich die notwendigen Mittel in Deutschland zu besorgen. Doch plötzlich war die Nachrichtenverbindung zur Partei in Bayern unterbrochen, und nur auf Umwegen erfuhren sie den Grund. Während Hitler seine Haftstrafe in Landsberg absaß, hatte der ihnen feindlich gesinnte Parteiphilosoph Alfred Rosenberg, dessen verworrene Schriften über die Rassenfrage und die Politik Göring oft lächerlich gemacht hatte, die Führung in die Hand genommen. Jetzt rächte sich Rosenberg in Abwesenheit des »Führers«, indem er den Namen Hermann Göring zunächst auf die Liste der »Inaktiven« setzte und ihn dann aus dem Mitgliederverzeichnis strich. Noch bei Hitlers Entlassung aus Landsberg war der Parteiausschluß nicht aufgehoben, und niemand scheint den »Führer« darauf aufmerksam gemacht zu haben.

Göring selbst konnte nicht nach Deutschland zurückkehren, und seine Briefe blieben unbeantwortet. So beschlossen sie, daß Karin, obwohl sie durch ihre Krankheit sehr mitgenommen war, nach München reisen sollte, um herauszufinden, was eigentlich los war und das Geld zu beschaffen, das sie brauchten, um Italien zu verlassen. Anfang April 1925 unternahm sie die Reise mit der Eisenbahn; aber in München mußte sie feststellen, daß Adolf Hitler gar nicht in der Stadt war. Das war ein Schock für sie, denn sie wußte, daß man ihn längst aus dem Gefängnis entlassen hatte. Sie fühlte sich nicht stark genug, Alfred Rosenberg in seinem Parteibüro aufzusuchen, und fuhr statt dessen zu General Ludendorff, der jetzt in Solln wohnte. Aber auch er hatte sich vollkommen verwandelt. Er stand kurz vor der Scheidung von seiner ersten Frau und lebte mit seiner künftigen Frau Mathilde von Kemnitz zusammen. Mehr denn je stand er unter dem unheilvollen Einfluß dieser schrecklichen Frau. Beide waren von den Nationalsozialisten enttäuscht und beschäftigten sich damit, fanatische Schriften herauszugeben, in denen sie alles Böse in der Welt den Juden und den dunklen Machenschaften der »Weisen von Zion« in die Schuhe schoben. Auch Karin Göring hielt, ebenso wie ihre Verwandten, die Juden für ein schädliches Element in der Gesellschaft, aber die bösen Phantasien Ludendorffs und seiner Geliebten waren ihr unerträglich, und sie verließ Solln, ohne den General zu bitten, er möge Göring bei der Wiederaufnahme in die Partei behilflich sein.

Am 15. April kehrte Hitler endlich nach München zurück und erklärte sich bereit, Karin zu empfangen. Wie immer in der Gegenwart einer schönen Frau war er liebenswürdig und freundlich und hörte sich mit augenscheinlichem Interesse an, was sie ihm über das unglückliche Schicksal Hermanns nach dem Scheitern des Putsches erzählte. Er behauptete, es überrasche ihn, daß Rosenberg Göring aus der Partei ausgeschlossen habe, und er werde es sofort rückgängig machen — was er auch tat. Als sie ihm sagte, in welchen finanziellen Nöten sie seien, trat er an den Tresor, der in seinem Büro stand, nahm ein Bündel Banknoten in italienischer, deutscher und österreichischer Währung heraus und übergab es ihr. Doch später erzählte Karin, sie habe das Gefühl gehabt, Hitler hätte ihre und Hermanns Schwierigkeiten sofort wieder vergessen. Damit hatte sie wahrscheinlich recht, denn während seiner Haftzeit hatte es in der Partei soviel Streit und Intrigen gegeben, so daß er vollauf damit beschäftigt war, wieder Ordnung herzustellen und sich die Führung zu sichern.

Mit dem Geld und einem Foto Hitlers, auf das er die Widmung geschrieben hatte: »Der verehrten Gemahlin meines SA-Kameraden zur Erinnerung an den Besuch in der Festung Landsberg«[4], kehrte Karin nach Rom zurück. Das Bild zeigte Hitler im Regenmantel, den starren Blick in die Zukunft gerichtet. Karin nahm es auf all ihren Reisen mit, und wenn es auf ihrem

Toilettentisch oder auf dem Kaminsims stand, schmückte sie es mit einem Edelweiß.

Einen Monat nach Karins Rückkehr machte sich das Ehepaar Göring über Österreich, die Tschechoslowakei, Polen und Danzig auf den Weg nach Schweden. Für Karin Göring war es eine Freude, wieder in der Heimat zu sein, ihre Verwandten in die Arme zu schließen und den geliebten Sohn Thomas wiederzusehen. Aber für Göring war es der Beginn des Fegefeuers. Bleich und dick geworden, stand er im hellen Licht der skandinavischen Sonne vor den Verwandten seiner Frau und versuchte, ihnen den alten, tatkräftigen und lebensvollen Kriegshelden vorzuspielen. Er spürte bald, daß sie sich nicht täuschen ließen, sondern von seinem körperlichen Zustand abgestoßen waren.

Der Schock wäre noch größer gewesen, hätten sie gewußt, daß er unter dem Einfluß von Morphium stand, das er kurz vorher genommen hatte, und daß er noch viel schlechter aussehen würde, wenn die Wirkung der Spritze nachgelassen hatte. Er war süchtig geworden.

8

Die Entziehungskur

Thomas von Kantzow war dreizehn Jahre alt, als seine Mutter mit ihrem zweiten Mann nach Schweden zurückkehrte. Er war ein einsames Kind und hatte unter der Trennung von Karin tief gelitten, denn seine Liebe zu ihr war so leidenschaftlich, daß man sie als eine Besessenheit oder als psychischen Komplex bezeichnen könnte. Nun, da sie zurückgekehrt war, wollte er sich nie wieder von ihr trennen, sondern immer in ihrer Nähe bleiben. Wahrscheinlich sind weder Karin noch Thomas damals auf den Gedanken gekommen, daß diese Haltung Karins Mann Nils von Kantzow schmerzlich berühren mußte; auch wenn die Verhältnisse im Hause Göring normal gewesen wären, hätte er es als Enttäuschung empfunden, daß Thomas jetzt nur noch mit Karin und dem Mann zusammen sein wollte, der sie ihm genommen hatte.

Aber die Verhältnisse waren alles andere als normal, und das Ehepaar Göring geriet in immer größere Not.

Auch wurde Karins Gesundheitszustand zusehends schlechter. Wenn man bedenkt, wie krank sie war – angegriffene Lungen, ein schwaches Herz und miserabler Kreislauf –, dann ist es erstaunlich, wie wenig sie es, im Gegensatz zu ihrem Mann, nach außen sichtbar werden ließ. Sie war jetzt eher noch schöner als vorher, denn die Krankheit verlieh ihr etwas Ätherisches, das jeden beeindruckte, der sie sah. In den ersten Wochen nach ihrer Rückkehr nahm sie gemeinsam mit ihrem Mann an zahlreichen gesellschaftlichen Veranstaltungen teil, aber bald begann sie unter Anfällen zu leiden, die eine gewisse Ähnlichkeit mit dem »petit mal« bei der Epilepsie hatten. Sie wurde dann plötzlich ohnmächtig, und wenn sie aus der Bewußtlosigkeit erwachte, konnte sie sich nicht mehr erinnern, wie es dazu gekommen war. Die Ärzte verordneten ihr strenge Bettruhe.

Hermann Göring machte den Versuch eines Neubeginns und setzte seine Morphiuminjektionen auf zwei am Tage herunter. Er gab sich eine Spritze am Morgen nach dem Aufwachen und die zweite vor dem Schlafengehen. Sein steifes Bein behinderte ihn stark beim Gehen, und die Schmerzen in der Leistengegend waren immer noch sehr heftig. Trotzdem war er in Stockholm viel unterwegs, um sich eine Stelle zu suchen. Erstaunlicherweise konnten die Focks und die Rosens, obwohl sie wohlhabende und einflußreiche Familien waren, ihm nicht helfen, eine Anstellung zu finden. Seine Schwägerin Fanny erklärt dazu:

»In Schweden herrschte ernste Arbeitslosigkeit; aus dem Baltikum sowie auch aus Rußland war eine große Flüchtlingsschar gekommen. Alle hofften sie auf Arbeit, schlimmstenfalls auf Hilfe und Unterstützung von den nicht sozialdemokratischen Kreisen. Für diesen tüchtigen Offizier, der in einen politischen Aufstand verwickelt gewesen war, war es jedoch schwierig, irgendeinen Zivildienst zu bekommen, zumal das Flugwesen damals noch wenig entwickelt war. Dafür gab es viel zuviel Bewerber. Hermann Göring tat sein Bestes, mehr kann ein Mensch nicht tun.«[1]

Die Görings hatten sich in der Altstadt von Stockholm eine kleine Wohnung gemietet und die meisten Möbel aus München mitgebracht. Von dem Verkauf der Villa in Obermenzing hatten sie etwas Bargeld übrig behalten, und mit dem kleinen Betrag, den Karin von ihrem ersten Mann erhielt, konnten sie einigermaßen auskommen, wenn sie bescheiden lebten. Doch Göring fiel es immer schwerer, das erzwungene Nichtstun zu ertragen, und bald wußte er sich vor Enttäuschung und Heimweh nach Deutschland kaum mehr zu helfen. Die Partei hatte ihn, wie es schien, ganz vergessen, und alles, was er über sie wußte, erfuhr er aus den Zeitungen, die den Nazis gegenüber meist kritisch eingestellt waren.

Seine schlechte Stimmung wirkte sich auch auf seinen körperlichen Zustand aus, und er fing wieder an, sich täglich vier bis sechs Spritzen zu geben. Er hatte aus Österreich und Italien einen großen Vorrat an Morphium mitgebracht, und der schwedische Arzt, den er konsultierte, gab ihm ein Rezept, mit dem er sich mehr beschaffen konnte, wenn er Schmerzen an seiner alten Wunde hatte. Diese Schmerzen waren durchaus echt, aber bald mußte man sich fragen, ob sie auftraten, weil Göring das Verlangen nach Morphium hatte – oder umgekehrt.

Die Morphiumsucht ist keine angenehme Sache, auch nicht während der Wirkungsphase des Morphiums. Der Süchtige erlebt keine Euphorie und keine Ekstasen, und die Nachwirkungen sind äußerst deprimierend. Hermann Göring scheint gegen Morphium allergisch gewesen zu sein, und man hätte ihm dieses Mittel eigentlich von Anfang an nicht geben dürfen, denn nur die stärksten Dosen linderten seine Schmerzen. Eine geringere Dosierung hatten Schlaflosigkeit, Nervosität und nicht mehr beeinflußbare Erregungszustände zur Folge. Dann schrie er, geriet außer sich und warf mit irgendwelchen Gegenständen um sich. Karin war ganz verstört über sein Verhalten, aber daß er sie nie tätlich angegriffen hat, wenn sie ihn bei solchen Anfällen vorwurfsvoll angesehen hat, zeigt, wie sehr er sie liebte. Während dieser Zeit der Krankheit, der Schmerzen und der Qualen kam der junge Thomas von Kantzow häufig in die Wohnung der Görings an der Odengatan. Auch ihm tat Göring nichts zuleide, wenn er diese Erregungszustände hatte, und Thomas berichtete später:

»Er muß sich sehr große Mühe gegeben haben, normal zu erscheinen, wenn ich dort war, denn er machte auf mich immer noch den Eindruck eines freundlichen und lustigen Menschen; einen Eindruck, den ich schon als kleiner Junge von ihm gehabt hatte. Er scherzte mit mir, und es machte ihm nichts aus, wenn ich über sein komisches Schwedisch lachte. Wenn ich etwas sagte, hörte er mir aufmerksam zu und beantwortete ernsthaft jede meiner Fragen.«

Aber Thomas war lieber mit seiner Mutter allein, und die Bindung zwischen ihnen war so stark, daß er oft die Schule versäumte, um den ganzen Tag bei ihr zu sein. Das beunruhigte Nils von Kantzow, und er schrieb einen Brief an Karin, in dem er sie vorsichtig bat, die Besuche einzuschränken, damit die schulischen Leistungen seines Sohnes nicht beeinträchtigt würden. Von da an begleitete er selbst oder ein Dienstbote Thomas zur Schule und holte ihn auch dort ab, damit er sicher sein konnte, daß er die Unterrichtsstunden nicht schwänzte, um zu seiner Mutter zu laufen.

Karin reagierte recht unvernünftig und verständnislos darauf. Nils von Kantzow hatte versucht, die Familienangelegenheiten in möglichst anständiger Form zu regeln. In mancher Hinsicht war er sogar zu gutmütig. Er hatte sich als Offizier und Gentleman betragen, als er der Scheidung auf Karins Bitten zustimmte, und hatte ihr auch weiterhin einen monatlichen Zuschuß gezahlt. Während ihrer Aufenthalte in Schweden hatte er ihr erlaubt, so oft sie wollte mit ihrem Sohn zusammen zu sein. Wenn er auf Göring eifersüchtig war und es ihm verübelte, daß er ihm die Frau fortgenommen hatte, dann hatte er das jedenfalls nicht merken lassen.

Nun wandte sich Karin an die Anwälte ihrer Familie und beauftragte sie, ihr das Sorgerecht für den Sohn gerichtlich zu erzwingen, mit der Begründung, daß sie jetzt ihren dauernden Wohnsitz in Schweden habe. (Sie war entschlossen, Schweden nicht mehr zu verlassen, wenn Thomas ihr zugesprochen würde.) Sie behauptete, Thomas brauche die mütterliche Fürsorge, die ihm im Junggesellenhaushalt ihres geschiedenen Mannes fehlte.

Vielleicht hätte Kantzow auch das letzte Opfer gebracht und seinen Sohn der Mutter übergeben, wenn er sich nicht ernstlich Sorgen gemacht hätte. Gerüchtweise hatte er erfahren, wie es im Haus seiner geschiedenen Frau zuging. Er wußte, daß die Görings sehr bescheiden wohnten, daß Karin krank war und Hermann keine Arbeit hatte. Deshalb beauftragte er ein Detektivbüro, die Gerüchte zu überprüfen, von denen er gehört hatte. Der Bericht der Detektive schockierte ihn so sehr, daß er vor Gericht erklärte, er werde sich mit allen ihm zur Verfügung stehenden Mitteln gegen den Antrag seiner Frau auf Erteilung des Sorgerechtes wehren.

Diese Weigerung hätte für Karin in keinem ungeeigneteren Augenblick kommen können. Im schriftlichen Nachlaß der Familie Fock findet sich zu diesem Thema kaum etwas. Nur Karins Schwester Fanny schreibt dazu: »Karins Mutter ... hat immer wieder versucht, zu helfen. Immer gab sie mit vollen Händen und mit ihrem ganzen warmen Herzen. Sie konnte es jedoch nicht verhindern, daß Sorge, Not, Krankheit und Unruhe in dem Göringschen Heim Einzug hielten. Karin versuchte das Äußerste, um die Stimmung zu erheitern, das Leid zu mindern.«[2]

Zu dieser Zeit beriefen Karins Eltern und Verwandte, die Focks, einen Familienrat ein, weil sie von ihrem Hausarzt erfahren hatten, daß Karins Zustand sich täglich verschlimmerte. Offensichtlich sorgte sie sich zu sehr um ihren Mann, der zusehends seiner Morphiumsucht verfiel. Der Arzt erklärte, er könne die Verantwortung für seine Patientin nicht übernehmen, wenn ihr die Sorge um ihren Mann nicht abgenommen werde. Darüber hinaus gab er zu, der Mann sei gewalttätig, gefährlich und so unausgeglichen, daß man jeden Augenblick damit rechnen müsse, er könne sich das Leben nehmen oder einen anderen Menschen töten.

Die Familie beschloß, die Kosten für Görings ärztliche Behandlung zu übernehmen, und brachte ihn privat zur Untersuchung im Aspudeen-Krankenhaus unter. Er ließ sich bereitwillig in die Klinik einweisen, denn er war sich der Schwere seines Leidens bewußt und war, wenigstens zeitweilig, entschlossen, etwas dagegen zu unternehmen. Unglücklicherweise scheint keiner der Ärzte im Krankenhaus erkannt zu haben, welche Menge Morphium Göring wirklich brauchte, um seine Ängste zu besänftigen und die Schmerzen zu stillen. In schwedischen Krankenhäusern war die Pflege überdies nicht besonders verständnisvoll. Zunächst wollte man ihm das Morphium allmählich entziehen, aber die Dosen, die man ihm zugestand, waren im Vergleich mit dem, was er bisher bekommen hatte, so gering, daß die Behandlung dem völligen Entzug gleichkam, und Göring reagierte entsprechend. Als er nach einer Spritze verlangte, sagte man ihm, er müsse bis zum nächsten Morgen warten. Der Gedanke, sich die ganze Nacht mit den schrecklichen Entziehungssymptomen herumquälen zu müssen, ließ ihn wimmern und inständig um eine Injektion betteln. Damit hatte er keinen Erfolg; statt dessen erklärte man ihm, er solle sich wie ein Mann und nicht wie ein jämmerlicher Feigling betragen. Er bekam einen Wutanfall und ging auf die Krankenschwester los, und zwar mit solcher Heftigkeit, daß er sie vielleicht umgebracht hätte, wenn ihr nicht jemand zu Hilfe geeilt wäre.

Jetzt wurde die Polizei eingeschaltet; man steckte Göring in eine Zwangsjacke, zwei Ärzte untersuchten ihn und erklärten ihn offiziell für verrückt.[3] Am 1. September 1925 wurde er in die Irrenanstalt von Langbro eingeliefert. Dort blieb er die nächsten Wochen in einer Gummizelle, geplagt von den Schrecken, die eine rigorose Entziehungskur auslöst.

Damals herrschte in der Medizin noch die Ansicht, die beste Methode, einen Drogensüchtigen zu entwöhnen, sei das völlige Absetzen der Droge. Der Süchtige mußte bei dieser Behandlung allein mit den sich daraus ergebenden Symptomen fertig werden. Er braucht eine starke körperliche und eine noch stärkere seelische Konstitution, um den Schock zu ertragen, den diese grausame und drastische Behandlung auslöst.

Hermann Göring hat die Behandlung durchgestanden. Der Psychiater, der ihn in der Irrenanstalt von Langbro behandelt hatte, bezeichnete den Patienten nach Abschluß der Kur als »einen Gefühlsmenschen, dem es an moralischem Mut fehlt«. Er schrieb seinen Bericht, als Göring nach einer dreimonatigen Entziehungskur in seine Wohnung an der Odengatan entlassen wurde.

Karins Gesundheitszustand hatte sich unterdessen weiter verschlechtert, es fehlte an Geld, und er hatte immer noch keine Aussicht auf eine Anstellung. So griff er wieder zum Morphium und mußte noch einmal nach Langbro zurückgebracht werden. Nach weiteren zwei Monaten völligen Verzichts auf das Morphium war er geheilt. Er hat nie wieder Morphium gespritzt. Einen konservativen schwedischen Psychiater mag dies kaum beeindruckt haben. Berücksichtigt man jedoch, bis zu welchem Grade er dem Morphium verfallen war und die Tatsache, daß seine alte Wunde immer noch heftig schmerzte (das sollte auch so bleiben), dann muß man Görings Leistung anerkennen, mit der er die Sucht überwunden hat.

Solange er süchtig war, hatte er stark zugenommen, und zweifellos haben das Morphium, die Wunde in der Leistengegend oder beides zusammen eine Störung seiner Drüsenfunktionen bewirkt. Nach dem Sommer 1926 darf man sich den dreiunddreißig Jahre alten Hermann Göring nicht mehr als einen schlanken, gutaussehenden jungen Helden vorstellen. Er wurde so dick, daß man ihn kaum noch als einen jungen Mann bezeichnet hätte. Aber er war bereit, sein Leben wieder selbst in die Hand zu nehmen, und wollte unter allen Umständen nach Deutschland zurückgehen.

Die Verhältnisse in Deutschland hatten sich verändert, und die politischen Parteien der äußersten Rechten und der äußersten Linken gewannen immer mehr Anhänger. Die bürgerliche Regierung unter Reichskanzler Wilhelm Marx hatte es nicht leicht, und die Auseinandersetzungen zwischen den Kommunisten auf der einen und den Nationalsozialisten und Rechtsparteien auf der anderen Seite bestimmten das politische Bild im Reichstag. 1925 war Feldmarschall Paul von Hindenburg zum Reichspräsidenten gewählt worden. Er war inzwischen achtzig Jahre alt geworden und konnte seine Empörung über die Ungerechtigkeiten des Versailler Vertrags und die Behauptung der Alliierten, Deutschland sei allein am Ersten Weltkrieg schuld, kaum verhehlen.

Im Herbst 1927 nahm Hindenburg in Tannenberg in Ostpreußen, wo das deutsche Heer unter seiner Führung eine der bedeutendsten Schlachten des Krieges ausgefochten hatte, an der größten Demonstration vaterländischer Gesinnung teil, die es seit dem Krieg in Deutschland gegeben hatte. Anlaß war die Einweihung des Tannenbergdenkmals. Das weitläufige Gelände war besonders gut für militärische Aufmärsche geeignet, und Hindenburg und die Rechtsparteien nutzten die Gelegenheit für eine großangelegte Propagandaveranstaltung.

Der betagte Feldmarschall unternahm die Reise nach Ostpreußen auf dem Kreuzer »Berlin« und fuhr von Swinemünde nach Königsberg, ohne seinen Fuß auf den Boden des polnischen Korridors zu setzen, der dazwischenlag. Die Veranstaltung trug den Charakter einer militärischen und monarchistischen Demonstration. Die nationalen Kriegsteilnehmerverbände waren zur Teilnahme eingeladen worden, aber dem jüdischen Kriegsteilnehmerverband wurde das Erscheinen ausdrücklich verboten. Alle deutschen Generäle waren gekommen, und zollten Beifall, als Hindenburg ausrief: »Die Behauptung, Deutschland sei für diesen größten aller Kriege verantwortlich, weisen wir hiermit zurück. Es war nicht im Geiste des Neides, des Hasses oder der Eroberungssucht, daß wir das Schwert aus der Scheide gezogen haben ... Reinen Herzens sind wir ausgezogen, um das Vaterland zu verteidigen, und mit reinen Händen haben wir das Schwert wieder eingesteckt.«[4]

Er endete mit dem Gebet, Gott möge das deutsche Volk und die deutsche kaiserliche Familie segnen und beide von dem Unrecht befreien, das ihnen angetan worden sei. Die Rede wurde durch den Rundfunk in ganz Deutschland verbreitet. Überall erregte sie stürmische vaterländische Gefühle. Hermann Göring las sie in den schwedischen Zeitungen und sagte Karin, er sei glücklich, daß Deutschland wieder gesunde und die Stunde sich nähere, in der auch er zurückkehren könne.

Damit hatte er recht. Sehr bald wurde dem Reichstag ein Antrag auf Entlassung aller politischen Gefangenen und Amnestie aller Personen vorgelegt, die aus politischen Gründen ins Exil gegangen waren. Da auch viele Kommunisten Gefängnisstrafen verbüßten oder ins Ausland geflohen waren, stimmten die kommunistischen Abgeordneten mit den Rechtsparteien für den Antrag und widersetzten sich damit den Wünschen der Regierung Marx.

Endlich war die Zeit des Exils vorüber, und Hermann Göring durfte in die Heimat zurückkehren. In seiner Freude telegrafierte er an Adolf Hitler und begann, seine Abreise vorzubereiten. Daß Karin ihn begleitete, kam fürs erste nicht in Frage, denn sie war viel zu schwach dazu. Sie wollte jedoch auf keinen Fall, daß er wartete, bis sie wieder reisefähig wäre, und zwang sich deshalb sogar, aufzustehen, um ihm beim Packen zu helfen. Er sollte sehen, daß sie zwar noch krank war, sich aber schon auf dem Wege der Besserung befand.

Im Oktober 1927 nahmen sie Abschied, und Karin konnte ihrem Mann kaum verbergen, daß sie kurz vor dem totalen Zusammenbruch stand. Als der Zug den Bahnhof verlassen hatte, fiel sie ihrer Schwester Fanny in die Arme und mußte sofort in ein Krankenhaus gebracht werden. In den folgenden Wochen war sie schwer krank, verlangte jedoch, daß man es ihrem Mann verheimlichte.

Ihrer Schwester sagte sie: »Er hat so viel zu tun, muß so viel nachholen. Die Sorge um mich wäre jetzt unerträglich für ihn.«

Damit hatte sie recht. Hermann Göring wurde bei seiner Rückkehr in Deutschland nicht gerade wie ein heimgekehrter Kriegsheld empfangen. Er war vier Jahre im Ausland gewesen, und die Partei und ihr Führer hatten sich verändert. 1923 hatte Göring seinen guten Ruf als tapferer Soldat, seinen glühenden Patriotismus und seinen Diensteifer in die Partei eingebracht. Er hatte einem Verband, auf den die Mehrheit des deutschen Volkes verächtlich herabsah, ein gewisses Ansehen gegeben.

Aber jetzt schrieb man das Jahr 1927. Die Nationalsozialistische Partei hatte sich inzwischen politisch so weit gefestigt, daß sie überall in Deutschland bekannt war. Zahlreiche Deutsche gaben ihre Stimmen für sie ab, und die Nationalsozialisten schickten ihre Abgeordneten in den Reichstag und in die Landtage. Adolf Hitler kassierte politische Dividenden aus dem Umstand, daß er als politischer Häftling in Landsberg gesessen hatte, und genoß als Märtyrer den Ruf einer bedeutenden politischen Persönlichkeit. Sein Bekenntniswerk »Mein Kampf« erregte erhebliches Aufsehen – vielleicht gerade, weil es so wenig gelesen wurde.

Wozu brauchte er denn noch diesen blassen, fettleibigen, hinkenden ehemaligen Hauptmann, der völlig mittellos war und dessen stürmisches Temperament als politischer Kämpfer verraucht zu sein schien? Jetzt gab es andere Männer, die sich um die hohen Funktionärsposten der Partei bemühten. Görings Stelle als Befehlshaber der SA war von einem anderen besetzt; sein schlimmster Feind in der Partei, Alfred Rosenberg, hatte überall im Parteiapparat die Hand im Spiel und zeigte keine Lust, mit einem Rivalen zusammenzuarbeiten. Er und »Putzi« Hanfstaengl sorgten dafür, daß Hitler erfuhr, wie Göring im Exil gelegentlich Hitlers Führung kritisiert oder über seine Eigenarten Witze gemacht hatte. Sie wußten genau, wie empfindlich Hitler auf jede Kritik reagierte und daß er niemandem verzieh, der ihn lächerlich machte oder abfällig über ihn sprach.

Was er sich als triumphale Heimkehr vorgestellt hatte, wurde zu einer bitteren Enttäuschung. Die beiden Gespräche, die Göring in München mit Hitler führte, hatten nur das Ergebnis, daß ihm gesagt wurde, er solle die Verbindung aufrechterhalten, sich aber zunächst um eine Stelle in der Wirtschaft bemühen, wo er etwas verdienen und wieder auf eigene Füße kommen könne.

»Und dann werden wir sehen«, sagte Hitler.

Anfang November 1927 siedelte Göring mit einem Vertrag der Bayerischen Motoren Werke (BMW) als deren Vertreter nach Berlin über. Das Werk war erst jüngst von dem Italiener Camillo Castiglioni übernommen worden, der dort Flugzeugmotoren bauen wollte. Daß Castiglioni Jude war, schien Hermann Göring nicht zu stören, und obwohl sich der Italiener einmal darüber beklagte, daß »Hermann zuviel Zeit damit verschwendet, den Damen die Hand zu küssen und sich nicht genug darum bemüht, die Unterschriften ihrer Ehemänner unter Lieferverträge zu bekommen«, blieben ihre Beziehungen, solange sie bestanden, freundlich, wenn auch nicht gerade herzlich. In Berlin nahm Göring die Verbindung zu einigen ehemaligen Kriegskameraden auf. Unter ihnen war auch der Kriegsflieger Bruno Loerzer, der Beziehungen zum Flugzeugwerk Heinkel und zur Lufttransportgesellschaft Lufthansa hatte.

Göring bewohnte ein kleines Zimmer in einem Hotel nicht weit vom Kurfürstendamm, benutzte es aber nur zum Schlafen. Wenn er auch den ganzen Tag unterwegs war, um seine Position zu festigen, so vermißte er

Karin doch sehr, und die beiden schütteten sich in den täglich hin- und hergehenden Briefen das Herz aus. Karin las die langen Ergüsse Görings meist ihrem Sohn Thomas vor, der sein Leben lang die Erinnerung an die romantische Leidenschaftlichkeit bewahrte, die aus jedem Satz sprach.

Ohne Zweifel liebte Göring seine Frau noch ebenso wie am ersten Tag. Um die Weihnachtszeit konnte er die Trennung nicht länger ertragen und fuhr nach Stockholm. Aber Karin lag noch immer im Krankenhaus, und erst im Frühjahr 1928 fühlte sie sich kräftig genug, zu ihm in die kleine möblierte Wohnung zu ziehen, die er in Berlin in der Berchtesgadener Straße 16 gemietet hatte.

Die Wiedervereinigung mit ihr scheint ihm Glück gebracht zu haben. Die Zukunft sah rosiger aus; und Hitler zeigte sich plötzlich bereit, seinen ehemaligen Mitstreiter wieder in den Kreis der engsten Vertrauten aufzunehmen.

9
Dreigroschenoper

Im Frühjahr 1928 brachte das »Berliner Tageblatt« eine Karikatur von Karl Arnold, die mit wenigen Strichen das Leben im damaligen Deutschland charakterisierte. Sie zeigte ein mageres, fast busenloses Mädchen mit dem modern gewordenen Bubikopf, kurzem Rock und hohen Absätzen und einen sehr dicken Mann mit einer kräftigen Zigarre im Mundwinkel. In dem dicken Mann sah man ein zum Skelett abgemagertes Kind, das sich an die Rockschöße einer verhungerten Frau klammerte, die einen Säugling auf dem Arm trug. Die Unterschrift lautete: »Manche sind freiwillig dick, manche sind freiwillig dünn, und andere sind unfreiwillig dünn.«

Die »Dreigroschenoper« von Bertolt Brecht und Kurt Weill war der große Erfolg des Jahres. Die Parallelen zu dem, was in Deutschland geschah, waren überdeutlich, und die Weltanschauung, die Macky Messer in seinem Lied zum Ausdruck brachte, war einem großen Teil der Zuschauer im allabendlich ausverkauften Theater nicht fremd.

In Berlin lebten damals viele Ausländer, die für ihre Dollars, Pfunde, Francs und Gulden hohe Markbeträge kaufen konnten. Das Angebot an Zerstreuungen, für die sich dieses Geld ausgeben ließ, war groß. Elisabeth Bergner und Franz Lederer spielten unter der Regie von Max Reinhardt »Romeo und Julia«, die UFA-Filmtheater brachten die Tonfilme mit Marlene Dietrich, in der Operette sang Richard Tauber, auf dem Theater spielte man Gerhart Hauptmann und Lion Feuchtwanger, die neuesten Werke von Richard Strauss wurden aufgeführt, Furtwängler dirigierte die Berliner Philharmoniker, die braune Josephine Baker tanzte nackt auf extravaganten Abendgesellschaften, und es gab Nachtlokale jeder nur denkbaren Art, in denen sich alle nur möglichen erotischen und sonstigen Wünsche befriedigen ließen.

Aber hinter dieser Fassade von kulturellem Leben und Amüsement krankte die Weimarer Republik, auf die alle demokratisch Gesinnten so große Hoffnungen gesetzt hatten, an den ungünstigen Zeitverhältnissen. In den Arbeitervierteln von Berlin schlugen sich Kommunisten und Nazis an jedem Wochenende die Köpfe blutig, und was die Zeitungen am Montagmorgen als »Parteigezänk« bezeichneten, waren in Wirklichkeit die ersten Runden eines Kampfes auf Leben und Tod um die Machtübernahme in Deutschland.

Wie viele Angehörige seiner Klasse hatte auch Hermann Göring in dieser hektischen Atmosphäre ausgezeichnete Erfolge. Es war eine Atmosphäre, in der ein wortgewandter Mann, der Verbindungen hatte und geschickt aufzutreten wußte, sich ohne Schwierigkeiten ein angenehmes Leben machen konnte. Es war eine Welt, in der es ums Verkaufen ging, und

Käufer fanden sich überall. Angetrieben von dem verzweifelten Verlangen, Geld zu verdienen und sich eine Stellung zu erobern, um die Achtung Hitlers zurückzugewinnen, nutzte Göring jede wichtige Verbindung aus, die er im Kriege aufgenommen hatte, und setzte sie rücksichtslos für seine Zwecke ein.

Bald nach seinem Eintreffen in Berlin traf er einen ehemaligen Offizier wieder, den er im Kriege flüchtig kennengelernt hatte. Auch Paul (Pilli) Körner suchte in der eleganten Welt der Reichshauptstadt nach einer geeigneten Tätigkeit. Ihm standen außer einer kleinen Summe, die seine Familie ihm regelmäßig anwies, und einem Mercedes-Benz keine materiellen Mittel zur Verfügung. Aber sie genügten Göring, um ihm vorzuschlagen, man solle doch gemeinsam etwas unternehmen. Auf diese Weise konnte er sich zu seinen geschäftlichen Verabredungen in Berlin in einem repräsentativen Auto fahren lassen. Der Chauffeur war natürlich niemand anderer als Pilli. Bruno Loerzer hatte inzwischen eine reiche Frau geheiratet. Sie mußte aufwendige Abendgesellschaften und Diners veranstalten, zu denen prospektive Kunden eingeladen wurden, die Göring BMW-Motoren, schwedische Fallschirme und andere Artikel abkaufen sollten, deren Vertretung er übernommen hatte. Bald fühlte er sich so sicher, daß er einen weiteren Freund aus dem Kriege besuchte: den Prinzen Philipp von Hessen, der mit einer Tochter des Königs von Italien verheiratet war. Er war der Köder, mit dem Göring seine Kunden zu den für sie gegebenen Abendveranstaltungen lockte.

Die Freude am Erfolg trug viel dazu bei, daß Göring in kürzester Zeit wieder gesund und bester Stimmung war. Man konnte sich kaum mehr vorstellen, daß er vor weniger als einem Jahr als wimmerndes Wrack in ein schwedisches Irrenhaus eingeliefert worden war. Auch Karin blühte auf, als sie erlebte, wie ihr Mann vorankam, und genoß das Leben, das sie jetzt führten.

Bei einem seiner Aufenthalte in Berlin rief Adolf Hitler Göring an und bestellte ihn zu sich in das kleine Hotel Sans Souci, in dem er bei seinen Besuchen in der Hauptstadt zu wohnen pflegte. Göring machte sich mit großen Erwartungen auf den Weg, da die Neuwahlen zum Reichstag bevorstanden und er überdies wußte, daß der »Führer« eine Kandidatenliste für die Nationalsozialistische Partei aufstellte. Er war entschlossen, ihn dazu zu bewegen, auch seinen Namen auf die Liste zu setzen, und nicht nur deshalb, weil ein Reichstagsabgeordneter ein gutes regelmäßiges Einkommen hatte, erster Klasse in der Eisenbahn fahren durfte und auch sonst gewisse Vorteile genoß. Da er von der Partei so lange auf ein Nebengleis geschoben worden war, hatte sich seine Aufnahme in den inneren Kreis um Hitler verzögert, und jetzt wollte er unter allen Umständen wieder dazugehören. Er war noch immer ein überzeugter Patriot, und trotz des leichten Lebens, das er führte, war er sich des Elends in Deutschland bewußt und fühlte, daß im Hintergrund der Zeitzünder an der Bombe

tickte. Als er einmal bei »Horcher« zu Mittag aß, deutete er auf die wohl-
genährten Leute, die in einer anderen Ecke des Raumes saßen und sagte:
»Eines Tages werden wir das alles hinwegfegen und die Gerechtigkeit
nach Deutschland zurückbringen. Es wird Zeit, daß wir diese Blutsauger
hinauswerfen und statt dessen dafür sorgen, daß sich das deutsche Volk
sattessen kann.«

Diese Einstellung hinderte ihn zwar nicht, am folgenden Tage wieder zu
»Horcher« zu gehen, aber seine Zuhörer hatten begriffen, wes Geistes Kind
er war und daß er für das kürzlich veröffentlichte Programm Hitlers eintrat, der eine gerechtere Verteilung des Wohlstandes forderte.

Er wartete bereits ungeduldig darauf, sich wieder aktiv an der Politik der
Nationalsozialisten beteiligen zu können, und das Zusammentreffen mit
Hitler im Hotel Sans Souci war für seine Zukunftspläne entscheidend. Es
gibt Berichte über das Treffen, nach denen Hitler nicht die Absicht hatte,
Göring für die kommenden Wahlen eine Kandidatur anzubieten und die
besagen, daß nicht er, sondern Göring die Anregung für die Zusammenkunft gegeben habe. Karin hat jedoch ihrem Sohn Thomas in einem Brief
geschrieben, »der Führer bat seinen alten Mitkämpfer um einen Besuch
und empfing ihn mit offenen Armen, glücklich zu sehen, wie gesund und
wohlhabend (!!) er aussah. Er bat ihn, sich wieder unter die Fahne der
Partei zu stellen und in den Wahlen im Mai für die Befreiung Deutschlands zu kämpfen.«

Göring kam in gehobener Stimmung von dem Treffen zurück, denn Hitler
hatte ihn offiziell aufgefordert, zu kandidieren. Nun lud er Karin und Paul
Körner zum Essen ein, um seinen Erfolg zu feiern. Natürlich zu »Horcher«.
Hermann Görings Wahlkampf in Berlin war kurz, heftig und wirksam. Er
war ein guter Redner und konnte, wenn es notwendig war, seine Zuhörer
auch in ruhigem Ton überzeugen. Aber 1928 ging es den Nazis nicht um die
ruhigen, gemäßigten Wähler, sondern sie wandten sich an die Gefühle der
Massen, sie schürten Furcht und Haß der Menge: Furcht vor den Kommuni-
sten, Furcht vor der Inflation, Furcht vor der Arbeitslosigkeit und Hunger;
Haß gegen die Alliierten, die Franzosen und die Polen, Haß gegen die
Juden.

Es war ein harter Wahlkampf, und als die Wahllokale am Abend des 20. Mai
1928 geschlossen wurden, waren in Berlin und München viele Todesopfer
zu beklagen, und in den Krankenhäusern mußten Hunderte von Verletzungen behandelt werden. Als alles vorüber war, hatten die Kommunisten und
Sozialisten zusammen 40 Prozent aller Sitze gewonnen. Das Zentrum, die
Republikaner und die Nationalisten hatten viele Stimmen eingebüßt, und
die Nationalsozialisten konnten mit 800 000 Wählerstimmen nur zwölf
Abgeordnete in den Reichstag schicken.

Aber einer von ihnen war Hermann Göring, und das allein interessierte
Karin. Sie schickte ihrer Mutter ein Telegramm: HERMANN GESTERN GEWÄHLT.
MUTTER, DU VERSTEHST. DEINE KARIN.

Zu den gleich ihm gewählten Abgeordneten gehörten Adolf Hitler selbst, Dr. Paul Joseph Goebbels, Gregor Strasser, damals einer der engsten Vertrauten Hitelers, Wilhelm Frick und General Ritter von Epp, der als aktiver Offizier den Abschied genommen hatte, um sich den Nationalsozialisten ganz zur Verfügung stellen zu können. Göring war mit dem Ausgang der Wahl zufrieden, auch wenn der »Führer« enttäuscht gewesen sein mochte. Die elf Männer, die neben Göring gewählt worden waren, bildeten von jetzt an die Parteispitze. Er bezeichnete sich und die anderen nationalsozialistischen Abgeordneten als die »elf Jünger« und erwartete ungeduldig den Tag, an dem er seinen Sitz im Reichstag einnehmen würde; für ihn war es die Bestätigung, daß er wieder in den Schoß der Partei aufgenommen war.

Die erste Sitzung des neuen Reichstags fand am Mittwoch, den 13. Juni 1928 statt, und Karin Göring saß stolz und strahlend auf der Tribüne, um dabeizusein, wenn ihr Mann als Abgeordneter seinen Platz einnahm.

Am folgenden Tag schrieb sie an ihre Mutter: »Hermann hatte einen ausgezeichneten Platz bekommen mit General von Epp aus Bayern. Die beiden sitzen ganz allein an einem Tisch ganz vorn ... Es war recht unheimlich, die Rotgardisten zu sehen. Sie sind unerhört vorgegangen und nehmen jetzt einen kolossalen Platz im Reichstag ein. Sie waren in Uniform und trugen den Davidstern, d. h. Sowjetstern, das ist dasselbe, rote Armbinden usw. Junge Typen die meisten, kampflustig alle, einige aber vollkommene Verbrechertypen. Wie viele in allen Parteien, außer in Hitlers, sind Juden!«[1]

Am Abend nach der Eröffnungssitzung des Reichstags war Göring der Hauptredner auf einer »Siegesversammlung« der Nationalsozialistischen Partei in Berlin, zu der fünftausend Menschen gekommen waren. Im Gegensatz zu seinen Wahlreden beschäftigte er sich hier mit einer Darstellung des nationalsozialistischen Programms für den Kampf gegen die Armut in Deutschland und die Wiederherstellung des deutschen Ansehens in der Welt. Als er sich setzte, erhielt er stürmischen Beifall. Sofort erhob er sich wieder und rief: »Wenn Sie jetzt mit solcher Begeisterung hinter uns stehen, warum haben Sie uns dann nicht gewählt? Das nächste Mal sagen Sie allen Ihren Bekannten, sie sollen ihre Stimme für uns abgeben. Sagen Sie es Ihren Frauen, Ihren Eltern, Ihren Schwestern, Ihren Söhnen und Töchtern, Ihren Freundinnen und Ihren unehelichen Kindern, wenn sie alt genug dazu sind!«

Wieder erhielt er lebhaften Applaus. Tief befriedigt fuhr er mit Karin nach Hause. Dort fand er einen Brief des ältesten Kaisersohnes, des Kronprinzen Wilhelm vor, in dem dieser ihm zu seiner Wahl gratulierte: »Ihr außerordentliches Talent, Ihr Ausdrucksvermögen und Ihre Körperkraft mögen sich als nützlich erweisen für Ihre neuen Aufgaben als Volksvertreter.« Karin fragte ihn, was damit gemeint sei. Göring grinste und sagte, der Kronprinz habe dabei an die muskulösen jungen Kommunisten gedacht, die jetzt im Reichstag säßen, und an die Schlägereien, zu denen es kommen werde, wenn sie mit den Nazis aneinander gerieten.

Karin berichtete ihrer Mutter, daß Göring, obwohl er jetzt Reichstagsabge-ordneter war, seine anderen Tätigkeiten nicht aufgegeben habe. Er arbeitete immer noch als Vertreter mehrerer Flugzeugwerke und einer schwedischen Fallschirmfabrik. »Am Sonnabend oder Montag fliegen wir auf einige Tage in die Schweiz nach Zürich und Bern. Hermann wurde gebeten, ein paar Vorträge dort zu halten, und außerdem gedenkt er eine Fallschirmvorfüh-rung mit dem Tornbladschen Schirm zu zeigen. Es sind gerade jetzt viele Fallschirmunglücke in der Welt gewesen (mit anderen Fallschirmen), und nun will Hermann gern zeigen, was der Tornbladschirm vermag.«[2]

Für Göring sah die Zukunft finanziell jetzt zwar viel rosiger aus, aber er hatte Schulden, die er zurückzahlen mußte, und dazu brauchte er zunächst all seine Einkünfte.

Das Blatt hatte sich gewendet. Hitler hatte erkannt, daß Göring für die Partei einer der bedeutendsten Aktivposten war, und war entschlossen, aus seinem Rednertalent den größtmöglichen Nutzen zu ziehen. Die Partei zahlte Göring ein Monatsgehalt von achthundert Mark, dazu alle Spesen, und schickte ihn auf die Reise durch ganz Deutschland. Er wurde überall eingesetzt, wo es darum ging, neue Anhänger zu werben oder wo der Kampfgeist der Partei nachgelassen hatte. Während dieser Zeit traf Göring mit dem ehemaligen Offizier Erhard Milch zusammen, der jetzt an der Spitze der Deutschen Lufthansa stand, und kam mit ihm überein, im Reichstag die Interessen dieses Unternehmens wahrzunehmen. Milch war der festen Überzeugung, ihm sei ein großer Coup gelungen, als er Göring gewinnen konnte, für sein Unternehmen zu arbeiten.

Von da an nutzte Göring seine Rednergabe nicht nur im Sinne Hitlers, sondern auch zugunsten der Lufthansa im Reichstag und erhielt dafür tau-send Mark monatlich. Diese Summe, samt den achthundert Mark Abgeord-netendiäten und der gleichen Summe, die die Partei ihm zur Verfügung stellte, versetzten die Görings in die Lage, endlich das Haus zu kaufen, von dem Karin geträumt hatte. Es lag in der Badenschen Straße. Karin war so sehr damit beschäftigt, die Möbel auszusuchen, Hermann zu seinen Ver-sammlungen zu begleiten, Geschäftsleute, Fürstlichkeiten, Politiker und Bankiers bei sich zu bewirten, mit denen sie jetzt regelmäßig verkehrten, daß sie nicht mehr dazu kam, an ihre Mutter zu schreiben.

Erst Wochen später, am 21. Februar 1929, setzte sie sich endlich hin und schrieb nach Schweden: »Gerade in der letzten Zeit war so ungeheuer viel zu denken, zu ordnen und auszuführen ... Gerade heute hat Hermann seine erste große Rede im Reichstag, so daß ich eigentlich nicht viel Zeit habe, Briefe zu schreiben, denn ich will natürlich gern zuhören. Heute abend sprach er in der Berliner Universität vor den Studenten aller verschiedenen politischen Parteien. Von ihnen sind bereits mehr als die Hälfte National-sozialisten. Ich hoffe, daß er dazu beiträgt, daß auch der Rest es wird. Mor-gen spricht er in Nürnberg, und dann geht es auf eine zehntägige Reise nach Ostpreußen mit zwölf verschiedenen Reden an verschiedenen Plätzen.

Das ganze Heim ist gefüllt von verschiedenen Politikern, so daß man verrückt werden könnte, wenn es nicht gleichzeitig so riesig interessant wäre!«[3]

Hermann Göring hatte die Aufgabe übernommen, die neue Parteilinie durchzusetzen und die Nazis gesellschaftsfähig zu machen. Er sollte so einflußreiche Kreise in Deutschland für die Partei gewinnen wie die Großindustrie, die Banken und den Hochadel, dessen Ansehen durch den Sturz der Monarchie keineswegs gelitten hatte. Einer der ersten, die dem Charme Görings verfielen, war der zweite Sohn des letzten deutschen Kaisers, Prinz August Wilhelm. Bald nannte Göring ihn bei seinem Spitznamen »Auwi«, aber Karin blieb bei der förmlichen Anrede. Ihre besten Freunde in Berlin waren jetzt der Prinz und die Prinzessin zu Wied, die beide von Karins Schönheit bezaubert waren, die Energie und Begeisterung ihres Mannes bewunderten und Verständnis für die Ziele des Nationalsozialismus zeigten.

Das hinderte jedoch Hermann Göring nicht daran, sein Haus auch anderen Parteigenossen zu öffnen, gleichgültig aus welchen Schichten der Bevölkerung sie stammten. Wenn sie nach Berlin kamen und nicht wußten wohin, fanden sie bei ihm Unterkunft. Daß eine Prinzessin bei einer Abendgesellschaft neben einem bayerischen Landarbeiter sitzen konnte, war bald das Tagesgespräch von Berlin. Görings Ansehen in den Reihen der Parteigenossen erlitt dadurch natürlich keinerlei Einbuße, und seinen Gästen und ihren Freunden zeigte es, daß die Nationalsozialisten ihre Partei nach demokratischen Grundsätzen organisiert hatten.

»Wieds wollen ihren ganzen Bekanntenkreis für die Hitlerbewegung interessieren, und Hermann wird mit Fragen überlaufen; es sind immer dieselben, nur von verschiedenen Menschen gestellt. Es ist ein Suchen nach allen möglichen Fehlern und Mängeln bei Hitler, man kritisiert sein Programm usw. Und dann muß Hermann erzählen, antworten, so daß er manches Mal ganz fertig hinterher ist. Ich versuche zu stützen, rein seelisch, und das nimmt auch oft viel Kraft, aber ich merke, daß es gut ist, daß der Kreis um uns sich immer mehr vergrößert, und daß wir viel für Hitler und seine Sache gewonnen haben.«[4]

Hermann Göring rührte überall in Deutschland erfolgreich die Werbetrommel für die Partei. Er hatte stark zugenommen und sah keineswegs mehr aus wie ein germanischer Held; aber seit dem Ende des Krieges hatte er sich nicht mehr so wohl gefühlt und die Anforderungen, die seine neue Tätigkeit an ihn stellte, verliehen ihm Schwung und Frische. Karin versuchte, mit ihm Schritt zu halten, und fuhr eines Nachmittags im kalten Februarwetter mit Göring zu einer Versammlung nach Magdeburg, die um 8 Uhr abends begann. Um Mitternacht brachen sie wieder auf und waren erst um 6 Uhr 30 morgens zu Hause. Während er sofort wieder an die Arbeit ging, legte Karin sich zwar hin, aber weder die Liebe noch die Begeisterung konnten ihr die Kraft geben, dieses Tempo lange mitzuhalten.

Die Zeitungen, vor allem der »Völkische Beobachter«, berichteten vom Tode eines SA-Sturmführers namens Horst Wessel bei einem der blutigen Zusammenstöße mit den Kommunisten, zu denen es jetzt allmählich in den deutschen Großstädten kam. Hitlers Vertreter in Berlin, Gauleiter Dr. Joseph Goebbels, hatte die Lebensgeschichte Horst Wessels etwas retuschiert (in Wirklichkeit war er ein kleiner Zuhälter) und stellte ihn als nationalsozialistischen Märtyrer und Opfer des brutalen kommunistischen Terrors dar. Das verfehlte nicht seine Wirkung auf die hochadeligen Freunde des Ehepaares Göring.

Am 22. März 1930 schrieb Karin an ihre Mutter: »Gestern hatten wir Wieds hier zum Mittag zusammen mit Dr. Goebbels, dem Leiter der Bewegung hier in Berlin. Die Prinzessin hatte eine wunderbare Zeichnung einer marschierenden Hitlerkompanie gemacht, die Hakenkreuzfahne an der Spitze. Zwischen den Soldaten sah man die von Kommunisten Ermordeten als Lichtgestalten, die mitmarschierten. Das Ganze war so schön, so inspiriert.«[5]

Die Anstrengungen der vergangenen Tage waren für Karin zu groß gewesen; sie konnte Göring am nächsten Morgen nicht begleiten, als er mit Prinz August Wilhelm zu einer Reise nach Ostpreußen und ins Rheinland aufbrach, um auf Parteiversammlungen zu sprechen. Der Prinz war jetzt, wie sie an ihre Mutter schrieb, »ganz und gar Hitler-Mann. Er ist mit ganzer Seele dabei. Er ist anspruchslos, hilfsbereit, dienend, arbeitsam.«

Im Sommer fühlte Karin sich wieder kräftig genug, um zum Parteitag nach Nürnberg zu kommen; und sie hörte Hitler vor der größten nationalsozialistischen Versammlung sprechen, die es bisher in Deutschland gegeben hatte. Aber sie war zu schwach, um an den Feiern teilzunehmen, und mußte am folgenden Tag in aller Eile nach Kreuth in Bayern in ein Sanatorium gebracht werden, um ihre Herzschwäche behandeln zu lassen.

Wieder einmal standen Wahlen bevor, und Hermann Göring war unterwegs, um für seine Partei Propaganda zu machen.

Göring machte sich große Sorgen um Karins Zustand, konnte aber seine Wahlkampfreise in diesem entscheidenden Augenblick nicht unterbrechen. Er schrieb ihr täglich. Aber er tat noch mehr. Er überwand seinen Stolz und schrieb an Nils von Kantzow nach Stockholm, um ihm mitzuteilen, wie krank Karin sei, und ihn zu bitten, den Sohn Thomas zu seiner Mutter zu schicken. Thomas kam im Juli 1930 und blieb zehn Tage.

Später berichtete Thomas von Kantzow: »Ich war tief bewegt, als ich sie nach zehn Tagen verließ, denn ich liebte meine Mutter sehr. Doch wie hatte sie mein ganzes Leben durcheinandergebracht!«

Am 14. September 1930 traten Millionen Deutsche zur Wahlurne und zeigten, daß ihre politische Stimmung sich gewandelt hatte. Als die Stimmen ausgezählt wurden, waren 107 Nationalsozialisten in den Reichstag gewählt. Aus einer Splittergruppe war über Nacht die zweitstärkste Partei geworden. 6,38 Millionen Wähler hatten ihre Stimme für sie abgegeben.

Karins Zimmer im Sanatorium füllte sich mit Blumen, und den ganzen Tag trafen Glückwunschtelegramme ein. Endlich erschien auch Hermann Göring, triumphierend und glücklich, und zwar nicht nur, weil die Partei einen derartigen Erfolg errungen hatte, sondern auch, weil er seiner Frau mitteilen konnte, daß er in eine neue Stellung aufgerückt sei. Er erzählte, Hitler habe ihn zum politischen Bevollmächtigten der Partei gemacht.

Für Hitler und seine engsten Mitarbeiter war 1930 ein schwieriges Jahr gewesen. Man hatte ihm seine Führungsrolle streitig machen wollen, und der Bestand der Partei war durch innere Streitigkeiten bedroht. Die Gegner in den eigenen Reihen waren Otto und Gregor Strasser. Sie vertraten ein betont sozialistisches Programm, das noch weiter nach links orientiert war als die Vorstellungen der deutschen Sozialdemokratie. Die Brüder Strasser hatten zahlreiche Parteigänger unter den Sturmführern der SA, der Privat-armee der Partei, und kritisierten aufs schärfste alle Versuche, die National-sozialisten gesellschaftsfähig zu machen, so daß die Lage sich gefährlich zuspitzte. Göring beklagte sich bei Hitler darüber, daß Otto Strasser jedes-mal, wenn er kurz davorstand, einen Bankier oder eine Fürstlichkeit für die Partei zu gewinnen, eine rabiate Rede hielt oder die Arbeit in großen Unternehmen und Fabriken durch seine Sabotagetrupps stören ließ, so daß diese Leute sich wieder von den Nationalsozialisten abwandten. Goebbels stellte sich hinter Göring, dessen Beschwerden er unterstrich, und sagte, seine Propaganda werde ständig durch die roten Taktiken Otto Strassers gestört.

Hitler entschloß sich, die Brüder Strasser zu stellen. Auf einer hitzigen Versammlung im Mai 1930 befahl er ihnen, sich an die Parteilinie zu halten. Otto Strasser bezeichnete ihn darauf als Lakai und Speichellecker und wei-gerte sich, seinen Anweisungen zu folgen. Hitler blieb nichts anderes übrig, als Otto Strasser aus der Partei auszustoßen, der nun mit einer Gruppe abtrünniger SA-Leute eine Splittergruppe unter der Bezeichnung »Schwarze Front« gründete. Sein Bruder Gregor blieb bei Hitler, ein Entschluß, den er bald bereuen sollte.

Kaum war die Angelegenheit Strasser erledigt, als es neue Schwierigkeiten gab. Diesmal ging es um eine starke Gruppe innerhalb der SA und um ihren Führer, Hauptmann Walter Stennes, der die SA-Vebände in Preußen und Ostpreußen befehligte. Der ehemalige Offizier des Heeres und der Polizei war nach dem Ausschluß von Otto Strasser in der Partei geblieben, aber er war für ein aktiveres Vorgehen und überzeugt, eine Pistole in der Hand sei viel wirkungsvoller als ein Stimmzettel. Er und seine Männer hatten im Wahlkampf hart gearbeitet. Sie hatten nicht nur die Parteiredner auf den Versammlungen geschützt, die Versammlungen ihrer Gegner gestört und sich an den Straßenkämpfen gegen die Kommunisten beteiligt, sie waren auch von Haus zu Haus gegangen und hatten für die Partei geworben.

Stennes war der Ansicht, daß seine SA für diesen Einsatz belohnt werden müsse. Die meisten SA-Männer waren unbemittelte Arbeiter, deren niedrige

Einkünfte (auch wenn man die Unterstützung hinzurechnete, die sie von der Partei erhielten) kaum ausreichten, um ihre Familie in dieser Notzeit mit ihrer Geldverknappung zu ernähren. Außerdem sprach man in Parteikreisen darüber, daß die Führer der Bewegung ein viel zu luxuriöses Leben führten. Aus irgendeinem Grund war nicht Hermann Göring der Gegenstand ihres Unwillens, wohl aber Joseph Goebbels. Die Stimmung gegen Goebbels wurde angefacht durch Artikel der gegnerischen Presse, die alle erfunden waren, die von Liebesabenteuern und keineswegs kostspieligen Gesellschaften berichteten. Als sich das Parteibüro der Nationalsozialisten in München weigerte, die Unterstützungsbeiträge für die SA-Männer auf Antrag von Stennes zu erhöhen, marschierte er mit einem starken Kontingent nach Berlin vor das dort kürzlich eingerichtete Parteibüro, das Goebbels leitete, und seine Männer verwüsteten die Räume. Während dieser Zeit verteilten andere Angehörige der SA auf der Straße Flugblätter, in denen Goebbels ein unsittlicher Lebenswandel vorgeworfen und er beschuldigt wurde, Parteigelder unterschlagen zu haben.

Diese Aktionen fanden in den letzten Tagen des Wahlkampfs statt, und nichts hätte dem Ansehen der Nationalsozialisten mehr schaden können. Adolf Hitler mußte seine Wahlkampfreise unterbrechen und nach Berlin zurückkehren. Seine politischen Gegner nutzten diese innerparteilichen Streitigkeiten aus und versuchten, Hitler lächerlich zu machen, weil er eine solche Disziplinlosigkeit in den eigenen Reihen dulde. In den ersten Tagen nach seiner Rückkehr in die Hauptstadt fuhr Hitler von einem Parteibüro zum anderen und sprach mit seinen Genossen, forderte sie zur Einigkeit auf und warnte sie vor den Gefahren einer Spaltung. Dabei bewies er ein solches Geschick, daß seine Argumente sehr bald die Stimmung zu seinen Gunsten umschlagen ließ. Sogar Walter Stennes versprach, sich künftig streng an die Parteilinie zu halten, und da er im Augenblick zu mächtig war, um davongejagt zu werden, ließ Hitler ihn zunächst auf seinem Posten.

Doch irgendwo mußte ein Sündenbock gefunden werden. Der Befehlshaber der gesamten SA, Hans Pfeffer von Salomon, wurde dazu ausersehen, die Schuld auf sich zu nehmen. Er wurde zwar nicht aus der Partei ausgestoßen, aber nach München versetzt, wo Hitler ihn besser beaufsichtigen konnte.

Wer sollte nun den Befehl über die Braunhemden übernehmen? Hermann Göring hatte den Posten schon einmal innegehabt, und diese Aufgabe hatte ihm Freude gemacht. Jetzt war er sehr daran interessiert, sie wieder zu übernehmen. Innerhalb der Nationalsozialistischen Partei, die die Macht in Deutschland anstrebte, war es eine mächtige Position, und hier lag vielleicht der Schlüssel zur Herrschaft über die gesamte Partei. Er wartete darauf, daß der »Führer« ihn zum obersten Befehlshaber der SA ernennen würde.

Aber er wartete vergebens. Für Adolf Hitler war das eine viel zu einfache und viel zu gefährliche Lösung. Mit machiavellistischem Geschick hatte er bereits eine ganz andere Lösung des Problems gefunden. Zunächst erklärte er, er werde vorläufig selbst die Führung der SA übernehmen, weil er – wie

Der Reichsführer SS Heinrich Himmler, Hitler und Göring
auf dem Reichsparteitag der NSDAP 1934 in Nürnberg

Hermann Göring und Franz Ritter von Epp bei einem SA-Aufmarsch in Nürnberg

Göring, Reichswehrminister von Blomberg, General Freiherr von Fritsch und Admiral Raeder bei den Vorführungen der Wehrmacht während des Reichsparteitages 1935 in Nürnberg

er bewiesen hatte – mit seinem Charisma die aufsässige Stimmung unter den Angehörigen des Verbands zunächst beruhigen konnte. Dann schrieb er nach Bolivien an Hauptmann Ernst Röhm und bat ihn, sofort nach Deutschland zurückzukehren.

Ernst Röhm war aktiver Offizier gewesen, ein außerordentlich tüchtiger und furchtloser Soldat, 1923 hatte er sich in München während des Putsches den Nationalsozialisten angeschlossen. Er war ein glühender Patriot, aber ein leidenschaftlicher Gegner der alten Garde der deutschen Berufsoffiziere, die, wie er glaubte, an der Niederlage Deutschlands im Ersten Weltkrieg schuld waren. Nach dem Putsch wurde er aus der Reichswehr ausgestoßen, hatte eine kurze Haft verbüßt und war dann auf Bewährung entlassen worden. Enttäuscht von den Zuständen in Deutschland war er 1928 mit einem Vertrag der bolivianischen Armee als Instrukteur nach Südamerika gegangen.

Röhm war, wie Hitler, Göring und Goebbels wußten, homosexuell veranlagt. Seit er im Alter von 24 Jahren seine sexuellen Neigungen »entdeckt« hatte, machte er kein Geheimnis daraus. Zu Hitlers Empörung begann, gleich nachdem Röhm seinen Brief beantwortet und mitgeteilt hatte, er werde nach Deutschland zurückkehren, in der den Nationalsozialisten feindlichen deutschen Presse ein Propagandafeldzug gegen diesen »perversen Sodomiten«. Privatbriefe Röhms wurden abgedruckt, die er aus Bolivien an seine Freunde geschrieben hatte, in denen er von seiner Einsamkeit sprach und sich darüber beklagte, daß man dort nichts von »meiner Art der Liebe« verstehe.

Ohne Zweifel hatte irgend jemand erfahren, daß Hitler beabsichtigte, Röhm mit der Führung der SA zu beauftragen, und die Briefe an die Presse weitergegeben. Das konnte nur ein Angehöriger der Partei gewesen sein, und es gab nur einen, dem viel daran gelegen war, Röhm auszuschalten: Hermann Göring.

Doch Hitler ließ sich nicht beeindrucken und revidierte seinen Entschluß nicht. Er wandte sich mit scharfen Worten gegen die Verleumdungen eines »ehrenhaften Kämpfers für die Gerechtigkeit« und versprach, daß diese »schmutzigen und ekelhaften Anschuldigungen« gesühnt würden. Röhm werde jetzt und nach den Wahlen sein in jeder Hinsicht vertrauenswürdiger Chef des Stabes bleiben.

Hermann Göring schluckte die bittere Pille, ohne sich etwas anmerken zu lassen. Immerhin wurde er statt dessen zum politischen Bevollmächtigten des »Führers« ernannt. Er begrüßte Ernst Röhm bei seinem Eintreffen zur Übernahme seines neuen Postens als Stabschef der SA, beneidete ihn aber immer noch.

In der Folge entwickelte sich die Lage für die Nationalsozialisten sehr günstig. Zwar waren die Sozialdemokraten immer noch die stärkste Partei (sie verfügten über 143 Sitze im Reichstag, die Nazis nur über 107), aber Reichskanzler Heinrich Brüning wußte, daß die Zeit gegen ihn arbeitete. Die westlichen Demokratien wurden von einer weltweiten Wirtschaftsdepression heimgesucht, und wenn Brüning die anderen westlichen Staaten bat, ihre wirtschaftlichen Anforderungen gegenüber Deutschland herabzusetzen, mußten diese kühl ablehnen. Die Notverordnungen und drakonischen Sparmaßnahmen, die er ergreifen mußte, wären dem deutschen Volk vielleicht erträglicher vorgekommen, wenn er gewisse außenpolitische Erfolge hätte nachweisen können.

Aber für all seine Bemühungen erhielt er nur eine Ohrfeige. Sehr bald war er der Chef der unbeliebtesten deutschen Regierung nach dem Kriege, und die unzufriedenen Elemente strömten den Nationalsozialisten in Massen zu. Wenige Tage nach den Wahlen von 1930 beging die Regierung Brüning eine verhängnisvolle Ungeschicklichkeit. Bei dem Versuch, die Nazis zu diskreditieren, stellte sie drei junge Reichswehroffiziere vor dem Reichsgericht in Leipzig unter die Anklage, in der Truppe nationalsozialistische Propaganda getrieben zu haben. Adolf Hitler wurde als Zeuge geladen, und die Vertretung der Anklage freute sich bereits darauf, ihn im Zeugenstand schwitzen zu lassen. Aber man hatte nicht mit seiner Geschicklichkeit gerechnet.

Er vermied jeden Versuch, als militanter, rebellischer Demagoge aufzutreten, und nahm statt dessen die Gelegenheit wahr zu betonen, daß seine Partei nicht mit Gewalt, sondern nur auf legalem Wege über die Wahlurnen an die Macht kommen wolle. Er erklärte, die Feinde Deutschlands würden von den Nationalsozialisten mit legalen Mitteln besiegt werden, damit man die Ungerechtigkeiten des Versailler Vertrags beseitigen könne. Dann fügte er hinzu, daß er noch mit zwei oder drei Wahlen rechne, bis seine Partei die Mehrheit im Reichstag haben werde. Dann wolle er die Novemberverbrecher vor einem Volkstribunal zur Rechenschaft ziehen.

Das war ein imposanter Auftritt, mit dem der nationalsozialistische Führer die Aufmerksamkeit auf sich zog. Niemand zweifelte mehr daran, daß die Nationalsozialisten auf dem Wege zur Macht seien.

Obwohl sich der Gesundheitszustand von Karin Göring weiter verschlechtert hatte, erlebte das Ehepaar 1930 ein verhältnismäßig glückliches Weihnachtsfest im Kreis ihrer Freunde. Karins Sohn Thomas war für die Ferien nach Berlin gekommen.

Am 4. Januar 1931 tauchen zwei neue Namen in Karins Briefen auf als Zeichen dafür, daß Göring mit seinen verzweifelten Anstrengungen Erfolg gehabt und die Nationalsozialistische Partei gesellschaftsfähig gemacht hatte. Einer davon war der Multimillionär Fritz Thyssen, der Großindustrielle aus dem Ruhrgebiet, der später sagte, er habe Hermann Göring auf folgende Weise kennengelernt. Eines Tages sei der Sohn eines Direktors seiner Kohlengruben, ein gewisser Herr Tengelmann, zu ihm gekommen und habe ihm angeboten, ein Zusammentreffen zwischen ihm und einem gewissen Herrn Göring aus Berlin zu arrangieren. Das Treffen fand statt, und Thyssen habe kurz darauf Görings Umzug in eine repräsentativere

Wohnung finanziert. Damals habe Göring den Eindruck eines recht angenehmen Menschen auf ihn gemacht. Seine politischen Ansichten seien vernünftig gewesen.

Der zweite bedeutende Gast im Hause Göring, der in Karins Briefen erwähnt wird, war Dr. Hjalmar Schacht. Ihn für die Nationalsozialisten zu gewinnen, war tatsächlich eine große Sache. Er war ein glänzender Finanzfachmann und hatte ein sicheres Urteil darüber, ob ein Mann in der Politik Erfolg haben würde. Er war Präsident der Reichsbank, bis die Alliierten Deutschland den sogenannten Young-Plan aufzwangen, der ein Allheilmittel sein sollte, die finanziellen Schwierigkeiten des Landes aber nur vermehrte. Schacht hatte verärgert seinen Posten aufgegeben und sah sich nach einer Partei um, die fähig wäre, das deutsche Volk zu einigen und weitere Demütigungen durch die Alliierten zu verhindern. Hermann Göring hatte ihn überzeugt, daß die Nationalsozialistische Partei seine großen Gaben am besten würde nützen können.

Schacht hatte eine Einladung der Görings zum Neujahrstag angenommen. Er sollte dort nicht nur die Wieds, Goebbels, Thyssen und andere deutsche Industrielle, sondern vor allem auch Adolf Hitler kennenlernen. Der »Führer« war bester Laune, unterhielt sich einige Zeit mit Karin, zog sich aber dann mit Göring, Thyssen und Schacht zu einem eingehenden Gespräch in ein anderes Zimmer zurück.

Viele Deutsche waren der Ansicht, daß nur die Nationalsozialistische Partei die katastrophale wirtschaftliche und soziale Lage meistern könne. Immer mehr Männer und Frauen aller Bevölkerungsschichten schlossen sich der Partei an. Es war eine Armee ungezählter unglücklicher Deutscher, deren Selbstbewußtsein in Trümmern lag und die sich in ihrer materiellen Not auf der Suche nach einem Ausweg dem Nationalsozialismus zuwendeten. In ihrem Arbeitslosenelend erschienen ihnen die Reden Hitlers und Görings als Heilsbotschaft. In dieser düsteren Lage griffen sie wie Ertrinkende nach dem Seil, das die Nazis ihnen zuwarfen.

10

Karins Tod

Das Berlin jener Zeit war eine Stadt erschütternder Gegensätze. Am Deutschen Theater konnte man eine der schönsten Aufführungen des Jahrzehnts erleben: Max Reinhardts Inszenierung von »Ein Sommernachtstraum«, bei der die jungen Schauspieler wie auf Wolken durch die verzauberte Welt Shakespeares schwebten. »Die schönste, dem Shakespearischen Geiste am nächsten stehende Aufführung des ›Sommernachtstraums‹, die ich je gesehen habe«, schrieb Graf Kessler in sein Tagebuch. Einige Tage zuvor hatte er die Aufführung des »Schwierigen« von Hofmannsthal gesehen. Nach der Vorstellung notierte er: ». . . In der ersten Reihe der Orchestersessel vor uns, saß der frühere Kronprinz mit der Kronprinzessin und Frau Sarre (geb. Humann). Der Kronprinz ist ganz grau, fast weiß geworden, die Kronprinzessin eine ältliche, dicke Frau; trotzdem hat der Kronprinz seine Leutnantsallüren behalten, stand in den Zwischenakten im Publikum in den Gängen und an der Straße, eine Zigarette im Munde, tänzelnd und scharwenzelnd alten, dicken Juden, die ein und aus gingen, die Tür haltend . . . In ihm hat die erbliche Geschmacklosigkeit der Hohenzollernfamilie einen fast monumentalen Ausdruck gefunden.«[1]   o
Auf den Straßen aber marschierten die Nazis, und am 13. Oktober schreibt Kessler: »Der Ekel überkommt einen vor so viel verbohrter Dummheit und Bosheit.« An diesem Tage drängten sich die Nazis auf der Leipziger Straße, warfen die Schaufensterscheiben der Kaufhäuser ein, schwärmten auf den Potsdamer Platz und schrien: »Deutschland erwache! Juda verrecke!«, »Heil, Heil!«
»Die Nazis, die demonstrierten, bestanden zum größten Teil aus halbwüchsigem Lumpenproletariat, das johlend auskniff, sobald die Schupos mit dem Gummiknüppel vorgingen« schrieb Kessler. »Nie habe ich soviel richtiges Lumpenproletariat gesehen . . . Das Straßenbild erinnerte mich an an das in den Tagen kurz vor der Revolution, dieselben Ansammlungen, dieselben katilinarischen Gestalten herumstrolchend und demonstrierend. Wenn die Regierung jetzt nicht fest zupackt, schlittern wir in den Bürgerkrieg hinein. Sowieso schätze ich, daß uns die heutigen Unruhen eine halbe bis zu einer Milliarde in Kursverlusten und Zurückziehung ausländischer Guthaben kosten werden.«[2]
Das alles geschah, kurz bevor Ernst Röhm den Befehl über die SA übernahm. Stennes vermutete mit Recht, daß er seine Stellung unter der neuen Führung nicht lange würde halten können, und versuchte zum letztenmal, die SA in die Hand zu bekommen. Vor dem Aufmarsch hatte er vor seinen Leuten gesprochen und dabei die demagogischen Methoden Hitlers imitiert. Er behauptete, das Maschinengewehr sei wirksamer als die Wahlurne, und

sprach von dem Homosexuellen in Spitzenunterwäsche, der jetzt die Führung übernehmen sollte. Er fragte seine Leute, ob sie einen Weichling zum Führer haben wollten, und als sie brüllten, das wollten sie nicht, rief er: »Dann wollen wir diesem Sodomiten mal zeigen, was Männer fertigbringen!«

Das war nicht nur eine Herausforderung Röhms, sondern auch Hitlers, denn Röhm war der Mann seiner Wahl, und jetzt mußte etwas geschehen. Er übertrug Röhm die volle Verantwortung für die notwendigen Gegenmaßnahmen. Der neue Stabschef der SA handelte rasch und rücksichtslos. Achtundvierzig Stunden nach dem Krawall in der Leipziger Straße waren alle Unterführer von Stennes entweder verschwunden, auf der Flucht oder lagen mit blutigem Kopf und gebrochenen Gliedmaßen im Krankenhaus.

Röhm hatte diese Aufgabe einigen seiner alten Kameraden übertragen, die am Putsch in München beteiligt gewesen waren und zum großen Teil seine sexuellen Neigungen teilten. Sie bewiesen den Braunhemden der SA, daß Homosexuelle keine Schwächlinge zu sein brauchen. Walter Stennes trennte sich von der Nationalsozialistischen Partei und schloß sich der »Schwarzen Front« Otto Strassers an. Damit hatte Röhm freie Bahn, die Armee der Braunhemden ganz nach seinen Vorstellungen zu organisieren.

Das Jahr 1931 war für die ganze Welt ein schwieriges Jahr, besonders aber für Deutschland. In anderen Ländern mußten die Menschen vor den Bäkkerläden nach Brot anstehen, aber in Deutschland gab es kein Brot, nach dem man hätte anstehen können. Auch die Alliierten sahen jetzt ein, daß der geschlagene Gegner die Riesensummen nicht aufbringen konnte, die er ihnen nach dem Versailler Vertrag schuldete, und die Amerikaner machten den Vorschlag, die Reparationszahlungen zunächst einzustellen. Damit erklärten sich auch die anderen früheren Feindstaaten einverstanden. Diese Maßnahme erhielt nach dem damaligen Präsidenten der Vereinigten Staaten die Bezeichnung »Hoover-Moratorium«. Es dauerte jedoch einige Zeit, bis sich das Moratorium auf die deutsche Wirtschaft auswirkte, und in dieser Übergangsphase schlugen die Nationalsozialisten Kapital aus dem Elend. Zwar war Brüning noch Reichskanzler und die Sozialdemokraten bildeten die Regierung, aber die Nationalsozialisten waren die stärkste Partei im Lande. Um ihre Überlegenheit auszuspielen, stellten sie im Reichstag Anträge, die, wie sie selbst wußten, über alle Möglichkeiten der Regierung Brüning hinausgingen. Als sie abgelehnt wurden, verließen die nationalsozialistischen Abgeordneten im Februar 1931 geschlossen den Reichstag und weigerten sich bis zum Oktober, an den weiteren Sitzungen teilzunehmen.

Für Hermann Göring war es eine schwierige Zeit. Während er seine Stellung in der Partei festigte, verschlechterte sich der Gesundheitszustand Karins mehr und mehr. Im Frühjahr 1931 ließ ihre Kraft so nach, und ihr Herz wurde so schwach, daß sie oft stundenlang in einem komaähnlichen Zustand lag, während die Ärzte kaum noch den Pulsschlag feststellen konnten. Auf die besorgte Frage Görings meinte der Arzt, es bestehe keine Hoffnung mehr, sie werde bald sterben.

Karin, in deren Zimmer das Gespräch geführt wurde, rührte sich nicht, aber sie hatte die Worte des Arztes verstanden. Ihrem Mann sagte sie nichts, vertraute sich aber ihrer Schwester Fanny an: »Ich weiß jetzt, wie es ist, zu sterben. Ich habe alles um mich herum hören können, als der Arzt zu Hermann sagte, er könnte nichts mehr tun, es sei hoffnungslos. Ich vermochte mich aber nicht zu bewegen, konnte nichts sagen, nichts tun. Plötzlich sah ich vor mir eine hohe Pforte, so hoch, so schön, so leuchtend voller Farbe und Licht! Meine Seele war frei, diesen einen kurzen, wundervollen Augenblick. – Ich fühlte, das Erdenleben sei vorbei – jetzt kam eine ganz neue, ganz unbeschreiblich herrliche Welt mir entgegen. Ich wußte, wenn ich durch diese Pforte ging, konnte ich nicht mehr zurück. Dann hörte ich aber Hermanns Stimme – und wußte mit einemmal, daß ich ihn noch nicht allein lassen durfte.«[3]

Ende Juni hatte sie sich so weit erholt, daß Göring sie in ein Sanatorium nach Bad Altheide in Schlesien bringen konnte. Wenn Karin Göring einen Beweis dafür gebraucht hätte, daß ihr Mann sie liebte, dann bekam sie ihn jetzt. Es war eine entscheidende Zeit nicht nur für die Zukunft der Nationalsozialistische Partei, sondern auch für die Stellung Hermann Görings in der Parteihierarchie. Adolf Hitler hatte ihn im Frühsommer mit einer Botschaft nach Rom zum Vatikan geschickt. Der Partei lag viel daran, daß die katholischen Wähler den Eindruck gewännen, der Vatikan lehne die Nationalsozialisten nicht grundsätzlich ab. Später vermutete Göring allerdings, man habe ihn auf die Reise geschickt, um ihn kaltzustellen, während andere Parteifunktionäre in Hitlers Umgebung versuchten, das Rennen um Spitzenpositionen zu machen. Die Intrigen, die es damals in den deutschen Rechtsparteien gab, sind zu komplex, als daß wir hier näher darauf eingehen könnten. Als Ernst Röhm der Stabschef der SA fest im Sattel saß, begann er mit den Feinden des Reichskanzlers Brüning und der Sozialdemokraten zu verhandeln, die das Ohr Hindenburgs hatten. Der vierundachtzigjährige Reichspräsident, der mit Brüning nicht zufrieden war, kam von der Vorstellung nicht los, Kaiser Wilhelm II. nach Deutschland zurückzuholen und die Monarchie wieder einsetzen zu müssen.

Der einflußreiche General der Reichswehr, Kurt v. Schleicher, wollte nun den halsstarrigen alten Krieger davon überzeugen, daß dies möglich sei, vorausgesetzt, man brächte ein Bündnis zwischen Adolf Hitlers Nationalsozialisten und den Monarchisten im Lager des Führers der Deutschnationalen, Alfred Hugenberg, zustande. Diese beiden Parteien sollten, wie er meinte, zu einer so starken Koalition zusammengeschweißt werden, daß ihnen die Wiedereinsetzung der Monarchie gelänge. In Wirklichkeit war nicht daran zu denken, daß Hitler jemals der Wiedereinführung der Monarchie in Deutschland zustimmen würde. Aber er brauchte für seine Zwecke das Ohr des Reichspräsidenten und beauftragte Ernst Röhm, mit

Schleicher zu sprechen, um ihn zu veranlassen, eine Aussprache mit Hindenburg zu arrangieren. Diese Intrige wurde hinter Görings Rücken während seines Aufenthalts in Rom eingefädelt, und er war wütend, als er nach seiner Rückkehr feststellte, was geschehen war.

Hitler lag viel daran, Göring zu besänftigen. Er kannte Görings Schwäche für Autos und wußte, daß er immer noch dem Wagen nachtrauerte, den er nach dem Scheitern des Putschs in München hatte verkaufen müssen. Jetzt, da die Partei über große Geldbeträge verfügte, die ihr von Thyssen, Bechstein, Krupp van Bohlen und Halbach und anderen Großindustriellen aus dem Ruhrgebiet zur Verfügung gestellt wurden, hatte sie genug in der Kasse, um dem Parteibevollmächtigten ein neues Auto zu kaufen. Hitler schenkte ihm das neueste Kabriolett von Mercedes-Benz für seinen ausschließlichen Privatgebrauch, und der glückliche Göring setzte sich sofort ans Steuer und fuhr mit hoher Geschwindigkeit (er war ein regelrechter Amateurrennfahrer) nach Schlesien, um Karin, die dort im Sanatorium lag, den Wagen vorzuführen.

Seine Freude über das neue Spielzeug belebte sie, und bestand darauf, mit ihm eine Ausfahrt zu einem besonders schönen Aussichtspunkt in der Nachbarschaft zu unternehmen. Die Gegenwart ihres Mannes war für sie noch immer die beste Medizin, und zum Erstaunen der Ärzte erholte sie sich zusehends, als Göring ihr sagte, er habe jetzt vierzehn Tage Urlaub. Begeistert rief sie: »Dann werden wir eine Autoreise unternehmen!«

Der Plan wurde sofort in die Tat umgesetzt. Mit einer kleinen, kokett auf das nußbraune Haar gesetzten Autokappe, den staubfarbenen Mantel um die Schultern gelegt, saß Karin mit strahlenden Augen neben ihrem Mann, während ihre Schwester Fanny und Pilli Körner auf dem Rücksitz sie begleiteten. So fuhren sie zunächst nach Dresden. Erst kurz vor ihrer Ankunft dort erzählte ihnen Göring, daß auch Hitler sich ein paar Tage freimachen wollte und sie sich im Dresdner Palasthotel mit ihm treffen würden.

Fanny berichtet: »Als sich am nächsten Morgen die Nachricht verbreitet hatte, daß Hitler in der Stadt sei, sammelten sich winkende Menschenmassen in immer wachsender Zahl vor dem Palasthotel. Die jubelnde Begeisterung der Bevölkerung Dresdens war schon damals so groß, daß Polizeiwagen, der eine nach dem anderen vorfahren mußten, um Ordnung und einigermaßen freie Bahn zu halten. Karin war selig − ›Wenn erst ganz Deutschland einsehen wird, was wir an Hitler haben‹, rief sie der Schwester zu, ›dann bricht Deutschlands neue Zeit heran!‹«[4]

Vierzehn Tage dauerte diese Reise: durch die kleinen Städte Bayerns und dann über die Grenze nach Österreich, wo Göring seine Frau nach Mauterndorf brachte, um sie seinem Paten und Mentor Ritter von Epenstein vorzustellen. Der arrogante alte Mann war jetzt zweiundachtzig Jahre alt, krank, schwach und nur noch ein Schatten des stolzen Feudalherrn, der einst in diesen Bergen hofgehalten hatte. Aber er befahl der Baronin Lilly, für die Gäste ein großes Essen zu veranstalten, und kam auch selbst zu Tisch, brachte einen Trinkspruch aus und lauschte der Musik des Orchesters auf der Galerie wie in alten Tagen. Als sich die Gäste verabschiedeten, drückte die Baronin Karins Hand und sagte, indem sie auf die Berge wies: »Ist das nicht schön? Hat Hermann es Ihnen schon erzählt? Eines Tages wird das alles Ihnen gehören.«

Sie kehrten nach München zurück, um an der Taufe der kürzlich geborenen Tochter von Frau Paula Huber, der Schwester Görings, teilzunehmen. Görings Lieblingsschwester, Olga Riegele, war ebenso wie die meisten anderen Mitglieder der Familie gekommen und tief beeindruckt, weil eine der hochgeborenen Freundinnen Hermanns, die Herzogin von Coburg, ebenfalls zu dieser Gelegenheit erschienen war. Aber der Gast, auf den alle gehofft hatten, kam nicht. Er hatte sich an den Tegernsee zurückgezogen, als er die Nachricht vom Tode seiner Nichte Geli Raubal erhalten hatte. Olga Riegele berichtete später: »Wir alle wußten, wie nahe die Nichte dem Führer gestanden hatte, und die Nachricht, daß sie sich erschossen hatte, überschattete die Tauffeier. Hermann war erschüttert, als er davon hörte, und ging ein paarmal fort, um in Bad Wiessee anzurufen, wo sich der Führer aufhielt. Ich nahm an, er habe sich erboten, zur Beisetzung von Geli nach Wien zu fahren, aber man sagte ihm, er solle nach Berlin zurückkehren.«[5]

Die politischen Verhandlungen in der Reichshauptstadt bewegten sich auf ihren Kulminationspunkt zu, und Hitler wollte Göring zur Seite haben, wenn es so weit war. Überall sprach man davon, Reichspräsident von Hindenburg sei nun endlich bereit, Hitler zu einem Gespräch über die Lage Deutschlands zu empfangen.

Am 25. September 1931 starb Karins Mutter, Baronin Huldine von Fock. Sie war schon seit einiger Zeit leidend gewesen. Der anstrengende Sommer hatte Karin Göring erschöpft, dennoch wollte sie zur Beisetzung nach Stockholm reisen. Der Arzt warnte sie und sagte, die Reise könne lebensgefährlich werden, aber Karin bat ihren Mann so inständig, daß er sich schließlich nicht mehr weigern konnte. Inzwischen waren jedoch mehrere Tage vergangen, und als die beiden in Stockholm eintrafen, war die Beerdigung schon vorüber.

Thomas von Kantzow holte seine Mutter vom Bahnhof ab und erzählte später: »Meine Mutter hat immer am schönsten ausgesehen, wenn sie sehr krank war, und sie war nie schöner als an diesem Tage.«

Sie fuhren zur Wohnung der Focks an der Grev Turegatan, wo der Baron und seine vier Töchter sie erwarteten. Es war das letzte Zusammensein der fünf Geschwister im Elternhaus. Die Stimmung war gedrückt, traurig, und alle sprachen nur im Flüsterton miteinander.

Am Abend erlitt Karin einen Herzkollaps und mußte zu Bett gebracht werden. Als der Arzt sie untersucht hatte, nahm er Göring beiseite und sagte ihm, er habe ernste Befürchtungen und glaube nicht, daß Karin die Nacht überleben werde. Diesmal hörte Karin nicht, was der Arzt sagte, aber das war auch nicht nötig. Als sie kurz zum Bewußtsein kam, öffnete sie die blauen Augen und sagte laut: »Ich glaubte so gewiß, daß ich Mama folgen solle . . .«

Die folgenden vier Tage blieb Hermann Göring an der Seite seiner Frau. Thomas berichtet: »Er schlich sich nur hin und wieder fort, um sich zu rasieren, zu baden oder eine Kleinigkeit zu essen, und auch nur, wenn er genau zu wissen glaubte, daß meine Mutter bewußtlos war. Sonst kniete er die ganze Zeit vor dem Bett, hielt ihre Hand, strich ihr über das Haar, wischte ihr den Schweiß vom Gesicht und feuchtete ihr die Lippen. Ich saß in der Zimmerecke und beobachtete ihn. Manchmal wandte er sich plötzlich um und sah mich an. Wir weinten beide, denn wir liebten sie sehr, und wir glaubten, das Herz müsse uns brechen.«

Am 4. Oktober 1931 traf in Stockholm ein Telegramm für Hermann Göring ein. Der Absender war Adolf Hitler.

Nachdem die Nazis die Reichstagssitzungen sechs Monate lang boykottiert hatten, war Hitler zu dem Entschluß gekommen, seine Abgeordneten wieder daran teilnehmen zu lassen; diesmal in der festen Absicht, die Regierung Brüning zu stürzen. General v. Schleicher hatte Hindenburg endlich davon überzeugen können, daß Hitler der kommende Mann in Deutschland sei und daß es klug wäre, ihn zu empfangen. Als guter Freund von Ernst Röhm hatte Schleicher Hindenburg und Hitler empfohlen, Röhm zu dem Gespräch hinzuzuziehen. Dem »Führer« paßte das ganz gut, aber der Reichspräsident von Hindenburg weigerte sich eigensinnig und sagte, er wolle seine Räume nicht durch »diesen Perversen« beschmutzen lassen. Damit entfiel die Teilnahme Röhms. Wer sollte Hitler nun zu diesem wichtigen Treffen begleiten und wessen Vergangenheit könnte den Zorn des aufgebrachten alten Soldaten besänftigen?

Hitler forderte Göring auf, sofort nach Berlin zurückzukehren, seine Anwesenheit sei dringend erforderlich.

Im Krankenzimmer, wo Hermann Göring und Thomas von Kantzow Wache hielten, verlöschte das Leben Karins allmählich. Aber so erschöpft sie auch war, sie starb nicht. Als Göring sich eines Morgens aus dem Zimmer geschlichen hatte, weil er glaubte, sie läge in tiefer Bewußtlosigkeit, öffnete sie die Augen und rief ihren Sohn. Thomas kam ans Bett.

»Ich bin so müde«, flüsterte sie, »so entsetzlich müde. Ich möchte Mama folgen. Sie ruft die ganze Zeit nach mir. Aber ich kann nicht gehen. Solange Hermann hier ist, kann ich nicht gehen. Ich kann ihn nicht allein lassen.«

Thomas sagte ihr, Göring habe ein Telegramm erhalten, das ihn nach Berlin zurückriefe, aber er habe gesagt, er wolle nicht abreisen, solange sie krank sei. Karin fing an zu weinen, und als Göring zurückkam, nahm sie seinen Kopf und zog ihn dicht zu sich heran.

»Ich konnte nicht alles verstehen, was sie flüsterte«, erzählte Thomas, »aber ich wußte, daß sie ihn inständig darum bat, ja ihm befahl, Hitlers Ruf zu folgen. Eine seltsame Veränderung schien in ihr vorzugehen. In diesem Augenblick kam meine Tante Fanny ins Zimmer, und meine Mutter sah sie an. Sie war sehr ruhig und beherrscht. Sie sagte: ›Hermann ist nach Berlin zurückgerufen worden. Der Führer braucht ihn dringend. Du mußt ihm packen helfen.‹ Sie hob Hermanns Kopf und lächelte. ›Thomas wird für mich sorgen‹, sagte sie. Göring stand auf und sagte: ›Bis ich zurück-komme.‹

›Ja‹, sagte Karin, ›bis du zurückkommst.‹«[7]

Am folgenden Morgen reiste Göring nach Berlin ab, und am 17. Oktober 1931 um 4 Uhr morgens konnte Karin Göring, befreit vom Druck der Gegenwart ihres Mannes, endlich in Ruhe sterben.

Bis Hermann Göring aus Deutschland zurückkam, um sie zum letztenmal zu sehen, lag sie in der Edelweißkapelle hinter dem Haus der Focks auf-gebahrt. An ihrem Geburtstag, am 21. Oktober 1931, wurde sie in dem Erbbegräbnis der Familie in Lovö bei Drottningholm beigesetzt. Pilli Körner und Karl Göring hatten Hermann von Berlin hierher begleitet. Zu den Trauergästen gehörten die Vertreter der meisten adeligen Familien Schwe-dens.

Für zwei Männer, für Hermann Göring und Thomas von Kantzow, bedeu-tete es mehr als der Tod einer Frau, die sie geliebt hatten; eine Kraft war aus ihrem Leben gegangen, und sie würden beide nie wieder die gleichen sein.

Es gibt keine offiziellen Aufzeichnungen darüber, was am 10. Oktober 1931 bei dem Zusammentreffen von Reichspräsident von Hindenburg mit Hitler und Göring geschah. Die beiden Nationalsozialisten waren nicht gerade bester Stimmung. Hitler litt noch unter den Nachwirkungen des Selbstmords seiner Nichte, und Göring war in Gedanken in Stockholm am Bett seiner Frau. Das einzige, was die Verstimmung Hitlers und die Sorgen Görings hätte vertreiben können, wäre eine Geste des alten Reichspräsi-denten gewesen, mit der er anerkannt hätte, welch wichtige Aufgabe sie für das künftige Deutschland würden übernehmen müssen.

Aber welches auch das Motiv gewesen sein mag, das ihn veranlaßt hatte, Hitler zu empfangen, es war vergessen, als der »Führer« in das Arbeits-zimmer des Reichspräsidenten geführt wurde. Hitler hatte erwartet, nicht nur als ein Mann empfangen zu werden, der Deutschland retten könnte, sondern als die einzige politische Kraft, die in der Lage war, Hindenburg persönlich und darüber hinaus alles zu retten, wofür der alte Herr eintrat. Als er festellte, daß sich seine Erwartungen nicht erfüllten und Hindenburg zurückhaltend, herablassend, ja sogar verächtlich mit ihm sprach, wurde er gereizt und begann eine weitschweifige Rede, die (wie Göring später andeutete) Hindenburg nervös machte und verärgerte. Als Hitler endlich zum Schluß gekommen war, blieb der Reichspräsident schweigend sitzen, trommelte mit den gichtigen Fingern auf der Tischplatte oder zwirbelte sich den Schnurrbart. Hitler konnte nichts anderes tun, als sich kühl zu verabschieden und aus dem Zimmer zu gehen.

Hindenburg soll später gesagt haben: »Den Mann soll ich zum Reichskanzler machen? Ich werde ihn zum Postmeister machen, dann kann er mich auf den Briefmarken von hinten belecken.«[8]

Eines Tages würde Hitler in der Lage sein, sich an dem hochmütigen Feldmarschall für diesen beleidigenden Empfang zu rächen, aber als endlich die Gelegenheit kam, war Hindenburg schon zu alt, zu senil, um Demütigungen zu spüren. Im Augenblick hielt er noch die Schlüssel zur Macht in der Hand, und er war entschlossen, sie auf keinen Fall dem zu übergeben, der für ihn ein Niemand war, der versucht hatte, ihn zu belehren, in der Armee aber nicht über den Rang eines Gefreiten hinausgekommen war.

Für Hitler bedeutete das Zusammentreffen einen Fehlschlag und für Hermann Göring eine nutzlose Reise von Stockholm nach Berlin. Für beide muß es eine Versuchung gewesen sein, als Ernst Röhm ihnen vorschlug, mit den Braunhemden der SA auf die Straße zu gehen und die Macht mit Gewalt an sich zu reißen. Röhm hatte in ständiger Verbindung zu General Schleicher gestanden, der ihm versichert hatte, die Reichswehr werde sich im Fall eines Aufstands an die Seite der Nazis stellen. Diesmal, so versicherte Röhm, werde es keine Täuschungsmanöver und keine Katastrophe geben wie beim Putsch in München. Aber Hitler weigerte sich, nicht weil er fürchtete, das Unternehmen werde fehlschlagen, er hatte auch einen anderen Grund: sowohl er als auch Göring waren begeistert über den Ausgang der letzten Wahlen und glaubten zuversichtlich, daß die Nationalsozialisten bei den nächsten allgemeinen Wahlen die absolute Mehrheit bekommen und die Masse des deutschen Volkes hinter sich bringen würden. Weshalb sollte man unnötig Blut vergießen – und weshalb die Großindustriellen verärgern, die die Nationalsozialisten so tatkräftig unterstützten –, wenn alles auf legalem Wege geschehen konnte? Alles, was sie jetzt brauchten, waren Neuwahlen.

Am 31. Juli 1932 war es soweit. Im Wahlkampf kam es zu den blutigsten und turbulentesten Auseinandersetzungen in Deutschland seit Ende des Ersten Weltkriegs. Wenn Ernst Röhm seine Leute schon nicht dazu einsetzen durfte, die Machtübernahme mit Gewalt zu erzwingen, dann konnte er sie wenigstens dazu verwenden, die Kräfte seiner politischen Gegner zu bekämpfen. Kommunisten und Sozialdemokraten hatten ihre eigenen gut ausgebildeten Privatarmeen, aber die Braunhemden der SA waren jetzt 400 000 Mann stark und verfügten aufgrund der guten Beziehungen Röhms zur Reichswehr über Waffen, die wirksamer waren als die Messer, Eisenstangen und Knüppel, mit denen sie wie ihre Gegner bisher gekämpft hatten. Allein in Preußen kam es in den ersten zwanzig Tagen des Juni 1932 zu 461 blutigen Auseinandersetzungen auf der Straße, bei denen 82 Menschen getötet und 400 schwer verletzt wurden. Im Juli starben bei den

Unruhen 86 Menschen, darunter 38 Nazis und 30 Kommunisten. Der schlimmste Tag war Sonntag, der 17. Juli, als die Nazis einen Aufmarsch in Hamburg-Altona veranstalteten. Der Aufmarsch wurde von der Polizei überwacht, aber die Kommunisten griffen die Kolonne an. Dabei wurden 19 Menschen erschossen und 285 verletzt.

Reichskanzler war damals der geschickte Diplomat Franz von Papen, der die Vorfälle in Altona zum Anlaß nahm, alle politischen Aufmärsche bis zur Zeit nach den Wahlen zu verbieten und über Berlin den Ausnahmezustand zu verhängen. Dennoch wurden auch weiterhin politische Versammlungen abgehalten, und aus der Beteiligung an den Veranstaltungen der Nationalsozialisten ließ sich deutlich ablesen, wie sich das politische Klima entwickelte. Göring sprach selten vor weniger als 40 000 Zuhörern. Zu Hitlers Reden kamen noch mehr. Die letzte Wahlversammlung, auf der er sprach, wurde am 27. Juli in Berlin abgehalten. Hier versammelten sich 120 000 Menschen im Grunewaldstadion, und 100 000, die keinen Einlaß gefunden hatten, hörten seine Rede vor dem Stadion über Lautsprecher.

Die Wahl wurde zu einem entscheidenden Sieg der Nationalsozialisten. Als die Stimmen ausgezählt waren, hatten sie mit 230 Sitzen die meisten Abgeordneten im Reichstag. Es folgten die Sozialdemokraten mit 133, die katholische Zentrumspartei mit 97 und die Kommunisten mit 89 Sitzen. 13 574 000 Deutsche hatten ihre Stimme für die Nationalsozialisten abgegeben. Zwar waren das nur 38 Prozent aller Wählerstimmen, aber es waren mehr, als die Kommunisten und Sozialdemokraten zusammen erzielt hatten. Die nationalsozialistischen Wähler gehörten allen Schichten der Bevölkerung an. Es waren sowohl Arbeiter als auch Großindustrielle von der Ruhr, Bauern und Landarbeiter, Angehörige des Mittelstands und Beamte. Zu den Sympathisanten gehörten auch viele Reichswehroffiziere.

Göring flog nach München und fuhr dann zu einer Besprechung der hohen Parteifunktionäre an den Tegernsee, um die Taktik festzulegen, der man nach dem großen Wahlsieg folgen sollte. Er war wie Hitler der Überzeugung, daß jetzt der Augenblick gekommen sei, in dem Reichspräsident von Hindenburg den »Führer« zu sich rufen und ihn auffordern müßte, die Regierung zu bilden. Mit wem sollte die Partei eine Koalition bilden, um im Reichstag eine starke Mehrheit zustande zu bringen?

Während die Beratungen in den folgenden Tagen weitergingen, politische Bündnisse geschlossen und wieder gekündigt wurden, warteten die Nazis auf die Einladung. Am 13. August 1932 erhielt Hitler endlich das Telegramm, in dem er aufgefordert wurde, zu einem Gespräch mit dem Reichspräsidenten nach Berlin zu kommen.

Das konnte nur eines bedeuten; Schleicher (mit dem die Nationalsozialisten in Verhandlungen standen) hatte seine Pläne ausgeführt, Papen stand vor dem Rücktritt, und Adolf Hitler würde Reichskanzler werden. Er würde das Kommando über die Reichswehr und die halbe Million brauner Legionäre haben; die Macht in Deutschland war für ihn in greifbare Nähe gerückt.

Aber noch war es nicht soweit. Vor dem Gedanken, Hitler die Macht übergeben zu müssen, schreckte Hindenburg zurück. In der Zeit seiner Amtsführung als Interimskanzler hatte Franz von Papen es verstanden, das Vertrauen des alten Herrn zu gewinnen, der seine guten Manieren ebenso schätzte wie seine Fähigkeit, geschickt zu manövrieren, ohne ja oder nein zu sagen. Hindenburg war entschlossen, Papen in seinem Amt als Reichskanzler zu belassen, und sagte ihm, er möge zu Hitler gehen und ihm den Posten des Vizekanzlers anbieten. Hermann Göring könne preußischer Innenminister werden.

Hitler und Göring starrten Papen entgeistert an, als er ihnen in höflichem Ton diese Mitteilung machte.

»Was?« sagte Göring. »Adolf Hitler Vizekanzler? Der Führer ist noch nie jemandes Stellvertreter gewesen.«[10]

Hitler war noch wütender und brachte den Diplomaten mit einer langen Tirade in starke Verlegenheit. Er schimpfte, drohte und erinnerte Papen daran, daß die Braunhemden nur auf den Befehl warteten, auf die Straße zu gehen. Schließlich weigerte er sich kategorisch, irgendeinen anderen Posten als den des Reichskanzlers anzunehmen. Papen soll Hindenburg sagen, dies sei ein Ultimatum. Aber Papen schüttelte den Kopf. Er sei nicht bereit, dem Reichspräsidenten so etwas zu sagen. Hitler müsse dem Feldmarschall selbst seine Auffassungen darlegen.

Göring wohnte jetzt in einer kleinen Wohnung am Reichskanzlerplatz (er war nicht wieder in die Wohnung gezogen, in der er mit Karin gelebt hatte, brachte aber viele Erinnerungsstücke, darunter die weiße Orgel, die Bilder und andere Einrichtungsgegenstände in seine neue Behausung mit). Hierher ging er jetzt mit Goebbels und Hitler, und Karins Dienstmädchen Cilly Wachowiak setzte ihnen unter dem großen Porträt Karins das Mittagessen vor. Göring und Goebbels aßen Fasan in Aspik und tranken eine Flasche Mosel dazu, während Hitler eine vegetarische Mahlzeit serviert wurde. In großer Erregung sprach er von den Betrügern und den Fallen, die man ihm gestellt habe, um ihn nicht an die Macht kommen zu lassen. Um drei Uhr läutete das Telefon. Der Staatssekretär in der Reichskanzlei, Erwin Planck, teilte Hitler mit, Hindenburg werde ihn in einer Stunde empfangen.

Die drei Männer schöpften neue Hoffnung und glaubten, vielleicht sei Hindenburg durch Hitlers Empörung beeindruckt und habe sich entschlossen, ihm nun doch die Macht zu übertragen, um ihn damit zu besänftigen. Nur Goebbels war noch skeptisch und fragte Planck, ob schon eine Entscheidung gefallen sei. Wenn ja, dann habe es keinen Sinn, daß der Führer komme. Planck antwortete ausweichend, es sei nichts entschieden. Vorher wolle der Reichspräsident mit Herrn Hitler sprechen.[11]

Als Hitler in das Reichspräsidentenpalais fuhr, wußte er nicht, daß er in die Falle ging. Der geschickte Diplomat Papen hatte den leicht reizbaren Hindenburg wissen lassen, der nationalsozialistische »Führer« wolle nicht nur Reichskanzler werden, sondern verlange darüber hinaus diktatorische Vollmachten. Das hatte Hindenburg erregt, und als Hitler erschien, hatte er sich noch immer nicht beruhigt. Hitler hatte diesmal sogar Ernst Röhm mitgebracht und damit bewußt gegen den ausdrücklichen Wunsch des alten Herrn gehandelt.

Der Reichspräsident stand, auf einen Stock gestützt, in einer Zimmerecke, um Hitler und seinem verhaßten Begleiter keinen Stuhl anbieten zu müssen. Er ließ sich nicht anmerken, daß er schon 85 Jahre alt war und erst kürzlich einen Schlaganfall erlitten hatte. Während Hitler den Posten des Reichskanzlers sowie Sondervollmachten forderte, um in Deutschland wieder Ordnung zu schaffen, ließ Hindenburg ihn keinen Augenblick aus den Augen.

Der alte Mann erklärte in eisigem und verächtlichem Ton, wegen der gespannten Lage im Lande könne er es vor dem deutschen Volk nicht vertreten, die Regierungsgewalt »dem Führer einer Partei zu geben, die immer ihre Ausschließlichkeit betont hat, und die gegen ihn persönlich wie auch gegenüber den von ihm für notwendig erachteten politischen und wirtschaftlichen Maßnahmen überwiegend verneinend eingestellt sei«.[12]

Otto Meißner berichtet, daß Hindenburg einige Vorkommnisse aus jüngster Zeit erwähnte, Zusammenstöße zwischen den Nazis und der Polizei, das gewaltsame Vorgehen der Anhänger Hitlers gegen Leute mit anderer Auffassung, Exzesse gegen die Juden und andere Gesetzwidrigkeiten. Alle diese Vorfälle hätten ihn in der Überzeugung bestärkt, daß es in der Partei zahlreiche unkontrollierbare rebellische Elemente gebe. Er solle den Gedanken aufgeben, nach der absoluten Macht zu streben. In der Zusammenarbeit mit anderen Parteien, so erklärte Hindenburg, werde er zeigen können, was er erreichen und verbessern könne.[13]

Es war die Zurückweisung eines ungeeigneten Freiers durch einen entrüsteten patriarchalischen Vater. Danach wurde Hitler kühl entlassen.

Nicht nur das; kaum hatte er die Wohnung von Joseph Goebbels erreicht, wo die Parteispitze ihn erwartete, als in Berlin Zeitungen mit einem Kommuniqué aus dem Büro des Reichspräsidenten auf den Straßen verkauft wurden. Unter Schlagzeilen wie »Hitler verlangt die absolute Macht«, »Hitlers empörender Vertrauensbruch« und »Hitler wird vom Reichspräsidenten zurechtgewiesen« brachte das Kommuniqué Hindenburgs Darstellung der Gespräche. Hier hieß es, der Reichspräsident habe bedauert, daß Herr Hitler sich nicht in der Lage sehe, eine mit der Zustimmung des Reichspräsidenten ernannte nationale Regierung zu unterstützen, wie er es vor den Reichstagswahlen versprochen habe. Es wurde angedeutet, daß Hitler diktatorische Vollmachten verlangt und der Reichspräsident sie ihm verweigert habe. Dann hieß es, der Reichspräsident habe Herrn Hitler ernstlich ermahnt und von ihm verlangt, die Nationalsozialistische Partei solle sich als Opposition anständiger Methoden bedienen und er solle sich seiner Verantwortung gegenüber dem Vaterland und dem deutschen Volk bewußt bleiben.

Der Propagandaapparat der Partei war überrumpelt worden und nicht in der Lage, die Anschuldigungen gegen Hitler zu widerlegen. Als dieser endlich erklärte, er habe niemals »diktatorische Vollmachten« verlangt, sondern nur auf seinem verfassungsmäßigen Recht bestanden, eine Regierung zu bilden, war es schon zu spät. Der Schaden ließ sich nicht mehr gutmachen.

Hitler rief seine engsten Berater zusammen und besprach mit ihnen, was zu tun sei. Die wichtigste Frage war, welche Befehle die SA nun erhalten solle, denn ihre Verbände standen in ganz Deutschland bereit und warteten auf das Signal, den Sieg Hitlers zu feiern. Ernst Röhm vertrat die Auffassung, die SA müsse sofort in Aktion treten. Er wies darauf hin, daß ihm eine Million tatendurstiger Nationalsozialisten zur Verfügung stünden, daß außerdem 70 000 Mann der SS und das gut ausgebildete NS-Kraftfahrer-Korps auf den Einsatzbefehl warteten. Darüber hinaus gab es in Hessen, Anhalt, Thüringen, Mecklenburg und Oldenburg nationalsozialistische Landesregierungen, denen die Polizei unterstand, und in Berlin, Ostpreußen, Schlesien, Sachsen und Brandenburg hatte die Bewegung zahlreiche Anhänger. Berlin konnte über Nacht eingeschlossen, ausgehungert und zur Kapitulation gezwungen werden.

»Wie sollen wir unseren Anhängern erklären, daß uns der Sieg aus der Hand gerissen worden ist?« fragte Röhm. »Wir können sie nur zufriedenstellen, wenn wir handeln.«

Aber Göring und Goebbels waren gegen einen militärischen Staatsstreich. Vor allem Göring vermochte mit besonders überzeugenden Argumenten Hitler dazu zu bewegen, die Enttäuschung zu schlucken und abzuwarten. Zu seinem großen Kummer mußte Röhm seinen Braunhemden befehlen, die vorbereitete Aktion abzublasen. Inzwischen verbreitete sich das Gerücht, Hitler müsse jeden Augenblick mit seiner Festnahme rechnen. Deshalb fuhr er nach Berchtesgaden, um dort seinen Zorn abzureagieren und zu überlegen, was jetzt geschehen solle. Joseph Goebbels fuhr deprimiert in die Ferien an die Ostsee.

Hermann Göring stieg in seinen Mercedes und fuhr nach Weimar, denn er hoffte, die Verabredung mit einer Schauspielerin vom dortigen Theater werde ihm helfen, seinen Kummer zu vergessen.

11

Das Spiel um die Macht

1932 war Hermann Göring neununddreißig Jahre alt und in so guter körperlicher Verfassung wie seit langem nicht. Allerdings hatte er zwei Schwächen, die zu bekämpfen ihm Schwierigkeiten bereitete. Er hatte einen unersättlichen Appetit, den er durch eine strenge Diät in Grenzen zu halten versuchte, aber von Zeit zu Zeit konnte er nicht dagegen an und schwelgte dann in Essen und Trinken. Außerdem machte ihm seine Schlaflosigkeit zu schaffen. Nur selten schlief er länger als zwei Stunden hintereinander. Er nahm Abmagerungspillen, um sein Gewicht einigermaßen niedrig zu halten, und gelegentlich Schlaftabletten, um hin und wieder eine Nacht durchzuschlafen. Aber nach seinen Erfahrungen mit Morphium fürchtete er, wieder drogensüchtig zu werden, und schränkte die Einnahme von Medikamenten nach Möglichkeit ein. Die Folge war, daß er immer dicker wurde, und wenn er feststellen mußte, daß seine Anzüge wieder zu eng geworden waren, versuchte er, sein Gewicht durch Reiten und Saunabaden zu regulieren.

Die meisten Menschen waren beeindruckt von seiner ungeheuren Energie, seiner hohen Intelligenz und seiner Vitalität. Politische Rückschläge konnten ihn jetzt nicht mehr lange niederhalten, und er war immer da, um den pessimistischeren und launischen Hitler zu trösten und zu ermutigen. Dabei schien er so offen und aufrichtig optimistisch im Hinblick auf die Zukunft der Partei, daß seine Parteigenossen ebenso wie viele andere seinen günstigen Prognosen kaum widersprechen konnten. Er war ein Meister der Intrige, weil alles, was er sagte, so offenherzig und idealistisch klang. Und er war unermüdlich. Ständig verhandelte er mit den Führern der verschiedenen Parteien, suchte Verbündete, traf Abmachungen und führte die Nazis schrittweise auf eine Machtergreifung mit legalen Mitteln zu, die jetzt das Hauptziel all seiner Bemühungen war.

Wenn er sich eine Erholungspause gönnte, gab es keinen besseren und anziehenderen Gesellschafter. Nach Karins Tod hatte er sich eine Zeitlang in ein Appartement im Hotel Kaiserhof zurückgezogen, um mit seinem Kummer fertig zu werden. Dem Vorschlag Pilli Körners, sich eine Wohnung am Kaiserdamm zu nehmen, folgte er nur widerwillig. Eines der Zimmer richtete er mit Karins Porträts, ihren Muscheln und Steinen, ihrer Orgel, ihren Wikinger-Statuetten, Gnomen und Eskimostiefeln ein und schmückte es mit immergrünen Zweigen von ihrem Grabhügel. Die Besucher berichteten, es wirke wie ein Museum.

Was den Umgang mit anderen Menschen betraf, so war Hermann Göring selbst schon fast zu einem Museumsstück geworden. Als junger Mann hatte er eifrig die Bekanntschaft junger Mädchen gesucht, und wenn seine

Hermann Göring und Emmy Göring, geb. Sonnemann, 1935 nach der standesamtlichen Trauung in Berlin, im Vordergrund Adolf Hitler

und an seinem 46. Geburtstag mit Frau und Tochter Edda

Luftschlacht über England 1940. Deutsche Bombergeschwader, hier vom Typ He-111, eröffnen am »Adlertag«, dem 13. 8. 1940, mit massiven Einsätzen gegen englische Flugplätze die Luftoffensive zur Vorbereitung der Invasion

Zingst an der Ostsee: Göring und Ernst Udet beobachten Vorführungen der Luftwaffe

Verlobung mit Marianne Mauser im Ersten Weltkrieg auch kein besonderer Erfolg gewesen war, so hatte er sich für diese Enttäuschung bei seinen Urlauben in Berlin und München ausgiebig schadlos gehalten. Es gibt auch keinen Grund für die Annahme, sein Leben mit Karin sei keine ganz normale eheliche Beziehung gewesen (natürlich mit Ausnahme der Zeit nach dem Putsch in München), weil aus der Ehe kein Kind hervorgegangen ist. Thomas von Kantzow hat dem Verfasser in einem Gespräch berichtet, er sei eine Frühgeburt gewesen, und die Ärzte hätten seiner Mutter nach der Geburt gesagt, sie könne keine Kinder mehr bekommen. Die letzten Worte, die sie vor ihrem Tode an Thomas richtete, waren: »Hermann hat mir versprochen, daß er dich immer als seinen Sohn betrachten wird, aber du mußt ihm sagen, daß ich hoffe, er wird eines Tages eine Frau finden, die ihm das Kind schenkt, das ich ihm nicht schenken konnte.«

Für Hermann Göring sind die letzten Stadien der Krankheit seiner Frau sicherlich eine starke psychische Belastung gewesen. Der Gedanke, daß jede geschlechtliche Begegnung mit Karin zugleich auch eine emotionale und körperliche Erregung herbeiführte, die bei dem kritischen Zustand ihres Herzens lebensgefährlich werden konnte, war natürlich hemmend, um nicht zu sagen sexuell lähmend. Eine intime Freundin Hermann Görings hat später berichtet, er habe ihr anvertraut, daß er kurz vor und noch einige Zeit nach Karins Tod so gut wie impotent gewesen sei.

Aber die Zeit und eine schöne Frau können Wunder wirken, wie Göring nun feststellte. In diesem Lebensabschnitt gewann zum drittenmal eine Frau entscheidenden Einfluß auf ihn, und sie unterschied sich in jeder nur denkbaren Weise von seiner Mutter und seiner ersten Frau.

Die Schauspielerin Emmy Sonnemann war ebenso wie Göring neununddreißig Jahre alt, blond und mit allen Eigenschaften begabt, die man Blondinen zuschreibt, aber nur selten bei ihnen findet: fröhlich, kontaktfreudig, lebenslustig und attraktiv. Sie war schon einmal mit einem Stuttgarter Schauspieler verheiratet gewesen, aber sie hatten sich in beiderseitigem Einverständnis scheiden lassen. 1932 gehörte Emmy Sonnemann schon acht Jahre dem Ensemble des Deutschen Nationaltheaters in Weimar an und spielte romantische Heldinnen (das war ihre Stärke) und vornehme Gesellschaftsdamen (in diesem Fach überzeugte sie weniger).

Alles in allem dominierten bei ihr eher die typischen Eigenschaften ihres Berufes als die ihrer Nationalität. Eine Frau wie sie hätte man überall in der westlichen Welt unter Berufsschauspielern finden können. Sie lebte ausschließlich in der Welt des Theaters, und wenn sie morgens die Zeitung in die Hand nahm, las sie zuerst die Theaternachrichten und blickte nur selten in die anderen Spalten. Sie interessierte sich überhaupt nicht für Politik, und wer neuer Reichskanzler wurde, war ihr viel gleichgültiger, als zu wissen, wer bei der nächsten Faust-Inszenierung die Margarethe spielen würde. Zum Ensemble des Theaters in Weimar gehörten sowohl Juden wie später sogenannte Halbjuden, aber die Vorstellung, daß sie mit diesen Menschen nicht mehr befreundet sein sollte, erschien ihr zu lächerlich, als daß sie daran einen Gedanken verschwendet hätte. Sie sagte einmal: »Wir sind hier alle Zigeuner!«, und dieser Satz schockierte Göring dermaßen, daß er blaß wurde.

Emmy Sonnemann lernte Göring Anfang 1931 noch zu Lebzeiten Karins kennen, aber die Begegnung war so flüchtig, daß sie auf ihn keinen besonderen Eindruck machte. Das Weimarer Ensemble, das oft in der Provinz Gastspiele gab, sollte auf der Bühne von Schloß Kochberg, dem früheren Besitz des Freiherrn und der Freifrau von Stein, ein Stück spielen, das Charlotte von Stein, die Freundin Goethes, verfaßt hatte. Später schrieb Emmy Göring: »Nach der Aufführung wurde mir Hermann Göring vorgestellt. Soweit ich mich entsinne, hat er bei mir an diesem Abend keinen entscheidenden Eindruck hinterlassen. Seine Frau dagegen faszinierte mich augenblicklich. In einer Teepause sah ich sie auf einer Bank im Park sitzen. Sie machte einen leidenden Eindruck. Von ihrem Wesen ging jedoch ein Zauber aus, dem ich mich nicht entziehen konnte. Ich hätte sie so gerne angesprochen und mich mit ihr unterhalten, aber wir mußten das Theaterstück noch ein zweites Mal spielen – der kleine Theaterraum hatte nur vierzig Sitzplätze –, und so ergab sich leider keine Zeit für ein Gespräch.«[1]

Im nächsten Jahr kam Hitler während des Wahlfeldzugs nach Weimar, und die Theateraufführung wurde für diesen Abend abgesagt, weil der Raum für die Versammlung gebraucht wurde. Emmy schreibt: »Da ich keinen Platz mehr fand, stellte ich mich mit einigen Kollegen in die Kulissen, konnte aber leider nur Wortfetzen aufnehmen, so daß ich keinen abgerundeten Eindruck gewann.« Aber dann wurde sie Hitler vorgestellt, der ihr versicherte, wenn die Nationalsozialisten zur Macht kämen, werde er dafür sorgen, daß »die Theater und alle Kunstinstitute zu einer künstlerischen Blüte gelangen wie nie zuvor«.[2] Emmy konnte nicht recht verstehen, was er damit meinte, denn sie hielt das deutsche Theater damals für absolut auf der Höhe.

Wenige Tage später trat Hermann Göring in ihr Leben. Nach den Proben gingen Emmy und ihre Freundin, eine Schauspielerin namens Herma, wie gewöhnlich zum Essen in ein Restaurant und anschließend zu Kaffee und Kuchen in das Kaiser-Café. Göring und Pilli Körner kamen herein, und Emmy, die sich nicht erinnern konnte, wer das sei, flüsterte ihrer Freundin zu: »Du, ist das Göring oder Goebbels?« Herma erwiderte fassungslos: »Göring natürlich. Du hast ihn doch in Kochberg kennengelernt.«

»Da stand auch schon Hermann Göring an unserem Tisch und bat, sich mit seinem Freund Körner zu uns setzen zu dürfen. Wir unterhielten uns nur kurz. Als ich ihm bedeutete, daß mich meine Freundin zu einem Spaziergang überredet hätte, fragte Göring, ob er mit von der Partie sein dürfte.

Und wir promenierten zu viert fast zwei Stunden im Park. Mit dem

Ergebnis – daß ich zum erstenmal in meinem Leben meine Rollen, das Theater und alles vergaß. Aufmerksam lauschte ich Hermann Görings Erzählungen und spürte, wie sehr er mich gefangennahm. Seine Gedanken waren plötzlich bei seiner verstorbenen Frau. Er sprach von ihr. Er tat es mit so unendlicher Liebe und einer so tiefen Trauer, daß ich ihn mit jedem Wort lieber gewann . . .«

Am Theater verabschiedeten sie sich und sahen sich längere Zeit nicht wieder – »so schien es mir wenigstens«, aber schließlich erhielt sie ein Telegramm. Darin stand, »daß er immer an mich denken müsse, und daß er bald nach Weimar käme, um mich wiederzusehen«.

Einige Tage später trafen sie sich nach einer politischen Versammlung im »Goldenen Adler«. »Er brachte Paul Körner mit. Mich begleitete meine Freundin. Dieser Abend war natürlich entsetzlich aufregend. Ich fühlte genau, daß die kommenden Stunden einen Umschwung in mein Leben bringen würden. Nur meine Freundin tat mir leid. Ich glaube, ich habe mich zu Hause wie ein Backfisch benommen, der ich ja nun wirklich nicht mehr war. Dreimal zog ich mich um. Das eine der Kleider war mir zu elegant, das andere zu einfach. Dann entschloß ich mich für ein Kostüm mit Hemdbluse. Wie ich später einmal erfuhr, war ausgerechnet das die einzige Kleidung, die Göring bei einer Frau nicht ausstehen konnte. An diesem Abend hat er gewiß nicht auf sie geachtet. Wie er mir später bekannte, war er ebenso aufgeregt gewesen wie ich. Den Nachhauseweg trat ich mit Hermann Göring allein an. Es war nur ein kurzer Weg, aber auf ihm entschied sich mein zukünftiges Leben.«[3]

Emmy Sonnemann bewohnte drei möblierte Zimmer einer Theaterpension in Weimar. Die Pensionswirtin war sehr streng und hatte jeden Herrenbesuch verboten, aber das hatte Emmy bis zum Erscheinen Görings nichts ausgemacht. Sie ärgerte sich viel mehr, daß die Pensionsinhaberin ihr nicht erlaubte, täglich ein Bad zu nehmen, weil das Badezimmer dadurch zu stark beansprucht werde. Doch jetzt, da sie Göring kennengelernt hatte, wurde es ihr mit jedem Tag wichtiger, mit ihm allein zu sein, und das war in einer Kleinstadt wie Weimar kaum möglich, ohne daß es aufgefallen wäre. Bald wußte jeder, daß die goldblonde Schauspielerin des Nationaltheaters einen Liebhaber hatte und daß er zu den nationalsozialistischen Parteigrößen zählte. Am Abend nach Hitlers enttäuschendem Gespräch mit Hindenburg kam Göring gerade in dem Augenblick in das Theater, als Emmy Sonnemann, die die Rolle des Klärchens in Egmont spielte, in der großen Szene auftrat, in der die Mutter sie nach ihrem Geliebten fragt. Als Göring sich in die für ihn reservierte Loge setzte, rief sie aus: »Ach, ich frage nur, ob er mich liebt; und ob er mich liebt, ist das eine Frage?« Viele Zuschauer wandten sich nach Görings Loge um, und überall wurde gekichert. Göring lächelte breit und machte ein glückliches Gesicht.

Nach seiner Wahl in den Reichstag war Hermann Göring zum Fraktions-vorsitzenden ernannt worden. Da die Nationalsozialisten die stärkste Partei bildeten, wurde er auch zum Präsidenten des Reichstags gewählt. Gleich nach Übernahme seines neuen Amtes schrieb er auf einem offiziellen Briefbogen an Emmy: »Ich liebe Dich. H.« Dann schickte er ihr durch Boten seine Liebeserklärung mit einem Blumenstrauß nach Weimar.

Wie in den meisten Parlamenten der Welt, war es auch im deutschen Reichstag Aufgabe des Präsidenten, für den ordnungsgemäßen Ablauf der Sitzungen zu sorgen. Göring nahm diese Aufgabe sehr ernst, und in seiner Eröffnungsansprache erklärte er durchaus überzeugend, daß er seine Amtspflichten unparteiisch, gerecht und in Übereinstimmung mit den für das Hohe Haus geltenden Regeln wahrnehmen werde. Der neue Reichstag verfüge über »eine starke und arbeitsfähige nationale Mehrheit. Die Regierung habe daher keinerlei Anlaß, etwa zu behaupten, es liege ein ›nationaler Notstand‹ vor«.[4] Dieser Hinweis war ein Strich gegen Reichs-kanzler von Papen, den Reichspräsident von Hindenburg wieder mit der Regierungsbildung beauftragt hatte.

Ebenso wie Hitler verachtete auch Göring den glattzüngigen und unzuver-lässigen Papen, der im Reichstag Gemeinplätze über die Demokratie von sich gab, hinter den Kulissen aber daran arbeitete, eine ihm vorschweben-de Form der Diktatur einzuführen. Aber den Haß Hitlers auf den Reichs-präsidenten von Hindenburg, der Papen zum Kanzler ernannt hatte, teilte er nicht. Göring kannte den Feldmarschall aus dem Ersten Weltkrieg und bewunderte seine militärischen Qualitäten, seine Hartnäckigkeit, sein Tra-ditionsbewußtsein und seine Vaterlandsliebe. Er hatte inoffiziell Beziehun-gen zu dem alten Herrn geknüpft, ihn auf seinem Gut Neudeck besucht und immer wieder versucht, Hindenburgs Abneigung gegen Hitler und die Nationalsozialisten zu mildern.

Nachdem Göring zum Präsidenten des Reichstags gewählt worden war, hatte er häufig die Gelegenheit, auch privat mit Hindenburg zu sprechen, was er natürlich ausnutzte. Hitler hatte Göring zu seinem politischen Chefunterhändler gemacht, dem es freistand, mit allen Parteien, von den Kommunisten bis zur äußersten Rechten, zu verhandeln, um im Reichstag eine Übereinstimmung möglichst vieler Abgeordneter zu erreichen. Er hat-te immer schon die Aufgabe gehabt, einflußreiche Kreise in Deutschland für die nationalsozialistische Partei zu gewinnen, vor allem die Industrie und die Kirchen. Als Reichstagspräsident fiel ihm das leichter, denn jetzt hatte er das Recht, an allen politischen Veranstaltungen teilzunehmen.

Später hat er über diese Zeit gesagt: »1931 wurde ich vom Führer zu seinem politischen Beauftragten in der Reichshauptstadt ernannt. Diese Aufgabe war nicht genau umrissen. Ich konnte mit allen Stellen verhan-deln. Später kristallisierte sich die Hauptaufgabe heraus, nämlich die ent-scheidenden Besprechungen mit Papen, Hugenberg, Seldte und Hindenburg zur Beeinflussung der Rechtskreise in Deutschland. Außerdem war ich seit

Mitte 1932 Reichstagspräsident und hatte in dieser Eigenschaft offizielle Besprechungen mit Hindenburg und den Parteien. Mein Auftrag war, auf durchaus legalem Wege die Machtergreifung einzuleiten.«[5]

Er setzte alles daran, Hindenburg von der Integrität Hitlers und der Vaterlandsliebe der Nationalsozialisten zu überzeugen; er suchte ihm klarzumachen, daß sie mit legalen Mitteln kämpften, keine kriminellen Elemente duldeten und die deutsche Tradition achteten. Gleichzeitig lernte Göring die Tricks, auf die es in diesem Amt für ihn ankam, und beobachtete den Reichskanzler von Papen sehr aufmerksam, um zu verhindern, daß der schlaue Diplomat ihn und die Nazis hinterging.

Im September 1932 unternahm Papen den Versuch dazu. Er wußte, daß das Parlament gegen ihn war und daß seine Regierung einen Kopf ohne Körper darstellte. Aber er vermochte den Reichspräsidenten zu überzeugen, daß die einzige Möglichkeit zur Vermeidung eines Chaos darin läge, den Reichstag aufzulösen, sobald die Lage unhaltbar würde. Er plante diesen Schachzug für den 2. September, weil er wußte, daß die Kommunisten an diesem Tage einen Mißtrauensantrag gegen seine Regierung stellen wollten. Während die Abstimmung noch im Gange war, eilte Papen fort, um die Verfügung für die Auflösung des Reichstags noch rechtzeitig unterschreiben zu lassen und sie dann dem Reichstagspräsidenten vorzulegen. Er kam mit seiner Diplomatentasche zurück, zog die Verfügung heraus und trat an das Pult Görings. Aber Göring wendete absichtlich den Kopf ab und forderte die Abgeordneten mit lauter Stimme auf, über den Mißtrauensantrag abzustimmen.

Papen schrieb später: »Unter ungeheurer Aufregung und dem Lärm der sich streitenden Volksvertreter verweigert Präsident Göring meine wiederholte Forderung, dem Kanzler das Wort zu erteilen ... In dieser Lage bleibt mir nichts übrig, als unter dem tosenden Geschrei des Hauses die Auflösungsorder des Reichspräsidenten auf Görings Tisch zu legen und mit der Regierung das Haus zu verlassen.«[6]

Aber noch immer nahm Göring keine Notiz von der Verfügung. Zuerst ließ er die Stimmen auszählen. Das Ergebnis der namentlichen Abstimmung, die Notverordnung aufzuheben und dem Kabinett Papens das Mißtrauen auszusprechen: 421:42. Erst dann nahm er das Schriftstück in die Hand, las es den Abgeordneten vor und erklärte unter dem Jubel des Hauses, daß die Auflösung ungültig sei, denn sie trüge die Unterschrift eines Kanzlers, der nach der eben stattgefundenen Abstimmung nicht mehr im Amt sei.[7]

Bei den folgenden Wahlen am 6. November 1932 verloren die Nationalsozialisten zwar immerhin 34 Sitze, aber Hermann Göring wurde wieder zum Reichstagspräsidenten gewählt. Er zweifelte nicht daran, daß jetzt der entscheidende Zeitpunkt für die NSDAP gekommen sei, denn wenn es ihr nicht gelang, in dieser Sitzungsperiode an die Macht zu kommen, wäre die letzte Möglichkeit vertan, und die Machtergreifung könnte nur noch durch eine Revolution erfolgen. Immer noch war er entschlossen, das Äußerste zu verhindern, und die Furcht vor einer derartigen Zuspitzung der Lage beeinflußte alles, was er in den folgenden Wochen unternahm. Er intrigierte, manipulierte, traf Vereinbarungen, suchte den Reichspräsidenten von seinen Ansichten zu überzeugen, verbündete sich mit Hindenburgs Sohn um so die Ernennung Hitlers zum Reichskanzler durchzusetzen.

Die Geschichte der Intrigen und Machenschaften, mit denen die Nationalsozialisten schließlich an die Regierung gelangten, ist zu kompliziert, als daß wir hier im einzelnen darauf eingehen könnten. Wir wollen nur so viel sagen, daß Hermann Göring mehr als irgendein anderer für den Sieg Hitlers getan hat. Am 29. Januar 1933 kam er zu einer Parteikonferenz in das Hotel Kaiserhof in Berlin und teilte der Versammlung mit, daß alles unter Dach und Fach sei. Hindenburgs korrupter Sohn (bisher ein Gegner Hitlers) war mit Versprechungen und Geld bestochen worden. Trotz verzweifelter Versuche des Generals von Schleicher, selbst an die Macht zu kommen, war es Göring gelungen, auch die Reichswehr für sich zu gewinnen. Der Reichspräsident hatte dem Druck und den Schmeicheleien, mit denen man ihn bearbeitet hatte, nachgegeben und zugestimmt.

Göring ging anschließend in die Wohnung von Goebbels am Reichskanzlerplatz, wo Hitler und seine Berater auf ihn warteten, und verkündete stolz, der Reichspräsident werde Hitler morgen zum deutschen Reichskanzler ernennen.

Josef Goebbels schrieb in sein Tagebuch: »Das ist gewiß Görings schönste Stunde. In jahrelangen aufreibenden Verhandlungen hat Göring dem Führer den Boden diplomatisch und politisch vorbereitet. Seine Umsicht, seine Charakterfestigkeit und seine Treue zum Führer waren echt, stark und bewundernswert.«[8]

Jetzt, so schrieb Goebbels, habe dieser aufrechte Soldat mit dem Herzen eines Kindes Hitler die erfreulichste Nachricht seines Lebens gebracht.

Nach der Versammlung umarmten sich die Spitzenfunktionäre der nationalsozialistischen Hierarchie freudestrahlend und gingen daran, alles für die Ereignisse des folgenden Tages vorzubereiten. Als er wieder allein war, konnte sich Göring seit Wochen zum erstenmal entspannen. Er brauchte Ruhe und glaubte, jetzt auch wirklich schlafen zu können. Aber bevor er zu Bett ging, rief er in Weimar an und erreichte Emmy Sonnemann in ihrer Garderobe, kurz nachdem der Vorhang gefallen war.

Er sagte: »Morgen ist es soweit. Adolf Hitler wird Reichskanzler. Du mußt unbedingt nach Berlin kommen. Ich werde dir einen Wagen schicken.«[9]

Am 30. Januar 1933 machte Göring einen so ruhigen und zufriedenen Eindruck wie lange nicht. Er hatte die deutsche und ausländische Presse in den Empfangsraum des Palais des Reichstagspräsidenten gebeten, um die Zusammensetzung des Kabinetts von Adolf Hitler bekanntzugeben.

Aber entgegen dem äußeren Anschein war Göring nicht so gelassen, wie er sich gab. Er wußte genau, daß die Nazis zwar eine Schlacht gewonnen hatten, aber noch eine weite Strecke zurücklegen mußten, ehe der ganze Kampf für sie entschieden war. Wohl hatte Hitler jetzt die Macht in der Hand, aber diese Macht war beschränkt, denn Reichspräsident von Hindenburg, obzwar fünfundachtzig Jahre alt, war klug genug, für ihre Begrenzung gesorgt zu haben. Um 10 Uhr 30 vormittags hatte er Hitler zum deutschen Reichskanzler ernannt und ihm zum erstenmal die Hand gegeben. Aber er hatte ihn, wie er hoffte, mit Männern umgeben, die ihn genau beobachten und ihn im Notfall bremsen würden.

Göring selbst war zum Minister ohne Geschäftsbereich und zum preußischen Innenminister ernannt worden. Der Nationalsozialist Wilhelm Frick war Reichsinnenminister. Aber alle übrigen wichtigen Ministerien waren von Männern übernommen worden, die nicht der NSDAP angehörten. Außenminister war Konstantin Freiherr von Neurath, Reichswehrminister General von Blomberg, und Minister für Wirtschaft und Landwirtschaft war der Führer der Deutschnationalen Volkspartei, Alfred Hugenberg. Doch vor allem hatte der Reichspräsident Hitler gezwungen, Franz von Papen als Vizekanzler zu akzeptieren, und verlangt, daß der Reichskanzler den Vizekanzler zu jedem Gespräch mit dem Reichspräsidenten mitbrachte. Im neuen Kabinett gab es also nur drei Nationalsozialisten, aber acht Minister, die nicht der NSDAP angehörten. Diese acht Männer und der Reichspräsident waren überzeugt, stark genug zu sein, um Hitler an der Durchsetzung eines radikalen Programms zu hindern.

Göring lächelte zwar freundlich, als er die Korrespondenten empfing und die Glückwünsche seiner Freunde entgegennahm, aber er dachte bereits darüber nach, welche Schritte er jetzt unternehmen müsse. Wie könnte man den Reichspräsidenten und das Kabinett umgehen und den Nationalsozialisten die absolute Regierungsgewalt in Deutschland sichern?

Obgleich er der übrigen Welt nicht zeigte, was er wirklich dachte, lüftete er seine Maske doch ein wenig, wenn er mit Emmy Sonnemann allein war. Am Abend sollten die Braunhemden in Berlin einen großen Fackelzug veranstalten, und er reservierte für Emmy ein Zimmer im »Kaiserhof«, von dessen Fenster aus sie den Vorbeimarsch sehen konnte.

»Ganz sicher schien Hermann der ungeteilten Meinung und Stimmung der Massen nicht zu sein«, schrieb Emmy Göring später. »Er gab mir einen Revolver mit der Bemerkung: ›Hier nimm das mal, falls etwas passieren sollte.‹«[10]

Emmy, die sich vor Schußwaffen fürchtete, steckte den Revolver heimlich Görings Mädchen Cilly zu, die sie zum »Kaiserhof« begleitete.

Als er sich bei Einbruch der Dunkelheit in die Reichskanzlei begab, trug Hermann Göring SA-Uniform. »Sie steht ihm nicht – braun ist nicht seine Farbe«, sagte Emmy später. Im Tiergarten wurden von den Braunhemden Fackeln angezündet, und dann begann der große Aufmarsch. Zu Görings

Erleichterung fingen die Menschen, die das Schauspiel miterlebten, vor Begeisterung an zu schreien, als der Fackelzug die Wilhelmstraße hinunterströmte. Die Kolonne zog unter dem Fenster des Reichspräsidenten von Hindenburg vorüber, wo der alte Krieger in straffer militärischer Haltung den Vorbeimarsch abnahm und dabei gesagt haben soll: »Wenn ich gewußt hätte, daß das Volk so darauf wartete, hätte ich Adolf Hitler früher Kanzler werden lassen.«[11]

An einem Fenster der Reichskanzlei stand Adolf Hitler, den Arm zum Nazigruß emporgestreckt, und nahm den Beifall der Menge entgegen. Hinter ihm sprach Göring über den Rundfunk zum deutschen Volk.

»Meine deutschen Volksgenossen und Volksgenossinnen! Während ich hier am Mikrofon stehe, drängen sich draußen vor den Fenstern der Reichskanzlei Hunderttausende von deutschen Menschen. Es ist eine Stimmung, wie sie nur noch zu vergleichen ist mit der Begeisterung, als Deutschland seine Väter und Söhne damals zu den Waffen rufen mußte, mit jenen Tagen im August 1914, da ebenfalls eine Nation aufstand, um das wertvollste Gut des Vaterlandes, die Ehre und die Freiheit, zu verteidigen. Der 30. Januar 1933 wird in die deutsche Geschichte als der Tag eingehen, an dem die Nation nach vierzehn langen Jahren der Qual, der Not, der Schmach und der Schande wieder zu sich selbst zurückgefunden hat ... An der Seite des ehrwürdigen Feldmarschalls, dem Führer Deutschlands im großen Kriege, steht nun Adolf Hitler, der junge Führer Deutschlands der aus nichts eine gläubige, starke, gewaltige Bewegung geschaffen hat, dessen starker Arm nun wieder Volk und Reich einer neuen, besseren und glanzvollen Zeit entgegenführen wird ... Nun werden sich wieder alle Hände rühren, das Vertrauen wird zurückkehren, die Zuversicht wird den deutschen Menschen wieder aufrichten, nun wird die Zukunft uns endlich das bringen, um was der Führer und seine Bewegung im letzten Jahrzehnt zäh und verbissen, unermüdlich und trotz aller Rückschläge und Enttäuschungen doch immer hoffnungsvoll gerungen haben: Brot und Arbeit für den deutschen Volksgenossen, Freiheit und Ehre für die Nation.«[12]

Nach dem Fackelzug strömten die Braunhemden und die zahlreichen Zuschauer in die Cafés und Kneipen. In der Reichskanzlei fand ein Empfang statt, doch Hitler, Göring und die meisten anderen prominenten Nazis wechselten bald ins Haus des Prinzen August Wilhelm hinüber, denn um Mitternacht begann »Auwis« Geburtstag, und er hatte seine Genossen zu einer Doppelfeier eingeladen. Man trank auf die kaiserliche Familie, auf Hitler, auf die Nationalsozialisten und auf das Vaterland.

Gegen 3 Uhr morgens kehrte Göring nach Hause zurück, wo Emmy Sonnemann auf ihn wartete. Aber als er vorschlug, zu Bett zu gehen, um den triumphalen Tag in gebührender Weise zu beschließen, schüttelte Emmy den Kopf. Sie müsse sofort nach Weimar zurückfahren, sagte sie.

»Zurück nach Weimar? An einem solchen Tag?« sagte Göring erstaunt.
»Ja«, sagte Emmy. Am Vormittag fände im Nationaltheater eine Faust-

Probe statt, an der sie teilnehmen müsse, weil sie die Rolle der Margarethe spielen würde.

Hermann Göring hatte die Aufgaben des preußischen Innenministers nicht nur um der hohen Stellung willen übernommen. Er wußte, daß der Schlüssel zu seinem neuen Büro im Justizpalast auch den Schlüssel zur Macht bedeutete, denn dem preußischen Innenminister unterstand die Polizei, und es gab kaum etwas, das er mit Hilfe der Polizei nicht würde tun können.

Emmy Sonnemann, die in den folgenden drei Wochen als Gretchen im Faust auftrat, versäumte in Berlin nichts, denn sie hätte nur selten Gelegenheit gehabt, ihren Liebhaber zu sehen. Allerdings erzählt Emmy, Göring habe ein paar gefährliche Nachtfahrten im Wagen von Berlin nach Weimar unternommen; sie selbst sei manchmal mit dem letzten Zug nach Berlin gekommen und am folgenden Morgen wieder zurückgefahren.[13] Er bezog seine Räume im Justizministerium und ließ sich die Personalakten aller höheren Beamten vorlegen, um sie gemeinsam mit Rudolf Diels zu prüfen, der hier als Beamter tätig war und sich in der politischen Vergangenheit seiner Kollegen auskannte wie ein wandelndes Lexikon. Göring war entschlossen, jeden, der im Verdacht stand, ein Gegner der Nazis zu sein, aus der Polizei und der Justizbehörde zu entlassen. Diels war von jeher ein entschiedener Gegner der Kommunisten gewesen, aber jetzt stellte er sich gegen alle politischen Kräfte links der Mitte und trug die Namen aller linksorientierten Beamten in eine schwarze Liste ein, die er Göring vorlegte. Er tat auch etwas zur Unterhaltung seines neuen Chefs, indem er ihm die Dossiers der politischen Polizei zeigte, die sehr peinliche Details über das Privatleben gewisser nationalsozialistischer Parteigenossen enthielten. Hier gab es zum Beispiel einen genauen Bericht über ein Gerichtsverfahren, das der Presse irgendwie entgangen war und in dessen Verlauf eine deutsche Baronin ausgesagt hatte, wie sie Joachim Ribbentrop, ein jetzt prominentes Parteimitglied, adoptiert hatte, damit er seinem Namen das aristokratische »von« hinzufügen könne. In dem Prozeß verklagte sie ihn auf die Zahlung der Geldsumme, die er ihr für den Fall zugesagt hatte, daß er eine »entsprechende« Heirat mache. Die Baronin vertrat die Auffassung, die Zahlung sei fällig geworden, als Ribbentrop die Tochter des millionenschweren Sektfabrikanten Henkell heiratete. Ein ausführlicher Bericht befaßte sich mit Ernst Röhms Beziehungen zu jungen Männern, Alfred Rosenbergs Freundschaft mit einer Jüdin (was besonders pikant war, weil Rosenberg in der Partei der Apostel des Antisemitismus war) und mit dem Verdacht, Adolf Hitler habe, als er sich um die deutsche Staatsbürgerschaft bewarb (er war Österreicher von Geburt) einen Meineid geschworen. Schließlich ging aus diesen Papieren hervor, daß der Wirtschaftsexperte der Partei, Gauleiter Gottfried Feder, geschäftliche Beziehungen zu jüdischen Geldverleihern unterhalten hatte.

Göring las diese Dossiers mit sichtlichem Vergnügen und erzählte später Emmy Sonnemann davon. Was er ihr jedoch verschwieg, war die Tatsache, daß es auch eine Personalakte über ihn gab, in der die Einzelheiten über seine Morphiumsucht und seinen Aufenthalt in der schwedischen Irrenanstalt aufgezeichnet waren. Er schluckte diese peinlichen Enthüllungen, ohne sich etwas anmerken zu lassen, bekam jedoch einen Wutanfall, als er zum Schluß lesen mußte: »Er zeigt gewisse Anzeichen des unterdrückten Homosexuellen, kleidet sich gern auffallend und verwendet Kosmetika. Es gibt aber keine Beweise dafür, daß seine enge Freundschaft mit Paul (Pilli) Körner nicht normal wäre.« Der Verdacht, er könne die gleichen sexuellen Neigungen haben wie Ernst Röhm – dessen Vorliebe für das gleiche Geschlecht er duldete, aber nicht billigte –, ärgerte ihn so sehr, daß er das Aktenstück zerriß und auf den Fußboden warf.

Am 17. Februar 1933 hatte er genug Informationen gesammelt, um mit der großen Säuberung der Polizei in Berlin, in Preußen und im Justizministerium zu beginnen. Ganz unerwartet erhielten zahlreiche Abteilungschefs und Polizeipräsidenten kurze Schreiben, in denen ihnen ihre Entlassung mitgeteilt wurde. Bei Beamten, denen eine Pension zustand, war dem Schreiben eine kurze Notiz beigefügt, in der es hieß, sie sollten das anliegende Formblatt ausfüllen und eine gerichtliche Entscheidung abwarten. Beamte in höheren Stellungen wurden von Göring persönlich entlassen. Zu ihnen gehörte auch ein junger Mann namens Dr. Robert Kempner. Kempner, ein hochbegabter Jurist, leitete das Büro des Generalstaatsanwalts und war dafür verantwortlich, daß mehrere Angehörige der SA und SS, die sich an politischen Demonstrationen beteiligt hatten, verurteilt worden waren. In Kempners Personalakte entdeckte Göring einen Vorschlag des jungen Staatsanwalts für die Verhaftung Hitlers wegen Hochverrats mit der Begründung, Hitler habe zu einem bestimmten Zeitpunkt gemeinsam mit Ernst Röhm einen bewaffneten Aufstand geplant.

Göring machte Kempner scharfe Vorhaltungen, weil er es gewagt habe, daran zu denken, gegen den »Führer« vorzugehen, und sagte ihm, er sei fristlos entlassen.

»Sie haben Glück, daß ich Sie nicht einsperren lasse«, schrie Göring. »Machen Sie, daß Sie fortkommen. Ich will Sie nicht mehr sehen!«[14]

Doch es gab ein Wiedersehen, wie wir im Folgenden berichten werden.

Nachdem er den Augiasstall gereinigt hatte (wie Goebbels die Entlassungen nannte), konnte Göring seine Leute in die Schlüsselstellungen bringen. Sein Freund Pilli Körner wurde Staatssekretär im Justizministerium. Rudolf Diels wurde zum Chef der politischen Polizei befördert, Graf Wolf Heinrich von Helldorf wurde Polizeipräsident. In seinen eigenen Stab nahm Göring als seine rechte Hand Dr. Erich Gritzbach, der später seine Biographie schrieb. Auch Martin Sommerfeld, sein Pressechef, verfaßte eine Göring-Biographie. Die intelligente und tüchtige Greta von Kornatzki übernahm den Posten der Sekretärin Görings.

Für die im Dienst verbleibenden Polizei- und Zivilbeamten (und hier muß erwähnt werden, daß die große Mehrheit der Angehörigen des Justizministeriums durchaus bereit war, auch unter dem neuen Chef im Amt zu bleiben) gab er eine neue Dienstanweisung heraus. Darin wies er die Polizei an, in Zukunft alles zu vermeiden, was als feindliche Einstellung gegenüber nationalsozialistischen und nationalen Verbänden gedeutet werden könnte. Die Polizei habe diese Organisationen »mit Verständnis« zu behandeln. Aber er sagte deutlich, daß er damit nur die nationalsozialistischen und nationalistischen Organisationen meinte und nichts, was links von ihnen stand.

Am 22. Februar unternahm er einen weiteren Schritt mit dem Ziel, die Polizei zu einem gefügigen Instrument in seiner Hand zu machen, indem er Angehörige der SA und SS als Hilfspolizisten einstellte. Sie trugen die Parteiuniform mit weißer Armbinde zur Kennzeichnung als Hilfspolizisten, und sehr bald — wenn auch nicht gleich — sollten sie zu einem Machtfaktor im Lande werden.

Als Kommandeur des Richthofen-Geschwaders hatte Göring nicht nur bewiesen, daß er ein guter Organisator war, sondern er hatte auch jedem seiner Untergebenen deutlich gezeigt, wer die Befehlsgewalt innehatte. In seiner neuen Stellung bewies er bald, daß er weder sein Organisationstalent noch seine diktatorischen Neigungen verloren hatte.

»Ich gab die schärfsten Anweisungen, ich forderte rücksichtslosen Einsatz der ganzen Person in der Niederringung staatsfeindlicher Elemente. In einer meiner ersten großen Versammlungen in Dortmund erklärte ich, daß in Zukunft in Preußen nur einer die Verantwortung allein zu tragen habe, und das sei ich. Wer im Dienst seine Pflicht tut, wer meine Anordnungen befolgt, wer aufs schärfste gegen Staatsfeinde vorgeht, wer rücksichtslos, wenn er angegriffen wird, von der Waffe Gebrauch macht, der kann meines Schutzes sicher sein. Wer hingegen sich feige vor der Auseinandersetzung drückt, wer nichts gesehen haben will, wer jetzt zögernd von seinen Machtmitteln Gebrauch macht, der müßte damit rechnen, von mir raschestens hinausgeworfen zu werden. Ich erklärte damals vor Tausenden von Volksgenossen, jede Kugel, die jetzt aus dem Laufe einer Polizeipistole geht, ist meine Kugel. Wenn man das Mord nennt, dann habe ich gemordet.«[15]

Eine Bedingung, die Reichspräsident von Hindenburg an Hitler gestellt hatte, als er ihn zum Reichskanzler ernannte, und auf die dieser nur ungern eingegangen war, besagte, daß er im Falle von Meinungsverschiedenheiten im Kabinett sofort Neuwahlen ausschreiben lassen solle. Einige von Hitlers Beratern hatten damals die Auffassung vertreten, damit würde die Handlungsfreiheit des nationalsozialistischen Führers zu sehr eingeschränkt und er möge deshalb diese Bedingung ablehnen. Jetzt verstanden sie, weshalb Göring diese Forderung sogar begrüßt hatte. Der Zeitpunkt war gekommen, zu beweisen, weshalb er recht hatte. Da die Polizei und die braune Hilfspolizei seinem Befehl unterstanden, war Göring Herr der Straße, und keine kommunistische Truppe würde (wie einige Nazis fürchteten) einen Aufstand wagen. Die Zukunft Deutschlands würde an der Wahlurne entschieden werden, und die Wahllokale wurden von der Polizei kontrolliert.

Daher wartete Hitler nicht erst auf eine Kabinettskrise, um Neuwahlen auszuschreiben. Er provozierte die Krise und erklärte dann, das deutsche Volk werde am 5. März 1933 wählen. Sogar Goebbels, der diesem Gedanken zunächst skeptisch gegenübergestanden hatte, war begeistert. Hitler hatte ihn zum Reichspropagandaminister gemacht, und so, wie Göring über die Polizei verfügte, hatte Goebbels die Propagandainstrumente der Presse, des Rundfunks und der »Volksaufklärung« in der Hand.

Diesmal, so meinte er, werde es leicht sein, den Wahlkampf zu führen, zumal es ihnen nicht an Geld fehle. Goebbels bezog sich dabei auf die deutschen Großindustriellen, die sich nach den Rückschlägen von 1932 zurückgezogen hatten, jetzt aber, nach Hitlers Ernennung zum Reichskanzler, sich begeistert hinter die Nationalsozialisten stellten und sie mit großen Geldbeträgen unterstützten. Am 20. Februar lud Göring im Amtssitz des Reichstagspräsidenten eine Gruppe von Industriellen zu einer Sitzung ein, an der unter anderem Krupp von Bohlen und Halbach, Dr. Bosch und Georg von Schnitzler als Vorstandsmitglieder der IG-Farben und Dr. Albert Vögler von den Vereinigten Stahlwerken teilnahmen. Dr. Hjalmar Schacht empfing die Gäste. Hitler hielt eine kurze Ansprache, in der er versprach, nach den Wahlen, wenn er die uneingeschränkte Macht in Händen halte, die Marxisten auf der Straße und in den Fabriken auszuschalten und der Armee ihren alten Status wiederzugeben (was für die Industrie an der Ruhr große Rüstungsaufträge bedeutete). Danach forderte Göring seine Gäste auf, »finanzielle Opfer zu bringen«, und wies darauf hin, daß dies die entscheidenden Wahlen seien, die auch mit großen Geldsummen finanziert werden müßten. Wenn die Nationalsozialisten gewännen, brauche es in den nächsten zehn, ja vielleicht hundert Jahren keine Wahlen mehr zu geben. Dann ließ er, wie Schacht später erzählte, »den Hut herumgehen« und sammelte drei Millionen Mark ein.[16]

Der Wahlkampf war schon in vollem Gange, als Göring seiner neugegliederten Polizei den ersten großen politischen Auftrag gab. Er ordnete an, am 24. Februar das Karl-Liebknecht-Haus, die Zentrale der Kommunistischen Partei in Berlin, zu durchsuchen. Noch am gleichen Abend gab er bekannt, man habe hier belastende Dokumente dafür gefunden, daß die Kommunisten eine Revolution geplant hätten. Einzelheiten wurden der Öffentlichkeit jedoch nicht mitgeteilt. Aber den Kabinettsmitgliedern, von denen einige skeptisch waren, übergab er eine Denkschrift mit den Details der kommunistischen Pläne, und später wurden diese Angaben in einer offiziellen Verlautbarung der preußischen Regierung zusammengefaßt.

In dieser Verlautbarung hieß es: »Der Brand des Reichstags (sollte) das Fanal zum blutigen Aufruhr und zum Bürgerkrieg sein. Schon für Dienstag früh 4 Uhr waren in Berlin große Plünderungen angesetzt. Es steht fest, daß mit diesem heutigen Tage in ganz Deutschland die Terrorakte gegen einzelne Persönlichkeiten, gegen das Privateigentum, gegen Leib und Leben der friedlichen Bevölkerung beginnen und den allgemeinen Bürgerkrieg entfesseln sollten . . .«[17]

Es ist nicht ausgeschlossen, daß das Durchsuchungskommando Görings im Karl-Liebknecht-Haus tatsächlich belastendes Material gefunden hat, denn die meisten politischen Parteien in Deutschland verfügten damals nicht nur über Privatarmeen, sondern hatten auch Mobilmachungspläne für deren Verwendung im Ernstfall. Darin unterschieden sich die Kommunisten nicht von den Sozialdemokraten oder den Nationalsozialisten. Es ist jedoch zweifelhaft, ob die Dokumente einen unmittelbar bevorstehenden kommunistischen Aufstand tatsächlich »bewiesen« haben. Die Kommunistische Partei wußte sehr wohl, daß sich die Lage in Deutschland zugespitzt hatte und daß es darum ging, ob sie oder die Nazis an die Macht kommen würden, und sie wußten auch, daß sie unter Umständen bald um ihre Existenz würden kämpfen müssen. Doch vorher brauchten sie den Propagandaeffekt eines guten Wahlerfolges am 5. März.

Höchstwahrscheinlich hat Göring die Lage nicht als so kritisch und bedrohlich angesehen, wie er vorgab. Sonst hätte er wohl bestimmte Personen vorsorglich festnehmen lassen; er hätte Ernst Röhm beauftragt, seine Braunhemden in Alarmbereitschaft zu setzen und die wichtigsten Gebäude in Berlin streng bewachen lassen. Aber er ergriff keine dieser Maßnahmen. Später sagte er aus, er habe die Einzelheiten der roten Verschwörung der Öffentlichkeit bis nach dem Wahlsieg verschweigen wollen – die Nationalsozialisten waren sich jetzt ihres Erfolgs sicher –, um diese Fakten zur Rechtfertigung der Maßnahmen gegen die Kommunisten zu benutzen, die die Nationalsozialisten schon jetzt planten.

Er glaubte also offenbar nicht wirklich daran, daß die Kommunisten in Berlin jeden Augenblick losschlagen könnten. Nach der Erklärung der preußischen Regierung sollte als Signal für den blutigen Aufstand und den Bürgerkrieg Feuer an das Reichstagsgebäude gelegt werden. Warum wurde dieses Gebäude dann nicht sofort von Polizeikräften gesichert und von dem Augenblick an Tag und Nacht bewacht, in dem die rote »Verschwörung« entdeckt worden war? Am Abend des 27. Februar, sechs Tage vor den Wahlen, befanden sich dort nur ein Nachtportier, ein Postbeamter und ein Laternenanzünder. Vor dem Reichstagsgebäude hielt ein einziger Polizist Wache. Und in dieser Nacht legte irgend jemand Feuer im Reichstag, der vollständig ausbrannte.

12

Der Luftfahrtminister

Zu den Annehmlichkeiten seines Amtes als Reichstagspräsident gehörte die neben dem Reichstagsgebäude gelegene Residenz, in die Göring jetzt einziehen sollte. Aber ihm mißfielen die düstere Atmosphäre des Hauses und seine schweren Möbel, und deshalb hielt er hier nur offizielle Empfänge und Pressekonferenzen ab. Seine Wohnung am Kaiserdamm war ihm lieber. Emmy Sonnemann stellte nach ihrem ersten Besuch fest, daß sie geschmackvoll und in einem Stil eingerichtet war, der seiner Persönlichkeit entsprach, obwohl er sich eine so große Wohnung eigentlich nicht leisten konnte.

Als Chef der preußischen Polizei stand ihm ein Büro im preußischen Innenministerium Unter den Linden zu, aber er arbeitete lieber im Reichstagsgebäude. Dort hatte er sein Zimmer mit Familienbildern, wertvollen Möbeln und zwei guten Gobelins ausgestattet, die sein Vater ihm hinterlassen hatte und auf die er besonders stolz war.

In seinem Haushalt am Kaiserdamm beschäftigte er immer noch Cilly, die inzwischen kochen gelernt hatte, und ein Küchenmädchen. Seine Gesellschaften waren in ganz Berlin sehr bald bekannt dafür, daß er seinen Gästen gutes Essen und einen guten Tropfen vorsetzte und daß ein fröhlicher, ungezwungener Ton bei ihm herrschte.

Eine gewisse Baronin Holdorff, mit der Göring befreundet war, machte ihn darauf aufmerksam (Emmy Sonnemann wäre nie auf diesen Gedanken gekommen), daß ein Mann in seiner Stellung einen Diener haben müsse, und erklärte sich bereit, ihm einen geeigneten Mann zu vermitteln. Dieses Gespräch fand bei einem offiziellen Empfang statt, und mehr oder minder zufällig hörte der SA-Gruppenführer Karl Ernst diese Bemerkung. Karl Ernst war einer der wenigen Männer, die von Göring gehaßt, verachtet und gefürchtet wurden. Damit bewies Göring Menschenkenntnis. Ernst war nicht nur homosexuell, er war auf eine besonders gemeine Art pervers, ein Sadist und Unruhestifter. Er hatte eine besondere Vorliebe für Jungen, und je mehr sie sich sträubten, desto besser. Er veranlaßte seine Leute, die von ihnen festgenommenen Personen zu schlagen und zu foltern, besonders wenn es sich um politische Gegner handelte. Ganz offen sprach er sich gegen die Möglichkeit aus, daß die Nationalsozialisten mit Hilfe von Wahlen zur Macht kommen sollten, und erklärte, die einzig guten Roten und Juden seien die toten.

Ernst bestand auch darauf, seinem Minister eine Leibwache zu stellen. Diese Männer waren, wie Göring bald feststellte, mehr daran interessiert, ihm nachzuspionieren, als für seine persönliche Sicherheit zu sorgen. Es waren Rowdys der übelsten Sorte, und Göring hatte sich schon mehrfach bei Ernst über ihr Verhalten beschwert, vor allem darüber, daß sie jeden rücksichtslos zur Seite stießen, der es wagte, sich ihm oder Emmy zu nähern, wenn sie sich zusammen in der Öffentlichkeit zeigten. Ernst erwiderte, da die »gnädige Frau« mit dem Minister nicht verheiratet sei, wüßten die Leute vielleicht nicht, was sie ihm bedeute, und deshalb müsse man ihnen zeigen, daß sie unter seinem besonderen Schutz stehe.

Göring mußte solche Unverschämtheiten schlucken, denn er wußte, wenn er die Braunhemden als Hilfstruppe brauchen würde — und er brauchte sie wirklich —, dann war er auf Karl Ernst angewiesen, der in mehr als einer Hinsicht mit dem Stabschef der SA, Ernst Röhm, befreundet war. Was er jedoch nicht schlucken mußte, war das Angebot von Ernst, ihm einen seiner SA-Männer als Diener zur Verfügung zu stellen. Der Gedanke, daß einer dieser perversen Verbrechertypen zu seinem Haus, seinen Schränken und seinem Schlafzimmer Zugang haben sollte, war ihm unerträglich. Er lehnte das Angebot von Ernst ab und nahm das der Baronin Holdorff an. Sie inserierte in der ›Kreuzzeitung‹, einem Blatt, das besonders gern von ehemaligen Angehörigen des deutschen Heeres gelesen wurde. Aus den Bewerbern wählte sie den früheren Matrosen Robert Kropp als den geeignetsten aus und schickte ihn zum Kaiserdamm, wo er sich Göring vorstellen sollte. Hier mußte er zunächst ein paar Stunden warten, aber als er endlich in Görings Arbeitszimmer vorgelassen wurde, sah er seine Zeugnisse und die Unterlagen über seine Militärdienstzeit vor dem Minister auf dem Schreibtisch liegen.

»Sie scheinen der geeignete Mann zu sein«, sagte Göring. »Welches Gehalt haben Sie sich vorgestellt?«

Kropp, der schon bei einigen reichen Industriellen an der Ruhr angestellt gewesen war, bat um die damals übliche Summe von 140 Mark im Monat. »Ich werde Ihnen ein Anfangsgehalt von achtzig Mark geben, und wenn ich mit Ihnen zufrieden bin, bekommen Sie mehr«, sagte Göring. »Wenn nicht, dann trennen sich unsere Wege.«

Drei Monate später verdoppelte er Kropps Gehalt rückwirkend, und damit begann eine enge Beziehung zwischen dem Herrn und seinem Diener, die fast bis zu Görings Tod andauern sollte.

Am Abend des 27. Februar 1933 machte sich Robert Kropp in der Küche der Wohnung am Kaiserdamm gerade eine Tasse Pfefferminztee, als das Telefon läutete. Der Nachtportier im Palais des Reichstagspräsidenten, Aderman, war am Apparat. Er war sehr erregt und rief: »Sie müssen den Minister sofort benachrichtigen — der Reichstag brennt!«

Hermann Göring arbeitete an diesem Abend in seinem Büro im Innenministerium Unter den Linden. Dort rief Kropp ihn an. Göring war bereits von der Polizei verständigt worden und eben im Aufbruch. Er schien völlig überrascht und äußerte keinerlei Verdacht auf Sabotage. Auch Kropp glaubte, das Feuer sei zufällig ausgebrochen.

Aber später machte er sich doch Gedanken. Er kannte das Palais des

Reichstagspräsidenten gut, weil er fast immer dort war, wenn Görings Pflichten seine Anwesenheit notwendig machten. Er wußte, daß es einen Tunnel gab, der das Palais mit dem Reichstagsgebäude verband, denn er hatte ihn häufig zu Botengängen zwischen dem Reichstag und den im Palais arbeitenden Mitarbeitern Görings benutzt. Da er den SA-Chef Ernst ebensowenig ausstehen konnte wie sein Herr, war ihm aufgefallen, daß Ernst in den letzten Tagen allzu häufig und ohne stichhaltige Gründe im Palais gewesen war, gewöhnlich in Begleitung von zweien seiner widerwärtigen Gesellen.

Aber daran dachte er erst später. Zunächst alarmierte Kropp Cilly, sagte ihr, sie sollte am Telefon bleiben, zog den Mantel an und lief hinüber zum Reichstag. Als er näher kam, sah er bereits die Flammen aus der Kuppel schlagen. Görings Dienstwagen war schon dort, Göring selbst war im Gebäude. Kropp folgte ihm. Er wußte sofort, wo sein Herr hin wollte, und rannte in den Korridor, in dem das Büro des Präsidenten lag. Dort kam er in dem Augenblick an, als Göring vor den prasselnden Flammen und dem Rauch zurückwich. Er sah Kropp und rief: »Wir müssen die Gobelins retten!«

Aber dazu war es schon zu spät. Das Büro war vollkommen ausgebrannt, und alle Gemälde, Möbel und Wandteppiche waren vernichtet. Auch der Sitzungssaal war ausgebrannt. Die Feuerwehr tat das Menschenmögliche, um den Brandherd einzudämmen, aber trotz aller Bemühungen brannte das Haus bis auf die nackten Mauern aus.

Als Göring endlich in den Vorhof hinauskam, traf er auf Hitler, der inzwischen ebenfalls eingetroffen war. Er stolperte über die Feuerwehrschläuche, um den »Führer« zu begrüßen, und sein treuer Diener folgte ihm. Kropp war erstaunt, zu sehen, wie triumphierend, ja fast freudig Hitler Göring entgegenkam.

»Das ist ein Zeichen des Himmels!« schrie Hitler laut, um das Prasseln der Flammen zu übertönen.

Görings Gesicht war geschwärzt, und er hatte Tränen in den Augen. Ob das vom Rauch kam, oder ob er weinte, weil er seine Gobelins verloren hatte, konnte Kropp nicht sagen.

Hunderte von Büchern und Berichten sind über den Reichstagsbrand geschrieben worden, aber niemand hat beweisen können, daß es einen anderen Brandstifter gegeben hat als den, der schließlich dafür hingerichtet wurde: Marinus van der Lubbe. Die wahrscheinlich vollständigste Dokumentation hat das Institut für Zeitgeschichte in München zusammengestellt, aber trotz jahrelanger Prüfung aller Unterlagen und Zeugenaussagen hat sich außer dem Pyromanen, der am Tatort festgenommen wurde, niemand finden lassen, dem man die Schuld geben könnte. Noch bevor man das Feuer gelöscht hatte, wurde der vierundzwanzigjährige Holländer van der Lubbe in einem Hinterzimmer des Reichstaggebäudes festgenommen, sozusagen noch mit dem Streichholz in der Hand. In der Hitze hatte er den Oberkörper entblößt und seine Kleider, deren verkohlte Reste später gefunden wurden, im Sitzungssaal zurückgelassen. Bereitwillig gestand er, das Feuer gelegt zu haben. Aus seinen Personalakten ging hervor, daß er einer kommunistischen Gruppe angehörte, jedoch einer trotzkistischen, nicht einer stalinistischen. Er war ungewöhnlich geltungsbedürftig und hatte sogar einmal versucht, ohne vorheriges Training den Ärmelkanal zu durchschwimmen, es gab eine psychiatrische Krankengeschichte über ihn und seine pyromanische Veranlagung. Außerdem neigte er dazu, sich der verschiedensten Verbrechen zu bezichtigen, zu behaupten, an Streiks und Sabotageakten beteiligt gewesen zu sein, auch wenn er unschuldig war.

Aber niemand zweifelte daran, daß van der Lubbe die Wahrheit sagte, als er behauptete, der Brandstifter zu sein. Es fragte sich nur, ob er die Tat allein begangen hatte.

Heute findet man sich eher als damals damit ab, daß ein einzelner Mensch ein Verbrechen begehen kann, das so enorme politische Auswirkungen hat. Wir haben die Tatsache hinnehmen müssen, daß höchstwahrscheinlich nur ein Mann den Präsidenten John F. Kennedy ermordet hat. Wir wissen, daß Robert Kennedy von einem einzigen Menschen getötet worden ist, und wir wissen ebenso, daß Martin Luther King das Opfer nur eines Attentäters war. Es mag Mitverschwörer gegeben haben, aber die Attentäter haben ihre Morde allein begangen.

Doch in der Stimmung, die 1933 in Berlin herrschte, nahm jeder automatisch an, der Reichstagsbrand sei das Werk einer Verschwörung. Die Frage war nur, wer es getan hatte, die Kommunisten oder die Nazis.

Da man politisch kräftig Kapital daraus schlagen konnte, wenn die Kommunisten des Verbrechens überführt würden, warteten die Nationalsozialisten nicht erst auf das Ergebnis der offiziellen Untersuchung, sondern beschuldigten sofort ihre politischen Gegner. Nachdem er das Feuer für ein Zeichen des Himmels erklärt hatte, bezichtigte Hitler die Kommunisten der Brandstiftung und befahl Göring, mit der Verhaftung kommunistischer Führer zu beginnen. Die Liste war von Göring schon vorbereitet worden.

Später erklärte Göring, daß die Liste längst da gewesen sei. Dafür habe es nicht zu brennen brauchen. Diese Leute wären ohnehin festgenommen worden. Er habe ausreichende Gründe gehabt, um gegen die Kommunisten vorzugehen, und zwar wegen der Attentate, die sie verübt hätten, usw.

Aber weder er noch Hitler konnten sich damit abfinden, daß van der Lubbe aus eigenem Antrieb gehandelt hatte. Göring schwor, nichts von einer Beteiligung der Nationalsozialisten zu wissen und war überzeugt, daß auch Hitler nichts wisse. Warum sollte er also das Verbrechen nicht den Roten zur Last legen?

Andererseits nahmen die Gegner der Nazis sofort an, der Reichstag sei von den Anhängern Hitlers in Brand gesteckt worden, um die Tat den

Kommunisten in die Schuhe schieben und gegen sie vorgehen zu können. Bereits am 20. Februar 1933, vier Tage vor der Durchsuchung der kommunistischen Parteibüros, das heißt vier Tage bevor die »Polizei schriftliche Beweise« für einen Umsturzversuch der Roten vorlegte, schrieb Graf Kessler in sein Tagebuch: »Wieland Herzfelde bat, mich dringend zu sprechen, und erzählte mir, daß nach unbezweifelbaren Informationen die Nazis ein gestelltes Attentat auf Hitler planten, das das Signal zu einem allgemeinen Blutbad geben solle. Seine Informationen stammten von der Dortmunder SA und aus einem abgehörten Gespräch zwischen Hitler selbst und Röhm.« Und am 27. Februar, dem Tag des Reichstagsbrands, schrieb er: »Ein historischer Tag ersten Ranges. Das geplante Attentat hat heute stattgefunden, aber nicht auf Hitler, sondern auf das Reichstagsgebäude . . .« 28. Februar: »Göring hat sofort die ganze Kommunistische Partei des Verbrechens für schuldig und die SPD für mindestens verdächtig erklärt . . .«[1]

Kessler war nicht der einzige, der den Verdacht äußerte, Göring selbst sei der Anstifter. Ausländische Korrespondenten wiesen sehr bald darauf hin, daß Göring das Palais des Reichstagspräsidenten bewohne, das durch einen Tunnel mit dem Reichstagsgebäude verbunden sei. Sie schrieben phantasievolle Berichte darüber, wie er die Verschwörer mit dem Brennmaterial durch den Tunnel in den Reichstag geführt habe. Die Brandstifter seien dann auf dem gleichen Wege zurückgekommen und hätten van der Lubbe mit der Brandfackel in der Hand zurückgelassen. Göring reagierte zynisch und empört auf diese Anschuldigungen.

»Diese Anklage, daß ich den Reichstag angezündet hätte, kam von einer gewissen Auslandspresse. Das konnte mich nicht weiter berühren, weil es nicht den Tatsachen entsprach.« Ob diese Leute wohl glauben, er habe, in eine rote Toga gehüllt und die Leier schlagend zugesehen, wie der Reichstag abbrannte? – »Es hatte keinen Sinn und Zweck für mich, den Reichstag anzuzünden. Ich bedaure an sich von der künstlerischen Seite durchaus nicht, daß das Plenum verbrannt ist; ich hoffte ein besseres aufzubauen. Ich bedauerte aber außerordentlich, daß ich gezwungen war, einen neuen Reichstagssitzungssaal dafür herzugeben. Die Oper erschien mir erheblich wichtiger als der Reichstag.«[2]

Man behauptet, er habe den Reichstag in Brand gesteckt, um die Kommunisten beschuldigen und dann verhaften zu können. Er könne nur sagen, daß diese Vorstellung lächerlich sei. »Wir hatten die Listen der Kommunisten, die verhaftet werden sollten, vorher bereits zum großen Teil festgelegt. Es war völlig unabhängig vom Brand im Deutschen Reichstag.«[3]

Sein Leben lang hat er bestritten, daß er etwas mit dem Reichstagsbrand zu tun gehabt habe. Wie Robert Kropp vermutete auch Göring, daß der verhaßte Karl Ernst vielleicht darin verwickelt war, »weil er uns Schwierigkeiten machen wollte«. Aber es ist zweifelhaft, ob Göring Näheres gewußt hat. Im Beteuern seiner Unschuld ist er aber immer fest geblieben.

Trotzdem entsprach es seinem Charakter, wenn er sagte: »Wenn ich den Reichstag angezündet hätte, so würde ich das voraussichtlich nur im allerengsten Vertrauenskreis, wenn überhaupt, bekanntgegeben haben.«[4]
Emmy Sonnemann hat nie an seiner Unschuld gezweifelt. Am Abend des Brandes rief Göring sie in Weimar an. Er war sehr aufgeregt, aber ihr fiel es schwer, die Bedeutung des Ereignisses zu verstehen. ». . . ob er denn schon wisse, wie es zu dem Brand gekommen sei. ›Nein‹, sagte er ziemlich verzweifelt, ›wir wissen alle noch gar nichts, vermuten aber Sabotage.‹ – Dann war es wieder still in der Leitung. – ›Woran denkst du?‹ fragte ich. ›Ach, an etwas ganz Persönliches: an meine Sachen‹, antwortete er. ›Die Familienbilder! Warum habe ich ausgerechnet die kostbaren Dinge dorthin gebracht, die mir so lieb sind!‹«
»Diese wahrhaft unsinnigen Gerüchte werden noch heute, obwohl sämtliche gerichtlichen Untersuchungen damals wie nach dem Krieg erhärtet haben, daß Sabotage durch die Kommunisten vorgelegen hat, immer aufs neue böswilligerweise genährt. All diesem feindseligen Quatsch möchte ich nur ein Argument entgegensetzen: ich kannte Hermann . . . Außerdem aber wußte ich, wie sehr er an den kostbaren Stücken hing, die beim Brand vernichtet wurden. Ich glaube, auf alles andere hätte er eher verzichtet, als gerade auf diese ganz persönlichen Gegenstände. Gewiß ist dies weiter nichts als das naiv und primitiv anmutende Argument einer Frau. Es sind jedenfalls keine Argumente und Indizien, die der Jurist ernst nimmt . . . Ich kann niemanden zwingen, sich von meinem Glauben überzeugen zu lassen.«[5]
In seinem Eifer, den Brand den Kommunisten anzuhängen, und auf die dringenden Vorstellungen Hitlers befahl Göring der politischen Polizei, Schuldige zu finden. Rudolf Diels spürte vier Männer auf. Drei von ihnen waren bulgarische Kommunisten, die mit ihren Genossen in Berlin zusammenarbeiteten; Georgi Dimitroff, Blagoi Popoff und Wassil Taneff. Sie wurden sofort verhaftet. Der vierte war Ernst Torgler, der Führer der Deutschen Kommunistischen Partei, der sich der Polizei stellte, als er hörte, daß man nach ihm fahndete. Die Gerichtsverhandlung wurde auf den folgenden September festgesetzt, und Göring wollte bei dieser Gelegenheit das Ansehen der Kommunistischen Partei in Deutschland endgültig zunichte machen.
Das war eine der größten Fehlkalkulationen in seiner politischen Laufbahn. Zweifellos haben die Nationalsozialisten unmittelbar nach dem Reichstagsbrand das Ereignis propagandistisch sehr geschickt ausgeschlachtet. Am Tage nach dem Brand, als die Trümmer noch rauchten, veranlaßte Hitler den Reichspräsidenten von Hindenburg, einen Erlaß zu unterzeichnen, mit dem sieben Artikel der Verfassung außer Kraft gesetzt wurden, die persönliche und bürgerliche Freiheiten garantierten. Die Verordnung richtete sich gegen »kommunistische Gewaltakte, die den Staat gefährden«.

Der Erlaß enthielt: Einschränkungen der persönlichen Freiheit, des Rechts der freien Meinungsäußerung und der Pressefreiheit; die Beschränkung des Versammlungs- und Vereinsrechts; die Zensur der Briefe und Telegramme, das Recht zum Abhören von Telefongesprächen, die Abschaffung gesetzlicher Einschränkungen hinsichtlich der Verhängung von Hausarrest, Beschlagnahmen und Durchsuchungen.

Jetzt begann die große Zeit jener SA- und SS-Männer, die als Hilfspolizisten ausgebildet waren. Obwohl Göring nur einen Befehl unterschrieben hatte, demzufolge Kommunisten verhaftet werden sollten, wurden auch liberale und linksorientierte Personen von der Polizei verhört, eingeschüchtert und geschlagen. Alle Versammlungen wurden verboten; Versammlungen zu veranstalten war verboten, und jeder Versuch dazu wurde brutal unterdrückt. Viele führende Kommunisten und Sozialisten brachten sich über die Grenze nach Österreich und der Tschechoslowakei in Sicherheit.

Als Folge der Verstöße gegen seine Befehle kam es sehr bald zu einer Konfrontation zwischen Göring und dem von ihm so gehaßten Berliner SA-Chef Karl Ernst. Aber zunächst war Göring zu sehr damit beschäftigt, die ungünstige Lage der Kommunisten propagandistisch auszunutzen, um die Wahlen zu gewinnen.

Aus jedem Lautsprecher in Deutschland hörte man jetzt nationalsozialistische Propagandatiraden und Anschuldigungen gegen die Roten. Am 5. März 1933 endlich ging das deutsche Volk an die Wahlurnen. Der Erfolg der Nazis war nicht so groß, wie sie erwartet und ihre Gegner gefürchtet hatten. Zwar konnten sie 17 277 180 Stimmen auf sich vereinigen; das war eine Zunahme von 5,5 Millionen gegenüber den letzten Wahlen. Aber es waren nur rund 44 Prozent der Wählerstimmen, und das bedeutete, daß mehr Deutsche gegen sie als für sie gestimmt hatten.

Die Zahl der für die Zentrumspartei abgegebenen Stimmen erhöhte sich von 4 230 600 auf 4 424 900. Die Sozialisten verloren nur 70 000 Stimmen und erreichten eine Gesamtstimmenzahl von 7 181 629. Bedenkt man, was in den vergangenen zwei Wochen alles gegen sie gesagt und unternommen worden war — hinzu kam auch noch die Verhaftung ihres Führers Ernst Torgler —, dann konnten die Kommunisten mit 4 848 058 Stimmen einen überraschenden Erfolg verbuchen. Gegenüber der letzten Wahl hatten sie nur eine Million Stimmen verloren.

Die Nazis konnten sich damit trösten, daß die Deutschnationalen unter der Führung von Alfred Hugenberg 3 136 760 Stimmen erhalten hatten. Wenn man die für die Nationalsozialisten abgegebenen Stimmen hinzurechnete, dann hatte die Mehrheit der deutschen Wähler sich für die Rechte entschieden. Mit den 53 Sitzen der Deutschnationalen und den 288 der Nationalsozialisten würde Hitler im neuen Reichstag über eine Mehrheit von 16 Sitzen verfügen. Aber das genügte weder ihm noch Göring.

Was ihnen vorschwebte, war nicht eine schwache parlamentarische Mehrheit, sondern die uneingeschränkte Macht im Lande. Diese konnten sie nur gewinnen, wenn sie den Reichstag völlig entmachteten. Das sollte legal geschehen, und es gab auch einen legalen Weg dorthin. Sie konnten dem Hause ein Ermächtigungsgesetz vorlegen, das, wenn es durchkam, Hitler in die Lage versetzte, den Reichstag auf unbestimmte Zeit zu entlassen. Aber ein Ermächtigungsgesetz konnte nur mit einer Zweidrittelmehrheit durchgebracht werden, und die Rechte hatte nur 16 Sitze mehr als alle anderen Parteien zusammen.

Wie würde man das Problem lösen können? Göring hatte dafür den rettenden Einfall.

Er wies darauf hin, daß der Erlaß, den Reichspräsident von Hindenburg am Morgen nach dem Reichstagsbrand auf Veranlassung Hitlers unterschrieben hatte, Görings Polizei bevollmächtigte, nicht nur gewöhnliche Staatsbürger, sondern auch Reichstagsabgeordnete zu verhaften, deren Immunität dann automatisch aufgehoben wurde.

»Die Antwort ist einfach«, sagte Göring. »Wir werden alle kommunistischen Abgeordneten und so viele Sozialdemokraten festnehmen, daß die übrigen abgeschreckt werden. Dann werden wir über das Ermächtigungsgesetz abstimmen lassen.«

Das geschah am 23. März 1933. Noch wenige Wochen zuvor hatten sich in der Krolloper begeisterte Menschen versammelt, um Richard Tauber in seiner Glanzrolle in »Land des Lächelns« zu hören und ihm zuzujubeln. Jetzt kamen die eingeschüchterten Abgeordneten der Sozialdemokratischen und der Zentrums-Partei hier zusammen, um gemeinsam mit den Nazis über das Ermächtigungsgesetz abzustimmen, das mit 441 gegen 84 Stimmen angenommen wurde. Die Demokratie in Deutschland war tot. Adolf Hitler und die Nationalsozialisten hatten die Macht auf »legalem« Wege übernommen.

Hermann Göring eilte nach Hause, um Emmy Sonnemann telefonisch von dem Ergebnis der Abstimmung zu unterrichten. Dann las er einen Bericht seines Freundes Pilli Körner, der jetzt Staatssekretär im Innenministerium war, und entnahm daraus, daß jetzt der Zusammenstoß mit dem widerwärtigen braunen SA-Gruppenführer Karl Ernst, den er immer wieder vermieden hatte, kommen mußte.

Es hatte zwar sein Gutes, dank diktatorischer Vollmacht die Polizei und die braunen Henkersknechte auf die Straße schicken zu können, um politische Parteien zu zerschlagen; man konnte die Immunität der Parlamentarier aufheben und seine politischen Gegner massenweise festnehmen lassen; was aber sollte man nun mit den politischen Häftlingen tun?

Die Antwort auf diese Frage bestand in der Einrichtung von Konzentrationslagern, die, wie Göring immer behauptet hat, nach dem Muster jener Lager entstanden, in denen die Briten während des Burenkriegs kriegsgefangene oder verhaftete Afrikaner eingesperrt hatten. Göring wollte eine

»Umerziehung« der Inhaftierten in den Lagern erreichen. »So entstanden die Konzentrationslager, in die wir zunächst Tausende von Funktionären der Kommunistischen und Sozialdemokratischen Partei einliefern mußten ... Gewiß waren diese Menschen nicht alle Staatsfeinde ... Um so mehr galt es, diese Seelen aus der Verirrung zu retten, sie zurückzuholen in die deutsche Volksgemeinschaft.«[6]

Während der Säuberungsaktionen im März 1933 unterstellte Göring die Lager Rudolf Diels, dem Chef der politischen Polizei. Über die Vorgänge in den Konzentrationslagern wurde Göring von Pilli Körner unterrichtet. In seinen Berichten an Göring wies Körner darauf hin, daß zu den politischen Häftlingen, die jetzt von der SA in die Lager gebracht würden, nicht nur Tausende von Kommunisten und Sozialisten, sondern auch zahlreiche Mitglieder der katholischen Zentrumspartei, Zivilbeamte und viele andere gehörten, mit denen die höheren SA-Führer oder ihre örtlichen Untergebenen eine Rechnung zu begleichen hätten. Außerdem höre man gerüchteweise, daß die SA neben den von Göring genehmigten auch eigene Lager eingerichtet habe und daß die an geheimgehaltenen Orten festgehaltenen Personen ungewöhnlich brutal behandelt würden. Körner berichtete, eines dieser Lager sei dem SA-Gruppenführer Karl Ernst persönlich unterstellt, und er habe dort eine Art Zirkus eingerichtet, wo er die Insassen in Furcht und Schrecken versetze, wenn er mit dem Ochsenziemer in der Hand umherstolziere. Es gäbe dort Gefangene jeden Alters – »und Sie wissen, was das bedeutet«, schrieb Körner. »Kleine Jungen!« sagte Göring, als Emmy ihn danach fragte.

Emmy wurde jetzt mit den harten Tatsachen des Lebens im neuen Deutschland konfrontiert; sie mußte erkennen, daß sich jenseits des Rampenlichts von Weimar schreckliche Dinge ereigneten. Bald wußte sie so viel über die Konzentrationslager, daß sie Göring um Hilfe für bestimmte Häftlinge bat, deren Verwandte ihre Beziehungen zu dem Minister kannten. Ein Ministerialdirektor namens Hermann, der im Justizministerium in Kassel gearbeitet hatte, war eines Abends, nachdem er sich in einer Weinstube kritisch über die Nazis geäußert hatte, in ein Konzentrationslager eingeliefert worden. Sie beschwor Göring, den Mann zu finden und seine Entlassung durchzusetzen. Er tat es und war peinlich berührt, als er feststellen mußte, daß man dem Beamten einen Arm und den Kiefer gebrochen hatte. Bald war es für Emmy nichts Besonderes mehr, Telefonanrufe und Briefe zu erhalten, in denen sie gebeten wurde, sich für verhaftete Verwandte einzusetzen.

Eines Tages schickte Pilli Körner Göring einen Bericht darüber, daß der Kommunistenführer Ernst Thälmann, der schon einige Zeit im Lager saß, mit ausdrücklicher Zustimmung von Karl Ernst brutal gefoltert würde. Göring ließ Thälmann zu sich in sein Büro kommen. Dieser wurde in aller Eile gewaschen, in saubere Kleider gesteckt und in das Ministerium gebracht.

Im Reichstag war Göring stets darauf bedacht gewesen, gute persönliche Beziehungen zu seinen politischen Gegnern zu unterhalten. Er reichte Thälmann die Hand und entschuldigte sich für die schlechte Behandlung, die er hatte erdulden müssen, fügte jedoch hinzu: »Mein lieber Thälmann, wenn Sie zur Macht gekommen wären, wäre ich wahrscheinlich nicht geschlagen worden. Sie hätten mir augenblicklich den Kopf abschlagen lassen.«[7]

Er versprach, jeden streng bestrafen zu lassen, der es wagen sollte, ihn künftig zu mißhandeln. Wenn Thälmann jedoch gehofft hatte, entlassen zu werden, dann hatte er sich geirrt, denn Göring ließ ihn in das Konzentrationslager zurückbringen. Fälle von – wie er sich ausgedrückt hatte – unnötiger Brutalität waren ihm peinlich, aber später gab er offen zu: »Wo gehobelt wird, da fallen Späne.«[8]

Doch die illegalen Lager, die die SA eingerichtet hatte, ärgerten ihn, denn sie untergruben seine Autorität. Er machte Karl Ernst dafür verantwortlich, weil die schlimmsten Lager ebenso wie das von Ernst geleitete seinen engsten homosexuellen Freunden unterstanden. Zu ihnen gehörten Gauleiter Karpfenstein von Pommern, der bei Stettin ein Lager eingerichtet hatte, und Obergruppenführer Heines, der in einem Lager bei Breslau mit besonders sadistischen Methoden gegen die Insassen vorging.

Er ließ Ernst zu sich ins Büro kommen, um eine Entscheidung zu erzwingen. Soviel konnte Körner später aussagen. Was die beiden jedoch unter vier Augen besprochen haben, wird man nie erfahren. Man weiß nur, daß Ernst nach kurzer Zeit triumphierend aus der Tür kam, während Göring, der ihm folgte, eigenartig bedrückt schien und murmelte: »Das wird diesem Scheusal eines Tages den Kopf kosten!«

Augenscheinlich war es Ernst gelungen, Göring irgendwie zum Schweigen zu bringen. Aber schließlich ging Göring direkt zu Ernst Röhm, und die Lager wurden aufgelöst. Als er jedoch seinen Beauftragten befahl, ein viertes, bei Osnabrück ohne seine Erlaubnis eingerichtetes Lager zu schließen, stieß er nicht auf den Widerstand von Ernst und der SA, sondern von Himmler und der SS. Die SS-Wachen hatten Görings Polizisten nicht nur den Eintritt in das Lager verwehrt, sondern das Feuer auf sie eröffnet, als sie versuchten, mit Gewalt einzudringen. Die Polizeibeamten mußten sich schleunigst zurückziehen. Das war ein so schwerwiegender Zwischenfall, daß Göring seine Beschwerden diesmal Hitler selbst vortrug und die Schließung des Lagers durchsetzte. Himmler und Röhm erhielten die Anweisung, gegenüber den Insassen der offiziellen Lager in Zukunft »unnötige« Brutalität zu vermeiden. Himmler erinnerte Hitler oder Göring nicht daran, daß ihm bereits ein weiteres Lager in Dachau unterstand, zu dem niemand ohne seine Billigung Zutritt hatte. Er und Röhm erklärten sich auf Görings Drängen einverstanden, die Insassen »umzuerziehen«, um sie später als »gute Deutsche« in die »Freiheit« des neuen Deutschland zu entlassen.

Himmler verstand es besser als Röhm, seine Verachtung für das zu verbergen, was die ss- und sa-Führer Görings »Zimperlichkeit« nannten. Röhm machte sich ganz offen darüber lustig, daß Göring verlangte, die Häftlinge sollten anständig behandelt werden, und empört war, wenn er von den Folterungen erfuhr und diese Fälle untersuchen ließ. Himmler dachte über diese »Schwäche« zwar ebenso verächtlich, äußerte sich aber aus ganz bestimmten Gründen nicht dazu.

Man kann kaum daran zweifeln, daß es Göring sehr unangenehm war, für diesen Terror, die Folterungen und die Leiden die Verantwortung übernehmen zu müssen. »Meiner Veranlagung nach bin ich Jäger«, sagte er einmal. »Ich habe keine schlechten Träume, wenn ich getötet habe, aber ich würde nie einen Menschen quälen, nur um ihn zu quälen. Wenn ich im Kriege einen Gegner abgeschossen hatte, dann ehrte ich ihn, wenn er am Leben geblieben war, als besiegten Feind, und wenn er verwundet war, sorgte ich für ihn. Ich hatte ihn daran gehindert, weiter gegen mich zu kämpfen, aber im übrigen behandelte ich ihn gut. Ebenso möchte ich auch meine politischen Gegner behandeln. Weshalb soll ich sie quälen? Warum bereitet das diesen Ungeheuern ein solches Vergnügen? Wenn es sein muß, kann man einen Menschen erschießen. Aber wenn man ihn foltert, dann ist es so, als verweigere man einem angeschossenen Stück Wild den Fangschuß.«

Als Adolf Hiter seine erste Koalitionsregierung bildete, übertrug er Hermann Göring unter anderem das Amt eines Beauftragten für die Luftfahrt, das er auch beibehielt, als die Nazis die ganze Macht übernommen hatten. Außerhalb Deutschlands nahm niemand die Sache ernst, weil man wußte, daß die Deutschen nach dem Versailler Vertrag keine Luftwaffe haben durften. Die Alliierten glaubten, man habe dem alten Kampfflieger das Amt übertragen, um seiner Eitelkeit zu schmeicheln, und nahmen an, Göring werde kaum Zeit haben, sich viel um die Passagier- und Postflüge der Lufthansa oder um die Tätigkeit der kleinen Segelfliegerschulen zu kümmern, denn das waren die »Luftstreitkräfte«, die Deutschland nach dem Vertrag unterhalten durfte.

Aber Hermann Göring hatte jenen schwarzen Tag nicht vergessen, an dem er seinem Geschwader befohlen hatte, die Flugzeuge in Aschaffenburg durch Bruchlandung zu zerstören, und seither war es sein Ehrgeiz gewesen, diese Schande auszulöschen und eine neue deutsche Luftwaffe aufzubauen. Seit 1929 war er im Reichstag dafür eingetreten, die Lufthansa mit staatlichen Mitteln zu unterstützen. Ihm war klar, daß man bei der zivilen Luftfahrt die Piloten ausbilden konnte, die eines Tages wieder die Jagd- und Bombenflugzeuge der deutschen Streitkräfte fliegen würden. Und er hatte dafür gekämpft, die Flugzeugindustrie zu fördern, damit sie im geeigneten Augenblick ihre Produktion auf Militärflugzeuge umstellen könnte.

Er war entschlossen, als Luftfahrtminister nach dem Muster der »Schwarzen Reichswehr« zu verfahren, mit dem die deutsche Heeresleitung über die vom Versailler Vertrag zugestandenen 100 000 Mann hinaus weitere Soldaten ausbildete. Sein Ziel war eine »schwarze Luftwaffe«, die über Deutschland fliegen sollte, sobald der Versailler Vertrag seine Gültigkeit verloren hatte. Kaum waren die Nazis an der Macht, da unternahm er schon alle notwendigen Schritte, um dieses Vorhaben zu verwirklichen.

Noch während die Koalitionsregierung an der Macht war, berief er den alten Adjutanten des Richthofengeschwaders, Karl Bodenschatz, zum Dienst in die neue Luftwaffe. Bodenschatz hatte nach dem Ersten Weltkrieg in der Reichswehr gedient und war zum Oberst befördert worden. Göring ließ ihn zu sich in die Wohnung am Kaiserdamm kommen und zeigte ihm stolz ein Gemälde, das die alte Jagdstaffel 27 darstellte, ein Geschenk von Claus Bergen. Dann führte er seinen Gast durch die Zimmer und zeigte ihm seine Kunstschätze; drei Gemälde von Lucas Cranach, die er von der Stadt Dresden zum Geschenk erhalten hatte, eine Statue der Madonna als Geschenk von Mussolini, und das große Porträt von Karin. Doch dann kam Göring zur Sache.

»Bodenschatz, das, was wir so oft miteinander besprochen haben, soll jetzt Wirklichkeit werden«, sagte er. »Ich bin Beauftragter für die Luftfahrt, aber in Wirklichkeit der erste deutsche Luftfahrtminister nach dem Krieg. Was ich versprochen habe, als wir uns neunzehnhundertachtzehn in Aschaffenburg trennten, werde ich halten. Wir werden wieder eine deutsche Luftwaffe haben. Zunächst werden es noch keine Militärflieger sein, denn der Versailler Vertrag ist noch in Kraft. Aber wenn der Führer seine politischen Vorbereitungen beendet hat, um den Vertrag zu annullieren, müssen Sie bereit sein. Ich brauche die Mitarbeit eines zuverlässigen Freundes. Wollen Sie wieder mein Adjutant werden?« Karl Bodenschatz zögerte nicht. Er war Göring immer noch treu ergeben, und mochten sich auch die Persönlichkeit Görings oder sein Äußeres im Lauf der Zeit noch so sehr verändert haben – er sah in dem dicken Mann in der prächtigen Uniform stets den schneidigen, jungen blauäugigen Fliegeroffizier aus dem Ersten Weltkrieg.

Später sagte er: »Ich brauchte keinen Augenblick zu überlegen, um ja zu sagen, und ich erneuerte meine Beziehung zu ihm freudigen Herzens.«[9]

Viel schwieriger war es, Erhard Milch dazu zu bewegen, in Görings Stab mitzuarbeiten. Im Ersten Weltkrieg war er ein für seine Verwegenheit und Arroganz bekannter Offizier gewesen. Anfang der zwanziger Jahre hatte Milch die Leitung der Lufthansa übernommen und die Firma in mühevoller Arbeit und aufgrund seiner guten Beziehungen zu hohen Regierungsstellen zu einem der modernsten und fortschrittlichsten zivilen Luftfahrtunternehmen der Welt gemacht. Das war sein Werk, und er war stolz darauf. Hermann Göring hatte ihm bisher nicht besonders nahegestanden. Im Ersten Weltkrieg hatten sich ihre Wege nicht gekreuzt, und die fliegerischen Leistungen Görings hatten ihn nicht besonders beeindruckt. Für ihn war Göring nur irgendein Politiker, dem er finanzielle Zuwendungen machte, damit er die Interessen der Lufthansa im Reichstag vertrat. Jetzt fand er es schwierig, in die Dienste eines Mannes zu treten, den er vorher selbst bezahlt hatte.

Am 28. Januar 1933 trat Göring an Milch heran und machte ihm ein verlockendes Angebot. Er solle Staatssekretär im Luftfahrtministerium werden und dabei die Aufstellung der neuen schwarzen Luftwaffe überwachen. Aber Milch ließ sich nicht so leicht einfangen. Erst als Göring ihn zu Hitler mitnahm, gab er nach und nahm das Angebot an. Hitler sagte ihm: »Hören Sie zu; ich kenne Sie nicht gut, aber Sie sind ein Fachmann, und wir haben nur wenige Leute in der Partei, die soviel von der Fliegerei verstehen wie Sie. Deshalb ist unsere Wahl auf Sie gefallen. Sie müssen das Angebot annehmen. Das ist keine Frage der Parteizugehörigkeit, wie Sie vielleicht glauben. Hier geht es um Deutschland, und Deutschland braucht Sie für diese Aufgabe.«

Dieser Appell hat ihn, wie Milch später berichtete, dazu bewogen, die Aufgabe zu übernehmen.

Läßt sich sein Zögern vielleicht damit erklären, daß die nationalsozialistische Partei antisemitisch und Erhard Milch Halbjude war? Hermann Göring wußte längst darüber Bescheid. Als die Ernennung von Milch in Erwägung gezogen wurde, war der geschickte Rudolf Diels eines Morgens mit der Personalakte von Milch in das Büro des Ministers gekommen und hatte ihn auf diesen Umstand aufmerksam gemacht. Die Mutter Erhard Milchs war arischer Abstammung, doch sein Vater, ein Apotheker aus Breslau, war Jude. Damit war auch sein Sohn nach Auffassung der Nationalsozialisten Jude und als solcher geächtet. Wenn man den Grundsätzen der Partei folgte, dann durfte Milch weder Staatssekretär bei Göring werden noch die Leitung der Deutschen Lufthansa behalten. Er durfte überhaupt keine öffentlichen Ämter bekleiden.

Aber Göring war anderer Ansicht. Man könnte fragen, was geschehen wäre, wenn Göring, den Hitler damals sehr schätzte und von dem er sich oft beraten ließ, dem »Führer« einfach erklärt hätte: »Was soll dieser ganze Unsinn mit den Juden, mein Führer? Ich habe mein Leben lang unter dem Einfluß von Juden gestanden, aber ich bin dennoch Ihr treuer Gefolgsmann. Mein Pate, den ich, bevor ich Sie kennenlernte, mehr bewundert habe als irgendeinen anderen Menschen, war Jude. Meine Lieblingsdichter in meiner Kindheit waren Juden. Ich schätze jüdische Musik, jüdische Theaterstücke, jüdische Maler und jüdische Schauspieler. Die Juden schätzen das Geld, aber auch ich kenne seinen Wert. Und sehen Sie sich jetzt den Milch an! Sie haben selbst gesagt, daß Deutschland ihn braucht. Sie haben ihm Ihre Anerkennung für das ausgesprochen, was er beim Aufbau der Deutschen Lufthansa geleistet hat. Er hat keinen Gewinn daraus geschlagen. Aber er ist Jude. Ändert sich deshalb irgend etwas?«

Doch Göring hatte nicht den Mut, so etwas zu sagen, und fürchtete wahrscheinlich, Hitler werde antworten: »Ja, damit ändert sich alles – und auch Ihre Stellung in der Partei.« Deshalb schwieg Hermann Göring. Statt dessen verfiel er auf einen schmutzigen Trick.

Die Mutter Erhard Milchs wurde nach Berlin bestellt. Man überredete sie, ihre eigene Ehre zu beschmutzen und ihren Mann zu demütigen, um ihrem Sohn zu helfen. Man sagte ihr, es dürfe unter keinen Umständen bekannt werden, daß Erhard Milch Halbjude sei, und deshalb müsse seine rein arische Abstimmung nachgewiesen werden. Schließlich erklärte sich Frau Milch bereit, vor einem Notar eine eidesstattliche Erklärung abzugeben, in der sie behauptete, während ihrer Ehe ein Verhältnis mit einem gewissen Baron Hermann von Bier gehabt zu haben, dessen Sohn Erhard sei. »Wenn wir ihm schon seinen richtigen Vater nehmen, dann müssen wir ihm als Ersatz wenigstens einen Aristokraten geben!« sagte Göring.

Die bisher gültige Geburtsurkunde wurde eingezogen, man fertigte eine neue an, auf der von Bier als Vater eingetragen war, und Erhard Milch war gerettet.[10] Danach gab es in Deutschland kaum jemanden, der verächtlicher über die Juden sprach und ihrer Verfolgung enthusiastischer zustimmte als er. Göring hatte nun einen erstklassigen Staatssekretär, wenn auch kaum einen erstklassigen Menschen, der für seine geheime Luftwaffe sorgen konnte. Bald gesellten sich noch andere Kriegskameraden dazu, um die neue Organisation zu stärken. Sein ältester Fliegerfreund, Bruno Loerzer, übernahm die Leitung des »Luftsportverbands«, einer geheimen Ausbildungsorganisation für deutsche Piloten. Ernst Udet, der unter Göring im Richthofengeschwader gedient hatte und nach dem Krieg ebenso wie er Kunstflieger gewesen war, erhielt den Posten eines Beraters im Luftfahrtministerium.

Am 30. Mai 1933 nahm Hermann Göring an einer großen Versammlung von Fliegern und Flugzeugfabrikanten teil, die nach Berlin gekommen waren, um das fünfundzwanzigjährige Bestehen des Deutschen Luftsportverbandes zu feiern. Er stellte den Herren seine neuen Mitarbeiter vor und ließ sie wissen, er habe ihnen im Namen Adolf Hitlers eine erfreuliche Mitteilung zu machen. Unter seinen Zuhörern befanden sich die meisten bekannten Flugzeugfabrikanten, deren skeptische Mienen die Enttäuschung ausdrückten, die sie bisher erlebt hatten. Sie hatten gehofft, mit der Machtergreifung durch die Nationalsozialisten würde auch ihre Industrie neuen Auftrieb bekommen.

Noch bei seiner Ankunft hatte Göring zu ihnen gesagt: »Es geht jetzt um die Gleichberechtigung Deutschlands in der Luft. Ich werde diesen Kampf mit der Leidenschaftlichkeit und Zähigkeit, die man uns alten Nationalsozialisten nachsagt, weiterführen, bis ich weiß, die Sicherung der deutschen Nation ist erreicht.«[11] Jetzt teilte er ihnen mit, die Regierung werde der Flugzeugindustrie hohe Kredite zur Verfügung stellen, um die Produktion der Junkers Ju 52, der Heinkel He 70, der Focke-Wulf FW-200 und des

Dornier Flugboots zu erhöhen. Er sagte, als Arbeitskräfte ständen sechs Millionen Arbeitslose zur Verfügung. So könnten neue Flugplätze, Fabriken, Flugzeuge und Maschinen gebaut werden. Die Ausbildung junger Piloten werde finanziert und die militärische Ausbildung von erfahrenen Unteroffizieren der Reichswehr übernommen werden. Auch wenn sie noch nicht die Fliegeruniform tragen dürften, müßten sie wie richtige Soldaten ausgebildet werden.

Seine Zuhörer überschütteten ihn mit Applaus, irgend jemand rief und alle stimmten ein: »Heil Dicker! Heil Dicker!«

Hermann Göring wurde rot und grinste zufrieden, als zwei kräftige Piloten ihn auf die Schultern hoben und mit ihm durch den Raum gingen. »Sehen Sie! Hermann Göring fliegt wieder!« rief Bruno Loerzer begeistert.[12]

13

Herausforderung vor Gericht

Emmy Sonnemann war von Natur unbekümmert und fröhlich; sie machte sich keine unnötigen Sorgen, aber in ihrem Zusammenleben mit Hermann Göring ist ihre Geduld gelegentlich auf eine harte Probe gestellt worden. So erhielt sie im Frühjahr 1933 einen Anruf von Hanns Johst, dem Direktor des Staatstheaters in Berlin, der sie fragte, ob sie Weimar verlassen und nach Berlin kommen wolle, um eine Hauptrolle in dem neuen Stück »Schlageter« zu übernehmen. Er schickte ihr den Text, und obwohl sie nicht viel vom literarischen Wert des Schauspiels hielt, erkannte sie, daß sich aus der weiblichen Hauptrolle etwas machen ließ. Sie war bisher noch nie in Berlin aufgetreten, und die Aussicht darauf, daß sich für sie jetzt der Traum einer jeden deutschen Schauspielerin erfüllen sollte, freute sie natürlich. Sie war überzeugt, sie habe das Angebot nur ihren guten schauspielerischen Leistungen zu verdanken, denn sie wußte, daß Joseph Goebbels in den Theatern des neuen Deutschland die Entscheidungen traf und daß zwischen ihm und Göring seit einiger Zeit Spannungen bestanden. Er hatte keine Veranlassung, der Geliebten Görings einen Gefallen zu tun. Um Jost einen Eindruck von ihrem Können zu vermitteln, lernte sie ihre Rolle aus dem ersten Akt und bat ihn dann, nach Weimar zu kommen, um sie ihm vorzusprechen. Er kam und sagte sofort, sie habe ihn überzeugt und sie sei die geeignete Darstellerin. Erst jetzt löste sie ihren Vertrag mit dem Theater in Weimar und teilte Göring die Neuigkeit telefonisch mit. Er freute sich mit ihr und lachte, als sie sagte: »Ich weiß nicht, worüber ich mich am meisten freue; darüber, daß ich in Berlin spielen darf oder daß ich dich jetzt täglich sehen kann!«

Als sie das Staatstheater zum erstenmal betrat, mußte sie feststellen, daß dieses und die Staatsoper die einzigen Theater in Berlin waen, die nicht der Aufsicht von Goebbels, sondern der von Hermann Göring unterstanden und daß das ganze Ensemble gegen sie voreingenommen war. Die anderen Schauspieler glaubten, sie habe die Rolle nur aufgrund ihrer guten Beziehungen zu Göring bekommen, und er habe sie hierhergebracht, um sie als Spionin gegen ihre Kollegen zu benutzen.[1]

Bisher hatte sie bei ihren Besuchen in Berlin immer ein Zimmer in Görings Wohnung am Kaiserdamm bewohnt und glaubte, er würde es ihr auch jetzt zur Verfügung stellen. Aber er bat sie, sich »vorläufig« nach einer eigenen Wohnung umzusehen. Diese Eröffnung bekümmerte sie, und sie bedauerte schon, Weimar verlassen zu haben. Sie glaubte, Hermann wolle sich von ihr lösen und sie mit einem Vertrag am Staatstheater entschädigen.

Doch sehr bald merkte sie, daß sie sich geirrt hatte. Göring war ein denkbar aufmerksamer Liebhaber, übernachtete oft in ihrer kleinen Wohnung und verbrachte jede freie Stunde mit ihr. Jetzt nahm sie an, Hermann habe sie nicht in die Wohnung am Kaiserdamm bringen wollen, weil er seit einiger Zeit Robert Kropp als Diener beschäftigte und ihn nicht schockieren wollte. Erst später erfuhr sie, daß Karins Sohn Thomas von Katzow in Berlin zu Besuch war und Göring es dem jungen Mann aus irgendeinem Grund verheimlichen wollte, daß eine andere Frau in sein Leben getreten war.

Zum erstenmal, seit sie ihn kennengelernt hatte, begann sich Emmy Sonnemann um Görings Gesundheitszustand Sorgen zu machen. Trotz seines forschen Auftreten bei der Jahresversammlung des Luftsportverbands war Göring überarbeitet und abgespannt. Er hatte keine Mühe gescheut, Hitler und die Nazis an die Macht zu bringen, und nachdem ihm dies gelungen war, schlug seine Stimmung um. Er war erschöpft und litt unter Zweifeln – er zweifelte daran, ob die Partei auf dem richtigen Wege sei, und er machte sich Gedanken über sein Privatleben.

Wenn Göring schlechter Stimmung war, dann mußte er essen, und wenn er aß, dann nahm er zu. Selbst wenn er von einem offiziellen Dinner, auf dem er viel gegessen und getrunken hatte, nach Hause gekommen war, überraschte ihn Robert Kropp manchmal mitten in der Nacht dabei, wie er sich in der Küche ein Hühnerbein oder einen Teller Wurst holte und ein Glas Bier dazu trank. Zuerst war es ihm peinlich, und er wurde rot, wenn sein Diener das bemerkte, aber als das Verhältnis der beiden Männer vertrauter wurde, machte er sich nichts mehr daraus, Kropp noch am späten Abend zu wecken und ihm zu sagen: »Kropp, bringen Sie mir Käse, Würstchen, Kuchen und Bier – und eine ordentliche Portion Schlagsahne! Ich habe den ganzen Abend nichts zu essen bekommen.«

Er setzte sich dann im viel zu eng gewordenen Nachthemd mit dem Heißhunger eines Schuljungen, der sich heimlich in die Speisekammer geschlichen hat, vor den gedeckten Tisch und stopfte alles in sich hinein, was Kropp ihm vorsetzte.[2]

So erreichte er bald ein Gewicht von 280 Pfund. Er konnte seine Anzüge nicht mehr zuknöpfen, die Kragen wurden ihm zu eng, und er schwitzte ständig. Das drückte auf seine Stimmung. Der Schneider mußte kommen, um seine zahlreichen Uniformen, Anzüge und bunten Westen auszulassen. Er war ein empfindsamer Mensch und litt unter seinen Schweißausbrüchen. Das erklärt auch, weshalb er sich mehrmals am Tage umzog und immer wieder in neuen Uniformen und Anzügen erschien. Heute würden die grellen Farben, in denen er sich kleidete, nicht besonders auffallen, aber im Berlin der dreißiger Jahre wirkte er wie ein Pfau im Hühnerstall. Jedem fiel es auf, wenn er auch nur das Hemd gewechselt hatte.

Als er ein Gewicht von 280 Pfund erreicht hatte, fand er, er müsse etwas dagegen unternehmen. Deshalb begann er eine Abmagerungskur, besuchte die Sauna, ging spazieren, ritt und nahm Schlankheitspillen. Mit äußerster

Anstrengung gelang es ihm manchmal, an einem Wochenende zehn Pfund abzunehmen. Aber die Kuren schwächten ihn, und wenn er während dieser Zeit Emmy besuchte, ließ er sich sofort in einen Sessel fallen, schlief ein und sah, wie sie später erzählte, aus wie »ein erschöpfter Bär« – aber wahrscheinlich eher wie ein gestrandeter Wal.

Im April 1933, gegen Ende einer seiner rigorosen Abmagerungskuren schickte Hitler ihn als Leiter einer diplomatischen Mission ins Ausland. In Begleitung von Vizekanzler Franz von Papen sollte er nach Rom reisen und die Ratgeber des Papstes im Vatikan davon überzeugen, daß die nationalsozialistische Regierung nicht so antikatholisch sei, wie es einige deutsche Kardinäle wahrhaben wollten. Hermann Göring war von diesem Auftrag wenig begeistert, vor allem wegen seiner körperlichen Verfassung. Er hatte zwar nichts gegen die katholische Kirche, hielt es aber auch nicht für notwendig, sie zu beschwichtigen. Den größten Teil der diplomatischen Verhandlungen überließ er Papen und drückte sich sogar vor einer Audienz beim Papst. Statt dessen verbrachten er und Erhard Milch, der ihn begleitete, die meiste Zeit in Rom in Gesellschaft des Befehlshabers der italienischen Luftstreitkräfte, Marschall Balbo, eines ehemaligen Jagdfliegers wie Göring, und des Duce. Die Nächte waren lang, und man amüsierte sich glänzend. Bei der Abreise war Göring allerdings völlig erschöpft.

Er wollte unbedingt zum Geburtstag Adolf Hitlers am 20. April wieder in Deutschland sein. Während Papen und die anderen Delegationsmitglieder die Bahn benutzten, bestiegen Göring und Milch eine Junkers 52, um über Mailand nach München zu fliegen. Als die Maschine in Mailand aufgetankt hatte und wieder startete, hatten sich schwere Wolken zusammengezogen und die Besatzung hielt es für notwendig, auf eine Höhe von mehr als 6000 Meter zu gehen, um die Gewitter zu überfliegen. Bald geriet die Maschine in Luftturbulenzen, und als Milch nach Göring sah, fand er ihn mit Schaum vor dem Mund und weit aufgerissenen starren Augen auf dem Rücken liegend.

Der Sauerstoff war verbraucht (»kein Wunder«, berichtete Milch später, »er hatte schon bei 500 Meter Höhe angefangen, Sauerstoff zu nehmen«), und die Besatzung hatte vergessen, für den Notfall eine Reserve mitzunehmen. Man lockerte ihm den Kragen und bespritzte ihn mit Wasser. Aber er blieb benommen, und seine Gesichtshaut verfärbte sich bläulich. Auch die Besatzung spürte jetzt die ungewohnte große Höhe und verlor die Orientierung. Milch befahl dem Funker, die Verbindung zum Flughafen Mailand herzustellen, aber nachdem das Flugzeug einen Funkspruch durchgegeben hatte, in dem Göring Balbo und Mussolini für ihre Gastfreundschaft dankte und der mit den Worten begann: »Beim Verlassen des italienischen Luftraumes . . .« hatte man in Mailand das Empfangsgerät abgeschaltet. Erst nach vier Stunden konnte die Besatzung die Funkverbindung aufnehmen und in München landen. Göring hatte sich wieder erholt, und als Milch bei der Geburtstagsfeier Hitlers von Görings Kollaps berichtete, winkte Göring ab, als sei es eine Kleinigkeit gewesen.[3] Aber nach diesem körperlichen Zusammenbruch spürte er plötzlich seine alten Narben wieder und begann stark zu hinken. Emmy Sonnemann gab ihm Tabletten, die sie selbst gegen ihre Ischias nahm, und er spürte eine gewisse Erleichterung. Die Schmerzen flauten ab, aber die Furcht, daß sie wiederkommen könnten, bedrängte ihn mit solcher Heftigkeit, daß er schmerzlindernde Mittel brauchte, um sie zu ertragen.

Bei dem Prozeß, der den fünf angeblichen Reichstagsbrandstiftern im September 1933 in Leipzig gemacht wurde, blamierte sich Hermann Göring gründlich, und er merkte es auch. Er sagte zu, als Belastungszeuge aufzutreten. Später gestand er Emmy, das sei ein schwerer Fehler gewesen. Das Schlimme an der Sache war, daß er sich trotz seiner nach außen zur Schau gestellten Gelassenheit tief verletzt fühlte, weil die Auslandspresse ihn verdächtigte, selbst an der Brandstiftung beteiligt gewesen zu sein. Nun glaubte er, das Gerichtsverfahren werde ihm die Gelegenheit geben, seine Unschuld zu beweisen. Das wäre ihm vielleicht nicht schwergefallen, wenn der unglückliche Marinus van der Lubbe der einzige Angeklagte gewesen wäre. Seine Schuld hätte sich ohne weiteres nachweisen lassen, denn selbst Leute, die keine Nationalsozialisten waren, mußten zugeben, daß er in flagranti ertappt worden war und bereitwillig gestanden hatte, das Feuer gelegt zu haben.

Aber die Anklage gegen die anderen vier Beschuldigten, Ernst Torgler und die drei Bulgaren Dimitroff, Taneff und Popoff, stand auf schwachen Füßen, und Göring wußte das. Um sie zu verurteilen, hätte man parteigebundene nationalsozialistische Richter benötigt, aber noch war das Reichsgericht eine unabhängige Institution. Im Kreuzverhör konnte Göring zu allem, was er aussagte, von den Verteidigern und den Angeklagten selbst befragt werden. Der Angeklagte Georgi Dimitroff war ein wortgewaltiger Mann und geschickter Anwalt. Als politischer Sprecher seiner Partei ergriff er nun die Gelegenheit, mit dem zweitwichtigsten Mann im nationalsozialistischen Deutschen Reich die Klingen zu kreuzen.

Heute ist man der Ansicht, daß Georgi Dimitroff kaum Gefahr lief, von den Nationalsozialisten hingerichtet oder eingesperrt zu werden, selbst wenn man ihn für schuldig befunden hätte, den Reichstagsbrand geplant zu haben. Wahrscheinlich wußte er das, denn die Anwälte, die ihn in der Untersuchungshaft besuchten, um seine Verteidigung vorzubereiten, müssen ihm gesagt haben, daß die sowjetische Regierung alles unternahm, um ihm zu helfen. Sie hatte sich bereit erklärt, zwei deutsche Spione gegen Dimitroff auszutauschen. Er war Kominternmitglied und nicht nur ein unbedeutender kommunistischer Ausländer. Als er verhaftet wurde, befand er sich im Auftrag Moskaus in Berlin. Die nationalsozialistische Regierung dachte trotz ihres rücksichtslosen Vorgehens gegen die deutschen Kommunisten nicht daran, die Beziehungen zu Moskau zu belasten, und es gab sogar zahlreiche Parteigenossen, die sich für engere Beziehungen zur Sowjetunion einsetzten. Damals hatte Hitler noch nicht die Absicht, wegen eines kommunistischen Bevollmächtigten den Bruch mit Moskau zu riskieren, vor allem, da er ebenso wie Göring wußte, daß der Angeklgte das Verbrechen nicht begangen hatte, dessen er beschuldigt wurde.

Georgi Dimitroff muß sich seiner Sache daher ziemlich sicher gewesen sein, als er hörte, wie Göring vereidigt wurde und mit seiner Aussage begann. Was er sagte, erschien zunächst ganz glaubwürdig und wurde mit Überzeugung vorgetragen. Er erklärte, wie man bei einer Durchsuchung des Karl-Liebknecht-Hauses »nicht zu widerlegende« Beweise dafür gefunden habe, daß die kommunistische Partei in Deutschland eine Revolution geplant und alle Vorbereitungen dafür getroffen habe. Weshalb, so fragte man ihn, sei er dann nicht sofort gegen die Kommunisten vorgegangen? Warum hatte er bis zur Zeit nach dem Reichstagsbrand gewartet und dann so überraschend eingegriffen?

Göring antwortete, er sei in der Lage eines Truppenbefehlshabers gewesen, der einen wohldurchdachten Feldzugsplan habe durchführen sollen und nun durch eine impulsive Aktion des Gegners plötzlich gezwungen worden sei, seine Taktik zu ändern.

Detailliert schilderte er seine eigenen Aktionen am Abend des Brandes und wies verächtlich die Möglichkeit zurück, er könne selbst in die Katastrophe verwickelt sein. Dann berichtete er, wie er und Hitler zu dem Schluß gekommen seien, daß allein die Kommunisten verantwortlich seien und man sofort etwas gegen sie unternehmen müsse.

»Ich wollte van der Lubbe sofort aufhängen lassen«, erklärte er im Gerichtssaal und blickte geringschätzig auf den Holländer, der mit stumpfem Gesichtsausdruck auf der Anklagebank vor sich hindämmerte und in mehr als einer Hinsicht von seinen Mitangeklagten isoliert war. Er habe es nur deshalb aufgeschoben, weil er geglaubt habe, sie hätten zwar einen Brandstifter, aber es müßten doch mehrere gewesen sein. Vielleicht würden sie ihn noch als Zeugen brauchen.

Plötzlich, als sei er sich der Tatsache bewußt geworden, daß sich die Schuld der »anderen« kaum würde beweisen lassen, sagte er herausfordernd, er habe intuitiv gewußt, daß die Kommunisten den Reichstag in Brand gesteckt hatten. Möge dieser Prozeß enden wie er wolle, er werde die Schuldigen finden und der gerechten Strafe zuführen.

Dimitroff verteidigte sich selbst, obwohl er nicht besonders gut Deutsch sprach. Jetzt stand er auf, um den Zeugen ins Kreuzverhör zu nehmen, und die achtzig ausländischen Journalisten auf der Pressebank beugten sich vor, denn sie erwarteten den Höhepunkt des Verfahrens.

Er fing ganz ruhig mit seiner Befragung an. Der Bulgare führte den Minister Schritt für Schritt durch die Ereignisse, die zu seiner und seiner

Genossen Verhaftung geführt hatten. Er verbuchte einen Punkt für sich, indem er Göring zwang, zuzugeben, er habe sich geirrt, als er behauptete, van der Lubbe habe eine Mitgliedskarte der kommunistischen Partei in der Tasche gehabt, denn selbst die Polizei hätte erklären müssen, daß dies nicht der Fall gewesen sei. Dann sagte er plötzlich: »Nachdem Sie als Ministerpräsident und Innenminister erklärt hatten, daß Kommunisten die Brandstifter seien, mußte da nicht diese Ihre Einstellung für die polizeiliche Untersuchung die bestimmte Richtung festlegen und die Möglichkeit ausschalten, andere Wege zu suchen und die richtigen Reichstagsbrandstifter ausfindig zu machen?«

»Nein!« rief Göring und wollte weitersprechen, aber Dimitroff unterbrach ihn: Was er denn getan habe, um von der Polizei feststellen zu lassen, wo sich van der Lubbe vorher aufgehalten habe, was er in Henningsdorf gemacht und welche zwei Bekannten er dort habe.[4]

Göring antwortete, er hätte nicht selbst jede Spur verfolgen können, sondern die laufenden Untersuchungen der Kriminalpolizei überlassen. Er fügte hinzu: »Ich hatte nur festzustellen: Ist das Verbrechen außerhalb der politischen Sphäre begangen worden oder ist es ein politisches Verbrechen. Für mich war es ein politisches Verbrechen, und ebenso war es meine Überzeugung, daß die Verbrecher in Ihrer Partei zu suchen sind. Ihre Partei ist eine Partei von Verbrechern, die man vernichten muß.«

Das war mehr, als die Angeklagten gehofft hatten. Nach diesem Wutanfall erkannte Dimitroff seine Chance. Jetzt mußte er das Feuer schüren, und deshalb stieß er nach: »Ist dem Herrn Ministerpräsident bekannt, daß diese Partei, die ›man vernichten muß‹, den sechsten Teil der Erde regiert, nämlich die Sowjetunion, daß die Sowjetunion diplomatische, politische und wirtschaftliche Beziehungen mit Deutschland unterhält und daß ihre wirtschaftlichen Bestellungen Hunderttausenden von deutschen Arbeitern zugute kommen?«

Der Gerichtspräsident beugte sich vor und sagte scharf: »Ich verbiete Ihnen, hier kommunistische Propaganda zu treiben.«

Dimitroff wandte sich dem Präsidenten zu. »Herr Göring betreibt hier nationalsozialistische Propaganda. Diese bolschewistische Weltanschauung ... hat hier, in Deutschland, Millionen Anhänger ... Ist das bekannt?«

Nun schrie Göring: »Ich will Ihnen sagen, was bekannt ist ... daß Sie sich hier unverschämt benehmen, daß Sie hierher gelaufen sind, um den Reichstag anzustecken ... Sie sind in meinen Augen ein Gauner, der direkt an den Galgen gehört.«

Dem Richter war dieser Aufall peinlich. Er wandte sich an Dimitroff und sagte: »Dimitroff, ich habe Ihnen bereits gesagt, daß Sie keine kommunistische Propaganda zu treiben haben. Sie dürfen sich nicht wundern, wenn der Herr Zeuge derartig aufbraust.«

Der Bulgare lächelte. Er sagte: »Ich bin sehr zufrieden, sehr zufrieden mit der Antwort des Herrn Ministerpräsidenten.« Der sanfte Ton brachte

Göring in Wut. Er war purpurrot im Gesicht und ballte die Fäuste.

»Hinaus mit Ihnen, Sie Schuft!« schrie er.

Der Präsident gab ein Zeichen und ließ Dimitroff abführen, doch bevor er den Zeugenstand verließ, konnte er sich eines letzten Wortes nicht enthalten.

»Sie haben wohl Angst vor meinen Fragen, Herr Ministerpräsident?« fragte er.

Göring erregte sich jetzt dermaßen, daß man fürchten mußte, der Schlag würde ihn treffen.

»Warten Sie nur, bis wir Sie außerhalb der Rechtsmacht dieses Gerichtshofes haben werden, Sie Schuft, Sie!« brüllte er.[5]

Es war ein beschämender Auftritt, und als er am gleichen Abend nach Berlin zurückfuhr, war Göring bedrückt und verärgert. Er hatte sich zu Wutausbrüchen verleiten lassen, und damit war die Propagandawirkung des Verfahrens verpufft. Es war ihm maßlos unangenehm, er verlor alles Interesse am weiteren Verlauf des Prozesses und äußerte kaum etwas, als van der Lubbe verurteilt und hingerichtet — alle anderen jedoch freigesprochen wurden.

Ernst Torgler wurde wieder in Schutzhaft genommen und kam in ein Konzentrationslager, das er nie wieder verlassen hat. Die drei Bulgaren wurden aus Deutschland ausgewiesen.[6]

Nach außen schien er die Angelegenheit mit dem gewohnten Gleichmut abzutun, aber Robert Kropp wußte, daß er sie noch keineswegs verwunden hatte. Nach Abschluß des Prozesses gab es manche mitternächtliche Freßorgie, und seine Anzüge und Uniformen mußten wieder weiter gemacht werden.

Nur in Hitlers Gegenwart zeigte Göring deutlich, wie verbittert er über den Ausgang der Gerichtsverhandlung war. Er drängte den »Führer«, er möge ihm erlauben, die deutsche Gerichtsbarkeit zu »reformieren«, um sicherzustellen, daß hohe Regierungsbeamte künftig von den Richtern mit Respekt behandelt würden und daß Angeklagte vor Gericht nie wieder solche Freiheiten zugestanden bekämen.

Hitler bat ihn, sich so lange zu gedulden, bis Reichspräsident von Hindenburg von der politischen Bühne abgetreten sei. Dann werde man darangehen, eine echte nationalsozialistische Gerichtsbarkeit zu schaffen.

Bis dahin betrachtete es Göring als eine seiner Hauptaufgaben, seine Stellung als rechte Hand des »Führers« zu festigen. Sein törichtes Betragen beim Prozeß um den Reichstagsbrand hatte nicht nur seinem Ansehen im Ausland und beim deutschen Volk geschadet, es hatte auch seinem stärksten Rivalen in der Partei, Ernst Röhm, Gelegenheit gegeben, bei Hitler mehr Einfluß zu gewinnen. Am 15. September 1933, sechs Tage vor Beginn des Gerichtsverfahrens, hatte Göring demonstriert, welche Sellung er in dem neuen nationalsozialistischen Staat einnahm, als er in Berlin hunderttausend Braunhemden und Angehörige der ss in einer Parade an sich vorbeimarschieren ließ.

Zwar hatten Ernst Röhm und Heinrich Himmler mit ihm auf der Tribüne gestanden, aber die Parade hatte ihm als dem preußischen Ministerpräsidenten gegolten, und er hatte anschließend eine aggressive Rede gehalten, in der er die Machtübernahme durch die Nationalsozialisten in Deutschland feierte. Außer vor Hitler selbst hatte ein solcher Vorbeimarsch bisher noch vor keinem anderen Nationalsozialisten stattgefunden.

Nach dem blamablen Auftritt vor Gericht war sein Prestige so weit erschüttert, daß Hitler zwar noch behauptete, ihn auch weiterhin hoch zu schätzen, Göring aber doch einsehen mußte, daß seine Stellung nicht mehr ganz sicher war. Am 1. Dezember erfuhr er von der Aufnahme Röhms in die oberste Parteispitze. Aber das war noch nicht alles. Am Neujahrstag 1934 wurde ein Brief Hitlers an den Stabschef der sa in der Presse veröffentlicht. Er endete mit den Worten: »Am Abschluß des Jahres der nationalsozialistischen Revolution drängt es mich daher, Dir, mein lieber Ernst Röhm, für die unvergänglichen Dienste zu danken, die Du der nationalsozialistischen Bewegung und dem deutschen Volke geleistet hast, und Dir zu versichern, wie sehr ich dem Schicksal dankbar bin, solche Männer wie Dich als meine Freunde und Kampfgenossen bezeichnen zu dürfen.

In herzlicher Freundschaft und dankbarer Würdigung

Dein Adolf Hitler«[7]

Die engen persönlichen Beziehungen zwischen Röhm und Adolf Hitler kamen besonders in dem vertraulichen »Du« zum Ausdruck, mit dem der »Führer« seinen Stabschef anredete. Göring gegenüber wäre das ausgeschlossen gewesen.

Alarmiert durch den Machtzuwachs seines verhaßten Rivalen, begann Göring jetzt neben allem anderen daran zu arbeiten, sein Prestige wieder zu festigen. Eine Zeit fieberhafter Tätigkeit folgte. Fast täglich konferierte er mit Erhard Milch und Karl Bodenschatz und machte neue Pläne für den weiteren Ausbau und die Entwicklung der neuaufgestellten schwarzen Luftwaffe. Er spürte, daß Adolf Hitler viel daran lag, jetzt, da er an der Macht war, das Ansehen seines Regimes zu heben, und daß er die peinlichen Berichte unterdrücken wollte, die in der ausländischen Presse über die antisemitischen und antidemokratischen Tendenzen des neuen Deutschland veröffentlicht wurden. Vor allem ging es um Gerüchte über die barbarische Behandlung der Häftlinge in den Konzentrationslagern.

Die Lager waren Göring unterstellt, aber er wußte, daß brutale Schläger wie Ernst und rücksichtslose, kaltblütige Bürokraten wie Himmler ihm allmählich die Fäden aus der Hand nahmen. Er war entschlossen, dem entgegenzutreten, denn diese Leute schädigten sein Ansehen im Ausland und setzten ihn in den Augen Hitlers herab. Bevor er die Befehlsgewalt über die Polizei, die Lager und die Gestapo Himmler übergab, wollte er die

Wirkung des Führerbriefs an Röhm dadurch schwächen, daß er öffentlich die Entlassung von fünftausend Häftlingen aus den Konzentrationslagern als »Neujahrsgeschenk« für das Jahr 1934 bekanntgab. Zugleich ließ er die Zeitungen im einzelnen darüber berichten, welche finanzielle Hilfe er und sein Ministerium den Angehörigen der Lagerinsassen bisher gewährt hatten.

Im Frühjahr 1934 übernahm Himmler die Konzentrationslager und die Gestapo, und Göring begann in aller Ruhe, seine Polizei und seinen privaten Nachrichtendienst zu organisieren, die sogenannte Landespolizeigruppe. Ihre Aufgabe war es, ihn persönlich zu informieren und zu schützen, denn er spürte, daß es in nächster Zeit unter den Gefolgsleuten Hitlers zu einem Machtkampf kommen mußte.

14

Ein Aderlaß

Bald entdeckte Hermann Göring eine neue Methode, sich zu entspannen und seine Gewichtszunahme zu bremsen. Wenn Hitler ihm die Zeit dazu ließ, nutzte er jeden freien Augenblick dazu aus, die ausgedehnten Waldgebiete zu durchstreifen, die sich von Berlin nach Norden und Nordosten in die Mark Brandenburg und bis an die polnische Grenze erstreckten. Hier verbrachte er seine Wochenenden auf der Jagd und mit den Plänen für ein Vorhaben, das ihm schon lange am Herzen lag.

Göring war schon seit seiner Kindheit gern auf die Jagd gegangen; Ritter von Epenstein hatte ihm in Veldenstein sein erstes Gewehr geschenkt und ihn gelehrt, Flugwild und Hasen zu schießen. Seither hatte er nur noch größerem Wild nachgestellt und verschmähte alles, was geringer war als ein Reh. Er war ein guter und schneller Schütze, ein waidgerechter und leidenschaftlicher Jäger.

Nach der Machtergreifung durch die Nazis war ihm ein Amt übertragen worden, das ihm nun besonders am Herzen lag. Mit dem Titel »Reichsjägermeister« wurde er 1934 zum höchsten deutschen Forstbeamten ernannt. Er nahm diese Pflichten sehr ernst.

Würde man Göring heute danach beurteilen, was er für Deutschlands Flora und Fauna getan hat, dann könnte man ihn einen bedeutenden Naturschützer nennen, der auf diesem Gebiet Beachtliches geleistet hat. Als Reichsjägermeister setzte er in der Schorfheide und in der Rominter Heide die verschiedensten Wildarten aus, die dort schon fast ausgestorben waren: aus Schweden und Kanada ließ er Elche, und aus Polen und Spanien Wildenten, Schwäne und Wisente kommen. 1934 verschärfte er die Jagdgesetze und führte die Jägerprüfung ein. Der Erwerb des Jagdscheins wurde erschwert, und die Jäger wurden verpflichtet, einen Hund mit sich zu führen, um angeschossenes Wild aufzuspüren und ihm den Fangschuß zu geben. Außerdem führte er Abschußpläne ein, nach denen von jeder Wildart nur eine bestimmte Stückzahl pro Revier erlegt werden durfte. Verstöße gegen diese Bestimmungen wurden streng bestraft. Das Jagen zu Pferde oder mit dem Auto, die Verwendung von Schlingen und Gift und das nächtliche Jagen mit Scheinwerfern wurden untersagt. Auch die Strafen für Wilddieberei wurden verschärft.[1] In den folgenden Jahren wurden die deutschen Seen und Wälder vorbildlich gepflegt. Göring ließ in seiner Eigenschaft als oberster Forstbeamter des Reiches Waldgürtel in der Umgebung der Großstädte anlegen, um hier Erholungsgebiete für die arbeitende Bevölkerung und Schutzgebiete für das Wild zu schaffen.

In seinem Büro hing eine Tafel mit der Aufschrift: »Wer Tiere quält, verletzt das deutsche Volksempfinden.« Es ist eine makabre Vorstellung, daß

Göring zu einer Zeit, in der er gewußt haben muß, daß bestimmte Mitglieder der nationalsozialistischen Regierung gegen deutsche Menschen unvorstellbare Greueltaten verübten, sich so sehr darum bemühte, den in Deutschland lebenden Tieren das Dasein so angenehm wie möglich zu machen.

Als preußischer Ministerpräsident, und gleichzeitig höchster Forstbeamter, hatte er das Recht, sich von der preußischen Regierung ein Gelände zur Verfügung stellen zu lassen, auf dem er sich innerhalb der ihm unterstehenden Forste ein Standquartier errichten konnte. Er wählte dazu die Schorfheide aus, ein ausgedehntes Gebiet mit Wäldern, Seen und Mooren, etwa zwei Autostunden nordostwärts von Berlin. In diesem Areal erklärte er ein Gelände von etwa hunderttausend preußischen Morgen zum Naturschutzgebiet. Das bedeutete, daß dort ein striktes Bauverbot galt. Genau hier, mitten im Wildreservat, ließ er seine Residenz errichten. Nur er, die unmittelbaren Anwohner und die von ihm geladenen Gäste durften hier jagen.

Von Anfang an sollte das Haus eine Erinnerungsstätte für seine verstorbene Frau Karin sein, und Göring hat in kein anderes Projekt so viel investiert wie in dieses.

Das Haus und seine Nebengebäude wurden am Ufer des kleinen Wuckersees gebaut, zwischen alten Eichen, Wacholder- und Ginsterbüschen. Es lag abseits aller großen Verkehrswege, und man fühlte sich hier wie am äußersten Ende der Welt. Mit Hilfe der Architekten Tuch und Hetzelt wurde das Hauptgebäude in zehn Monaten fertiggestellt, und Görings offizieller Biograph Erich Gritzbach behauptet, der Entwurf stamme ausschließlich von Göring selbst. Er schreibt: »Es ist die Erfüllung einer Sehnsucht, die Hermann Göring durch Jahrzehnte in seinem Innern getragen hat ... Nur weil er alle Schwierigkeiten jahrelang innerlich durchgearbeitet hatte, weil ihm Gestalt, Aussehen und Einrichtung dieses Hauses bis in jede Einzelheit plastisch vorschwebten, kurz, weil er alles im Kopfe hatte, wie der Volksmund sich ausdrückt, war es möglich, dieses Bauwerk in zehn Monaten erstehen zu lassen ... Als sein eigener Architekt hat Hermann Göring diese Leistung vollbracht ... Alles, den Bau selbst, die gärtnerischen Anlagen, die Möbel, die Stoffe, die Teppiche, die Beleuchtungskörper, die Beschläge, selbst die Türgriffe hat er erdacht und entworfen ...« Weiter heißt es: »Mit außergewöhnlichem Raumgefühl hat der Baumeister Göring dieses Haus in die Landschaft hineingestellt. Das vielleicht ist seine schönste Leistung. Wohin man sieht und aus welchem Fenster man schaut, immer fällt der Blick auf den See oder den Wald, und selbst wer im Innenhof steht, sieht mit Entzücken, wie die hohen stämmigen Kiefern den eingeschossigen und formschönen Bau mit ihren stolzen Wipfeln überragen. Das Haus mußte gewissermaßen gepflanzt werden. Hermann Göring kennt die Schorfheide. Er kennt den Frühling, den Sommer, den Herbst, den Winter, er kennt in seinem Walde jeden Wechsel der

Natur. Hierher zieht es ihn, hier in seiner geliebten schweigenden Schorfheide kann er im Abstand von der Hast und dem Getöse der Großstadt
schaffen und werken.«[2]

Dann beschreibt Gritzbach Karinhall mit all seinen großartigen Einzelheiten als eine Burg im Wald, würdig eines Feudalherrn, mit weitläufigem
Hof, umgeben von riedgedeckten Gebäuden, mit großzügig angelegtem
Garten und einem Wasserrosenteich. Irgendwo stand eine Reiterstatue, ein
nackter Jäger, der auf dem Rücken seines Pferdes den Bogen spannt. Das
Buch wurde allerdings erst 1937 geschrieben. 1934 war alles noch schlicht
und einfach. Erst als Göring reicher wurde, kam manches andere hinzu.

Die größten Ausgaben hatte er zunächst bei einem Projekt am gegenüberliegenden Seeufer. Dort baute er ein Mausoleum für Karin. Im Sommer
1933 war er zur Hochzeit einer Tochter des Grafen Rosen in Stockholm
gewesen. Bei dieser Gelegenheit hatte er einen Kranz an Karins Grab
niedergelegt. Die Schleife, die an diesem Kranz befestigt war, trug ein
Hakenkreuz, und schwedische Antinazis hatten sie fortgenommen und
einen Zettel hinterlassen, auf dem sie ihm vorwarfen, er benutze das Grab
seiner Frau dazu, Nazipropaganda zu machen. Empört über diese »Entwei-
hung« hatte er sich an eine Stockholmer Firma gewendet und einen großen Zinksarg bestellt, der ausreichen sollte, seine verstorbene Frau und
ihn aufzunehmen. Mit Zustimmung der Familie Fock bereitete er die
Überführung Karins nach Deutschland vor. Sie sollte in dem Mausoleum
am anderen Seeufer beigesetzt werden, das er von seinem Fenster aus
sehen konnte, bis auch er dort seine letzte Ruhe finden würde.

Am 10. Juni 1934 gab Göring seinen ersten Empfang in Karinhall und lud
dazu die Mitglieder des Diplomatischen Korps ein. Unter den Gästen
waren der neue britische Botschafter Sir Eric Phipps, der Botschafter der
Vereinigten Staaten Thomas Dodd und der italienische Botschafter mit seiner Frau, Signore und Signora Enrico Cerutti. Sir Eric Phipps, der die
Nazis damals noch nicht so sehr fürchtete wie in späteren Jahren, war der
Ansicht, Hermann Göring sei der Clown der nationalsozialistischen Revolution, und widmete seinen ersten ausführlichen Bericht an das Foreign
Office einer sarkastischen Schilderung von Görings Auftritt bei der Begrüßung seiner Gäste. Man hatte sich auf einer Waldlichtung versammelt;
Göring verspätete sich und kam in einem großen Sportwagen angebraust,
hielt mit quietschenden Reifen und stieg aus, »angetan mit einer wetterfe-
sten Fliegerkombination, hohen Stiefeln und einem langen Jagdmesser im
Gürtel«. Man sieht förmlich, wie sich die Lippen des vornehmen Sir Eric
kräuseln, während er Göring beschreibt, wie dieser mit dem Mikrofon in
der Hand seinen Gästen einen Vortrag über die Flora und Fauna Deutschlands hält und genau erklärt, was er unternommen hat, um sie zum Blü-
hen zu bringen. Er zeigte ihnen einige Exemplare der Tiergattungen, die er
in den Wäldern heimisch gemacht hatte, und führte sie schließlich an ein
Gatter, wo sie erleben sollten, wie ein aus der kanadischen Prärie stam-

mender Bisonbulle die ihm zugeführten Kühe deckte. Zum mindesten war das seine Absicht.

»Das unglückselige Tier kam zögernd aus seinem Verschlag«, bemerkte Sir Eric spitz, »und nachdem es die Kühe traurig beäugt hatte, versuchte es, sich wieder dorthin zurückzuziehen.«[3]

Nun verschwand der Gastgeber wieder in seinem Rennwagen und ließ die Gäste mit bereits wartenden Fahrzeugen durch den Wald nach Karinhall bringen, wo er sie am Eingang erwartete. Diesmal trug er weiße Leinenhosen und Tennisschuhe, ein weißes Flanellhemd und eine grüne Lederjacke. Und immer noch steckte das Jagdmesser im Gürtel.

Göring hatte hier zum erstenmal die Gelegenheit, ausländischen Gästen sein neues Haus zu zeigen, und er konnte seinen naiven Stolz als Hausbesitzer nicht verhehlen. Wenn man bedenkt, daß er sein Heim selbst entworfen hatte, hätte man ihm eigentlich nachsehen müssen, mit welcher Protzerei er die Versammlung durch die Zimmer führte. Aber Botschafter Dodd war wenig beeindruckt und fand seinen Gastgeber, der »an jeder Ecke seine Eitelkeit zur Schau stellte«, vulgär. Er konnte nicht verstehen, weshalb Göring während der ganzen Führung ein »seltsames harpunenartiges Instrument« in der Hand hielt.[4]

Schließlich versammelten sich die Gäste zum Empfang in der großen Halle und wurden hier Emmy Sonnemann vorgestellt. Hermann Göring bezeichnete sie zwar als seine Sekretärin, machte sich aber nicht die Mühe, zu verbergen, daß seine Beziehungen zu ihr besonderer Art waren, denn er legte immer wieder den Arm um ihre Taille und zog sie zärtlich an sich. Bei dem anschließenden Essen übernahm Emmy die Pflichten der Hausfrau. Danach wurden die Gäste über den See gefahren, um Karins Mausoleum zu besichtigen. Göring zeigte es ihnen mit dem gleichen Stolz und machte sie auf die dicken Mauern und das Gewölbe aufmerksam, in dem seine verstorbene Frau bald ruhen sollte, und »wenn die Zeit gekommen ist, werde ich hier neben ihr liegen«.

Signora Cerutti war begeistert, und als Göring außer Hörweite war, erklärte sie den anderen Gästen, er erscheine ihr als ein charmanter und großartiger Anachronismus. »In seiner Auffassung von fürstlichem Leben erinnert er mich an die Borgias«, sagte sie. Das war sicher nicht der passendste Vergleich. Dodd meinte unwirsch, es nehme ihn wunder, daß man Göring erlaubt habe, ein so umfangreiches und teures Projekt zu verwirklichen, während sich Deutschland in einer derart schwierigen wirtschaftlichen Lage befände. Am Ende seines Berichts schrieb Sir Eric Phipps, er habe sich »ermüdet von dieser seltsamen Schaustellung« aus dem Staube gemacht. Botschafter Dodd schloß sich ihm an.

Am 19. Juni 1934, wenige Tage nachdem Göring seinen Gästen das Mausoleum gezeigt hatte, wurden die sterblichen Überreste Karin Görings aus der Gruft des Friedhofs von Lovö bei Drottningholm in Schweden herausgenommen. Thomas von Kantzow, die Familie Fock, die Rosens,

Prinz und Prinzessin Victor zu Wied, der Reichswehrgeneral Wecke, Oberst Karl Bodenschatz, eine von der Mannschaft einer Torpedobootflotille bestehende Ehrenwache und zwei schwedische Nazis mit Hakenkreuzfahnen waren zugegen, als der Sarg auf einen Eisenbahnwaggon verladen wurde, um mit der Fähre über Saßnitz nach Deutschland gebracht zu werden. Die Kirchenglocken von Drottningholm läuteten, als der Zug vorüberfuhr, und in Deutschland waren alle Dörfer, die er passierte, mit Fahnen auf Halbmast geschmückt. Frauen und Kinder standen auf den Bahnhöfen Spalier, als der mit Kränzen und Blumen geschmückte Wagen vorbeifuhr.

Auch die schwedischen Verwandten und Thomas von Kantzow waren zu der Feier gekommen, ebenso Hitler und mit ihm die meisten Nazigrößen. Fanny Wilamowitz-Moellendorff schreibt in ihren Erinnerungen: »Als die Gäste fortgegangen waren und Karins Sarg in die Grabkammer getragen war, ordnete Hermann Göring selbst jeden Kranz, jeden Strauß, jede Blume. Dunkelblau und still stand der Himmel ohne Wolken, oben strahlten die Sterne. Der einsame Mann hatte sein Heiligstes nach Hause gebracht.« Der Tag hatte Görings Gefühle sicher stark strapaziert, aber menschlicher Trost hat ihm dabei nicht gefehlt. Nicht nur Emmy Sonnemann war an seiner Seite, sondern auch Thomas von Kantzow blieb bei ihm, um die bewegenden und melancholischen Erinnerungen mit seinem Stiefvater zu teilen.

Emmy Sonnemann ist als die dem praktischen Leben zugewandte Frau, die sie war, nie eifersüchtig auf die Leidenschaft gewesen, die ihr Geliebter für seine verstorbene erste Frau empfand. Ihr Verständnis und ihr Mitgefühl versöhnten damit Thomas, daß eine andere Frau in das Leben seines Stiefvaters getreten war. An dem Wochenende, das er gemeinsam mit Emmy und Thomas verbrachte, sind in Göring wahrscheinlich die Pläne für sein künftiges Privatleben gereift; und damals wurde sicher auch der Grundstein für die herzliche Freundschaft gelegt, die Emmy und den einsamen Thomas von Kantzow später verband.

Bisher hatten seine Parteigenossen immer fest damit gerechnet, Emmy werde nie mehr sein als Görings Mätresse. Aber die Tatsache, daß Thomas von Katzow die Frau seiner Wahl bewunderte und die mütterliche Haltung Emmys gegenüber dem unglücklichen jungen Mann vertrieben alle Zweifel, die Göring hinsichtlich einer dauernden Bindung an die weichherzige Schauspielerin gehabt haben mochte. Künftig zeigte er sich mit Emmy Sonnemann nicht nur in der Öffentlichkeit, sondern nahm sie auch zu Hitler mit. Es war einer der großen Augenblicke in seinem Leben, als der »Führer« ihm sagte, er sei mit seiner Wahl einverstanden.

Im Sommer 1934 erzählte Emmy Sonnemann ihren Freunden am Theater, daß sie leidenschaftlich in Hermann Göring verliebt sei. Sie bewunderte seine Großartigkeit, fand seinen gewaltigen Umfang anheimelnd (sie selbst war auch nicht gertenschlank), war von seiner Schlagfertigkeit entzückt, teilte seinen Geschmack in Musik und Kunst und war beeindruckt von seiner Offenheit.

Es verwirrte sie jedoch, als sie entdeckte, daß er, so unverblümt er auch anderen seine Meinung sagen mochte, in Hitlers Gegenwart zum Jasager wurde. Hier schien er jede Individualität, jeden Funken Kritik zu verlieren und stimmte seinem Führer in allem kriecherisch zu.

Später schrieb Emmy, daß auch ihre achtzehnjährige Nichte es bemerkte. Da sie viel mit ihr zusammen war, lernte sie nicht nur Hermann Göring, sondern auch Adolf Hitler privat kennen. Ihren »Onkel« Hermann mochte sie sehr gern und konnte es nicht vertragen, wenn er zu allem ja sagte, was Adolf Hitler äußerte, den sie nicht leiden konnte. Sie sagte: »Er stimmt ihm sogar zu, wenn er selbst ganz anderer Meinung ist, und doch ist Onkel Hermann die stärkere Persönlichkeit. Warum ist für ihn alles, was Hitler sagt, ein Evangelium?«

Diese Haltung war in Hitlers Umgebung nichts Außergewöhnliches. In seinen Erinnerungen schreibt Hitlers Chefarchitekt Albert Speer viel verächtlicher als Emmy über Görings servile Haltung dem »Führer« gegenüber, aber Speer hat Hitler damals auch nie widersprochen. Er wußte nur zu genau, daß ein Widerspruch ihn Hitlers Gunst kosten würde (und damit die Möglichkeit, seine Vorstellungen als Architekt zu verwirklichen).

Speer ärgerte sich darüber, daß Göring ihm befohlen hatte, alle anderen Arbeiten ruhen zu lassen (natürlich mit Ausnahme dessen, was er für Adolf Hitler zu tun hatte), um seine neue Residenz umzubauen. Das Gebäude, das Göring sich ausgesucht hatte, war vor 1914 für den preußischen Finanzminister gebaut worden und lag in einem Garten hinter dem Leipziger Platz.

Erst vor wenigen Monaten waren die Räume nach seinem Geschmack ganz neu eingerichtet worden, aber als Hitler sie gesehen hatte, sagte er: »Dunkel! Wie kann man nur so im Dunkeln wohnen! Vergleichen Sie damit die Arbeit meines Professors. Alles hell, klar und einfach!«

Speer fand bei einer Besichtigung »ein romantisch verwinkeltes Gehege von kleinen Räumen mit düsteren Glasfenstern und schweren Samttapeten vor, das mit klobigen Renaissancemöbeln ausgestattet war. Eine Art Kapelle stand im Zeichen des Hakenkreuzes, aber auch in den übrigen Räumen war das neue Symbol an Decken, Wänden und Fußböden angebracht. Es sah aus, als ob in dieser Wohnung ständig irgend etwas besonders Feierlich-Tragisches vorgehen würde.

Bezeichnend für das System wie wohl für alle autoritären Gesellschaftsformen war es, wie Kritik und Vorbild Hitlers Göring augenblicklich veränderten. Denn unverzüglich gab er seine soeben fertiggestellte Einrichtung preis, obwohl er sich in ihr wahrscheinlich wohler gefühlt hatte, da sie eher seinem Naturell entsprach.«[5]

Man sagte Speer, Geld spiele »wie immer bei Göring« keine Rolle. Er ließ im Erdgeschoß Zwischenwände herausreißen und teilte es in vier große Räume auf. Der größte war Görings Arbeitszimmer. Daran schloß sich ein Anbau in einer leichten Konstruktion von verglasten Bronzerahmen an. Man muß wissen, daß Bronze in Deutschland damals praktisch als Mangelmetall galt, und jeder, der sie verschwendete, machte sich strafbar. Aber Speer berichtet, Göring habe das nicht im mindesten gestört (auch Speer selbst scheint sich keine Gedanken darüber gemacht zu haben). »Er war begeistert«, schreibt Speer, »freute sich bei jedem Rundgang, strahlte wie ein Kind am Geburtstag, rieb sich die Hände und lachte.«⁶

Die Besprechungen über den Umbau zwischen Göring, Speer und einem der Direktoren der »Vereinigten Werkstätten«, Herrn Paepke, fanden meist im Palais des Reichstagspräsidenten gegenüber dem Leipziger Platz statt. Das Zimmer, in dem sie sich trafen, war in wilhelminischem Neu-Rokoko ausgestattet und mit Rosenornamenten im Flachrelief dekoriert. Weil ihm das nicht gefiel, war Göring seinerzeit nicht eingezogen. Speer bezeichnete das Dekor als »Inbegriff von Scheußlichkeit«. »Eines Tages«, berichtet er, »saßen wir mit Göring (in diesem Zimmer), als er anfing: ›Wie finden Sie diese Dekoration, Herr Direktor? Nicht schlecht, nicht wahr?‹ Anstatt zu sagen: ›Das ist scheußlich‹, wurde der alte Herr unsicher, wollte es mit einem hohen Auftraggeber und Kunden nicht verderben und gab eine ausweichende Antwort ... ›So sind sie alle‹, meinte Göring hinterher voller Verachtung, und in der Tat: so waren alle, das bezog sich nicht zuletzt auf Göring selbst, der sich nicht genug tun konnte, während der Mahlzeiten bei Hitler davon zu erzählen, wie seine Wohnung jetzt so hell und großzügig werden würde, ›genau wie die Ihre, mein Führer‹. Hätte Hitler Rosen an den Wänden seiner Räume ranken lassen, auch Göring hätte Rosen verlangt.«⁷

Nach dem Umbau fand sich Göring in einem riesigen neuen Arbeitszimmer wieder (es war fast so groß wie das von Hitler), hinter einem gewaltigen Schreibtisch auf einem hochlehnigen Stuhl, der aussah wie ein Fürstenthron. Auf dem Schreibtisch prunkten zwei silberne Leuchter mit großen Pergamentschirmen, deren Licht auf ein überlebensgroßes Foto von Hitler fiel. An der Wand gegenüber hing das Rubens-Gemälde »Diana auf der Hirschjagd«, das Göring vom Kaiser-Friedrich-Museum »ausgeliehen« hatte. Auf einen Knopfdruck hob sich das Bild und gab einen Filmprojektor frei.

Allmorgendlich war Görings erste Tätigkeit die Lektüre der aufgezeichneten Telefongespräche. Bevor die Gestapo in den Zuständigkeitsbereich Himmlers kam, hatte Rudolf Diels Göring einen besonderen Dienst erwiesen (Diels wurde dann als Polizeipräsident nach Köln versetzt). Er beschaffte Göring ein neues elektronisches Gerät, das er im Ausland besorgt hatte. Damit ließen sich Telefongespräche abhören, und Diels machte seinen Chef zu dessen eigener Sicherheit auf diese Möglichkeit aufmerksam, ehe er es an die Staatssicherheitsbehörde weitergab. Doch

Göring wollte das Gerät lieber selbst einsetzen und ließ sich von Hitler die Erlaubnis geben, seine Verwendung zu kontrollieren. Er stattete seine Landespolizeigruppe damit aus, und es wurde zum Hauptwerkzeug von Görings Geheimdienst. Der Dienst erhielt die harmlos klingende Bezeichnung »Forschungsamt«, und eines Tages war es soweit, daß sich 3000 Angestellte damit beschäftigten, Ferngespräche und den Funkverkehr abzuhören, chiffrierte Telegramme und Funksprüche zu entschlüsseln und alle Informationsquellen anzuzapfen, die man sich denken konnte. Dazu gehörten auch die diplomatischen Vertretungen fremder Staaten, Journalisten und Parteifunktionäre.

Zunächst beauftragte Göring das Forschungsamt, die Anschlüsse jener Personen zu überwachen, die auf einer mit Hilfe seines Staatssekretärs Pilli Körner erstellten Liste standen. Sie enthielt die Namen aller Kabinettsmitglieder mit Ausnahme von Hitler (Göring hätte nie gewagt, seinem Helden eine Wanze ins Telefon zu setzen), die höheren SA-Führer, vor allem Röhm, bestimmte Generäle der Reichswehr sowie eine Reihe von Botschaftern und Botschaften. Er befal dem Amt, ihm jeden Morgen eine Zusammenfassung des Inhalts aller Telfonate und den vollen Wortlaut eines jeden Gesprächs vorzulegen, in dem er namentlich erwähnt würde.

So schaffte er sich eine wichtige Informationsquelle und hatte gleichzeitig eine amüsante Unterhaltung. Mit besonderem Vergnügen verfolgte er die täglichen Anrufe, die Goebbels von den verschiedensten Filmsternchen erhielt, denn der Weg zum Filmruhm führte in Deutschland jetzt durch das Schlafzimmer des Propagandaministers. Er las die neuesten Witze, die sich die Offiziere des Heeres und die Parteigenossen über ihn erzählten. (Sein Lieblingswitz: Weshalb sind gestern abend Unter den Linden alle Autofahrer geblendet worden? – Weil Hermann Göring vergessen hatte, auf dem Heimweg vom Büro seine Orden abzudecken.) Er ließ sogar den Anschluß von Emmy Sonnemann überwachen und war verwirrt, als er feststellte, daß seine Geliebte die freundschaftlichen Beziehungen zu jüdischen Schauspielern und Schauspielerinnen, die schon längst das Staatstheater und das Theater in Weimar hatten verlassen müssen, nicht abgebrochen hatte.

Am sorgfältigsten wurden die Telefone des Reichswehrministers General Werner von Blomberg, des Stabschefs der SA Ernst Röhm und seines Stellvertreters in Berlin, des Gruppenführers Karl Ernst überwacht. Blomberg gab in seinen Gesprächen mit gewissen Reichswehroffizieren seiner zunehmenden Sorge wegen der ständig wachsenden Aggressivität der Braunhemden und seinen Bedenken wegen der Ambitionen des »perversen« Röhm unverhohlen Ausdruck, denn er verdächtigte ihn, SA und Reichswehr zu einer Streitmacht vereinigen und selbst den Oberbefehl übernehmen zu wollen. Aus den zahlreichen zwischen Röhm und Ernst geführten Gesprächen ging eindeutig hervor, daß tatsächlich solche Pläne bestanden und beide ständig daran arbeiteten. Was Göring jedoch veranlaßte, die Ohren zu spitzen, war die feindliche Haltung, die beide Männer ihm gegenüber zeigten. Wenn sie ihn namentlich erwähnten, sprachen sie nur von »diesem Schwein Göring« (Emmy wurde als »Görings Sau« bezeichnet). Noch häufiger titulierten sie ihn »Herr Reaktion« und beschworen enthusiastisch den Tag, an dem dieser Freund des Großkapitals aus dem Wege geräumt und die wahren Ziele der nationalsozialistischen Revolution erreicht sein würden. Mit besonderem Interesse hörte er die Aufnahme eines Gesprächs, in dem Ernst die Entlassung der Leibwache bedauerte, die er Göring zur Verfügung gestellt hatte, weil es mit diesen Leuten eine Kleinigkeit wäre, das Schwein zu erledigen, wenn die Zeit gekommen sei.[8]

Göring besprach diese Enthüllungen mit Himmler (er verriet ihm allerdings nicht, welches seine Quellen waren), da er mit Recht annahm, der Führer der ss sei ebenso ein Gegner Röhms wie er. Hinter Himmlers altjüngferlichem Gesicht und seinem zurückhaltend-zimperlichen Gehabe verbarg sich ein nicht zu bändigender Ehrgeiz, und Göring wußte, daß sich Himmlers ambitionierte Pläne nicht erfüllen konnten, solange Röhm und seine Braunhemden ihm im Wege standen. Die sa war bewaffnet, militärisch ausgebildet und bereit zu kämpfen; noch war sie der ss überlegen und stellte eine Bedrohung dar für jeden, der mit Röhms Zukunftsplänen in bezug auf Deutschland nicht einverstanden war. Es fragte sich jetzt, wie er und Himmler Hitler davon überzeugen könnten, daß Röhms ständig zunehmende Macht und Aggressivität für ihn gefährlich seien – ebenso wie für sie. Dazu war es notwendig, einen Akt anzulegen, dessen Inhalt ihn überzeugen mußte, was Himmler mit Hilfe der Gestapo für möglich hielt. Dennoch, so meinte er, werde es nicht leicht sein, Hitler zu überzeugen. Röhm galt als »alter Kämpfer« und war eng mit Hitler verbunden; er war einer der ganz wenigen Parteigenossen, mit denen er sich duzte. Man hatte erlebt, daß Hitler lächelte, wenn Röhm ihn in die Arme geschlossen und an sich gedrückt hatte, obwohl Hitler sonst in der Öffentlichkeit so zurückhaltend war, daß er es sogar vermied, in die Nähe von Eva Braun zu kommen oder ihr durch eine freundliche Geste seine Zuneigung zu zeigen. Obwohl er wußte, daß Röhm und viele seiner engsten Mitarbeiter homosexuell waren, tolerierte Hitler, der in erotischen Dingen eher prüde war, die Neigung seines sa-Stabschefs. Wie Göring und Himmler bald feststellten, war es nicht schwer, Beweismittel dafür zu beschaffen, daß Röhm eine Gefahr für die Sicherheit des Dritten Reichs bedeute. Röhm war dermaßen davon überzeugt, die Dinge seien dabei, sich nach seinen Wünschen zu entwickeln, daß er seine Gedanken und Pläne gar nicht zu verbergen suchte. Im Februar 1934 war er töricht genug, auf einer Kabinettsitzung vorzuschlagen, man solle die sa, die ss und die Reichswehr zu einer Gesamtstreitmacht vereinigen und ihn zum Kriegsminister ernennen. Der Vorschlag wurde abgelehnt, aber als das Offizierskorps davon erfuhr, wurde General von Blomberg mit Protesten überschüttet. Die Aussicht, die

Reichswehr könne von den perversen Raufbolden Röhms unter Druck gesetzt werden, alarmierte das Offizierskorps und General von Blomberg, der wußte, daß Röhm auch ihn stürzen wollte. Deshalb suchte er jetzt Hitler in der Reichskanzlei auf und bat um ein Gespräch.

Hitler war zum erstenmal wirklich beunruhigt. Er wollte es zu diesem Zeitpunkt keinesfalls zu einem Zusammenstoß mit der Reichswehr kommen lassen. Der alte Reichspräsident von Hindenburg war hinfällig und hatte wahrscheinlich nicht mehr lange zu leben. Hitler wollte im Falle seines Todes unbedingt seine Nachfolge antreten. Damit das ganze deutsche Volk hinter ihm stände, mußte er Reichspräsident werden, dazu aber brauchte er die Unterstützung des Militärs. Die Reichswehr konnte ruhig die Ansicht vertreten, man solle nach dem Tode Hindenburgs einen Regenten ernennen, und man glaubte sogar, der alte Reichspräsident werde in seinem letzten Testament, das er gerade verfaßte, diesen Vorschlag machen. Das konnte bedeuten, daß die Armee sich für die Wiedereinführung der Monarchie einsetzte, wobei Prinz August Wilhelm seinen im Ausland lebenden Vater Wilhelm II. würde vertreten können. Im Augenblick war der »Führer« bereit, der Reichswehr jeden Wunsch zu erfüllen, wenn er sie damit nur von diesem Gedanken abbringen konnte. Er erklärte Blomberg daher, er werde es nie zulassen, daß Röhm und seine Braunhemden der Armee angegliedert würden, er werde vielmehr ihren Übermut dämpfen und ihre militärische Kapazität weitgehend beschneiden.

Das war für Göring und Himmler der Augenblick, Hitler die Akten vorzulegen, die sie über Röhm und seine Freunde angelegt hatten. Die Gestapo hatte gute Arbeit geleistet und die Berichte darüber, was in dem neu eingerichteten Hauptquartier der SA in Berlin vorging, waren eindrucksvoll. Sie erregten bei Hitler Ekel und Abscheu, denn sie enthielten Einzelheiten und Fotografien von den Orgien, die dort gefeiert wurden, samt den Beschwerdebriefen erzürnter Eltern, die sich darüber empörten, daß ihre Söhne von den abartigen SA-Führern, denen sie anvertraut worden waren, mißbraucht und »beschmutzt« wurden.

In den Akten befand sich auch die Niederschrift eines Gesprächs, das der ehemalige Reichskanzler und gute Bekannte Röhms, General von Schleicher, mit dem französischen Botschafter in Berlin, André François-Poncet, geführt hatte. Göring sagte nicht, auf welche Weise er an den Text gekommen war – natürlich durch eines seiner Abhörgeräte. Der französische Botschafter erwähnte ein paarmal ein Treffen, bei dem er vor einiger Zeit mit Röhm, Schleicher und Gregor Strasser zusammengekommen war. Aufgrund dieser Besprechung hatte er Paris informiert und geraten, die Verhandlungen mit Berlin hinauszuzögern, bis »eine neue Regierung an der Macht sei«.[9]

Diese Mitteilung interessierte Hitler am meisten, und er reagierte mit einer Mischung aus Wut und Furcht. Er ließ Röhm zu sich rufen, und die Auseinandersetzung zwischen beiden Männern dauerte vom Nachmittag bis Mitternacht. Der »Führer« kanzelte seinen Stabschef wegen seiner schlechten Moral wütend ab, befahl ihm, seinen Harem zu entlassen, die sexuellen Exzesse in seinem Stab zu unterbinden und seinen Führungsstil zu ändern. Außerdem ordnete er an, das Waffenarsenal der SA der Reichswehr zu übergeben und befahl Röhm, er solle erklären, daß er weder die Absicht habe, das Heer durch seinen Verband zu ersetzen, noch den Befehl über die Streitkräfte zu übernehmen. Zum Schluß appellierte er an die alte kameradschaftliche Verbundenheit zwischen ihm und Röhm, bat den Stabschef, mit ihm zusammenzuarbeiten und wies darauf hin, daß angesichts des in nächster Zukunft zu erwartenden Todes von Hindenburg jedes unüberlegte Vorgehen der SA alles vernichten könnte.

Röhm blieb verstockt und wollte nicht nachgeben. Er soll Hitler vorgeworfen haben, dieser »verrate die Revolution«, indem er sich Reaktionären wie Göring beuge, der sich nur bereichern und die guten Beziehungen zur Schwerindustrie pflegen wolle. Er drängte Hitler, sich der Reichswehr zu widersetzen und mit Hilfe der SA ihren Einfluß zu brechen, um die uneingeschränkte Macht in die Hand zu bekommen.

Von diesem Augenblick an stellte sich Hitler ganz auf Görings Seite. Er sah ein, daß es nur einen Weg gab, die Macht im Dritten Reich völlig an sich zu bringen; die SA mußte »in den Staub getreten« werden.

Am 7. Juni reiste Röhm als kranker Mann in Begleitung von SA-Obergruppenführer Edmund Heines nach Bad Wiessee, um im Kurheim Hanselbauer seinen Sommerurlaub zu verbringen. Nach der Ankunft erließ er einen Befehl an die SA und beurlaubte sie vom 1. Juli an für einen Monat. Im gleichen Schreiben drohte er jedoch, daß »die Feinde der SA«, die das Gerücht verbreiteten, der Verband werde endgültig aufgelöst, »zur rechten Zeit und in geeigneter Form die passende Antwort« erhalten würden. Der letzte Satz lautete: »Die SA ist und bleibt Deutschlands Zukunft.« Das sonst übliche »Heil Hitler« ließ er fort.

Hermann Göring wußte genau, wen er mit »die Feinden der SA« meinte, denn sein Abhördienst legte ihm bald darauf die Texte neuer Gespräche zwischen Röhm und Karl Ernst vor, aus denen wieder hervorging, daß sie sich darauf freuten, »das Schwein Göring zu erledigen«.

»Ich werde ihm persönlich das Fleisch von seinem fetten Wanst schneiden«, sagte Ernst, »bis er nur noch halb so fett ist wie jetzt, und erst dann werde ich ihm das Messer in die Kehle stoßen.«

»Tu das«, sagte Röhm, »aber iß nichts davon, es ist nicht koscher!«

Anders als Hitler, dem diese Vorgänge unheimlich waren, freute sich Göring auf die Konfrontation mit Röhm. Seine Freude wurde nicht einmal durch die Erkenntnis getrübt, daß diese Angelegenheit lebensgefährlich für ihn selbst werden konnte. Wenn es möglich war, dann erhöhten sich dadurch seine Vorfreude und seine Aufmerksamkeit noch. Bei der Lektüre der Gespräche zwischen Röhm und Ernst fiel ihm auf, wie oft Ernst gutgelaunt versicherte, sein »Urlaub« werde ebenso angenehm sein wie der von

Röhm. Göring ließ sich die Aufnahmen der Gespräche bringen, hörte sie ab und kam zu dem Schluß, daß Ernst gar nicht beabsichtige, Urlaub zu nehmen. Er bat Himmler, Nachforschungen anstellen zu lassen, und erhielt sehr bald die Antwort: Ernst hatte tatsächlich seine Flitterwochen verschoben – er hatte kurz zuvor geheiratet, und Göring und Hitler waren Trauzeugen gewesen –, und die Führer der zweihunderttausend Mann starken SA in Berlin und Umgebung hatten von ihm die Anweisung erhalten, die von Röhm ausgegebenen Befehle nicht zu beachten, sondern sich bereit zu halten.

Göring gab diese Informationen an Hitler, Blomberg und Himmler weiter. Blomberg ließ am 25. Juni insgeheim die Reichswehr in Alarmzustand versetzen, und Himmler ordnete das gleiche für die SS an. Am folgenden Tage versuchte Hitler zum letztenmal, Röhm zum Einlenken zu bewegen. Er ließ seinen späteren Stellvertreter Rudolf Heß in Köln eine Rede halten, in der er sich an »gewisse Elemente in der Partei« wandte, und sie aufforderte, ihre Pläne für »eine zweite Revolution« aufzugeben. Solche Revolutionen, sagte Heß, gehörten nicht nach Deutschland, sie glichen den »jährlichen lokalen Revolten in den kleinen exotischen Republiken«. Das war offensichtlich eine Anspielung auf Röhms Tätigkeit in Südamerika. Aber, setzte Heß hinzu, alles könne vergeben und vergessen werden.

Heß führte aus: »Ein alter Nationalsozialist muß gegenüber menschlichen Eigenarten und Schwächen bei nationalsozialistischen Führern großzügig sein, wenn sie mit großen Leistungen Hand in Hand gehen, und wegen der großen Leistungen wird er die kleinen Schwächen verzeihen.«

Göring glaubte nicht, daß man mit solchen Deklamationen viel erreichen könne. Sie würden Röhm nur in dem Glauben bestärken, er sei unersetzlich. Wahrscheinlich war Göring tief befriedigt, daß der SA-Stabschef mit keinem Wort auf den Appell von Heß reagierte. Statt dessen befahl er alle höheren SA-Führer für Samstag, den 30. Juni zu einer »Führerbesprechung« zu sich nach Bad Wiessee.

Hitler scheint während dieser Zeit nervös und unentschlossen gewesen zu sein. In den letzten Juniwochen reiste er in ganz Deutschland umher, zuerst in den Süden, um eine neue Alpenstraße einzuweihen, dann in den Nordwesten, um vor einer Versammlung zu sprechen, und schließlich nach Bad Godesberg, wo er sich im Hotel eines alten Parteigenossen einquartierte. Abends veranstaltete die Bevölkerung einen Fackelzug zu seinen Ehren, den er in gereizt nervöser Stimmung von der Terrasse aus über dem Rhein abnahm.

Göring war inzwischen zu der Überzeugung gelangt, eine Versöhnung mit der SA-Führung sei nicht mehr möglich; vielmehr sei jetzt die Stunde der Abrechnung gekommen, gleichgültig, wie unentschlossen der »Führer« auch sein mochte. Nach seiner Auffassung war dies die gefährlichste Herausforderung der Machtposition Hitlers seit dem Putsch in München, und er fürchtete, es könnte zum blutigen Bürgerkrieg kommen. Er wollte auf keinen Fall selbst eines der Opfer sein und stellte eine Liste der nach seiner Überzeugung gefährlichsten SA-Führer zusammen.

Am 28. Juni wurden auf Görings Veranlassung alle Vorbereitungen getroffen, um dem Ausbruch eines Bürgerkriegs zu begegnen. Die Polizei wurde verstärkt, man stellte Kommandoeinheiten zusammen, und die kasernierte SS wurde in den Alarmzustand versetzt. Als er am folgenden Morgen die Niederschriften seines Abhördienstes las, stieß er auf ein Gespräch zwischen Karl Ernst und einem höheren Polizeioffizier, in dem letzterer den SA-Führer über die vorbereitenden Sicherheitsmaßnahmen unterrichtete. Er setzte den Namen des Polizeioffiziers ebenfalls auf die Liste.

Wenige Augenblicke später war Karl Ernst selbst am Telefon und fragte, was die Gerüchte über eine Mobilmachung zu bedeuten hätten, die ihm zu Ohren gekommen seien. Hatte Göring Schwierigkeiten? Brauchte er Hilfe? Die SA stünde ihm jederzeit zur Verfügung.

»Mein lieber Karl«, erwiderte Göring, »ich weiß, ich kann mich auf dich verlassen. Ich war ja eben erst als Brautführer auf deiner Hochzeit. Auch der Führer weiß, daß du treu zu ihm stehst. Nein, es ist nur eine Übung, aber keine Mobilmachung. Es ist Urlaubszeit, mein Lieber; mach dich auf die Reise und genieße dein Flitterwochen.«

Im Laufe des Tages erhielt er die Aufzeichnung des letzten Telefongesprächs zwischen Ernst und Röhm. Ernst informierte seinen Vorgesetzten darüber, daß »Herr Reaktion« etwas im Schilde führe und er deshalb die SA in Alarmbereitschaft halte. Er fühle sich jedoch sicher genug, jetzt irgendwo seine Flitterwochen zu verbringen. Weder er noch Röhm schien zu merken, daß auch Hitler etwas vorhatte. Sie waren auch nicht beunruhigt, als Röhm am gleichen Abend ein Telegramm des »Führers« erhielt, der sich darin zu der von seinem Stabschef einberufenen »Führerbesprechung« ansagte. Röhm war sich der Freundschaft Hitlers so sicher, daß er von einem Maler in Bad Wiessee ein Exlibris für die nächste Auflage von »Mein Kampf« entwerfen ließ, das er Hitler schenken wollte.

Hitler hatte jetzt seinen Entschluß gefaßt. Am Morgen des 30. Juni 1934 landete er in Begleitung einer Gruppe kaltblütiger nationalsozialistischer Henkersknechte in München, bestieg ein Auto und fuhr nach Bad Wiessee. Wenige Stunden später ging das Morden an. Heines wurde mit einem Lustknaben aus dem Bett geholt und in einem Kraftwagen erschossen. Ein der SA angehörender junger homosexueller Graf, Spreti, der eine Handbewegung machte, die Hitler als Griff nach der Pistole deutete, wurde vom »Führer« zusammengeschlagen, bis er mit blutüberströmtem Gesicht zu Boden fiel. Dann pochte Hitler an Röhms Zimmertür, und als dieser schlaftrunken herauskam, schimpfte Hitler ihn einen Verräter und übergab ihn seinem Erschießungskommando. Er erhielt die Gelegenheit, sich das Leben zu nehmen, weigerte sich aber und wurde erschossen.

Das Flugzeug, mit dem Hitler nach München gekommen war, wurde als

Kuriermaschine eingesetzt, um Göring auf dem laufenden zu halten. Sobald er wußte, daß Hitler zugeschlagen hatte, setzte Göring seinen Aktionsplan in Gang. Sonderkommandos der Polizei unter Major Wecke verließen auf Motorrädern und Lastwagen die Kaserne in Lichterfelde und fuhren auf Umwegen in die Innenstadt von Berlin. Sie riegelten das Stabsquartier der SA ab und drangen in das Gebäude ein, ohne auf Widerstand zu stoßen. Als Göring eintraf, stand der diensthabende Gruppenführer, ein gewisser Wilhelm Schmidt, mit dem Rücken zur Wand seines Büros und hielt die Hände vor den Gewehrmündungen der Polizisten erhoben.

Göring handelte rasch und entschieden. Er hatte eine lange Namensliste von SA-Mitgliedern bei sich, die für das Regime Gefahr bedeuteten oder sich besonders auffällig an sexuellen Exzessen beteiligt hatten. Jetzt trabte er den Flur entlang, ging in jeden Raum, in dem man SA-Leute zusammengetrieben hatte, und wies mit seinem dicken Zeigefinger auf diesen oder jenen: »Festnehmen ... festnehmen ... nein, nicht diesen – den da, der sich hinter ihm versteckt, und den ... und den ...« Danach wurden die Festgenommenen auf Lastwagen nach Lichterfelde gebracht.

Zugleich lief eine Fahndung nach Gruppenführer Karl Ernst. Man wußte, daß er mit seiner jungen Frau irgendwo seine Flitterwochen verbrachte. Mit kleinen Sportflugzeugen suchte man seinen Mercedes auf der Fahrt nach Bremen aufzuspüren. Er wurde tatsächlich erwischt, in eines der Flugzeuge verfrachtet, zunächst nach Berlin und dann nach Lichterfelde gebracht. Zuerst konnte er sich kein Bild von dem machen, was geschehen war, und glaubte, es handle sich um eine von Göring und seinen Freunden inszenierte Rebellion gegen Hitler. Er war überzeugt, der »Führer« werde die SA um Unterstützung bitten. Schließlich kam er sogar zu dem Schluß, Göring habe Hitler entmachtet, und als er vor dem Hinrichtungskommando an der Wand stand, hob er noch einmal mit müdem Lächeln die Hand und rief »Heil Hitler!«, um dann unter den Schüssen der SS-Leute tot zusammenzubrechen.[10]

Inzwischen waren die Erschießungen zum Massaker geworden. Sie fanden alle am 30. Juni statt. Die SA-Leute wurden in Gruppen aus den Kellern geführt, in denen man sie zusammengepfercht hatte. Ein SS-Mann knöpfte ihnen die Hemden auf, zeichnete mit Kohle einen Kreis um die linke Brustwarze und stellte sie sieben Schritte vor dem aus acht Mann bestehenden Erschießungskommando an die Mauer. Die SS-Leute, ausgesucht gute Schützen, waren in so geringer Entfernung postiert worden, damit sie kein Ziel verfehlten, und um keine Zeit damit zu verschwenden, den Verwundeten den Gnadenschuß zu geben. Da das Kommando so nah vor seinen Opfern stand, rissen die Schüsse sehr große Wunden, und bald war die Mauer mit blutigen Fleischfetzen bedeckt, die auch in der Zeit zwischen den Exekutionen nicht fortgespült wurden.

Göring war indessen in sein Amt am Leipziger Platz zurückgekehrt, hielt die Verbindung zu Hitler aufrecht und konferierte mit Himmler und Goebbels. Zwischendurch ließ er sich SA-Männer, die auf der Straße oder in ihren Wohnungen festgenommen worden waren, vorführen und entschied nach einem Blick auf seine Liste über ihr Schicksal. Auch Vizekanzler Franz von Papen wurde verhaftet. Göring wußte, daß Himmler und Goebbels ihn erschießen lassen wollten, aber er war entschlossen, sein Leben zu schonen. Er empfand eine gewisse Sympathie für den verschlagenen Diplomaten und wußte, daß Papen mit dem alten Reichspräsidenten befreundet war und gute Beziehungen zum Ausland hatte. Sein Tod hätte einen internationalen Skandal ausgelöst. Deshalb behielt Göring den Vizekanzler so lange in seiner Residenz am Leipziger Platz, bis Himmler und Goebbels gegangen waren. Dann ließ er ihn in seine Wohnung zurückbringen, unter Hausarrest stellen und von seinen Leuten bewachen. Später erklärte Papen, Göring habe ihm das Leben gerettet.

Göring unternahm jedoch nichts, um das Leben General Schleichers zu retten, den er für außerordentlich gefährlich hielt. Es bedrückte ihn nicht, als er erfuhr, daß zwei SS-Leute Schleicher und seine Frau »auf der Flucht« erschossen hätten. Als er jedoch hörte, wie die Erschießungen in Lichterfelde zu Massenhinrichtungen ausarteten, wurde ihm klar, daß Himmler und sein engster Mitarbeiter, Reinhard Heydrich, die Gelegenheit benutzten, um alte Rechnungen zu begleichen.

Nicht nur meuternde SA-Männer starben unter den Gewehrsalven der SS, sondern auch Politiker, die der Rechten oder dem Zentrum angehört hatten und an denen man sich jetzt aus irgendeinem Grund rächen wollte. Einer von ihnen war Gustav von Kahr, der sich 1923 kurz vor dem Putsch in München von Hitler abgewandt hatte. Man fand die verstümmelte Leiche des 73 Jahre alten Mannes im Moor bei Dachau. Gregor Strasser wurde in einem Keller erschossen. Aber der Mord, der Görung persönlich am meisten erschütterte und den er für vollkommen sinnlos hielt, war die Erschießung des katholischen Ministerialdirektors Erich Klausener. Für ihn hatte sich Emmy Sonnemann bei der ersten nationalsozialistischen Säuberungsaktion 1933 eingesetzt. Klausener war ein aufrechter Mann gewesen, der zu seinem eigenen Unglück offen seine Meinung zu sagen pflegte. Er hatte sich zu deutlich über die Angehörigen der SS geäußert, die in der gleichen Dienststelle arbeiteten wie er.

Damals hatte Göring ihn auf Emmys Bitten aus der Haft befreit, um ihm die brutalen Foltern zu ersparen, denen er dort ausgesetzt war. Dann hatte er Klausener in das Verkehrsministerium versetzt, weil er glaubte, er würde dort weniger gefährdet sein. Aber alte Feindschaften geraten nicht so schnell in Vergessenheit.

Die Nachricht vom Tode Klauseners und der Gedanke, Emmy dafür Rechenschaft geben und sie besänftigen zu müssen, haben Göring wahrscheinlich veranlaßt, sofort etwas gegen den ungehemmten Fortgang der Erschießungen zu unternehmen. Der Widerstand der SA war ohnehin gebrochen. Die Möglichkeit einer Revolte – wenn es sie überhaupt gegeben hatte – bestand nicht mehr. Am Sonntag vormittag, dem 1. Juli, ging Göring zu Hitler und bat ihn, die Exekution einstellen zu lassen.

Alles war im Verlauf eines einzigen Tages geschehen. Göring hatte eine Liste mit den Namen von 32 SA-Männern aufgestellt, die erschossen werden sollten, und Hitler hatte in Süddeutschland 40 weitere Personen erschießen lassen. Daher sprach auch Göring in seinem Bericht an den Reichstag von 72 Hingerichteten. In Wirklichkeit waren es mindestens hundert mehr, die auf Veranlassung von Himmler und Heydrich umgebracht worden waren. Offiziell verlautete nichts darüber, und erst im Lauf der Zeit verbreitete sich die Nachricht von ihrem Tode.

Hitler befand sich während des ganzen 30. Juni in einem Zustand gesteigerter Hysterie. Erst am 1. Juli, nachdem er den Reichspräsidenten von Hindenburg besucht hatte, beruhigte sich seine Stimmung. Anstatt ihm wegen des Blutvergießens Vorwürfe zu machen – das hatte Hitler gefürchtet –, beglückwünschte ihn der in seiner Greisenhaftigkeit nicht mehr ganz zurechnungsfähige alte Mann.

Hindenburg sagte: »Wenn die Umstände es erfordern, darf man auch vor der äußersten Konsequenz nicht zurückschrecken. Es muß auch Blut fließen können.«[11]

An Göring schickte Hindenburg ein Glückwunschtelegramm, das in der Presse veröffentlicht wurde. Auch an Hitler hatte er bereits in einem Telegramm seinen »tiefempfundenen Dank« ausgesprochen: »Sie haben das deutsche Volk aus einer schweren Gefahr gerettet.«

Als diese Glückwünsche veröffentlicht wurden, war das deutsche Volk beeindruckt. Albert Speer schreibt: »Der Feldmarschall des ersten Krieges war für die damalige Generation bürgerlicher Herkunft eine ehrwürdige Autorität. Schon in meiner Schulzeit verkörperte er den unbeugsamen, standhaften Helden neuester Geschichte ... Hitler durch diese höchste Instanz gedeckt zu wissen, verbreitete ein Gefühl der Beruhigung.«[12]

Doch der Held des Tages war Hermann Göring, der den »Führer« beraten und durch sein geschicktes Verhalten dem deutschen Volk einen blutigen Bürgerkrieg erspart hatte. Wenn er sich jetzt zu Fuß oder im Wagen auf der Straße zeigte, jubelten die Menschen ihm zu.

Speer schreibt: »Nicht zufällig stellte sich nach dem Röhmputsch die Rechte, vertreten durch Reichspräsident, Justizminister und Generalität, vor Hitler. Sie war zwar frei vom radikalen Antisemitismus, wie ihn Hitler vertrat; sie verachtete geradezu diesen Ausbruch von plebejischen Haßgefühlen ... Die offen gezeigte Sympathie mit dem Eingreifen Hitlers hatte ganz andere Ursachen: In der Mordaktion wurde der starke linke Flügel der Partei, vornehmlich in der SA vertreten, beseitigt.«[13]

Am 2. August 1934, genau zwanzig Jahre nach Ausbruch des Ersten Weltkriegs, in dem er seinen Ruhm erworben hatte, starb Feldmarschall Paul von Hindenburg auf Schloß Neudeck im Alter von 87 Jahren.

Schon eine Stunde nach dem Tode des Reichspräsidenten wurde bekannt-gegeben, daß sein Amt mit dem des Reichskanzlers vereinigt und Adolf Hitler Staatsoberhaupt und Oberster Befehlshaber der deutschen Streit-kräfte werden würde. Niemand widersetzte sich dieser Neuerung. Der rechte Flügel im Reichstag und das Bürgertum waren mit dem Ausgang der blutigen Säuberungsaktion zufrieden und überzeugt, vor einer Revolu-tion gerettet worden zu sein. Der linke Flügel – wenn man die SA so bezeichnen soll – war zerbrochen, und aus den Braunhemden war ein »Sportverein« geworden. Die Reichswehr war beruhigt und wurde sofort auf das neue Staatsoberhaupt vereidigt.

Göring konnte der Versuchung nicht widerstehen, sich in der veränderten Lage dramatisch in Szene zu setzen. Der Tod des alten Soldaten hatte ihn bewegt, und als er die Offiziere der Luftwaffe im Luftfahrtministerium versammelte, um ihnen das Ableben des Reichspräsidenten bekanntzuge-ben, bebte seine Stimme vor Ergriffenheit. Die Offiziere waren jedoch nicht zusammengekommen, um den alten Reichspräsidenten zu betrauern, sondern um dem neuen Staatsoberhaupt den Treueid zu leisten. Göring hatte seine Paradeuniform angelegt und zog jetzt den Säbel. Erhard Milch trat vor und legte die Hand darauf. Karl Bodenschatz las den Wortlaut des Eides vor, und die Offiziere der Luftwaffe sprachen ihn (wie die Offiziere des Heeres vor ihnen) nach und verpflichteten sich, Adolf Hitler persönlich (und nicht dem Deutschen Reich) die Treue zu halten. Anschließend hob Hermann Göring den Säbel und rief: »Heil Hitler!«

Später haben Offiziere der deutschen Lufwaffe behauptet, niemals mit dem Hitlergruß gegrüßt zu haben, doch an diesem Tage taten sie es.

1934 erlitt Hermann Göring einen weiteren schmerzlichen Verlust durch den Tod des Ritters von Epenstein. Er war 84 Jahre alt und schon seit eini-ger Zeit krank gewesen. Er starb auf Schloß Mauterndorf. Für ihn war es vielleicht ein Segen, diese Welt zu verlassen, bevor Österreich von den Nationalsozialisten annektiert wurde. Für Epenstein hätte Göring kaum eine Geburtsurkunde fälschen können, um zu beweisen, daß er arischer Abstammung sei, und für ihn und seinen Paten hätte es sicher Schwierig-keiten gegeben.

Göring schickte zur Beerdigung einen großen Kranz und schrieb einen lan-gen Kondolenzbrief an die Baronin Lilly, in dem er sie bat, ihn zu besu-chen, sobald sie sich reisefähig fühle. Sie kam nach Karinhall, und als Göring ihr das Haus und den Besitz zeigte, seufzte sie und sagte: »Wie schade, daß der alte Herr das nicht mehr gesehen hat. Wie gern hätte ich ihm Karinhall gezeigt!«

Von den Helden, die Hermann Göring verehrte, lebte jetzt nur noch einer.

15

Die Hochzeit

Eines Morgens im Februar 1935 rief Hermann Göring aus dem Badezimmer durch die halbgeöffnete Tür in das Schlafzimmer hinein: »Ich muß dir etwas ganz Wichtiges sagen!«

Emmy hatte sich eben angezogen, um zu einer Probe ins Staatstheater zu fahren. Jetzt blickte sie gespannt auf. Wenn Hermann die Worte »ernst« und »wichtig« verwendete, handelte es sich meist um ihre Freundschaften mit jüdischen Schauspielerinnen oder um Einkäufe in jüdischen Geschäften. Das geschah fast jedesmal, wenn er von einem Besuch bei Hitler zurückkam, und er war am Abend zuvor aus Berchtesgaden zurückgekehrt. »Ist es unangenehm oder nicht?« fragte sie und war schon bereit, schnell aus der Tür zu schlüpfen.

Doch Göring hatte es sich anscheinend anders überlegt und wollte jetzt nicht mit ihr reden, denn sie hörte ihn im Wasser herumplantschen und aus der Wanne steigen. Dann kam er an die Tür, ein Handtuch um die feiste Taille geschlungen, und gab ihr ein Stück Papier mit der Bitte, es auf dem Wege zum Theater zu lesen. Überzeugt, der Zettel enthielte nur das Echo einer Rüge Hitlers, machte sie sich nicht die Mühe, einen Blick darauf zu werfen, bevor sie im Wagen saß. Hitler hatte kurz vorher – empört darüber, daß sie in der U-Bahn mit Fremden, mit Juden, die den Davidstern trugen, gesprochen hatte – angeordnet, daß sie für ihre Fahrten den Wagen benutzen müsse. Robert Kropp, der sie zum Theater fahren sollte, hörte sie sagen: »Mein Gott, endlich!«

Sie stieg aus und stürmte in das Haus zurück. Auf dem Zettel stand: »Magst du mich Ostern heiraten? Der Führer ist unser Trauzeuge.«[1]

Als sie das Haus wieder verließ, hatte Göring keine Zweifel mehr an ihrer Bereitwilligkeit. Im Theater teilte sie als erstes ihrem Regisseur Gustaf Gründgens mit, sie werde in dieser Saison die Hauptrolle in dem Schauspiel »Agnes Bernauer« nicht übernehmen können.

Mitte März 1935 wurde die Verlobung offiziell bekanntgegeben, und am 22. März lud Hermann Göring das Diplomatische Korps ein, um seine Braut in die große Gesellschaft einzuführen. Unter den zum Essen geladenen Gästen befanden sich alle Botschafter mit ihren Frauen, die natürlich gespannt darauf waren, die Geliebte Görings kennenzulernen, von der sie so viel gehört hatten. Selbstverständlich war auch der britische Botschafter Sir Eric Phipps wieder dabei. Er faßte seine Eindrücke am folgenden Tage in einem Bericht an das Foreign Office wie folgt zusammen: »... damit setzte General Göring die Reihe der üppigen Festbankette fort, die der verstorbene Hauptmann Röhm im Februar 1934 begonnen hatte und die am 30. Juni durch das ›Blutbad‹ jäh unterbrochen worden waren. Der

Führer hatte sie im Juli vor dem Reichstag als ›sogenannte diplomatische Bankette‹ bezeichnet. Aber diesmal hatten wir die Veranstaltung einem glücklicheren Anlaß zu verdanken, denn Frau Emmy Sonnemann sollte der großen Welt vorgestellt werden – nicht mehr als ›Privatsekretärin‹, sondern als Verlobte unseres Gastgebers.«

Sogar nach den Maßstäben von Sir Eric war es ein rauschendes Fest. »Das Dinner wurde in dem mit wertvollen Gobelins ausgestatteten und prächtig illuminierten weißen Marmorsaal serviert. Ein unsichtbares Streichorchester spielte während des Essens. Unser Gastgeber teilte uns mit, er habe die Absicht, ein etwa 50 Meter langes Schwimmbecken bauen zu lassen (auch Hauptmann Röhm hatte diese Absicht gehabt, wurde jedoch am 30. Juni ebenso wie andere Unglückliche plötzlich daran gehindert). Meiner Frau erklärte er in einem Ton, als wolle er sich dafür entschuldigen, er heirate Frau Sonnemann nur auf Geheiß des Führers, der die Auffassung vertrete, es gebe unter den hohen nationalsozialistischen Parteifunktionären zu viele Junggesellen. Frau Sonnemann, neben der zu sitzen ich den Vorzug hatte und die in schlichter und charmanter Art die Honneurs machte, teilte uns indessen mit leichtem Bedauern mit, daß sie sich von der Bühne zurückziehen werde. Das Publikum wird diese Nachricht mit Fassung aufnehmen, denn man hat mir versichert, Frau Sonnemann besitze auch nicht eine Spur schauspielerischen Talents.«

Der Bericht endet im gleichen Ton: »Nach dem Dinner führte General Göring den französischen Botschafter und mich durch seine weitläufige Residenz und zeigte uns eine Reihe großartiger Gemälde alter Meister, die er sich, wie er stolz erklärte, aus dem Kaiser-Friedrich-Museum besorgt habe ... Nach einem von den besten Sängern der Staatsoper gegebenen Konzert folgten zwei Filme über das Leben der Hirsche in der Schorfheide. Darin erinnerte uns der mit dem bereits bekannten Lederwams bekleidete Gastgeber, den wir im Wotanzimmer von Karinhall mit seiner Harpune in bequemer Reichweite sitzend entdeckten, an die Reklamefigur der Reifenfirma Michelin. Dann hatten wir das eigenartige und doppelte Vergnügen, seinen Vortrag und zugleich seine Mikrofonstimme zu hören, mit der er begeistert über das Leben im urigen deutschen Walde sprach ...«[2]

Die Hochzeit sollte eigentlich am 7. April stattfinden, doch das war der Todestag der ehemaligen deutschen Kaiserin, und deshalb hätte ihr Sohn Prinz August Wilhelm, den Göring eingeladen hatte, nicht teilnehmen können. Man verschob den Termin deshalb auf den 10. April. Am Polterabend fand ein großer Empfang im Foyer der Staatsoper statt, und anschließend bat Göring seine Gäste zu einer Aufführung der Oper »Die ägyptische Helena« von Richard Strauss. Vor dem mit Scheinwerfern angestrahlten Opernhaus hatte sich eine große Menschenmenge versammelt, die dem Brautpaar zujubelte.

Für Emmy war dies der glanzvollste Auftritt ihres Lebens. Später schrieb sie: »Am Tage vor dem Polterabend konnten wir feststellen, welche Reaktionen die angekündigte Eheschließung bereits ausgelöst hatte. Die bisher eingegangenen Geschenke füllten zwei große Räume. Von allen Ländern, von offizieller wie privater Seite, waren herrliche Kostbarkeiten angekommen ... vom bulgarischen Zaren der höchste bulgarische Orden für Hermann, für mich ein wundervolles Saphirarmband; von der Stadt Hamburg ein silbernes Segelschiff, wie ich es als Kind im Rathaus bei Schulbesichtigungen oft bewundert hatte. Die I.G.-Farben sandten ein paar herrliche Exemplare aus ihrer ersten Produktion synthetischer Edelsteine. Und zahllose einfache Leute schickten Stöße der verschiedensten Handarbeiten, wie selbstgestrickte Schals, Topflappen, Deckchen.«[3]

Hitlers Hochzeitsgeschenk war ein Porträt Bismarcks von seinem Lieblingsmaler Lenbach, und Göring schenkte seiner Braut ein mit Amethysten und Diamanten besetztes Diadem.

Beim Empfang zum Polterabend in der Oper hatte es geregnet, und Emmy fürchtete, auch am Hochzeitsmorgen könnte schlechtes Wetter sein. Hermann hatte darauf bestanden, zur standesamtlichen Trauung, die im Berliner Rathaus stattfinden sollte, im offenen Wagen zu fahren. Aber die Sonne kam heraus, und auf der Fahrt zur Trauung im Dom war der Himmel strahlend blau. Über dem Hochzeitszug kreiste ein Geschwader der neuesten deutschen Militärflugzeuge, um dem Bräutigam die Grüße seiner Luftwaffe zu bringen.

Wieder war Görings unfreundlicher Boswell, Sir Eric Phipps, zur Stelle, um die Ereignisse in einem Bericht festzuhalten. In seinem Bericht vom 17. April 1935 an das Foreign Office heißt es: »Am folgenden Tage fand die Hochzeit statt. Ein Fremder, der nach Berlin kam, hätte denken können, die Monarchie sei wieder eingeführt worden und er erlebe die Vorbereitungen für die Hochzeit eines Angehörigen des Königshauses. Die Straßen waren geschmückt, in der Innenstadt stand der Verkehr still, mehr als 30 000 Angehörige der paramilitärischen Verbände standen Spalier, während Hunderte von Militärflugzeugen über der Stadt kreisten und im richtigen Augenblick das glückliche Brautpaar vom Brandenburger Tor zum Dom eskortierten.«

Im Gegensatz zu den Berichten der meisten Beobachter, die den Eindruck hatten, die Menge, die sich auf den Straßen drängte, sei begeistert und froh gewesen, hatte Sir Eric kaum etwas davon bemerkt. Er schrieb nur, »das Wetter war gut, und eine Hochzeit ist für die Menge immer Anlaß zur Freude«.

Adolf Hitler fuhr dem Hochzeitszug voraus zum Dom, während »das Brautpaar im letzten Wagen saß, der so reich geschmückt war, als ginge es zu einem Blumencorso«. Im protestantischen Dom, wo der nationalsozialistische »Reichsbischof« Ludwig Müller die Trauung vornahm, hatten die Diplomaten auf einer Empore gegenüber dem Altar Platz genommen.

Sir Eric schreibt: »Unten hatte sich alles versammelt, was bei den Nazis Rang und Namen hat, darunter viele Angehörige des alten Regimes wie der Herzog von Sachsen-Coburg, Prinz August Wilhelm von Hohenzollern, Feldmarschall Mackensen und viele andere. Die deutschen Damen trugen Abendkleider und Diamanten, die Herren waren in Uniform oder im Frack mit Orden erschienen ... Der Kanzler saß auf einem Lehnsessel unmittelbar vor den Stufen des Altars. Als das Brautpaar hereinkam, stand er auf, küßte der Braut die Hand und begrüßte General Göring mit Handschlag. Nach dem Gottesdienst tat er es noch einmal. Vier kleine Mädchen in rosa Satinkleidern gingen der Braut voraus, zwei Hitlerjungen trugen die Schleppe. Zahlreiche Brautjungfern in disharmonischen Schattierungen der Farbe blau folgten ihr.«

Er erwähnte nicht, daß zu den Brautführern auch Thomas von Kantzow gehörte. Er war der einzige Ausländer und Zivilist. Zu Görings Überraschung hatte Thomas die Nachricht von der bevorstehenden Heirat seines Stiefvaters aufrichtig begrüßt; als die Hochzeit stattfand, hatte er mit Emmy längst Freundschaft geschlossen.

Der britische Botschafter fuhr fort: »Die Oper, die Göring untersteht, hatte einige der besten Sänger und einen großen Teil des Orchesters zur Verfügung gestellt, um den Dom mit Tönen zu füllen und ihren Herrn und Meister zu ehren. Reichsbischof Müller, der die Trauung vollzog, hielt eine eigenartige Predigt, in der Gott, Herr Hitler und die nationalsozialistische Bewegung unauflöslich miteinander verwoben wurden. Ich konnte die Worte hören: ›Glaube, Hoffnung, Liebe, aber die Liebe ist die größte unter ihnen ...‹ Ein Empfang und ein Bankett im Hotel Kaiserhof, wo Herr Hitler und andere das Wort ergriffen, beschlossen das Ereignis, das um die Mittagszeit begonnen und den Verkehr sieben Stunden zum Stillstand gebracht hatte.« Er schloß mit folgenden Worten: »So scheint General Göring den absoluten Höhepunkt seiner stolzen Karriere erreicht zu haben. Ich kann mir nicht vorstellen, daß er in seinem Größenwahn noch höheres anstreben könnte – wenn nicht den Thron ... es sei denn das Schafott.«[4]

Ohne zu ahnen, welche Gedanken sich in den Köpfen ihrer Gäste – oder wenigstens eines von ihnen – regten, spielte Emmy Göring so gut sie konnte die aufmerksame und zuvorkommende Gastgeberin. Sie war sich der Tatsache bewußt, daß sie jetzt, wie Hitler ihr eben gesagt hatte, die erste Dame des Dritten Reichs sei. Schließlich fuhr das Brautpaar in Begleitung weniger guter Freunde nach Karinhall, wo Göring sofort nach der Ankunft über den See fuhr und eine Stunde an Karins Grab im Mausoleum zubrachte.

Am folgenden Tage reiste er mit seiner jungen Frau nach Wiesbaden und von dort nach Jugoslawien, um die Flitterwochen in einer Villa bei Dubrovnik an der Adria zu verbringen. Die Jungvermählten zählten beide 42 Jahre, gaben sich aber so verliebt, als seien sie erst halb so alt.

Inzwischen war es ein offenes Geheimnis, daß Deutschland entgegen den Bestimmungen des Versailler Vertrags wieder eine Luftwaffe hatte. Im März 1935 gab man den Versuch auf, diese Tatsache zu verschleiern, denn einen Monat zuvor hatte Göring die Fliegergarnison in Schleißheim besucht und den dort stationierten Fliegeroffizieren mitgeteilt, das Bestehen der Luftwaffe werde bald öffentlich bekanntgegeben werden. Die meisten von ihnen waren in Rußland oder Italien heimlich als Piloten ausgebildet worden und waren jetzt hochqualifizierte Flieger. Es fehlten ihnen nur die modernen Maschinen, um sie auf den neuesten Stand der Technik zu bringen und für den Krieg voll einsatzfähig zu machen.

Einer von ihnen war Adolf Galland, später ein berühmter deutscher Jagdflieger. Er hörte damals, was Göring in dem in Schloß Mittenheim eingerichteten Kasino sagte. Er schreibt: »Er gab (darin) einen überzeugenden Rückblick auf die Entwicklung der deutschen Fliegerei in den letzten zwei Jahren. Erstaunliches sei in dieser kurzen Zeit geleistet worden. Aus dem Nichts war das – zwar noch verschleierte – großzügig angelegte Fundament der deutschen Luftwaffe entstanden. Auf ihm sollte sich bald ein imposantes Gebäude erheben.«[5]

Göring, der sich für einen Modeexperten hielt, hatte den Fliegern das Modell einer Uniform mitgebracht, die sie tragen sollten, sobald sie aus ihrer Anonymität erlöst würden. Ein ehemaliger Feldwebel des alten Richthofengeschwaders hatte sie entworfen. Der Reichsminister hielt sie für kleidsam genug, um zu zeigen, daß ihre Träger einer Elitetruppe angehörten, denn das sollte die Luftwaffe werden. Die Offiziere waren beeindruckt. Die große Neuerung bestand darin, daß sie zum erstenmal in der Geschichte der deutschen Wehrmacht Schlips und Kragen tragen sollten. Galland schreibt: »Das wirkte sensationell. Und beim Heer hatten wir Flieger sofort unseren Spitznamen weg: Schlipssoldaten.«

Doch obwohl die Luftwaffe nach den Worten Görings eine bedeutende Entwicklung durchgemacht hatte, war sie keineswegs so stark, wie die ausländischen Regierungen fürchteten. Als ein Weißbuch der britischen Regierung die Kampfstärke der deutschen Luftstreitkräfte mit 2 500 Flugzeugen bezifferte, ging die Angabe weit über die Realität hinaus. Deutschland verfügte insgesamt über nicht mehr als 2 000 Flugzeuge, und viele davon waren altmodische Doppeldecker.

Göring brauchte Geld für die neu aufstrebende Flugzeugindustrie, zur Beschaffung von Rohmaterial und zur Vermehrung des Personals der Luftwaffe. Hitler hatte ihm gesagt, 1936 werde das Jahr sein, in dem Deutschland sich – vor allem durch die Besetzung des bis dahin entmilitarisierten Rheinlandes – von den Fesseln des Versailler Vertrags befreien werde. Der Gedanke daran machte Göring Sorgen, denn er glaubte, es sei noch zu früh, um den Alliierten mit einer solchen Geste zu trotzen. Er sagte: »Die Briten und Franzosen werden einmarschieren und uns wie Fliegen erdrücken.«

»Nicht, wenn wir laut genug summen«, erwiderte der »Führer«.

Göring erhielt den Auftrag, sich an die Arbeit zu machen und die Luftwaffe auszubauen, damit ihr Summen auch gehört würde. Es sollte so laut sein, daß das Quai d'Orsai und Whitehall in Schrecken gerieten.

Auch Reichswehrminister General von Blomberg riet Hitler, schrittweise vorzugehen, erhielt aber die gleichen Anweisungen wie Göring.

Doch woher sollte man das Geld nehmen, das man für den Aufbau der Luftwaffe brauchte? Göring wandte sich an Dr. Hjalmar Schacht, der als Wirtschaftsminister für die Finanzen des Reichs verantwortlich war, und bat den überheblichen und selbstbewußten Mann um höhere Zuschüsse. Doch dieser antwortete, die deutsche Zitrone sei schon fast ausgequetscht. Dem Sinne nach sagte er: »Ich habe dem deutschen Volk schon fast alles genommen, was es zu geben bereit ist. Ich habe die Ausfuhr deutschen Geldes verboten. Ich habe mich geweigert, Auslandsanleihen zurückzuzahlen. Ich habe fast alle Importe gestrichen. Ich habe die Rationierung eingeführt. Und das alles, um gewaltige Beträge für die Wiederaufrüstung freizubekommen. Aber es gibt eine Grenze, an der das Volk uns Halt gebieten wird. Fett, Butter und Fleisch sind so knapp, daß es kaum mehr für den Sonntagsbraten reicht. Bald wird es einen Schwarzen Markt geben, und dann wird man anfangen müssen, Leute zu erschießen. Ich habe einfach kein Geld für Sie.«

Auch nicht, wenn er Schacht bewiese, daß das deutsche Volk bereit sei, noch größere Opfer zu bringen als jetzt, fragte Göring.

»Nicht einmal Sie können Wunder vollbringen«, antwortete Schacht mißmutig.

Die nächsten drei Wochen arbeitete Göring mit Pilli Körner am Text einer großen Rede, die er auf einer Massenversammlung halten wollte. Als sie fertig war, veranstaltete er eine Großkundgebung für seine Parteigenossen in Hamburg, wo man in letzter Zeit die heftigsten Klagen über die Verknappung der Lebensmittel gehört hatte.

Er hatte gerade eine Abmagerungskur hinter sich, sah viel blasser aus als gewöhnlich, hatte Ringe unter den Augen, und das Doppelkinn war nur noch ein schlaffer Hautsack. Diesmal trat er in Fliegeruniform ans Rednerpult. Im ersten Teil seiner Rede sprach er von den Fortschritten, die in Deutschland auf allen Gebieten gemacht worden seien, und von dem Ansehen, das die Deutschen nach Übernahme der Regierungsgewalt durch Hitler überall in der Welt zurückgewonnen hätten. Aber dann erinnerte er seine Zuhörer an die Beschränkungen der Freiheit, die dem deutschen Volk durch den Versailler Vertrag auferlegt worden seien. Deutschland habe noch nicht den Platz an der Sonne zurückerobert, der ihm zustände, müsse es jedoch tun, und das sei nur möglich, wenn es stark wäre: kühn und in der Lage, jeden feindlichen Angriff abzuwehren. Deshalb müsse es aufrüsten. Aber die Wiederaufrüstung sei nur der erste Schritt auf dem Wege zur Befriedigung aller Bedürfnisse des deutschen Volkes, sagte er. Die

Wiederaufrüstung sei für ihn kein Selbstzweck. Er wolle nicht aus militärischen Gründen oder um andere zu unterdrücken aufrüsten, sondern nur, um die Freiheit Deutschlands zurückzugewinnen. Welchen Sinn könne es haben, im Konzert der Nationen mitzuspielen, wenn Deutschland nur die Triangel spielen dürfe.

Er machte eine Pause, bis der Beifall verstummt war, und fuhr dann mit den folgenden Sätzen fort, die in der ganzen Welt Schlagzeilen machen sollten: »Gewisse Leute im Ausland sind sehr schwerhörig. Sie wollen nur hören, wenn die Kanonen sprechen. Wir werden diese Kanonen bauen. Wir haben keine Butter, aber ich frage Sie: Was ist Ihnen lieber, Butter oder Kanonen? Sollen wir Fett oder Eisenerz importieren? Ich sage Ihnen, wenn wir gerüstet sind, dann sind wir stark.« Dann klopfte er sich mit der fleischigen Hand auf den Bauch. »Butter macht uns nur dick!«

Seine Zuhörer standen auf und überschütteten ihn mit Beifall. Hitler beglückwünschte ihn telegrafisch, und Schacht erklärte sich widerwillig bereit, weitere Mittel für die Aufrüstung zur Verfügung zu stellen.

Das Vorhaben, das Göring mit diesen Geldern finanzieren wollte, sollte die Methoden der Kriegführung fast ebenso radikal ändern wie seinerzeit die Einführung der Panzerwaffe im Ersten Weltkrieg. Dabei eröffneten sich ganz neue Möglichkeiten für einen bemerkenswerten Mitarbeiter Görings: Ernst Udet. Er war nie besonders eng mit Göring befreundet gewesen, obwohl sie im letzten Krieg als Jagdflieger Seite an Seite gekämpft hatten. Udet war Deutschlands erfolgreichster Kampfflieger gewesen, niemand hatte so viele feindliche Flugzeuge abgeschossen wie er. Als Richthofen gefallen war, hatte Udet damit gerechnet, an seiner Stelle Geschwaderkommandeur zu werden. Er hatte es nicht verwunden, daß Göring als Außenseiter diesen Posten übernommen hatte.

Nach dem Krieg hatte er sich recht und schlecht durchgeschlagen und ganz Europa bereist. Zuletzt hatte er sich mit der Konstruktion kleiner Zivilflugzeuge beschäftigt. Nun hatte er die Idee für einen neuen Flugzeugtyp, den man fast als fliegende Bombe bezeichnen konnte. Die Bomben sollten unter dem Rumpf einer Maschine angebracht werden, die über dem Einsatzgebiet im Sturzflug auf das Ziel hinabstoßen, die Bomben ausklinken und erst dicht über dem Boden wieder in die Höhe gezogen werden sollte. Das war nach Udets Ansicht eine Waffe, die den Gegner nicht nur in Furcht und Schrecken versetzen, sondern auch mit großer Präzision gehandhabt werden konnte.

Irgendwie erfuhr er, daß die Amerikaner schon ein ähnliches Flugzeug entwickelt hätten, den »Hell Diver«, und Udet kratzte seine letzten Reserven zusammen, kaufte zwei Maschinen dieses Typs und stellte Versuche damit an. Bald war er überzeugt, sie verbessern zu können, und als er 1934 in Görings Luftfahrtministerium eintrat, hatte er die Pläne fertig und war bereit, einen Prototyp zu bauen.

Zunächst stieß er auf taube Ohren. Weder Göring noch Milch oder die

Flugzeugfabrikanten wollten etwas davon wissen. Er besuchte alle Firmen, um seine Idee zu verhökern, und erst nach langem Hin und Her gelang es ihm, die Firma Junkers zu bewegen, in ihrer schwedischen Niederlassung einen Prototyp zu bauen. 1935 wurden die ersten beiden Maschinen ausgeliefert.

Udet war der Typ des gutaussehenden Schwadroneurs. Er war ein Frauenheld und liebte den Alkohol. Kaum ein Tag verging, an dem er nicht ein Glas in der Hand und ein hübsches Mädchen im Bett hatte. Nach solch einer durchfeierten Nacht kam er mit einer Alkoholfahne zum Flugplatz, um den neuen Sturzbomber zu erproben. Er stieg mit einer der beiden Maschinen auf tausend Meter, setzte zum Sturzflug an und versuchte, das Flugzeug 180 Meter über dem Boden abzufangen. Aber er hatte sich mit Höhe und Geschwindigkeit verschätzt und schaffte es nicht mehr. Als er wie durch ein Wunder unverletzt aus den Trümmern stieg, sah er nicht nur frischer aus als vorher, sondern auch die Wirkung des Alkohols war verflogen.

Er überredete die Prüfungskommission – unter ihnen war Erhard Milch –, ihn den Versuch mit der zweiten Maschine wiederholen zu lassen. Diesmal bewies er sein fliegerisches Können. Er stürzte mit heulendem Motor auf das Ziel herab, placierte genau seine Übungsbomben, fing die Maschine im letzten Augenblick ab und zog sie wieder hoch.

Milch gab zu, daß dies eine taktisch und psychologisch wirksame Waffe sei, und erstattete Göring Bericht, der nun selbst eine Vorführung sehen wollte. Auch ihn beeindruckten die Leistungen des neuen Modells; er bedauerte nur, daß der Sturzbomber beim Zielanflug nicht einen noch furchterregenderen Lärm machte.

»Das geht leicht«, sagte Udet. »Wir werden eine Sirene einbauen, die im Sturzflug so heult, als wäre die Hölle los!«[6]

Im Kriege befolgte man diesen Vorschlag mit denkbar bestem Erfolg. Göring entschied, den neuen Flugzeugtyp als Angriffswaffe in das Arsenal der Luftwaffe aufzunehmen und mit der Produktion zu beginnen. Er war Udet unendlich dankbar und ernannte ihn am 1. Januar 1936 zum Inspekteur der Sturzkampfflieger. Hier war Udet am richtigen Platz, denn nur ein so erfahrener und mutiger Pilot wie er konnte die jungen Flugschüler mit den gefährlichen Methoden vertraut machen, die für die Handhabung des neuen Flugzeugtyps notwendig waren.

Aber dann ging Göring einen Schritt zuweit. In seiner Begeisterung für Udet ernannte er ihn auch zum Leiter der technischen Abteilung des Luftfahrtministeriums mit der Verantwortung für Organisation und Planung. Obwohl Udet ein ebenso tapferer wie hervorragender Pilot war, verstand er nichts von organisatorischen Fragen. Seine Ernennung war ein Fehlgriff Görings, der der Luftwaffe schwer geschadet und Ernst Udet das Leben gekostet hat.

Im Frühjahr 1936 traf in Berlin ein junger Hauptmann der französischen

Luftwaffe, Paul Stehlin, als Adjutant des Luftattachés bei der französischen Botschaft ein. Der französische Botschafter André François Poncet wußte, daß er dem Deuxième Bureau, einer Abteilung des Geheimdienstes, angehörte und hervorragend geeignet war, gewisse Informationen und geheimdienstliche Aktivitäten im Dritten Reich zu koordinieren.

Stehlin war ein erstklassiger Pilot und brachte ein neues kleines Flugzeug mit, um innerhalb Deutschlands schnell beweglich zu sein. Er war in Elsaß-Lothringen geboren, das damals noch zu Deutschland gehört hatte, auf einer deutschen Schule erzogen und sprach akzentfrei Deutsch. Er sah gut aus, hatte angenehme Umgangsformen, konnte zuhören und war genau der Mann, der Göring gefiel.

Seine erste Begegnung mit dem Reichsluftfahrtminister fand wenige Tage nach seiner Ankunft statt. Stehlin kam in das neue Luftfahrtministerium und wurde dort in das riesige Arbeitszimmer des Ministers geführt. Er schreibt: »Als ich durch die Tür kam, sah ich ihn weit am anderen Ende des Raumes, wie einen einzelnen Schauspieler auf der Bühne, wenn man die ihr gegenüberliegende Loge betritt. Er begrüßte mich höflich, ja sogar herzlich, und verhielt sich ganz anders, als es ein General meiner Erwartung nach einem Hauptmann gegenüber tun würde. Das erstaunte mich um so mehr, als er der zweitmächtigste Mann im nationalsozialistischen Deutschland war.«

Stehlin kannte die militärische Vergangenheit Görings genau, und als er ihm zum erstenmal gegenüberstand, fiel es ihm sofort auf, wie sehr er sich im Vergleich zu den Bildern aus früherer Zeit verändert hatte. Doch trotzdem fand er, daß Göring immer noch sympathische Gesichtszüge habe. Vor allem beeindruckten ihn die Augen. Der Blick schien ihm klar und freundlich, aber auch hart, beunruhigend und mitleidlos. Er hatte das Gefühl, einem besonders intelligenten Mann gegenüberzustehen.

Bei dieser ersten Begegnung ereignete sich nichts Außergewöhnliches. Göring bat Stehlin, Platz zu nehmen und ging selbst zum ·Schreibtisch zurück. Der Franzose bemerkte, daß auf dem Tisch kein einziges Stück Papier lag und erinnerte sich, gehört zu haben, daß Göring seine Befehle ebenso wie Hitler mündlich erteile, daß er im Zimmer auf- und abging, wenn er diktierte oder die Berichte seiner Untergebenen entgegennahm, und daß er sowenig wie möglich las oder schrieb.

Sie sprachen von St. Cyr, wo Stehlin seine Ausbildung genossen hatte, von Elsaß-Lothringen, vom Luftkrieg 1914–18, und Göring konnte die damaligen französischen Flieger nicht genug loben. Stehlin wurde mit Handschlag verabschiedet und sah Göring während des ganzen folgenden Jahres außer bei offiziellen Anlässen, Empfängen oder Vorführungen der Luftwaffe, bei denen der Minister ein paar unverbindliche Worte mit ihm wechselte, nicht mehr wieder. Aber Stehlin hatte, als er zu seiner Botschaft zurückging, das Gefühl, er habe eine Bekanntschaft gemacht, die Früchte tragen werde. Dieses Gefühl sollte ihn nicht trügen.[7]

1936 war sowohl für Deutschland als auch für Göring ein entscheidendes Jahr. Trotz der Nervosität seiner Mitarbeiter erteilte Adolf Hitler am 7. März deutschen Truppen den Befehl, in das entmilitarisierte Rheinland einzumarschieren, und jeder wartete auf die unvermeidlichen Gegenmaßnahmen der Alliierten. Später verlautbarten die Franzosen, ihre Armee habe darauf gewartet, daß Großbritannien seine Flotte mobil mache, und die Briten erklärten, sie hätten die Flotte mobil gemacht, wenn die französische Armee etwas unternommen hätte. Doch niemand tat etwas. Man hat behauptet, Hitler hätte seine Truppen zurückgezogen, wenn Frankreich militärisch reagiert hätte. Sicherlich hat nicht einmal der »Führer« geglaubt, seine schwache Armee und seine unzureichenden Luftstreitkräfte wären in der Lage gewesen, den damals, wie man glaubte, stärksten europäischen Streitkräften Widerstand zu leisten.

Aber er brauchte sich keine Sorgen zu machen. Die Alliierten nahmen das deutsche Vorgehen widerspruchslos hin, und die deutsche Öffentlichkeit stellte sich wenige Wochen nach diesem Triumph Hitlers bei einer Volksabstimmung mit überwältigender Mehrheit hinter ihren »Führer«. Hier war die Solidarität der Alliierten zum erstenmal wirklich auf die Probe gestellt worden, und sie hatten die Herausforderung nicht angenommen. Die Deutschen waren auf dem Wege, wieder eine Großmacht zu werden. In der zweiten Jahreshälfte baten General Franco und seine Offiziere Hitler, er möge sie bei ihrer Rebellion gegen die spanische Regierung unterstützen. In einer Besprechung, an der Hitler, Göring und Blomberg teilnahmen, wurde beschlossen, die spanische Junta mit deutschen Waffen, Mannschaften und Flugzeugen – ganz besonders mit Flugzeugen – zu unterstützen. Göring war entzückt über diese Gelegenheit, die Leistungsfähigkeit seiner jungen Piloten im Kriegseinsatz zu erproben. Wenige Monate später waren deutsche Jagd- und Bombenflugzeuge im Einsatz, bombardierten spanische Truppen, Städte und Dörfer und kämpften über Madrid gegen spanische und russische Piloten.

Sonst jedoch gab es in jenem Sommer in Berlin keinen Hinweis auf einen bevorstehenden Krieg. Joseph Goebbels hatte jedes antijüdische Plakat in den Straßen entfernen lassen und die Berliner Bürger aufgefordert, sich von ihrer freundlichsten Seite zu zeigen, denn aus der ganzen Welt strömten die Besucher zu den Olympischen Spielen in die Reichshauptstadt.

Thomas von Kantzow kam aus Schweden, um seine Sommerferien bei Hermann Göring und Emmy zu verbringen. Sein Stiefvater besorgte ihm Karten für die Spiele, die er von der Ehrentribüne aus neben Adolf Hitler und anderen Nazigrößen miterlebte.

Später berichtete Thomas: »Hitler trug die braune Uniform und sah darin recht langweilig aus; ebenso Joseph Goebbels in seinem schmutzig-weißen Anzug. Zwei Männer, die unter den Naziführern besonders auffielen, waren Feldmarschall von Mackensen in der Uniform der Totenkopf-Husaren mit der Pelzmütze und Hermann, der die himmelblaue Luftwaffenuniform trug. Ich fand die Eröffnungszeremonie ergreifend, und auch mein Stiefvater war bewegt. Richard Strauss dirigierte ein großes Orchester und den Chor der Tausende, die ›Deutschland über alles‹ und das ›Horst-Wessel-Lied‹ sangen. Es folgte eine von Strauss aus diesem Anlaß komponierte olympische Hymne. Emmy weinte vor Rührung, und Hermann ergriff immer wieder ihre Hand.«

Die amerikanische Mannschaft allerdings war bereits durch einige peinliche Zwischenfälle verärgert, noch bevor sie Amerika verlassen hatte. Da Hitlers Einstellung zur Rassenfrage bekannt war, hatten sich schwarze und jüdische Organisationen in den Vereinigten Staaten für einen Boykott der Spiele eingesetzt. Zum Glück hatte dieser Propagandafeldzug keinen Erfolg, denn die sportlichen Leistungen der schwarzen Amerikaner waren enorm, und als die Mannschaft in Berlin eintraf, gehörten ihr sowohl Schwarze als auch Juden an. Nur ein einziges Mitglied war auf der Überfahrt ausgeschieden, die schöne und eigenwillige Schwimmerin Eleanor Holm. Die lebenslustige Miß Holm, die der Ansicht war, ein angenehmes Leben schade ihren guten Leistungen als Schwimmerin nichts und das auch dadurch bewies, daß sie jeden Wettkampf gewann, ärgerte sich über die strengen Vorschriften, die der arrogante, strenge und unerbittliche Chef der amerikanischen Mannschaft, Avery Brundage, für seine Sportler aufgestellt hatte. Während der Überfahrt über den Atlantik auf der »Manhattan« verließ sie das Quartier der Sportler in der dritten Klasse, um sich in der ersten Klasse mit den Journalisten zu amüsieren und Champagner zu trinken. Das wurde gemeldet, sie erhielt eine Verwarnung, aber nach der zweiten Meldung verbot Brundage ihr die Teilnahme an den Wettkämpfen. Mitfühlende Reporter verschafften ihr den Auftrag, für eine Nachrichtenagentur über die Spiele zu berichten. Daher befand sie sich während der Wettkämpfe unter den Zuschauern – und lernte die Görings kennen.

Bei einem Presseempfang wurde Miß Holm Emmy Göring und Thomas vorgestellt.

»Mein armes Kind!« sagte Emmy und schloß sie in die Arme. »Und das nur, weil Sie ein Glas Champagner getrunken haben? Sie sind so schön, daß diese Leute den Champagner aus Ihrem Schuh trinken sollten. Sie müssen nach Karinhall kommen, und dort werden wir Ihnen helfen, diese schrecklichen Puritaner zu vergessen!«

Die amerikanische Mannschaft geriet am Eröffnungstage beim Einmarsch der Wettkämpfer wieder in eine Kontroverse. Der Zufall wollte es, daß die Teilnehmer an den Olympischen Spielen im alten Griechenland die Zuschauer schon damals mit ausgestrecktem Arm in einer Weise gegrüßt hatten, die dem nationalsozialistischen Gruß sehr ähnlich war. Um zu demonstrieren, daß sie der griechischen Tradition folgen wollten, aber mit der Politik ihrer Gastgeber nicht einverstanden waren, streckten die meisten Abordnungen die Arme nach der Seite aus und markierten damit einen deutlichen Unterschied.

So taten es die Briten, die Schweden und die Mannschaften aus den anderen skandinavischen Ländern. Die Italiener, die Bulgaren, einige Mitglieder der belgischen Mannschaft und die Japaner grüßten mit dem Nazi-Gruß: Zum Erstaunen ihrer Freunde taten es auch die Franzosen und erhielten dafür von den deutschen Zuschauern den stärksten Beifall.

Doch die Amerikaner waren entschlossen, deutlich zu zeigen, daß sie sich niemandem verpflichtet fühlten. Mit dem eigensinnigen Verfechter des Amateurstatus für Sportler, Avery Brundage, an der Spitze marschierten sie in das Stadion. Als sie an der Ehrentribüne vorbeikamen, zogen sie ihre Hüte und hielten sie mit abgewinkeltem Arm vor die Brust, um keine Ähnlichkeit mit dem Hitlergruß aufkommen zu lassen. Aber sie taten noch etwas anderes. Die anderen Mannschaften hatten ausnahmslos ihre Flaggen gesenkt, als sie an der Ehrentribüne vorbeikamen, doch die Amerikaner hielten ihre Fahne hoch empor.

Man hörte Buhrufe und Pfiffe.

Thomas Kantzow erzählt: »Adolf Hitler neigte sich zu Hermann herüber und flüsterte – immer noch lächelnd: ›Sie nehmen nicht nur Neger und Juden in ihre Mannschaft auf, sondern beleidigen uns auch noch.‹ Hermann erwiderte leise: ›Es ist eine amerikanische Tradition, mein Führer. Sie senken ihre Flagge vor niemandem.‹[8] Aber Hitler war, obwohl er lächelte, rot geworden und schüttelte langsam den Kopf. Ich glaube, in diesem Augenblick hätte er am liebsten jedes einzelne Mitglied der amerikanischen Mannschaft erschossen.«

Mehrere nationalsozialistische Funktionäre beabsichtigten, anläßlich der Spiele ein Fest zu geben. Aber Göring wollte alle anderen übertreffen.

»Wir haben in Karinhall stundenlang beraten, wie das Fest gestaltet werden sollte«, erzählt Thomas von Kantzow. »Seine Spione hatten ihm schon berichtet, seine Hauptrivalen seien von Ribbentrop und Goebbels. Wegen Ribbentrop, den er nicht ausstehen konnte, machte er sich augenscheinlich keine Sorgen. Er sagte: ›Er wird einen Ochsen am Spieß braten lassen und Sekt servieren. Der Ochse wird anbrennen, und der Sekt wird wie Pisse schmecken.‹«

Aber bei Goebbels lag die Sache anders. Der kleine Minister traf bereits die Vorbereitungen für ein Fest auf der Pfaueninsel bei Potsdam, ließ eine Pontonbrücke zur Insel schlagen und hatte 2000 Gäste eingeladen, darunter das Diplomatische Korps und alle aktiven Teilnehmer an den Olympischen Spielen. Es wurde ein großer Erfolg. Das Essen und die Getränke waren hervorragend, und Goebbels hatte dafür gesorgt, daß viele hübsche Filmkomparsinnen zur Verfügung standen, um die Gäste zu amüsieren.

Aber Göring übertrumpfte ihn doch. Zu seinem Kummer war Karinhall zu weit von Berlin entfernt, um die Gäste während der Spiele dorthin zu bringen. Aber seine Residenz am Leipziger Platz war ein geeigneter

Ersatz. Albert Speer hatte das Gebäude so prachtvoll umgestaltet, daß es eines Borgia würdig gewesen wäre. Hier bot sich reichlich Platz. Das Haus war mit den wertvollsten Kunstschätzen ausgestattet, die Göring hatte finden können. Im Kellergeschoß gab es sogar eine Sauna, eine Turnhalle und ein geheiztes Schwimmbad.

In dem weitläufigen Park ließ Göring einen Rummelplatz aufbauen, der an das Münchener Oktoberfest erinnerte. Es gab helles und dunkles Bier, Würstchen, Wildbret am Spieß, Berge von Kartoffelsalat und Sauerkraut und natürlich auch Sekt und Liköre.

Zur Unterhaltung seiner Gäste hatte Göring das Ballett der Städtischen Oper verpflichtet, und nachdem sich alles auf dem Rasen versammelt hatte, erschien Ernst Udet mit seinem Flugzeug am Himmel und zeigte atemberaubende Kunstflugfiguren.

Thomas von Kantzow berichtet: »Das Wetter war für ein Gartenfest zu kühl, aber Hermann erschien wie viele seiner Gäste in kurzen bayrischen Lederhosen. Er trug ein dünnes Hemd und das Edelweiß am Hut. Bald fror er so, daß seine Knie blau wurden. Doch alles amüsierte sich fabelhaft, es gab prächtige Preise an den Schießbuden, und Karussells, Riesenrad und Schiffschaukel wurden eifrig benutzt.«

Das Fest dauerte bis vier oder fünf Uhr morgens, als nur noch wenige Paare zu den Klängen einer bayerischen Blaskapelle tanzten, während andere sich ins Haus zurückgezogen hatten, um irgendwo in dunklen Ecken zu knutschen oder ein Nickerchen zu halten.

»Beim Morgengrauen ging ich hinunter zum Schwimmbecken«, erzählt Thomas von Kantzow weiter. »Die Unterwasserbeleuchtung war eingeschaltet, und ein einsames Mädchen schwamm in dem Becken hin und her. Gelegentlich kam sie an den Rand, um sich ein Glas Sekt einzuverleiben. Sie war völlig nackt, und ich erkannte die Amerikanerin Eleanor Holm. Dann stellte ich fest, daß ich nicht allein war. Im Schatten neben dem Schwimmbecken saßen Hermann und Emmy eng umschlungen und beobachteten die schöne Schwimmerin, wie sie durch das blaugoldene Wasser glitt.«

Die Nationalsozialisten waren mit dem Erfolg der Olympischen Spiele von 1936 sehr zufrieden. Den einzigen »Zwischenfall« provozierte Adolf Hitler selbst, der die Tribüne vorzeitig verließ, um dem schwarzen amerikanischen Läufer Jesse Owens, der hier die glänzendsten Erfolge errungen hatte, nicht die Hand geben zu müssen. Die Teilnahme schwarzer Sportler in der amerikanischen Mannschaft sei unfair, wütete Hitler, denn sie seien »Tiere«.

Aber trotz der hervorragenden sportlichen Leistungen schwarzer Wettkämpfer aus den Vereinigten Staaten wurde Amerika von den Deutschen geschlagen. Deutschland bekam mit 33 goldenen, 26 silbernen und 30 bronzenen Medaillen 181 Punkte, Amerika nur 124 (24 Goldmedaillen, 20 Silbermedaillen und 12 Bronzemedaillen). Es folgten Italien, Finnland,

Frankreich, Ungarn und Schweden. Großbritannien kam auf den zehnten Platz. Darüber hinaus waren die Spiele ein großartiger Propaganda-Erfolg. Nur wenige von den Tausenden, die Deutschland in jenem Sommer besuchten, mögen erkannt haben, daß drohende Wolken über dem Lande hingen. Die »Bürger zweiter Klasse« wurden zunächst nicht mehr belästigt. Sie blieben in ihrer Heimat, hoffend, daß die Welle des Hasses und der Vorurteile an ihnen vorübergegangen sei. Aber sie täuschten sich.

16

Schmerzstillende Mittel

In den Jahren 1937/38 hatte Göring mehr mit seinem Übergewicht zu kämpfen als je zuvor, und immer wieder überstieg sein Gewicht 280 Pfund, die äußerste Grenze, die er sich gesetzt hatte. Er war jetzt ohne Zweifel der meistbeschäftigte Mann im Dritten Reich. Er war nicht nur Reichsluftfahrtminister, sondern Hitler hatte ihn außerdem mit der Durchführung des Vierjahresplans beauftragt, mit dessen Hilfe das Geld für die Finanzierung der Aufrüstung beschafft werden sollte. Schacht hatte sich geweigert, ihm unterstellt zu werden und lehnte die Verantwortung für das wirtschaftliche Chaos ab. Doch weder Göring noch sein Mitarbeiter Pilli Körner waren so geschickt in der Beschaffung von Geldmitteln wie Schacht. Göring nahm seine Verpflichtungen als Reichsjägermeister immer noch ernst, war daneben ständig auf der Suche nach wertvollen Kunstwerken in Museen und Antiquitätenläden und ließ sich nicht davon abhalten, jeden Tag wenigstens eine Stunde mit Emmy zusammen zu sein.

Seine unermüdliche Tätigkeit, seine Auslandsreisen und die ständigen Besprechungen mit Hitler in Berlin, München oder Berchtesgaden steigerten seinen Appetit dermaßen, daß er ihn kaum bezähmen konnte. Ununterbrochen aß er irgend etwas. Er besaß in Berchtesgaden oberhalb von Hitlers Grundstück ein Haus und kam, wenn er sich dort aufhielt, täglich zu den Mahlzeiten zum »Berghof« herunter. Aber Hitler aß vegetarisch und trank Möhrensaft, deshalb fiel ihm nicht auf, daß das Essen für seine Gäste miserabel war: es gab abgestandenes Bier und recht ordinären Wein. Göring mißfiel das sehr. Nach dem Essen schloß er sich gewöhnlich Hitler bei seinem Spaziergang an. Dabei wurden hochpolitische Themen besprochen: wie sollte man Mussolini nach dem Einmarsch in Österreich besänftigen? Wie konnte man die Franzosen abschrecken und die Briten für sich gewinnen? Auf welche Weise war Polen dazu zu bewegen, ohne Krieg auf den Korridor zu verzichten?

Dann kehrte Göring heißhungrig nach Hause zurück und verschlang löffelweise mit Zucker geschlagenes Eigelb oder Toast mit Gänseleberpastete. Manchmal setzte ihm Emmy sein Lieblingsgericht vor: russische Blinis, mit Kaviar gefüllt und mit Sauerrahm übergossen. Das alles spülte er mit Rhein- oder Moselwein hinunter.

Wenn er dann schließlich fast aus den Nähten platzte, fuhr er nach Karinhall, um dort in der Sauna die überflüssigen Pfunde abzuschwitzen, sich von seinem Masseur durchkneten zu lassen und mit Emmy oder Robert Kropp um die Wette zu schwimmen.

Aber die Pfunde verschwanden nur bis zur nächsten Krise, wenn der Arbeitsstreß ihn zwang, wieder zuviel zu essen.

Während einer dieser Abmagerungskuren im Jahr 1937 kam er eines Tages schweißbedeckt aus der Sauna, als Hitler ihn anrief, um mit ihm die Taktik für den Einmarsch nach Österreich zu besprechen. Das Gespräch dauerte fast zwei Stunden. Während dieser Zeit saß Göring in einer zugigen Ecke und hatte nur ein Handtuch um die Hüften geschlungen. Niemand wagte in seine Nähe zu kommen, wenn er mit Hitler telefonierte, und so sah auch niemand, daß er fror. Als das Gespräch beendet war, zitterte er vor Kälte und legte sich abends mit Fieber zu Bett. Bei seiner Rückkehr nach Berlin am folgenden Tage war das Fieber gefallen, aber er hatte heftige Zahn- und Kieferschmerzen. Er rief seinen Zahnarzt, Professor Hugo Blaschke, an, der ihn sofort empfing.

Hugo Blaschke war in den Vereinigten Staaten als Zahnarzt ausgebildet worden und praktizierte seit den zwanziger Jahren in Berlin. Als Göring 1930 eine Zahnbehandlung nötig hatte, empfahl Prinz Victor zu Wied ihm Blaschke, der durch seine Vermittlung später auch die anderen Nazigrößen als Patienten übernahm, von Adolf Hitler über Eva Braun zu Himmler, Ribbentrop, Robert Ley und Martin Bormann.

Als Göring sich diesmal in den Behandlungsstuhl setzte, verzerrte sich sein Gesicht vor Furcht, »und er schien losschreien zu wollen, bevor ich ihn noch berührt hatte«, meinte Blaschke. Der Reichsminister war hochgradig nervös und schwitzte so sehr, daß Blaschke ihm sagte, er solle das Hemd ausziehen, was er auch tat.

Die Untersuchung ergab, daß die Zahnschmerzen die Folge einer Erkältung, nicht aber eines defekten Zahns waren. Deswegen verabreichte Blaschke ihm ein schmerzstillendes Mittel, das ein Opiat in geringer Dosierung enthielt und erst kürzlich von einer deutschen pharmazeutischen Fabrik entwickelt worden war. Er gab Göring eine Packung davon mit und verordnete ihm, alle zwei Stunden zwei zu nehmen, bis die Schmerzen abgeklungen seien.[1]

Fünf Tage später rief Göring den Professor an, erklärte, es ginge ihm gut und bat um ein neues Rezept. Blaschke warnte den Minister davor, das Mittel weiter zu nehmen, wenn er keine Schmerzen mehr hätte, und verweigerte ein neues Rezept.

Göring gelang es jedoch, sich das Medikament auf anderem Wege zu beschaffen. Ende 1937 nahm er täglich etwa zehn Tabletten. Sie enthielten zwar nur geringe Mengen Morphium; sie ließen sich aber, da der Patient nervös war und sich daran gewöhnt hatte, nur schwer absetzen. So war Göring sehr bald »tablettensüchtig«. Zu Anfang war er sich noch der Gefahr bewußt, die im Mißbrauch des Medikamentes lag. Er war auch entschlossen, nie wieder in eine Drogenabhängigkeit zu geraten wie damals in Schweden, denn gerade jetzt bestanden für ihn die günstigsten Möglichkeiten, in der Partei und in Deutschland große persönliche Erfolge zu erzielen. Daran dachte er Tag und Nacht. Seine gefährlichsten Rivalen waren ausgeschaltet, Röhm war tot, die SA hatte ihre Bedeutung verloren,

Himmler und seine ss hatten noch keinen starken Einfluß gewonnen. Als Oberbefehlshaber der Luftwaffe und Beauftragter für den Vierjahresplan war Hermann Göring nach Hitler der mächtigste Mann im Dritten Reich. Doch sein Ehrgeiz war damit nicht befriedigt. Er wollte zum Erben des »Führers« werden, ohne daß ein Rivale ihm diesen Platz streitig machen konnte. Als Oberbefehlshaber der Luftwaffe konnte er zwar die Feinde Deutschlands in Furcht und Schrecken versetzen, aber als Oberbefehlshaber der deutschen Wehrmacht würde er das Schicksal des gesamten deutschen Volkes in der Hand haben.

Aus seinen jüngsten Gesprächen mit Hitler wußte er, daß der »Führer« mit der inneren Situation der Wehrmacht nicht zufrieden war. Das Leben in Deutschland wurde 1937 auf praktisch jedem Gebiet von nationalsozialistischen Organisationen beherrscht, nur für das Oberkommando der Wehrmacht galt das nicht; es befand sich in den Händen des Generals Werner von Blomberg, der zugleich Reichskriegsminister war. Oberbefehlshaber des Heeres war General Freiherr von Fritsch. Beide Offiziere waren keine Nazis, und beide hatten bisher dafür gesorgt, daß die Wehrmacht aus der Politik herausgehalten wurde. Hinzu kam, daß die meisten Offiziere mit der Partei nichts zu tun haben wollten.

Hitler war sich klar darüber, daß diese Situation nicht ungefährlich war. Wäre der »Führer« 1934 entschlossen gewesen, sich hinter Röhm, seine SA und ihre radikalen Forderungen zu stellen, dann, so wußte er, hätte sich Blomberg mitsamt der Wehrmacht ihm sofort widersetzt. Röhms Plan war gewesen, die SA in die Wehrmacht einzugliedern und selbst das Oberkommando zu übernehmen. Das aktive Offizierskorps aber war fest entschlossen gewesen, diesen Streich, wenn notwendig, durch bewaffneten Widerstand zu verhindern.

Zwar lebte Röhm nicht mehr, aber jederzeit war eine Situation möglich, in der die politische Auffassung der Nazis von der der Wehrmacht abweichen konnte. Was sollte dann geschehen? Hitler konnte zum Nachgeben gezwungen werden, weil er nicht die Machtmittel besaß, in einer solchen Auseinandersetzung seinen Willen durchzusetzen.

Solange die Wehrmacht unpolitisch und ihr Oberbefehlshaber kein Nationalsozialist war, blieb die Lage für die Nazis gefährlich. Wie konnte man Blomberg ausschalten? Eine Entlassung war unmöglich. Die Wehrmacht und das Offizierskorps würden es nicht zulassen; freiwillig aber würde er nicht gehen. Mit diesem Problem beschäftigte sich Göring ununterbrochen. Die Lösung, die ihm vorschwebte, versprach nicht nur die Nazifizierung der Streitkräfte, sondern auch großen Erfolg für ihn selbst.

Göring war seit jeher ein glühender, romantischer Monarchist gewesen. Während seine Begeisterung für die Hohenzollern seit den zwanziger Jahren erheblich abgekühlt war, bewunderte er immer noch das britische Königshaus. Gern wäre er 1937 zur Krönung Georgs VI. als Vertreter Deutschlands nach London gereist. Aber eine Abgeordnete der Labourpartei, Ellen Wilkinson, bekam Wind von dem Plan, ihn einzuladen, und versicherte, er werde Unannehmlichkeiten haben, wenn er es wagen sollte, seinen Fuß auf britischen Boden zu setzen. Der deutsche Botschafter in London, Joachim von Ribbentrop, schickte Hitler den Text ihrer Rede samt Pressekommentaren, und er befahl Göring, auf die Reise zu verzichten. Das war in mancher Hinsicht schade. Göring war der bei weitem vernünftigste Naziführer. Er hätte in London mit Winston Churchill zusammentreffen sollen und aus diesem und ähnlichen Kontakten einen Eindruck von der Stimmung in Großbritannien und von den Absichten der britischen Regierung zu gewinnen vermocht. So hätte er die Mißverständnisse beseitigen können, die bei Hitler über die Ansichten der Briten in bezug auf Deutschland und die deutschen Ambitionen bestanden. Als Göring erfuhr, daß sein Besuch abgesagt werden müsse, war er tief enttäuscht. Als Vertreter Deutschlands fungierten jetzt der unmögliche Ribbentrop und General von Blomberg.[2]

Göring war überzeugt, der Herzog von Windsor, an dessen Stelle Georg VI. getreten war, hätte auf den Thron verzichten müssen, weil er eine deutsch-englische Annäherung favorisiert und die Antipathie seiner Regierung gegen den Nationalsozialismus nicht geteilt habe. Nach Görings Meinung war der Hinweis auf die nicht standesgemäße Ehe, die der Herzog mit Mrs. Simpson eingegangen war, nur ein Vorwand, ihn loszuwerden. Immerhin hatte diese Heirat die britische Regierung in die Lage versetzt, einen in peinlicher Weise »politischen« Monarchen loszuwerden. Daran muß Göring gedacht haben, als General von Blomberg ihn nach seiner Rückkehr aus London besuchte. Blomberg wollte Göring in einer persönlichen Angelegenheit um Rat fragen und teilte ihm mit, daß er, obwohl fast sechzig Jahre alt, vorhabe, wieder zu heiraten. Die Schwierigkeit, meinte er, läge darin, daß die junge Dame, seine zukünftige Frau, dreißig Jahre jünger als er und nicht ganz standesgemäß sei. Ob Göring glaube, daß irgend jemand – er dachte vor allem an das Standesbewußtsein des Offizierskorps – etwas dagegen haben könne?

Unglücklicherweise hatte Blomberg vom Vorleben seiner Braut keine Ahnung, wenn er auch wußte, aus welchen Kreisen sie stammte. Er war jedoch nicht darüber informiert, daß sie in mehreren deutschen Städten als Prostituierte registriert war, daß die Polizei sie kannte und sie wegen des Vertriebs pornographischer Bilder und Schriften vorbestraft war.

War Göring darüber im Bilde? Hatte sein Nachrichtendienst ihm etwas über die zweifelhafte Vergangenheit der Braut Blombergs mitgeteilt? Das wird heute allgemein angenommen, Beweise gibt es jedoch nicht.

Jedenfalls versicherte der Reichsluftfahrtminister dem General von Blomberg, er brauche sich wegen dieser Heirat keine Sorgen zu machen. Im Dritten Reich gebe es keine Standesunterschiede, alle Volksgenossen seien gleich (ausgenommen natürlich die Juden und Kommunisten). Schließlich gelang es Blomberg, Hitler und Göring zu Trauzeugen zu gewinnen.

Doch bald danach war Blombergs Schicksal besiegelt. Sein Sturz hätte für Göring und die Nationalsozialisten zu keinem günstigeren Zeitpunkt kommen können. Unmittelbar nach der Abreise der Neuvermählten in die Flitterwochen erfuhren Göring und Adolf Hitler zu ihrem »äußersten Entsetzen« von der Vergangenheit der jungen Frau von Blomberg. Der gedemütigte General kehrte nach Berlin zurück, wo Göring ihm mitfühlend riet, einen Strich unter das Geschehene zu machen und den Skandal zu vergessen. Er muß aber nur zu genau gewußt haben, daß das deutsche Offizierskops keinen Oberbefehlshaber akzeptieren konnte, dessen Frau eine Prostituierte gewesen war. Es blieb Blomberg nichts anderes übrig, als seinen Abschied zu nehmen und sich ins Privatleben zurückzuziehen.

Wer sollte nun an seine Stelle treten? Die Generäle setzten sich sofort dafür ein, den Oberbefehlshaber des Heeres, Generaloberst Freiherr von Fritsch, mit dem Oberkommando der gesamten Wehrmacht zu betrauen. Aber auch Fritsch wurde sofort in einen Skandal verwickelt. Himmler legte Göring und Hitler eine Akte vor, die zu beweisen schien, daß der stolze, aufrechte und puritanische General vor einigen Jahren in eine schmutzige homosexuelle Affäre mit einem notorischen Strichjungen verwickelt gewesen sei. Bei einer Gegenüberstellung identifizierte der Homosexuelle Fritsch als den Mann, mit dem er diese Beziehungen gehabt habe.

In Wirklichkeit war Generaloberst von Fritsch vollkommen unschuldig (ein verabschiedeter Offizier mit Namen Frisch hatte diese Beziehungen gehabt). Es kam zu einer Art von Verfahren, und Fritsch mußte seinen Abschied nehmen. Göring führte den Vorsitz und nahm den homosexuellen Zeugen ins Kreuzverhör. Dabei stellte sich heraus, daß der Mann einen Meineid geschworen hatte. Generaloberst von Fritsch wurde wegen erwiesener Unschuld freigesprochen, und Göring war der erste, der ihm gratulierte.[3] Doch nachdem der General in einen solchen Skandal verwickelt gewesen war, wollte man ihm, obwohl er unschuldig war, den Posten des Oberbefehlshabers nicht wieder anvertrauen. Damit hatte zum zweitenmal ein Offizier, der kein Nazi war, seine Schlüsselstellung in der Wehrmacht aufgeben müssen, und es fragte sich, welcher zuverlässige Parteimann das Oberkommando der Wehrmacht übernehmen und damit die Befehlsgewalt über alle deutschen Streitkräfte erhalten sollte.

Göring wartete jetzt auf seine Belohnung. Wahrscheinlich hat er sich in seinen Wachträumen schon lebhaft vorgestellt, welche Macht sich in seinen Händen vereinen würde. Aber er sollte enttäuscht werden.

Am 4. Februar 1938 übernahm Hitler selbst als Oberster Befehlshaber der Wehrmacht die Befehlsgewalt und schaffte das Amt des Reichskriegsministers ab. Zugleich mußten sechs Generäle des Heeres den Abschied nehmen, die für ihre Ablehnug des Nationalsozialismus bekannt waren. Der »Führer« beförderte Göring zwar zum Feldmarschall, aber das war ein schwacher Trost.

Am 20. Februar 1938 erklärte Hitler in einer Reichstagsrede, welche

Bedeutung diesen Veränderungen zukäme. Er sagte: »Es gibt keine Institution in diesem Land, die nicht nationalistisch ist ... Jede Institution des Reiches steht unter dem Befehl der obersten politischen Führung, und alle Institutionen dieses Reiches sind verschworen und einig in dem Willen und Entschluß, dieses nationalistische Deutschland zu vertreten und, wenn notwendig, zu verteidigen, bis zum letzten Atemzug ... nunmehr meine Befehlsgewalt über die drei Wehrmachtsteile direkt auszuüben und das Wehrmachtsamt und das Oberkommando der Wehrmacht mir persönlich zu unterstellen.«

Hermann Göring tröstete sich so gut er konnte und ließ sich als Feldmarschall eine neue Uniform anmessen.

Einen Monat später marschierte die deutsche Wehrmacht, die sich jetzt fest in den Händen der Nationalsozialisten befand, in Österreich ein und besetzte das Land in einem unblutigen Feldzug, an dessen Regie und Organisation Hermann Göring maßgeblich beteiligt war. Später brüstete er sich damit, er habe die österreichische Kapitulation vor allem durch eine Reihe strategisch angelegter und taktisch formulierter Telefongespräche zustande gebracht, und damit hatte er in gewisser Weise recht. Es war ein Feldzug per Telefon gewesen, und als die Wehrmacht die Grenze überschritten hatte, waren die Österreicher durch Göring dazu bewogen worden, die Niederlage hinzunehmen, ohne daß ein Schuß gefallen war.

Nachdem er sich davon überzeugt hatte, daß die Österreicher dem Anschluß keinen entschiedenen Widerstand entgegensetzen würden, fuhr er mit Emmy zu seinem ersten Besuch über die Grenze nach Schloß Mauterndorf, wo er als Kind und junger Mann unvergeßliche Tage verlebt hatte. Die Baronin Lilly empfing die beiden, als seien sie die einzigen zivilisierten Menschen in einer Horde von Barbaren. Die Besetzung ihres Landes durch die Deutschen hatte sie augenscheinlich an den Rand eines Nervenzusammenbruchs gebracht.

Ihre unmittelbare Sorge galt Hermanns jüngerem Bruder Albert, der eine so auffallende Ähnlichkeit mit dem verstorbenen Baron von Epenstein hatte. Vor einigen Jahren war er, von den Nazis enttäuscht, nach Österreich gegangen und hatte eine Zeitlang von der Unterstützung gelebt, die sein Pate ihm gewährte. Jetzt arbeitete er in einem Filmatelier in Wien, und die Baronin Lilly fürchtete, er könnte in Schwierigkeiten geraten, weil er sich oft recht abfällig über Hitler geäußert hatte. Göring versprach, seine Hand über ihn zu halten.

In den Straßen von Wien sah man überall antisemitische Plakate, und die Scherben der zerbrochenen Schaufensterscheiben jüdischer Geschäfte lagen in der Gosse. Es ging das Gerücht, 7000 Juden hätten sich seit Eintreffen der Nazis das Leben genommen, und die Gestapo begann mit der Judenverfolgung. Göring erklärte sich sofort bereit, die Bevölkerung über die »Gefahr« aufzuklären, die das Judentum darstelle.

Seine Haltung den Juden gegenüber war seltsam zwiespältig. Er hätte sagen können, »einige meiner besten Freunde sind Juden«. Sein Pate, Ritter von Epenstein, sein Stellvertreter Erhard Milch und eine Reihe jüdischer Schauspielerinnen, mit denen Emmy befreundet war, standen ihm nahe. Er schätzte die Musik jüdischer Komponisten (besonders die von Mendelssohn). Trotzdem war er der Ansicht, daß die Juden hinter den Kulissen die deutsche Niederlage im Ersten Weltkrieg verschuldet und sich in den schweren Nachkriegsjahren in Deutschland bereichert hätten. Wenn er allerdings einen Menschen mochte, hielt er es für das beste, selbst zu entscheiden, ob er Jude sei oder nicht.

Den Judenfresser Julius Streicher fand er widerwärtig, und es war ihm unangenehm, wenn Goebbels und Himmler in aller Ruhe über die Liquidierung der Juden sprachen. Später äußerte er: »Mir lag nichts daran, die Juden zu liquidieren. Ich wollte sie nur aus Deutschland heraus haben.«[4] Das mag stimmen, dennoch trifft ihn nicht weniger Schuld als die anderen Nazis.

Am 26. März 1938, sehr bald nach der Besetzung Österreichs, hielt Göring in Wien eine Rede, in der er sagte: ».. . Wenn ich von jener internationalen und jüdischen Verfilzung gesprochen habe, so muß ich hier ein ernstes Wort an die Stadt Wien richten. Die Stadt Wien kann sich heute nicht mehr mit gutem Recht eine deutsche Stadt nennen. So viele Juden leben in dieser Stadt. Wo 300 000 Juden leben, kann man nicht mehr von einer deutschen Stadt sprechen. Wien muß wieder eine deutsche Stadt werden, weil sie in der Ostmark Deutschlands wichtige deutsche Aufgaben hat. Diese Aufgaben liegen sowohl auf dem Gebiete der Kultur wie auch auf dem Gebiete der Wirtschaft. Weder auf dem einen noch auf dem anderen könen wir auf die Dauer den Juden gebrauchen.«

Diese Rede wurde am folgenden Tage mit großen Schlagzeilen in der Presse abgedruckt, und wie die amerikanische Botschaft in Wien dem State Department berichtete, enthielt sie auch einen Satz, der bezeichnenderweise von der nationalsozialistischen Zensur gestrichen worden war: »Die Juden müssen sich über eines klar sein; sie müssen verschwinden.«[5]

Schon am nächsten Tag lagen der amerikanischen Botschaft 3000 Anträge auf Erteilung von Visa für die Einreise in die Vereinigten Staaten vor. Auf Görings Verlangen und zum großen Erstaunen der örtlichen Gestapo-Dienststellen blieben die Grenzen für alle Juden, die Österreich verlassen wollten, bis zum November 1938 geöffnet. Sie ließen ihre gesamte Habe, Häuser, Kunstwerke und Juwelen zurück, und bald brüsteten sich die Nazibonzen damit, wie günstig sie solche Dinge aus jüdischem Besitz hatten erwerben können. Hermann Göring begnügte sich mit einer Anzahl von Kunstwerken, die seine Experten ihm beschafften, interessierte sich aber sonst nicht sehr für das lebhafte Geschäft mit jüdischem Eigentum. Er wußte ja, daß er ein Schloß erben würde. Dann kam es im November 1938 zu einem Zwischenfall in Paris, und für die in Österreich lebenden Juden senkte sich ein eiserner Vorhang vor die Grenze.

17

»Die Juden, die Juden!«

Göring hatte nie Zeit übrig gehabt, sich viel um die anderen führenden Parteigenossen zu kümmern. Mit Ausnahme Hitlers, den er fast wie einen Gott verehrte, hielt er sie für langweilig, habgierig und ungebildet; und er fand, daß sie die wirklich wertvollen Dinge des Lebens nicht zu schätzen wußten. Als Karin noch lebte, hatte er eine Zeitlang mit Goebbels und seiner Familie verkehrt. Aber nach Karins Tod hatten sich die Beziehungen abgekühlt, und man traf sich nur noch bei offiziellen Parteiveranstaltungen. Göring zeigte deutlich, daß er die erotischen Eskapaden von Goebbels nicht billigte, und der Propagandaminister verbreitete mit besonderem Vergnügen alle Klatschgeschichten über Göring, die ihm zu Ohren kamen. Zwar waren die beiden Männer nicht direkt verfeindet, aber eine Freundschaft bestand schon lange nicht mehr zwischen ihnen.

1938 verfügte Göring über eine Wohnung in Berchtesgaden, in der Romintener Heide (ein kleines Jagdhaus), über ein Palais in Berlin und einen Herrensitz in der Schorfheide. Dort kam er gern mit interessanten und fröhlichen Menschen zusammen, die ihn nicht mit Partei-Intrigen langweilten. Oft besuchte ihn Ernst Udet in Begleitung dieser oder jener vorzeigbaren Freundin, es kamen Pilli Körner und seine Frau. Bruno Loerzer, Karl Bodenschatz, der Prinz und die Prinzessin zu Wied, die Thyssens, das Ehepaar Krupp von Bohlen, Kunstexperten aus München, Amsterdam und Brüssel, und Emmys alte Freunde vom Theater, soweit es keine Juden waren. Er hielt auch weiter die Verbindung zu Karins Verwandten aufrecht, und ihre jüngere Schwester Lily war ein häufiger Gast in seinem Hause.

Zu seinen Geschwistern pflegte er ebenfalls enge Beziehungen und genoß es besonders, wenn seine Schwägerin Ilse Göring ihn besuchte, eine hochgewachsene, elegante Frau. Am meisten schätzte er seine Schwester Olga.

Ende 1937 teilte er seinen Familienangehörigen mit, daß Emmy schwanger sei. Die Aussicht, Vater zu werden, erregte ihn, und er war so besorgt um Emmys Gesundheit, daß er sie bat, bis zur Niederkunft in Karinhall zu bleiben. Sie war damals 44 Jahre alt, und es war ihr erstes Kind. Am 2. Juni 1938 brachte sie ohne Komplikationen eine Tochter zur Welt. Das Kind wurde auf den Namen Edda getauft. Hitler übernahm die Patenschaft.[1] Es stellte sich heraus, daß die Kinderschwester, die Emmy anstellte, nicht in der Partei war, und als Himmler das durch die Gestapo erfuhr, rief er bei Emmy an, um es zu beanstanden. Als Emmy ihm mitteilte, auch sie sei nicht Parteigenossin, knallte Himmler wütend den Hörer auf. Sofort veranlaßte Göring, daß Emmy in die Partei aufgenommen wurde. In den folgenden Monaten übernahm Olga an Emmys Stelle die Pflichten der Hausfrau bei Görings Gesellschaften, und wenn er Abwechslung suchte oder sich einsam fühlte, kam er oft in das Haus seiner Schwester. Olga Riegele war mit einem Österreicher verheiratet, der der Partei angehörte. Oft war er geschäftlich auf Reisen, und seine Frau blieb sich selbst überlassen. Äußerlich glich sie ihrem Bruder Hermann sehr. Sie war korpulent (»das liegt in der Familie«, sagte sie), heiteren Gemüts, unterhaltsam und schlagfertig.

Olga Riegele brachte in die Beziehungen zwischen Göring und dem Franzosen Paul Stehlin einen neuen Akzent, so daß zwischen dem Reichsminister und dem jungen Diplomaten ein fast familiäres Verhältnis entstand.

Im späten Frühjahr 1937 teilte Botschafter François-Poncet seinem stellvertretenden Luftattaché mit, er müsse noch am gleichen Abend an einem Essen in der Botschaft teilnehmen. Ein anderer Diplomat hatte im letzten Augenblick absagen müssen, und Stehlin mußte für ihn einspringen. Wenige Stunden später saß er neben Olga Riegele. Nach ein paar höflichen Worten, die sie mit ihren Nachbarn wechselten, waren sie bald in ein intensives Gespräch vertieft. Stehlin erfuhr, daß Olga ihren Bruder bewundere, der diese Gefühle mit geschwisterlicher Zuneigung erwiderte. Die beiden sprachen während des Essens fast ausschließlich von Göring. Ohne seinen französischen Patriotismus zu verbergen, schilderte Stehlin seine Schulzeit in dem damals noch zu Deutschland gehörenden Lothringen. Er erzählte, wie er zum erstenmal den Namen Göring gehört habe. (Die Schüler wurden mit deutscher Kriegspropaganda gefüttert, und Göring war damals ein großer Kriegsheld.) Er berichtete, daß er von den Heldentaten ihres Bruders gelesen und beschlossen habe, ihm eines Tages als Flieger nachzueifern.

»Meine Worte bewegten sie offenbar, obwohl ich feststellen konnte, daß unser Gespräch sie nicht davon abhielt, die vorzüglichen Speisen und den ausgezeichneten Wein zu genießen«, berichtet Stehlin, der selbst ein Feinschmecker war. »Die Herzlichkeit unserer Begegnung berührte sie, die Unterhaltung war angeregt, und sie amüsierte sich gut.«

Am Nachmittag des folgenden Tages bat der Botschafter Stehlin zu sich und teilte ihm mit, er sei am Abend bei Frau Riegele zum Essen eingeladen. Stehlin war bereits anderweitig verabredet und erklärte, er sei für den Abend nicht mehr frei.

»Dann sagen Sie dort ab«, ordnete der Botschafter kühl an. »Seien Sie um acht Uhr bei Frau Riegele.«

Stehlin verwünschte seine Stellung als Diplomat und Junggeselle mitsamt der Verpflichtung, überall einspringen zu müssen. Er war überzeugt, auch hier habe irgend jemand abgesagt, Frau Riegele habe sich seiner erinnert und ihn als Ersatz eingeladen. Als man sich jedoch wenig später bei Olga Riegele zu Tisch setzte, entdeckte er, daß nur sieben Personen an dem Essen teilnahmen und daß man offensichtlich auf ihn persönlich gezählt hatte. Er saß zwischen Olga und Ilse Göring, und es fiel ihm schwer, beide gleichzeitig zu unterhalten. Mit der einen versuchte er Konversation zu machen, während es ihm ein Vergnügen war, mit der anderen zu sprechen.«[2]

Es war bereits spät, und man rüstete zum Aufbruch, als die Tür sich öffnete und Hermann Göring eintrat. Er ging auf Stehlin zu, schüttelte ihm mit beiden Händen die Hand und begrüßte ihn wie einen alten Freund. Dann legte er ihm den Arm um die Schulter, zog ihn zur Seite und sagte: »Ich weiß, daß Sie oft bei Bodenschatz und Udet sind. Darüber bin ich sehr froh.« Dann fing er an, über die französische und deutsche Fliegerei zu sprechen. »Der Vorteil, den wir Ihnen gegenüber haben«, sagte er, »liegt darin, daß wir ganz neu anfangen mußten. Meine Mitarbeiter sind dynamische Männer. Sie haben Phantasie und moderne Ideen. Sie können sich für neue Projekte begeistern und Flugzeuge verwenden, die in das Jahr 1937 passen. Leute, die noch in der Vergangenheit leben, habe ich entlassen. Es sind, glaube ich, die gleichen Leute, die bei Ihnen noch dazugehören – wenigstens wenn das stimmt, was man in der Zeitung liest.«

Stehlin protestierte, wollte die französischen Luftstreitkräfte verteidigen und behauptete, sie befänden sich in der Umstellung. Die französische Luftwaffe werde mit modernem Material ausgerüstet und den Erfordernissen der Gegenwart und der nächsten Zukunft angepaßt.

Göring grinste und faßte ihn am Arm. »Zwischen dem, was ich tue und was Sie haben«, sagte er, »wird es, wenigstens solange Sie an der Spitze keine Umstellungen vornehmen, bald kaum noch etwas Gemeinsames geben. Kommen Sie einmal hinaus, sehen Sie sich unsere Übungen an und besichtigen Sie unsere Fabriken. Ich werde nichts vor Ihnen verstecken. Sie werden eine neue Vorstellung davon bekommen, wie es um die Luftwaffe steht.«

Stehlin nahm die erstaunliche Einladung an und fragte Göring, wie es der Luftwaffe möglich gewesen sei, in so kurzer Zeit zahlenmäßig auf eine solche Stärke zu kommen.

»Ich habe die Leute hinausgeworfen, die ständig alles besser machen wollen«, erwiderte er. »Wenn man einen Plan hat und ihn für vernünftig und durchführbar hält, und wenn die Produktion begonnen hat, dann muß man daran festhalten und den Plan vor denjenigen schützen, die seine Schwächen kritisieren. Was die militärische Stärke betrifft, so sind Zahlen wichtiger als Qualität. Zwischen beidem muß man einen Ausgleich schaffen.«

An diese Worte sollte Hermann Göring später schmerzlich erinnert werden.

Paul Stehlin verfaßte noch am gleichen Abend einen ausführlichen Bericht für seinen Botschafter und für das Deuxième Bureau in Paris. Er war sich der Tatsache bewußt, daß er in seinen Beziehungen zur Familie Göring jetzt eine bestimmte Grenze überschritten hatte. Von nun an wurde er von Olga Riegele mit Einladungen überschüttet und traf sie immer häufiger in ihrem Haus, im Luftfahrtministerium, im Haus der Flieger und in Karinhall. Sie schrieb ihm lange Briefe, wenn sie ihren Urlaub in Bayern oder auf Reisen verbrachte, schickte ihm Geschenke und fragte bei der Botschaft an, wann er zurückkäme, wenn er sich gerade in Paris aufhielt.

Stehlin berichtete später, er habe, als er nach Berlin kam, nicht zu hoffen gewagt, in ganz simplen, vertraulichen Privatgesprächen Dinge zu erfahren, die hochgestellte Diplomaten unter größten Schwierigkeiten herauszubekommen oder aus den Ereignissen zu folgern versuchten, indem sie endlose Befragungen anstellten oder die Zeitungsberichte analysierten.

Hier hatte sich eine persönliche Beziehung angebahnt, die den Zweiten Weltkrieg überdauern sollte. Doch obwohl er es damals nicht erkannte, war Hauptmann Paul Stehlin das Opfer eines der geschicktesten Schachzüge von Göring geworden, der die Franzosen im Sinne der politischen Ziele der Nationalsozialisten zu beeinflussen suchte.

Bei den Beratungen, die 1938 in München stattfanden, als Neville Chamberlain und Edouard Daladier das Sudetenland mit ihrer Unterschrift an Deutschland auslieferten, spielte Göring kaum eine Rolle. Er stand zur Verfügung, im Falle, daß Hitler ihn konsultieren wollte. Die Politiker und Journalisten, die sich zu dem großen Ausverkauf versammelt hatten, zerbrachen sich den Kopf über die Funktion des dicken Mannes in der himmelblauen Uniform, der von einem Zimmer ins andere eilte, mit Chamberlain oder Daladier vertrauliche Gespräche führte, dem italienischen Außenminister Graf Ciano den Arm um die Schultern legte und immer ein breites, freundliches Lächeln auf dem runden Gesicht hatte.

Doch was hatte er wirklich mit diesen Verhandlungen zu tun? Später sagte er: »Das Ganze war eine abgekartete Sache. Weder Chamberlain noch Daladier hatten das geringste Interesse daran, irgend etwas zu opfern oder zu riskieren, um die Tschechoslowakei zu retten. Das war sonnenklar. Das Schicksal der Tschechoslowakei war im Wesentlichen innerhalb von drei Stunden besiegelt. Dann stritt man sich weitere vier Stunden um den Begriff ›Garantie‹. Chamberlain versuchte immer wieder auszuweichen. Daladier hörte kaum noch zu. Er saß nur noch so da«, Göring nahm die Beine auseinander, beugte sich nach vorn und blickte uninteressiert vor sich hin. »Von Zeit zu Zeit nickte er. Er machte nicht die geringsten Einwände. Ich war verblüfft, wie leicht Hitler die Sache zustandebrachte. Schließlich wußten sie, daß Skoda und andere ihre Munitionsfabriken im Sudetenland hatten und daß die Tschechoslowakei uns ausgeliefert sein würde. Als er vorschlug, gewisse, jenseits der Grenze des Sudetenlandes angesiedelte Rüstungsbetriebe nach unserem Einmarsch in das Sudetenland zu verlegen, dachte ich, jetzt würde die Bombe platzen. Aber nein, es geschah gar nichts. Wir bekamen alles, was wir wollten, als wäre es nichts.« Er schnalzte mit den Fingern. »Sie bestanden nicht einmal darauf, die Tschechen der Form halber zu konsultieren – nichts. Zum Schluß sagte der französische Beauftragte für die Tschechoslowakei: ›Nun gut, jetzt muß ich dem Angeklagten das Urteil verkünden.‹ Das war alles. Die Frage einer Garantie wurde damit erledigt, daß man es Hitler überließ, den Bestand der Rest-Tschechei zu garantieren. Nun, sie wußten genau, was das bedeutete.«[3]

Doch in Wirklichkeit hatte er die Arbeit schon vorher geleistet, und wenn irgend jemand für das Gefühl der Ungewißheit und Angst verantwortlich war, mit dem der britische und der französische Premierminister zu den Verhandlungen nach München gekommen waren, dann war es Göring. Zugegeben, sein junger Freund an der französischen Botschaft, Hauptmann Paul Stehlin, hatte ihm, ohne es zu wissen, entscheidend dabei geholfen.

Nachdem Stehlin mit den Görings Freundschaft geschlossen hatte, nahm er in den folgenden Monaten nicht nur (mit ausdrücklicher Billigung der Botschaft) alle privaten Einladungen Görings und seiner Schwester an, sondern ließ sich auch Flugplätze, Befestigungsanlagen, Fabriken und fliegerische Vorführungen zeigen, deren Besuch allen anderen Ausländern in Deutschland streng verboten war. Eine Ausnahme war Charles Lindbergh gewesen, dem Göring auf sehr ähnliche Weise den Eindruck einer unüberwindlichen deutschen Luftwaffe vorgespiegelt hatte.

Stehlin bekam die Erlaubnis, den »Westwall« zu besichtigen. Was er hier sah, beeindruckte ihn stark. Karl Bodenschatz übernahm dabei die Führung und versicherte ihm, der Westwall sei in der friedlichsten Absicht gegenüber Frankreich gebaut worden. Seine einzige Aufgabe sei es, jeden Konflikt zwischen den beiden Ländern unmöglich zu machen. Göring habe die Befestigungen im Rahmen des Vierjahresplans errichten lassen.

Die deutsche Regierung wolle dafür sorgen, daß sie im Osten freie Hand behalte, sagte Bodenschatz; zunächst dadurch, daß man die Tschechoslowakei an einer Bedrohung der Flanke hindern und dann die sowjetische Gefahr im Osten ausschalten wolle, die ganz Europa bedrohe... Er wiederhole, daß die Errichtung des Westwalls der Beweis für Deutschlands friedliche Absichten gegenüber Frankreich sei... Frankreichs Aufgaben lägen in Afrika. Man habe das, was das Land brauche, in Übersee gefunden. Deutschlands Aufgabe läge im europäischen Bereich. Wenn Deutschland die sowjetische Gefahr ausschalte, trage es zu Frankreichs Sicherheit bei und verhelfe, menschlich gesehen, den Völkern, die sich Deutschland als gleichberechtigt anschlössen, zu einem Lebensstandard, der unvergleichlich viel höher sein werde als derzeit.[4]

Stehlin wußte nicht, daß der Westwall 1938 und auch noch ein Jahr später erhebliche Lücken hatte, denn diese Abschnitte durfte er nicht besuchen. Er hat die Befestigungen offenbar für uneinnehmbar gehalten, und die Erläuterungen von Bodenschatz haben ihn tief beeindruckt. Er verfaßte einen Bericht an seinen Botschafter, der den Inhalt sofort nach Paris weitergab.

Man führte ihn auch durch die Flugzeugfabriken, und Göring, Bodenschatz und Udet vermittelten ihm den Eindruck, daß Deutschland über eine unge-

Göring und Hitler während eines Empfanges im Januar 1938

Göring mit dem Inspekteur der Jagdflieger Oberst Galland 1941 auf einem Flughafen des Jagdgeschwaders »Schlageter« an der Kanalküste Frankreichs

Auf einem Gefechtsstand an der Kanalküste. Rechts neben Göring General Sperrl, links General Loerzer und Staatssekretär Körner

wöhnlich starke, moderne Luftwaffe verfüge, die ihren potentiellen Gegnern an beiden Grenzen weit überlegen sei. Auch dieser Bericht Stehlins wurde nach Paris weitergegeben.

Als daher der Oberbefehlshaber der französischen Luftstreitkräfte, General Joseph Vuillemin, im August 1938 zu einem offiziellen Besuch der Luftwaffe nach Deutschland kam, war er bereits darauf vorbereitet, hier das Fürchten zu lernen. Als erstes besichtigte er die Messerschmitt-Werke in Augsburg, wo die Flugzeuge der Typen Me 109 und 110 gebaut wurden. Danach reiste die französische Delegation zum taktischen Ausbildungszentrum der Luftwaffe nach Barthe an der Ostsee. Hier wurden den Franzosen Bombenzielwürfe gezeigt, die nicht nur von schweren Bombern, sondern vor allem von den neuen Stukas ausgeführt wurden, die ihre Bomben im Sturzflug abwarfen und mit erstaunlicher Präzision sogar bewegliche Ziele angriffen.[5]

Als General Vuillemin Berlin verließ, um nach Paris zurückzufahren, »sagte er dem Luftattaché, General Geffrier, und mir, wie sehr ihn alles, was er gesehen und gehört habe, erstaune und beunruhige«, wie Stehlin später schrieb. Beim Abschiedsempfang in Karinhall fragte Göring den General, was Frankreich im Falle eines deutschen Angriffs gegen die Tschechoslowakei tun werde. Der Franzose erwiderte steif, Frankreich werde zu seinen Verpflichtungen stehen.

Aber Stehlin wußte, daß sein General schwere Bedenken hatte und sie seiner Regierung nicht verheimlichen würde.

Als das Viermächtetreffen in München begann, konnte Göring sicher sein, daß zum mindesten die Franzosen es vorab vermeiden würden, in einen offenen Konflikt verwickelt zu werden. Als sich die Verhandlungen bereits im Anfangsstadium scheinbar festgefahren hatten und Briten und Franzosen energisch und gemeinsam gegen die deutschen Forderungen Front machten, bat der französische Premierminister Daladier Paul Stehlin zu einem vertraulichen Gespräch zu sich. »Sie sind Flieger«, sagte er, »und Sie kennen Ihren Chef, General Vuillemin. Er hat schwere Bedenken. Was ist Ihre Auffassung?«

In den folgenden fünfzehn Minuten entwarf Stehlin ein Bild der deutschen Luftwaffe. Er sprach »von ihrer großen Schlagkraft, von der Art, wie sie eingesetzt werden würde, von der engen Zusammenarbeit mit der Bodentruppe und davon, wie sie sich von unseren Luftstreitkräften unterscheide.« Daladier hörte aufmerksam zu und sagte dann: »Glauben Sie ebenso wie Vuillemin, daß wir nach wenigen Kriegstagen alle Flugzeuge würden verloren haben?«

Eine peinliche Frage für Stehlin; aber Daladier bestand nicht auf einer Antwort. Er ging vielmehr in den Konferenzsaal zurück, um gemeinsam mit Chamberlain die demütigenden Bedingungen des Münchener Abkommens zu unterschreiben.

Alexis Léger, ein hoher Beamter am Quai d'Orsay, antwortete auf die

Frage eines seiner Landsleute, ob das Abkommen »*un grand soulagement* (eine große Erleichterung)« gewesen sei: »*Mais oui, un soulagement! C'est comment on a merdé dans sa culotte!* (Aber ja, eine Erleichterung! So, als ob man sich in die Hosen geschissen hätte!«)

Am 8. November 1938 betrat der jüdische Flüchtling Herschel Grynszpan die deutsche Botschaft in Paris und erschoß den Botschaftssekretär Ernst vom Rath. Der Attentäter handelte offenbar in einem Zustand geistiger Verwirrung auf Grund seiner persönlichen Erlebnisse und der Leiden seiner Eltern. Das Motiv des Mordes ließ sich aber nicht genau feststellen. Zum Unglück für die Juden verübte er diese Verzweiflungstat am Vorabend der Feiern zum Jahrestag des Hitlerputsches in München. Für die fanatischen »alten Kämpfer« war das Attentat ein gefundenes Fressen.
Hermann Göring hatte an der Eröffnung der Feierlichkeiten teilgenommen, vermied es neuerdings aber möglichst, mit den alten militanten Parteigenossen zusammenzukommen. Der Aufenthalt in einem überfüllten, dröhnenden Bierkeller war ihm zuwider. Deshalb brach er vorzeitig auf und bestieg gemeinsam mit Bodenschatz den Sonderzug, der auf einem Abstellgleis auf ihn wartete, um nach Berlin zurückzufahren. Auf der Fahrt durch die Nacht bemerkten die beiden Männer, daß es in einigen Städten, die sie durchfuhren, brannte und daß in Halle ein auffallend großes Feuer ausgebrochen war. Erst nach ihrer Ankunft in Berlin erfuhren sie, daß Goebbels eine fanatische Hetzrede gehalten und die Partei zu Aktionen gegen die Juden aufgerufen hatte, die, wie er behauptete, für die Ermordung des deutschen Diplomaten vom Rath verantwortlich seien. SA und SS waren alarmiert worden und jetzt damit beschäftigt, jüdische Wohnungen zu plündern, jüdische Häuser in Brand zu stecken, Geschäfte zu verwüsten, Juden zusammenzutreiben und sie in die Konzentrationslager zu verschleppen.
Bei den später als »Kristallnacht« bekanntgewordenen antisemitischen Ausschreitungen vom 9. zum 10. November kamen 35 Juden ums Leben. Tausende wurden in Konzentrationslager verschleppt (viele durften sich später freikaufen); den dabei entstandenen Sachschaden schätzte man auf 25 Millionen Mark. Fast alle großen jüdischen Kaufhäuser in Berlin und viele kleinere Geschäfte am Kurfürstendamm wurden geplündert. Die Scherben der zerbrochenen Schaufensterscheiben lagen tonnenweise auf den Straßen.
Göring war wütend und wetterte gegen Goebbels und die Partei, weil er die ganze Sache für eine grobe Dummheit hielt. In einer Zeit der Waren- und Devisenknappheit mußte er das jetzt benötigte Fensterglas importieren, weil die deutschen Vorräte nicht ausreichten, um die Schäden zu reparieren. Und wer mußte alles bezahlen? Natürlich die Versicherungen – deutsche Versicherungen.
»Unglaublich, in welche Schwierigkeiten Sie uns gebracht haben!« schrie

er Goebbels an. »Mir wäre es lieber gewesen, ihr hättet zweihundert Juden erschlagen und hättet nicht solche Werte vernichtet!«

Außenpolitisch entwickelte die Lage sich günstig, und während Hitler die großen Erfolge der deutschen Politik seiner eigenen politischen Klugheit zuschrieb, war Göring davon überzeugt, daß seine Strategie gegenüber den westlichen Demokratien einen bedeutenden Anteil daran trage.
Göring zweifelte jetzt nicht mehr an der Wirkung seiner Abschreckungsmanöver. Im September 1938, kurz vor dem Münchner Abkommen, hatte er die Franzosen davon überzeugt, daß die deutschen Luftstreitkräfte stark genug seien, um die der Franzosen zu vernichten und ihre Städte zu zerstören. Im März 1939 kam er auf Hitlers Veranlassung von einem Italien-Urlaub aus San Remo nach Deutschland zurück, um wieder einen ängstlichen Staatsmann mit seinen Bombenflugzeugen in Angst und Schrecken zu versetzen.
Diesmal war es der alte tschechische Präsident Emil Hácha, der sich den Drohungen des Reichsministers beugte. Göring schüchterte den empfindsamen alten Mann dadurch ein, daß er ihm vor Augen führte, wie es sein würde, wenn Prag im Hagel deutscher Bomben in Schutt und Asche fiele. Überzeugt, daß die todbringenden Flugzeuge auf den deutschen Flugplätzen schon bereitstünden, während Göring mit ihm sprach, gab er mit seiner Unterschrift die Unabhängigkeit seines Landes auf und stimmte der Besetzung Böhmens und Mährens durch deutsche Truppen zu. In Wirklichkeit war das Wetter für Luftoperationen viel zu schlecht, die Bombergeschwader standen nicht bereit, und sogar die Truppen des Heeres hatten die allergrößten Schwierigkeiten, Prag über die aufgeweichten und verstopften Straßen zu erreichen. Aber niemand setzte ihrem Vormarsch den geringsten Widerstand entgegen.
Wieder war die Täuschung eines Gegners gelungen. Was spielte es da schon für eine Rolle, daß der arme Hácha aus Furcht vor Görings donnernder Stimme in Ohnmacht gefallen war? Was bedeutete schon der Schwächeanfall eines alten Mannes, wenn dadurch ein Krieg gegen die Tschechoslowakei – und in der Folge davon vielleicht sogar ein Krieg gegen Rußland und den Westen – hatte vermieden werden können?
»Aber seltsamerweise«, berichtet Thomas von Kantzow, der ihn wenig später besuchte, »konnte Hermann das Gefühl nicht loswerden, er habe sich schlecht betragen. ›Ich bin kein grausamer Mensch. Es macht mir kein Vergnügen, alte Leute anzuschreien. Warum nur haben die Tschechen einen solchen Schwächling zu ihrem Präsidenten gemacht? Bedenke doch, welche Schrecken ich ihnen dadurch erspart habe, daß ich den alten Narren zur Unterschrift zwang. Sein geliebtes Prag wäre in Trümmer gelegt worden.‹ Emmy erwiderte schnippisch: ›Du hast mir doch gesagt, die Bomber hätten gar nicht starten können. Ich habe jedenfalls geglaubt, das sei nur ein Täuschungsmanöver gewesen – du hättest gar nicht die Absicht

gehabt, Prag anzugreifen.‹ Hermann grinste. ›Ja, aber der alte Mann brauchte das doch nicht zu wissen!‹ Danach fuhr er theatralisch fort: ›Aber wie ein Gentleman habe ich mich wohl nicht betragen.‹«[6]

Dann allerdings gab er Karl Bodenschatz einen erstaunlichen Auftrag. Er schickte ihn nach München, um Frau Ilse Ballin und ihre Schwester aufzusuchen, die nach dem Putsch in München 1923 seine Wunden verbunden und ihn in ihrem Hause versteckt hatten. Bodenschatz sollte ihnen klarmachen, daß sie in Deutschland nicht mehr sicher seien. Sie sollten sich umgehend an das argentinische Konsulat in München wenden und Visa beantragen, die sie mit Sicherheit erhalten würden. Bald danach reisten die beiden Schwestern ab und durften, was mehr als ungewöhnlich war, sogar ihr Vermögen transferieren.

Inzwischen war die Baronin Lilly von Epenstein völlig aufgelöst nach Berlin gekommen. Hier hatte sie ihren deutschen Anwalt aufgesucht, um die Burg Veldenstein an Göring und seine Tochter überschreiben zu lassen. Mauterndorf sollte er erst nach ihrem Tode übernehmen. Aber sie fürchtete so sehr, von einem Krieg überrascht zu werden, daß sie Göring anflehte, er möge ihr helfen, die Genehmigung für einen längeren Auslandsaufenthalt zu bekommen. Durch seine Vermittlung erhielt sie eine Ausreiseerlaubnis und das Visum zum Besuch von Verwandten in Chicago. Aber leider gefiel ihr Amerika nicht, und sie bekam Heimweh nach Mauterndorf. Im Sommer 1939 kehrte sie zurück, und als sie am 1. September im Rundfunk hörte, deutsche Truppen hätten die polnische Grenze überschritten, erlitt sie einen Herzanfall und starb.

Thomas von Kantzow berichtet: »Den Sommer 1939 über wurde Hermann von der Vorstellung geplagt, die Verrückten in der Partei würden Deutschland in einen Krieg stürzen. Er beklagte sich bitter über Ribbentrops feindliche Einstellung gegen England; aber seinen Äußerungen war nicht zu entnehmen, daß auch Hitler den Krieg wollte. Immer wieder erklärte er: ›Es besteht gar keine Notwendigkeit für einen Krieg – warum wollen diese Idioten das nicht einsehen? Wenn der Führer es nur mir überlassen wollte! Ich würde dafür sorgen, daß Deutschland seinen Platz an der Sonne bekommt und die nächste Generation in Frieden leben kann – ohne Krieg.‹«

Gleichzeitig rüstete er als Oberbefehlshaber der Luftwaffe und mächtigster Mann in der Industrie Deutschland für den Fall eines Krieges auf. Wenn Thomas von Kantzow in Karinhall am See in der Sonne lag oder von einem Spaziergang zurückkam, sah er immer wieder Besucher in großen Autos eintreffen oder abfahren. Vor dem Konferenzzimmer standen bewaffnete Wachen, doch von drinnen hörte er Stimmengewirr, das gelegentlich von einem scharfen Zwischenruf Görings unterbrochen wurde.

Eine der wichtigsten Verhandlungen führte er mit den führenden deutschen Industriellen. Ihnen suchte er klarzumachen, daß Europa vom Kriege bedroht sei und die Juden daran Schuld trügen. Die deutsche Industrie müsse sich dieser Herausforderung stellen. Sie produziere immer noch zu viele Verbrauchsgüter.

»Was bedeutet schon die Herstellung von Verbrauchsgütern gemessen an unseren nationalen Interessen?« fragte er. »Diese Einstellung ist der Beweis für Ihre Kurzsichtigkeit. Was, zum Teufel, macht es Ihnen aus, wenn Sie Flugzeuge anstelle von Schlafzimmern produzieren – solange Deutschland in der Lage ist, sich der militärischen Herausforderung zu stellen?«

Als er sich unter den Anwesenden umsah, vermißte er ein Gesicht: der Ruhrmagnat Fritz Thyssen war nicht gekommen. Nach der Besprechung fragte Göring Erhard Milch, weshalb Thyssen nicht da sei, aber auch Milch wußte es nicht.

Am Abend meldete Göring ein Ferngespräch nach Essen an und sprach mit Thyssen, der sich entschuldigte und behauptete, er habe sich nicht wohl gefühlt. Aber Göring, der Thyssen schon viele Jahre kannte, merkte, daß irgend etwas nicht in Ordnung war. Er kündigte daher seinen Besuch für einen der nächsten Tage an, weil er bei der Redaktion der »National-Zeitung« in Essen zu tun habe. Göring war einer der Hauptaktionäre dieser Zeitung, die sein wichtigstes Presseorgan in Deutschland war. Thyssen hatte den Kauf seiner Anteile finanziert, wie er Göring auch sonst finanziell geholfen hatte, seit dieser 1928 nach Deutschland zurückgekommen war. Einen Teil der Reise unternahm Göring in seiner neuen Motorjacht *Karin II* mit Robert Kropp am Steuer. Er legte in einer kleinen Stadt am Rhein an und fuhr von dort zu Thyssen. Dieser war blaß, besorgt, nervös und wollte nicht recht mit der Sprache heraus. Schließlich erklärte er, er sei mit der politischen Entwicklung durchaus nicht einverstanden. Er habe gewisse Informationsquellen in der französischen Regierung, und was er dort gehört habe, bereite ihm große Sorgen. Er fragte, ob Göring wisse, daß die deutsche Regierung – offenbar mit dem Einverständnis Hitlers – Moskau irgendwelche Avancen gemacht habe. Daß jemand daran denken könnte, mit den Roten einen Pakt abzuschließen, sei eigentlich kaum glaublich. Wenn es jedoch zuträfe, dann bedeute es eine Tragödie für Deutschland, denn damit öffne man dem Bolschewismus Tür und Tor.

Göring wußte, daß Thyssen richtig informiert war, denn er selbst hatte dafür gesorgt, daß die französische Regierung diese Nachricht erhielt. Am 2. Mai 1939 hatte er Bodenschatz beauftragt, bei einem Zusammentreffen mit dem stellvertretenden französischen Luftattaché Paul Stehlin die letzte Hitler-Rede zu interpretieren, in der der »Führer« die Polen leidenschaftlich angegriffen, Sowjetrußland aber mit keinem Wort erwähnt hatte.

Bodenschatz hatte geäußert, die Polen glaubten, gegenüber Deutschland unverschämt und arrogant sein zu können, weil sie sich auf die Unterstützung durch Frankreich und Großbritannien verlassen und damit rechnen würden, im Kriegsfalle von Rußland materielle Hilfe zu erhalten. Sie würden sich täuschen. Ebenso wie der Führer nicht daran gedacht habe, das österreichische und tschechische Problem zu lösen, ohne sich vorher mit

Italien verständigt zu haben, habe er auch jetzt nicht vor, die Schwierigkeiten mit Polen auszuräumen, ohne sich vorher des Einverständnisses der Russen zu versichern ... Diesmal werde es keinen Zweifrontenkrieg geben.

Dieser Hinweis für die Franzosen gehörte ebenfalls zu Görings Abschreckungsmanövern. Stehlin hat später seine Gespräche mit Göring, Bodenschatz und anderen in dem offiziellen französischen »Livre Jaune« in allen Einzelheiten dargestellt. Er war tief befriedigt, daß alles gelaufen war wie erwartet und Stehlin seinen Bericht nach Paris geschickt hatte. Dennoch teilte er zweifellos Thyssens Sorge hinsichtlich des letzten diplomatischen Schrittes von Hitler. Er mißtraute den Sowjets zutiefst und lehnte einen Pakt mit ihnen instinktiv ab. Noch mehr mißtraute er allerdings dem Mann, der die Verhandlungen auf deutscher Seite leitete, dem Außenminister Joachim von Ribbentrop. Er hatte den Verdacht, Ribbentrop wolle mit den Russen nicht ein Abkommen schließen, um den Ausbruch eines Krieges zu verhindern — was nach Görings Auffassung die einzige Rechtfertigung gewesen wäre —, sondern um sicherzustellen, daß ein potentieller Krieg mit einem raschen und für den Gegner vernichtenden Schlage ende.

Später sagte Göring aus, er habe geglaubt, der deutsch-sowjetische Nichtangriffspakt vom August 1939 werde die Franzosen davon abhalten, Deutschland den Krieg zu erklären, und zwar ohne Rücksicht auf ihre internationalen Verpflichtungen. Aber was Großbritannien betraf, war er sich seiner Sache nicht so sicher. Er war vielmehr überzeugt, daß man die Briten nur mit Vernunftsgründen, nicht aber durch Terror aus dem Krieg heraushalten könne. Weder die Bedrohung aus der Luft durch deutsche Bombergeschwader noch das Bündnis mit Rußland würden die Briten hindern, den Verpflichtungen nachzukommen, die sie vertraglich übernommen hatten. Es ist bezeichnend, daß er nie versucht hat, in der britischen Botschaft einen jungen Mann zu finden, der dort die gleiche Funktion würde erfüllen können wie Paul Stehlin bei den Franzosen.

Er versuchte, seinen besorgten Freund Fritz Thyssen zu beruhigen und ihn zu überzeugen, daß der »Führer« wisse, was er täte, und daß die Verhandlungen mit Rußland nur dazu dienen sollten, einen neuen Weltkrieg zu vermeiden. An diesem Abend war Göring bei Thyssen zum Essen eingeladen. Danach führte der Gastgeber ihn durch das Haus, und er durfte die Plastiken von Maillol, die Gemälde Canalettos, Rembrandts und El Grecos bewundern. Der Gedanke kam ihm nicht, daß dieser so reiche Mann, ein feinsinniger Kunstliebhaber, sehr drastische Maßnahmen ergreifen könnte.

18

Letzte Hoffnungen zerschlagen sich

Wie bereits erwähnt, waren die Beziehungen Görings zu den anderen Nazigrößen nie sehr gut oder besonders eng, aber nun wurden sie noch schlechter. Himmler ärgerte sich maßlos darüber, daß Göring sich in seine Säuberungsaktionen gegen Juden und Antinazis einmischte und hatte Hitler gebeten, er möge ihn veranlassen, den »sentimentalen Schwächen« seiner Frau nicht mehr nachzugeben. Ribbentrop vermutete (mit Recht), daß Göring seinen diplomatischen Methoden nicht traute. Und schließlich wurde aus dem Burgfrieden, der bisher zwischen Göring und Goebbels bestanden hatte, offene Feindschaft.

Wie schon bei früheren Gelegenheiten bildeten die Seitensprünge von Joseph Goebbels den Anlaß. Trotz seines kleinen Wuchses und seines verkrüppelten Beines war Goebbels immer ein Frauenheld gewesen, und in seinen Tagebüchern wimmelt es von Berichten über galante Abenteuer. Er bevorzugte hochgewachsene schöne Frauen mit langen Beinen (zweifellos, um seinem Ego zu schmeicheln), und nachdem er als Reichsminister für Volksaufklärung und Propaganda der unumschränkte Beherrscher der deutschen Filmindustrie geworden war, konnte er, wann immer er wollte, eine Filmschauspielerin auf die Couch seines Büros in Babelsberg betten.

Hitler war erstaunlich tolerant gegenüber den sexuellen Eskapaden seiner engsten Mitarbeiter (allerdings durften sie zu seinem Mittagstisch, zum Tee, Abendessen oder zu den nächtlichen Filmvorführungen nur ihre Ehefrauen mitbringen). Doch Goebbels trieb es so hemmungslos und die Öffentlichkeit erfuhr so viel darüber, wie häufig er seine attraktive Frau Magda betrog, daß der »Führer« den kleinen Doktor dringend ersuchte, diskreter zu sein. Goebbels versprach, sich zu bessern, und zeigte sich von nun an mit dem abgehärmten Gesicht eines asketischen Mönchs, der seine Tugend zur Schau stellt.

In Wirklichkeit war er in eine viel ernstere Affäre verwickelt als üblich. Der Gegenstand seiner Leidenschaft war die bekannte Schauspielerin Lida Baarova, eine brünette Schönheit. Er war überzeugt, die Angelegenheit geheimgehalten zu haben, und als er entdeckte, daß Hermann und Emmy Göring bestens im Bilde waren, kannte sein Zorn keine Grenzen.[1]

Wie war das möglich? Nachdem er erfahren hatte, daß Göring die Telefone überwachen ließ, hatte er sich eine eigene Methode ausgedacht, um den Abhördienst zu täuschen. Er ließ die zu seinem Apparat führende Leitung der Leitung von Emmy Göring parallelschalten und war von da an bei seinen Gesprächen mit Lida Baarova völlig unbesorgt.

Als er erfuhr, daß Emmy Göring seine Frau Magda besucht und sie über alle Einzelheiten in Kenntnis gesetzt hatte, schäumte er vor Wut. Noch zorniger wurde er, als ihm hinterbracht wurde, daß Göring Niederschriften dieser Gespräche Hitler vorgelegt und beide Männer sich die delikatesten Passagen einander vorgelesen hatten.

»Wie sind sie bloß dahintergekommen?« fragte Goebbels seine Frau bei einer Auseinandersetzung. »Ich habe jede nur denkbare Vorsichtsmaßnahme ergriffen.«

»Aber hast du denn nicht gewußt«, antwortete Magda Goebbels kühl, »daß auch das Telefon von Emmy Göring überwacht wird?«

Bald mußte Goebbels die Erfahrung machen, daß die Görings in seinen Privatangelegenheiten sogar besser Bescheid wußten als er selbst. Sein Staatssekretär im Propagandaministerium, Karl Hanke, hatte sich leidenschaftlich in Magda Goebbels verliebt und sie schon fast überredet, sich von ihrem Mann scheiden zu lassen und ihn zu heiraten. Auch das erzählte Göring seinem »Führer«, diesmal, um einen öffentlichen Skandal zu vermeiden, der dem Ansehen der Nazis geschadet hätte. Hitler dachte ebenso, ließ das Ehepaar Goebbels zu sich kommen und zwang sie, sich zu versöhnen.

Goebbels war froh, seine elegante Frau nicht zu verlieren; doch hat er Göring nie verziehen, daß er Hitler in seine Privatangelegenheiten hineingezogen hatte.

Über dem Sommer 1939 lag drohend der Schatten des Krieges. Nachdem Großbritannien und Frankreich 1938 und 1939 die Tschechoslowakei im Stich gelassen hatten, verpflichteten sie sich jetzt – gleichsam zur Beruhigung ihres schlechten Gewissens – Polen zu Hilfe zu kommen, wenn es von Deutschland angegriffen werden sollte. Verzweifelt mühte sich Göring, den verhaßten Ribbentrop auszuschalten, der Krieg gegen England anzuzetteln suchte, damit die Briten »Vernunft annähmen«.

»Er fragte immer wieder, warum die Briten wegen der Stadt Danzig und des Polnischen Korridors so starrsinnig wären, denn mehr verlange Deutschland ja gar nicht von Polen«, erzählt Thomas von Kantzow. »Konnten sie denn nicht einsehen, daß beides zu Deutschland gehörte und dem Deutschen Reich gar nicht hätte fortgenommen werden dürfen? Was würden die Briten sagen, wenn jemand ihnen die Kanalinseln wegnähme – auf denen nicht einmal Englisch gesprochen wird? Sie würden sich nicht beruhigen, bis sie sie wieder hätten; das gleiche gälte für Hongkong und Gibraltar.«

Schließlich glaubte Göring, mit Hilfe von Thomas einen Weg gefunden zu haben, Ribbentrop aus dem Spiel zu lassen und sich doch bei den Briten Gehör zu verschaffen. Etwa ein Jahr zuvor hatte Görings Stiefsohn eine Stelle bei dem schwedischen Industriellen Birger Dahlerus angetreten. Dahlerus hatte Beziehungen zu einflußreichen Mitgliedern der Konservativen Partei und zur Schwerindustrie in England; er kannte Göring flüchtig. Als sich die Lage 1939 zuspitzte, glaubte er, er könne sich vielleicht als Vermittler nützlich machen.

Er begleitete Thomas von Kantzow zu einer Unterredung nach Karinhall, und Göring fand Gefallen an seiner Idee. Man beschloß, mit Hitlers Einverständnis eine Reihe einflußreicher Briten zu einem Gespräch mit Göring einzuladen, um offen über Probleme zu reden, die beide Seiten interessierten. Zuerst schlug man das mittelalterliche Schloß des Grafen Rosen in Schweden als Treffpunkt vor. Göring war begeistert von diesem Vorschlag. Friedensgespräche in dem Haus, wo er seine geliebte Karin kennengelernt hatte, müßten, so glaubte er, einen günstigen Verlauf nehmen.

Aber dann ließ man den Plan wieder fallen, weil man glaubte, die Anwesenheit des auffallenden Göring nicht vor der schwedischen Presse geheimhalten zu können. Man wählte deshalb den Besitz von Frau Dahlerus in Schleswig-Holstein, wo die Konferenz besser abgeschirmt werden konnte. Dahlerus kam aus Schweden und brachte Thomas von Kantzow mit. Die britische Abordnung bestand aus Großindustriellen, denn die britische Regierung hatte sich im letzten Augenblick entschlossen, keinen Vertreter zu schicken.

Thomas, der an den Gesprächen teilnahm, war beeindruckt von dem Verhandlungsgeschick seines Stiefvaters: »Er sprach die ganze Zeit in ruhigem Ton, blieb zuvorkommend und gleichmütig, was die anderen auch sagen mochten«, erzählte er später. »Ich glaube, es ging ihm damals nicht gut. Er litt unter Schweißausbrüchen und sah oft sehr abgespannt aus. Aber ich fand, er hat den deutschen Standpunkt sehr gut vertreten, und mir schien, auch die Briten waren beeindruckt, besonders weil er genau zuhörte und nie versuchte, sie zu unterbrechen oder sich in den Vordergrund zu spielen.«

Aus dieser ersten Begegnung ergaben sich weitere Zusammenkünfte, die im August und September stattfanden. Göring nahm Dahlerus zu Hitler mit. Anschließend reiste der schwedische Mittelsmann nach London, um mit Neville Chamberlain und dem britischen Außenminister Lord Halifax zu sprechen. Thomas von Kantzow begleitete ihn auf einigen dieser Reisen.

Göring machte sogar selbst Pläne für eine Intervention in England. Dahlerus hatte in seinen Gesprächen mit Neville Chamberlain und der britischen Regierung nicht den erhofften Erfolg gehabt. Das britische Kabinett (wenn nicht sogar Chamberlain selbst) wollte niemandem mehr trauen, der »vernünftige« Lösungsvorschläge brachte. Die Enttäuschung über die trotz des Münchner Abkommens vorgenommene »Zerschlagung der Resttschechei« hatte die Briten überzeugt, der Krieg sei unvermeidlich, und sie meinten, Görings Ausführungen und Mitteilungen seien nur Sirenenklänge zur Schwächung ihrer Entschlußkraft.

In Wirklichkeit war Göring aufrichtig. Er wollte keinen Krieg. Er hielt die Polen für unverschämt und unvernünftig und glaubte, die Garantien der Briten und Franzosen hätten ihre Arroganz dermaßen gesteigert, daß sie jetzt einen Krieg gegen Deutschland riskieren wollten, den sie glaubten gewinnen zu können. Andererseits war Göring der Ansicht (und, wie sich herausstellte, mit Recht), daß der Konflikt vermieden werden könne, wenn England auf Polen Druck ausüben würde. Als Dahlerus die Briten nicht überzeugen konnte, glaubte Göring, ihm selbst werde das vielleicht im persönlichen Gespräch gelingen.

Um den 19. August 1939 sprach er mit Hitler und erhielt dazu Erlaubnis, das Einverständnis von Chamberlain vorausgesetzt, nach London zu fliegen, um mit dem Premierminister und den anderen Kabinettsmitgliedern zu sprechen. Am Morgen des 21. August rief er Dahlerus in Stockholm an und sagte ihm: »Ich werde jetzt etwas ganz anderes tun. Das wird, glaube ich, die einzige Möglichkeit sein, den toten Punkt zu überwinden.«[2]

Ohne weitere Erklärungen legte er den Hörer auf. Etwa um die gleiche Zeit schickte der britische Botschafter in Berlin, Sir Neville Henderson (der immer behauptet hatte, Göring sei der einzige »vernünftige« Mann in der Nationalsozialistischen Partei) erfreut ein chiffriertes Telegramm nach London, in dem er mitteilte, Göring sei bereit, am 23. zu Gesprächen mit Premierminister Neville Chamberlain nach Großbritannien zu fliegen.

Der Besuch sollte streng geheimgehalten werden, und deshalb schied London als Treffpunkt aus. Die Royal Air Force schlug vor, er solle statt dessen auf einem kleinen Flugplatz bei Bovingdon in Herefordshire landen und von dort direkt zum offiziellen Landsitz des Premierministers nach Chequers fahren. Für die Zeit der Gespräche sollten alle Angestellten in Chequers beurlaubt werden. An ihrer Stelle sollten Beamte des Secret Service die Bedienung der Gäste übernehmen. Lord Halifax schreibt: »Alle Telefonverbindungen sind zu unterbrechen. Es sieht aus, als erwartete uns ein dramatisches Zwischenspiel, und nachdem wir alles vorbereitet haben, fehlt nur noch die Bestätigung aus Deutschland.«[3]

Diese Bestätigung traf nie ein. Am Abend des 21. August 1939 verstummte plötzlich die Musik in allen deutschen Rundfunksendern, und es folgte eine Sondermeldung, daß die Regierung des Großdeutschen Reichs und die Regierung der Union der Sozialistischen Sowjetrepubliken übereingekommen seien, einen Nichtangriffspakt abzuschließen. Der Reichsaußenminister von Ribbentrop werde am Mittwoch, dem 23. August, zu den abschließenden Verhandlungen in Moskau eintreffen.

Das war der Augenblick des Triumphs für Ribbentrop, und er kostete ihn voll aus. Er hatte von Görings schwedischem Vermittler gehört und erfahren, daß Göring beabsichtigte, selbst nach London zu fliegen. Man darf vermuten, daß er in einer bestimmten Verhandlungsphase sogar den Plan gehabt hat, das Flugzeug, mit dem der Schwede nach England flog, durch Sabotage zum Absturz zu bringen. Nun erklärte er dem »Führer«, es sei nicht mehr nötig, sich diese Mühe zu machen. Weshalb sollte man sich mit den Briten herumstreiten? Jetzt würden sie ohnedies nachgeben müssen. Göring dagegen war überzeugt, sie würden ihre Verpflichtungen gegenüber Polen erfüllen, wenn er keinen Ausweg für sie fände. Das konnte nur in persönlichen Gesprächen erreicht werden.

Aber Hitler schien nicht mehr daran interessiert zu sein. Er wollte es auf einen Krieg ankommen lassen und war überzeugt, ihn in kurzer Zeit zu gewinnen.

Bald nach der Bekanntgabe des Abschlusses des russisch-deutschen Nichtangriffspakts rief Adolf Hitler Göring zu sich in die Reichskanzlei. Als der Minister eintrat, ging Hitler bleich und mit zitternden Händen in seinem riesigen Arbeitszimmer auf und ab.

Er schrie ihn an: »Wissen Sie, was Ihr guter Freund Thyssen getan hat? Er ist fortgelaufen! Er hat Deutschland verlassen und gewagt, uns das hier zurückzulassen!«

Damit schob er Göring ein Stück Papier hin, das dieser mit wachsender Erregung durchlas. Der Brief war von Thyssen und zur Veröffentlichung in der Presse bestimmt. Darin legte er die Gründe dar, die ihn veranlaßt hatten, Deutschland den Rücken zu kehren. Es war ein leidenschaftlicher Angriff gegen Hitler und alles, wofür dieser sich einsetzte. Am Schluß hieß es: »Ihre Politik wird mit einem *finis Germaniae* enden.«

Göring legte das Papier auf den Tisch und sagte: »Fritz war überarbeitet. Das kann er nur in geistiger Umnachtung geschrieben haben. Überlassen Sie das mir. Ich werde dafür sorgen, daß er zurückkommt.«

Er befahl Bodenschatz und Pilli Körner, den Aufenthaltsort von Thyssen herauszufinden. Schließlich erfuhr er ihn durch seinen Abhördienst. Thyssen lebte derzeit in Paris und man hatte sogar seine Telefonnummer herausbekommen.

Göring rief ihn sofort an, aber Thyssen weigerte sich, mit seinem alten Freund zu sprechen. Statt dessen schickte er Göring am 31. August ein Telegramm und ersuchte ihn, den Brief in der deutschen Presse abdrucken zu lassen. In einem Antworttelegramm bat der Reichsminister Thyssen, sofort nach Deutschland zurückzukommen, und er verbürgte sich dafür, daß Hitler ihm vergeben werde, wenn er seine Behauptungen widerriefe.

Ich ziehe vor, das Ende des Nationalsozialismus hier abzuwarten telegraphierte Thyssen zurück.[4]

Als Göring das Telegramm erhielt, hatten deutsche Truppen die Grenze nach Polen überschritten, und der Zweite Weltkrieg hatte begonnen.

In den folgenden Jahren erreichte Göring den Höhepunkt seiner Laufbahn. In den Tagen vor und nach dem Angriff auf Polen waren seine Beziehungen zum »Führer« abgekühlt. Obwohl Hitler ihn in einer Reichstagsrede offiziell zu seinem Nachfolger bestimmt hatte, war Göring überzeugt, der »Führer« habe das nur getan, um der Luftwaffe zu schmeicheln, verfolge in Wirklichkeit jedoch andere Pläne.

Aber nach wenigen Tagen waren die polnischen Luftstreitkräfte sowohl am Boden vernichtet wie in der Luft geschlagen. Der Feldzug war vorüber, ehe er noch recht begonnen hatte, und die Luftwaffe war, dank der Stukas, in erster Linie für den Sieg verantwortlich.

Göring war der Held des Tages und sonnte sich in seinem Ruhm. Im Sonderzug fuhr er durch den von deutschen Truppen besetzten Polnischen Korridor nach Danzig, wo er sich von der »befreiten« Bevölkerung feiern ließ. Er besichtigte die zerstörten Städte Warschau und Lodz und diktierte die ersten Anweisungen für die Beschlagnahme von Rohmaterial und die Einziehung von Zwangsarbeitern für die Rüstungsbetriebe im Reich. Die Juden wurden zusammengetrieben und ihr gesamtes Eigentum beschlagnahmt. Man ergriff Maßnahmen, durch die in den folgenden Jahren das ganze Land ausgeplündert werden sollte und in deren Folge Millionen von Menschen dem Hungertod ausgesetzt wurden. Später entschuldigte Göring seine drakonischen Anordnungen damit, daß sie nur vorübergehend hätten in Kraft bleiben sollen, »bis die Alliierten zur Vernunft kommen würden und Frieden machten«. Im übrigen sei es ein Kampf auf Leben und Tod gewesen.

Trotzdem bemühte er sich auch weiter ernsthaft um Frieden. Am 8. November 1939 detonierte bei der Feier zum Jahrestag des Münchner Putsches eine von dem Kunsttischler Georg Elser angefertigte Bombe an der Stelle, an der Hitler noch vor wenigen Augenblicken gestanden hatte. Das nationalsozialistische Propagandaministerium machte den britischen Geheimdienst dafür verantwortlich. Insgeheim kursierte das Gerücht, Göring habe das Attentat geplant. Dieses Jahr hatte er sich nicht einmal die Mühe gemacht, überhaupt nach München zu kommen, und vorgeschützt, daß er sich gesundheitlich nicht wohl fühlte. Das machte ihn verdächtig, aber der Verdacht war unbegründet. Es war ihm ganz einfach zuwider, mit den »alten Kämpfern« den Bierkrug zu schwingen, und zudem war er viel zu sehr damit beschäftigt, zu überlegen, wie er Frankreich und Großbritannien noch aus dem Krieg heraushalten könnte. Doch Bodenschatz hörte, wie er zu Emmy sagte, wenn Hitler bei dem Anschlag ums Leben gekommen wäre, dann hätte er als Nachfolger des »Führers« die Kampfhandlungen sofort eingestellt, alle Truppen aus den besetzten Gebieten abgezogen und Friedensgespräche mit den Alliierten begonnen.

Als er diesmal den Kontakt zu den Briten suchte, äußerte er sich nicht mehr so klar über seine Bedingungen wie vorher. Immer noch stand ihm Birger Dahlerus als Mittelsmann zur Verfügung, und am 10. September 1939 schickte er Thomas von Kantzow (der ihn in Karinhall besucht hatte) nach Stockholm und gab ihm die Briefe von zwei Kriegsgefangenen der RAF mit, die über Deutschland abgeschossen worden waren, als sie Flugblätter abwarfen. Göring ließ Dahlerus bitten, den Briten diese Briefe zu überbringen und ihnen in seinem Namen zu versichern, die Absender würden korrekt behandelt.

Dahlerus ging sofort zum britischen Botschafter in Schweden, Sir Edmund

Monson, und überreichte ihm die Briefe als Beweis des guten Willens von Göring. Dann ging er über seinen Auftrag hinaus und erklärte dem britischen Botschafter, die Beliebtheit von Herrn Hitler habe abgenommen, und Herr Göring sei der einzige, der das volle Vertrauen der Deutschen besitze. Er behauptete, Göring sei, im Gegensatz zu allen anderen Mitgliedern der deutschen Regierung, absolut vertrauenswürdig und verpfände seine Ehre dafür, daß die deutsche Regierung jeden Waffenstillstand und die von ihm persönlich ausgehandelten Bedingungen einhalten werde. Darin werde er vom deutschen Volk unterstützt, das den Krieg nicht weiterführen wolle.

Thomas von Kantzow behauptet, soviel er wisse – und er war der Kurier – habe Göring gegenüber Dahlerus nie eine Andeutung gemacht, daß er hinter Hitlers Rücken in Friedensverhandlungen eintreten wolle. Er sei zwar bereit gewesen, Ribbentrop abzuhalftern, aber seinem »Führer« habe er unbedingt die Treue halten wollen. Zu diesem Zeitpunkt hielt Göring Verhandlungen zwischen Briten und Deutschen für notwendig. Für diese Aufgabe glaubte er, selbst die am besten geeignete Persönlichkeit zu sein. Er sah sich wieder als fliegenden Friedensboten und zog, (falls die Briten zustimmten), ernsthaft eine neutrale Hauptstadt in Erwägung, um ein Abkommen zur Beendigung des Krieges auszuhandeln.

Am 26. September flog Dahlerus nach Berlin und wurde von Göring zu Hitler mitgenommen. Der »Führer« war aggressiv, arrogant und tief befriedigt von dem überwältigenden Sieg des deutschen Heeres in Polen. Die Briten erkannten offenbar nicht, daß Friedensbedingungen auf der Basis des *status quo ante*, d. h. unter der Bedingung eines Rückzugs der deutschen Truppen aus dem besiegten Polen, jetzt nicht mehr in Frage kamen. Die Russen waren bis an die vereinbarte Demarkationslinie nach Polen vorgerückt und hatten den Ostteil des Landes besetzt. Unter der unwahrscheinlichen Voraussetzung, daß Hitler zugestimmt hätte, den von ihm besetzten Teil Polens zu räumen, wären die Russen nicht in Ostpolen geblieben, sondern hätten in der damaligen Lage wahrscheinlich nicht lange gezögert, auch noch den Rest zu schlucken.

Hitler erklärte deshalb Dahlerus nur, die Briten könnten Frieden haben, wenn sie ihn wünschten und wenn sie sich beeilten. Er sei unter keinen Umständen bereit, sich aus Polen zurückzuziehen, wolle aber Garantien dafür geben, daß die Neutralität Hollands und Belgiens respektiert würde, daß der Westwall »die unverrückbare Westgrenze Deutschlands« bleiben werde und daß »Deutschland keine territorialen Ansprüche im Westen oder auf dem Balkan stellen« wolle. Was Polen betreffe, so werde er die von Deutschen besiedelten Gebiete Deutschland und Österreich einverleiben und in Restpolen ein »Asyl« für die Juden einrichten, um sie dorthin umzusiedeln.[5]

»Nicht durch eine Niederlage auf dem Schlachtfeld«, schrieb Chamberlain am 11. November 1939 an seine Schwester, »(wird es gelingen) sondern weil die Deutschen erkennen werden, daß sie nicht gewinnen können und es sich nicht lohnt, immer magerer und ärmer zu werden, und daß vielleicht eine Möglichkeit besteht, nicht alles aufgeben zu müssen, was wirklich Wert für sie besitzt.«[6]

Dahlerus sprach im Foreign Office mit dem ständigen Staatssekretär, Sir Alexander Cadogan, und ließ ihn wissen, Göring sei bereit, zu Friedensgesprächen in die Hauptstadt eines neutralen Landes zu fliegen. Göring habe vorgeschlagen, diese Besprechungen sollten »unter Soldaten« geführt werden, und er stellte sich als Gesprächspartner einen Mann wie General Ironside vor. Außerdem trug er den Engländern die »Bedingungen« Hitlers vor, wie dieser sie am 26. September formuliert hatte.

Cadogan war skeptisch. »Das alles oder einiges davon ist vielleicht sehr schön«, sagte er, »aber wir können den Worten und Garantien der gegenwärtigen Machthaber in Deutschland nicht trauen.«

Dahlerus blieb bei der Behauptung, man könne Göring vertrauen, und schilderte lebhaft den Ernst und das verzweifelte Bemühen seines Freundes, »diesen unnötigen Krieg« zu einem friedlichen Abschluß zu bringen.

Später sagte Cadogan über Dahlerus: »Er ist wie eine Wespe bei einem Picknick. Man kann ihn nicht loswerden.«

Der Staatssekretär versprach, dem Kabinett die Friedensvorschläge vorzutragen, aber die Minister waren geteilter Meinung. Neville Chamberlain und seine engsten Freunde hofften, Göring werde sich einer Verschwörung gegen Hitler anschließen, und waren augenscheinlich überzeugt, der Reichsmarschall sei bereit, den »Führer« zu verraten. Damit beurteilten sie ihn ganz falsch. Göring hat sich keiner Verschwörung gegen Hitler angeschlossen, aber ironischerweise hielten einige der Hauptverschwörer wie der Chef der Abwehr, Admiral Canaris, Ulrich von Hassel und die Brüder Kordt für den Fall, daß ein Umsturz gelang und Hitler entweder aus dem Wege geräumt oder festgesetzt würde, Göring für das einzig mögliche Staatsoberhaupt in einem neuen Regime.

Im Zusammenhang mit der Notwendigkeit, Hitler zu beseitigen, schrieb Chamberlain an seine Schwester: »Auch sein ganzes Gefolge muß gehen, vielleicht mit Ausnahme von Göring, der in einer Übergangsregierung eine Scheinposition übernehmen könnte.«

Die anderen Kabinettsmitglieder unter der Führung von Winston Churchill, der damals noch Chamberlain unterstand, forderten, Polen müsse von den gegenwärtigen Besatzungsmächten vollständig geräumt werden. Das aber war zu diesem Zeitpunkt bereits nicht mehr möglich. Die Friedensbemühungen Görings und die Tätigkeit von Dahlerus verliefen deshalb im Sande. Deutschland und die Alliierten bereiteten sich auf den sogenannten »Sitzkrieg« vor.

Hermann Göring war tief enttäuscht. Er hatte sich aufrichtig bemüht und manches Risiko auf sich genommen, um den Ausbruch des Krieges zu verhindern und nach Kriegsbeginn rasch eine Beendigung herbeizuführen. Nachdem aber die Briten jedes seiner Angebote abgelehnt und ihre Teilnahme an den von ihm vorgeschlagenen Besprechungen an unannehmbare Bedingungen geknüpft hatten, änderte sich seine Haltung. Er betrachtete sie jetzt als starrköpfig und arrogant und wollte ihnen eine Lektion erteilen. Die Luftwaffe würde ihnen beibringen, wie töricht es gewesen war, keine Vernunft anzunehmen.

Der nur drei Wochen dauernde Blitzkrieg in Polen hatte ihn überzeugt, daß eine mächtige Luftflotte nicht nur ein Abschreckungsmittel sei, sondern auch effektiv werden konnte. Zunächst widersprach niemand seinen Prahlereien; sogar die Luftwaffe selbst war von ihrer Unwiderstehlichkeit überzeugt. Wenige Monate später monierten die Kommandeure von Jagdfliegerverbänden wie Adolf Galland, daß die Messerschmitt 109 den entsprechenden britischen Maschinen unterlegen sei, Erhard Milch lamentierte, man habe unterlassen, schwere Langstreckenbomber zu bauen, und der Sturzkampfbomber erwies sich gegenüber einer geschickten Luftabwehr als zu langsam. Aber nach dem Polenfeldzug gab es noch keine Beschwerden. Die Luftwaffe war die allmächtige Waffe, und Göring war ihr König.
Er wurde immer wieder bei Hitler vorstellig und bat ihn, die Luftwaffe zu Bombenangriffen gegen Großbritannien einzusetzen. Das war ein praktischer Vorschlag, der überraschende Erfolge hätte bringen können, denn 1939 konnte sich Großbritannien gegen Luftangriffe viel weniger gut verteidigen als sieben Monate später. Göring hatte Pläne zur Vernichtung britischer Flugzeuge am Boden, zu Angriffen gegen Flugplätze und Fabriken und wollte die britische Industrie lahmlegen, um zwei Fliegen mit einer Klappe zu schlagen. Einmal sollte damit die Landung von Truppen aus der Luft vorbereitet werden; zweitens rechnete er mit der psychologischen Wirkung des Luftkriegs. Die Luftangriffe würden die Briten bewegen, ein zweites, natürlich ungünstigeres Friedensangebot zu »vernünftigen« Bedingungen anzunehmen.
Hitler lehnte seine Vorschläge ab. Der Luftkrieg sollte zugleich mit der Offensive der Bodentruppen gegen Frankreich und die Niederlande beginnen, doch das Oberkommando des Heeres meldete wiederholt, noch seien die Vorbereitungen dafür nicht abgeschlossen. Das OKW fürchtete die Stärke der französischen Armee, ohne zu ahnen, daß der französische Generalstab zerstritten war und Zweifel an der eigenen Kampfbereitschaft hegte.
Während Göring darauf wartete, daß Hitler endlich einen Entschluß faßte, verweilte er immer häufiger und länger in Karinhall. Er dachte an einen Anbau, in dem er seine Kunstschätze unterbringen konnte, und machte mit Emmy Pläne für das Hermann-Göring-Museum, das nach dem Kriege entstehen sollte. Er drückte es zwar nicht so deutlich aus, aber es sollte eine Konkurrenz werden für eine ähnliche Einrichtung, wie Adolf Hitler

sie in Linz plante. Göring war überzeugt, sein Museum würde das von Hitler übertreffen, denn er hielt seinen Geschmack für besser. Beide hatten eine Vorliebe für Bilder mit vollbusigen Frauen, aber die von Göring waren von besseren Malern gemalt.

Am 3. März 1940 empfing er in Karinhall den Sonderbotschafter von Präsident Roosevelt, Sumner Welles, zu einem Gespräch. Welles befand sich auf einer Informationsreise durch die kriegführenden Länder, und Hitler hatte zunächst gezögert, ihn Deutschland besuchen zu lassen. Die Beziehungen zu den Vereinigten Staaten waren zu dieser Zeit kühl, um nicht zu sagen frostig. Die amerikanische Botschaft war nicht besetzt, weil der Botschafter aus Protest gegen die antisemitischen Ausschreitungen in der »Kristallnacht« 1938 nach Washington zurückgerufen worden war. Der Kongreß hatte vor einiger Zeit das Neutralitätsgesetz aufgehoben und damit die Briten in die Lage versetzt, Kriegsmaterial von den Vereinigten Staaten zu kaufen. Amerika arbeitete stillschweigend mit den Alliierten zusammen, indem es sich an der Blockade gegen Deutschland beteiligte.

Schließlich ließ sich Hitler dazu überreden, den amerikanischen Abgesandten zu empfangen, doch vorher gab er Ribbentrop und Göring die Marschrichtung an, der sie in ihren Gesprächen zu folgen hatten. Sie sollten darauf hinweisen, daß Großbritannien und Frankreich Deutschland den Krieg erklärt hätten und nicht umgekehrt, daß Großbritannien »jetzt, da das polnische Problem sich erledigt hat«, alle Friedensfühler Hitlers zurückgewiesen habe und daß es Großbritannien sei, das Deutschland vernichten wolle, während er (Hitler) sich stets für die Unterstützung und Erhaltung des britischen Weltreichs eingesetzt habe.

Summer Welles war nicht der wendigste und auch nicht der phantasievollste Berichterstatter, den Roosevelt damals nach Europa hätte schicken können. Der offizielle deutsche Dolmetscher Paul Schmidt hat später gesagt, er sei nichts anderes gewesen als »zwei Ohren mit einem Bleistift dazwischen«. Dieser Ausspruch stammt ursprünglich von dem fanzösischen Diplomaten René Massigli, der sich selbst so bezeichnet hat. Der Präsident und das State Department hatten ihn wahrscheinlich angewiesen, zu dem, was er hörte, nicht Stellung zu nehmen und auch keine Verhandlungen zu führen. Aber während er Informationen sammelte, hätte er wenigstens nach außen hin freundlich, wenn auch passiv sein können. Statt dessen war sein Auftreten so steif, ja hölzern, daß jede Initiative, die ein aufgeschlossener Besucher in Hitler hätte wecken können, von diesem undurchsichtigen Mann abgewürgt wurde. Ribbentrop behandelte Welles von oben herab und stieß ihn vor den Kopf, als er nicht die Spur eines Lächelns zeigte und kein einziges höfliches Wort zur Begrüßung fand. Später beschrieb Welles diesen Empfang als »das erstaunlichste Erlebnis der ganzen Reise«. Die Bösartigkeit des nationalsozialistischen Außenministers drang sogar durch seine dicke Haut.

Im Gegensatz dazu setzte Hermann Göring seine Liebenswürdigkeit ein

Göring, der den Einsatz der Luftwaffe über England leitete, nimmt den Bericht einer vom Feindflug zurückgekehrten Besatzung entgegen

Göring inspiziert 1943 die Luftabwehr im Süden und Westen des Reiches; das Foto zeigt ihn beim Rundgang durch einen Rüstungsbetrieb

Der »Reichsmarschall«

Der »Reichsjägermeister«
und »Reichsforstmeister«

und bemühte sich immer wieder, aus dem amerikanischen Abgesandten irgendwie einen Funken zu schlagen. Er fuhr mit ihm durch die Schorfheide, zeigte ihm das Wild und wollte ihm sogar einen jungen Löwen auf den Schoß setzen, vor dem Welles aber ängstlich zurückschreckte. Das Ehepaar Göring hatte eine besondere Vorliebe für Löwenbabys, die, wenn sie größer waren, an einen Zoo weitergegeben wurden. Jede Woche badeten Emmy und Göring die jungen Löwen in ihrem eigenen Bad. Bei einer Besichtigung von Karinhall sprach Göring sogar gelegentlich gebrochen Englisch und zeigte seinem Gast die Gemälde, die jetzt schon dicht die Wände bedeckten.

Zwischendurch befolgte er gewissenhaft die Anweisungen seines »Führers«, sprach von Frieden und war, wie Paul Schmidt berichtet, der geschickteste und natürlichste Gesprächspartner des Amerikaners. Aber selbst Göring wurde es langweilig, sich mit jemandem zu unterhalten, der absolut keine Reaktion zeigte, und gab Schmidt ein Zeichen, daß er das Gespräch als beendet ansähe. Welles hatte offenbar erwartet, zum Essen eingeladen zu werden, denn er konnte erst am späten Nachmittag wieder in Berlin sein, aber der Reichsminister erwähnte diese Möglichkeit mit keinem Wort und ließ ihn hungrig in die Hauptstadt zurückfahren.[7]

Während Göring sich noch in Karinhall aufhielt, erfuhr er durch seinen Nachrichtendienst, daß Hitler nicht, wie er gehofft hatte, den Angriff gegen England vorbereitete, sondern eine Invasion Skandinaviens plante. Göring eilte nach Berchtesgaden und fragte Hitler – mehr besorgt als erzürnt –, warum man ihm darüber keine offizielle Mitteilung gemacht habe. Bodenschatz und Milch seien zu den Beratungen hinzugezogen worden, man habe ihnen aber befohlen, Göring mit diesen Dingen nicht zu belästigen.

Der »Führer« antwortete, man habe ihn schonen wollen, weil er krank sei (Göring litt unter Gelenkschwellungen). Tatsächlich wußte Hitler durch Berichte der Gestapo, daß Göring kürzlich durch seinen alten Freund, den Grafen Rosen, mit König Gustav von Schweden in Verbindung getreten war und diesem versichert hatte, wie sich der Krieg auch entwickeln sollte, Schweden werde nicht angegriffen werden; er persönlich garantiere die Neutralität des Landes. Das Oberkommando der Wehrmacht hatte jedoch nicht nur die Besetzung von Dänemark und Norwegen und die Errichtung neuer Marinestützpunkte gegen Großbritannien in diesen Ländern vorgesehen, sondern auch die Besetzung von Schweden, weil die Versorgung der deutschen Rüstungsindustrie mit schwedischem Eisenerz lebenswichtig war.

Göring, klug genug das zu erkennen, und ein Entwurf der Operationspläne, die ihm jetzt übergeben wurden, bestätigte die Befürchtung, sein geliebtes Schweden könnte das Ziel für Hitlers nächstes Annexion sein. Zum erstenmal seit vielen Jahren fand er den Mut, sich dem »Führer« zu widersetzen. Er sagte, er habe sein Wort gegeben, daß die Neutralität Schwedens respektiert würde. Dafür hätten die Schweden zugesagt, Deutschland regelmäßig mit Eisenerz zu beliefern. Was könne Hitler mehr verlangen? Brauchte er die Zustimmung der Schweden für den Einmarsch deutscher Truppen in Norwegen? Hitler solle ihm das überlassen, er werde die Sache in die Hand nehmen. Außerdem werde er dafür sorgen, daß die englandfreundlichen Kräfte in der Regierung und im öffentlichen Leben Schwedens ihren Einfluß verlören. Wenn jedoch das Oberkommando der Wehrmacht darauf bestünde, Schweden zu besetzen, werde er seinen Abschied nehmen.

Göring wußte, daß die Schweden ebenso wie die anderen skandinavischen Länder im Falle eine Angriffs Widerstand leisten würden. Er dachte an seinen Schwager Rosen, seinen Stiefsohn Thomas von Kantzow und an seine anderen schwedischen Verwandten und Freunde, gegen die zu kämpfen ihm unerträglich erschien. Seine Besorgnis war so offensichtlich, daß Hitler nachgab und versprach, neue Operationspläne ausarbeiten zu lassen, in denen die Besetzung Schwedens vermieden würde. Er weigerte sich jedoch energisch, eine Note an König Gustav zu schicken, in der er Görings Friedensgarantie für Schweden bestätigte.

Göring schrieb deshalb an Thomas von Kantzow, sein Wort müsse ihm genügen. Der Angriff gegen Schweden werde unterbleiben. Thomas von Kantzow kämpfte zu der Zeit in einem schwedischen Freiwilligenverband in Finnland gegen die Russen.

Wie viele Schauspielerinnen war auch Emmy Göring sehr abergläubisch. Sie war eine begeisterte Kartenlegerin und interessierte sich für Astrologie. 1938 lernte sie durch eine ihrer adeligen Freundinnen einen Hellseher kennen, den sie häufig konsultierte. Er hieß Dr. Augustus Heermann und hatte angeblich das zweite Gesicht.

Thomas von Kantzow erzählt: »Es war ein ganz gewöhnlich aussehender Mann, der steife weiße Kragen – sogenannte Vatermörder – zu tragen pflegte. Ehe er sich auf etwas konzentrierte, nahm er den Kragen ab und steckte ihn in seine Aktentasche. Dann ging er – mit dem blanken Kragenknöpfchen im Halsausschnitt – im Zimmer auf und ab.«

Emmy schwor auf ihn. Sein größter Erfolg war nach ihrer Meinung die Auffindung eines goldenen Zigarettenetuis, das sie Hermann zum Geburtstag geschenkt hatte. Bei der Geburtstagsfeier lag es bei den anderen Geschenken auf einem Tisch, aber nachdem sie und ihr Mann das Zimmer für einen Augenblick verlassen hatten, war es verschwunden.

Emmy berichtet: »Als ich mich zum Abendessen umzog, dachte ich an Dr. Heermann. Einer Eingebung folgend rief ich ihn gleich an und sagte ihm, was geschehen war. Er sagte: ›Bitte bleiben Sie etwa zehn Minuten am Apparat und legen Sie den Hörer nicht aus der Hand.‹ Nach dieser Zeit hörte ich wieder seine Stimme. Er sagte ganz langsam: ›Das Zigarettenetui ist von einem Lohndiener gestohlen worden, den Sie für den Abend engagiert haben. Ihr Mann wird es morgen vormittag zurückbekommen. Einer Ihrer Hausangestellten wird es finden.‹«

Beim Abendessen wandte sich Emmy an ihren Mann und sagte betont laut: »Hermann, ich weiß jetzt, wer dein Zigarettenetui gestohlen hat. Zum Glück war es niemand von unseren Leuten.«

Im gleichen Augenblick, so berichtet sie, habe einer der Lohndiener vor Schreck fast das silberne Tablett fallen lassen, das er in der Hand hielt, und etwas Suppe über das Kleid ihrer Schwester verschüttet. Natürlich fiel der Verdacht auf diesen Mann. Am folgenden Morgen wurde das Etui beim Saubermachen hinter einem Stuhlkissen gefunden.

Im Januar 1940 überredete Emmy ihren Mann und Adolf Hitler, die Allwissenheit des Dr. Heermann in folgender Angelegenheit zu bemühen: ein Luftwaffenkurier war mit einer geheimen Kommandosache zu einem höheren Stab des Heeres nach Köln entsandt worden. Dabei handelte es sich um die deutschen Aufmarschpläne gegen die neutralen Länder Holland und Belgien als Teiloperationen eines Feldzugs gegen Großbritannien und Frankreich. Der Kurier sollte die Bahn benutzen, doch ein befreundeter Pilot nahm ihn in seinem Flugzeug mit. Die Maschine verlor in einer Schlechtwetterlage die Orientierung und machte eine Bruchlandung in Belgien.

Göring war gerade auf seiner Burg Veldenstein, als der »Führer« ihn nach Berlin rief, um ihm diese ungeheuerliche Panne mitzuteilen. Der Aufmarschplan für den Feldzug im Westen einschließlich eines Zeitplans, der genauen Einteilung aller Truppen, der taktischen Dispositionen usw. befand sich jetzt auf belgischem Boden. Die große Frage war, ob die Papiere den Belgiern in die Hände gefallen waren oder nicht. War es dem Kurier gelungen, sie doch noch zu vernichten?

»Wie könnten wir das herausbekommen?« sagte Göring. »Danach richtet sich, was wir unternehmen müssen, ob wir sofort angreifen, oder den Angriff verschieben, und weiter so tun sollen, als hätten wir nicht die Absicht, die Neutralität der Niederlande zu verletzen. Wir sind in einem schrecklichen Dilemma. Der Führer ist wütend. Ich habe schon General Felmy nach Hause schicken müssen, um ihn zu beruhigen.« General Felmy war der Befehlshaber der deutschen Luftstreitkräfte im Westen und hatte mit dem Zwischenfall nichts zu tun, aber es mußte ein Sündenbock gefunden werden. Er wurde von General Kesselring abgelöst.

Emmy wußte Rat. Sie rief Dr. Heermann an und bat ihn, mit seinem sechsten Sinn zu helfen.

Sie berichtet: »Nach kurzer Pause sagte er: ›Der Mann mit den Papieren ist in Belgien gelandet.‹ Mir stockte der Atem, denn Belgien hatte ich nicht erwähnt. Dr. Heermann fuhr fort: ›Unmittelbar nach der Notlandung bat der Offizier einen vorüberkommenden Bauern um Feuer für seine Zigarette. Er versuchte, die Papiere mit dem Streichholz zu verbrennen. Das gelang ihm nur zum Teil. Er bat den Bauern um ein zweites Streichholz, aber der Mann hatte keines mehr. Inzwischen war die belgische Polizei aufgetaucht. Sie nahm beide, den Offizier und den Piloten mit zur Polizeistation. Dort brannte ein kleiner eiserner Ofen. Der Offizier knüllte die Papiere zusammen und warf sie in den Ofen. Ein Polizist sprang hinzu und zog sie wieder heraus. Die Paiere waren jedoch so stark verkohlt, daß man nur noch soviel darauf lesen konnte, wie eine normale Hand verdecken würde. Es waren zwei Dokumente, und sie befanden sich in einer schwarzen Aktentasche.‹«

Als Göring erschöpft von seiner Besprechung mit Hitler nach Hause kam, berichtete Emmy ihm von ihrem Gespräch mit dem Hellseher. Er lachte sie nicht einmal aus, sondern ging an ihr vorüber in sein Arbeitszimmer. Aber sie folgte ihm und flehte ihn an, Hitler anzurufen. Schließlich erklärte er sich dazu bereit, Hitler kam sofort zum Leipziger Platz und hörte sich Emmys Geschichte von Dr. Heermann an.

Der Bericht Emmy Görings über das, was nun folgte, wirft ein seltsames Licht auf die Beteiligten: die beiden ranghöchsten Männer des nationalsozialistischen Staates lassen sich in der Sorge, ihr Angriffsplan gegen den Westen könnte verraten sein, allmählich von dem Aberglauben einer Schauspielerin einwickeln.

Hitler ließ die erste Ausfertigung seiner Anweisung aus der Reichskanzlei holen, und als das Dokument auf dem Tisch lag, legte jeder von ihnen seine Hand auf der Mitte der obersten Seite: zuerst Emmys gepolstertes Hänchen, dann Hitlers bleiche, zitternde Finger und zum Schluß die schwere Pranke von Göring.

Man glaubt förmlich, Emmys freudigen Aufschrei zu hören, als sie feststellten, daß sich bis auf unzusammenhängende Worte und Zahlen nichts mehr entziffern ließ. Göring war skeptisch, aber Hitler schöpfte neue Hoffnung.

Nun nahmen sie einen Packen Papier von der Stärke des Originals, gingen in den Keller und warfen das Ganze in den Heizungsofen, um es sofort wieder herauszuziehen und zu prüfen, wie weit die Seiten verkohlt wären. »Sehen Sie«, rief Emmy, »es stimmt! Dr. Heermann hat uns die Wahrheit gesagt. Niemand kann wissen, was in den Papieren gestanden hat.«[8]

Vorläufig beruhigten sie sich mit diesem Ergebnis. Es bestand keine Gefahr, die Papiere waren unleserlich; der Feind kannte die Pläne nicht ...

Erst nachdem sie sich eine Zeitlang gegenseitig beglückwünscht und ihrer Erleichterung Ausdruck gegeben hatten, kamen Hitler und Göring wieder zur Besinnung. Die beunruhigende Frage war: Wie konnte irgendein Scharlatan, der einer abergläubischen Schauspielerin am Telefon eine Geschichte erzählte, *wissen*, was ein paar hundert Kilometer weit weg mit irgendwelchen Papieren geschehen war?

»Ich glaube«, sagte Göring, »es ist besser, wenn wir die Pläne ändern.«

»Und wenn der Kurier zurückkommt«, meinte Hitler, »dann lassen Sie ihn erschießen.«

Tatsächlich waren die Papiere den Belgiern unversehrt in die Hände gefallen, wie der belgische Botschafter der deutschen Regierung später mitteilte. Der Kurier nahm sich, bevor er an Deutschland ausgeliefert werden konnte, das Leben.

Der deutsche Angriff im Westen wurde auf einen späteren Zeitpunkt verschoben.

19

Wer hat was gewonnen?

Die große deutsche Offensive im Westen begann am 10. Mai 1940. Fallschirmjäger sprangen über dem größten holländischen Flughafen Schiphol ab und besetzten ihn schon am frühen Morgen. Wasserflugzeuge landeten auf der Maas, und die Luftlandetruppen nahmen im Handstreich die nach Rotterdam führenden Brücken. Sturzkampfbomber stießen heulend auf das Stadtzentrum nieder und zerstörten es. Dieser Angriff wäre nicht nötig gewesen, denn Rotterdam verhandelte, als die Flugzeuge am Himmel auftauchten, schon über die Kapitulation. Aber die Flieger konnten wegen einer Störung der Nachrichtenübermittlung nicht mehr rechtzeitig informiert werden. Die deutsche Heeresleitung war sich der demoralisierenden Wirkung solcher Massenbombardierungen durchaus bewußt. Nach den Erfahrungen in Polen glaubte man, die Bewohner großer Städte damit einschüchtern und ihren Widerstandswillen brechen zu können. Ohne es zu wollen, unterstützten die Alliierten die Terrorpropaganda der Deutschen, indem sie die Zahl der Opfer des Angriffs auf Rotterdam stark übertrieben. Man nahm an, es seien 25 000 Menschen dabei ums Leben gekommen. In Wirklichkeit waren es jedoch 814.

Holland kapitulierte nach fünf Tagen. Belgien ergab sich, ohne Großbritannien oder Frankreich vorher verständigt zu haben. Unterstützt von der Luftwaffe stießen die deutschen Panzerkolonnen den französischen Verteidigern der Maginotlinie in die Flanke und rollten ungehindert nach Frankreich hinein. In wenigen Wochen war alles vorüber. Die Franzosen unterzeichneten den Waffenstillstand. Ein großer Teil der britischen Armee konnte über Dünkirchen nach England evakuiert werden, ohne einen Schuß abgefeuert zu haben, ließ aber die Masse ihrer Ausrüstung zurück.

In der militärischen Fachliteratur über die Schlacht in Frankreich, die seit Ende des Zweiten Weltkriegs erschienen ist, hat man Hermann Göring wegen seiner Taktik scharf kritisiert. Die Generäle gegen ihm die Schuld dafür, daß nur Frankreich und nicht auch Großbritannien besiegt und der Krieg gewonnen worden sei. Folgendes war geschehen: die deutschen Panzerdivisionen wurden am 24. Mai 1940 auf Hitlers direkten Befehl am Kanal vor Dünkirchen angehalten und blieben 48 Stunden dort stehen. Während dieser Zeit hätte die Luftwaffe die im Kessel von Dünkirchen eingeschlossenen Briten angreifen und vernichten sollen. Als es der deutschen Luftwaffe wegen des ungünstigen Wetters und der schlechten Sicht und weil die Royal Air Force erbittert Widerstand leistete, nicht gelang, die Evakuierung der britischen Truppen zu verhindern, durften die deutschen Panzerverbände den Vormarsch fortsetzen.

Heute ist man der Ansicht, daß die Panzer, wären sie nicht gestoppt worden, in den Kessel hätten eindringen und das britische Expeditionskorps endgültig vernichten können.

Wie die Lage sich entwickelte, konnte sich die Masse der britischen Truppen in Sicherheit bringen, und die Generäle im deutschen Oberkommando, die Göring fast alle aufrichtig haßten, gaben ihm die Schuld.

Am 5. Juni 1940, nachdem die letzten kleinen Schiffe nach England ausgelaufen waren und die deutsche Armee Dünkirchen endlich eingenommen hatte, hielt Hermann Göring in seinem gepanzerten Eisenbahnzug nicht weit von einem schützenden Tunnel in der Nähe der Kanalküste mit den Befehlshabern seiner Luftwaffe eine Besprechung. Erhard Milch, Kesselring, Befehlshaber im Westen, und Jeschonnek, sein Chef des Stabes, waren zugegen, als er eine Beurteilung der Lage gab und ihnen mitteilte, daß er, ihre Zustimmung vorausgesetzt, dem »Führer« einen Vorschlag machen werde, nämlich: den Angriff gegen England sofort zu starten.[1]

Dafür brauchte er fünf Heeresdivisionen zur Verstärkung der Fallschirmjägerdivisionen der Luftwaffe, außerdem fünf Divisionen als Reserve für das VI. Luftlandekorps.

Das werde ihn, wie er meinte, in die Lage versetzen, mit seiner Luftwaffe nicht nur die feindlichen Luftstreitkräfte, sondern auch die sehr starken Seestreitkräfte der Briten zu vernichten.

»Am Ende dieser Entscheidungsschlacht«, sagte Göring, »wäre auf beiden Seiten nichts mehr übriggeblieben, und dann hätten wir mit unseren Reserven, also mit einer Handvoll Soldaten der 5. und 6. Luftlandedivision, die endgültige Entscheidung erzwingen können.«[2]

Dies war sicherlich der einzige Zeitpunkt, an dem man ohne sorgfältigste Vorbereitungen den Kanal überqueren konnte. Die britische Armee war desorganisiert und die Verteidigungsanlagen in England waren schwach besetzt, vor allem die Fliegerabwehr, so daß ein derartiger Plan durchaus erfolgversprechend war. Aber Adolf Hitler lehnte den Vorschlag des Oberkommandierenden der Luftwaffe ab. Nach dem Triumph der deutschen Waffen befand er sich noch in einem Zustand der Euphorie und wollte offenbar nichts unternehmen, was die Briten noch mehr demütigen könnte.

Bei einer Führerbesprechung nach dem Waffenstillstand erklärte er, er wolle mit Frankreich einen vernünftigen Frieden schließen. Dann sei der Weg für eine Verständigung mit Großbritannien frei. Der Chef des Stabes des Oberbefehlshabers des Heeres, General Guenther Blumentritt, sagte später:

»Dann sprach er zu unserem Erstaunen mit Bewunderung vom britischen Weltreich, von der Notwendigkeit seiner Existenz und von der Kultur, die Großbritannien in der Welt verbreitet habe ... Er sagte, alles, was er von Großbritannien verlange, sei die Anerkennung der Stellung Deutschlands auf dem Kontinent. Die Rückgabe der deutschen Kolonien sei zwar wünschenswert, aber nicht entscheidend . . . Zum Schluß sagte er, sein Ziel sei es, mit Großbritannien einen Frieden zu schließen, den anzunehmen mit der britischen Ehre vereinbar sei.«[3]

Eine solche Auffassung muß Hermann Göring überrascht haben. Seine eigene Einstellung zu England war ähnlich. Doch im Gegensatz zu Hitler erkannte er mit Bedauern, daß die Zeit vorüber war, in der die Briten ein solches Angebot angenommen hätten. Die Würfel waren gefallen; das Spiel mußte zu Ende gespielt werden. Er kannte die Briten gut genug, um zu wissen, daß sie jetzt nicht mehr aufgeben würden.

Nun hatte der »Führer« diese eigenartige, fast anglophile Haltung eingenommen. Er war überzeugt, das britische Empire sei ein wichtiger Faktor für die Erhaltung des Gleichgewichts in der Welt, und wenn man die Briten durch eine Niederlage demütige, werde man damit nicht Deutschland, sondern Japan, den Vereinigten Staaten und einigen anderen einen Gefallen tun.

Die Luftwaffe, die bereitstand, den entscheidenden Schlag zu führen, durfte nicht in Aktion treten. Damit war die Gelegenheit ein für allemal vertan. Nicht einmal die deutschen Generäle konnten Göring daraus einen Vorwurf machen.

Am 27. Juni 1940 schrieb Göring aus Paris an Thomas von Kantzow einen begeisterten Brief über die Schönheit der französischen Hauptstadt. Karin, die vor dem Ersten Weltkrieg hier gelebt hatte, als ihr erster Mann Militärattaché an der schwedischen Botschaft war, hatte diese Stadt besonders geliebt.

Göring schrieb: »Gestern in der Stille des frühen Abends ging ich die Champs Elysées entlang und fühlte die Hand Deiner lieben Mutter in der meinen.«[4]

Sechs Tage zuvor hatte er in der Uniform eines Feldmarschalls mit dem Marschallstab in der Hand Hitler auf die Waldlichtung von Compiègne begleitet, wo der Waffenstillstand mit den Franzosen unterzeichnet werden sollte. Man hatte dazu jenen alten Eisenbahnwagen, in dem die geschlagenen Deutschen 1918 den Waffenstillstand hatten unterzeichnen müssen, aus einem Pariser Museum dorthinbringen lassen. Er stand neben dem Gedenkstein, auf dem die Franzosen diese Inschrift eingemeißelt hatten:

»Hier unterwarf sich am 11. November 1918 der verbrecherische Stolz des Deutschen Reichs, besiegt von den freien Völkern, die er versklaven wollte.«

Hitler, Göring, Ribbentrop, General Keitel und Rudolf Heß zögerten einen Augenblick, ehe sie den Salonwagen betraten, in dem die französische Waffenstillstandsdelegation unter General Huntzinger sie erwartete. General Keitel verlas die Präambel zu den Waffenstillstandsbedingungen: »Nach heroischem Widerstand . . . ist Frankreich geschlagen worden. Deutschland hat nicht die Absicht, einem so tapferen Gegner mit dem

Waffenstillstand besondere Härten aufzuerlegen. Das Ziel der deutschen Forderungen ist es, eine Wiederaufnahme der Feindseligkeiten zu vermeiden, Deutschland die Fortführung des Krieges gegen England zu ermöglichen, da es keine andere Wahl hat, als den Kampf fortzusetzen, und die Voraussetzungen für einen neuen Frieden zu schaffen, der als Unrecht beseitigen soll, das dem Deutschen Reich aufgezwungen worden ist.«

Der Text wurde von Dr. Paul Schmidt übersetzt, dann erhoben sich Hitler, Göring und die anderen Naziführer, verbeugten sich vor den Franzosen und verließen den Waggon. Als sie wieder ins Freie kamen, waren deutsche Soldaten schon damit beschäftigt, den Granitblock mit der demütigenden Inschrift über die deutsche Niederlage von 1918 auszugraben. Drei Tage später, nachdem die Franzosen widerwillig die Waffenstillstandsbedingungen angenommen hatten, wurde er gesprengt. Der Salonwagen wurde in Berlin ausgestellt, als Symbol dafür, wie Adolf Hitler die Demütigung Deutschlands nach dem Ersten Weltkrieg gerächt hatte.

In Begleitung von Albert Speer fuhr Hitler nach Paris und besuchte den Louvre, den Invalidendom und einige andere Sehenswürdigkeiten. Göring zog es vor, in das Musée du Jeu de Paume zu fahren; Alfred Rosenberg hatte unterdessen eine Expertengruppe zusammengestellt, deren Aufgabe es war, die Kunstschätze im besetzten Europa für das Deutsche Reich »sicherzustellen«. Göring kam es darauf an, daß die wertvollsten Stücke für ihn reserviert wurden, und als er durch den Louvre und die überfüllten Räume des Jeu de Paume ging, um sich an den Gemälden von Boucher, Rubens, Fragonard, Chardin, Velasquez und den beiden Cranachs zu erfreuen, rückte der Krieg für ihn in weite Ferne. Im Lauf der folgenden zwölf Monate trug er so eine Kunstsammlung von märchenhaften Proportionen zusammen. Er brachte immer mehr Zeit damit zu, seine Gemälde, Skulpturen und anderen Kunstgegenstände zu genießen, um die schweren Sorgen zu überspielen, die er sich um einen Krieg machte, den er in dieser Form nie gewollt hatte.

Am 19. Juli 1940 feierte Adolf Hitler den Sieg der deutschen Armeen und Luftstreitkräfte im Westen mit einer Reichstagsrede in der, 1944 durch eine alliierte Fliegerbombe zerstörten, Kroll-Oper. Im Mittelpunkt seiner Ausführung stand ein Friedensangebot an Großbritannien:

»In dieser Stunde halte ich es vor meinem Gewissen für meine Pflicht, noch einmal an die Vernunft und den gesunden Menschenverstand in Großbritannien und anderswo zu appellieren. Ich glaube, ich befinde mich in einer Lage, die mich dazu berechtigt, denn ich bin nicht der Besiegte, der um etwas betteln muß, sondern der Sieger, der im Namen der Vernunft spricht, und ich sehe keinen vernünftigen Grund, aus dem dieser Krieg weitergehen sollte.«[5]

Die Haltung, die aus diesen Worten sprach, wurde von den meisten Deutschen gebilligt. Wahrscheinlich war dieses öffentlich an London gerichtete

Friedensangebot auch mehr für die Ohren der Deutschen als für die der Briten bestimmt. William L. Shirer, der die Reichstagssitzung in der Kroll-Oper miterlebt hat, schreibt:

»Am Schluß der Sitzung habe ich mit vielen höheren Beamten und Offizieren gesprochen, und keiner von ihnen hatte den geringsten Zweifel daran, daß die Briten dieses nach ihrer aufrichtigen Überzeugung großzügige, ja großherzige Angebot des ›Führers‹ annehmen würden.«

Sie täuschten sich.

Shirer schreibt: »Ich fuhr direkt zum Rundfunk, um einen Bericht über die Rede in die Vereinigten Staaten durchzugeben. Kaum hatte ich das Rundfunkhaus betreten, als ich eine deutschsprachige Sendung des BBC aus London hörte. Es war schon die britische Antwort auf Hitlers Rede – nach einer Stunde – und es war ein entschiedenes ›Nein‹. Jüngere Offiziere des Oberkommandos und Beamte aus den verschiedensten Ministerien saßen im gleichen Raum und hörten gespannt zu. Ihre Mienen verfinsterten sich. Sie wollten nicht glauben, was sie hörten. ›Können Sie das verstehen?‹ rief mir einer von ihnen zu. Er war wie vor den Kopf geschlagen. ›Können Sie diese britischen Narren verstehen?‹ schrie er. ›Jetzt das Friedensangebot abzulehnen? Sie sind verrückt!‹«[6]

Was sollten die Deutschen jetzt tun?

In den folgenden Stunden kümmerte sich allerdings Hermann Göring nicht um eine Antwort auf diese Frage. Er war völlig damit beschäftigt, sich in seiner neuen Uniform zu bewundern. Hitler hatte in seiner Reichstagsrede den Generälen für ihre glänzenden Leistungen im Westfeldzug sein Lob ausgesprochen und eine Reihe von Beförderungen bekanntgegeben. Neun Generäle des Heeres wurden zu Feldmarschällen ernannt, dazu drei Offiziere der Luftwaffe: Milch, Kesselring und Sperrle.

Göring aber wurde mit der spektakulärsten Beförderung geehrt. Feierlich verlas der »Führer« die Urkunde: »Als Anerkennung seines entscheidenden Anteils am Siege ernenne ich hiermit den Schöpfer der Luftwaffe zum Reichsmarschall des Großdeutschen Reichs und verleihe ihm das Großkreuz des Eisernen Kreuzes.«

Damit war Göring ranghöchster Offizier der Wehrmacht und Inhaber eines Ordens, der während des ganzen Krieges keinem anderen Soldaten verliehen wurde. Man hatte sogar eine neue Uniform für ihn entworfen. In der offiziellen Beschreibung heißt es: »Sie hat zwei Kragenspiegel; links zwei gekreuzte goldgestickte Marschallstäbe auf silbernem Brokatgrund, rechts einen goldgestickten Reichsadler ebenfalls auf silbernem Brokatgrund. Der Kragen ist mit einer goldenen Litze eingefaßt. Die Farbe der Uniform ist Graublau.«

Zu dieser prächtigen Ausstattung erhielt Göring noch einen Orden, nach dem er sich schon lange gesehnt hatte. Der italienische Außenminister Graf Ciano kam eigens aus Rom, um ihn Göring um den feisten Hals zu hängen: den goldenen, mit Edelsteinen besetzten Annunziatenorden.

Göring, der sich vor zwei Jahren darüber beklagt hatte, daß er Ribbentrop verliehen worden war, während er übergangen wurde, hatte nun Freudentränen in den Augen.

Thomas von Kantzow berichtete später: »Abends fand am Leipziger Platz eine exquisite Feier statt. Hermann hatte aus Paris Gänseleberpastete mitgebracht, und dazu tranken wir polnischen Wodka. Danach gab es gebratenen Lachs à la Danzig mit Mosel aus einer Weinkellerei, die Hermann in Trier gekauft hatte. Es folgte eine Gans aus der Schorfheide mit einem Château Haut Brion und zum Schluß leichtes Wiener Gebäck mit Champagner Château d'Yquem.«

Göring, Thomas, Pilli Körner und Bruno Loerzer tranken nach dem Essen einen Cognac Napoléon, aber Emmy, Frau Körner und Frau Loerzer nahmen Danziger Goldwasser. Die Damen trugen Pariser Modellkleider und hatten sich ausgiebig parfümiert, natürlich mit französischem Parfüm.

Thomas erzählt: »Am Schluß hatten wir alle einen Schwips, und Hermann zog – mit hochrotem Gesicht und glücklich lächelnd – Emmy an sich und sagte, ›Liebchen, du siehst ebenso gut aus wie du riechst.‹ Es war wirklich ein fröhliches und denkwürdiges Fest.«[7]

Aber am nächsten Morgen mußte eine folgenschwere Entscheidung getroffen werden. Was sollte geschehen, nachdem die Briten sich geweigert hatten, um Frieden zu bitten?

Der bekannte Jagdflieger Adolf Galland schreibt über das Dilemma: »Ich möchte nicht entscheiden, welches der drei (erwähnten) strategischen Ziele für den Auftrag der Erringung der Luftherrschaft bestimmend war; die totale Blockade der Inseln, die Invasion oder die Niederringung Englands nach dem Douhetschen Konzept.[8] Ich möchte sogar bezweifeln, daß sich die Führung selbst darüber ganz klar war. Denn es wurde im Verlauf der Schlacht gegen England der Schwerpunkt bald auf dieses, bald auf jenes, bald auf das dritte der drei Ziele verlagert. Das ist einer Operation nie dienlich und entspricht eigentlich gar nicht der deutschen Art. Ich kann die Frage nach dem Grund nur damit beantworten, daß die höchste deutsche Führung zu diesem Zeitpunkt keinen genügend klaren Plan für die Weiterführung des Krieges überhaupt hatte. Hitlers Ziele lagen nach wie vor im Osten. Und der Krieg gegen England war für ihn nichts anderes als ein notwendig gewordenes Übel.«[9]

Hermann Göring hat das zum Teil bestätigt: »Nach dem raschen Zusammenbruch Frankreichs hatte (Hitler) noch nicht entschieden, was jetzt strategisch zu geschehen habe – eine Landung in England oder ein Vorstoß auf dem Kriegsschauplatz im Mittelmeerraum.«[10]

Wie schon erwähnt, hatte Göring vorgeschlagen, sofort nach Beendigung des Frankreichfeldzugs Großbritannien mit starken Kräften aus der Luft anzugreifen und diesen Angriff von Fallschirmtruppen unterstützen zu lassen, möglichst zu einem Zeitpunkt, an dem die Briten mit dem Ausbau ihrer Verteidigungsanlagen an der Küste noch nicht fertig waren.

Aber Hitler zögerte. Er wartete darauf, daß Großbritannien Friedensfühler ausstreckte, während die Briten die Zeit ausnutzten, die Küstenverteidigung auszubauen, ihre Fliegerabwehrbatterien zu verstärken und sich eine Reserve von Jagdflugzeugen zu schaffen. Als Hitler Göring endlich erlaubte, mit dem Luftkrieg gegen Großbritannien zu beginnen, hatte sich die Lage radikal verändert.

Göring richtete sein Hauptquartier in Paris ein und fuhr ständig zwischen der französischen Hauptstadt und seinem Panzerzug, der bei Calais in der Nähe eines Tunnels für ihn bereitstand, hin und her. In seinem Gefolge befanden sich sein Diener Robert Kropp, sein Masseur Müller und die energische Krankenschwester Christa Gormanns, die dafür sorgen mußten, daß er seine körperliche Leistungsfähigkeit behielt. Er nahm jetzt täglich etwa dreißig Paracodintabletten und schluckte manchmal sogar zwei auf einmal, wenn Adolf Hitler ihn anrief, was recht häufig geschah.

Das Wetter veschlechterte sich zunehmend, und die Bombenflugzeuge konnten oft mehrere Tage hintereinander nicht starten. Nachts wurden zunächst keine Feindflüge unternommen, weil Göring von seinen Piloten genaue Zielwürfe verlangte, wenn sie Häfen, Fabriken und Flugplätze angriffen. Die heilsamste Überraschung für die Deutschen war die Feststellung, daß sie über Großbritannien in der Luft auf abwehrbereite britische Jagdflugzeuge stießen. In Polen und im Frankreichfeldzug waren die meisten feindlichen Flugzeuge am Boden zerstört worden. Jetzt aber stellte sich ihnen die RAF zum Kampf, und die britischen Spitfires waren, wie Adolf Galland feststellen mußte, der Messerschmitt 109 überlegen. Auch der gefürchtete Stuka verlor seine Schrecken, weil er im Geradeausflug langsam und nicht wendig genug war. Ganze Geschwader wurden von britischen Jägern und britischer Flak wie Tontauben abgeschossen. Sie konnten nicht länger verwendet werden.

»Damit fielen etwa 1500 Flugzeuge aus«, sagte Göring, »und zwar die besten Bombenflugzeuge mit der besten Treffsicherheit. Ich sah mich gezwungen, die Jäger mit Bomben auszurüsten. Deshalb ließ ich die ›Jabo‹ (Jagdbomber) bauen, ein Zwischending zwischen einem Jäger und einem Bombenflugzeug.«[11]

Die Katastrophe bereitete sich vor. Es war ein strategischer Fehler gewesen, den britischen Radarschirm zu unterschätzen. In den deutschen Flugzeugwerken konnten nicht einmal so viele Messerschmittmaschinen gebaut werden, wie durch die wirksame Abwehr der RAF verlorengingen. Zum erstenmal zeigten sich die Schwächen der technischen Leitung von Ernst Udet. Nur 375 Jagdflugzeuge kamen monatlich aus der Produktion. (1944, nachdem Albert Speer die Verantwortung dafür übernommen hatte, waren es 4 000 im Monat.) 1940 gab es sogar mehr Piloten für Jagdflugzeuge als Maschinen, mit denen sie fliegen konnten.[12]

Trotz dieser Rückschläge und Fehler hätten die Briten vielleicht auf die Knie gezwungen werden können, allein durch die Weiterführung der

Angriffe der Luftwaffe gegen die RAF im Luftraum, gegen ihre Flugplätze auf dem Boden, gegen die Fabriken, die den Nachschub lieferten, und gegen die Häfen und Schiffe, die Soldaten und Bevölkerung mit Lebensmitteln versorgten. Göring hat das vielleicht gewußt. Er lobte und tadelte seine Piloten und traktierte sie nach bewährtem Muster mit Zuckerbrot und Peitsche, um sie anzuspornen. Er kanzelte Galland ab, weil es seinen Jägern an Angriffsgeist fehle; sogar das Wort »Feigheit« fiel. Aber schon zwei Stunden später veranstaltete er einen Mordswirbel, weil seine Flieger nicht ausreichend mit französischen Delikatessen und Champagner versorgt wurden. Er wußte genau, daß die Piloten ihr Bestes taten und viel riskierten. Er war überzeugt, seine Taktik sei richtig, Großbritannien werde innerhalb der nächsten zwei Wochen klein beigeben. Auch militärische Führer in Großbritannien wie der Befehlshaber des Jägerkommandos Sir Hugh Dowding rechneten mit dieser Möglichkeit.

Doch da gewährte Adolf Hitler den Briten eine Atempause. Ein schwacher Verband der RAF flog einen Angriff gegen ein Randgebiet von Berlin. Wirkungsmäßig war dieses Unternehmen nicht mehr als ein Nadelstich. Aber Hitler fühlte sein Prestige bedroht und war außer sich vor Wut. Für den Angriff auf die deutsche Hauptstadt forderte er eine zehnfache Vergeltung gegen London. Die Luftwaffe kämpfte zu dieser Zeit nicht nur über dem Kanal gegen die Jagdflugzeuge der RAF, sondern hatte begonnen, Flugplätze zu bombardieren und Flugzeugfabriken im Raum von Briston und Southampton anzugreifen.

Später sagte Göring: »Ich glaube, diese Taktik wäre sehr erfolgreich gewesen, aber als Folge der Führerrede über die Vergeltung, in der er die sofortige Bombardierung Londons verlangte, mußte ich die Operationen umstellen. Ich wollte die Führerrede über den Angriff gegen London so interpretieren: Ich wollte zuerst die ringförmig um die Stadt gelegenen Flugplätze angreifen, um die Voraussetzungen für die Bombardierung Londons zu schaffen ... Ich sprach mit dem Führer über mein Vorhaben, weil ich versuchen wollte, seine Erlaubnis dafür zu bekommen, daß ich zunächst die Flugplätze ... angriff. Aber er verlangte den sofortigen Angriff gegen London aus politischen Gründen und als Vergeltungsmaßnahme.«[13]

Die Folgen dieses strategischen Fehlers sind bekannt. Die Londoner City wurde bombardiert, und die Menschen starben und litten. Aber Großbritannien mobilisierte seine Reserven und war gerettet.

Zwar ließ sich Hermann Göring aus propagandistischen Gründen auf den Klippen von Cap Gris Nez fotografieren, wie er die Bombergeschwader der Luftwaffe auf dem Flug nach London über dem Kanal beobachtete, aber die neuen Operationen gefielen ihm nicht, und was die Schlacht über Großbritannien betraf, hatte er ein schlechtes Vorgefühl.

Als Adolf Galland, einer der erfolgreichsten deutschen Jagdflieger, während der Schlacht über England mit Göring zusammengetroffen war, hatte es eine heftige Auseinandersetzung gegeben. Göring hatte geäußert, seine Piloten müßten mutiger und entschlossener angreifen. Galland hatte hämisch erwidert, dazu brauche er ein Geschwader Spitfiremaschinen. Göring war so wütend geworden, daß Galland glaubte, er werde ihm diese Szene nie vergeben. Aber er hatte sich geirrt. Im gleichen Herbst, als die Luftkämpfe in Großbritannien noch in vollem Gange waren, kam Göring nach Berlin und verlieh Galland das Eichenlaub zum Ritterkreuz, eine der höchsten militärischen Auszeichnungen, die Deutschland zu vergeben hatte. Anschließend lud Göring den Fliegeroffizier in sein Jagdhaus in der Rominter Heide ein.

Galland schreibt: »In dem aus mächtigen Holzstämmen gefügten, von einem überhängenden riesigen Strohdach gedeckten Reichsjägerhof trat mir Göring in seinem grünen, ärmellosen Jägerwams aus Wildleder entgegen, unter dem er eine seidene Bluse mit langen bauschigen Ärmeln trug, dazu hohe Jagdstiefel und um seine gewaltigen Lenden gegürtet ein Jagdmesser in Gestalt eines altgermanischen Halbschwertes. Er war glänzender Laune. Der Ärger, den wir bei unserer letzten Begegnung gehabt hatten, die Sorgen, die ihm seine Luftwaffe in der Schlacht um England machte, schienen wie weggeblasen. Es war Brunftzeit, die Hirsche schrien draußen in der Heide.«

Göring erklärte, er habe für Galland einen kapitalen Hirsch freigegeben, einen sogenannten »Reichsjägermeister-Hirsch«. Er kannte jedes einzelne Stück Wild und trennte sich nur ungern von einem dieser Tiere. Die kapitalen Hirsche waren mit Ausnahme der zwei oder drei, die Göring selbst schoß, geschützt.

Er habe Mölders versprochen, sagte Göring, Galland wenigstens drei Tage dazubehalten.

Am folgenden Morgen schoß Galland seinen Hirsch. »Es war wirklich ein kapitaler Hirsch, der Hirsch meines Lebens. Es bestand kein Grund mehr, meinen Aufenthalt im Reichsjägerhof weiter auszudehnen. Göring hielt das Versprechen, das er Mölders gegeben hatte, und ließ mich nicht fort. Am Nachmittag trafen die letzten Frontberichte der Luftflotten 2 und 3 ein. Sie waren niederschmetternd. Bei einem Angriff auf London waren ungewöhnlich hohe Verluste eingetreten. Göring war erschüttert. Er konnte sich einfach nicht erklären, wie es zu diesen schmerzlich hohen Verlusten gekommen war, und ich versicherte ihm, trotz der hohen Verluste, die wir den englischen Jägern zufügten, könnten wir nicht feststellen, daß ihre Zahl abnähme oder ihre Kampfkraft nachließe.«[14]

Göring war in gedrückter Stimmung, als Galland ihn verließ. Die von Hitler befohlene neue Taktik führte zu einer Katastrophe, wie sie (vielleicht außer den Briten) niemand vorausgesehen hatte.

Im gleichen Herbst erklärte Hitler seinem Generalstab, das Unternehmen »Seelöwe« müsse auf das Frühjahr 1941 verschoben werden. Aber Göring wußte jetzt, daß es eine Landung in England nicht mehr geben werde.

Adolf Hitler hatte den Blick nach Osten gerichtet und machte neue Pläne. Seit zwölf Monaten bestand der 1939 zwischen Deutschland und Rußland geschlossene Nichtangriffspakt, aber die Verpflichtungen, die sie damals übernommen hatten, wurden Hitler lästig. Sein Bündnis mit der Sowjetunion hatte nur das Ziel verfolgt, Großbritannien zum Kriegsaustritt zu veranlassen; jetzt war er überzeugt, das Bündnis nicht mehr aufrecht erhalten zu müssen. Er hielt es für ausgeschlossen, daß der russische Kommunismus und der Nationalsozialismus auf demselben Kontinent nebeneinander würden bestehen können. Eines der beiden Systeme mußte das andere vernichten, und jetzt mußte die Entscheidung fallen.

20

Der Kunstsammler

Bis zum Anfang des Jahres 1941 hatte das deutsche Volk im allgemeinen noch kaum unter den Auswirkungen des Krieges zu leiden gehabt. Den Deutschen, die den Nationalsozialismus unterstützten, ging es sogar besser als zu irgendeiner Zeit nach 1914. Die Juden waren fast alle in die Konzentrationslager verschleppt worden, ebenso die Gegner des Regimes. Deutschland lebte von der Substanz der eroberten Länder; es war der Sklavenhalter Europas, und polnische, französische, belgische und holländische Zwangsarbeiter arbeiteten in deutschen Fabriken.

In Berlin spürte man kaum etwas vom Kriege. Die Restaurants und Nachtlokale waren überfüllt, und das Angebot an Speisen und Getränken kaum zu übertreffen.

Wenn die Soldaten auf Urlaub nach Hause kamen, brachten sie Seidenstrümpfe, französisches Parfüm oder Lebensmittel aus den besetzten Gebieten mit. Hermann Göring spezialisierte sich auf Kunstschätze.

Als Kunstsammler unterschieden sich Hitler und Göring von Grund auf. Der »Führer« hatte für die Gemälde, die in seine Hände gelangten, kein rechtes Verständnis. Er sah sie sich einmal an, ließ sie für das in Linz geplante Museum einlagern und vergaß sie. Sie waren nur Stücke einer Sammlung, die später seinen Namen tragen sollte. Göring hatte sich hingegen von seiner ersten Frau Karin für die Kunst begeistern lassen und verstand jetzt etwas davon. Zwar hatte er eine besondere Schwäche für fleischige Frauenakte, verstand aber auch einiges von der Malerei der Renaissance und der holländischen Schule. Es bereitete ihm nicht nur Vergnügen, sich lange in die Betrachtung der Gemälde zu versenken, er ließ sich auch nicht ohne weiteres täuschen.

Für die Unterbringung seiner Neuerwerbungen standen ihm jetzt vier stattliche Häuser und sein Jagdhaus in der Rominter Heide zur Verfügung und in Karinhall lagen schon die Pläne für das künftige Hermann-Göring-Museum. Göring wollte die Sammlung zur Feier seines sechzigsten Geburtstages 1953 der Öffentlichkeit vorstellen. Er hatte dieses Datum gewählt, damit es nicht mit der Einweihung des von Hitler geplanten neuen Berlin, die für das Jahr 1950 vorgesehen war, und der Eröffnung des Museums in Linz im Jahre 1951 zusammenfiel und die Propagandawirkung verlorenging.[1]

Er war ständig auf der Suche nach Kunstschätzen, und seine Aufkäufer waren praktisch überall in Europa für ihn tätig. Sein Chefbeauftragter war Walter Andreas Hofer. Dieser registrierte die Kunstwerke, notierte die Preise, die für jedes Gemälde, jeden Schmuckgegenstand, jede Plastik und jedes Möbelstück bezahlt worden waren und arrangierte auch die Tauschgeschäfte, die Göring machte, wenn er sich für ein bestimmtes Gemälde besonders interessierte, aber den geforderten Preis nicht zahlen wollte.

Später äußerte Göring, Hofer habe als Kunsthändler die Kunsthändler in der ganzen Welt gekannt und die Verbindung zu ihnen gehalten. In Frankreich sei es ein gewisser Dr. Bunjes gewesen, der ihm mitgeteilt habe, wenn Kunstwerke verkauft oder versteigert werden sollten.

Der junge Kunsthistoriker Bruno Lohse wurde Görings Stab zugeteilt und mußte die Uniform der Luftwaffe anziehen, um unbehindert in alle von den Deutschen besetzten Länder reisen zu können.

Später berichtete Lohse, der Reichsmarschall habe ihm gesagt, viele Kunsthändler, vor allem in Holland, seien Juden, er solle sich dadurch aber nicht beeinflussen lassen. Göring schickte Lohse nach Amsterdam zu dem jüdischen Händler Katz, der ihn auf die Sammlung Goudstikker (Jacques Goudstikker war ein holländischer Kunsthändler, der 1940 starb) aufmerksam gemacht hatte. Sie bestand aus Renaissancegemälden und asiatischen Kunstgegenständen, deren Wert auf mehrere Millionen Dollar geschätzt wurde. Die Holländer hatten sich bereiterklärt, sie für zwei Millionen Gulden abzugeben. Das war ein Viertel ihres wirklichen Werts. Göring habe Katz eine sehr hohe Provision gezahlt. Als die Judengesetze (in Holland) in Kraft traten, habe Göring dafür gesorgt, daß er ein Visum für die Ausreise in die Schweiz erhielt und sein Geld mitnehmen konnte.

Später behauptete Göring, jedes Kunstwerk, das er erworben habe, sei ordnungsgemäß bezahlt oder gegen gleichwertige Kunstwerke eingetauscht worden. Für das Gemälde »Atlanta und Meleager« von Rubens gab er 175 Gemälde von anderen Meistern. Mit seinen eigenen Leuten war er nicht so großzügig. Dafür ein Beispiel: Robert Kropp bekam von einem Händler in Amsterdam ein kleines, aber sehr wertvolles Gemälde geschenkt, weil es ihm so gut gefiel.

Manvell und Fraenkel schreiben: »Kropp war verblüfft, nahm jedoch das Bild an und fragte Göring, ob das richtig gewesen sei. Göring lachte nur. ›Natürlich müssen Sie es behalten‹, sagte er, aber als er es sah, wollte er es selbst haben. Er gab Kropp eine große, aber ganz wertlose Ansicht von Karinhall dafür und konnte seine Freude nicht verbergen, daß er auf diese Weise zu einem weiteren wertvollen Stück gekommen war.«[2]

Natürlich konnte er es sich leisten, die Gemälde zu bezahlen, die er kaufen wollte. Er schätzte sein Einkommen um diese Zeit auf etwa eine Million Reichsmark im Jahr. Diese Summe ergab sich aus seinen Einkünften als Oberbefehlshaber der Luftwaffe, Beauftragter für den Vierjahresplan, preußischer Minister, Aktionär in der Rüstungsindustrie und aus Honoraren für seine Bücher. Außerdem gründete er einen Kunstfonds, für den seine Freunde aus der Industrie beträchtliche Summen spendeten. Auch diese Beträge wurden dazu verwendet, neue Kunstwerke zu kaufen. Wenn die nationalsozialistischen Minister, wie es üblich war, zum Neuen Jahr mit Geschenken überschüttet wurden, ließ Göring wissen, er werde sich am meisten über Kunstwerke freuen. 1941 schenkte ihm der Ruhrindustrielle Friedrich Flick einen Ruysdael im Schätzwert von 100 000 Reichsmark. Die Stadt Berlin schenkte ihm im gleichen Jahr einen van Dyck im Wert von 250 000 Reichsmark und im folgenden Jahr einen ebenso wertvollen Tintoretto.

Manche Kunsthändler in den besetzten Ländern machten sich nichts daraus, daß kunstliebende hochgestellte Nationalsozialisten in ihren Galerien herumschnüffelten. In Holland und Paris stellte man sehr bald fest, daß die großen Käufer sich Konkurrenz machten, denn die Beauftragten Görings, Rosenbergs und Hitlers waren durchaus bereit, sich gegenseitig zu überbieten, wenn sie es auf ein bestimmtes Kunstwerk abgesehen hatten.

Später sagte Göring: »Das war sehr schade. Oft wußten wir gar nicht, daß wir einander überboten, und deshalb schraubten die Kunsthändler die Preise in die Höhe. Oft erhielt ich lohnende Angebote, oft aber auch betrügerische. Die Preise schwankten vom Normalen bis zum Unmöglichen . . . Diese Angebote wurden nicht nur mir gemacht. Die Leute schrieben an alle Interessenten; an den Führer zum Beispiel und andere Persönlichkeiten, und sie teilten mir mit, wenn irgendwo Versteigerungen abgehalten wurden. Ich habe die Versteigerungen gelegentlich besucht, um ein Gefühl für den Markt zu bekommen und festzustellen, was dort geboten wurde.«

Niemand scheint heute daran zu zweifeln, daß Göring alles getan hat, um die staatlichen Sammlungen in den französischen Museen, besonders im Louvre, zu schützen. Er half den Direktoren, die geeigneten Räume für die Unterbringung der Kunstwerke zu finden, und ließ sogar Luftschutzkeller dafür bauen. Später berichtete er: »Im Louvre tauschte ich zwei Plastiken und zwei Gemälde gegen eine Holzfigur und ein Gemälde ein. Die Holzplastik gefiel mir besonders gut. Die Plastik hatte den Titel »La Belle Allemande«, und Göring fand, sie sähe Emmy ähnlich. Ich mußte mit dem Direktor lange und schwierige Verhandlungen führen, um die Sachen zu bekommen, und sie waren sehr hart, aber ich habe nie irgendwelchen Druck auf sie ausgeübt.«[3]

Aus den großen jüdischen Sammlungen erwarb er Gegenstände durch Vermittlung des Alfred Rosenberg unterstellten Sonderstabes für bildende Kunst.

In einem offiziellen Bericht aus späterer Zeit heißt es: »Die Kunstgegenstände aus jüdischem Besitz wurden in den Sälen des Jeu de Paume ausgestellt, und zwar unter Aufsicht französischer und deutscher Beamter. Die wertvollsten wurden auf Anordnung Hitlers in die Königsschlösser Neuschwanstein und Hohenschwangau in Bayern, die Luftschutzkeller der Führerbauten in München, die Reichskanzlei in Berlin und auf den Obersalzberg gebracht. Ihr endgültiger Bestimmungsort sollte das neue Nationalmuseum in Linz werden.«

Die übrigen in den Sälen des Jeu de Paume ausgestellten Kunstwerke wurden versteigert. Die meisten wurden von nationalsozialistischen Funktionären, Generälen des OKW oder französischen Kollaborateuren erworben. Göring kaufte das Gemälde »Adam und Eva im Paradies« von Teniers aus der Sammlung Rothschild und eine Venus von Boucher aus der Sammlung Seligmann. Das Geld, das bei diesen Versteigerungen eingenommen wurde, kam auf einen besonderen »jüdischen Kunstfonds«, der natürlich nie an die jüdischen Eigentümer ausgezahlt worden ist.

In dem Bericht heißt es weiter:

»(Er) kaufte auch eine Reihe von Gemälden, Plastiken, antiken Möbeln und Gobelins. Bei diesen Geschäften ließ sich Göring von einem französischen Sachverständigen beraten. Das war ein Museumsberater. Seine Gebote gingen nie über die von diesem Berater genannten Wertangaben hinaus. Der einzige Schmuck, den er kaufte, war antik. Französische und deutsche Antiquitätenhändler waren ebenfalls berechtigt, an den Auktionen teilzunehmen. Göring behauptet, der Führer habe alle Kunstwerke fotografieren lassen, die von anderen Interessenten gekauft wurden, und diese hätten die von ihnen erworbenen Gegenstände oft an das Museum in Linz weitergeben müssen.«[4]

Kunstwerke von unschätzbarem Wert sind waggonweise (einmal waren es 26 Eisenbahnwaggons auf einmal) aus den besetzten Ländern nach Deutschland gegangen, um Görings Sammlung einverleibt zu werden. Als er später behauptete, er sei der Besitzer der wertvollsten Kunstsammlung der Welt gewesen, durfte man kaum an der Richtigkeit dieser Aussage zweifeln. Zu den Kunstschätzen, die in seinen Besitz gekommen waren, gehörten:

Aus Polen: 31 Zeichnungen von Albrecht Dürer aus dem Museum von Lemberg (Hitler forderte sie später für sich).

Aus Holland: Gemälde von Frans Hals, van Dyck, Goya, van Ruysdael, Jan Steen, mehrere Rembrandts, darunter »Bärtiger Mann« und »Mann mit Turban«; Velasquez »Infanta«; Rubens »Auferweckung des Lazarus«; 30 Gemälde der flämischen Schule des 15. Jahrhunderts; Orientteppiche, Schwerter und Alabastervasen.

Aus Italien: Memling »Porträt eines Mannes«; Leonardo da Vinci zugeschriebene »Leda« (von Hitler übernommen); zahlreiche Renaissancegemälde, Gobelins, antike Möbel und der Sterzinger Altar (ein Geschenk von Mussolini); Gemälde von Tizian, van Dyck und Raphael; Altertümer aus Pompeji und Herculaneum, bei denen sich jedoch herausstellte, daß sie von Soldaten der Division Hermann Göring aus dem Museum in Neapel gestohlen worden waren und deshalb zurückgegeben werden mußten.

Aus Frankreich: Chardin »Joyeuse de Volant«; Fragonard »Junges Mädchen mit chinesischer Figur«; David »Mystische Hochzeit der heiligen Katharina«; vier Akte des älteren und des jüngeren Cranach[5]; ein Boucher, ein Rubens, Statuette von Gregor Erhardt »La Belle Allemande«; Gobelins von Beauvais und Wandteppich mit Jagdszenen; Louis-Quatorze- und

Louis-Seize-Möbel, darunter ein Schreibtisch des Kardinals Mazarin.

Besonders stolz war Göring auch auf einen Vermeer, »Christus und die Sünderin«, den er aus der Goudstikker-Sammlung in Amsterdam gekauft hatte. Das Bild wurde genau untersucht und sowohl von seinem Chefberater Andreas Hofer als auch von dessen Frau, einer Restaurateurin, für echt erklärt. Göring zahlte 1 600 000 Gulden dafür und gab noch einige andere Gemälde dazu. Tatsächlich hatte aber der Holländer van Meegeren das Bild gemalt, dessen Falsifikate nach dem Krieg einen großen Skandal auslösten.

Görings Gegner in der Partei betrachteten diese Masse von Meisterwerken weniger als hervorragende Stücke für ein künftiges Museum, sondern als Beweis für seine Arroganz und seinen Hochmut.

Speer spricht verächtlich davon, daß Göring sich auch nebenberuflich als Kunsthändler betätigt habe. »Mitten im Kriege verkaufte Göring (einige seiner holländischen) Gemälde, wie er mir mit kindlichen Lächeln erzählte, an einige Gauleiter für das Mehrfache des Preises, den er selbst bezahlt hatte, und dazu schlug er noch eine gewisse Summe auf, weil die Gemälde aus der ›berühmten Sammlung Göring‹ stammten.«[6]

Sein Beauftragter Hofer und dessen Sekretärin, Gisela Limberger, führten gewissenhaft Kartei mit Photos von jedem Bild, das Göring gekauft oder verkauft hatte und einen Vermerk über die Restaurierungsarbeiten von Frau Hofer. Später bestätigte Hofer, daß alles Geld aus den Verkäufen der Gemälde in den Fonds des Hermann-Göring-Museums eingezahlt wurde, um spätere Ankäufe damit zu finanzieren.

Vorerst bestand das Museum nur auf dem Papier und sollte erst eingerichtet werden, wenn Deutschland den Krieg gewonnen hatte. Bis dahin dienten die Gemälde dem persönlichen Vergnügen von Hermann Göring und seinen Gästen. In Karinhall legte er manchmal ein besonderes Kostüm an, um seine Kunstschätze zu betrachten: Samtkniehosen, Schuhe mit goldenen Schnallen, farbige Samtweste und Spitzenhemd.

»Ich bin nun einmal ein Renaissancetyp«, pflegte er zu sagen, wenn er in dieser Aufmachung an den mit Meisterwerken überladenen Wänden vorbeistolzierte.

Am wohlsten fühlte er sich vielleicht, wenn er auf Burg Veldenstein im Bett lag. Er bewohnte jetzt das Schlafzimmer des Hausherrn, das Ritter von Epenstein benutzt hatte, wenn er sich auf dem Schloß aufhielt. Es war das gleiche Bett, in das Epenstein seine Geliebte, Görings Mutter, allnächtlich gebeten hatte. Nun lag der Sohn darin, der an der gegenüberliegenden Wand einen Gobelin und über dem Bett einen Akt von Lukas Cranach hatte anbringen lassen.

21

Barbarossa

Trotz der militärischen Rückschläge in der Schlacht über England und der Schwierigkeiten, die ihm die Beschaffung von Arbeitskräften und Rohmaterial bereiteten, fand Göring Zeit, an einem Plan zu arbeiten, der nach seiner Auffassung den Krieg (wenigstens gegen Großbritannien) beenden würde. Es war seine Idee, und 1941 versuchte er immer wieder, Adolf Hitler davon zu überzeugen.

Es handelte sich um den Plan für eine Offensive mit starken Kräften im Mittelmeerraum. Drei Heeresgrupepn sollten eine gewaltige Umfassungsoperation ausführen. Eine Gruppe sollte durch Spanien vorstoßen, Gibraltar nehmen, über die Straße von Gibraltar nach Marokko gehen und dann entlang der Küste gegen Tunis marschieren. Die zweite Gruppe sollte durch Italien und über das Mittelmeer nach Tripolitanien vorstoßen. Eine dritte Gruppe sollte über den Balkan und Griechenland hinweg die Dardanellen in Besitz nehmen und durch die Türkei und Syrien bis zum Suezkanal vordringen.[1]

Sollte diese Operation gelingen, so wollte Göring Großbritannien ein Friedensangebot machen. Die Engländer würden vor der Tatsache stehen, daß sie ihre Vorherrschaft rund um das Mittelmeer verloren hatten. Deutschland würde ihnen wieder Zugang zum Mittelmeer gewähren, wenn sie sich einverstanden erklärten, gemeinsam mit Deutschland gegen Sowjetrußland zu kämpfen.

Göring glaubte, Großbritannien werde sich gezwungen sehen, die deutschen Bedingungen anzunehmen, weil es sonst von seinen Besitzungen in Indien und im Fernen Osten abgeschnitten wäre. Zunächst sah es aus, als begrüße Hitler diesen Plan, denn er gestattete Göring, die notwendigen Vorbereitungen zu treffen. Später hat Göring behauptet, diese Vorbereitungen seien schon abgeschlossen gewesen.

Seit dem Sommer 1940 hatte er an seinem Plan für die Offensive im Mittelmeerraum gearbeitet, bis er erkannte, daß Hitler es mit der Absicht, Sowjetrußland anzugreifen, ernst meinte. Die Vorstellung, gegen den roten Koloß im Osten einen Krieg zu beginnen, bevor die Auseinandersetzung mit England im Westen entschieden war, erfüllte Göring mit Schrecken, denn das bedeutete einen Zweifrontenkrieg, an dem Deutschland sich im Ersten Weltkrieg verausgabt hatte. Hitler hatte seine Generäle wiederholt davor gewarnt; und warum wohl hatte er 1939 den deutsch-russischen Nichtangriffspakt unterzeichnet, wenn nicht, um gerade das zu vermeiden?

Dennoch trieb Göring seine Pläne voran. Jetzt, da es noch wichtiger wurde, Großbritannien zum Aufgeben zu zwingen, und die Luftwaffe über dem englischen Kanal erfolglos blieb, gab es nach seiner Auffassung nur noch eine Lösung: die Großoffensive im Mittelmeerraum. Er war sichtlich verstört, als der »Führer« Ende August 1940 seinen Stab zusammenrief und erklärte, er beabsichtige, Rußland im Frühjahr 1941 anzugreifen. Das OKW verfaßte daraufhin eine vorläufige Anweisung unter der Überschrift »Aufbau Ost«. Rußland wurde nicht namentlich genannt und die Absicht, anzugreifen, wurde nicht ausgesprochen, aber die Masse der deutschen Armeen wurde nach Osten dirigiert.

Trotzdem war Göring immer noch überzeugt, daß die von ihm geplante Operation zuerst ablaufen solle. Um so größer war seine Enttäuschung, als Hitler dies plötzlich ablehnte. Der »Führer« hatte sich folgende Erklärung dafür zurechtgelegt, warum die Briten trotz der Katastrophe von 1940 das deutsche Friedensangebot verweigert hätten: Seiner Ansicht nach kämpfte Churchill nur deshalb, weil er auf den Kriegseintritt Stalins wartete. Er würde auch weiterhin fest bleiben, gleichgültig, wo der nächste Schlag geführt werde und sei es im Mittelmeerraum. Deshalb befahl er Göring, seine Vorbereitungen abzublasen und seinen Plan aufzugeben. Hitler ist wahrscheinlich auch durch die Haltung des spanischen Diktators Franco beeinflußt worden. Er hatte mit Franco über deutsche Truppenbewegungen und Gibraltar gesprochen, und der Spanier hatte von ihm als Gegenleistung für die Genehmigung zum Durchmarsch deutscher Truppen eine schriftliche Garantie dafür verlangt, daß Hitler ihm freie Hand in Nordafrika ließ. Das hatte Hitler abgelehnt.

Göring war wie vor den Kopf geschlagen. Er hielt das Aufgeben der Operation im Mittelmeerraum für einen schweren Fehler Hitlers, aber die Entscheidung für eine Offensive gegen Rußland verurteilte er noch schärfer. Die Auswirkungen auf die Stimmung des Reichsmarschalls sollten für ihn selbst und für Deutschland tiefgreifende Folgen haben.

Später sagte Göring: »An einem frühen Nachmittag im Vorfrühling 1941 war ich in Berchtesgaden, und Hitler rief mich zu sich. Der Führer erklärte mir in einem zweistündigen Vortrag, weshalb er sich entschlossen habe, einem russischen Angriff gegen Deutschland dadurch zuvorzukommen, daß er selbst Rußland angriff. Ich hörte ihn an und bat ihn dann, mir Zeit zu geben, um mir selbst eine Meinung zu bilden. Das geschah im Verlauf des Abends.«[2] Göring konnte sich nicht mehr an das genaue Datum erinnern. Es war am 9. August 1940, als er, wie aus den vorliegenden Unterlagen ersichtlich ist, mit Hitler über die Pläne für die Zukunft sprach.

Göring machte sich mit Tabletten Mut und fand, jetzt sei der Augenblick gekommen, Hitler energisch entgegenzutreten. Er scheint sich hier zum erstenmal nicht darum gekümmert zu haben, daß Hitler durch seinen Widerspruch in Wut geriet. Göring wies auf die Bedeutung eines Zweifrontenkrieges hin. Gerade das wäre doch gegen Hitlers eigene Überzeugung und widerspräche allem, was er in *Mein Kampf* geschrieben und seinem Volk versprochen habe.

Aber Hitler schien von dem Gedanken besessen zu sein, daß Stalin kurz davor sei, Deutschland anzugreifen. Er erzählte, die Russen hätten deutschen Technikern und Offizieren die Rüstungsbetriebe gezeigt, in denen sie Flugzeugmotoren, Flugzeugteile und Panzer herstellten. Diese Berichte seiner Beobachter erfüllten ihn, Hitler, mit großer Sorge. Rußland würde zu stark und Stalin zu mächtig. Man müsse rasch etwas unternehmen, ehe es zu spät sei und die Russen zuerst zuschlügen. »Wir werden die Russen vernichten, bevor der Winter da ist«, sagte er.

Göring wies darauf hin, daß der Krieg auch dann noch nicht gewonnen wäre, wenn die russischen Armeen vernichtet seien. Das russische Volk werde nie Frieden machen. Man könne nicht das ganze Land unter Kontrolle halten. Er bat Hitler, an Napoleon zu denken.

Hitler erwiderte kühl, Napoleon habe nicht über die größte Panzerarmee und die stärkste Luftwaffe verfügt, die die Welt je gesehen habe. »Diesmal«, sagte der »Führer« sarkastisch, »muß sie auch so kämpfen wie die stärkste Luftwaffe, und es dürfen keine Fehler gemacht werden. Dann werden wir noch vor Eintritt des Winters gesiegt haben!«

Mit den schwersten Bedenken fuhr Göring am folgenden Tage nach Karinhall. Dort führte er ein Gespräch mit Erhard Milch und teilte seinem Stellvertreter Hitlers Entscheidung mit. Milch scheint die Zweifel nicht wahrgenommen zu haben, die Göring bedrängten, und nahm an, Göring sei ebenso wie Hitler für den Rußlandfeldzug. Am Abend schrieb Milch in sein Tagebuch, er halte diesen Entschluß für wahnsinnig. Der Krieg werde weder bis zum Beginn des Winters noch innerhalb der nächsten vier Jahre beendet sein. Es ist bezeichnend für die Beziehungen der beiden Männer, daß Milch seine Zweifel Göring nicht anvertraute und auch nicht vermutete, daß der Reichsmarschall sie teile.

Obwohl Hitler die Großoffensive im Mittelmeerraum hatte fallenlassen, sah er sich im Winter 1940/41 gezwungen, den Italienern bei ihrem leichtsinnigen Angriff gegen Griechenland Hilfe zu leisten. Die Deutschen gingen zuerst gegen Jugoslawien vor, und am 17. April 1941 kapitulierte die Armee des Königs von Jugoslawien. Unmittelbar darauf marschierten deutsche Truppen in Griechenland ein. Am 20. Mai sprangen deutsche Fallschirmjäger über Kreta ab und vertrieben die britischen Bodentruppen und die britische Flotte von der Insel und aus den um Kreta gelegenen Gewässern. In weniger als einem Monat hatten die Deutschen den Balkan erobert und standen im Mittelmeerraum.

Entsprechend hob sich Görings Stimmung, und als er bald nach der Eroberung Kretas zu einer Besprechung mit den Befehlshabern seiner Luftwaffe nach Paris kam, machte er einen frischen und gesunden Eindruck. In seiner Ansprache sagte er, die Einnahme von Kreta sei gewissermaßen eine Probe für die bevorstehende Landung in England gewesen. Die Schlacht über den britischen Inseln sei nur das Vorspiel für die endgültige Niederwerfung des britischen Gegners. Er erklärte, wie der Sieg durch die verstärkte

Aufrüstung der Luftwaffe und die Intensivierung des U-Boot-Kriegs ermöglicht und durch die Truppenlandungen in England endgültig gesichert werden sollte.

Galland schrieb später: »Ich kann nicht verhehlen, daß die von Göring entwickelten Pläne, deren rüstungsmäßige Voraussetzungen wir für bare Münze nahmen, überzeugend wirkten.

Nach Schluß der Besprechung nahm Göring Mölders und mich allein beiseite. Er strahlte. – Was wir zu dem vorher Erörterten sagten, wollte er wissen. Dabei kicherte er vor sich hin und rieb sich vor Freude die Hände. ›Ist ja alles gar nicht wahr‹, sagte er. Und er vertraute uns unter dem Siegel tiefster Verschwiegenheit an, daß seine ganze Einsatzbesprechung nur Bestandteil einer groß angelegten Bluff-Aktion war, die das Ziel hatte, die wahren Absichten der deutschen Führung zu verschleiern: die dicht bevorstehende kriegerische Auseinandersetzung mit der Sowjetunion. Ich bekam einen lähmenden Schock!«

Aber auch hier muß Göring seine wirkliche Meinung über die bevorstehende Offensive für sich behalten haben, denn Galland schreibt: »Ich war wie vor den Kopf geschlagen und machte aus meinen Bedenken keinen Hehl. Aber ich stand mit meiner Ansicht allein. Nicht nur Göring, sondern zu meinem Erstaunen auch Mölders war Feuer und Flamme. Die Luftwaffe, sagte Göring, werde im Osten neuen, unvergänglichen Ruhm an ihre Fahnen heften. Die rote Fliegerei sei zwar zahlenmäßig stark, aber personell und technisch hoffnungslos unterlegen. Man brauche von einem Verband nur den Führer abzuschießen, dann fänden die restlichen Analphabeten nicht mehr nach Hause. Sie könnten wie Tontauben auf dem Schießstand heruntergeholt werden.«

Galland fragte ihn, was denn aus der Schlacht über Großbritannien und der Niederwerfung Englands werden sollte.

»Göring machte eine wegwerfende Handbewegung. In zwei oder höchstens drei Monaten würde der russische Koloß zerschmettert sein. Dann würden wir uns mit allem, was wir hätten, nach Westen wenden, verstärkt um die unendlichen strategischen Hilfsquellen des roten Riesenreiches, die vermehrte Kraft dem Gegner im Westen entgegenwerfen. Der Führer könne den Kampf gegen England nicht mit vollem Einsatz führen, solange er im Rücken von einer Macht bedroht sei, an deren offensiv feindlichen Absichten man nicht mehr zweifeln dürfe.«

Bei diesem Gespräch merkte Galland nicht, daß Göring sich schwere Sorgen wegen des bevorstehenden Rußlandfeldzugs machte. Der junge Jagdflieger hielt Rudolf Heß für den einzigen Naziführer, der gleich ihm der Meinung sei, das Unternehmen wäre Wahnsinn. Am 10. Mai 1941 startete Heß überraschend mit einer Messerschmitt 110 in Richtung England. In einem Kommunique hieß es, »er war von der Illusion besessen, durch persönliches Eingreifen einen Frieden zwischen Deutschland und England vermitteln zu können.«

Galland war überzeugt, Heß habe von dem Angriffsplan gegen Rußland erfahren und den verzweifelten Versuch unternommen, den sich daraus ergebenden Zweifrontenkrieg abzuwenden. Unmittelbar nachdem Heß gestartet war, erhielt Galland von Göring den Befehl, das Flugzeug des Stellvertreters des Führers abzufangen. »Der Befehl, den ich erhielt, war verrückt«, schreibt er. »Es standen vielleicht noch zehn Minuten »Büchsenlicht« zur Verfügung. Ich befahl also einen rein symbolischen Start. Die Gruppenkommandeure sollten je ein oder zwei Flugzeuge losschicken. Wozu und weshalb sagte ich ihnen nicht. Sie müssen mich ihrerseits für verrückt gehalten haben.«[3]

Wenige Tage nach der Kommandeursbesprechung in Paris rief Göring den General Josef Kammhuber zu sich auf die Burg Veldenstein. Kammhuber, ein aktiver Offizier des Ersten Weltkriegs, war Anfang der 30er Jahre in die Luftwaffe übernommen worden und jetzt Kommandeur der Nachtjagdgeschwader in Holland. Die RAF hatte ihre Bombenangriffe über Nordwestdeutschland verstärkt, und seine Verbände versuchten, die immer zahlreicher werdenden feindlichen Bombenflugzeuge und Jäger abzufangen.

Kammhuber fuhr von seinem Stabsquartier in Zeist nach Veldenstein und aß mit Göring und Pilli Körner in dem alten Rittersaal zu Mittag. Er hatte auch an der Besprechung in Paris teilgenommen und bemerkte, daß der Reichsmarschall jetzt viel schlechter aussah: sein Gesicht war hochrot, er hatte tiefe Ringe unter den Augen und schien erschöpft. Göring stocherte an seiner Forelle herum, trank kaum einen Schluck Wein, und Kammhuber sah, daß der Diamantring an seinem Ringfinger so eng geworden war, daß der Reif ganz im Fleisch verschwand.

Der Kommandeur der Nachtjäger hatte während der Mahlzeit versucht, über die Offensive der RAF zu sprechen, aber Göring lenkte das Gespräch auf die Musik, ein Thema, das Kammhuber interessierte, denn er war (und ist heute noch) ausübender Musikliebhaber. Nach dem Essen gingen sie auf den Burghof hinaus, Göring atmete tief die frische Luft ein und breitete die Arme aus, als könne er nicht genug davon bekommen. Dabei sah er aus, als sei ihm irgend etwas äußerst unangenehm, und Kammhuber nahm an, der aufsteigende Rauch von der unterhalb der Burg liegenden Brauerei in Pegnitz erschwere ihm das Atmen.

Körner wurde jetzt entlassen, und die beiden Fliegeroffiziere gingen in das Arbeitszimmer Görings, wo eine große Karte von Europa an der Wand hing. Göring starrte sie ein paar Minuten mißmutig an und erklärte dann, daß er Kammhuber habe rufen lassen, um ihm in strengster Vertraulichkeit zu sagen, daß sein Vortrag in Paris ein bloßes Täuschungsmanöver gewesen sei. Der Feldzug gegen England habe keine Bedeutung mehr, dieser aber wohl. Damit streckte er seine dicke Hand nach Osten aus und fuhr fort: der Führer sei der Auffassung, jetzt sei die Zeit gekommen, Rußland anzugreifen. Alle Vorbereitungen dafür würden getroffen, und die erforderlichen Kräfte seien schon bereitgestellt. Hier läge auch Kammhubers

Aufgabe. Er habe sofort so viele Nachtjäger aus Holland abzuziehen, wie an der russischen Front und zum Schutz Ostdeutschlands gegen eventuelle Luftangriffe der Sowjets gebraucht würden. Er schloß seine Ausführungen mit der Frage, wie viele Geschwader ihm Kammhuber zur Verfügung stellen könne.

Kammhuber war überrascht, und zwar weniger über die Mitteilung von dem bevorstehenden Krieg gegen Rußland, die er mit dem Phlegma des abgehärteten Berufssoldaten hinnahm, als vielmehr darüber, daß Göring so schlecht über die Lage bei den Nachtjagdverbänden orientiert war.

Er versuchte den Reichsmarschall über die Lage aufzuklären, daß in Holland schon jetzt nicht genug Nachtjäger vorhanden seien, um die Aufgaben zu erfüllen. Die Angriffe der RAF würden immer stärker, und er brauche mehr Flugzeuge. Für Operationen über der russischen Front habe er keine Maschinen übrig.

Göring sah ihn böse an und sagte, er habe diesen Krieg gegen Rußland nicht gewollt. Er sei dagegen. Was ihn betreffe, so hielte er ihn für das Schlimmste, was man hätte tun können. Der Krieg sei wirtschaftlich falsch, politisch falsch, militärisch falsch. Aber Ribbentrop wolle den Krieg und Goebbels wolle ihn, und sie hätten den Führer dazu gebracht, ihn auch zu wollen. Er, Göring, wolle mit der ganzen Sache nichts zu tun haben – mit dem ganzen Krieg! Er forderte Kammhuber auf, alles ihm nur Mögliche zu tun und die Hälfte der Nachtjäger zu verlegen. Damit, was jetzt zu geschehen hatte, solle man ihn nicht mehr belästigen.

Und damit wandte Göring sich ab und verschwand in der Burg, während Kammhuber bestürzt hinter ihm hersah.[4]

Am 22. Juni 1941 überschritten die deutschen Armeen die Grenzen zur Sowjetunion. Das Unternehmen Barbarossa begann. Trotz aller Vorwarnungen wurden die Russen durch den Angriff überrascht. Ihre Stellungen waren schon nach dem ersten Kampftag bei Einbruch der Dunkelheit überrannt. Die Operation hatte mit starken Luftangriffen gegen sechzig russische Flugplätze und eine Reihe von Flugzeugfabriken begonnen, und am Abend wurden 1800 Flugzeuge als vernichtet gemeldet. Am folgenden Tage wurden weitere 800 zerstört, am 24. Juni waren es 557, am 25. Juni 351 und am 26. Juni 300. Fast alle diese Verluste wurden den Russen zugefügt, solange sich ihre Flugzeuge noch am Boden befanden. Indessen begannen Tausende deutscher Panzer den Vormarsch durch die Weiten Rußlands gegen Leningrad, Moskau und in die Ukraine.

Alles sah sehr günstig aus. Hitler jubelte und war überzeugt, sein Instinkt werde Recht behalten und ganz Rußland werde vor Einbruch des Winters in seiner Hand sein. Selbst Göring beurteilte den Feldzug jetzt optimistischer, hielt Besprechungen mit Pilli Körner und seinen Wirtschaftsberatern ab und machte sich daran, die ungeheure Anzahl von Arbeitskräften und die Materialmengen einzusetzen, die in den eroberten Gebieten zurückgeblieben waren. Innerhalb von drei Wochen befanden sich seine Kommandos für die Sicherstellung von Beutematerial und die Anwerbung von Arbeitskräften auf dem Wege nach Rußland, denn die deutschen Armeen standen in Smolensk, 40 Flugminuten vor Moskau, und vor den Toren Leningrads, während Panzerkolonnen heranrückten, um die ukrainische Hauptstadt Kiew einzuschließen.

Die Luftwaffe hatte sich bewährt, und das hätte auch Hermann Görings Stellung festigen müssen. Stand er jetzt nicht höher in der Gunst des »Führers« als je zuvor? Für alle, die von den innerparteilichen Intrigen nichts wußten, mußte es so aussehen. Am 22. Juni 1941 bezeichnete Adolf Hitler den Reichsmarschall als größten Helden des nationalsozialistischen Staates und ernannte ihn offiziell zu seinem Nachfolger. Aber trotz der Erfolge in Rußland hatten sich die Beziehungen zwischen Göring und Hitler merklich abgekühlt, nachdem die Bombenangriffe auf London und andere Städte die Briten nicht auf die Knie hatten zwingen können. Daß Hitler für das Versagen dieser Strategie ebenso verantwortlich war, wie der Oberbefehlshaber der Luftwaffe, erhöhte noch die Verstimmung des »Führers«, und die Situation wurde nicht besser dadurch, daß er jetzt einen neuen und gefährlichen Vertrauten zur Seite hatte. Heß' Ausscheiden hatte Martin Bormann dazu verholfen, in der nationalsozialistischen Hierarchie weiter aufzusteigen. Als Hitler Göring fragte, wen er anstelle von Heß zu seinem Stellvertreter ernennen solle, hatte Göring geantwortet: »Jeden, nur nicht Bormann.«

Bormann verkörperte alles, was Göring an seinen Parteigenossen verabscheute. Er war ordinär, brutal, unmoralisch und nachgewiesenermaßen ein sadistischer Menschen- und Tierquäler.[5] Aber er hatte eine bestimmte Tugend, die Hitler im Lauf der Zeit immer mehr schätzen lernte. Was Hitler auch von ihm verlangte, er gehorchte immer. Irgend jemand bemerkte einmal dazu: »Wenn Hitler befehlen würde, daß die Gauleiter nur auf einem Bein stehend mit ihm sprechen dürften, Bormann würde dafür sorgen, daß sie es täten.« Und für Bormann war Hitler der Abgott: Er konnte nichts falsch machen und man durfte ihm nie widersprechen. Bormann war eine Sklavennatur, ein hündischer Jasager, aber seine ständigen Schmeicheleien klangen dem »Führer« wie Musik in den Ohren. Und in diesem »Sekretär des Führers« und Chef der immer bedeutenderen »Parteikanzlei« besaß der Reichsmarschall einen Feind, dem Hitler unter allen Umständen Gehör schenkte.

Die Folge war, daß Hitler die Leistungen Görings von da an nicht nur im engsten Kreise seiner Vertrauten, sondern auch in Gegenwart seiner militärischen und politischen Berater sarkastisch kritisierte. Seine Bemerkungen wurden so verletzend, daß Göring sich immer öfter bei den Lagebesprechungen von Bodenschatz vertreten ließ.

Hitler pflegte sich dann im Zimmer umzublicken und zu fragen: »Wo bleibt denn der Eiserne heute? Wahrscheinlich ist er damit beschäftigt, wehrlose Hirsche abzuschießen statt britischer Flugzeuge.«[6]

Als Göring einmal wieder an der Lagebesprechung teilnahm, begrüßte ihn Hitler mit der alten Wärme und Herzlichkeit und erklärte, er habe eine große neue Aufgabe für den Reichsmarschall. Wenn er sie erfolgreich durchführe, würde er sich nicht nur als Oberbefehlshaber der Luftwaffe einen großen Namen machen, sondern damit auch die Schwierigkeiten aus dem Wege räumen, mit denen die deutsche Wirtschaft zu kämpfen habe.

Das Vorhaben, zu dem sich Hitler »inspiriert« fühlte, war dies: Göring sollte die umfassendste Luftoperation in die Wege leiten, die es bisher in der Geschichte des Luftkriegs gegeben hatte. Alle Bombenflugzeuge sollten gleichzeitig aus Frankreich, Skandinavien und dem Mittelmeerraum abgezogen werden, um dann mit der gesamten Luftwaffe eine Reihe von Angriffen gegen Leningrad und Moskau zu fliegen. Die beiden Städte und ihre Bevölkerung sollten vernichtet und die Angriffe solange fortgesetzt werden, bis kein Stein mehr auf dem anderen läge und kein lebendes Wesen sich mehr darin rührte. Das sollte, so fuhr Hitler fort, kein Angriff sein, um den Krieg gegen Rußland zu gewinnen. Denn der Krieg sei bereits gewonnen (die Besprechung fand im September 1941 statt). Jetzt handele es sich nur noch um Säuberungsaktionen.

Nein, erklärte Hitler, der Zweck des Unternehmens sei es, den Frieden vorzubereiten. Nach dem Ende der Kämpfe brauche man alle landwirtschaftlichen Erzeugnisse, die Rußland produzierte, für das deutsche Volk. Für die Russen bliebe dann nichts mehr übrig. Es sei natürlich – wie der Reichsmarschall einmal gesagt habe – richtig, daß man die Russen verhungern lassen könne. Aber darüber würde Zeit vergehen, und es könnte Unruhen geben. Mit einer Massenbombardierung, einem massierten Schlag aller Kräfte der deutschen Luftwaffe, würde dagegen ein hoher Prozentsatz der feindlichen Bevölkerung ausgelöscht werden, ohne daß es weitere Schwierigkeiten gäbe.

Während Bormann der »brillanten Inspiration des Führers« laut und begeistert zustimmte, wendeten sich die Blicke der anwesenden Generäle Hermann Göring zu.

Bodenschatz hat später erklärt, er sei in diesem Augenblick stolz auf Hermann Göring gewesen. Dies war eine der letzten Gelegenheiten, bei denen er all seinen Mut zusammennahm, um Adolf Hitler entgegenzutreten.

Bodenschatz berichtet: »Er begann in sehr höflichem Ton und sagte, das Vorhaben des Führers sei es sicher wert, genau geprüft zu werden. Er müsse aber sofort sagen, daß es ungeheuer schwierig sein werde, das Unternehmen durchzuführen. Als Hitler ihn unwirsch fragte, weshalb, wurde er kühner und sagte geradeheraus, daß es Wahnsinn sei, die Luftwaffe für eine einzige Operation von allen anderen Kriegsschauplätzen abzuziehen. Wie stünde es dann mit den Angriffen gegen London? Hatte der Führer nicht verlangt, daß sie mit nicht nachlassender Stärke fortgesetzt werden sollten? Es wäre gefährlich, sie zu unterbrechen, weil man den Briten damit eine Atempause gewähren würde. Sie würden ihre Fabriken wieder eröffnen, die Produktion neuer Flugzeuge aufnehmen, und die britische RAF würde in kürzester Zeit ebenso stark sein wie die deutsche Luftwaffe.«

Hitler hatte Göring mit steinerner Miene zugehört; alle Freundlichkeit, die er dem Reichsmarschall gezeigt hatte, war verschwunden. Plötzlich unterbrach er ihn und schrie, er wisse, weshalb Göring sich gegen den Plan stelle: die Luftwaffe habe Angst. Das habe er schon bei den Angriffen gegen England vermutet, und jetzt wisse er, daß er recht gehabt habe. Die Luftwaffe bestünde aus Feiglingen. Sie wolle Leningrad nicht angreifen, weil sie sich vor den dort eingesetzten russischen Fliegerabwehrbatterien fürchte.

»Göring hätte ihm sagen können, was jeder Anwesende wußte, daß die Fliegerabwehr in Leningrad bei weitem nicht so stark war wie die in London, wo unsere Flieger seit Monaten im Einsatz standen«, schreibt Bodenschatz. »Statt dessen sagte er nur: ›Es ist unmöglich, mein Führer, es läßt sich nicht machen.‹ Einen Augenblick sah Hitler ihn kalt an, wandte ihm dann den Rücken zu und beachtete ihn während der ganzen Besprechung nicht mehr.«[7]

Seit diesem Zwischenfall verschlechterten sich die Beziehungen zwischen Hitler und seinem Reichsmarschall zusehends.

Bald darauf hatte Göring noch einen Zusammenstoß mit Hitler. Diesmal ging es um die Strategie auf lange Sicht an der Ostfront.

In seinen Anweisungen für die Ausbeutung der eroberten Gebiete, die er vor Beginn des Feldzuges geschrieben hatte, sprach Göring ungerührt aus, daß Deutschland aus dem zu besetzenden Land Nahrungsmittel und Rohmaterial abziehen müsse, was sich sehr ungünstig für die Bevölkerung in Rußland auswirken könnte. Für ihre Versorgung legte er gewisse »zivilisierte Maßstäbe« fest, rechnete aber damit, daß es zu einer Hungersnot kommen werde.

In einer Anweisung vom 23. Mai 1941 an seinen Stab heißt es: »Diese Maßnahmen werden den Hunger nicht abwenden. Viele Millionen Menschen in diesem Gebiet werden überflüssig oder nach Sibirien auswandern müssen. Jeder Versuch, die dortige Bevölkerung dadurch vor dem Hungertod zu retten, daß wir sie aus den Überschüssen des Schwarzerdegebiets ernähren, würde die Versorgung Europas in Frage stellen. Damit würde Deutschlands Kriegspotential verringert und die Fähigkeit Deutschlands und Europas, der (alliierten) Blockade zu widerstehen, geschwächt werden.«[8]

Doch bald überzeugte ihn sein Freund, der Industrielle Alfried Krupp, daß es in der besetzten Ukraine keineswegs einen Bevölkerungsüberschuß geben werde, sondern daß man alle verfügbaren Arbeitskräfte dort brauchen werde, einschließlich der Juden. Im Verlauf des Vormarsches waren den Deutschen Industrieanlagen in die Hände gefallen, die sofort genutzt werden sollten. Im großen und ganzen war die Zivilbevölkerung der

Ukraine bereit, die Produktion in den Fabriken wieder aufzunehmen. Viele führende Ukrainer, die vom Stalinismus enttäuscht waren, hatten vor Eintreffen der deutschen Armeen im Untergrund gearbeitet und ihren Landsleuten die Deutschen als Befreier hingestellt. So wurden die ersten deutschen Truppen, die durch die Städte und Dörfer der Ukraine kamen, zu ihrer Überraschung begeistert mit Salz und Brot empfangen.

Der als Leiter der Zivilverwaltung in der Ukraine eingesetzte Erich Koch war ein bösartiger und sadistischer Emporkömmling, ein fanatischer Nazi. In seinem unglaublichen Fremdenhaß ließ er sogar deutschfreundliche Priester und Intellektuelle verhaften oder erschießen, weil er sie für unzuverlässig hielt. Mit der Reitpeitsche in der Hand fuhr er durch die Dörfer und machte der Bevölkerung das Leben zur Hölle. Er erklärte, die Ukraine werde demnächst eine deutsche Provinz sein und schloß sich zwei noch übleren Kreaturen an, die ihm helfen sollten, die Bevölkerung zu »organisieren«. Der eine war Fritz Sauckel, der die Verantwortung für den Einsatz der Arbeitskräfte in den besetzten Gebieten übernahm. Er ging daran, das Land von Arbeitskräften zu entblößen, um sie zur Zwangsarbeit nach Deutschland zu deportieren. Der zweite war Heinrich Himmler, dessen Einsatzkommandos für die Vernichtung derer sorgten, die übriggeblieben waren, der Frauen, Kinder und Juden.

Als Erich Koch über diese Maßnahmen berichtete, wollte Alfried Krupp wissen, woher er die Arbeiter nehmen solle, die in den von ihm übernommenen Fabrikationsanlagen arbeiten mußten. Er wies darauf hin, daß die wichtigsten Leute in den von den Deutschen übernommenen russischen Rüstungsbetrieben sehr oft Juden seien und daß er sie brauche. Der Stellvertreter Himmlers, Heydrich, der an der Besprechung teilnahm, wies kühl darauf hin, der Reichswirtschaftsminister – Hermann Göring – habe selbst gesagt: »Erschießt alle ukrainischen Männer ... und schickt dann die ss-Hengste hinein.« Das habe er als Befehl aufgefaßt.

Krupp erwiderte, er brauche die Arbeiter jetzt und könnte nicht solange warten, bis die Fohlen, die die ukrainischen Frauen von den ss-Hengsten bekommen würden, herangewachsen wären. Er verließ die Besprechung und flog zu Hermann Göring, um ihm die Lage in der Ukraine zu schildern. Göring befahl, die Transporte ukrainischer Arbeiter nach Deutschland einzustellen und ordnete an, daß jüdische Facharbeiter weder festgenommen noch belästigt werden dürften, solange sie in der Rüstungsindustrie gebraucht würden. Dieser Befehl gewährte ihnen eine Gnadenfrist von einem Jahr. Dann wurde ihre Arbeitskraft nicht mehr gebraucht, und die Vernichtungskommandos brachten sie in die Gaskammern. Göring, der wußte, was kommen würde, wollte mit dieser Aktion nichts zu tun haben und lehnte die persönliche Verantwortung für das Schicksal der Juden ab. Die Gespräche mit Krupp und die Berichte von Erhard Milch, der eben die an der Ostfront eingesetzten Luftwaffenverbände inspiziert hatte, bewogen Göring, noch einen Versuch zu unternehmen, den Führer im Hinblick auf die Kriegführung in Rußland umzustimmen. Krupp fürchtete, daß die deutschen Armeen, wenn sie tiefer nach Rußland hineinstießen, den Kopf in die gleiche Schlinge legen würden, die Napoleon erwürgt hatte, und er empfahl, den Vormarsch zu stoppen, bevor die Lage unhaltbar werde. Milch war von Anfang an der Überzeugung gewesen, es sei Wahnsinn zu glauben, daß Rußland in der kurzen Zeitspanne eines Sommers und Herbstes besiegt werden könne.

Er nahm an, es würde mindestens vier Jahre dauern, bis man den Sturz der sowjetischen Regierung erzwingen könne. Für den Fall eines weiteren Vormarsches sagte er eine unvorstellbare Katastrophe voraus, denn er wußte ebensogut wie Göring, daß sich die Luftwaffe trotz ihrer spektakulären Siege über die russischen Luftstreitkräfte am Boden in allergrößten Schwierigkeiten befand. Man war verzweifelt knapp an Flugzeugen, Ersatzteilen und Kraftstoff. Das Rüstungsprogramm in Deutschland war nicht erfüllt worden und eine Krise daher unvermeidlich.

Tatsächlich war die Luftwaffe nicht mehr in der Lage, die Offensive fortzusetzen. Ebenso wie die Bodentruppen brauchte sie eine Erholungspause und Nachschub von Menschen und Material. Aber die Pause, die Milch im Sinne hatte, mußte länger dauern als nur einige Monate; mindestens ein Jahr, wenn nicht länger. Deutschland mußte die enorme Beute, die angefallen war, erst einmal verdauen.

Infolge dieser Gespräche ließ sich Göring im November 1941, als die deutschen Armeen ihre ersten Erfahrungen mit dem russischen Winter machten, bei Adolf Hitler melden und forderte von ihm, die Kampfhandlungen einzustellen.

Göring berichtete später, er habe Hitler folgendes empfohlen: »Es wäre das Beste, zu halten, was wir haben: die Ukraine, und nicht weiter vorzugehen. Lassen Sie uns mit den Millionen von Arbeitern, die uns heute zur Verfügung stehen, einen Ostwall bauen. Keine russische Armee wird ihn je überwinden können, weil wir eine überlegene Luftwaffe haben, und die Russen können unsere Befestigungen ohne die Unterstützung durch starke Luftstreitkräfte nicht durchbrechen.«[9]

Die russische Steppe bedeckte sich inzwischen mit Schnee, und die bittere Kälte überfiel die deutschen Soldaten, die dem russischen Winter ohne die notwendige Bekleidung und Ausrüstung ausgesetzt waren. Das Öl in den deutschen Panzern verhärtete, die Flugzeugmotoren konnten nicht angelassen werden oder die Maschinen konnten nicht starten. Es kam zur ersten großen Katastrophe im Rußlandfeldzug.

Trotzdem befahl Adolf Hitler seinen Generälen, die Front nicht zu konsolidieren, sondern sich auf eine Wiederaufnahme der Offensive im Frühjahr vorzubereiten.

Bis dahin sollte die Luftwaffe an allen Fronten in die größten Schwierigkeiten geraten – und mit ihr Hermann Göring.

22

Der Tod eines Helden

Auch Ernst Udet befand sich in Schwierigkeiten. Als Organisator für den Nachschub der Luftwaffe hatte er absolut versagt. Das Rüstungsprogramm der deutschen Luftstreitkräfte befand sich in chaotischem Zustand, und die Verantwortlichen waren verzweifelt. Es wurden viel zu wenig Flugzeuge fertiggestellt, um die Verluste an der Ostfront auszugleichen, und die Luftwaffe verlor darüber hinaus zusehends die Luftüberlegenheit im Westen.

Im August 1941 besuchte Albert Speer die Junkerswerke in Dessau, um mit dem Direktor Heinrich Koppenberg über die Pläne zum Bau einer neuen Flugzeugfabrik zu sprechen.

Speer schreibt: »Als wir die Angelegenheit besprochen hatten, führte er mich in ein verschlossenes Zimmer und zeigte mir eine Tabelle mit einer Gegenüberstellung der amerikanischen und deutschen Bomberproduktion für die nächsten Jahre. Ich fragte ihn, was unsere Führung zu diesen deprimierenden Vergleichszahlen zu sagen hätte. ›Das ist es ja, sie wollen es nicht glauben‹, sagte er und brach in Tränen aus.«[1]

Sie glaubten es zunächst deshalb nicht, weil Ernst Udet sie bewußt täuschte. Es dauerte einige Zeit, bis das herauskam. General Hans Jeschonnek, der Chef des Generalstabs der Luftwaffe, merkte als erster, daß Udet seine Berichte fälschte und behauptete, viele hundert Flugzeuge mehr zu bauen als die Luftwaffe tatsächlich erhielt. Jeschonnek äußerte seinen Verdacht gegenüber Feldmarschall Milch und Oberst Berndt von Brauchitsch, der seit 1940 der persönliche Adjutant Görings war. Er hoffte, die beiden Offiziere könnten den Reichsmarschall veranlassen, gegen Ernst Udet vorzugehen.

Aber Göring scheint den blonden Riesen, der für die Versorgung der deutschen Luftstreitkräfte verantwortlich war, von jeher leicht gefürchtet zu haben. In den Luftschlachten des Ersten Weltkriegs hatte Udet ihn übertroffen und war ihm beim Trinken und Flirten stets überlegen gewesen; und wenn Udet an einer Besprechung teilnahm und peinliche Fragen gestellt wurden, dann fing der lachende Riese an, von den Zeiten beim Richthofengeschwader zu sprechen, und versteckte sich hinter den gemeinsamen Erinnerungen aus dem Ersten Weltkrieg.

Göring hatte die gleichen Schwächen wie Udet: beide waren faul und beiden war es unmöglich, gute Freunde aus Stellungen zu entfernen, in die sie nicht hineingehörten. Der Reichsmarschall wußte schon seit einiger Zeit, daß sein Verantwortlicher für den Nachschub nicht der geeignete Mann war, brachte es aber nicht übers Herz, ihn zu entlassen. Udet hatte seine Verwaltung ebenfalls mit alten Kriegskameraden besetzt, die von

Flugzeugkonstruktion und -bau keine Ahnung hatten, und deshalb war das Aufrüstungsprogramm der Luftwaffe total desorganisiert. Aber Udet war nicht imstande, sie hinauszuwerfen.

Am Morgen nach der Einnahme von Kreta beschloß Milch, mit Göring zu sprechen. Der Reichsmarschall hatte ihm von Veldenstein aus ein Telegramm geschickt und ihn zur Eroberung Kretas beglückwünscht. Aber Milch suchte ihn persönlich auf und erklärte, es sei ein verlustreicher Sieg gewesen. Wußte der Reichsmarschall, daß bei diesem Unternehmen 271 wertvolle Junkers 52 verlorengegangen waren und das die Hälfte des Bestandes an diesen Maschinen war? Wußte er, daß der Erfolg der Luftwaffe bei ihren Operationen im bevorstehenden Angriff gegen Rußland in Frage gestellt sein werde, weil nur 2 770 verwendungsfähige Maschinen zur Verfügung standen? 1940 hatte man im Kampf gegen England schon 2 600 Flugzeuge gehabt.

Göring sagte, er sei überrascht, und nahm seine Unterlagen vom Schreibtisch, aus denen nach Udets Angaben hervorging, daß mindestens 1 500 Flugzeuge mehr zur Verfügung standen.

»Udet lügt«, sagte Milch.[2]

Am folgenden Tage ließ Göring Ernst Udet kommen und machte ihm zum erstenmal in ihrer langjährigen Bekanntschaft bittere Vorwürfe, nannte ihn einen Lügner, ein Großmaul und einen Nichtskönner. Aber er entließ ihn nicht, und auch Udet bat nicht um seinen Abschied. Göring erklärte vielmehr, in Zukunft werde Milch mit Udet verhandeln und ihm auf die Finger sehen. Dann stand er auf und ging aus dem Zimmer.

Udet gingen diese Vorwürfe zu Herzen, aber sein Zorn richtete sich nicht gegen Göring, sondern gegen Milch. Der Flugzeugkonstrukteur Ernst Heinkel traf ihn wenige Tage später, und Udet machte seiner Verbitterung Luft: »Alles ist gegen mich. Der ›Eiserne‹ (Göring) ist einfach in Urlaub gefahren. Er läßt mich mit Milch allein. Milch vertritt ihn beim Führer. Und er wird dafür sorgen, daß dem Führer jeder Fehler, den ich jemals begangen habe, aufgetischt wird. Ich komme gegen das alles nicht mehr an. Ich kann gegen diese persönlichen Verfolgungen nicht mehr an.«[3]

In den folgenden Monaten kam Udet häufiger mit Milch zusammen als je zuvor. Er fing an, ihn zu hassen. Milch war ein gefühlskalter Mensch und hatte weder Zeit noch Verständnis für Leute, die ihrer Arbeit nicht gewachsen waren, auch wenn sie sich einmal als tapfere Soldaten ausgezeichnet hatten. Er saß Udet ständig im Nacken. Unter Milchs Anleitung war ein neuer Aufrüstungsplan für die Luftwaffe ausgearbeitet worden, und der Reichsmarschall und Hitler hatten ihm zugestimmt. Das war das sogenannte Göring-Programm, das derartige Mengen Rohmaterial verlangte, daß für Dr. Fritz Todt, der für die Ausrüstung der Heerestruppen verantwortlich war, überhaupt nichts mehr übrigblieb. Verzweifelt bemerkte er zu Milch: »Ebensogut könnte ich meine Stelle aufgeben und als Assistent zu Ihnen kommen.«

An den Lagebesprechungen und Werksinspektionen nahm Ernst Udet von da an nur noch selten teil. Überall entdeckte Milch Fehler, Nachlässigkeiten und Mangel an Entschlußkraft. Die Situation war so verfahren, daß die für 1942 zugesagten Bombenflugzeuge frühestens 1944 geliefert werden konnten.

Schuldbewußtsein und Ärger brachten Udet mehr denn je an den Alkohol. Wenn er an einer Besprechung teilnahm, griff er immer wieder zur Schnapsflasche. Adolf Galland hat ihn bei einer solchen Gelegenheit erlebt und berichtet: »Ich erkannte ihn kaum wieder. Seine urwüchsige Lebensfreude, sein goldener Humor und seine bezwingende Herzlichkeit waren verschwunden.«[4] Er klagte über ständige Kopfschmerzen und Geräusche in den Ohren.

Ende August 1941 genehmigte Göring seinem alten Kameraden einen vierwöchigen Erholungsurlaub. Während dieser Zeit machte Milch sich daran, Ordnung in das Chaos zu bringen, das Udet hinterlassen hatte. Als Udet soweit wiederhergestellt war, daß er das Sanatorium verlassen konnte, lag genügend Material für den Beweis vor, daß durch sein Verschulden ein Ausfall in der Flugzeugproduktion entstanden war, der frühestens in zwei Jahren ausgeglichen werden konnte.

Bei einer Besprechung im Luftfahrtministerium am 12. November 1942 fiel die Entscheidung. Direktoren der Messerschmitt-Werke zeigten Unterlagen vor, in denen Zahlen frisiert und Befehle geändert worden waren. Die Unfähigkeit Udets, wenn nicht gar Schlimmeres, war erwiesen. Der »blonde Riese«, der stark abgenommen hatte, saß mit zitternden Händen auf seinem Stuhl und sagte nichts, als die Beweise der Katastrophe vor ihm aufgeblättert wurden.

Als sie den Konferenzraum verließen, ging Milch auf Udet zu, weil er spürte, daß dieser ihm die Schuld für alle Unannehmlichkeiten gab. Er sagte – wahrscheinlich in vollem Ernst: »Udet, ich habe das Gefühl, daß unsere Freundschaft wegen all dieser Dinge einen Knacks bekommen hat. Wir müssen die Sache zwischen uns in Ordnung bringen. Lassen Sie uns für ein paar Tage nach Paris fahren. Wir brauchen beide eine Luftveränderung.«

Udet erklärte sich einverstanden. Sie verabredeten sich für den 17. November mittags auf dem Flugplatz Tempelhof, um von dort in Udets Privatmaschine, einer Siebel-104, nach Paris zu fliegen.

Milch flog nach Breslau und Udet ging in seine Junggesellenwohnung, um das Wochenende mit einigen Mädchen, seiner derzeitigen Freundin und zwei Freunden zu verbringen, die Milch eben entlassen hatte. Es wurde ein rauschendes Fest, und man trennte sich erst gegen Morgen. Am gleichen Vormittag, dem 17. November 1941, kurz vor 9 Uhr 30, läutete das Telefon in der Wohnung von Udets Freundin. Sie erkannte Udets Stimme. Sie hatten sich im Streit getrennt, und das Mädchen bat, wieder zu ihm kommen zu dürfen. Aber er unterbrach sie.

»Nein, es ist zu spät. Sag Pilli Körner, er soll sich um mein Testament kümmern.«

Dann hörte sie einen Schuß und alles war still. Als sie mit Pilli Körner in die Wohnung an der Stallupöner Allee kam, hatte der Hausmeister die Tür zum Schlafzimmer schon aufgebrochen. Auf dem Fußboden lagen zwei leere Schnapsflaschen und ein Revolver. Udet lag tot auf dem Bett.

Bei seinem letzten Gespräch hatte Udet dem Mädchen gesagt, sie solle hinter das Bett greifen. Dort fand man eine graue Tafel, auf die er mit Rotstift zwei Sätze geschrieben hatte. Der erste lautete: »Eiserner, Du hast mich verraten!«

Der zweite Satz war nicht zu Ende geschrieben. Er begann mit den Worten: »Warum hast Du mich dem Juden Milch ausgeliefert . . .«

Inzwischen war auch Udets Adjutant eingetroffen, und Körner beschwor ihn, das Mädchen und den Hausmeister, niemandem zu sagen, was Udet da geschrieben hatte. Der Adjutant ging deshalb ins Badezimmer, holte einen Waschlappen und wischte die Worte ab. Körner öffnete den Safe, und während der Adjutant die dienstlichen Papiere durchsah, nahm Körner einen an Göring adressierten Brief im unverschlossenen Umschlag an sich. Was Udet hier schrieb, war noch verletzender. Er beschuldigte hier seinen alten Kameraden, gegen ihn konspiriert zu haben, und griff Erhard Milch mit harten Worten an. Am Schluß hieß es:

»Es war mir unmöglich, mit dem Juden Milch zusammenzuarbeiten.«

Als Milch am Montagvormittag nach Berlin zurückgekehrt war (er hatte die Eisenbahn benutzt) und sein Büro betrat, meldete man ihm, Udet sei tot, und Göring wolle ihn am Telefon sprechen. Der Reichsmarschall schien vom Tode Udets tief erschüttert zu sein, verlangte jedoch, daß ein Skandal unter allen Umständen vermieden würde. Wenige Stunden später rief Görings Adjutant und Hausarzt, Dr. von Ondarza, aus Karinhall an und diktierte Milch den Text der Erklärung, die auf Wunsch Görings in den Zeitungen veröffentlicht werden sollte. Sie lautete: »Der Generalquartiermeister der Luftwaffe, Generalmajor Udet, erlitt am Montag, den 17. November 1941, bei der Erprobung eines neuen Flugzeugtyps einen so schweren Unfall, daß er seinen Verletzungen erlegen ist. Der Führer hat für diesen Offizier, der in Ausübung seiner Pflicht gestorben ist, ein Staatsbegräbnis angeordnet.«

Am nächsten Tag wehten die Flaggen in Berlin auf Halbmast, und drei Tage darauf fand die Beisetzung statt. Göring begleitete die Lafette mit dem Sarg zu Fuß zum Invalidenfriedhof (dem Militärfriedhof) im Norden Berlins. Der Tod seines alten Kameraden aus dem Richthofengeschwader war ihm offensichtlich nahegegangen.

Die bekanntesten Ritterkreuzträger, unter ihnen Adolf Galland und sein Freund Mölders, sollten den Sarg tragen und die Ehrenwache stellen. Mölders erschien nicht, er wurde durch ungünstiges Wetter in Rußland festgehalten. Aber die anderen hielten in Paradeuniform die Ehrenwache, während die Trauergäste am Katafalk vorübergingen und dem Verstorbenen die letzte Ehre erwiesen. Hitler spendete einen Kranz, sagte aber während der Beisetzungsfeierlichkeiten kein Wort. Nur Göring sprach. Mit Tränen in den Augen sagte er: »Ich kann nur sagen, ich habe meinen besten Freund verloren.«[5]

Deutschland hatte, wie sich bald herausstellen sollte, durch Udets Schuld mehr als das verloren.

Ende 1941 zerbrach die Hoffnung, der Krieg gegen die Sowjetunion werde nur kurze Zeit dauern. Die Russen schlugen jetzt zurück. Ihre Fabriken waren weit hinter der Front außerhalb der Reichweite der deutschen Bombenflugzeuge wieder aufgebaut worden und stellten Kriegsmaterial her.

Im Westen hatten sich die Vereinigten Staaten im Krieg gegen Deutschland an die Seite Großbritanniens gestellt, und die Luftangriffe gegen deutsche Städte wurden vermehrt und verstärkt. Die Luftwaffe brauchte dringend Langstreckenbomber, um die russischen Industriezentren anzugreifen, und große Massen von Jägern, um über Deutschland einen Schirm zu bilden und die Heimat vor den Bombenangriffen der Alliierten zu schützen. Aber wie Göring und Milch nur zu gut wußten, ließ sich die Flugzeugproduktion nur langsam und unter größten Schwierigkeiten auf die erforderliche Kapazität bringen. Folgen von Udets Mißwirtschaft waren unübersehbar. Als Milch die Aufgabe nach Udets Tod übernahm, hatte er gestöhnt:

»Einhundertsechsundvierzigtausend nicht gebaute Flugzeuge – das hat er uns gekostet!«[6]

Ende 1941 ernannte Göring Adolf Galland zum Kommandierenden General der Jagdflieger. Galland beurteilt die Lage, wie er sie damals sah, mit den folgenden Worten:

»Die unvorhergesehene Verlängerung des Ostfeldzugs drohte das gesamte Konzept der deutschen Kriegführung über den Haufen zu werfen. Nur unter der Voraussetzung eines schnellen und totalen militärischen Sieges über den Gegner im Osten hatte Hitler das Risiko eines Zweifrontenkrieges in Kauf genommen. Der Plan, nach einer schnellen Beendigung des Ostfeldzuges den Luftkrieg gegen England wieder aufzunehmen, war mit dem Festlaufen der deutschen Offensive im Osten fehlgeschlagen. Darüber konnten die großzügigen und weiträumigen strategischen Planungen in Richtung Kaukasus für das kommende Frühjahr nicht hinwegtäuschen.«

Über Göring schrieb er: »Vor allem mußte Göring als Oberbefehlshaber der Luftwaffe sich darüber klar sein, daß er die vorübergehend im Westen abgegebene Luftüberlegenheit nie wieder würde zurückgewinnen können mit einer Waffe, die bereits im bisherigen Verlauf des Ostfeldzuges weit über ihre effektive Leistungsgrenze in Anspruch genommen war. Alles was darüber hinausging, konnte man nur noch mit »Verheizen der Substanz« bezeichnen. Die deutsche Luftrüstung war ebensowenig wie der personelle Ersatz auf einen Luftkrieg von derartigen Ausmaßen zugeschnitten. Selbst wenn jetzt sofort gewaltige Anstrengungen gemacht wurden, die Basis der Luftwaffe den an sie gestellten Anforderungen anzugleichen, war nicht abzusehen, ob sich die Auswirkungen einer solchen Umstellung früh genug bemerkbar machen könnten, um ihren Zusammenbruch zu verhindern.«[7]

Galland richtete sein Stabsquartier in einem Eisenbahnwagen ein, der an den Zug angekoppelt wurde, in dem sich – bei Goldap in Ostpreußen – das Hauptquartier der Luftwaffe befand. Das war nicht weit von der Rominter Heide, wo Göring selbst sein Stabsquartier aufgeschlagen hatte, und in der Nähe von Rastenburg, wo Hitler alle Operationen der Wehrmacht leitete. Bald nach Gallands Eintreffen zeichnete Hitler ihn mit den Diamanten zum Eichenlaub des Ritterkreuzes aus. Nur er und Mölders haben diese höchste deutsche Tapferkeitsauszeichnung erhalten. Anschließend mußte er sich zu einer Besprechung bei Göring melden, aber sie unterhielten sich nur über Gallands neuen Orden. Göring wollte ihn ansehen, und der erschreckte Galland, der sich das Ritterkreuz mit einem Damenstrumpfband um den Hals gebunden hatte, überreichte ihn dem lachenden Reichsmarschall. Görings Gesicht verfinsterte sich, als er die Diamanten betrachtete. Er sagte: »Das sind gar keine Diamanten, sondern ganz gewöhnliche Steine. Man hat den Führer damit beschwindelt. Er versteht eine ganze Menge von Kanonen, Schlachtschiffen und Panzern, aber nichts von Diamanten. Passen Sie auf, Galland, ich werde Ihnen welche besorgen. Dann können Sie mal richtige Diamanten sehen!«

Zu Gallands Kummer (Göring hatte ihn schon früher einmal gebeten, ihm sein spanisches Kreuz in Gold aus dem Bürgerkrieg zu zeigen und es ihm nie wieder zurückgegeben) behielt er die Diamanten und gab ihm nur das Ritterkreuz zurück. Aber kurz darauf wurde Galland nach Karinhall bestellt. Göring, vergnügt wie ein Kind, hielt ihm zwei blitzende Orden entgegen.

»Sehen Sie, dies sind die Diamanten des Führers und dies die des Reichsmarschalls. Erkennen Sie den Unterschied?«

Galland mußte ihm recht geben. Im Vergleich zu den Steinen des Reichsmarschalls wirkten die des »Führers« recht unscheinbar. Galland hatte nun zwei Ausführungen der Auszeichnung, »einen Alltags- und einen Sonntagsorden«. Zu dieser Geschichte gab es noch ein Nachspiel. Hitler mußte irgendwie von der schlechten Qualität seiner Diamanten gehört haben, und als er Galland das nächstemal wiedersah, sagte er: »Galland, ich kann Ihnen jetzt die höchste deutsche Tapferkeitsauszeichnung in bester Qualität überreichen. Das Stück, das ich Ihnen zuerst gegeben habe, war nur für den vorläufigen Gebrauch bestimmt. Geben Sie es mir zurück.« Zu seinem Pech trug Galland Görings Diamanten, und als er sie Hitler gab, war er überzeugt, dieser werde sehen, daß sie viel besser waren als die ersten. Aber Hitler bemerkte nichts. Er nahm sie in eine Hand, während er ihm die neuen mit der anderen vor die Augen hielt. Von Görings Steinen sagte er: »Was ich Ihnen zuerst gegeben habe, waren nur Imitationen, aber dies sind echte Diamanten. Legen Sie sie jetzt an.«

Als er Göring verließ, war Galland überzeugt, der Reichsmarschall sei des Krieges überdrüssig. Er hatte ihn mit keinem Wort erwähnt, sondern nur von den Diamanten, seiner Bisonzucht und den neusten Erwerbungen für seine Gemäldegalerie gesprochen. Um diese Zeit hatte Hitler von Jeschonnek und Bodenschatz (den Vertretern Görings im Führerhauptquartier) verlangt, ihm für die russische Frühjahrsoffensive alle verfügbaren Flugzeuge zu überlassen. Rommel war aus Afrika gekommen und hatte für das Afrikakorps Jagdflugzeuge und Stukas verlangt, die seine Offensive gegen die britische 8. Armee in Ägypten unterstützen sollten. Aber Göring hatte keine Flugzeuge übrig. Was vorhanden war, wurde in den Jagdverbänden gebraucht, die über Deutschland gegen die Bombenflugzeuge der RAF kämpften. Man war bereits an die Reserven gegangen, die jetzt gefährlich zusammenschrumpften. Göring schien das nichts mehr auszumachen.

Etwa um die gleiche Zeit kam Dr. Fritz Todt, der für den Nachschub und das Rüstungsprogramm in Deutschland verantwortlich war, in Rußland bei einem Flugzeugabsturz um, und Göring bewarb sich bei Hitler um die Nachfolge, die seinen Machtbereich bedeutend erweitert hätte. Aber Hitler ernannte seinen Architekten Albert Speer zum neuen Reichsminister für Bewaffnung und Munition. Göring war enttäuscht und verletzt, als er sich so unerwartet um den erhofften Machtzuwachs gebracht sah. Speer besänftigte ihn geschickt durch formale Zugeständnisse, die allerdings ohne sachliche Bedeutung blieben.

Es war eine eigenartige Phase in der Laufbahn Görings. Sein Stimmungsbarometer war auf einem Tief angelangt. Er fühlte sich enttäuscht und gelangweilt. Jetzt gab er endlich auch die Illusionen auf, die er sich in bezug auf Hitler gemacht hatte, später gab er zu, er habe mit Überraschung festgestellt, daß der Führer keine Rückschläge ertragen könne. Er hatte bemerkt, daß Hitler zusehends ungeduldiger wurde und die Selbstbeherrschung verlor, aber nur, soweit es andere Menschen betraf, denn Selbstkritik kannte er nicht. Doch welche verhängnisvollen Fehler unterliefen ihm!

Als Träger zahlreicher Titel unterschrieb Göring immer noch die meisten Verordnungen, mit deren Hilfe das Leben in Deutschland weiterlief. Jeder Erlaß, der die Verteilung der Arbeitskräfte, die Finanzpolitik, die Rationierung von Verbrauchsgütern und den schwarzen Markt betraf, mußte von ihm genehmigt werden, bevor er Gesetzeskraft erlangte. Er selbst war dem Schwarzhandel allerdings nicht ganz abgeneigt. Aber es war ihm gleichgültig, was nachher geschah. Der Krieg hatte seine Dynamik verloren, und der Patriotismus, mit dem Göring sich zunächst für den Nationalsozialismus begeistert hatte, war durch die Art und Weise, mit der die Partei die Einsatzbereitschaft ihrer Anhänger mißbrauchte, bitter enttäuscht worden.

Am 21. März 1942 ernannte er seinen Mitarbeiter Fritz Sauckel zum Generalbevollmächtigten für den Arbeitseinsatz, und am 27. März unterzeichnete er eine Verfügung, in der es hieß: »Meine Abteilungen für den Arbeitseinsatz werden hiermit aufgelöst. Ihre Aufgaben, die Anwerbung und Verteilung von Arbeitskräften sowie die Festlegung der Arbeitsbedingungen werden (von Sauckel) übernommen.«[8]

Damit legte er selbst die Gewalt über Leben und Tod und die Versklavung anderer Menschen aus der Hand und übergab sie einem Mann, der bereit war, sie rücksichtslos anzuwenden. Theoretisch mußte Göring immer noch bei allen wichtigen Entscheidungen gehört werden, wie er auch bei jedem Schritt, den der zentrale Planungsstab unternahm, informiert werden mußte. Aber in der Praxis nahm er nur selten an den Sitzungen teil, auf denen die Entscheidungen getroffen wurden. Nur wenn man es für notwendig hielt, etwas für die Stimmung im Lande zu tun, baten Sauckel, Speer oder Milch ihn, sich in einer Rede zu äußern. Zwar hatten ihn weder seine Empfindsamkeit noch Gewissensbisse veranlaßt, die direkte Verantwortung niederzulegen, aber er war von da an nicht mehr aktiv an den unmenschlichen Grausamkeiten und den Morden beteiligt, die jetzt in Rußland und ganz Europa begannen. 1934 hatte er die Leitung der Gestapo und der Konzentrationslager abgegeben, und nun distanzierte er sich von den Gaskammern. Als Sauckel und Koch feststellten, daß Göring sich nicht mehr um sie kümmerte, waren sie durch nichts mehr zu bremsen. Mit Transportzügen wurden die Zwangsarbeiter in die Fabriken gebracht, und sie mußten arbeiten, bis sie umfielen. Den Juden in den russischen Fabriken ließ man nicht einmal diese Möglichkeit, sondern schaffte sie direkt in die Vernichtungslager.

Göring protestierte dagegen, und eine Zeitlang arbeiteten die Juden in bestimmten Rüstungsbetrieben weiter. Bis Ende September 1942 waren zum Beispiel in polnischen Fabriken noch 300 000 Juden beschäftigt. Dann erließ das OKW auf Hitlers Veranlassung am 12. Oktober 1942 den Befehl, daß alle Juden ohne Rücksicht auf ihre Fähigkeiten durch Arier zu ersetzen seien.

Jetzt traten die Gaskammern in Aktion.[9]

Kurz vor Kriegsausbruch hatte Hermann Göring die Luftverteidigungszone an Ruhr und Rhein besucht und behauptet, die dort ergriffenen Maßnahmen seien so wirksam, daß »ich Meier heißen will, wenn ein einziges feindliches Flugzeug durchkommt und eine deutsche Stadt bombardiert«. Jetzt verfolgte ihn dieser Satz bis in seine Träume, denn seine Volksgenossen nannten ihn nur noch hämisch »Hermann Meier«. Die feindlichen Bombenflugzeuge operierten immer ungestörter über dem deutschen Reichsgebiet.

In der Nacht vom 30. zum 31. Mai 1942 flog die Bomberflotte der RAF einen Angriff gegen Köln und warf 1 500 Tonnen Bomben ab. Der Schaden war unermeßlich, nicht nur für Köln, sondern auch für die Beziehungen zwischen Göring und Hitler.

Am nächsten Morgen erstatteten die Vertreter der Kriegsflotte und des Heeres bei der Lagebesprechung im Führerhauptquartier über die Ereignisse des Vortages Bericht – einen U-Boot-Angriff gegen einen alliierten Geleitzug im Atlantik und die Entwicklung der großen Kesselschlacht um Charkow. Dann war Görings Chef des Stabes, General Jeschonnek, an der Reihe und verlas den Bericht der Luftwaffe. Bodenschatz, der ebenfalls an der Besprechung teilnahm, wußte, weshalb Jeschonneks Hände zitterten, in denen er das Papier hielt, von dem er seinen Vortrag ablas.

Bodenschatz schildert die folgende Szene. Jeschonnek hatte angefangen, den Bericht über den Angriff der RAF vorzulesen und wurde sofort gefragt, wie schwer der Angriff gewesen sei.

»Nach vorläufigen Meldungen«, sagte der General, »schätzen wir, daß zweihundert feindliche Flugzeuge durch unseren Verteidigungsgürtel durchgekommen sind. Der angerichtete Schaden ist sehr groß . . . Wir warten noch auf die endgültige Auswertung.«

»In diesem Augenblick«, sagte Bodenschatz später in einem Gespräch mit Willi Frischauer, »bekam Hitler einen Wutanfall. ›Sie warten noch auf die endgültige Auswertung?‹ schrie er. ›Und die Luftwaffe glaubt, es waren zweihundert feindliche Flugzeuge? Die Luftwaffe hat wahrscheinlich in der letzten Nacht geschlafen . . . Aber ich habe nicht geschlafen. Ich bleibe wach, wenn eine meiner Städte bombardiert wird, und ich danke der Vorsehung, daß ich mich auf meinen Gauleiter verlassen kann, auch wenn die Luftwaffe mich zu täuschen sucht. Ich will Ihnen sagen, was Gauleiter Grohé mir gemeldet hat. Hören Sie zu, hören Sie zu! Ich fordere Sie auf, genau zuzuhören. Es waren tausend oder mehr englische Flugzeuge . . . Hören Sie? Tausend, zwölfhundert, vielleicht noch mehr!‹«

Als Hitler dann sagte, »Herr Göring ist natürlich nicht hier . . . nein, natürlich nicht«, wobei er absichtlich seinen militärischen Rang fortließ, verließ Bodenschatz das Zimmer, rief seinen Chef in Veldenstein an und sagte ihm, es gebe Schwierigkeiten, und er möge so schnell wie möglich kommen.

»Als Göring erschien und Hitler die Hand reichen wollte, beachtete der ›Führer‹ ihn nicht«, erzählt Bodenschatz. »In Gegenwart jüngerer Offiziere schnitt er den Reichsmarschall. Ein stotternder, verwirrter Göring irrte im Führerhauptquartier umher, wo er nur wenige Freunde hatte. Jeschonnek, sein Liebling Jeschonnek, konnte ihm kaum noch in die Augen sehen. Der junge Luftwaffengeneral war ein begeisterter Nationalsozialist, der sich der Faszination Hitlers ebensowenig entziehen konnte wie seine anderen Gefolgsleute. Daß die deutsche Luftwaffe, dieser einst so mächtige Verband, seine Kampfkraft eingebüßt hatte, warf den Chef des Stabes völlig aus dem Gleichgewicht. Hitlers verächtliche Bemerkungen über die

Luftwaffe verletzten ihn tief. Göring, der selbst gedemütigt und deprimiert war, konnte ihn nicht trösten.«[10]
In Wirklichkeit war Deutschland nicht darauf vorbereitet, einen Defensivkrieg zu führen. Es verfügte weder über die Rohstoffe noch über die Kraftstoffvorräte, um die gewaltige Kriegsmaschinerie in Gang zu halten. Durch seine zahlreichen Siege war Deutschland eher geschwächt als gestärkt worden, denn auch in den besetzten Gebieten waren die Rohstoffe knapp, die Deutschland brauchte. Die Strategie Hitlers war es immer gewesen, den Feind an seinem schwächsten Punkt überraschend anzugreifen und zu schlagen. So hatte er die Feldzüge gegen Polen, Dänemark, Norwegen, Holland, Belgien und Frankreich gewonnen. Gäbe es eine Logik im Weltgeschehen, dann hätte er mit dieser Strategie auch den Krieg gewinnen müssen, weil die Briten 1940 in der Erkenntnis, daß sie geschlagen waren, sehr bald um Frieden hätten bitten sollen – und ebenso die Russen 1941. Es war schlimm, daß keiner dieser beiden Gegner die harten Tatsachen akzeptieren wollte, sondern daß beide weiterkämpften. Göring wußte genau, was das zu bedeuten hatte: einen langen Krieg. Einen langen Krieg konnte Deutschland aber nicht gewinnen.
Die Luftwaffe, die Göring für Adolf Hitler aufgebaut hatte, war nicht geeignet, Deutschland vor Bombenangriffen zu schützen. Sie war keine Defensivwaffe. Sie war dazu geschaffen, den Gegner zu terrorisieren, und wenn Hitler einen Wutanfall bekam, weil die Luftwaffe nicht in der Lage war, Köln gegen die Angriffe der RAF zu verteidigen, oder wenn Galland mehr Jagdflugzeuge verlangte, um britische und amerikanische Bombenflugzeuge abwehren zu können, dann verkannten beide die wirkliche Lage. Dies hatte nie die Aufgabe der Luftwaffe sein sollen. Sie war aufgebaut worden, um Angriffskriege zu gewinnen, und nicht, um Deutschland vor einer Niederlage zu bewahren. Ende 1941 hätte Göring Hitler und jedem, der es hören wollte, sagen können, daß der Krieg, was Deutschland betraf, bis auf die abschließenden Kämpfe vorüber sei. Die deutschen Armeen konnten in den folgenden Feldzügen zwar noch Siege erringen, aber nachdem Großbritannien 1940 die deutschen Friedensangebote abgelehnt und Rußland im Hochsommer 1941 die militärische Katastrophe durchgestanden hatte, konnte Deutschland den Krieg nicht mehr gewinnen. Was danach geschah, waren nur mehr die Reflexe eines toten Mannes.
Thomas von Kantzow berichtet: »Im Herbst 1942 fand ein Fliegerangriff auf Karinhall statt. Wir gingen in den Luftschutzkeller, den Hermann unter dem Haus hatte bauen lassen. Emmy war da und auch Hermanns Schwester Olga. Sie war Krankenschwester bei der Luftwaffe und vor einigen Tagen aus Rußland gekommen. Was sie über die deutschen Soldaten im russischen Winter erzählte, war fürchterlich, und wir alle waren tief beeindruckt. Hermann sah sehr niedergeschlagen aus, aber plötzlich sagte Emmy, die immer optimistisch und fröhlich war: ›Wenn wir den Krieg gewonnen haben, weißt du, was ich dann tun werde?‹ Die Antwort auf

diese Frage blieb sie uns schuldig, denn Hermann unterbrach sie. Damit die Dienerschaft nebenan es nicht hörte, flüsterte er: ›Warum kannst du nicht verstehen, daß wir den Krieg nicht gewinnen werden? Er ist schon verloren – aber der Führer will es nicht wahrhaben.‹ Tante Olga sah erschreckt drein, und Emmy brach in Tränen aus. Er wollte sie nicht verletzen, ging zu ihr hinüber, legte den Arm um sie und fing selbst an zu weinen. Das war ein trauriger Anblick, und mir blutete das Herz.«[11]

Im Winter 1942/43 verschlimmerte sich die Lage für Deutschland stetig. Tag und Nacht flogen anglo-amerikanische Bomberverbände ihre Angriffe gegen deutsche Städte. Die britische Basis auf der Insel Malta im Mittelmeer konnte sich trotz heftiger Angriffe der Luftwaffe halten, und bei El Alamein hatte der Großangriff der britischen 8. Armee unter Montgomery gegen das Afrikakorps Rommels begonnen. In Rußland hatte Hitler den verhängnisvollen Fehler begangen, Stalingrad und gleichzeitig den Kaukasus erobern zu wollen. Jetzt zeigten sich die Folgen: Stalingrad und die 6. Armee, die es besetzt hielt, waren eingeschlossen.

Ende 1942 flog Rommel von Nordafrika zum Führerhauptquartier nach Rastenburg, um persönlich Bericht über die verzweifelte Lage seiner Truppen zu erstatten. Spitfires und Hurricanes, die – von dem amerikanischen Flugzeugträger »Wasp« dorthin gebracht – von Malta aus operierten, hatten den Luftraum von deutschen Flugzeugen freigefegt, und die britischen Geleitzüge fuhren wieder unbehelligt durch das Mittelmeer. Rommels Truppen waren von der britischen 8. Armee aus Ägypten hinausgedrängt worden und zogen sich nach Tripolis zurück. Zugleich waren alliierte Truppen in Marokko und Algerien gelandet. Rommel mußte damit rechnen, daß sein Afrikakorps in die Zange genommen würde und empfahl deshalb, die deutschen Verbände mit ihren Waffen aus Afrika abzuziehen, bevor sie ins Meer getrieben würden.

»Tripolis aufgeben?« schrie Hitler. »Nie, nie, nie! Auch nicht, wenn es das Leben von hunderttausend Soldaten kostet!«

Am nächsten Tag versprach der gedemütigte Rommel, seine Truppen würden bis zum bitteren Ende kämpfen, verlangte aber neue Panzer, Geschütze und andere Waffen. Hitler wandte sich an Göring, der zu dieser Besprechung befohlen worden war, und gab ihm freie Hand, dem Afrikakorps alles zu überstellen, was es brauche.

»Ich werde mich persönlich darum kümmern«, sagte Göring großspurig.[12] In Wirklichkeit wußte er (genau wie Hitler, obwohl dieser es niemals zugegeben hätte), daß er gar nichts zu überstellen hatte. Alles wurde an der russischen Front gebraucht, und die geringen Reserven, über die er verfügte, mußten für den Fall der Eröffnung der sogenannten »zweiten Front« durch die Alliierten in Bereitschaft gehalten werden. Göring hatte dem Afrikakorps schon jetzt seine Lieblingstruppe, die Division Hermann Göring überlassen; das war alles, was er tun konnte. Diese Division geriet dann in Tunis fast ohne Verluste in anglo-amerikanische Gefangenschaft.

Aber anstatt offen mit Rommel zu sprechen, der zu guter Letzt den Mut hatte, den Tatsachen ins Auge zu sehen, spielte Göring eine Schmierenkomödie.

Er orderte seinen Sonderzug, lud Emmy und Frau Rommel ein, mitzufahren, und begleitete Feldmarschall Rommel nach Rom. Für Rommel war dies, wie er zugab, eine der anstrengendsten Unternehmungen seines Lebens. Wie viele andere deutsche Generäle verabscheute er Görings Großmannssucht, seine pfauenbunten Uniformen, den Schmuck, mit dem er sich herausputzte, die anmaßende Art, mit der er von militärischen Dingen sprach, und seine Unbekümmertheit. Rommel wußte, daß er in Nordafrika mit einer vernichtenden Niederlage rechnen mußte, und er konnte es kaum ertragen, Görings Geschwätz über Kunstwerke und lebende Wildtiere anzuhören. Aber kein Wort fiel über die Kriegssituation und den Nachschub, den Rommel so dringend brauchte.

Frau Rommel empörte sich noch mehr über Görings Verhalten und Emmys Hörigkeit. Sie hielt den Reichsmarschall für einen großen dicken Prahlhans, und seine Angeberei, seine Smaragdkrawattennadel, seine mit Edelsteinen besetzte Taschenuhr und sein riesiger Diamantring stießen sie ab. Dem Feldmarschall und seiner besorgten Frau kam er vor wie Nero, der die Leier schlägt, während zwar nicht Rom, aber immerhin Tripolis brennt.

Auch Stalingrad brannte. Der Rauch, der von den zerschossenen Häusern aufstieg, hing in dunklen Schwaden im bleiernen Winterhimmel, während russische Granaten und Bomben die Stellungen der 6. Armee zerschlugen. 300 000 Mann waren in der Stadt eingeschlossen. Der Armeestab hatte einen Ausbruchsplan unter dem Decknamen »Donnerschlag« vorbereitet, aber Hitler gab seine Zustimmung nicht. Statt dessen befahl er der 4. Panzerarmee unter General Hermann Hoth, die in der Stadt eingeschlossenen Truppen zu entsetzen. Paulus erklärte sich widerwillig mit dieser Operation einverstanden und meldete über Funk, er werde die Stellungen halten. Aber General Wolfram von Richthofen, dessen 4. Luftflotte die Aufgabe übernehmen sollte, die in Stalingrad eingeschlossene Armee mit Verpflegung und Munition zu versorgen, erklärte, mit den ihm zur Verfügung stehenden Flugzeugen sei das nicht möglich.

Im Führerhauptquartier hatte niemand einen so starken Einfluß auf Hitler, daß er ihn hätte umstimmen können. Göring war in Karinhall, Milch auf einer Inspektionsreise, und Jeschonnek fürchtete sich viel zu sehr vor dem Zorn seines »Führers«, um mehr als leise Zweifel anzumelden. Der neue Chef des Generalstabs des deutschen Heeres, General Kurt Zeitzler, setzte sich entschieden für das Unternehmen »Donnerschlag« ein, aber seine Vorschläge wurden vom Tisch gefegt. Hitler hielt einen Ausbruch für ebenso schmählich wie eine Niederlage, und er befahl, Stalingrad um jeden Preis zu halten. Am 22. November 1942 war diese Chance für die 6.

Armee ohnedies vertan, denn die Russen hatten den Ring um Stalingrad so fest geschlossen, daß ein Ausbruch nicht mehr gelingen konnte.

Viele deutsche Generäle haben in ihren Erinnerungen Göring die Schuld daran zugesprochen, daß es Paulus nicht gelang, mit seiner Armee aus Stalingrad auszubrechen, und alliierte Historiker haben sich dieser Auffassung angeschlossen. Fred Majdalany schreibt in »The Fall of Fortress Europe«:

»Der letzte Sargnagel für die zum Untergang verurteilte 6. Armee wurde mit bezeichnender Verantwortungslosigkeit von Reichsmarschall Göring eingeschlagen, der zuletzt noch die Bemühungen Zeitzlers sabotierte, Hitler zur Vernunft zu bringen, indem er großartig versicherte, seine Flieger könnten die 6. Armee aus der Luft versorgen.«[13]

In Wirklichkeit war es zu der Zeit, als Göring zu den Beratungen zugezogen wurde, schon viel zu spät für Paulus, mehr zu tun als bis zum bitteren Ende zu kämpfen. Görings Versagen könnte man als Unterlassungssünde bezeichnen. Er kam nicht rechtzeitig nach Rastenburg, um Hitler zur Vernunft zu bringen, aber damals hatte er kaum noch Einfluß auf seinen »Führer«, und Hitler befand sich bereits in einer Gemütslage, in der sich in ihm der Wunsch entwickelte, Deutsche leiden und sterben zu sehen.

Er befahl Göring in sein Hauptquartier zur Berichterstattung über den Zustand der Transportflotte der Luftwaffe. Görings Fachleute hatten bereits die technischen Unterlagen für eine Luftbrücke zur Versorgung der 6. Armee erstellt. Zu diesem Zweck mußten täglich 300 t Kraftstoff, 30 t Munition und 15 t Verpflegung eingeflogen werden; man benötigte dazu 800 Maschinen vom Typ Ju 52. Die Luftwaffe verfügte insgesamt nur über 750 Ju 52; hundert Maschinen dieses Typs waren für die Versorgung der Armee Rommels in Nordafrika eingesetzt. Im September hatte Göring geäußert: »Wenn ich mir einen Vorwurf machen muß, dann den, daß nicht erkannt habe, wie wichtig eine Lufttransportflotte ist.« Aber mit dem Produktionsprogramm, das er hatte anlaufen lassen, konnten nur 60 Flugzeuge monatlich hergestellt werden. Jetzt trug er Hitler diese Zahlen vor, und der »Führer« fragte ihn, ob man nicht Bombenflugzeuge für diesen Zweck umrüsten könne. Was dann geschah, hat Göring außerordentlich verbittert.

Später sagte er: »Ich erklärte dem Führer, daß man Bombenflugzeuge zwar auch als Transportflugzeuge verwenden könne, es sei jedoch nicht ratsam, und die Bomber würden ohnedies für die Einsätze gegen Großbritannien gebraucht. Aber der Führer bestand darauf. Er wollte dem deutschen Volk unbedingt sagen können, er habe Stalingrad gerettet. Ich hätte es gern selbst getan, aber ich wußte, daß es nicht mehr möglich war. Ich hatte mit Richthofen gesprochen und war im Besitz aller technischen Daten. Aber wenn er in dieser Stimmung war, konnte man nicht mit ihm reden, und doch mußte irgend etwas geschehen. Wir konnten die Männer in Stalingrad nicht einfach sterben lassen. Ich hatte selbst Freunde dort, und ich wollte helfen. Aber Hitler ging zu weit.« Die 6. Armee unter Paulus bestand aus 20 deutschen und 2 rumänischen Divisionen. Dazu kam die 9. Fliegerabwehrdivision der Luftwaffe. Ihr Kommandeur war Generalmajor Wolfgang Pickert, ein alter Freund Görings.

Göring und Milch hielten sich schon seit einiger Zeit eine Staffel Bombenflugzeuge vom Typ Heinkel He 177 in Reserve, die sie der Beanspruchung durch den russischen Winter nicht aussetzen wollten, um sie, wenn notwendig, in der Frühjahrsoffensive zu verwenden. Aber irgend jemand hatte dem »Führer« hinterbracht, daß diese Maschinen eben aus der Produktion gekommen seien.

Göring fuhr fort: »Er sagte mir, wenn wir alle verfügbaren Transportflugzeuge, die Zivilflugzeuge der Lufthansa und genügend Bomber dafür einsetzten, könnten wir Stalingrad versorgen. Dann sah er mich an und sagte: ›Ich weiß, Sie haben eine Staffel He 177. Ich habe gehört, daß sie für die Frühjahrsoffensive ausgebildet wird. Sie sagen den Leuten, das Frühjahr sei schon da. Sie können ihre Ausbildung in Rußland abschließen.‹ Ich weigerte mich. Die He 177 war ein wunderbares Flugzeug. Sie war unser Gegenstück zu der amerikanischen Fliegenden Festung, und wir hatten sie nicht für den Transport von Milchkannen gebaut. Aber er wollte nicht auf mich hören. ›Ich will, daß alles getan wird, verstehen Sie mich, alles! Wenn Sie genügend Flugzeuge einsetzen, dann können wir Stalingrad leicht bis zum Frühjahr versorgen.‹«

Am 24. November befahl Göring seinen Stab zu einer Besprechung in seinen Sonderzug, der im Nordosten von Berlin auf einem Abstellgleis stand. Als der Reichsmarschall eintrat, machte er ein finsteres Gesicht und erwiderte kaum die Grüße der versammelten Generäle. Einer von ihnen, General Wolfgang Vorwald, der Chef der technischen Abteilung, schildert das so: »Als er hereinkam, sagte er uns in eisigem Ton, die 6. Armee werde von der Luftwaffe versorgt werden. Jedes verfügbare Transport- und Bombenflugzeug werde bei diesem Unternehmen eingesetzt werden. Er habe dem Kurierstab bereits befohlen, die Operation in die Wege zu leiten.«

Es gab keine Diskussion mehr. Niemand sprach von den ungeheuren Schwierigkeiten, die bei der Errichtung einer Luftbrücke angesichts der russischen Flak und des jetzt in Rußland herrschenden entsetzlichen Wetters entstehen mußten. Es hätte auch gar nichts genützt. Göring hatte dem »Führer« diese Einwände detailliert vorgetragen und sich dabei nur eine scharfe Zurechtweisung geholt.

Am 25. November 1942 um 5.00 Uhr morgens erhielt Paulus einen Funkspruch von Hitler mit der Mitteilung, die Luftwaffe sei unterwegs. Drei Monate später war die russische Steppe mit den zu Bruch gegangenen, notgelandeten oder ausgebrannten Wracks von 1200 deutschen Bombern und Transportflugzeugen bedeckt. Sie waren von der russischen Flak getroffen, von russischen Jägern abgeschossen oder durch die eisige Kälte des russischen Winters am Boden festgehalten worden. Die 6. Armee in Stalingrad wartete indessen, soweit die Soldaten nicht an ihren Wunden, vor Hunger oder Kälte gestorben waren, auf das Ende. Aber immer noch schwang Hitler seine Peitsche über Göring und Milch, verlangte, daß sie die Versorgungsflüge fortsetzten und befahl Paulus immer wieder, seine Stellung zu halten.

Milch schreibt in seinem Tagebuch: »Er verlangt ein Wunder, und er glaubt noch immer, daß es geschehen wird.«

Hitler war indessen zu der Überzeugung gekommen, Göring sei nicht der Mann, der dieses Wunder bewirken könne. Er beschimpfte den Reichsmarschall wütend, weil es immer weniger Transportflüge nach Stalingrad gab, hielt ihm seine Unfähigkeit vor und behauptete, seine Piloten seien feige. Göring schlich wie ein geprügelter Hund durch Rastenburg und merkte, wie die Generäle und dienstjüngeren Offiziere sich über ihn lustig machten. Dann zog er sich wieder tagelang nach Karinhall zurück und kam nur in das Führerhauptquartier, wenn Hitler selbst oder Bodenschatz dringend nach ihm verlangten.

Jetzt schickte Hitler Milch an die russische Front mit dem Auftrag, er möge Ordnung in das Chaos bringen, das bei der Luftbrücke entstanden war. Aber Milch konnte kaum etwas tun; auf alle Fälle war es zu spät. Paulus schickte den letzten Funkspruch und meldete, daß er und seine Männer kapitulieren würden. Für Deutschland war dies die schwerste Niederlage des Krieges, danach bestand keinerlei Aussicht mehr auf einen Sieg.[14]

Aber ein Sündenbock mußte gefunden werden, und da Hitler nicht bereit war, die Verantwortung zu übernehmen, fiel Göring diese Rolle zu. Den Generälen war das ganz recht. Nach der Kapitulation erschien Feldmarschall Milch im Führerhauptquartier, und Hitler fragte ihn, ob er das Menschenmögliche getan habe, um Stalingrad zu retten.

»Das und noch mehr«, sagte einer der Panzergeneräle, der mit Milch in Rußland gewesen war. Er fügte hinzu, wenn der Feldmarschall früher gekommen wäre, dann wäre Stalingrad nicht verlorengegangen.

»Ja«, sagte Hitler bedrückt, »das ist mein Verhängnis.«

Milch schüttelte den Kopf. »Ich habe meinen Auftrag nicht erfüllt.«

»Milch«, sagte Hitler, »Sie haben Ihren Auftrag erfüllt, aber ich habe Sie zu spät gerufen.«

Wieder schüttelte Milch den Kopf. Wenn er an Paulus' Stelle gewesen wäre, dann hätte er sich nicht um den Befehl des Führers gekümmert, sondern wäre rechtzeitig aus Stalingrad ausgebrochen.

In diesem Augenblick änderte sich Hitlers Haltung. Er sagte kalt, wenn er das glaube, dann hätte er ihm den Kopf vor die Füße legen müssen. Das bedeute, daß er das Leben der Soldaten der 6. Panzerarmee über das Wohl Deutschlands stelle.

Milch erwiderte: »Aber es hätte gelohnt, mein Führer! Einen Feldmarschall weniger, und 300 000 Soldaten wären gerettet.«

Darauf sah Hitler ihn so böse an, daß Milch es für richtiger hielt, sich so schnell wie möglich zurückzuziehen.[15]

Sogar Göring hatte sich jetzt mit der Tatsache abgefunden, daß er jeden Einfluß auf Hitler verloren hatte.

Später äußerte er: »Natürlich gab man mir die Schuld. Seit dieser Zeit wurden die Beziehungen zwischen dem Führer und mir ständig schlechter.«

23

Die elfte Stunde

Mit einer gewissen Schadenfreude muß Göring gemerkt haben, daß kein anderer so sehr davon betroffen war, die Machtstellung des Reichsmarschalls bedroht zu sehen, als sein ehemaliger Freund und Feind Joseph Goebbels. Auch Albert Speer zeigte sich besorgt, als er hörte, Göring sei beim »Führer« in Ungnade gefallen. Beide wußten genau, daß Görings Ausscheiden aus der Parteispitze in der gegenwärtigen Lage niemand anderem nützen würde als Martin Bormann.

Am 22. Februar 1943 berief der Reichsmarschall eine Besprechung seines Stabes ein. Es war die erste seit der Kapitulation von Stalingrad. Dabei gab er bekannt, alle älteren Flugzeugtypen der Luftwaffe würden künftig durch modernere ersetzt. Deutschland brauche schwere viermotorige Bomber, wie die Briten und Amerikaner sie verwendeten.

Göring war gedrückter Stimmung und gab sich selbst die Schuld dafür, daß die Luftwaffe hinter ihrem Aufrüstungsprogramm zurückgeblieben war und nicht mehr genügend Flugzeuge produzierte.

Milch, der an der Besprechung teilnahm, hatte den Eindruck, der Reichsmarschall habe seinen inneren Schwung verloren und beschäftige sich eigentlich gar nicht mehr mit dem Krieg. Nach der Sitzung hatte Speer noch eine Unterredung mit Milch, der offen aussprach, was er über Görings Desinteresse dachte. Speer und Goebbels planten gerade ein neues Kriegskabinett, das die Kriegführung in die Hand nehmen sollte. Sie wollten Göring nominell zum Chef dieser Institution machen, weil sie glaubten, er besäße noch genügend Einfluß auf Hitler, um ihn gegebenenfalls für ihre Vorschläge zu gewinnen. Göring hatte sich kürzlich über Goebbels geärgert, weil dieser sein Lieblingsrestaurant Horcher im Rahmen allgemeiner Sparmaßnahmen hatte schließen lassen. Deshalb wurde Speer vorgeschickt, um Fühlung aufzunehmen. Er kam zum Obersalzberg in Görings Sommerhaus und führte ein langes Gespräch mit ihm. Am folgenden Tage rief er Goebbels an und teilte ihm mit, der Reichsmarschall sei in resignierter Stimmung. Er hatte Speer im Morgenmantel empfangen und während des ganzen Gesprächs mit einer Handvoll Edelsteine gespielt.

»Zuerst war Göring etwas übelgelaunt und mißtrauisch im Hinblick auf gewisse Dinge, über die man ihn falsch informiert hatte«, schrieb Goebbels in sein Tagebuch. »Aber im Lauf des Nachmittags stimmte er meinen ihm von Speer vorgetragenen Vorschlägen voll und ganz zu. Er wollte vor seiner Abreise nach Italien dringend mit mir sprechen. Ich habe mich entschlossen, am nächsten Montag zu ihm zu fliegen ... Speer verspricht sich viel davon ... Wenn es mir gelingen sollte, Göring ganz für die neue

Der »Reichsmarschall« während seiner »Thermophylen«-Rede, der Grabrede für die
6. Armee in Stalingrad, am 30. Januar 1943 im Reichsluftfahrtministerium

Deutscher Kriegsgefangener in Stalingrad

Kriegspolitik zu gewinnen, dann wäre das ein Erfolg . . . Hoffentlich wird unser Treffen zur vollkommenen Solidarität unter den Männern führen, die dem Führer am nächsten stehen. Dann werden wir in der Lage sein, dem Führer eine alte Garde für die Zusammenarbeit zur Verfügung zu stellen, wie wir sie in der größten Zeit des Kampfes um die Macht gebildet haben.«

Am 2. März 1943 um 4.00 Uhr nachmittags fuhren Speer und Goebbels zu Görings Landhaus hinauf.

Den Besuchern blieb nicht verborgen, daß Göring im Hinblick auf die Kriegslage äußerst pessimistisch war. Er erwartete jeden Augenblick die Kapitulation in Nordafrika (die auch tatsächlich bald erfolgte) und war der Meinung, daß es nicht gelingen werde, die Sowjetunion mit ihrer offenbar unerschöpflichen Reserve an Menschen entscheidend zu schwächen. Dann zog er über den verhaßten Ribbentrop her, der Deutschland in den Krieg hineingezogen habe.

»Göring behauptet immer wieder, Ribbentrop sei an diesem Kriege schuld«, schrieb Goebbels, »und er habe nie den ernsthaften Versuch unternommen, einen modus vivendi mit England zu finden, weil er einen Minderwertigkeitskomplex habe.«

Dann griff er die Generäle im Führerhauptquartier und die Leute an, die Hitler direkt beeinflußten, und äußerte sich sehr besorgt über den Zustand des »Führers«.

»Er glaubt auch, der Führer sei in den dreieinhalb Kriegsjahren um fünfzig Jahre gealtert«, schreibt Goebbels. »Es ist tragisch, daß der Führer ein so zurückgezogenes und ungesundes Leben führt. Er geht nie hinaus an die frische Luft. Er entspannt sich niemals. Er sitzt in seinem Bunker, macht sich Sorgen und brütet vor sich hin . . . In Notzeiten ist es die Pflicht der engsten Freunde des Führers, sich um ihn zu scharen und eine feste Phalanx zu bilden.«

Dann kamen Goebbels und Speer auf die harten Tatsachen zu sprechen und schlugen vor, künftig die politische Führung in Deutschland gemeinsam zu übernehmen. Die Intrigen der Speichellecker, die sich ständig einmischten und bösartigen Klatsch verbreiteten, müßten aufhören. Sie glaubten, mit Görings Hilfe werde es gelingen, das durchzusetzen.

»Während des Gesprächs hatte ich den Eindruck, daß Göring von dem, was ich sagte, recht angetan war«, schreibt Goebbels in seinem Tagebuch. »Er stimmte meinen Vorschlägen begeistert zu und fragte sofort, wie wir im einzelnen vorgehen sollten. Ich schlug vor, er solle eine Reihe von Mitarbeitern namhaft machen, und ich würde versuchen, den Rest auf unsere Seite zu bringen. Wir werden diesen Leuten nichts über unsere wirklichen Absichten sagen, nämlich daß wir allmählich das Triumvirat Keitel-Lammers-Bormann ausschalten wollen, um seine Vollmachten dem Ministerrat zu übertragen.«

Goebbels und Speer verließen den Obersalzberg und waren »sehr glücklich, daß eine klare Basis gegenseitigen Vertrauens mit Göring gelegt war. Ich glaube, auch der Führer wird sehr glücklich darüber sein.«[1]

Zu ihrem Unglück flog die RAF ausgerechnet in dieser Nacht einen Angriff gegen Berlin. 250 viermotorige Flugzeuge warfen 600 Tonnen Bomben auf die Reichshauptstadt, zerstörten 20 000 Häuser, machten 35 000 Menschen obdachlos und töteten 700. Diese Nachricht wirkte sich natürlich wenig vorteilhaft auf Hitlers Stimmung aus.

»Wo ist der Reichsmarschall?« schrie er. »Was tut er, um auf diesen Terrorangriff die richtige Antwort zu geben?«[2]

Aber Göring war nicht da, um sich vor seinem »Führer« zu verantworten. Er war nach Rom gereist.

Als Albert Speer meinte, Göring sei »resignierter Stimmung« gewesen, hatte er sich sehr zurückhaltend ausgedrückt. In Wirklichkeit war es Verzweiflung. Er verfluchte den Krieg und hegte die schlimmsten Befürchtungen für die Zukunft seiner Familie, denn jetzt drohte Deutschland die Niederlage.

Goebbels hatte bei der Besprechung etwas gesagt, was Göring tief beunruhigt haben muß. Der Propagandaminister schien das allerdings nicht bemerkt zu haben. In seinem Tagebuch schreibt er: »Göring weiß genau, was uns allen blüht, wenn wir in diesem Krieg die geringste Schwäche zeigen. Darüber hat er keine Illusionen. Besonders in der Judenfrage haben wir eine Stellung bezogen, aus der es keinen Ausweg gibt. Aber das ist gut so. Die Erfahrung zeigt, daß eine Bewegung und ein Volk, die ihre Brücken hinter sich verbrannt haben, mit viel größerer Entschlossenheit kämpfen als diejenigen, denen der Rückzug noch offensteht.«

Etwa um die gleiche Zeit (am 2. März 1943) schrieb Goebbels in sein Tagebuch: »Wir vertreiben die Juden jetzt endgültig aus Berlin. Am vergangenen Sonnabend wurden sie überraschend zusammengetrieben und sollen so schnell wie möglich nach Osten abgeschoben werden. Leider haben unsere besseren Kreise, besonders die Intellektuellen, unsere Judenpolitik wieder nicht verstanden und sich in einigen Fällen auf ihre Seite gestellt. Deshalb sind unsere Pläne zu früh bekanntgeworden, und eine Menge Juden sind uns durch die Finger geschlüpft. Aber wir werden sie noch kriegen.«[3]

Zu denjenigen, die sich der Festnahme hatten entziehen können, gehörte auch Rose Korwan, eine Freundin Emmy Görings. Sie war Schauspielerin und hatte schon in Stuttgart mit Emmy zusammengearbeitet; als sie in Weimar demselben Ensemble angehörten, hatten sie miteinander ein Zimnoch kriegen.«[4]

Als die Juden in Berlin immer mehr in Bedrängnis gerieten, versuchte Emmy, ihre Freundin zum Verlassen Deutschlands zu bewegen. Aber Rose zögerte. Emmy ließ Rose Korwan wöchentlich fünfzehn Mark von ihrem eigenen Konto überweisen und hoffte, der Name Göring auf dem Absender werde verhindern, daß irgend jemand die Sendung beschlagnahmte.

Dann aber kam Rose zu Emmy und bat um Schutz für sich und ihren Mann. Emmy rief Göring in der Rominter Heide an und bat ihn um Hilfe. Sie war überrascht und gekränkt, als er sie mitten im Satz unterbrach. Als er wenig später nach Berlin zurückkam, entschuldigte er sich für seine Grobheit und berichtete, daß sein Diener Kropp ihm vor ein paar Tagen etwas sehr Unangenehmes mitgeteilt habe: Nicht nur die Gestapo, sondern auch Martin Bormann ließ ihre Telefone überwachen. Außerdem hatte Kropp erfahren, daß sein persönlicher Leibwächter ein Spion Bormanns sei.

Er stöhnte, als er hörte, worauf sich Emmy eingelassen hatte, und empfahl ihr dringend, sie solle ihre Freunde vor den neuen antisemitischen Aktionen warnen und ihnen raten, unterzutauchen, bis die Verhaftungswelle vorüber sei.

Doch die Warnung kam zu spät. Roses Mann geriet auf der Straße in Streit mit einem ss-Mann und wurde der Gestapo gebracht. Dort stellte sich heraus, daß er Jude war, aber nicht den vorgeschriebenen gelben Davidstern trug. Rose Korwan suchte noch einmal Hilfe bei ihrer Freundin Emmy. Es gelang Emmy, ihren Mann zu bewegen, sich einzuschalten, doch das geschah ohne Erfolg. Das jüdische Paar war direkt in die Gaskammer transportiert worden.[4]

In der Nacht vom 24. zum 25. Juli 1943 überflogen 800 schwere Bomber der RAF die Nordsee, erreichten Lübeck und griffen dann von Nordosten her Hamburg an. Hamburg war mit einer Million Einwohnern die wichtigste Hafenstadt Deutschlands. Die Werften, der Hafen und die Innenstadt wurden mit vernichtender Wirkung bombardiert. Die feindlichen Verbände näherten sich im Tiefflug ihren Zielen, ohne daß ihnen die deutsche Flak oder Nachtjäger wesentlichen Widerstand entgegengesetzt hätten. Der Gegner hatte das deutsche Radarsystem getäuscht. Zum erstenmal hatten die Briten einen simplen, aber wirkungsvollen Trick angewendet, und zunächst Stanniolstreifen abgeworfen, die langsam zu Boden sanken und die Radargeräte »blendeten«. Dann fielen 1 500 t Bomben, die in Hamburg einen »Feuersturm« auslösten.

Am nächsten Morgen erschienen amerikanische Bomber über der Stadt und warfen Sprengbomben ab. In der Nacht wiederholte die RAF ihren Angriff. Die Bomberoffensive »rund um die Uhr« hatte begonnen, und Hamburg glich einem Inferno.

Der Polizeipräsident von Hamburg schrieb in einem geheimen Bericht: »Die Furchtbarkeit offenbart sich in dem Heulen und Toben des Feuersturms, dem Höllenlärm der explodierenden Bomben und den Todesschreien gemarterter Menschen. Die Sprache versagt vor der Größe des Grauens, das zehn Tage und zehn Nächte lang die Menschen schüttelte, und dessen Spuren unauslöschlich in das Gesicht der Stadt und der Menschen geschrieben wurden.«

Weder Hitler noch Göring haben Hamburg nach diesem Angriff besucht.

Aber Karl Bodenschatz sah sich den angerichteten Schaden an und kam mit einem erschütternden Bericht zurück.

»Danach erklärte er uns in Görings Dienstsitz im Führerhauptquartier ein über das andere Mal, jetzt müsse endlich etwas Entscheidendes geschehen, so etwas dürfe sich niemals wiederholen. Diese Ansicht begegnete keinerlei Widerspruch. Und ebensowenig gab es Meinungsverschiedenheiten darüber, was nun geschehen müsse. Im Beisein des Generalstabschefs Korten, Jeschonneks Nachfolger[5], des Generalluftzeugmeisters Milch ... und zahlreicher Generalstabsoffiziere der Luftwaffe wurden die aktuellen, durch die Angriffe auf Hamburg entstandenen Probleme erörtert«, schrieb Adolf Galland später.

Göring faßte das Ergebnis der Besprechung zusammen. Nach der Offensivphase, in der die Luftwaffe hervorragende Erfolge erzielt habe, müsse sie, wie er sagte, sich jetzt auf die Verteidigung gegen den Westen konzentrieren. Es müsse möglich werden, die Angriffe der Alliierten gegen das Reich durch die Zusammenfassung aller Kräfte gegen ein Ziel abzuwehren.

Die wichtigsten Aufgabe der Luftwaffe, fuhr Göring fort, sei, außer dem Schutz von Leben und Eigentum der deutschen Bevölkerung in den bedrohten Städten, die Erhaltung des Rüstungspotentials. Unter dem Schutz starker Jagdverbände, die sich auf die Abwehr konzentrierten, würde die Luftwaffe ihre Stärke bald wiedergewinnen, und Deutschland könne dann seine Gegenschläge führen.

Alle schienen von der Energie und Entschlossenheit Görings beeindruckt. Galland meinte, er sei von der allgemeinen Stimmung mitgerissen worden. »Er ließ uns einige Zeit allein, um im Führerbunker Bericht zu erstatten und die Vollmachten für das sofortige Anlaufen der in Aussicht genommenen Maßnahmen einzuholen. Wir blieben in gespannter Erwartung zurück. In dieser Stunde mußte sich das Schicksal der Luftwaffe entscheiden. Der Oberbefehlshaber selbst hatte eingesehen, daß unsere Luftkriegführung gegen den Westen einen falschen Kurs steuerte. Er schien mit uns von der Notwendigkeit überzeugt und auch fest entschlossen, das Steuer um 180 Grad herumzuwerfen.«

Dann öffnete sich die Tür des Führerbunkers, und Göring kam, gefolgt von Hitlers Adjutanten, heraus. Göring gönnte seinen versammelten Offizieren keinen Blick und verschwand wortlos im Nebenzimmer. Die Generäle sahen sich verblüfft an. Was war geschehen? Nach einiger Zeit befahl Göring Galland zu sich, und General Dietrich Pelz, der Befehlshaber der Bomberverbände folgte ihm.

»Das Bild, das sich uns bot, war erschütternd. Göring war vollkommen zusammengebrochen. Den Kopf zwischen den Armen auf einem Tisch vergraben, stöhnte er unverständliche Worte vor sich hin. Wir standen einige Augenblicke peinlich berührt da. Dann richtete er sich auf und erklärte, wir seien Zeugen des verzweifeltsten Augenblickes seines Lebens. Der Führer habe ihm das Vertrauen entzogen. All seine Vorschläge, von denen er sich eine radikale Änderung der Lage des Luftkrieges versprochen habe, seien abgelehnt worden. Der Führer habe erklärt, er sei zu oft von der Luftwaffe enttäuscht worden. Von Umstellung auf die Luftdefensive gegen den Westen könne nicht die Rede sein«, berichtete Galland weiter. Göring blickte mit Tränen in den Augen zu ihnen auf. Hitler, sagte er, habe der Luftwaffe die letzte Chance gegeben, ihr Ansehen durch die Wiederaufnahme der Luftangriffe gegen England zurückzugewinnen.

Galland schreibt: »Angreifen sei nach wie vor die Parole. Terror könne nur durch Gegenterror gebrochen werden.«[6]

Plötzlich richtete Göring sich auf, wischte sich die Tränen aus den Augen und sah die beiden Generäle herausfordernd an. »Er, Göring, habe seinen Irrtum eingesehen. Der Führer habe immer recht. Nun müsse alle Kraft darauf konzentriert werden, dem Feind im Westen aus der Luft so wuchtige Vergeltungsschläge zu versetzen, daß er sich hüten werde, ein zweites Hamburg zu riskieren. Der Führer habe als erste Maßnahme zur Durchführung dieses Planes die Schaffung eines Führers der Luftangriffe gegen England befohlen.«

Damit reiste Göring in die Rominter Heide ab. Die Generäle verließen den Konferenzraum wie geprügelte Hunde. Der »Führer« hatte gesprochen, und sie waren bereit, sich seinen Befehlen unterzuordnen – obwohl sie nicht daran zweifelten, daß es für Deutschland die sichere Niederlage bedeutete.

»Aber warum«, fragte Emmy Göring ihren Mann in diesem kritischen Augenblick, »läßt du dir das gefallen? Warum nimmst du nicht deinen Abschied?«

Albert Speer hatte eine Erklärung dafür: »Dann kam die Zeit, als ich dem Führer sagen mußte, daß ich seine Befehle nicht ausführen könne«, schreibt er. »Ich bot ihm meinen Rücktritt an, aber er nahm ihn nicht an. Er riet mir vielmehr, ich soll Urlaub nehmen. Er konnte es einfach nicht ertragen, als Folge meines Rücktritts das Gesicht zu verlieren. Bei Göring war das in noch stärkerem Maß der Fall. Göring war immer noch sehr beliebt. Seinen Rücktritt anzunehmen wäre für Hitler ein Schlag ins Gesicht gewesen, und das hätte er nie zugelassen. Aber Görings Ratschläge wollte er ebensowenig annehmen. Das war immer die Schwierigkeit an der Situation. Man wußte nie genau, was man tun sollte.«[7]

Was Albert Speer anbelangt (allerdings kam er erst gegen Ende des Krieges soweit), so ließ er Hitlers Befehle einfach außer acht und handelte nach Gutdünken. Aber Göring konnte das nicht. Zu viele Generäle schauten ihm auf die Finger. Außerdem war er, wie sich in der Folge immer deutlicher zeigte, gar nicht in der Lage, gegen den »Führer« ungehorsam zu sein. Um eine Konfrontation zu vermeiden, machte er Ausflüchte oder schob Entscheidungen auf die lange Bank. Wenn Hitler aber einen Befehl erteilt hatte, war es für Göring wie Gottes Wort. Er hatte geschworen, ihm zu dienen, und hat nie einen Zweifel aufkommen lassen, daß er es bis zum Ende tun werde.

Doch ihm von ganzem Herzen und mit Überzeugung zu dienen, war ihm nicht mehr möglich. Von jetzt an tat er zwar nichts, um das Hitlerregime zu stürzen, tat aber auch nichts, um es an der Macht zu halten.

In den folgenden Monaten, in denen sich der Himmel über dem Dritten Reich immer mehr verdunkelte, nahm Göring kaum mehr aktiv an den Geschehnissen teil. Gelegentlich fuhr er wie eine plötzlich gezündete Rakete unerwartet über den Horizont dahin, sprühte Funken und machte ein lautes Getöse, um sich dann wochenlang nicht mehr sehen zu lassen. Als die alliierten Truppen am 6. Juni 1944 in der Normandie landeten, war er in der Schorfheide auf der Jagd statt bei seinem Führer, der einen Wutanfall bekam, als er hörte, daß der deutschen Wehrmacht zur Abwehr der Invasionstruppen nur 327 Flugzeuge zur Verfügung standen.

Wenn er mit Milch oder Galland zusammenkam, hatte er heftige Auseinandersetzungen mit ihnen. Galland gegenüber behauptete er, die deutschen Jagdflieger seien »laurige« Feiglinge und brachte den jungen General damit so in Zorn, daß er sich das Ritterkreuz abriß und ihm vor die Füße warf. Nach seiner hitzigsten Auseinandersetzung mit Milch sprachen die beiden kaum mehr miteinander. Es war dabei um die Verwendung der neuen deutschen Düsenjäger vom Typ Messerschmitt gegangen, die nach langer und unnötiger Verzögerung endlich aus der Produktion kamen. Milch wollte die neuen Maschinen ebenso wie Galland als Jäger gegen die alliierten Bomber einsetzen. Göring war mit Hitler der Meinung, daß sie als Jagdbomber ausgerüstet werden sollten, eine unsinnige Aufgabe für einen revolutionierend neuen Flugzeugtyp. Wenn Göring mit anderen Offizieren zusammenkam, machte er kein Geheimnis mehr daraus, was er von seinem Stellvertreter hielt.

»Was ist dieser Milch?« sagte er eines Tages seinem neuen Chef des Stabes, General Werner Kreipe. »Ein Furz aus meinem Arsch! Zuerst wollte er den Kronprinzen spielen, und jetzt will er sich mir vor die Nase setzen.«[8] Gelegentlich machte er den Eindruck, als sei er zu neuem Leben erwacht (wahrscheinlich, wenn er unter dem Einfluß von Drogen stand), verließ Karinhall oder Veldenstein und erschien in Nürnberg, Düsseldorf, Bremen oder einer anderen Stadt, die von den anglo-amerikanischen Bombenflugzeugen heimgesucht worden war. Galland, Milch, Speer, Himmler und alle, die ihn jetzt ablehnten oder verachteten, waren betroffen, daß er immer noch so beliebt war wie eh und je. Die Leute klopften ihm auf die Schulter und jubelten ihm zu, wenn er sich unter das Volk mischte und Verständnis für die Leiden zeigte, die die Menschen als Folge der Bombenangriffe zu ertragen hatten. Während eines Nachtangriffs auf Berlin kam Albert Speer einmal in einen Luftschutzkeller und sah, wie sich dort die Leute um Göring drängten.

»Die Bewunderung, die er hier spürte, spiegelten in seinem strahlenden Gesicht. Er war offensichtlich der Held des Tages, und nachdem er den Bunker verlassen hatte, hörte ich die Leute sagen: ›Er ist ein anständiger Kerl, der Dicke. Er kümmert sich um uns. Es gibt Leute, die das nicht tun.‹ Damit meinten sie offensichtlich Hitler, dem es jetzt völlig gleichgültig war, ob sie am Leben blieben oder starben.«[9]

»Sie hätten ihn mit faulen Tomaten bewerfen sollen«, sagte Adolf Galland böse, »aber statt dessen schüttelten sie ihm die Hand.«

Als in Rastenburg am 20. Juli 1944 die Bombe detonierte, die Oberst Claus von Stauffenberg neben Hitler in einer Aktentasche abgestellt hatte, war Göring in seinem Stabsquartier im Sonderzug und bereitete sich auf eine Besprechung mit Mussolini vor.

Die Bombe tötete den Adjudanten Hitlers, Schmundt, und den Generalstabschef der Luftwaffe, General Korten. Karl Bodenschatz zerrissen die Trommelfelle, und er verbrannte sich die Hände. Hitler selbst trug nur leichte Verletzungen davon: ein geplatztes Trommelfell und Verbrennungen an einer Hand. Bei der nun folgenden Säuberung wurden Hunderte von Offizieren erschossen und ein Nationalheld wie Feldmarschall Rommel zum Selbstmord gezwungen.

Auch Görings Neffe Ernst, der Sohn seiner Schwägerin Ilse, wurde von der ss verhaftet. Noch einmal beschloß Göring, seinen Einfluß bei Hitler geltend zu machen und dem jungen Mann das Leben zu retten. Er drang zum Führer vor, ohne sich um Bormann zu kümmern, der versuchte sich ihm in den Weg zu stellen. Nach einiger Zeit kam er lächelnd heraus und sagte zu Bormann: »Mein Neffe ist sofort zu entlassen. Es war lächerlich zu glauben, einer von meinen Verwandten könnte mit diesem Gesindel unter einer Decke stecken.« Wenige Tage später war er wieder in Karinhall im Kreise der Frauen, die ihn bewunderten; Emmy, seine Schwester Olga, seine Schwägerin Elsa Sonnemann und Ilse Göring.

Am 12. Januar 1945 waren sie immer noch dort, um Görings 52. Geburtstag zu feiern. Während das deutsche Reich um sie her in Scherben fiel und ein Verrückter in seinem Bunker in Berlin die letzten Tage des nationalsozialistischen Regimes abwartete, forderten sie die herannahende Katastrophe mit einem rauschenden Fest heraus. Wieder gab es russischen Kaviar, Entenbraten und Wild aus der Schorfheide, Danziger Lachs und die letzte französische Gänseleberpastete, dazu Wodka, Claret, Burgunder und soviel Champagner und Cognac, wie jeder trinken konnte.

Aber auch ein ungeladener Gast erschien zu der Feier: Feldmarschall Erhard Milch war ganz unerwartet gekommen, um seinen Vorgesetzten zu beglückwünschen. Göring war peinlich berührt und lud ihn widerwillig ein, am Essen teilzunehmen. Als ob er sich für den Luxus entschuldigen wolle, sagte er: »Die Familie Göring hat immer Wert auf gutes Essen gelegt. Jetzt ist nicht die Zeit, zu fasten. Wir werden bald alle einen Genickschuß bekommen.« Nach dem Essen genehmigte sich Göring einen uralten Napoléon (Milch mußte sich mit einem deutschen Weinbrand zufriedengeben) und stand auf. Er hob das Glas und rief: »Heil Hitler! Gott schütze Deutschland!« Nachdem er sich von Emmy und den anderen Frauen verabschiedet hatte, fuhr er mit Milch nach Berlin zurück.[10] Am 30. Januar 1945 fuhr der erste russische Panzerspähwagen durch die Schorfheide. Für Karinhall kam das Ende.

24

Das Dritte Reich in den letzten Zügen

Emmy und die anderen Frauen der Familie Göring wurden am 31. Januar 1945 aus Karinhall evakuiert. Emmy ging nach Berchtesgaden und nahm beim Umzug in der aus vier Lastwagen bestehenden ersten Kolonne dieser Art einen Teil der Kunstschätze mit, die Göring aus seinem Besitz im Walde fortbringen ließ.

Das gesichtete russische Aufklärungsfahrzeug befand sich auf einer Erkundungsfahrt für die Rote Armee, die jetzt in Richtung auf Berlin vorstieß, aber fürs erste blieb es in Karinhall noch ruhig. Um es bis zum letzten Augenblick verteidigen zu können, hatte Göring im Umkreis seines Besitzes eine seiner Fallschirmjägerdivisionen in Stellung gehen lassen. Hier traf ihn Mitte Februar Albert Speer. Wie fast immer, wenn er sich in Karinhall aufhielt, trug der Reichsmarschall seinen Jagdanzug mit dem Hirschfänger im Gürtel. Er sah müde und krank aus, begrüßte Speer aber sehr herzlich. Der Besucher hatte Verständnis für Görings Gemütsverfassung. Speer berichtet: »Seit langem war er zum Sündenbock für alle Mißerfolge der Luftwaffe geworden, vor allen Offizieren pflegte Hitler ihn in den Lagebesprechungen auf das auffallendste und beleidigendste anzuklagen. Noch schlimmer müssen die Szenen gewesen sein, die er Göring unter vier Augen machte. Ich konnte, im Vorraum wartend, oft hören, wie Hitler ihn laut mit Vorwürfen überhäufte.«

An jenem Abend schienen sich Speer und Göring zum erstenmal wirklich zu verstehen. Robert Kropp servierte ihnen kalten Rehbraten. Sie saßen vor dem Kamin, und der Reichsmarschall sagte Kropp, er wolle nicht mehr gestört werden. Während des Essens sprachen sie ganz offen miteinander. Speer sagte Göring, wie sehr er von Hitler enttäuscht sei. Er schreibt: ». . . ebenso offen entgegnete Göring, daß er mich gut verstehe und daß es ihm oft ähnlich ergehe. Indessen, ich hätte es leichter als er, denn ich sei bedeutend später zu Hitler gestoßen und könne mich daher auch eher von ihm lösen. Er sei viel enger an Hitler gebunden, Jahre gemeinsamer Erlebnisse und Sorgen hätten sie aneinandergekettet – er käme nicht mehr los.«[1]

Speer erwiderte, er habe beschlossen, sich den Befehlen des Führers zu widersetzen. Das Ruhrgebiet sei durch die unaufhörlichen Angriffe der alliierten Bomber vom übrigen Deutschland abgeschnitten, und die Kohlenlieferungen nach Berlin und nach den anderen Großstädten kämen nicht mehr durch. Es müsse entschieden werden, für welchen Zweck die noch vorhandenen Vorräte verwendet werden sollten. Entweder könnten die Munitionsfabriken versorgt werden oder die Bäckereien, um Brot zu backen, und die Krankenhäuser, in denen die Opfer des Bombenterrors lagen. Alles zusammen sei unmöglich.

Hitler, so fügte Speer hinzu, habe ihm befohlen, die Fabriken zuerst zu beliefern. »Ich habe mich entschlossen, diesen Befehl nicht auszuführen«, sagte Speer, »und gebe den Bäckereien und Krankenhäusern den Vorrang. Es ist zu spät, um sich noch um die Fabriken zu kümmern.«

Während Göring in anstarrte, fuhr Speer fort: »Warum tun Sie nicht das gleiche, Herr Reichsmarschall? Warum kümmern Sie sich noch um das, was der Führer sagt? Warum kündigen Sie ihm nicht die Gefolgschaft?«

Göring antwortete: »Herr Speer, an Ihrer Stelle würde ich zum Führer gehen und sagen: ›Ich bin nicht mehr damit einverstanden, was Sie tun, mein Führer. Bitte erlauben Sie mir, Ihre Dienste zu verlassen. Ich werde ins Ausland gehen oder hierbleiben, aber nichts mehr für Sie tun.‹ Aber Sie können nicht wortbrüchig werden, seine Befehle mißachten und ihn sabotieren, ohne vorher zu ihm zu gehen und ihm zu sagen, was Sie tun werden.«

»Nein«, sagte Speer, »ich werde nicht zu ihm gehen, ich werde seine Befehle einfach nicht mehr befolgen.«

Die beiden Männer schwiegen eine Zeitlang und tranken ihren Wein. Dann sagte Speer: »Ich nehme an, Sie werden es dem Führer sagen?«

Göring schüttelte den Kopf und sagte eher traurig als böse: »Ich mag manches sein, Herr Speer, aber ein Denunziant bin ich nicht.«[2]

Speer fuhr noch am gleichen Abend nach Berlin zurück. Wenige Tage später erfuhr Hitler von irgend jemandem, daß Göring seine Fallschirmjäger zum Schutz von Karinhall zusammengezogen habe. Sie wurden sofort abgezogen, um südlich von Berlin in Stellung zu gehen. Göring blieb noch da, um das Verpacken seiner wertvollen Gläser, Teppiche, Gobelins und Gemälde zu beaufsichtigen. Sie wurden auf Lastwagen verladen, die sie nach Bayern bringen sollten. Dann erschoß er vier seiner Lieblingsbisons, ließ seine Jagdaufseher antreten, schüttelte jedem einzelnen die Hand und stieg in seinen Wagen. Robert Kropp saß am Steuer, und seine beiden Adjutanten, Oberst von Brauchitsch und Hauptmann Klaas, begleiteten ihn. Sie fuhren nach Berlin, und Brauchitsch erzählte später, Göring habe sich nicht ein einziges Mal umgesehen.

Wenige Stunden nach Görings Abfahrt sprengten Pioniere der Fallschirmjägerdivision, die das Haus und das Mausoleum schon vorher zur Sprengung vorbereitet hatten, den ganzen Besitz. Als die Fallschirmjäger abzogen, hätte niemand mehr vermutet, daß hier eines der prächtigsten Gutshäuser Deutschlands gestanden hatte.

Wenige Tage später kamen die russischen Panzer auf dem Wege nach Berlin hier vorbei, und die sowjetischen Soldaten stiegen aus und suchten in den Trümmern herum. Niemand wird je erfahren, was sie dort gefunden haben. Sie übersahen jedoch einen menschlichen Schädel in den Ruinen. Er wurde erst Monate später entdeckt. Es war der Schädel von Karin Göring, zu deren Andenken das großartige Haus erbaut worden war.[3]

An seinem Geburtstag am 20. April 1945 verließ Adolf Hitler zum letztenmal seinen Bunker. Wie in Trance wanderte er durch die mit Staub bedeckten, halb verfallenen Räume der Reichskanzlei und ging dann in den Garten, wo eine Abordnung der Hitlerjugend angetreten war. Er schritt die Front ab und nahm dann die Glückwünsche seiner Mitarbeiter entgegen. Speer berichtete: »Niemand wußte recht, was er sagen sollte.« Die Russen hatten Berlin in weitem Bogen umfaßt und der nächste Angriff auf die Reichshauptstadt konnte jeden Augenblick einsetzen.

Die nationalsozialistischen Führer gingen in den Bunker zurück, wo Hitler vor der großen Karte seine tägliche Lagebesprechung abhielt. Er schien nicht darauf zu achten, aber allen anderen fiel auf, daß Göring eine neue Uniform trug. Anstelle der graublauen Reichsmarschalluniform hatte er eine olivfarbene angezogen, die (mindestens für Deutsche) in erstaunlicher Weise der amerikanischen zu gleichen schien. Anstelle der goldenen Schulterstücke trug er jetzt solche aus Stoff, auf die die Rangabzeichen des Reichsmarschalls geheftet waren.

Zu Beginn der Besprechung erklärte Hitler, er sei entschlossen, im Kampf um die Reichshauptstadt jede Straße verteidigen zu lassen. Nachdem alle Anwesenden diese Erklärung geschluckt hatten, wiesen einige Generäle darauf hin, daß es ohne Rücksicht auf die Taktik lebenswichtig sei, das militärische Hauptquartier nach Süden auf den Obersalzberg zu verlegen. Diese Entscheidung müsse getroffen werden, ehe es zu spät sei. Göring warf ein, daß sich nur noch eine von Norden nach Süden durch den Bayerischen Wald führende Straße in deutscher Hand befände und dieser letzte Fluchtweg nach Berchtesgaden jeden Augenblick abgeschnitten werden könne. Hitler wandte sich ärgerlich nach ihm um.

»Wie soll ich die Truppe zum entscheidenden Kampf um Berlin bewegen, wenn ich mich im gleichen Augenblick in Sicherheit bringe!« In seiner neuen Uniform saß Göring ihm bleich, schwitzend und mit weitgeöffneten Augen gegenüber, als sich Hitler zunehmend in Erregung redete: »Ich überlasse es dem Schicksal, ob ich in der Hauptstadt sterbe, oder ob ich noch im letzten Augenblick nach dem Obersalzberg fliege!«

Nach der Besprechung sprach Göring Hitler an. Speer hatte den Eindruck, er sei außerordentlich erregt gewesen und berichtet: »Er erklärte, er habe in Süddeutschland dringendste Aufgaben zu erledigen, er müsse noch in der gleichen Nacht Berlin verlassen. Hitler sah ihn geistesabwesend an. Mir schien dabei, daß er in diesem Augenblick von seiner eigenen Entscheidung, in Berlin zu bleiben und sein Leben aufs Spiel zu setzen, selber ergriffen war. Mit gleichgültigen Worten gab er Göring die Hand . . .«[4]

Speer hatte das Gefühl, Zeuge eines historischen Augenblicks zu sein: »Die Führung des Reichs ging auseinander.«

General Karl Koller, der letzte Chef des Generalstabs der Luftwaffe, überbrachte Göring die Nachricht, Hitler habe die Absicht, im Bunker in Berlin zu sterben. Koller hatte es von Jodl, dem Chef des Generalstabs des Heeres, erfahren, dem Hitler selbst gesagt hatte, er werde sich im letzten Augenblick erschießen ...« » ... und wenn's aufs Verhandeln ankommt, das kann der Reichsmarschall besser als ich!«

Es gelang Koller, Göring diese Nachricht über eine schon beschädigte Leitung zum Obersalzberg durchzugeben, und Görings Adjutant, Berndt von Brauchitsch, gab ihm den Befehl durch, sich sofort bei Göring zu melden. Koller flog mit dem Stab des Oberkommandos der Luftwaffe nach Bayern und meldete sich am 23. April 1945 im Hause des Reichsmarschalls bei Berchtesgaden. Er wollte unter vier Augen mit Göring sprechen, man sagte ihm jedoch, daß der einzige noch hier anwesende Parteifunktionär, Philipp Bouhler, das volle Vertrauen Görings besitze und dableiben werde. Koller berichtete von seinem Gespräch mit Jodl und Hitlers Absicht, sich das Leben zu nehmen, diesmal ausführlicher und hatte den Eindruck, Göring sei von dieser Nachricht nicht überrascht.

Aber was sollte er tun? Göring befand sich offensichtlich nicht nur in einem schweren Dilemma, sondern hatte auch Angst. Er fürchtete Bormann. Er sagte: »Bormann ist mein Todfeind. Handle ich jetzt, stempelt man mich zum Verräter, handle ich nicht, macht man mir zum Vorwurf, in schwerster Stunde versagt zu haben!«

Nun ließ sich Göring die Panzerkassette bringen, in der er den Führererlaß vom 29. Juni 1941 aufbewahrte, mit dem Hitler ihn zu seinem Nachfolger ernannt hatte. Der entscheidende Passus lautete: »Wenn ich in meiner Handlungsfreiheit beschränkt sein oder durch irgendwelche Ereignisse ausfallen sollte, so ist der Reichsmarschall Hermann Göring mein Stellvertreter bzw. Nachfolger in allen Ämtern von Staat, Partei und Wehrmacht.«

Die Verfügung klang sehr klar, aber Göring war immer noch im Zweifel. Unter den Funktionären, die sich auf dem Obersalzberg versammelt hatten, war auch Lammers, Hitlers Chef der Reichskanzlei für politische Angelegenheiten. Er sollte das Dokument interpretieren. Seine Interpretation lautete: »Das Gesetz vom 29. 6. 1941 ist voll in Kraft und rechtmäßig, einer neuen Veröffentlichung bedarf es nicht mehr. Das Gesetz ist voll gültig. Der Führer hat nichts anderes bestimmt. Wenn er etwas anderes bestimmt hätte, müßte ich das wissen. Ohne mich hätte er das nicht rechtskräftig durchführen können.«

Aber immer noch war Göring seiner Sache nicht sicher. Nicht nur, daß er keinen falschen Schritt tun wollte, mit dem er sich den Zorn Bormanns zugezogen hätte, sondern ihm lag auch an der Zustimmung Hitlers, weil er, wie er es seit eh und je gewohnt war, auch hier unter seinem direkten Befehl stehen wollte. Endlich gab er einen Funkspruch nach Berlin durch. Er und Lammers diktierten den Text.

Der Funkspruch lautete: »Mein Führer, sind Sie einverstanden, daß ich nach Ihrem Entschluß, in Berlin zu bleiben und Berlin zu verteidigen, auf Grund des Gesetzes vom 29. 6. 1941 nunmehr die Gesamtführung des Reiches übernehme? – Mit allen Vollmachten nach innen und außen. Wenn ich bis 22 Uhr keine Antwort erhalte, nehme ich an, daß Sie Ihrer Handlungsfreiheit beraubt sind und werde ich nach eigenem Ermessen handeln. Was ich in dieser schwersten Stunde meines Lebens empfinde, kann ich nicht aussprechen. Der Herrgott schütze Sie, und ich hoffe, daß Sie doch noch aus Berlin hierherkommen. Ihr getreuer Hermann Göring.«[5]

Albert Speer war im Führerbunker in Berlin, als das Telegramm eintraf. Bormann hatte es in Empfang genommen und beeilte sich, seinen Inhalt zu verfälschen. Speer schreibt: »Bormann aber unterstellte Göring einen vollendeten Staatsstreich. Vielleicht war es sein letzter Versuch, Hitler die Idee zu suggerieren, sich nach Berchtesgaden abzusetzen, um dort Ordnung zu schaffen.«

Aber Hitler war so deprimiert und apathisch, daß auch Bormanns Zorn keinen Eindruck mehr auf ihn machte. Bald darauf traf ein zweites Telegramm von Göring ein, das diesmal an den Reichsaußenminister Joachim von Ribbentrop adressiert war. Darin machte Göring noch einmal seine Absichten klar und wies darauf hin, daß sie rechtlich unanfechtbar seien. Es lautete: »An Reichsminister von Ribbentrop. Ich habe den Führer gebeten, mich mit Weisungen bis zum 23. 4., 22 Uhr zu versehen. Falls bis zu dieser Zeit ersichtlich ist, daß der Führer seiner Handlungsfreiheit für die Führung des Reiches beraubt ist, tritt sein Erlaß vom 29. 6. 1941 in Kraft, nach welchem ich als Stellvertreter in all seine Ämter eintrete. (Wenn) Bis 24.00, 23. 4. 45, kein anderer Bescheid vom Führer direkt oder von mir erhalten, bitte ich Sie, unverzüglich auf dem Luftwege zu mir zu kommen. Gez. Göring, Reichsmarschall.«

Bormann überreichte Hitler das Telegramm. »Göring übt Verrat«, rief er erregt. »Er sendet bereits Telegramme an die Regierungsmitglieder und teilt ihnen mit, daß er auf Grund seiner Vollmacht Ihr Amt, mein Führer, heute nacht um vierundzwanzig Uhr, antreten werde.«

Nun schreckte Hitler endlich auf. Er widerrief die Verfügung, mit der er Göring zu seinem Nachfolger bestimmt hatte und beschuldigte ihn des Treubruchs und des Verrats am Nationalsozialismus. Bormann entwarf das Antworttelegramm. Es endete mit dem Versprechen, Hitler werde Göring straffrei ausgehen lassen, wenn er sofort aus Gesundheitsgründen von allen seinen Ämtern zurückträte.

»Bormann war es damit endlich gelungen, Hitler aus seiner Lethargie aufzustören. Ein Ausbruch ungehemmter Wut folgte, in dem Gefühle von Erbitterung, Ohnmacht, Selbstmitleid und Verzweiflung sich mischten. Mit hochrotem Gesicht und stieren Augen schien Hitler seine Umgebung vergessen zu haben: ›Ich weiß es schon lange. Ich weiß, daß Göring faul ist. Er hat die Luftwaffe verludern lassen. Er war korrupt. Sein Beispiel hat die Korruption in unserem Staate möglich gemacht. Zu allem ist er seit Jahren Morphinist. Ich weiß es schon lange.‹ In einer verblüffenden Wendung fiel er wieder in seine Apathie zurück. ›Aber von mir aus. Göring

kann ruhig die Kapitulationsverhandlungen führen. Wenn der Krieg ver-
lorengeht, dann ist sowieso gleichgültig, wer das macht.‹«

Mittlerweile hatte sich in Deutschland folgende groteske Situation ergeben: auf dem Obersalzberg saßen Göring, Koller und Bouhler, nicht wis-
send, was in Berlin vorging und daß Göring von Hitler aller seiner Vollmachten entkleidet worden war, in Görings Arbeitszimmer zusammen und
entwarfen Texte zu Botschaften, die sie an den alliierten Oberkommandierenden, General Eisenhower, an Winston Churchill und an Präsident Truman schicken wollten. In dem Schreiben an General Eisenhower bat der
Reichsmarschall um eine Unterredung, in der er die »ehrenhafte Kapitulation« der deutschen Streitkräfte aushandeln wollte. Unterhalb des Ober-
salzbergs stand ein leichtes Flugzeug bereit, mit dem Göring zu dem
Treffen mit dem alliierten Befehlshaber fliegen wollte. Zugleich hatte
Göring einen Aufruf an die Wehrmacht verfaßt, in dem er die Soldaten
mit großen Worten aufforderte, weiterzukämpfen. Aber das war, wie
Göring grinsend sagte, nur eine Kriegslist, um die Russen darüber zu täuschen, daß er schon um Frieden gebeten habe.

General Koller hatte seinen Chef noch nie so guter Stimmung gesehen.
»Gerade, als ob ein schwerer Druck von ihm gewichen wäre«, erzählte er
später. Göring war voller Pläne und Ideen. Ab und zu kam Emmy mit
Tee, belegten Broten oder Bier herein und berichtete, welche mit Kunstschätzen beladenen Lastwagen aus Karinhall eingetroffen seien. Vier Lastwagen waren in Berlin fehlgeleitet worden; gerade sie enthielten einige
der von Göring am meisten geschätzten Gegenstände. Aber nach einem
Seufzer der Enttäuschung schüttelte der Reichsmarschall den Kummer über
den Verlust seiner Kunstschätze ab und ging wieder an seine Pläne. In
einem Augenblick, da er endlich das Schicksal des Reiches in die Hand
genommen hatte, kam es nicht mehr auf ein paar Gemälde an.

Aber zur gleichen Zeit war man in Berlin eifrig damit beschäftigt, diese
Pläne zu durchkreuzen. Ehe der letzte Akt zu Ende ging, wollte Bormann
seinen Gegner Göring ein für allemal erledigen. Als Hitler ihm befohlen
hatte, Göring die Übernahme der Macht telegrafisch zu verbieten, hatte er
zwei Telegramme abgeschickt. Das erste trug die Unterschrift Hitlers und
lautete: »Zeitpunkt für Inkrafttreten des Gesetzes vom 29. 6. werde ich
selbst bestimmen. Meiner Handlungsfreiheit nicht beraubt, verbiete ich
jeden Schritt in der von Ihnen angedeuteten Richtung.«

Der Absender des zweiten Telegramms war Bormann selbst. Es war an die
beiden ranghöchsten ss-Befehlshaber im Raum Berchtesgaden, Frank und
von Bredow, gerichtet, die den Befehl erhielten, Göring sofort als Hoch-
verräter festzunehmen. Bormann hatte hinzugefügt: »Sie haften mit
Ihrem Leben dafür.«

Daß Göring nicht die Absicht hatte, Hochverrat zu begehen oder sich den
Wünschen Hitlers zu widersetzen, beweist die Tatsache, daß er unmittelbar nach Erhalt von Hitlers Telegramm seine Pläne aufgab und Ribben-

trop sowie sämtliche nationalsozialistische Funktionäre, mit denen er die Verbindung aufgenommen hatte, telegrafisch verständigte. Seine Telegramme hatten den Wortlaut: »Führer teilt mir mit, er besitzt noch Handlungsfreiheit. Widerrufe Telegramm von heute mittag. Heil Hitler. Hermann Göring.«[5]

Indessen hatte die ss sein Haus umstellt, und er war mit seiner Familie von Berchtesgaden und der übrigen Welt abgeschnitten. Als Frank und Bredow erschienen, um Göring zu verhaften, wollte er es zunächst nicht glauben. Abends beruhigte er Emmy: »Das ist doch alles unmöglich und ist ja auch gar nicht nötig. Du wirst sehen, es wird sich morgen alles aufklären. Hier liegt ein trostloses Mißverständnis vor. Schlaf jetzt bitte ganz ruhig, ich will es auch versuchen. Hast Du wirklich einen Augenblick geglaubt, daß es Adolf Hitler gewesen sei, der mich heute verhaften ließ? Mich, einen Mann, der ihm dreiundzwanzig Jahre durch dick und dünn die Treue gehalten hat? Glaub mir, ich ahne, wer den Haftbefehl gegeben hat!«

Aber das Ehepaar hatte keine ruhige Nacht. Draußen im Schneetreiben standen die ss-Wachen. Göring war von Emmy und seiner Tochter Edda getrennt worden; vor den Zimmertüren standen Posten, die Schießbefehl hatten für den Fall, daß die Verhafteten versuchen sollten, sich miteinander zu verständigen. In der Frühe, als Emmy und seine Tochter noch schliefen, trat Göring auf den Balkon. In diesem Augenblick überflog ein Verband der RAF den Obersalzberg. Er hatte den begehrtesten Auftrag des Krieges erhalten: einen Präzisionsangriff auf Hitlers Berghaus zu führen und dabei auch Görings Haus zu zerstören. Die Familie konnte noch rechtzeitig in den Keller flüchten, wo sich Kropp, Elsa Sonnemann, Christa Gormans, Cilly und das Kindermädchen schon versammelt hatten. Doch als das Haus unter den Detonationen zu beben und auseinanderzubersten begann, wurde allen klar, daß sie in diesem Keller nicht sicher waren, wenn ein Volltreffer einschlug. In einer Angriffspause eilten sie deshalb in einen Bunker am Berghang, in dem sich bereits eine Reihe nationalsozialistischer Funktionäre aus Berchtesgaden mit ihren Angehörigen in Sicherheit gebracht hatten. Die Familie Göring wurde durch die ss-Wache von den übrigen getrennt und durfte mit niemandem sprechen.

Als sie endlich wieder ans Tageslicht kamen, war Hitlers »Adlernest« von den Bomben zerstört. Görings Haus war schwer beschädigt, das Schwimmbad zertrümmert, das Dach abgedeckt und das Arbeitszimmer verwüstet. Dieser Anblick ließ Göring erkennen, in welcher Lage er sich befand. Er wandte sich an den ss-Führer Hans Frank, der neben ihm stand und bat ihn, folgenden Funkspruch an den Führer zu senden: »Wenn Adolf Hitler mich für treulos hält, dann soll er mich erschießen lassen. Aber er soll meine Familie und die Menschen, die bei uns sind, endlich in Freiheit setzen.« Nun folgte der beste Auftritt, den Emmy Göring in ihrem ganzen Leben gegeben hat. Bei dem Bombenangriff hatte sie vor Furcht geweint. Nun kam die Angst vor dem, was ihr selbst, ihrem Mann und ihrer Tochter bevorstand. Aber sie nahm sich zusammen und sagte: »Der Führer hat mir auf meinem Hochzeitstag gesagt: ›Wenn Sie einmal eine persönliche Sorge haben, dann kommen Sie zu mir. Ich werde immer für Sie da sein und Ihnen helfen.‹ – Heute bitte ich Sie, fügen Sie dem Funkspruch das folgende hinzu: ›Wenn Adolf Hitler es für möglich hält, daß mein Mann ihm die Treue nicht gehalten habe, dann möchte er Edda und mich miterschießen lassen.‹«

Frank nickte würdevoll und versicherte ihr, er werde es ausrichten. In Wirklichkeit verwirrte ihn die ganze Sache. Er hatte von Bormann, der entschlossen war, auf jeden Fall mit Göring abzurechnen, ein zweites Telegramm erhalten: »Die Situation in Berlin wird immer gespannter. Sollte Berlin fallen und wir mit der Hauptstadt untergehen, dann müssen die Verräter des 23. April liquidiert werden. Männer, tut eure Pflicht! Euer Leben und eure Ehre stehen auf dem Spiel!«

Doch Frank muß sich überlegt haben, was wohl damit gewonnen wäre, wenn man Göring umbrächte, nachdem Berlin gefallen war und Bormann und Hitler nicht mehr lebten. Göring war dann der einzige nationalsozialistische Führer, der bei den Alliierten vielleicht noch etwas erreichen konnte.

Jedenfalls scheint es heute ziemlich sicher, daß die ss-Führer in dem Augenblick, als sie erkannten, daß sie mit Bormann und Hitler nicht mehr zu rechnen brauchten, ihre Pistolen wegsteckten und für die Görings die Gefahr, von den Nazis erschossen zu werden, gebannt war. Als Göring meinte, der ausgebombte Obersalzberg sei kein brauchbarer Aufenthaltsort mehr, und es wäre besser, nach Mauterndorf zu übersiedeln, stimmte Frank ihm zu und ließ sofort eine Wagenkolonne bereitstellen, die Göring mit Frau und Tochter, mit Dienerschaft und ss-Wache nach Österreich bringen sollte.

Die Straßen waren vereist und von zurückflutenden Militärkolonnen verstopft. Es dauerte 36 Stunden, bis sie am Ziel waren. Unterwegs hörten sie über Rundfunk eine Meldung aus Hamburg, in der erklärt wurde: »Reichsmarschall Hermann Göring hat einen Herzanfall erlitten, der in ein akutes Stadium getreten ist. Er hat deshalb darum gebeten, von seinen Pflichten als Oberbefehlshaber der Luftwaffe abgelöst zu werden, weil in diesem Augenblick die allergrößten Anstrengungen erforderlich sind. Der Führer ist seiner Bitte nachgekommen. Der Führer hat Generaloberst Ritter von Greim zum neuen Oberbefehlshaber der Luftwaffe ernannt und ihn zugleich zum Feldmarschall befördert.«

In Wirklichkeit hatte Göring bei der Ankunft in Mauterndorf seine Lebenskraft und Energie vollständig zurückgewonnen – wenn auch mit Hilfe von Tabletten. Er hatte gespürt, daß die ss-Leute, vor allem Frank, nicht recht wußten, wie sie sich ihm gegenüber verhalten sollten und daß sie, wenn sie auch nicht bereit waren, ihn freizulassen, gegen einen Befrei-

Nach der Gefangennahme durch die 7. US-Armee während eines Verhörs im Mai 1945 in Augsburg; zweiter v. l.: der Dolmetscher Major Paul Kubala

Hermann Göring, Rudolf Heß und Joachim von Ribbentrop bei einer Besprechung mit ihren Verteidigern während einer Verhandlungspause am Morgen des 7. Februar 1946 im Gerichtssaal des Nürnberger Justizpalastes

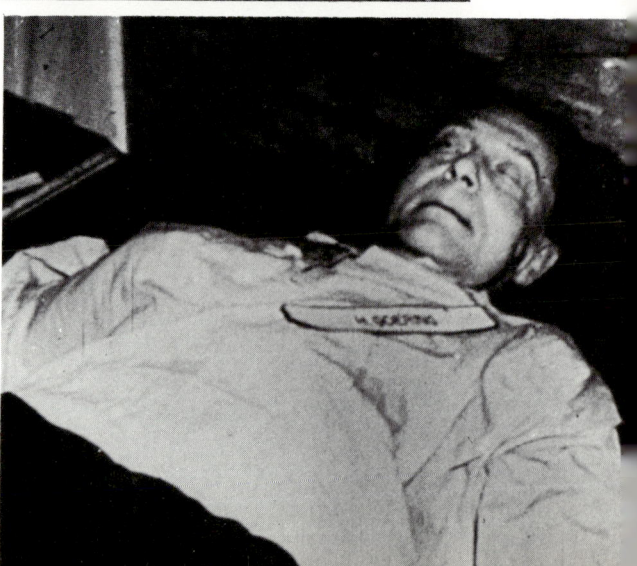

Der Hauptangeklagte betritt den Gerichtssaal zur Urteilsverkündung

Die Leiche Hermann Görings im Nürnberger Kriegsverbrecher-Gefängnis

ungsversuch auch nichts unternehmen würden. Deshalb schickte er Emmys Nichte Roswita, die sich der Familie angeschlossen hatte, durch einen von der Burg Mauterndorf ausgehenden unterirdischen Gang in das Dorf. Göring und seine Geschwister hatten als Kinder oft in diesem Gang gespielt.

Im Dorf stieß Roswita auf einen Leutnant der Luftwaffe und meldete ihm, Göring werde auf der Burg gefangengehalten. Der Leutnant glaubte ihr nicht. Da ging Emmy Göring selbst auf dem gleichen Wege ins Dorf und traf dort diesen Leutnant und einen Hauptmann der Luftwaffe. Sie versprachen für Görings Sicherheit zu sorgen und sofort dem nächsten Luftwaffenstab Meldung zu machen, um ihn über die schwierige Lage des Reichsmarschalls zu unterrichten. Es dauerte aber noch eine Woche, bis die Familie Göring wieder frei war. Inzwischen hatte das Dritte Reich aufgehört zu bestehen. Hitler hatte Göring offiziell aller seiner Ämter und Titel für verlustig erklärt, ihn aus der Partei ausgestoßen und Großadmiral Karl Dönitz zu seinem Nachfolger ernannt. Danach hatte er sich erschossen.

Am 1. Mai 1945 hörten die Görings in Mauterndorf über den Rundfunk die Nachricht vom Tode ihres »Führers«. Göring sagte: »Und jetzt kann ich mich nicht mehr rechtfertigen; ich kann ihm nie mehr ins Gesicht sagen, daß er mir Unrecht getan hat und daß ich ihm treu war.« Emmy erlitt einen Herzanfall.

Aber bald hatten sich beide wieder erholt. Göring entwickelte neuen Tatendrang. General der Luftwaffe Wolfgang Pickert, der auf dem Heimweg in Mauterndorf Station machte, war erstaunt, den Reichsmarschall am Tor vorzufinden. Göring sagte ihm, er verlange ausreichenden militärischen Schutz. General Koller solle sofort die notwendigen Maßnahmen ergreifen. Ein Offizier im Generalsrang habe sich sogleich zu General Eisenhower zu begeben, um eine Aussprache von Mann zu Mann zwischen Eisenhower und ihm zu verabreden. Etwas anderes könne man in dieser Lage nicht tun.

Ein paar Stunden später winkte er einem Trupp Soldaten zu, die an der Burgmauer vorbeizogen, und ging hinunter, um sie zu begrüßen. Später erzählte Göring: »Es war einer der schönsten Augenblicke meines Lebens; hier vor meinen Soldaten zu stehen, die vor ihrem Oberbefehlshaber das Gewehr präsentierten.«

Hermann Göring war wieder frei; jedenfalls vorläufig.[6]

Im Mai 1945 gab es immer noch Funktionäre, die glaubten, für Deutschland ließe sich noch ein ehrenvoller Friede aushandeln, und dazu bedürfe es nur einer offenen Aussprache unter Soldaten. Der von Hitler bestimmte Nachfolger, Admiral Dönitz, der sein Hauptquartier in Flensburg aufgeschlagen hatte, wußte allerdings, daß das nicht so einfach sein würde. Aber Göring zweifelte nicht an seiner Fähigkeit, »flexibel« zu verhandeln.

»Göring schickte, als er sich befreit hatte, am 6. Mai selbst eine Meldung an Admiral Dönitz, in der er erklärte, es sei am besten, wenn er selbst, nicht etwa Jodl, mit Eisenhower verhandle – ›von Marschall zu Marschall‹. Er wisse, schrieb Göring, daß die Engländer und Amerikaner nach wie vor lieber mit ihm als mit irgendeinem anderen der politischen Führer verhandeln würden.«[7]

Dönitz hat diese Botschaft nicht beantwortet. Er hatte begriffen, was die Alliierten unter der »bedingungslosen Kapitulation« verstanden und daß Görings Vorstellungen weit von der Realität abwichen.

Göring ließ sich durch das Schweigen des Admirals nicht stören, sondern verfolgte seine eigenen Ziele. General Koller hatte bei Fischhorn eine Burg für ihn beschlagnahmt, wo Göring sich mit seinem Gefolge einrichtete, um das Eintreffen der Amerikaner abzuwarten. Berndt von Brauchitsch und ein zweiter Unterhändler fuhren mit weißen Flaggen und zwei Schreiben bewaffnet durch Bayern, bis sie auf die erste amerikanische Einheit trafen und baten, zum nächsten Stab geführt zu werden. Einer der Briefe war an den örtlichen amerikanischen Befehlshaber gerichtet und ersuchte ihn, Göring vor den Komplotten der Gestapo und der ss zu schützen. In dem anderen an General Eisenhower gerichteten Schreiben bat er um ein Gespräch mit ihm.

Die Unterhändler brauchten einige Zeit, bis sie die Amerikaner fanden und die Briefe übergeben konnten. Weil er so lange auf sie warten mußte, wurde Göring ungeduldig. Er ließ Kropp kommen und ordnete an, zu packen.

Die durch das Gebirge führenden Straßen waren von zurückflutenden Truppen und Flüchtlingen verstopft. Wenn die Soldaten Göring erkannten, begrüßten sie ihn mit lauten Zurufen. Er und Emmy winkten zurück. Oft blieb die Kolonne im Gedränge stecken, die Soldaten sprangen von ihren Fahrzeugen, umringten das Auto des Reichsmarschalls, schüttelten ihm die Hand und fragten ihn nach den Aussichten für den Frieden.

Als der Wagen Görings wieder einmal steckengeblieben war, stieß endlich der amerikanische Leutnant Jerome N. Shapiro auf ihn. Er war schon in Fischhorn gewesen und hatte gesehen, daß der Vogel ausgeflogen war. Seither hatte er die ganze Gegend nach dem nun wichtigsten Deutschen abgesucht. Jetzt trat er an den Wagen Görings heran und grüßte. Der Reichsmarschall erwiderte den Gruß. Shapiro war erstaunt, wie erfreut Göring und seine Frau waren, ihn zu sehen. Er konnte nicht begreifen, was es für Göring und seine Frau bedeutete, endlich auf die Amerikaner gestoßen zu sein. Mit knapper Not waren sie den Nachstellungen Bormanns entgangen und von den Amerikanern sozusagen gerettet worden.[8]

In den folgenden Stunden geschah nichts, was Görings Überzeugung hätte erschüttern können, er sei nicht ein einfacher Kriegsgefangener, sondern der Bevollmächtigte des Deutschen Reiches, der die Waffenstillstandsverhandlungen mit dem Gegner führen werde. Shapiro und seine Soldaten waren ebenso höflich und zuvorkommend wie Brigadegeneral Robert J. Stack, der erste höhere Offizier der amerikanischen Armee, dem sie begegneten. Er begrüßte Göring mit Handschlag – eine herzlichere Begrüßung konnte sich dieser nicht wünschen.

Emmy Göring lebte in einer Traumwelt. Sie berichtet: »Der General war taktvoll. Er hatte einen Dolmetscher bei sich, und wenn mein Mann auch perfekt Englisch sprach, so ließ er sich doch jedes Wort übersetzen. Jedes Wort war wichtig. General Stack teilte meinem Mann mit, er habe mit General Eisenhower telefonisch gesprochen und ihm gesagt, daß mein Mann ihm einen Brief geschrieben hätte, und General Eisenhower habe sich bereiterklärt, meinen Mann zu empfangen. Er solle am nächstfolgenden Tag zu ihm kommen. Wir alle ständen unter Eisenhowers Schutz. Vorläufig sollten wir im Schloß Fischhorn in Bruck bei Zell am See bleiben, bis man wüßte, ob das Haus meines Mannes, Burg Veldenstein, noch stünde. Gegebenenfalls könnten wir alle dorthin übersiedeln. In dem Telefongespräch mit Stack habe Eisenhower meinem Mann sein Ehrenwort gegeben, daß ihm freies Geleit für den Hin- und Rückweg zugesichert sei.«

Es ist zweifelhaft, ob Göring, auch wenn er unter dem Einfluß von Drogen stand und sich in einem Zustand ungehemmter Euphorie befand, wirklich selbst geglaubt hat, was Emmy dachte. Aber er tat nichts, was ihr die Illusionen hätte nehmen können, und deshalb hoffte sie weiter. Am Abend wurde Göring von General Stack zum Essen eingeladen, und sie saßen bis in die frühen Morgenstunden zusammen.

Emmy schrieb: »Spät in der Nacht kam mein Mann und teilte mir mit, daß er am anderen Morgen mit dem General Stack frühstücken werde, um dann für ein paar Tage wegzufahren. Was auch immer geschehen möchte, zurück zu mir müßte man ihn ja doch einmal gehen lassen. Er las die Zweifel in meinen Augen. Die Zweifel und die Angst. Für Deutschland, so dachte ich in dieser Minute, mag der Krieg jetzt aus sein. Für uns aber ist er es bestimmt noch nicht. Was konnte alles noch mit meinem Mann geschehen! Er beruhigte mich zwar: ›Sieh, freies Geleit hat mir General Eisenhower durch General Stack ehrenwörtlich zugesagt.‹«[9] Eisenhower hatte aber gerade das nicht getan. Darüber hinaus wies er Stack schriftlich zurecht, daß er Göring die Hand gegeben hatte.

Am folgenden Tage wurde Göring zum Stabsquartier der amerikanischen 7. Armee nach Kitzbühel gebracht, wo neben Fotografen und Reportern auch der Fliegergeneral Spaatz darauf wartete, ihn zu begrüßen. Man trank Champagner, und alle, auch der Reichsmarschall, waren geradezu vergnügt. Nachdem aber die Zensurbehörden der amerikanischen Armee die Berichte der Korrespondenten über die Begegnung der Offiziere mit Göring geprüft hatten, griff Eisenhower ein. Er befahl, Göring so schnell wie möglich fortzuschaffen und ihn wie einen gewöhnlichen Kriegsgefangenen zu behandeln.

Am nächsten Tag wurde er zur Vernehmung durch den Nachrichtendienst in das Interrogation Center der 7. Armee nach Augsburg geflogen. Auf dem Flugplatz war keine Offiziersabordnung erschienen, um ihn zu begrüßen. Man befahl ihm vielmehr, seine beiden Orden, den Pour le mérite und das Großkreuz des Eisernen Kreuzes mit Schwertern und Diamanten, seinen goldenen Marschallstab – er befindet sich heute im U.S. Armeemuseum in Washington –, die goldenen Schulterstücke und den Ring mit dem großen Diamanten abzuliefern.

Hier muß sich Göring zum ersten Mal ausgeliefert vorgekommen sein. Er wurde am Stadtrand in einem Arbeiterwohnblock untergebracht, wo man ihm ein Wohnzimmer, ein Schlafzimmer und eine kleine Küche zuwies. Das Klosett lag außerhalb der Wohnung am Treppenabsatz, und das Badezimmer befand sich im Keller. Oberst Berndt von Brauchitsch, der ihn bis hierher begleitet hatte, protestierte und verlangte ein eigenes Haus, das der Würde und dem Rang des Reichsmarschalls entsprach. Als dieser Antrag abgelehnt wurde, brach Göring in Tränen aus. Robert Kropp, der mit dem Gepäck seines Herrn nachgekommen war, fand ihn völlig verzweifelt vor.

Aber am folgenden Tage war seine Stimmung besser, auch wenn die Verzweiflung nur einer müden Resignation Platz gemacht hatte. Als Leutnant Rolf Wartenberg am 18. Mai zu ihm kam, um ihn zu verhören, fragte er sofort, was mit seinem persönlichen Eigentum geschehen sei. Als man ihm erklärte, die Sachen seien sichergestellt worden, schüttelte er skeptisch den Kopf. Auf Englisch sagte er: »Wie es jetzt aussieht, fürchte ich, daß Sie mir auch noch die Hose ausziehen werden.« Er sah mißmutig auf seinen halb leergegessenen Teller mit der amerikanischen C-Ration.

Als Wartenberg ihm sagte, er sei zu einem Cocktail in die Offiziersmesse eingeladen, erhellte sich seine Miene, und er rief nach Kropp, der ihn rasieren mußte. Der Befehlshaber der 7. Armee, General Patch, hatte die Leitung des Interrogation Center in Augsburg einmal dafür gerügt, daß die Kriegsgefangenen hier zu sanft behandelt würden. Aber im Lauf der Zeit erwies es sich als praktisch, die Gefangenen mit Samthandschuhen anzufassen. Auf diese Weise wurden Dinge in Erfahrung gebracht, die manchem amerikanischen Soldaten das Leben gerettet haben. Jetzt wollte die Armee von Göring möglichst schnell möglichst Vieles erfahren, und der Kommandant des Center in Augsburg, Major Kubala, dachte, das sei am besten mit der bewährten Methode »Zuckerbrot und Peitsche« zu erreichen.[10]

Er hatte viel geredet, und die Vernehmungsoffiziere beschäftigten sich während der restlichen Stunden dieser Nacht damit, einen ausführlichen Bericht zu schreiben. Aber sie merkten, daß er nichts gesagt hatte, was er nicht hatte sagen wollen. Der Bericht an das Armeehauptquartier vom Morgen des 19. Mai 1945 beginnt mit folgenden Worten:

»(Göring) ist keineswegs die komische Figur, als die man ihn so häufig in den Zeitungen dargestellt hat. Er ist weder dumm noch ein Narr im Sinne Shakespeares, sondern eher kühl und berechnend. Er erfaßt sofort das Wesentliche eines Themas. Man darf diesen Mann auf keinen Fall unterschätzen. Obwohl er versuchte, die von Deutschland begangenen, ungeheuerlichen Verbrechen zu beschönigen, sagte er genug, um daraus zu folgern, daß er für die deutsche Politik und den Krieg so sehr verantwortlich ist wie nur irgendein Deutscher. Stolz behauptete Göring, er habe die Landung seiner Fallschirmjäger auf Kreta geplant und Pläne für die Einnahme von Gibraltar entworfen ... Er sei verantwortlich für den Aufbau der Luftwaffe. Andererseits stritt er ab, etwas mit den Rassegesetzen oder den Konzentrationslagern, mit der ss oder den Greueltaten zu tun zu haben, die in Deutschland und außerhalb Deutschlands verübt wurden. Göring ist in jedem Augenblick ein Schauspieler, der sein Publikum nicht enttäuscht . . .«

Dann hieß es weiter: »Göring steht zwar auf der Seite der Verlierer, aber der schlaue Hermann denkt auch jetzt nur daran, wie er sein persönliches Schicksal verbessern und sich in eine günstigere Lage manövrieren könnte. Ohne zu zögern verurteilt er den einst so geliebten Führer. Bis zuletzt hat er noch für keinen seiner ehemaligen Genossen ein gutes Wort eingelegt, seien diese Leute heute nun bereits tot oder noch lebendig. Hinter seinen geistreichen und oft witzigen Worten spürt man, daß er jede Gelegenheit wahrnimmt, sich in ein möglichst günstiges Licht zu setzen.«[11]

Eines der Themen, über die er im Interesse einer Reihe von Nationen sehr genau befragt wurde, war das Schicksal seiner Kunstsammlung. Er erklärte, nicht alle seine Gemälde, Gobelins und Möbel hätten rechtzeitig evakuiert werden können und befänden sich daher wahrscheinlich zum Teil in den Händen der Russen. Den Rest habe er zum letztenmal auf Eisenbahnwagen verladen in dem noch im Bau befindlichen Tunnel in der Nähe des Bahnhofs von Berchtesgaden gesehen. Er drängte die Amerikaner, diese Kunstschätze möglichst rasch sicherzustellen, weil die ss sie nach seinen letzten Informationen zu plündern begonnen habe.

Er behauptete, alle Gemälde und Gobelins aus seinem Besitz seien ordnungsgemäß gekauft und bezahlt worden, räumte jedoch ein, daß alles, was aus der Sammlung des Musée du Jeu de Paume stamme, den jüdischen Eigentümern widerrechtlich fortgenommen worden sei. Er erklärte sich bereit, bei der Auffindung und Rückgabe dieser Gegenstände behilflich zu sein. Anschließend setzte er die folgende Erklärung auf und unterschrieb sie: »Hiermit erkläre ich, daß ich bereit bin, die Kunstschätze (die im Musée du Jeu de Paume ausgestellt waren), die ich auf Versteigerungen beschlagnahmten Eigentums erworben und gekauft habe, zurückzugeben ... Daß ich mein Möglichstes tun werde, um diese Gegenstände aufzufinden und alle sich auf diese Angelegenheit beziehenden Angaben machen werde ... Daß der größte Teil dieser Gegenstände und meines gesamten Besitzes an Kunstschätzen auf mehreren Güterwagen in Berch-

tesgaden verladen ist. Die Unterbringung dieser Gegenstände in Luft-
schutzräumen war nicht möglich, weil ich am Tage nach meinem Eintreffen
dort von Hitler gefangen gesetzt wurde ... Daß ich den zuständigen französischen Verbindungsoffizier über andere Aufbewahrungsorte weniger
bedeutender Kunstwerke informiert habe ... Daß ich überzeugt bin, daß
eine Besprechung mit meinem ehemaligen Kunstberater Hofer in Gegenwart alliierter Offiziere zur raschen Auffindung und genauen Klärung
aller noch offenen Fragen führen wird. *Hermann Göring.*«[12]
Alle Gemälde, die er benannte, wurden wiedergefunden (mit Ausnahme
derer, die in Berlin zurückgelassen und den Russen in die Hände gefallen
waren). Zur Feier ihrer Auffindung wurde Göring zu einer zweiten Cock-
tailparty in die Offiziersmesse eingeladen. Diesmal trank man den Champagner, den die Soldaten der 7. Armee neben den Gemälden in Görings
Eisenbahnwaggons gefunden hatte. Die ss hatte es bei ihrer Plünderung
vor allem auf Wein und Spirituosen abgesehen und sich nicht um die
Kunstschätze gekümmert. Das erzählte man ihm natürlich nicht.
Am folgenden Tage, den 21. Mai 1945, wurde Göring mitgeteilt, daß er
verlegt würde und nur noch einen militärischen Adjutanten mitnehmen
dürfe. Er beschloß, sich von beiden zu trennen, um sich von Robert Kropp
zu dem neuen Bestimmungsort begleiten zu lassen – wo auch immer das
sein sollte. Oberst von Brauchitsch und Major Klaas verabschiedeten sich
gerührt von ihm, und man brachte ihn mit seinem Diener zum Flugplatz.
Keiner der Amerikaner verabschiedete sich von ihm. Aber den meisten
Offizieren im Vernehmungslager tat es leid, ihn scheiden zu sehen.

25

Der Weg nach Nürnberg

Die folgenden vier Monate verbrachte Göring in einem bescheidenen Appartement des Palasthotels in Mondorf, Luxemburg. Die Amerikaner nannten es »Ash Can«. Hier war Interrogation Center für die festgenommenen Führer des Dritten Reiches. Hitler und Goebbels waren nicht mehr am Leben, Martin Bormann war im Inferno des heiß umkämpften Berlin umgekommen, und Heinrich Himmler hatte in britischem Gewahrsam Selbstmord begangen. Aber bald fanden sich von Ribbentrop, Dönitz, Speer, Schacht und andere Nazigrößen im Palsthotel ein, um hier neben Göring ein recht karges Leben zu führen. Außerdem durften sie nicht miteinander sprechen.

Die letzte Illusion Görings, daß er nämlich Gefangener nur auf Zeit sei, zerstob, als eines Morgens ein amerikanischer Offizier in sein Zimmer kam und ihn in akzentfreiem Deutsch ansprach: »Guten Morgen, Herr Göring. Ich weiß nicht, ob Sie sich noch an mich erinnern. Es ist lange her, seit wir uns zuletzt gesehen haben.«

Es war Dr. Robert M. Kempner, ehemals jüngster Staatsanwalt im preußischen Justizministerium, von Göring 1933 entlassen. Jetzt war er Vernehmungsoffizier und Berater der Alliierten. Er war ausgesucht höflich zu seinem alten Feind und ließ sich in seiner Haltung und in seinen Fragen durch kein Vorurteil und keine Parteinahme beeinflussen. Aber als Göring feststellen mußte, daß künftig Fachleute vom Kaliber und Bildungsniveau Kempners ihn ins Verhör nehmen würden, begriff er endlich seine wirkliche Lage. Er mußte sich mit der Tatsache abfinden, daß seine Stellung, sein Ruf, sein Charme und seine persönliche Haltung ihm nichts nützen würden, und daß sein Schicksal von nun an in den Händen seiner Gegner lag. Kommandant des Vernehmungslagers in Mondorf (später auch Kommandant des Gefängnisses in Nürnberg) war der amerikanische Oberst Burton C. Andrus. Er machte kein Hehl daraus, wie sehr er die »Krauts« verachtete, die sich hier in seiner Obhut befanden, aber ebensowenig schätzte er einige der Fachleute, deren Aufgabe es war, sie zu verhören und die Untersuchungen zu führen.

Gegen Göring entwickelte er eine besondere Antipathie und fand dessen Art, sich zu kleiden, seine Prahlereien und seine Arroganz empörend. Er verachtete ihn noch mehr, als er merkte, daß sein Gefangener drogensüchtig war. Später erzählte er: »Als Göring zu mir nach Mondorf kam, war er ein Waschlappen mit zwei Koffern voll Paracodintabletten, – wie ein Arzneimittelvertreter. Wir nahmen ihm die Tabletten fort und machten einen Mann aus ihm.«

In Wirklichkeit war es nicht Oberst Andrus, der Göring in Mondorf von seiner Drogenabhängigkeit befreite; im Gegenteil, er hat den Heilungsprozeß bei einer Gelegenheit durch eine besonders gehässige Entscheidung fast zum Scheitern gebracht. Der Mann, der ihn von den Drogen unabhängig machte, war der amerikanische Militärarzt Douglas M. Kelley. Mit Überraschung hatte Kelley gesehen, wie gering die Dosis war, die Göring nahm. Später schrieb er: »Die Tabletten enthielten nur eine sehr kleine Menge von Paracodin. Hundert Tabletten, die Tagesdosis Görings, entsprach etwa 150 bis 200 Milligramm Morphium. Das ist keine sehr hohe Dosis und hätte seine geistigen Fähigkeiten zu keiner Zeit entscheidend beeinflussen können.«

»Ich kann bezeugen, daß er nicht sehr abhängig von dem Mittel war«, schreibt Kelley. »Wäre er das gewesen, dann hätte ich ihn nicht so entwöhnen können, wie ich es nach seiner Gefangennahme getan habe. Ich wandte eine ganz einfache Entziehungsmethode an, indem ich die Menge täglich verringerte und ihm schließlich gar keine Tabletten mehr gab. Während der ganzen Zeit hatte Göring keine sonderlichen Beschwerden bis auf gelegentliche Schmerzen, die wir mit milden schmerzlindernden Mitteln beseitigen konnten.« – Die einzige »Medizin«, die Kelley außerdem anwandte, war psychologischer Art.

»Göring war sehr stolz auf seine physische Konstitution und seine Fähigkeit, Schmerzen auszuhalten. Es war daher ganz einfach, ihm einzureden, daß labilere Männer wie Ribbentrop (den er nicht ausstehen konnte), wahrscheinlich eine ganze Menge Medikamente brauchen würden, wenn man mit ihnen eine Entziehungskur machen müßte. Er aber sei kräftig und willensstark genug, um ohne solche Mittel auszukommen. Göring hielt das für vernünftig und arbeitete konstruktiv mit.«

In der kritischen Phase der Kur hatte er den Zusammenstoß mit Oberst Andrus. Da die Hälfte der Bevölkerung Europas auf Hungerrationen gesetzt war, hielt der Oberst es nicht für notwendig, seinen Gefangenen mehr als das absolut Nötige zu essen zu geben, und von der feinen Küche hielt er schon gar nichts. Eines Tages konnte Göring das schlechte Essen nicht mehr sehen und rief: »Meine Hunde haben Besseres bekommen als wir!«

Oberst Andrus behauptete, ein deutscher Kriegsgefangener, der Göring das Essen brachte, habe erwidert: »Wenn das stimmt, dann haben Sie Ihre Hunde besser ernährt als Ihre Soldaten.«

Wenige Tage später, am 2. Juni 1945, kam Robert Kropp zu Göring und sagte: »Sie schicken mich fort.«

Die Amerikaner waren der Auffassung, die Beziehungen zwischen dem Reichsmarschall und seinem Diener seien zu persönlich, und die beiden müßten deshalb getrennt werden. Kropp sollte in ein anderes Lager kommen. An seiner Stelle wurde ein deutscher Kriegsgefangener zur Bedienung Görings abkommandiert.

Auch diese Entscheidung fiel in der kritischen Zeit der Entziehungskur.

Es gelang Douglas Kelley nicht nur, Göring die Tabletten abzugewöhnen, sondern auch, sein Übergewicht zu bekämpfen. Göring wog bei seiner Gefangennahme 280 Pfund. Aber erst im August 1945, als er erfuhr, daß er und seine Mitgefangenen im November vor einem internationalen Gerichtshof in Nürnberg als Kriegsverbrecher unter Anklage gestellt würden, begann er mit einer Abmagerungskur.

Er verabredete mit dem Arzt, daß er von nun an strenge Diät halten wolle.

Als Göring im September 1945 nach Nürnberg kam, hatte er achtzig Pfund verloren und wog nur noch zwei Zentner. Der Streß von täglich sechs Stunden Vernehmung, die eintönige Heeresverpflegung und das Absetzen der Tabletten hatten bewirkt, daß er jetzt in einem so guten Gesundheitszustand war wie nie seit Ende des Ersten Weltkrieges. Seine geistige Verfassung hatte sich ebenfalls gebessert. Er schien sich keine Sorgen mehr um sein persönliches Schicksal zu machen, sondern dachte nur noch an die Zukunft von Emmy und seiner Tochter. Er war überzeugt, daß er werde sterben müssen.

Zu Kelley sagte er: »Ja, ich weiß, ich werde hängen. Auch Sie wissen, daß ich hängen werde. Ich bin bereit.«

Doch er war nicht bereit, zuzugeben, daß er ein Kriegsverbrecher sei, und weigerte sich, anzuerkennen, daß die Alliierten berechtigt seien, ihn vor Gericht zu stellen. Er bemerkte dazu: »Es ist, als ob man in die Schlacht ginge, und ich werde zeigen, daß ich nicht nur Schläge austeilen, sondern auch hinnehmen kann. Ich verneine die Zuständigkeit dieses Gerichtes; aber da es die Macht hat, seinen Willen durchzusetzen, bin ich bereit, die Wahrheit zu sagen und alles zu ertragen, was da kommen mag . . . Ich bin jedoch entschlossen, als großer Mann in die deutsche Geschichte einzugehen«, fügte er hinzu. »Wenn ich das Gericht nicht überzeugen kann, werde ich wenigstens das deutsche Volk davon überzeugen, daß alles, was ich getan habe, für das Großdeutsche Reich geschehen ist. In fünfzig oder sechzig Jahren wird es überall in Deutschland Denkmäler von Hermann Göring geben.« – Er machte eine Pause und sagte schließlich: »Vielleicht kleine Denkmäler, aber eines in jedem deutschen Haus.«

Einen Monat vor Eröffnung des Gerichtsverfahrens wurden die Angeklagten in einem Flügel des Nürnberger Gerichtsgebäudes in Einzelzellen untergebracht, durften sich täglich nur eine Stunde im Freien bewegen und nur zweimal wöchentlich duschen. Jede Verbindungnahme untereinander war ihnen verboten.

Göring saß in der Zelle Nr. 5. Wie alle anderen war sie vier Meter lang, 2,2 Meter breit und 2,5 Meter hoch. In jeder Zelle befanden sich eine Waschschüssel, ein Wasserklosett, eine Standpritsche mit Roßhaarmatratze, ein Stuhl, eine Fußmatte und ein Tisch.

Um die Möglichkeit auszuschließen, daß einer der Häftlinge einen Selbstmordversuch unternahm, hatte man alle aus den Wänden herausragenden Metallteile sowie die elektrischen Leitungen entfernt und in dem einzigen Fenster anstelle von Glas eine durchsichtige Plastikscheibe eingesetzt. Die Zelle war so eingerichtet, daß der Gefangene, wenn er nicht gerade auf dem Klosett saß (wobei nur die Beine und vielleicht der Kopf sichtbar waren), von dem Posten vor der Tür die ganze Zeit und vollständig gesehen werden konnte, und dieser Posten hatte den Auftrag, ihn ständig und aufmerksam zu beobachten. Nachts wurde die Zelle durch eine Öffnung in der Tür indirekt beleuchtet. Kein Gefangener durfte mit den Armen unter der Decke schlafen, auch nicht, wenn er fror.

Abgesehen von den regelmäßigen Inspektionen wurde die Zelle in unregelmäßigen Abständen durchsucht. Dann öffnete sich die Tür, Soldaten der amerikanischen 1. Division kamen herein und befahlen dem Häftling, sich auszuziehen und solange nackt zu bleiben, bis seine Kleider, alle persönlichen Gegenstände und sein Körper gründlich durchsucht waren. Bei diesen Gelegenheiten kam Oberst Andrus oft in Görings Zelle, um dafür zu sorgen, daß der nackte Reichsmarschall besonders gewissenhaft überprüft wurde. Außer diesen unwillkommenen Besuchern und den Offizieren vom Dienst kamen nur noch die Ärzte zu Göring in die Zelle. Ein Deutscher, Dr. Ludwig Pfluecker, der in Frankreich in Gefangenschaft geraten war, kümmerte sich als Arzt um die Gefangenen. Göring erhielt von ihm jeden Abend eine blaue Kapsel mit Sodium Amytal und eine rote Kapsel mit Seconal, um besser schlafen zu können. Außerdem schauten der Psychiater Dr. Douglas Kelley und der Psychologe Dr. G. M. Gilbert nach den Inhaftierten. Es war nicht verwunderlich, daß Göring ebenso wie die anderen Gefangenen, die sich langweilten und vor sich hinbrüteten, den Vorschlag von Dr. Gilbert begrüßte, sich einem Intelligenztest zu unterziehen.

Gilbert verwendete die deutsche Version des amerikanischen Wechsler-Bellevue Adult Intelligence Tests, der aus folgenden Untersuchungen bestand:

A. *Mündliche Gedächtnis- und Begriffsbildungstests*

1. Erprobung des Gedächtnisses an einer zunehmend länger werdenden Zahlenreihe,
2. einfache Artihmethik mit zunehmendem Schwierigkeitsgrad,
3. Fragen an den gesunden Menschenverstand,
4. Begriffsbildung mit Hilfe ähnlicher Worte.

B. *Leistungstests für Beobachtungsgabe und sensorisch-motorische Koordinierungsfähigkeit*

5. Austauschtest (Austausch von Symbolen und Ziffern),
6. Zusammensetzen von Gegenständen (wie Puzzlespiel),
7. Verwandeln von Mustern auf farbigen Blöcken,
8. Auffinden fehlender Teile von Bildern.

Die Ergebnisse der Intelligenzprüfung waren die folgenden:

Name	Intelligenzquotient IQ
1. Hjalmar Schacht	143
2. Arthur Seyß-Inquart	141
3. Hermann Göring	138
4. Karl Dönitz	138
5. Franz von Papen	134
6. Erich Raeder	134
7. Dr. Hans Frank	130
8. Hans Fritzsche	130
9. Baldur von Schirach	130
10. Joachim von Ribbentrop	129
11. Wilhelm Keitel	129
12. Albert Speer	128
13. Alfred Jodl	127
14. Alfred Rosenberg	127
15. Konstantin von Neurath	125
16. Walther Funk	124
17. Wilhelm Frick	124
18. Rudolf Heß	120
19. Fritz Sauckel	118
20. Ernst Kaltenbrunner	113
21. Julius Streicher	106

Göring war von dem Ergebnis begeistert. Die Tests bewiesen, daß mit Ausnahme von Streicher alle Nazigrößen überdurchschnittlich intelligent waren. Der durchschnittliche Intelligenzquotient liegt zwischen 90 und 110 Punkten. Aber nicht nur das. Wegen ihres Alters waren Papen, Raeder, Schacht und Streicher einige Punkte vorgegeben worden. Sonst hätte das Ergebnis bei ihnen um 15 bis 20 Punkte niedriger liegen müssen. Damit waren Göring und Seyß-Inquart die bei weitem Intelligentesten.

Die kleine Freude über das schmeichelhafte Testergebnis wurde von der Nachricht überschattet, daß Emmy am 15. Oktober 1945 von amerikanischen Soldaten auf Burg Veldenstein festgenommen worden war. Man befahl ihr, einen kleinen Koffer zu packen und brachte sie zusammen mit ihrer Nichte, ihrer Schwester und der Krankenschwester Christa Gormans in das Frauengefängnis Straubing. Edda blieb in der Obhut der örtlichen Behörden des Dorfes zurück. Später durfte sie zu ihrer Mutter in die Gefängniszelle kommen.

Wenige Tage zuvor hatte Göring eine Kopie der Anklageschrift erhalten. Sie enthielt in 24 000 Worten die einzelnen Anklagepunkte, die in der folgenden Präambel zusammengefaßt werden: Der Angeklagte Göring war in der Zeit zwischen 1922 und 1945 Mitglied der Nationalsozialistischen Partei, Oberster SA-Führer, General in der SS (das strich er aus), Mitglied und Präsident des Reichstages, preußischer Innenminister, Chef der preußischen Polizei und der Preußischen Geheimen Staatspolizei, Vorsitzender des Preußischen Staatsrats, Generalbevollmächtigter für den Vierjahresplan, Reichs-luftfahrtminister, Oberbefehlshaber der Luftwaffe, Präsident des Minister-rats für die Reichsverteidigung, Mitglied des geheimen Kabinettsrats, Leiter der Hermann-Göring-Werke und designierter Nachfolger Hitlers. Der An-geklagte Göring verwendete die obengenannten Stellungen, seinen per-sönlichen Einfluß und seine engen Verbindungen zu Hitler dazu, die mili-tärische und wirtschaftliche Vorbereitung des Krieges zu fördern, wie das in Punkt eins der Anklage gesagt wird, an der Vorbereitung und Planung der nationalsozialistischen Verschwörer für Angriffskriege und Kriege in Verletzung internationaler Verträge, Übereinkünfte und Verpflichtungen teilzunehmen, wie sie in den Anklagepunkten eins und zwei genannt wer-den, sowie die in Punkt drei genannten Kriegsverbrechen und die in Punkt vier der Anklageschrift genannten Verbrechen gegen die Menschlichkeit ein-schließlich zahlreicher Verbrechen gegen Personen und Eigentum zuzulassen, zu überwachen und daran teilzunehmen

Das alles rührte Göring nicht sehr, denn er hatte es erwartet. Als Dr. Gil-bert, der sich eine Autographensammlung zulegen wollte, ihn bat, auf seine Kopie der Anklageschrift sein Autogramm zu setzen, schrieb er auf die erste Seite: »Der Sieger wird immer Richter und der Besiegte stets der Angeklagte sein!«

Über Emmys Verhaftung war er empört und sagte wiederholt zu Dr. Kelley: »Das einzige, worum ich gebeten habe, als ich mich den Amerikanern ergab, war, daß meine Familie geschützt und ausreichend versorgt werden sollte.« Kelley versprach, die Verbindung zwischen ihm und seiner Frau aufrecht-zuerhalten und riet ihm, seine Sorgen dadurch zu dämpfen, daß er an seiner Verteidigung arbeitete. Göring bat Dr. Otto Stahmer, seine Vertretung als Anwalt zu übernehmen, einen gesetzten, fast pedantischen siebzigjährigen Rechtsanwalt aus Kiel. Der Kontrast zwischen Göring und seinem Ver-teidiger war sehr groß, aber irgendwie ergänzten sie sich und kamen gut miteinander aus. Mit Stahmer und seinem Assistenten Dr. Werner Bross begann Göring, seine Verteidigung gegen die Anklage aufzubauen. Er besaß nur wenige schriftliche Unterlagen, auf die er sich stützen konnte, und hatte auch kein Tagebuch geführt, aber er hatte ein hervorragendes Ge-dächtnis und erinnerte sich fast lückenlos an den Ablauf der Ereignisse nach seinem ersten Kontakt mit dem Nationalsozialismus.

Er erklärte Stahmer – zunächst zu dessen Bestürzung, dann aber mit Stah-mers Zustimmung –, daß er nicht vorhabe, sich vor Gericht dafür zu ent-schuldigen, daß er Hitler blind gefolgt sei. Er werde stellvertretend für den »Führer« die Verantwortung für alle Befehle übernehmen, die in seinem Namen erlassen worden seien. Und daher schien es ihm um so wichtiger, vor der Weltöffentlichkeit eine tapfere Haltung zu bewahren.

Eines Tages bemerkte er zu Kelley: »Es war nicht feige von Hitler, Selbst-mord zu begehen. Schließlich war er das deutsche Staatsoberhaupt. Es wäre nicht auszudenken, wenn Hitler in einer solchen Zelle sitzen und auf seine Aburteilung als Kriegsverbrecher vor einem fremden Tribunal warten müßte. Obwohl er mich am Schluß gehaßt hat, war er für mich das Symbol Deutschlands. Sogar die Japaner haben verlangt, daß ihr Kaiser nicht vor Gericht gestellt wird. Gleichgültig, um wieviel härter es jetzt für mich ist, ich will lieber die Konsequenzen auf mich nehmen, als erleben zu müssen, daß Hitler vor ein fremdes Gericht gestellt worden wäre. Das ist völlig undenkbar.«

Am 24. Oktober erhängte sich der Mitangeklagte Görings, Robert Ley, einer der führenden nationalsozialistischen Politiker, in seiner Zelle. Er hatte ein Handtuch in Streifen gerissen, eine Schlinge daraus gemacht und sich am Toilettenrohr aufgehängt. In seinem letzten Brief schrieb er, er habe die Schande seiner gegenwärtigen Lage nicht länger ertragen können. Sein Selbstmord wurde den anderen Angeklagten zunächst verschwiegen. Oberst Andrus gab erst am 29. Oktober in einer kurzen schriftlichen Mitteilung bekannt, daß Ley gestorben sei, ohne etwas über die Todesart zu sagen. Aber Göring entnahm aus der vermehrten Wachsamkeit der Posten und den häufigeren Durchsuchungen, daß es Selbstmord gewesen sei. Als Dr. Gilbert ihm von Leys Tod erzählte, sagte er: »Es ist vielleicht besser, wenn er tot ist, denn ich hatte meine Zweifel, wie er sich bei der Verhandlung benehmen würde. Er war ein Wirrkopf. Er hat immer solche phantastischen und bombastischen Reden gehalten.«
Auch um die Haltung der anderen Naziführer machte er sich Sorgen. Er sagte: »Ich hoffe, Ribbentrop wird nicht zusammenbrechen. Bei den Soldaten habe ich keine Bedenken – sie werden Haltung bewahren. Aber Heß – er ist verrückt, er ist schon lange verrückt.«
Gilbert sprach von dem Attentatsversuch gegen Hitler im Jahre 1944 und sagte, er habe den Eindruck, das deutsche Volk wünsche jetzt, es wäre gelungen, denn es sei von den nationalsozialistischen Führern restlos enttäuscht.
Göring schnaubte: »Kümmern Sie sich nicht darum, was das deutsche Volk *jetzt* sagt! Das interessiert mich verdammt wenig. Ich weiß, was es *vorher* gesagt hat. Ich weiß, wie die Leute uns zugejubelt und uns gepriesen haben, solange alles gutging. Ich kenne die Menschen nur zu gut.«
Als er eines Tages lange mit Dr. Stahmer um die Entgegnungen auf die einzelnen Anklagepunkte gerungen hatte, schien er am Abend recht guter Stimmung zu sein und riß Witze über den Internationalen Gerichtshof und die Nationalität der Richter.
Kelley war jetzt von der Persönlichkeit des Reichsmarschalls fasziniert und bewunderte seinen scharfen Verstand, seinen Charme und seine Haltung angesichts der Härte des bevorstehenden Gerichtsverfahrens. Schließlich konnte er der Versuchung nicht mehr widerstehen, Göring zu fragen, weshalb er Hitler auch dann noch unterstützt habe, als er erkannte, daß Hitler die falsche Richtung eingeschlagen hatte, und weshalb er nichts gegen sei-

ne wahnwitzigen Vorhaben unternommen habe. Weshalb seien er und alle anderen Gefolgsleute Hitlers so jämmerliche Jasager gewesen?

Göring gab zu: das sei er gewesen, meinte aber dann resigniert: »Zeigen Sie mir bitte einen Neinsager in Deutschland, der heute nicht fünf Fuß unter der Erde liegt!«

Zu Gilbert sagte er später: »Das Gerichtsverfahren ist ein abgekartetes politisches Spiel, und ich bin auf seinen Ausgang vorbereitet. Ich zweifle nicht daran, daß die Presse bei der Entscheidung eine größere Rolle spielen wird als die Richter, und ich bin sicher, daß zumindest die russischen und französischen Richter schon ihre Anweisungen haben. Ich kann mich für alles, was ich getan habe, verantworten, und ich kann mich nicht für etwas verantworten, was ich nicht getan habe. Aber die Sieger sind die Richter ... Ich weiß, was mir bevorsteht. Heute schreibe ich den Abschiedsbrief an meine Frau.«

Und in dieser Stimmung nahm er am 20. November 1945 auf der Anklagebank Platz, um das wegen Kriegsverbrechen gegen ihn eingeleitete Verfahren als Hauptangeklagter über sich ergehen zu lassen.

26

Das Verfahren

Der Prozeß begann am 20. November 1945 mit dem Verlesen der Anklageschrift. Während der folgenden vier Monate traten amerikanische, britische, französische und russische Vertreter der Anklage vor dem Gericht auf, um Dokumente zu verlesen, leidenschaftliche Beschuldigungen vorzubringen, Filme zu zeigen und die Zeugen in detaillierte und peinliche Verhöre zu nehmen. Zum erstenmal in der Rechtsgeschichte wurde die Verhandlung so durchgeführt, daß jedes Wort, das im Gerichtssaal gesprochen wurde, simultan übersetzt wurde. Es war zu verfolgen, wie alles, was Göring im Kopfhörer hörte, sich in seinem Gesichtsausdruck und seinen Gesten widerspiegelte. Es blieb ihm auch gar nichts anderes übrig, als durch Handbewegungen und leise Zwischenbemerkungen auf das Gesagte zu reagieren, wenn er seine Aufmerksamkeit wachhalten wollte. Zwar gab es Tage, an denen Filme von Konzentrationslagern gezeigt wurden, die ihn erschütterten und deprimierten, Tage, an denen die vorgelegten Beweismittel seine Empörung, Skepsis oder Wut auslösten, aber es gab auch Tage, an denen die Stimme des Dolmetschers, der die lange Aufzählung nationalsozialistischer Verbrechen rezitierte, monoton wurde, und die Schreckensstatistik durch die Masse der Aufzählungen an Wirkung verlor. Erst hinter den Kulissen lebte Göring auf. Nach Eröffnung des Verfahrens beschloß Oberst Andrus, den Angeklagten wieder den Umgang miteinander zu erlauben. In den ersten Tagen kam es daher zu Szenen, die an eine Wiedersehensfeier alter Frontkämpfer erinnerten. Nur Julius Streicher wurde von den anderen gemieden. Göring wurde jedoch allgemein als die führende Persönlichkeit anerkannt, und er hielt es für seine Pflicht, die Mitangeklagten bei Stimmung zu halten, ihnen zu raten, wie sie sich verteidigen sollten, und sie zu ermahnen, gegenüber ihren Anklägern eine geschlossene Front zu bilden.

Abends führte Göring lange Gespräche mit Dr. Gilbert, in denen er seine Meinung über den Verlauf der Verhandlung und die Ereignisse des vergangenen Tages äußerte. Eines Abends sagte er: »Wissen Sie, die Amerikaner sind bei diesem Spiel Amateure. Sie sind arrogant und naiv. Wir Deutschen haben die gleichen Fehler gemacht. Die Engländer sind in der Sache viel klüger. Sie haben schon ihre Erfahrungen. Es gibt ein Sprichwort: ›Der Deutsche hat ein weiches Herz und eine harte Hand, der Engländer hat ein hartes Herz und eine weiche Hand.‹ Auf diese Weise haben sie sich an der Macht gehalten. Sie haben die Buren geschlagen und ihnen dann die weiche Hand gezeigt, so daß sie zehn Jahre später auf ihrer Seite kämpften. Jetzt tun sie es wieder. Sie sagen: »Mögen doch die Amerikaner die Gefangenenwärter und die Ankläger stellen. Wir vertreten unsere

Sache ganz einfach. Wir haben einen Obersten Richter, der seine Unpartei-
lichkeit beweist und hin und wieder sogar für die Rechte der Angeklagten
eintritt. Sollen doch die Amerikaner die aggressive Rolle übernehmen und
sich den Haß der Deutschen zuziehen.‹«
Am 3. Januar 1946 erlebte Göring einen Rückschlag. Bei der Zeugenver-
nehmung des Chefs der Einsatzgruppe D und Leiter des SD Otto Ohlen-
dorf, der die Massenmorde an Juden bestätigte, stand der Verteidiger
Speers auf und fragte den Zeugen, ob er wisse, daß Speer versucht habe,
Hitler umzubringen und Himmler an die Alliierten auszuliefern, um ihn
zu zwingen, sich für seine Verbrechen zu verantworten.
In der Pause ging Göring empört auf Speer zu und fragte ihn, wie er dazu
käme, eine so hochverräterische Aussage machen zu lassen. Damit habe er
die geschlossene Front der Angeklagten zerstört. Es kam zu einer minu-
tenlangen scharfen Auseinandersetzung zwischen Speer und Göring.
Am Abend war Göring abgespannt und deprimiert und sagte zu Gilbert:
»Heute war ein schlechter Tag. Dieser verdammte Narr Speer! Haben Sie
gesehen, wie schmählich er sich heute vor Gericht betragen hat? Wie kann
ein Mensch sich so erniedrigen und etwas so Schmutziges tun, nur um sein
eigenes Fell zu retten! Ich bin vor Scham fast gestorben. Sich vorstellen zu
müssen, daß ein Deutscher sich so dreckig benimmt, nur um dieses
schmutzige Leben etwas zu verlängern ... Glauben Sie, mir läge so viel
an diesem lausigen Leben?«
Er sah Gilbert mit blitzenden Augen an. »Mir ist es ganz gleichgültig, ob
ich hingerichtet werde, ertrinke, mit einem Flugzeug abstürze oder mich zu
Tode saufe. Aber es gibt in diesem verdammten Leben noch so etwas wie
Ehre. Ein Attentat auf Hitler! Gott im Himmel! Ich hätte im Erdboden
versinken können. Denken Sie, ich hätte Himmler, so schuldig er auch
gewesen sein mag, dem Feind übergeben? Verdammt, ich hätte den Schurken selbst liquidiert!«
Am nächsten Tag war Göring immer noch wütend. Er saß mit den Generälen und Baldur von Schirach beim Mittagessen am gleichen Tisch, und
Gilbert hörte, wie er sagte: »Ich schere mich den Teufel darum, was der
Feind mit uns macht, aber wenn ich erlebe, daß Deutsche sich gegenseitig
verraten, dann macht es mich krank.« Er nickte Schirach zu und sagte:
»Gehen Sie und sprechen Sie mit dem Idioten.«
Schirach ging hinaus auf den Flur und begann ein ausführliches Gespräch
mit Speer. Er sagte ihm, Göring sei der Ansicht, er beschmutze seine und
die Ehre Deutschlands. Aber Speer wies diesen Vorwurf zurück.
Später äußerte Speer: »Ich sagte ihm, Göring hätte wütend sein sollen, als
Hitler das ganze Volk ins Verderben führte. Als zweiter Mann im Reich
hatte er die Verpflichtung, etwas dagegen zu unternehmen. Aber damals
war er zu feige. Er stopfte sich lieber mit Morphiumtabletten voll und
plünderte überall in Europa Kunstsammlungen.«
Von diesem Tage an waren Göring und Speer erbitterte Feinde, und wäh-

rend das Gerichtsverfahren sich in die Länge zog, bekämpften sie sich hinter den Kulissen. Dabei versuchte Göring, Speer von seinen Mitangeklagten zu isolieren und sie auf die Parteilinie festzulegen. Speer seinerseits war entschlossen, die gemeinsame Front aufzubrechen und Görings Einfluß auszuschalten. Speer war Göring in diesem Kampf überlegen, weil er bereit war, etwas zu tun, an das sein Gegner nie gedacht hätte: nämlich sich mit dem Feind verbünden, um Görings Einfluß auf seine Genossen zu sabotieren. Am 4. Januar feuerte er den ersten Schuß ab, als er Gilbert sagte: »Sie wissen; Göring glaubt immer noch, er sei der große Mann und könnte noch als Kriegsverbrecher bestimmen, wie alles laufen soll. Noch gestern erklärte er mir, ›Sie haben mir nicht einmal gesagt, daß Sie diese Aussage machen würden.‹ Was sagen Sie dazu?« Am Wochenende des 12. und 13. Januar ging er noch einen Schritt weiter und sagte Gilbert: »Wissen Sie, es ist keine sehr gute Idee, wenn Sie den Angeklagten erlauben, gemeinsam zu essen und spazierenzugehen. Göring nutzt diese Gelegenheit dazu aus, die anderen bei der Stange zu halten. Es wäre viel besser, wenn sie, ohne von ihm eingeschüchtert zu sein, das aussagten, was sie wirklich denken, damit die Menschen ein für allemal die letzten Illusionen über den Nationalsozialismus loswerden.«

Gilbert berichtete Oberst Andrus von seinem Gespräch mit Speer, und der Oberst war recht beeindruckt davon. Von da an beobachteten nicht nur Gilbert, sondern auch die andern Beamten, die Kontakt mit den Angeklagten hatten, Göring und hörten genau zu, was er sagte, um zu testen, wie stark sein Einfluß sei. Am Abend des 15. Februar versammelte Gilbert die Angeklagten, bevor sie wieder in ihre Zellen geführt wurden, und las ihnen eine neue Verordnung des Kommandanten vor. Danach kamen sie wieder in Einzelhaft und durften nicht mehr miteinander sprechen.

»Sie hörten es in schweigender Wut an«, berichtet Gilbert. Sogar Hjalmar Schacht, der Göring keine freundschaftlichen Gefühle entgegenbrachte, war über die neue Anordnung wütend. »Er schimpfte und bekam einen Wutanfall wegen dieser Behandlung in der Untersuchungshaft«, schrieb Gilbert in sein Tagebuch. »›Es ist eine Schande – schäbig! Der Oberst kann mit uns machen, was er will, aber ich beneide ihn nicht um seine Macht ... Das ist die Behandlungsmethode von Leuten, die weder Tradition noch Kultur kennen – es ist verächtlich!‹«

Göring war niedergeschlagen, denn er nahm zu Recht an, seine Führerrolle, in der er sich gefiel und in der er sich oft auch über seine Mitgefangenen lustig machte, habe etwas damit zu tun, daß die Einzelhaft angeordnet worden war. Er sagte: »Verstehen Sie denn nicht? Diese ganzen Witze und groben Scherze dienen doch nur der Entspannung. Glauben Sie, es macht mir Spaß, hier zu sitzen und zu hören, wie wir von allen Seiten mit Beschuldigungen überhäuft werden? Irgendwie müssen wir doch Dampf ablassen. Wenn ich ihnen nicht Mut machte, dann würden einige von ihnen einfach zusammenbrechen.«

Aber Speer war die neue Regelung recht. Er sagte: »Sie kommt gerade zur rechten Zeit, denn einigen wird das diktatorische Verhalten von Göring schon peinlich, und er fängt jetzt erst richtig an, sie unter Druck zu setzen. Vor zwei Tagen ging er beim Spaziergang auf Funk zu und sagte ihm, er müsse sich damit abfinden, daß sein Leben verwirkt sei. Jetzt käme es nur noch darauf an, zu ihm zu stehen und den Märtyrertod zu sterben . . . Göring weiß, daß er geliefert ist, aber er möchte ein Gefolge von wenigstens zwanzig zweitrangigen Helden für seinen großartigen Einzug in Walhall!«

Am 18. Februar wurde die Einzelhaft wieder aufgehoben, aber Oberst Andrus hatte sich eine neue Methode ausgedacht, Göring zu isolieren. Er befahl, daß die Angeklagten ab sofort ihr Essen in fünf verschiedenen Räumen einzunehmen hätten. Dabei sollten Speer, Fritzsche, Schirach und Funk im sogenannten »Eßzimmer für die Jugend« essen, um, wie Gilbert sagte, Speer und Fritzsche die Gelegenheit zu geben, die beiden anderen gegen Göring zu beeinflussen. Das »Speisezimmer der älteren Generation« wurde für Papen, Neurath, Schacht und Dönitz eingerichtet. Der Zweck war, den alten Konservativen eine Gelegenheit zu geben, sich gegen Hitler und Ribbentrop zu wenden. Im dritten Zimmer aßen Frank, Seyß-Inquart, Keitel und Sauckel. Keitel sollte hier dem Einfluß Görings entzogen werden. Im vierten Zimmer nahmen Raeder, Streicher, Heß und Ribbentrop Platz, »die widerspenstigsten Nazis, die, auch wenn sie durften, nicht miteinander sprechen würden, weil sie Streicher verabscheuten, weil Heß sich ständig in Schweigen hüllte, Raeder so großen Wert auf die Geheimhaltung legte und Ribbentrop unter Minderwertigkeitskomplexen litt. So wurden sie neutralisiert.« Jodl, Frick, Kaltenbrunner und Rosenberg wurden zusammengesetzt, weil »sie nichts miteinander verband«. Hermann Göring mußte allein essen. Speer hatte erreicht, was er wollte. Göring war isoliert.

Gilbert schreibt: »Göring war wütend, weil er allein in einem Zimmer essen mußte, und beschwerte sich darüber, daß es schlecht geheizt sei und kein Tageslicht habe. Tatsächlich ärgerte er sich aber nur, weil er seine Zuhörer verloren hatte.«

Am 9. März 1946 erfuhr Göring, daß Emmy aus dem Gefängnis in Straubing entlassen worden sei. Diese Nachricht hätte zu keinem günstigeren Augenblick kommen können, denn er war sehr schlechter Stimmung. Am Tage zuvor hatte das Gericht angefangen, die Verteidigung anzuhören, und der Anfang war schlecht gewesen. Der erste Zeuge der Verteidigung war Karl Bodenschatz, der seinem Chef noch die Treue hielt und bezeugte, wie Göring sich unablässig darum bemüht habe, hinter Hitlers Rücken einen Frieden mit England auszuhandeln. Er berichtete davon, wie er versucht habe, Häftlinge aus dem Konzentrationslager zu befreien, und stellte ihn als einen friedliebenden Mann dar. Seine Aussage wurde zu Görings Unglück durch die Attacken des amerikanischen Hauptanklägers Robert

H. Jackson in Stücke gerissen, der den unglücklichen Bodenschatz zu Fall brachte, indem er ihn in einem Netz sich widersprechender Behauptungen und Zugeständnisse fing.

Schacht genoß es, daß Göring in eine so unangenehme Lage geraten war, und bemerkte zu Gilbert: »Der Dicke hat jetzt allerhand auszuhalten. Ihr Staatsanwalt Jackson versteht es ausgezeichnet, die Leute ins Kreuzverhör zu nehmen. Auch wenn er nicht genau weiß, was dabei herauskommen wird, klopft er jeden Busch ab, um zu sehen, ob ein Kaninchen herausspringt – und manchmal kommt eins!«

Göring äußerte nur: »Warten Sie ab, bis er (Jackson) mit mir anfängt – dann wird er es nicht mit einem nervösen Bodenschatz zu tun haben.«

In den folgenden Tagen sagten Milch, Berndt von Brauchitsch und sein ehemaliger Staatssekretär Paul Körner zu Görings Gunsten aus, und nichts konnte sie von der Behauptung abbringen, er habe sich um den Frieden bemüht, habe seine Feinde anständig behandelt und versucht, das Los derjenigen zu erleichtern, die verhaftet oder in ein Konzentrationslager eingeliefert worden waren. Diese Aussagen schienen Mr. Jackson zu beunruhigen. Nur einer seiner alten Freunde fehlte. Zu Görings Verwunderung hatte Bruno Loerzer, mit dem ihn eine langjährige Freundschaft verband, die Aussage verweigert.

Am Morgen des 13. März 1946 kam Hermann Göring in den Zeugenstand. Er hatte lange auf diesen Tag gewartet und war sichtlich nervös. Vor Beginn der Sitzung sagte er zu Gilbert: »Ich erkenne die Zuständigkeit des Gerichts immer noch nicht an. Wie Maria Stuart kann ich sagen, ich könnte nur vor ein Gericht gestellt werden, das mit Ebenbürtigen besetzt ist.« Dabei grinste er und hob die Schultern. »Ein Staatsoberhaupt vor ein internationales Gericht zu stellen ist eine Anmaßung, wie sie in der Geschichte einzig dasteht.«

Als jedoch der entscheidende Augenblick kam, war er gewappnet. In den folgenden vier Tagen führte ihn das Verhör sorgfältig, detailliert und geduldig durch die Geschichte der nationalsozialistischen Partei und seiner Beziehungen zu Hitler, wie er sie erlebt und erfahren hatte. Sogar seine Gegner mußten zugeben, daß Görings Auftritt einen starken Eindruck auf sie machte. Es war phänomenal, wie er sich an Einzelheiten erinnerte. Er schilderte jeden Vorfall und jedes Gespräch, an dem er beteiligt gewesen war, so farbig und glaubwürdig, daß seine Zuhörer gefesselt waren. Zum ersten Mal herrschte im Gerichtssaal ein erwartungsvolles Schweigen.

Nach diesem ersten Tag seines Auftretens vor Gericht gab sogar sein Gegner Albert Speer zu, daß das eine beachtliche Leistung gewesen sei. Ihm schien das Auftreten Görings die Tragödie des deutschen Volkes zu symbolisieren. Er meinte: »Als man ihn (Göring) so ernst und ohne seine Diamanten und Orden sah, wie er sich zum Schluß nach all der Macht, dem Pomp und der Überschwenglichkeit vor dem Tribunal verteidigte, war man wirklich erschüttert.«

Göring selbst sagte: »Sie müssen verstehen, daß es nach einer Haftzeit von fast einem Jahr und fünf Monaten, in denen ich kein Wort sprechen durfte, wirklich anstrengend für mich gewesen ist, besonders in den ersten zehn Minuten. Es hat mich verdammt geärgert, daß meine Hand zitterte.« Er hob sie hoch. »Sehen Sie, jetzt ist sie viel ruhiger.«

Das Verhör mit ihm wurde am nächsten und übernächsten Tag noch fortgesetzt. In jeder Sitzungspause kam er zu Gilbert — mit seinen Mitangeklagten durfte er nicht sprechen — und sagte: »Nun, wie war es? Sie können doch nicht behaupten, daß ich feige gewesen bin?«

Er vollbrachte eine erstaunliche Leistung und wußte, daß er einen guten Eindruck machte. Er scheute sich auch nicht, die Verantwortung für vieles zu übernehmen. Unter anderem sagte er: »Ich möchte betonen, daß ich, obwohl ich mündliche und schriftliche Befehle und Anweisungen vom Führer erhalten habe, diese Gesetze zu erlassen und in Kraft zu setzen, selbst die volle Verantwortung für sie übernehme. Sie tragen meine Unterschrift. Ich habe sie erlassen, und folglich bin ich verantwortlich und werde mich in keiner Weise hinter den Befehlen des Führers verstecken.« Er rechtfertigte die Existenz des nationalsozialistischen Staates: »Ich bin für diesen Grundsatz eingetreten, und ich trete noch jetzt positiv und bewußt für ihn ein. Man darf nicht den Fehler begehen, zu vergessen, daß die politische Struktur in den verschiedenen Ländern verschiedenen Ursprungs ist und eine jeweils verschiedene Entwicklung durchgemacht hat. Etwas, das für ein Land ausgezeichnet paßt, würde in einem anderen vollkommen falsch sein. In Deutschland hat in langen Jahrhunderten die Monarchie bestanden, und es hat immer das Führerprinzip gegolten.« Er machte eine Pause und fügte dann hinzu: »Es ist das gleiche Prinzip, auf das sich die römisch-katholische Kirche und die Regierung der UdSSR stützen.«

Er bestritt, die Exzesse der Gestapo und der ss gebilligt zu haben. »Zu der Zeit, als ich noch direkte Beziehungen zur Gestapo hatte, sind, wie ich offen zugegeben habe, solche Exzesse vorgekommen. Um sie zu ahnden, mußte man natürlich etwas davon erfahren. Strafen hat es gegeben. Die Beamten wußten, wenn sie solche Dinge taten, gingen sie das Risiko ein, bestraft zu werden. Viele von ihnen sind bestraft worden. Ich kann nicht sagen, wie das später gehandhabt worden ist.«

Darüber, daß Hitler weder seine noch die Ratschläge der Generäle angenommen hat, sagte er: »Wie in aller Welt soll man einen Staat vor einem Krieg oder während eines Krieges, zu dem sich seine Führung entschlossen hat, führen, wenn jeder General entscheiden kann, ob er kämpfen wird oder nicht, ob sein Armeekorps zu Hause bleiben wird oder nicht . . .? Man hätte dieses Privileg auch dem einfachen Soldaten zubilligen müssen. Vielleicht könnte man auf diese Weise in Zukunft Krieg vermeiden, wenn man jeden Soldaten fragt, ob er nach Hause gehen will oder nicht. Vielleicht — aber nicht in einem Führerstaat!«

Als sein Verhör endlich beendet war, kam er erschöpft von den Anstrengungen in seine Zelle zurück, bat darum, man möge das Licht dämpfen, das durch den Türschlitz drang und »dachte über sein Schicksal ... und seine Rolle in der Geschichte nach«, wie Gilbert sich ausdrückt.

Speer allerdings mißfiel Görings Auftreten aufs höchste. Er vertraute Gilbert an, daß ihm viel daran läge, daß Görings korruptes Maulheldentum hinter der heroischen Fassade von Loyalität und Anständigkeit bloßgelegt würde.

»So ein korrupter Feigling wie Göring! – Ich könnte Ihnen von seinen privaten Luftschutzbunkern und dem angenehmen Leben erzählen, das er führte, als Deutschland im Todeskampf lag – ein Feigling wie er will jetzt den Helden spielen«, sagte Speer. »Das empört mich.«

Er nähme an, so fügte er hinzu, Mr. Jackson würde Göring im Kreuzverhör dazu zwingen, Farbe zu bekennen.

Nicht nur Speer erhoffte sich viel vom Kreuzverhör Jacksons; auch die Alliierten waren beunruhigt über den glänzenden Eindruck, den Göring gemacht hatte. Der angesehene englische Jurist Sir Norman (später Lord) Birkett, der sich mit Oberrichter Lawrence im Vorsitz abwechselte, machte sich während des ganzen Verfahrens Notizen. Zu dieser Situation schrieb er: »Göring ist der Mann, der in der Verhandlung wirklich eine beherrschende Rolle gespielt hat; merkwürdigerweise hat er bis zu dem Augenblick, in dem er in den Zeugenstand trat, in der Öffentlichkeit kein Wort geäußert. Es ist schon an sich eine erstaunliche Leistung, und vieles wird deutlicher, was in den vergangenen Jahren so schwer zu durchschauen war. Er ist der Beweisaufnahme mit großer Aufmerksamkeit gefolgt, wenn das notwendig war, und hat wie ein Kind geschlafen, wenn er nicht zuzuhören brauchte. Es ist klar, daß wir hier im Zeugenstand eine Persönlichkeit erlebt haben, die zwar vielleicht böse ist, aber doch ungewöhnliche Qualitäten hat.«

Birkett war überrascht, festzustellen, daß niemand mit der Intelligenz und Geschicklichkeit Görings gerechnet hatte. Er schrieb: »Niemand scheint auf seine immense Leistungsfähigkeit und sein umfassendes Wissen vorbereitet gewesen zu sein oder damit gerechnet zu haben, daß er den Inhalt der erbeuteten Dokumente bis in das kleinste Detail kennt und versteht. Er hat sie offenbar sehr sorgfältig studiert und dabei erkannt, welche Fragen darin die tödlichen Gefahren für ihn bergen.«

In dieser Phase des Verfahrens bezeichnete er Göring als »höflich, intelligent, schlagfertig, leistungsfähig und einfallsreich. Er erkannte rasch die einzelnen Elemente der Situation, und während sein Selbstvertrauen wuchs, wurde seine Meisterschaft immer deutlicher. Auch seine Selbstbeherrschung war bemerkenswert, und allen übrigen Qualitäten, die er beim Verhör zeigte, fügte er den angenehmen Ton seiner Stimme und die beredten, aber verhaltenen Gesten seiner Hände hinzu.«

Das sind anerkennende Worte, vor allem wenn man bedenkt, wer sie geschrieben hat. Die Besorgnis läßt sich zwischen den Zeilen deutlich erkennen. Auf alliierter Seite wünschte man nichts weniger, als daß Göring zum Helden dieses Gerichtsverfahrens würde. Man hoffte, Mr. Jackson werde ihn in die Schranken verweisen.

Aber gerade das geschah nicht. Wer das Duell zwischen dem amerikanischen Hauptankläger und der noch lebenden führenden Persönlichkeit des Dritten Reichs beobachtete, wurde sich peinlich bewußt, daß sich hier ungleiche Gegner gegenüberstanden. Mr. Jackson hatte nicht das gleiche Format wie Hermann Göring. Es lag weniger daran, daß Jackson die Dokumente nicht genügend studiert hätte, sondern daß er in deutscher Geschichte einfach nicht genügend Bescheid wußte. Immer wieder gab er Göring die Gelegenheit, ihn zu korrigieren, was dieser zuvorkommend und mit gespielter Bescheidenheit tat. Die Fragen des Anklägers waren so formuliert, daß Göring wiederholt die Möglichkeit hatte, längere Ausführungen zu machen, wobei es schwer war, ihn zu unterbrechen.

Jackson war sehr bald irritiert und aus dem Konzept gebracht ... und Göring versuchte ostentativ, ihm zu helfen, den verlorenen Faden wieder aufzunehmen. Aus dem Kreuzverhör, von dem man so viel erwartet hatte, ging nur hervor, daß Göring alles für den Frieden getan und versucht hatte, den Juden zu helfen, daß er gegen den Krieg mit Rußland gewesen war, daß er den Reichstag nicht angezündet und dem Führer trotz dessen Fehlern immer die Treue gehalten hatte. Birkett sagte später: »Göring erweist sich als sehr fähiger Mann, der die Absicht hinter jeder Frage fast im gleichen Augenblick erkennt, in dem sie formuliert und ausgesprochen wird. Außerdem verfügt er über ein beachtliches Wissen und ist in dieser Beziehung der Anklage gegenüber im Vorteil, denn er befindet sich zu jeder Zeit auf vertrautem Boden. Er hat ein Wissen, das viele andere Vertreter der Anklage und des Gerichtshofs nicht besitzen. Deshalb hat er sich behauptet, und die Anklagevertretung ist absolut nicht vorangekommen ... Keinesfalls hat es die dramatische Niederlage Görings gegeben, die man erwartet oder prophezeit hat.«[1]

Die Vernehmung Görings erreichte ihren Höhepunkt, als Jackson seinen Kopfhörer wütend auf den Tisch warf, während Göring ihm wieder ausführlich und überzeugend antwortete und der peinlich berührte Norman Lawrence die Sitzung unterbrach. Das Kreuzverhör wurde zwar von Jackson und den französischen, britischen und russischen Vertretern der Anklage fortgeführt, aber keiner von ihnen konnte dem Image etwas anhaben, das Göring von sich aufgebaut hatte. Die von ihm erhoffte Wirkung beim Auftritt von Birger Dahlerus als Zeuge der Verteidigung trat allerdings nicht ein, denn der Schwede brach unter dem vernichtenden Kreuzverhör des Briten Sir David Maxwell-Fyfe zusammen, der es nicht zulassen wollte, daß der Zeuge Göring als Friedensstifter darstellte.

Als Göring aus dem Gerichtssaal kam, rief er seinen Mitangeklagten zu:

»Wenn jeder von Ihnen seinen Mann steht wie ich, ist alles in Ordnung. Sie müssen vorsichtig sein. Jedes Wort, was Sie sagen, kann Ihnen im Munde verdreht werden.«

Speer hatte allerdings den Eindruck, daß Jackson entgegen dem äußeren Anschein Görings Panzer durchstoßen hatte. Aber er mußte zugeben: »Es ist erstaunlich, wie er (Göring) sich gehalten hat. Ihre Gefängnisdisziplin hat sicher eine ernüchternde Wirkung auf ihn gehabt. Sie hätten ihn früher erleben müssen: Er war ein fauler, egoistischer, korrupter, verantwortungsloser Drogensüchtiger. Jetzt macht er einen schneidigen Eindruck, und die Leute bewundern seinen Mut. Ich höre von meinem Anwalt, daß man sagt, ›dieser Göring ist ein Mordskerl‹. Aber Sie hätten ihn vorher erleben sollen. In der kritischen Stunde ihres Landes waren sie alle korrupte Feiglinge. Weshalb, glauben Sie, war Göring nicht in Berlin, um seinem geliebten Führer zur Seite zu stehen? Weil es zu heiß herging, als die Russen sich Berlin näherten. Das gleiche gilt für Himmler . . . nein keiner von ihnen darf als Ehrenmann in die Geschichte eingehen. Lassen Sie das ganze verdammte Nazisystem und alle, die sich daran beteiligt haben, einschließlich meiner selbst, in der Schande und Verächtlichkeit untergehen, die es verdient hat, und lassen Sie die Menschen es vergessen, damit sie beginnen können, auf vernünftiger demokratischer Basis ein neues Leben aufzubauen.«

Am 22. März waren Verhör und Kreuzverhör Görings beendet. Die Schlußplädoyers für die Anklage begannen erst vier Monate später am 26. Juli. Bis dahin saßen die Angeklagten tagsüber im Gerichtssaal und unterhielten oder stritten sich. Abends führten sie Gespräche mit Dr. Gilbert. Göring hatte sich standhaft geweigert, Emmy nach Nürnberg kommen und als Zeugin der Verteidigung auftreten zu lassen. Ebenso hatte er Dr. Stahmer gesagt, er möge Thomas von Kantzow mitteilen, er werde ihm nicht erlauben, als Zeuge der Verteidigung auszusagen. Am 13. März 1946 hatte Thomas einen langen Brief geschrieben, dessen Kopie der Verfasser besitzt, in dem er detaillierte Angaben über die Bemühungen Görings zugunsten von Juden und anderen Opfern der Gestapo machte und sich bereiterklärt, als Zeuge auszusagen.

Die Euphorie, in die Göring nach seinem Auftritt im Zeugenstand geraten war, legte sich allmählich. Der heroische Eindruck, den er gemacht hatte, wurde durch die folgenden Zeugenaussagen stückweise wieder abgebaut. Auch das Schlußplädoyer seines Anwalts Dr. Stahmer, der alles Übel seiner Treue zum Führer zuschrieb, – »seiner Treue, die sein Verhängnis gewesen ist«, nützte ihm nichts. Das Gerichtsverfahren hatte ihn ebenso erschöpft wie die meisten anderen Beteiligten. Es hatte neun Monate gedauert, und die Menschen in der Welt draußen hatten inzwischen andere Probleme.

Mr. Jackson hielt das Plädoyer für die Amerikaner und glich mit einer beredten Ansprache seine Ungeschicklichkeit beim Kreuzverhör Görings wieder aus. Über Göring sagte er: »(Er) war halb Militarist und halb Gangster. Er hat seine dicken Finger in jeden Brei gesteckt ... Er war ebenso geschickt beim Massakrieren seiner Gegner wie beim Organisieren von Skandalen, wenn er widerspenstige Generäle loswerden wollte. Er hat die Luftwaffe aufgebaut und sie gegen seine wehrlosen Nachbarn eingesetzt. Bei der Vertreibung der Juden ist er einer der Eifrigsten gewesen.« Über alle Angeklagten sagte er: »Wenn Sie sagen wollten, diese Männer seien unschuldig, dann wäre es, als würden Sie sagen, es habe keinen Krieg gegeben, es gäbe keine Opfer und es seien keine Verbrechen begangen worden.«

Der Vertreter Großbritanniens, Sir Hartley Shawcross, sagte: »Görings Verantwortung für alle diese Dinge ist kaum zu leugnen. Hinter einer nach außen gezeigten Gutmütigkeit verbarg sich die Tatsache, daß er einer der maßgebenden Architekten dieses satanischen Systems war. Wer wußte außer Hitler mehr von dem, was geschah, und wer hatte mehr Einfluß auf den Verlauf der Geschehnisse? ... Goethe hat einmal vom deutschen Volk gesagt, eines Tages werde es vom Schicksal eingeholt werden, weil es sich selbst betrüge und nicht sein wolle, was es sei. Es sei traurig, daß es den Wert der Wahrheit nicht kenne, und abstoßend, daß Nebel, Rauch und berserkerhafte Maßlosigkeit ihm so viel bedeuteten, tragisch, daß es sich arglos jedem wahnsinnigen Schurken unterwürfe, der an seine niedrigsten Instinkte appelliere, es in seinen Untugenden bestärke und ihm beibringe, den Nationalismus als Alleingang und Kraftmeierei aufzufassen.«

Sir Hartley machte eine Pause, sah auf die Anklagebank hinüber und blickte Göring scharf an. Dann sagte er: »Wie prophetisch klingen diese Worte – denn dieses sind die wahnsinnigen Schurken, die das alles wirklich getan haben.«

Als er nach der Sitzung den Gerichtssaal verließ, sagte Göring zu Ribbentrop: »Da sehen Sie, es ist so, als hätte eine Verteidigung gar nicht stattgefunden.«

»Ja, es war Zeitverschwendung«, stimmte Ribbentrop ihm zu.

Die Angeklagten erhielten vor Abschluß des Verfahrens die Erlaubnis, eine letzte Erklärung abzugeben, und am 31. August 1946 bestritt Göring ruhig, aber mit beredten Worten, die Beschuldigungen, die die Anklage gegen ihn erhob.

»Ich habe nie die Ermordung eines einzigen Menschen befohlen, noch habe ich irgendwelche anderen Greueltaten befohlen oder sie geduldet, solange ich die Macht und das Wissen hatte, um sie zu verhindern«, sagte er. »Ich habe den Krieg weder gewollt noch herbeigeführt. Ich habe alles getan, um ihn durch Verhandlungen zu vermeiden. Als er ausgebrochen war, habe ich alles für den Sieg getan ... Das einzige Motiv, von dem ich mich habe leiten lassen, war meine leidenschaftliche Liebe zu meinem Volk und mein

Verlangen nach seinem Glück und seiner Freiheit. Dafür rufe ich den All-
mächtigen und mein deutsches Volks als Zeugen an.«

Es dauerte einen Monat, bis die Richter zu ihrem Urteilsspruch kamen.
Während dieser Zeit erhielt Göring wieder mehr persönliche Freiheit und
konnte ungehindert mit den anderen Angeklagten zusammenkommen.
Aber jetzt, da die bevorstehende Verurteilung ihre Schatten vorauswarf,
zog sich jeder in sich selbst zurück und dachte an das schwere Schicksal,
das ihm bevorstand. Wenn die Angeklagten miteinander redeten, dann
sprachen sie über die Vergangenheit und warfen sich gegenseitig die Sün-
den vor, die das Regime begangen hatte. Weil Göring sich am wenigsten
um die Zukunft zu sorgen schien und ihn der erwartete Urteilsspruch
augenscheinlich nicht rührte, stürzten sich alle mit ihren Anschuldigungen
auf ihn.

»Wer in aller Welt ist für diese ganze Zerstörung verantwortlich, wenn
nicht Sie?« rief Franz von Papen eines Tages wütend. »Sie waren der
zweite Mann im Staat. Ist denn niemand für irgend etwas verantwortlich?« Er deutete durch das Fenster des Speisesaals hinaus auf die Ruinen
Nürnbergs.

Göring erwiderte: »Ja, warum übernehmen Sie dann nicht die Verantwortung? Sie waren doch Vizekanzler.«

»Ich übernehme meinen Teil der Verantwortung!« rief Papen. »Aber wie
steht es mit Ihnen? Sie haben für nichts irgendeine Verantwortung übernommen. Sie halten nur bombastische Reden. Es ist beschämend!«

Göring lachte nur, und gerade dieses Verhalten weckte den Zorn der anderen. Während sie auf die Entscheidung über ihr künftiges Schicksal warteten, kochten sie vor Wut über einen Mann, der in dieser Lage so ruhig
bleiben konnte, der sich weigerte, seiner inneren Angst nachzugeben, und
der seine Ankläger heute ebenso scharf herausforderte, wie er es vor zehn
Monaten bei Beginn des Verfahrens getan hatte.[2]

Am 5. September 1946 wurde bekanntgegeben, daß die Ehefrauen der
Angeklagten von nun an täglich ihre Männer besuchen dürften. Mit einigen Schwierigkeiten kam Emmy von Sackdilling bei Neuhaus, wo sie
untergekommen war, nach Nürnberg. Sie war krank und litt unter starken
Ischiasschmerzen. Mit ihrer Tochter Edda hatte sie in einer Waldhütte
gelebt, wo es weder fließendes Wasser gab noch Hilfe. Erstaunlicherweise
hatte Dr. Robert M. Kempner, der alte Gegner ihres Mannes aus Berlin,
ihr am meisten geholfen. Er hatte sie mehrmals besucht, ihr Lebensmittel
und Schokolade für Edda mitgebracht und bei seiner Rückkehr Göring
Nachrichten von ihr übermittelt.

Die ehemalige »Hohe Frau« des Dritten Reichs besaß noch ein Kleid, einen
Hut und ein altes Paar Schuhe. Aber Göring bemerkte diese Äußerlichkei-
ten gar nicht. Nach siebzehn Monaten der Trennung genügte es ihm, sie

wiederzusehen. Sie konnten einander nicht berühren, denn sie waren durch ein Gitter aus Maschendraht getrennt, und der stämmige amerikanische Militärpolizist, der neben ihrem Mann stand, schüchterte Emmy ein; sie konnte nicht sagen, was sie ihrem Mann eigentlich sagen wollte. Aber an den folgenden Tagen fiel es ihr immer leichter, zu sprechen.

Den Urteilsspruch hatte man für den 23. September erwartet, aber dann wurde bekanntgegeben, daß er sich um eine Woche verzögern werde. Emmy bewohnte zwei Zimmer, die ihr Görings Anwalt, Dr. Stahmer, besorgt hatte, und ließ nun Edda aus Sackdilling nachkommen. Als sie mit Edda an der Hand das Besuchszimmer betrat, verlor Göring zum erstenmal die Fassung. Aber dann lächelte er unter Tränen.

Am nächsten Tag brachte Emmy Görings Schwester Paula mit. Am Ende der Besuchszeit fragte sie ihren Mann, ob er seinem Diener Robert Kropp ein Zeugnis ausstellen könne. Um eine neue Stelle zu bekommen, müsse er nachweisen, daß er nie Mitglied der NSDAP gewesen sei. Göring unterschrieb die notwendigen Bestätigungen. Es amüsierte ihn, daß jemand in seiner Lage immer noch die Zukunft eines Menschen in der Welt außerhalb des Gefängnisses beeinflussen konnte.

Emmy vermied jedes Gespräch über das zu erwartende Urteil, aber an diesem Tage sagte Göring selbst, bald werde sich ihrer aller Schicksal entscheiden. »Auf etwas kannst du dich felsenfest verlassen«, sagte er, sie hängen mich nicht.«[3]

Der 30. September 1946 war als Tag der Urteilsverkündung festgesetzt worden. Göring hatte am Tage zuvor den Besuch von Emmy gehabt und angenommen, es sei das letzte Mal gewesen. Der kurze Abschied hatte ihn erschüttert. Vor Gericht war er ganz ruhig, während er zuhörte, wie die Richter, einer nach dem anderen, das Urteil verkündeten. Es war eine lange Aufzählung nazistischer Verbrechen und dauerte den ganzen Tag; eine grausige Anhäufung von Beschuldigungen: geplante Aggression, gebrochene Versprechen, Barbarei, Brutalität und Mord. Als die Richter geendet hatten, war es Nachmittag, und immer noch warteten die Angeklagten auf die Einzelurteile. Dann wurden sie in ihre Zellen zurückgebracht und mußten noch eine Nacht auf die Entscheidung warten.

Am folgenden Morgen, dem 1. Oktober, wurde Hermann Göring als erster aufgerufen. Er stand vor Oberrichter Lawrence, seine blauen Augen blickten starr geradeaus, während er den Urteilsspruch hörte.

»Von dem Augenblick an, in dem er 1922 der Partei beitrat und das Kommando der Straßenkampforganisation der SA übernahm, war Göring Ratgeber, aktiver Mitarbeiter Hitlers und einer der wichtigsten Führer der nationalsozialistischen Bewegung. Als Hitlers politischer Stellvertreter war er entscheidend daran beteiligt, die Nationalsozialisten 1933 an die Macht zu bringen, und erhielt den Auftrag, diese Macht zu festigen und die deutschen Streitkräfte zu vergrößern. Er baute die Gestapo auf und schuf die ersten Konzentrationslager, um sie 1934 an Himmler zu übergeben. Im gleichen Jahr führte er die Säuberungsaktion beim Röhmputsch durch und leitete die schmutzigen Machenschaften, die zum Ausschluß Blombergs und Fritschs aus dem Heer führten . . . Beim Anschluß Österreichs war er die Zentralfigur, der Anführer . . . In der Nacht vor dem Einmarsch in die Tschechoslowakei und der Einverleibung Böhmens und Mährens drohte er bei einer Besprechung zwischen Hitler und Präsident Hácha mit der Bombardierung von Prag für den Fall, daß Hácha nicht nachgeben sollte . . . Er befehligte die Luftwaffe beim Angriff gegen Polen und während aller folgenden Angriffskriege . . . Die Akten sind voll von Geständnissen Görings, in denen er zugibt, für die Verwendung von Sklavenarbeit verantwortlich zu sein. Er hat schon lange vor dem Krieg gegen die Sowjetunion Pläne für die Ausplünderung sowjetischen Territoriums aufgestellt.

Göring hat die Juden verfolgt, besonders nach den Unruhen im November 1938, und zwar nicht nur in Deutschland, wo er – wie an anderer Stelle bewiesen – eine Geldbuße in Höhe von einer Milliarde Reichsmark verlangte, sondern auch in den eroberten Ländern. Seine eigenen Äußerungen damals und in seiner Zeugenaussage zeigen, daß seine Interessen in erster Linie wirtschaftliche gewesen sind – wie war es möglich, ihr Eigentum zu beschlagnahmen, und wie konnte man sie aus dem europäischen Wirtschaftsleben ausschalten . . . Obwohl ihre physische Vernichtung in Himmlers Händen lag, war Göring alles andere als desinteressiert oder inaktiv, obwohl er dies im Zeugenstand bestritten hat . . .

Es kann kein mildernder Umstand angeführt werden, denn Göring war oft, ja fast immer die bewegende Kraft, zweiter Mann war er nur seinem Führer gegenüber. Er war der führende Kriegstreiber sowohl als politischer wie als militärischer Führer. Er war der Leiter des Sklavenarbeiterprogramms und der Schöpfer des gegen die Juden und andere Rassen gerichteten Unterdrückungsprogramms innerhalb und außerhalb Deutschlands. Alle diese Verbrechen hat er freimütig gestanden. In manchen Einzelfällen mögen sich die Zeugenaussagen widersprechen, aber im großen und ganzen genügen seine eigenen Geständnisse vollkommen, um seine Schuld nachzuweisen. Seine Schuld ist in ihrer Ungeheuerlichkeit einzigartig. Aus dem vorliegenden Material ergibt sich nichts, was ihn entlasten könnte. Der Gerichtshof spricht ihn in allen vier Anklagepunkten schuldig.«

Göring blieb ruhig und mit ausdruckslosem Gesicht sitzen, während die übrigen Urteile verlesen wurden. Drei Angeklagte wurden freigesprochen: Hjalmar Schacht, Franz von Papen und Hans Fritzsche. Niemand überraschte das mehr als sie selbst. Alle anderen wurden in einem oder mehreren Anklagepunkten schuldig gesprochen.

Aber noch immer wußten sie nicht, welche Strafe sie erwartete. Nach der Verlesung der Urteilsbegründung unterbrach Oberrichter Lawrence die Sitzung zur Mittagspause. Danach sollte das Strafmaß für jeden Angeklagten verkündet werden.

Am Nachmittag wurde Göring wieder als erster aufgerufen. Er stand zwischen zwei amerikanischen Militärpolizisten und setzte sich den Kopfhörer auf. Oberrichter Lawrence begann den Urteilsspruch zu verlesen:

»Hermann Wilhelm Göring«, dann sah er, daß Göring an dem Kopfhörer hantierte und durch ein Zeichen andeutete, er sei nicht in Ordnung. Das ganze Gericht wartete schweigend. Angeklagter und Richter starrten sich an, und die Techniker brachten den Schaden in Ordnung. Dann begann die Verlesung zum zweitenmal.

»Hermann Wilhelm Göring«, verkündete Oberrichter Lawrence, »auf Grund der Anklagepunkte, in denen Sie für schuldig befunden worden sind, verurteilt das Internationale Militärtribunal Sie zum Tode durch den Strang.«

Göring nahm die Worte auf, zog sich langsam den Kopfhörer ab, ließ ihn auf den Tisch fallen, wendete sich um und verließ den Gerichtssaal, ohne ein Wort zu sagen.

Es war Dr. Gilberts Pflicht, jeden Angeklagten in Empfang zu nehmen, nachdem er sein Urteil gehört hatte. Hermann Göring kam herunter und ging in seine Zelle.

Gilbert schreibt in seinem Tagebuch: »Sein Gesicht war blaß und eisig, die Augen starr. ›Das Todesurteil!‹ sagte er, als er sich auf die Pritsche fallen ließ und die Hand nach einem Buch ausstreckte. Obwohl er sich bemühte, ruhig zu bleiben, zitterte seine Hand. Seine Augen waren feucht, und er atmete schwer, während er darum kämpfte, die Haltung zu bewahren. Mit bebender Stimme bat er mich, ihn eine Weile alleinzulassen.«

Am folgenden Tag schrieb Hermann Göring an das Gericht und stellte in aller Form den Antrag, als aktiver Offizier der deutschen Wehrmacht nicht durch Erhängen, sondern durch Erschießen hingerichtet zu werden.

Zu Gilbert sagte er: »Man sollte mir wenigstens die Schande des Stricks ersparen. Ich bin Soldat. Ich bin mein Leben lang Soldat gewesen und war immer bereit, durch die Kugel eines anderen Soldaten zu sterben. Warum soll nicht ein Exekutionskommando meiner Feinde meinem Leben ein Ende machen? Ist das zuviel verlangt?«

Es war zuviel. Der Antrag wurde abgelehnt.

Jetzt galt es nur noch, auf den Henker zu warten.

27

Eine letzte Geste

Oberst Burton C. Andrus, der Kommandant des Gefängnisses in Nürnberg, hatte dafür Sorge zu tragen, daß keiner der verurteilten Kriegsverbrecher sich dem Galgen entziehen könnte. Er war überzeugt, daß seine Sicherheitsvorkehrungen jede Möglichkeit dazu ausschlossen.

Er erklärte später: »Ich habe den Häftlingen keine Gegenstände belassen, die nach unserer Auffassung dafür geeignet gewesen wären, Hand an sich selbst zu legen oder andere zu bedrohen. Aus den Fenstern hatte ich das Glas entfernen lassen. Niemand durfte einen Gürtel oder Schnürsenkel haben, nachts mußten Brillen, Füllfederhalter, Uhren und alles, womit man sich Schaden zufügen kann, abgegeben werden. Sie wurden ständig beaufsichtigt; auch nachts in ihren Zellen. Während sie sich im Gerichtssaal aufhielten, wurden die Zellen gründlich durchsucht. Das Essen wurde ihnen von Gefangenen gebracht, die außer durch die Post keinen Kontakt mit der Außenwelt hatten, und die Post ging durch die Zensur. Wenn sie zum Gerichtssaal gingen, wurden sie von Posten begleitet. Sie durften nicht miteinander sprechen, sondern nur mit dem Gefängnispersonal, dem Arzt, dem Zahnarzt und dem Geistlichen. Die Anzüge, die sie vor Gericht trugen, wurden ihnen erst ausgehändigt, nachdem sie gründlich durchsucht worden waren. Darüber hinaus wurden Inspektionen durchgeführt, bei denen die Zellen und sie selbst gleichzeitig durchsucht wurden. Auch wenn sie badeten, das geschah zweimal wöchentlich, wurden sie durchsucht. Ein paarmal fanden wir Gegenstände, die als nicht erlaubt angesehen werden mußten – Glasstückchen, Nägel, Draht oder Bindfaden. Ich habe immer geglaubt, diese Durchsuchungen seien so gründlich gewesen, daß niemand habe im Besitz eines Gegenstandes sein können, mit dem er sich das Leben nehmen könnte.«

Doch Göring war fest entschlossen, seinem Leben selber ein Ende zu bereiten, ehe man ihn zum Galgen führte. Damit wollte er seinen Gegnern zum letztenmal Trotz bieten und ihnen zeigen, daß er unter den Nationalsozialisten eine Sonderstellung einnähme und nicht wie alle anderen behandelt werden könnte und wollte.

Am 7. Oktober 1946 erhielt Emmy Göring in Sackdilling einen Anruf von Dr. Otto Stahmer, der ihr sagte, sie dürfe ihren Mann noch einmal im Gefängnis in Nürnberg besuchen. Ein Kaufmann aus Auerbach, der einen Holzvergaser besaß, nahm sie schließlich mit in die Stadt. Sie ging sofort zum Gefängnis und meldete sich beim Offizier vom Dienst, Leutnant Schwarz. Aber erst Stunden später wurde Emmy in das Besuchszimmer geführt. Wie gewöhnlich war Göring streng bewacht und sie war durch ein Drahtgitter von ihm getrennt.

»Sein erstes Wort war: ›Wie hat Edda das Urteil aufgenommen? Weiß sie, was mit mir geschehen wird?‹ Ich bejahte die Frage. Ich machte ihm klar, daß ich verpflichtet sei, Edda die Wahrheit zu sagen.

›Mein Eddalein‹, sagte er, ›hoffentlich faßt sie das Leben nicht allzu rauh an. Mein Gott, was für eine Erlösung bedeutete mir der Tod, wenn ich euch beschützt und behütet wüßte.‹ Nach einem Augenblick des Nachdenkens fragte er mich fast zaghaft, tastend: ›Möchtest Du, daß ich ein Gnadengesuch einreiche?‹« Dazu wäre es jedoch schon zu spät gewesen. Die Verurteilten hatten nach der Urteilsverkündung nur vier Tage Zeit, ein Gnadengesuch einzureichen. Göring hatte sich geweigert, es zu tun.

»›Nein, Hermann‹, sagte ich ihm, ›du darfst jetzt ruhig und reinen Gewissens sterben. Du hast hier in Nürnberg alles getan, was du tun konntest . . . Ich werde immer im Bewußtsein tragen, daß du für Deutschland gefallen bist.‹

›Ich danke dir für deine Worte‹, sagte er fest, ›du ahnst nicht, wie du mir damit geholfen hast‹, und fügte hinzu: ›Noch eines: Glaub nicht, daß man mich aufhängen wird. Man wird mir eine Kugel geben. – Und das will ich doch noch sagen – diese Ausländer können mich ermorden, aber das Recht, mich zu richten, haben sie nicht, das spreche ich ihnen ab.‹

›Glaubst du wirklich, daß man dich erschießen wird?‹ fragte ich ihn.

Und da kam es noch einmal mit ganz fester Stimme: ›Auf etwas kannst du dich felsenfest verlassen: sie hängen mich nicht.‹«[1]

Jetzt wußte Emmy, wie sie später bestätigte, was Göring tun würde.

Alle Naziführer hatten gegen Ende des Krieges Gift bei sich. Auch Himmler hatte sich nach seiner Gefangennahme durch die Briten kurz vor Kriegsende mit einer Zyankalikapsel das Leben genommen. So hatte auch Göring die Giftkapsel bei sich. Als er im Vernehmungslager Mondorf ankam, wurde er gründlich durchsucht . . . und man fand ein Messingröhrchen mit einer Zyankalikapsel bei ihm. Es war in einer amerikanischen Kaffeedose versteckt, und Göring schien bestürzt, als man es fand und ihm fortnahm.

Nachdem man ihm die Paracodintabletten abgewöhnt hatte, bekam er in Nürnberg nur die Schlaftabletten, die Dr. Pfluecker ihm verordnet hatte.

Es waren Schlafmittel in blauen und roten Kapseln, die die Entziehungskur für ihn erleichtern sollten. Diese Behandlung wurde bis zuletzt fortgeführt. Der deutsche Arzt mußte sich an die Sperrstunde halten und durfte seine Patienten nur bis 10 Uhr abends besuchen. Er übergab das Mittel deshalb dem Offizier vom Dienst, Leutnant Charles J. Roska, der sie allabendlich um 23.00 Uhr Göring verabreichte. Später sagte der Arzt aus, Göring hätte das Mittel gern schon früher genommen, aber der Posten auf dem Korridor vor der Zelle wurde um 22 Uhr 30 abgelöst, und das war mit soviel Lärm verbunden, daß sogar jemand, der ein Schlafmittel genommen hatte, davon aufgewacht wäre.

Dr. Pfluecker hatte Göring gebeten: »Versuchen Sie bitte niemals, etwas zu verstecken, was ich Ihnen gegeben habe. Damit würden Sie mich in eine sehr unangenehme Lage bringen.«

Göring lächelte und sagte: »Herr Doktor, ich werde Ihnen nie irgendwelche Schwierigkeiten machen.«

Jedenfalls hatte niemand wegen der Schlafmittel Bedenken. Auch wenn er eine größere Anzahl von Kapseln auf einmal geschluckt hätte, wäre die Wirkung nur ein sehr tiefer Schlaf gewesen.

Deshalb war Oberst Andrus, der allerdings erst aufatmen konnte, wenn die Exekutionen vorüber waren, überzeugt, alles Notwendige sei geschehen, um die Verurteilten daran zu hindern, den Henker zu betrügen. In der Turnhalle des Gefängnisses waren drei Galgen aufgestellt worden, und Master Sergeant John C. Woods aus San Antonio, Texas, sollte die Hinrichtungen vornehmen und wartete auf den entsprechenden Befehl.

Die Exekutionen waren für den 16. Oktober 1946 um 2.00 Uhr morgens vorgesehen. Dieser Zeitpunkt wurde vor der Presse und den Verurteilten geheimgehalten. Aber am Abend des 15. Oktober verbreitete sich in Nürnberg das Gerücht, die Zeit der Hinrichtung sei gekommen, und vor dem Gefängnis begannen sich Berichterstatter und Kameraleute zu versammeln. Für Deutsche bestand ein Ausgehverbot nach 22 Uhr.

Im Gefängnis hörte man von der Turnhalle her ein Hämmern, das elektrische Licht, das an anderen Abenden um diese Zeit gedämpft wurde, brannte hell, und vom Hof kam das Geräusch von Kraftfahrzeugen. Aus alledem entnahmen auch die Verurteilten, daß der Tag der Hinrichtung gekommen sei. In Zelle 9 begann Görings ehemaliger Verwalter der besetzten Gebiete, Fritz Sauckel, wie jede Nacht zu schluchzen, zu jammern und um Gnade zu wimmern; ein fürchterliches Schauspiel, das die Nerven aller anderen schwer belastete.

Göring war verbittert. Am Abend hatte er sich von dem Gefängnispsychologen Dr. Gilbert verabschiedet, der ihn »nervös, deprimiert und vielleicht noch verbitterter als gewöhnlich« fand. Der Grund dafür war die entschiedene Weigerung des Kontrollrats, ihn oder andere Verurteilte auf eine andere Weise hinrichten zu lassen.

Seine Verbitterung hielt an. Der Gefängnisgeistliche, Captain Henry F. Gerecke, besuchte Göring am Abend des 15. Oktober von 19 Uhr 30 bis 19 Uhr 45.

Der Geistliche machte sich folgende Notizen:

»Seine Stimmung war offenbar schlechter als an anderen Tagen, was mich angesichts dessen, was ihm bevorstand, nicht überraschte. Wir sprachen über die anderen, und er fragte nach Sauckel. Er beklagte sich darüber, daß er Sauckel nicht sehen könne. Er versicherte, er hätte ihm über diese Tage hinweghelfen können. Wieder beschwerte er sich über die Hinrichtungsmethode. Er bezeichnete sie als entehrend für sich wegen seiner ehemaligen Stellung und seines Ansehens beim deutschen Volk. Dann schwieg er.

Ich forderte ihn noch einmal auf, sich vollständig mit Herz und Seele seinem Erlöser anzuvertrauen. Wieder sagte er, er sei Christ, könne aber die Lehren Christi nicht annehmen. Beim gestrigen Besuch verweigerte ich ihm das Abendmahl, weil er die Göttlichkeit Christi leugnete, der dieses Sakrament eingesetzt hat. Außerdem bestritt er die wichtigsten Grundsätze der christlichen Kirche, behauptete aber trotzdem, ein Christ zu sein, weil er nie aus der Kirche ausgetreten sei. Noch entmutigter war er, weil ich behauptete, er werde seine Tochter Edda nicht im Himmel wiedersehen, wenn er den Weg der Erlösung des Herrn ablehne. Göring war ein Rationalist, Materialist und Modernist erster Ordnung. Ich hoffte, er könnte in dieser Nacht Ruhe finden. Er sagte, er fühle sich ganz ruhig.«

Nachdem der Gefängnispfarrer gegangen war, betrat Leutnant John W. West als wachhabender Offizier die Zelle 5, um die allabendliche Inspektion und Durchsuchung vorzunehmen.

West meldete: »Alle seine persönlichen Sachen wurden durchsucht, das Bettzeug abgenommen und ausgeschüttelt, die Matratze umgedreht. Nichts Unerlaubtes wurde gefunden.«

West sagte, Göring habe jetzt »einen sehr glücklichen Eindruck gemacht und viel geredet«. Im übrigen sei jedoch alles normal gewesen.

Die Zeit verging, und man hörte, wie weitere Kraftfahrzeuge auf dem Hof ankamen. In der Offiziersmesse aß Master Sergeant Woods zu Abend, ebenso ein amerikanischer Krankenpfleger, der aus Paris gekommen war, und ein Hauptmann der Armee, deren Aufgabe es sein sollte, die Leichen der Hingerichteten vom Galgen abzunehmen. Oberst Andrus, der offizielle amerikanische Augenzeuge, war bereits im Gefängnis. Aber die anderen – Vertreter der alliierten Nationen, Pressekorrespondenten und zwei als Augenzeugen geladene deutsche Beamte – waren noch nicht da. Die Exekutionen sollten nicht vor 2.00 Uhr morgens beginnen, und bis dahin waren es noch 4½ Stunden.

Um 21 Uhr 30 ging Dr. Pfluecker in Begleitung von Leutnant Arthur J. McLinden in Görings Zelle. Wie fast das gesamte Bewachungspersonal im Gefängnis sprach Leutnant McLinden nicht Deutsch. Er konnte daher nicht verstehen, was Pfluecker zu Göring sagte. Er sah, daß der Arzt Göring eine Kapsel gab, die er sofort einnahm. Dann fühlte er Göring den Puls und sprach etwa drei Minuten auf Deutsch mit ihm. Schließlich schüttelte er Göring die Hand, und sie verließen gemeinsam die Zelle.

Pfluecker und McLinden waren Görings letzte Besucher, und als sich die Tür der Zelle 5 hinter ihnen schloß, übernahm der Soldat Gordon Bingham von der C-Kompanie des 26. Infanterieregiments die Wache vor dem Guckloch der Zellentür. Göring war im Pyjama und während des Besuches des Leutnants und des Arztes im Bett geblieben.

Soldat Bingham berichtete später: »Dann verschloß ich die Zelle und blickte hinein. Göring sah mich an. Dabei lag er nahe der Tür, hob sich ein wenig vom Bett, legte sich dann auf den Rücken, die Arme seitlich auf der

Decke ausgestreckt. Von dem Augenblick an, in dem Göring sich im Bett aufsetzte, als der Doktor in die Zelle kam, bis zu dem Moment, als er die Hände seitlich ausstreckte, konnte ich seine linke Hand nicht sehen. Er lag etwa 15 Minuten so da. Dann faltete er die Hände auf der Brust und wendete den Kopf ein wenig nach links. Ohne es zu wollen stieß ich gegen die Lampe. Sie verschob sich und ich mußte sie wieder zurechtrücken. Als ich hineinblickte, sah er mich an, zeigte mit dem Zeigefinger der rechten Hand auf mich und legte dann die Hand seitwärts neben den Körper auf die Bettdecke. So lag er fünfzehn bis zwanzig Minuten da. Dann faltete er die Hände auf der Brust und ließ sie einige Minuten so liegen. Dann legte er die gefalteten Hände über die Augen, ließ sie einige Minuten dort, legte sie auf die Brust zurück und ließ sie dort wieder einige Minuten liegen. Dann nahm er die Hände auseinander, legte sie zur Seite, nahm sie auf und legte die rechte Hand in die Nähe seiner Augen und unter die Achselhöhle. Dann legte er die Arme zur Seite und lag etwa zehn Minuten still. Dann sah er zu mir herüber und wendete sich ab. Dann kam meine Ablösung, und es wurde etwas laut. Das veranlaßte Göring, wieder zu mir herzusehen. Dann wurde ich abgelöst und ging fort.«

Pünktlich um 22 Uhr 30 übernahm der Soldat Harold F. Johnson von der C-Kompanie des 26. Infanterieregiments den Posten von Bingham. Seine Wache sollte nur noch sechzehn Minuten dauern.

»Ich war der zweiten Schicht zugeteilt und habe die Wache an Görings Zelle um 22 Uhr 30 übernommen«, berichtete Johnson später. »Zur Zeit, als ich den Posten ablöste, lag er flach auf dem Rücken und hatte die Hände seitlich ausgestreckt auf der Decke liegen. Er blieb etwa fünf Minuten unbeweglich so liegen. Dann hob er die linke Hand, krümmte die Finger, als wollte er die Augen damit beschatten, ließ sie dann aber wieder seitlich auf die Decke zurückfallen. Bis etwa 22. Uhr 40 lag er ganz still da. Dann legte er die Hände auf die Brust, faltete sie und wendete den Kopf zur Wand.«

Dies muß der Augenblick gewesen sein, in dem Göring das Gift genommen hat.

»Er lag etwa zwei bis drei Minuten so da«, fährt Johnson fort, »und legte dann die Hände seitwärts auf die Decke zurück. Das war genau um 22 Uhr 44, denn ich sah auf meine Uhr, um mich über den Zeitpunkt zu vergewissern. Etwa zwei bis drei Minuten später schien er sich zu strecken und schnaufte durch die Lippen, als ersticke er.«

Johnson rief nach dem Sergeanten, der an jenem Abend als sogenannter Corporal of the Relief Dienst tat. Der Sergeant kam von der im zweiten Stockwerk gelegenen Zellenreihe heruntergelaufen.

»Ich sagte ihm, mit Göring sei irgendwas nicht in Ordnung«, berichtet Johnson, »und er lief so schnell er konnte ins Gefängnisbüro. Sekunden später war er mit dem Gefängnisoffizier Leutnant Cromer und dem Gefängnispfarrer Gerecke wieder zurück. Leutnant Cromer sah in die Zelle hinein, ich öffnete die Tür und Leutnant Cromer sowie Pfarrer Gerecke gingen hinein. Ich folgte ihnen und hielt die Lampe.«

Görings rechte Hand hing seitlich vom Bett hinunter. Pfarrer Gerecke nahm sie und fühlte den Puls.

»Mein Gott«, sagte er, »der Mann ist tot.«

Seit dem Selbstmord Görings in der Nacht vor seiner Hinrichtung fragt man sich, wer ihm das Gift gegeben hat.

Die Antwort ist einfach: Er selbst hat es nach Nürnberg in das Gefängnis mitgebracht. Wie Albert Speer später sagte, waren die Sicherheitsvorkehrungen in dem Nürnberger Gefängnis zu keiner Zeit so wirksam, wie Oberst Andrus es glaubte.

»Ich hatte während der ganzen Zeit meines Aufenthalts in Nürnberg eine Zahnpastatube, in der das Gift steckte«, berichtet er, »und habe sie dann in das Spandauer Gefängnis mitgenommen. Niemand hat jemals daran gedacht, hineinzusehen.«[2]

Hermann Göring war so davon überzeugt, daß seine Giftkapsel nicht entdeckt würde, daß er vier Tage vor seinem Selbstmord noch einen Brief an Oberst Andrus schrieb, in dem er ihm davon berichtete. Dieser Brief wurde mit zwei anderen in einem Umschlag unter seiner Bettdecke gefunden. Der Umschlag enthielt auch eine leere Zyankalikapsel. Der erste Brief war eine lange, an das deutsche Volk gerichtete Proklamation, in der er seine Handlungen rechtfertigte und die Beschuldigungen zurückwies, die die Alliierten gegen ihn erhoben hatten. Der zweite war ein kurzer, liebevoller Abschiedsbrief an Emmy und Edda Göring.

Die Proklamation wurde von den Alliierten beschlagnahmt und ist bisher nicht zur Veröffentlichung freigegeben worden. Der Abschiedsbrief wurde an Emmy weitergeleitet. Der dritte Brief hatte den folgenden Wortlaut:

Nürnberg, den 11. Oktober 1946

An den Kommandanten:

Ich habe die Giftkapsel seit der Zeit meiner Gefangennahme ständig bei mir gehabt. Als ich nach Mondorf gebracht wurde, hatte ich drei Kapseln. Die erste ließ ich in meinen Kleidern, damit sie bei der Durchsuchung gefunden würde, die zweite legte ich beim Ausziehen unter die Kleiderablage, nahm sie beim Anziehen wieder an mich und habe das in Mondorf und hier in der Zelle so geschickt getan, daß die Kapsel trotz häufiger und gründlicher Durchsuchung nicht gefunden werden konnte. Während der Gerichtssitzungen hatte ich sie bei mir in meinen hohen Reitstiefeln. Die dritte Kapsel befindet sich noch in meinem kleinen Koffer in der runden Hautcremedose und ist in der Creme versteckt. Niemand, der damit beauftragt wurde, mich zu durchsuchen, kann man einen Vorwurf machen, denn es war praktisch unmöglich, die Kapsel zu finden. Das hätte nur zufällig geschehen können. gez. Hermann Göring.

PS. Dr. Gilbert hat mir mitgeteilt, daß das Control Board mein Gesuch abgelehnt hat, die Hinrichtungsmethode in Erschießen umzuwandeln.

Am 16. Oktober 1946 um 2.00 Uhr morgens wurde Joachim von Ribbentrop an Görings Stelle als erster nationalsozialistischer Führer in der Turnhalle des Nürnberger Gefängnisses durch den Strang hingerichtet. Es folgten Wilhelm Keitel, Kaltenbrunner, Rosenberg, Frank, Frick, Streicher, Jodl und Seyß-Inquart. Um 3 Uhr 15 war alles vorbei.

Die Leichen wurden in einen mit Zeltbahnen abgedeckten Raum gebracht, wo Offiziere aller vier Mächte sie in Augenschein nahmen und die Sterbeurkunden unterschrieben. Jede Leiche wurde ausgezogen und nackt fotografiert. Dann wurden sie einzeln mit den letzten Kleidungsstücken, die sie getragen hatten, und dem Strick, an dem sie aufgehängt worden waren, in einen Überzug gesteckt und eingesargt. Die Särge wurden versiegelt. Danach erst wurde Görings Leichnam auf einer Tragbahre zugedeckt und mit einer Armeedecke hereingebracht.

Um 4.00 Uhr morgens wurden die Särge auf Lastwagen verladen, die auf dem Gefängnishof warteten, mit Zeltplanen bedeckt und in Begleitung einer Militäreskorte fortgeschafft. Im ersten Wagen fuhren ein amerikanischer Zivilist und ein Hauptmann der amerikanischen Armee. Es folgten ein französischer und ein amerikanischer General in einer Limousine. Dahinter fuhren die Lastwagen und zu ihrer Bewachung ein Jeep mit ausgesuchten Wachsoldaten und einem Maschinengewehr. Die Kolonne fuhr auf Umwegen durch Nürnberg, zuerst in Richtung Erlangen und dann nach Süden. Zeitungsreporter, die ihr zu folgen versuchten, wurden mit dem Maschinengewehr bedroht.

Es regnete und es war nebelig. Während die Kolonne weiter nach Süden fuhr, wurde die Bewachung viermal abgelöst. Niemand fragte nach dem Inhalt der Lastwagen. Im Morgengrauen kamen sie in München an und fuhren direkt zu einem am Stadtrand gelegenen Krematorium, wo man das Personal darüber informiert hatte, daß die Leichen von »vierzehn amerikanischen Soldaten« eingeliefert würden. In Wirklichkeit waren es nur elf Leichen. Die falsche Zahl sollte die Leute irreführen.

Nach Eintreffen der Kolonne wurde das Krematorium nach allen Seiten abgeriegelt, und die in der Nähe stationierten amerikanischen Infanterie- und Panzertruppen wurden für den Fall von Unruhen über Funk verständigt. Wer in das Krematorium kam, wurde dort bis zum Ende des folgenden Tages festgehalten.

Die Särge wurden geöffnet, und die amerikanischen, britischen, französischen und russischen Offiziere, die der Hinrichtung beigewohnt hatten, stellten noch einmal fest, daß keine Leiche unterwegs ausgetauscht worden war. Dann erst wurde die Einäscherung vorgenommen. Zu guter Letzt wurde die gesamte Asche in einem Behälter gesammelt. Eine Militärperson nahm ihn mit, bestieg ein Armeefahrzeug und fuhr mit unbekanntem Ziel ins Land hinaus. Eine Stunde später wurden die Überreste der Herren des Dritten Reiches, unter ihnen die von Göring, irgendwo neben einer bis heute nicht genannten Landstraße in einen Graben geschüttet.[3]

Epilog

Kurz bevor er sich in Nürnberg das Leben nahm, sagte Hermann Wilhelm Göring voraus, in fünfzig Jahren werde die Geschichte ihn als einen großen Mann bezeichnen, denn das deutsche Volk werde dann erkannt haben, daß er alles nur zum Besten des Großdeutschen Reichs getan habe.

Bis zum fünfzigsten Jahrestag seines Todes werden noch zweiundzwanzig Jahre vergehen, und in Deutschland und in der Welt kann sich bis dahin manches entscheidend verändert haben. Bisher findet man jedoch keine Anzeichen dafür, daß irgendwo Denkmäler zu Ehren Görings errichtet werden könnten.

Wie wird die Geschichte über diesen Mann urteilen?

Ich glaube, heute stehen uns alle Tatsachen für seine Beurteilung zur Verfügung. Niemand kann ihn nur als Clown, als uniformsüchtigen Poseur, als Morphinisten, Kriegsverbrecher oder gewöhnlichen Nazi abstempeln. Er ist das alles gewesen, aber auch sehr viel mehr, und damit bekommt sein Leben einen tragischen Zug.

Und das deshalb, weil Hermann Göring menschliche Qualitäten besaß, die aus ihm einen bedeutenden, fortschrittlichen und aufgeklärten Politiker hätten machen können, den Deutschland in den turbulenten Jahren zwischen den Kriegen gebraucht hätte. Seine Erfahrungen über der Westfront im Ersten Weltkrieg hatten seine menschlichen Regungen verhärtet, aber damals hatten seine Kameraden ebenso wie seine Gegner seine Tapferkeit, Ritterlichkeit und seine Führereigenschaften anerkannt. Er war energisch, tatkräftig und ein hervorragender Organisator. Vor allem besaß er eine leidenschaftliche Vaterlandsliebe und war entschlossen, Deutschland nach den schmerzlichen Demütigungen der Niederlage zu einem neuen Aufstieg zu verhelfen. Zweifellos hat sein glühender Idealismus ihn veranlaßt, sich Anfang der zwanziger Jahre Hitler anzuschließen.

Die Geschichte wird in ihm sicherlich einen Mann mit ungewöhnlichen Gaben und beachtlichen Leistungen sehen.

Künftige Historiker werden zugeben müssen, daß er vor dem Internationalen Militärtribunal in Nürnberg in aussichtsloser Lage seine Gegner herausgefordert und sie geschlagen hat. Sein letzter Sieg bestand darin, daß es ihm gelang, sich dem Tod durch den Strang zu entziehen.

Doch trotz aller Furchtlosigkeit und Todesverachtung litt Hermann Göring unter einer Charakterschwäche, die es jedem Historiker unmöglich macht, ihn als großen Mann zu bezeichnen. Es war nicht die Schwäche der Eitelkeit, an der schließlich viele große Männer gelitten haben. Es war nicht sein rücksichtsloser Ehrgeiz, denn durch Ehrgeiz ist es manchem bedeutenden Mann gelungen, sein höchstes Ziel zu erreichen. Es war nicht sein

Hang, sich auffallend zu kleiden, der seine Zeitgenossen gegen ihn aufbrachte, heute jedoch auf der Carnaby Street oder dem Sunset Boulevard gar nicht auffallen würde. Ja, es war nicht einmal seine Fähigkeit, wie Nero die Laute zu schlagen, während Rom brannte, oder vielmehr mit seinen Juwelen zu spielen und den Anblick seiner Gemälde zu genießen, während Deutschland militärisch zusammenbrach – was hätte er noch ändern können?

Die Schwäche, an der Göring litt und für die die Geschichte ihn mit Sicherheit verantwortlich machen wird, war seine moralische Feigheit. Das war sein großes Verbrechen. Solange er mit Hitler verbunden war, hat es immer wieder Augenblicke gegeben, in denen er dem Nationalsozialismus eine andere Richtung geben und Deutschland vor dem Verderben hätte bewahren können, indem er versuchte, Hitler umzustimmen, um ihn, wenn das nicht mehr möglich war, zu stürzen.

Der Psychologe Douglas M. Kelley hat in Nürnberg einmal mit Göring ein Gespräch geführt, in dem der Reichsmarschall erzählte, wie er und Ernst Röhm gemeinsam die Armee der Braunhemden aufgebaut haben.

Kelley schreibt: »Man erkannte deutlich, daß Röhm und Göring mehr waren als Waffenbrüder; sie waren Freunde.«

Dann berichtete Göring, wie er und Röhm zu Rivalen um Hitlers Gunst wurden und er es schließlich dazu brachte, daß Röhm im Verlauf der Säuberungsaktionen erschossen wurde. Kelley unterbrach ihn und fragte, wie er es fertigbekommen habe, einen Freund erschießen zu lassen.

»Göring hörte auf zu sprechen und starrte mich verwundert an, als sei ich nicht ganz bei Sinnen«, schreibt Kelley. »Dann hob er seine schweren Schultern, wendete die Handflächen nach oben und sagte langsam mit einfachen, einsilbigen Worten: ›Aber er stand mir im Wege . . .‹«

Dann kam die Zeit, als auch Hitler ihm im Wege stand und sein Sturz nicht nur die Apotheose Hermann Görings, sondern die Wiederkehr normaler Verhältnisse in Deutschland zur Folge gehabt hätte. Aber es zeigte sich, daß der Mann, der sich weder vor Gefahren noch vor dem Tode fürchtete, vor Hitler Angst hatte. Anstatt sich auf einen letzten tödlichen Kampf gegen Hitler einzulassen und ihn um Deutschland und der Welt willen zu erledigen, drückte er sich um diese Entscheidung.

Daß Göring es nicht fertiggebracht hat, Hitler seinen Abscheu zu zeigen, sich ihm entgegenzustellen und ihn auszuschalten, bevor es zu spät war, wird die Geschichte ihm nie verzeihen.

Danksagung

Ich möchte an dieser Stelle die Persönlichkeiten nennen, denen ich zu besonderem Dank verpflichtet bin.

Vor allem muß ich Emmy Göring erwähnen. Als Korrespondent eines britischen Zeitungskonzerns habe ich sie 1939 in Karinhall kennengelernt. Nach 1945 besuchte ich sie ein paarmal, zuerst in Sackdilling in Franken, kurz nach ihrer Entlassung aus dem Gefängnis, dann in Nürnberg und später nach Abschluß ihres Entnazifizierungsverfahrens in Garmisch-Partenkirchen. Zum letztenmal traf ich sie 1973 kurz vor ihrem Tode in München. Verständlicherweise konnte sie der Person ihres Mannes gegenüber nicht unbefangen sein, doch hat sie alle meine Fragen freimütig beantwortet und nicht versucht, Görings Schwächen zu verharmlosen.

Mit dem Stiefsohn Görings, Thomas von Kantzow, der kurz vor dem Tode Emmy Görings in Stockholm gestorben ist, bin ich während der letzten Wochen seines Lebens sieben Tage zusammengewesen. Von Kantzow war ein kranker Mann, sowohl seelisch wie körperlich. Als ich ihn besuchte, war ihm viel daran gelegen, sich von der Angst zu befreien, die sein ganzes Leben überschattet hatte, vor allem im Hinblick auf seine Mutter und ihre Beziehungen zu Göring. Kurz bevor ich ihn ins Krankenhaus begleitete (er starb am 27. Mai 1973), beantwortete er meine Fragen über Göring gewissenhaft und genau und sah mit Hilfe einer Pflegerin seine Papiere und Fotografien durch, um alles herauszusuchen, was mir bei meinem Vorhaben hilfreich sein konnte. Thomas von Kantzow war einer der schwermütigsten Männer, die ich je kennengelernt habe; er war tief enttäuscht und empfand sein Leben als unerfüllt.

Zu aufrichtigem Dank bin ich auch folgenden Persönlichkeiten verpflichtet, die große Anstrengungen unternommen haben, um mich bei meiner Arbeit zu unterstützen:

Adolf Galland, seinerzeit einer der bedeutendsten deutschen Jagdflieger und noch heute Fachmann auf dem Gebiet der Luftfahrt, hat mir ausführlich über seine Begegnungen mit Hermann Göring während des Zweiten Weltkriegs berichtet.

Albert Speer gehörte zwar während Görings letzten Lebensmonaten nicht zu dessen Freundeskreis, hat sich jedoch in den Gesprächen mit mir um eine ausgewogene Beurteilung der Persönlichkeit Görings bemüht.

Erhard Milch entwarf vor seinem Tode eine kühle und überlegte Darstellung der Schwächen und Verfehlungen seines damaligen Vorgesetzten und gab mir wichtige Hinweise, wo ich mehr zu diesem Thema würde erfahren können.

Der Organisator der deutschen Nachtjagdverbände, General Josef Kammhuber, hat mir sowohl eine sehr lebendige Schilderung seines Lebens unmittelbar nach dem Ersten Weltkrieg in seiner Heimatstadt München als auch von seinen Begegnungen mit Göring gegeben.

Karl Bodenschatz, von 1916 bis 1945 ständiger Adjutant bei der deutschen Luftwaffe (gleich in welchem Rang) wurde 1918 zu einem Bewunderer Görings, hat allem zum Trotz nie aufgehört, ihn zu bewundern.

Mein guter Freund, General Paul Stehlin, heute geachtetes Mitglied der französischen Nationalversammlung, hat sich, als ich in Berlin als junger Korrespondent arbeitete, dort als Geheimagent betätigt. Er schilderte mir manche Einzelheiten aus dem Privatleben der Familie Göring.

Dr. Robert Kempner, Dr. Helmut Krausnick, Rolf Wartenberg, Howard Triest, Walter H. Rapp, Morton E. Rome, Owen Cunningham, Herr und Frau Harry Wiegand aus München, die Bewohner von Veldenstein und Mauterndorf (soweit sie sich an Göring und seinen Paten erinnern konnten), die Verwandten und Freunde des verstorbenen Professors Hans Thirring und Dr. Carl J. Burckhardt haben mir wertvolle Hinweise zu diesem Buch gegeben.

Schließlich gilt mein Dank meiner treuen Gefährtin, die mit kühlem Kopf und besonnenem Urteil meine Arbeit und Nachforschungen bei allen solchen Vorhaben gefördert hat.

Anmerkungen

Zur Einführung von Wolfgang Jacobmeyer:

1 The Sunday Times Magazine (1969); eigene Übersetzung.
2 Christian Frhr. v. Hammerstein, Mein Leben. Archiv d. Instituts f. Zeitgeschichte (IfZ): ED-84.
3 Erwin Weber, Hitler und seine Paladine. Câlw (o. Jahr – nach 1945).
4 G. M. Gilbert, The Psychology of Dictatorship. Based on an Examination of the leaders of Nazi Germany. New York 1950.
5 7th Army Interrogation Center: Final Interrogation Report: v. Blomberg (13. 9. 1945). IfZ: MA–1300.
6 Hans Kehrl, Krisenmanager im Dritten Reich. 6 Jahre Frieden – 6 Jahre Krieg. Erinnerungen. Düsseldorf 1973.
7 Anordnung v. 21. 11. 1942. IfZ: MA-378.
8 Dr.-Ing. Görnnert an Antragsteller (12. 9. 1942). IfZ: MA-144.
9 Fernschreiben an alle Wehrmachtsteile (24. 7. 1944). IfZ: Fd-44.
10 Z. B. am 23. 11. 1944. IfZ: MA-177/1.
11 Vgl. J. McGovern, Martin Bormann. London 1968.
12 Erlaß v. 16. 7. 1935. IfZ: MA-103/1.
13 Notiz über Besprechung (5. 3. 1944). IfZ: MA-41 – »Stalags« waren Kriegsgefangenenlager für Mannschaftsdienstgrade; sie unterstanden bis dahin der Wehrmacht, die dieses Monopol gegen die SS bislang hartnäckig verteidigt hatte.
14 Vgl. G. M. Gilbert, a. a. O.
15 Vgl. diese Überlegungen zur Person Hitlers bei H.-U. Weheler, zum Verhältnis von Geschichtswissenschaft und Psychoanalyse. In: Hist. Zeitschr. 208/3 (1969).
16 Meldungen aus dem Reich, Nr. 137 (31. 10. 1940).
17 a. a. O., Nr. 154 (16. 1. 1941).
18 a. a. O., Nr. 324 (8. 10. 1942).
19 a. a. O., Nr. 325 (12. 10. 1942) – eigene Hervorhebung.
20 a. a. O., Nr. 347 (8. 1. 1943) – eigene Hervorhebung.
21 a. a. O., Nr. 355 (1. 2. 1943).
22 Vgl. SD-Bericht zu Inlandsfragen v. 2. 8. 1943.
23 Vgl. den Vorgang im IfZ: MA-290.
24 Himmler hatte verfügt, Schöpke solle lediglich auf einer Schreibstube im KZ Dienst tun; auch sollten ihm nicht, wie bei regulären Häftlingen üblich, die Haare geschoren werden.
25 SD-Bericht zu Inlandsfragen v. 18. 11. 1943.
26 Vgl. H. Heiber, Joseph Goebbels. Berlin 1962.
27 H. Kehrl, Krisenmanager im Dritten Reich, S. 215.
28 v. Brauchitsch an Görnnert (26. 7. 1942). IfZ: MA-144/3.
29 Göring an Speer (27. 10. 1942). IfZ: MA-218.
30 Vgl. Speer an Göring (3. 11. 1942), a. a. O.
31 Göring an Speer (5. 11. 1942), a. a. O.
32 Bezeichnenderweise teilte Lammers (Reichskanzlei) Göring am 17. 8. 1941

mit, er müsse sich mit dem »Reichsminister für die Besetzten Ostgebiete Rosenberg in Sachfragen [selbst] einigen.« IfZ: MA-1042.

33 Vgl. die Wiedergabe der Rede im »Völkischen Beobachter« (8. 9. 1934).

34 Görings telefonische Aktivität, die sein eigener Abhördienst (Forschungsamt) protokollierte, ist gerafft dargestellt bei J. J. Heydecker/J. Leeb, Der Nürnberger Prozeß. Bilanz der Tausend Jahre. Köln–Berlin 1962 (6. Aufl.). Auch das sog. Forschungsamt des Luftfahrtministeriums ist ein Beleg für Görings Loslösung von amtlichen Zuständigkeiten: es hatte weder mit dem Luftfahrtministerium noch mit »Forschung« zu tun; vielmehr handelte es sich bei ihm um eine Nachrichtensammelstelle nach geheimdienstlichem Muster, die auf dem Höhepunkt 3000 Mitarbeiter hatte und der Dienstaufsicht des Preußischen Staatsministeriums unterstand.

35 Vgl. Peter W. Ludlow, Scandinavia Between the Great Powers. Attempts at Mediation in the First Year of the Second World War. In: Historik Tidskrift (1974).

36 U. v. Hassel, Vom anderen Deutschland. Frankfurt/M. 1964.

37 G. M. Gilbert, a. a. O., bezeugt auch spielerische antisemitische Sadismen aus Görings Schulzeit, die freilich einen unsicheren Anhalt für seine Einstellung im Dritten Reich geben.

38 Zitiert bei: J. J. Heydecker/J. Leeb, Der Nürnberger Prozeß.

39 a. a. O.

40 IMT [Nürnberger Dokumente], PS-710 (Bd. XXVI).

41 Abgedruckt bei: R. M. W. Kempnrr, Eichmann und Komplizen. Zürich 1961.

42 Besprechungsprotokoll/Geheime Reichssache.

43 Als Ausnahme vgl. die Notiz des Referenten Görnnert für Görings Vortrag beim Führer am 31. 8. 1942: »Betr.: den 42-jährigen Juden Robert Israel Schüller, in Haft angeklagt wegen Rassenschande. – Schüller war 1923 als politischer Flüchtling aus Österreich Gärtner beim Herrn Reichsmarschall und hat in dieser Zeit auch Kurierdienste geleistet. Er verschwand dann, nachdem er den Herrn Reichsmarschall belogen und betrogen hatte und wurde vom Herrn Reichsmarschall seit jener Zeit gesucht.« IfZ: MA-144/3.

44 Vgl. Hannah Arendt, Eichmann in Jerusalem. Ein Bericht von der Banalität des Bösen. München 1964.

45 Heeresadjutant bei Hitler 1938–1945. Aufzeichnungen des Majors Engel (Hrsg. u. komm. v. Hildegard v. Kotze) Stuttgart 1974.

46 Die Beauftragung Görings wurde am 18. 10. 1940 um eine weitere Periode verlängert. Die entsprechende Verfügung (Reichsgesetzblatt I, 1395) wurde nicht nur von Hitler und Lammers, sondern auch von Göring selbst (!) unterzeichnet.

47 Bericht SS-Hauptmann/Amtsgruppe D (russ. Leitstelle) v. 4. 2. 1945. IfZ: MA-322.

Zu Kapitel 1:

Das Material für dieses Kapitel über Hermann Görings Kindheit, die Eltern, die Familie und seine Erziehung kommt aus mehreren (zum Teil unveröffentlichten) Quellen. Ich hatte das Glück, über Heinrich Göring und Ritter von Epenstein mit dem verstorbenen General von Lettow-Vorbeck zu sprechen und noch vor seinem Tode in seinem Haus in Hamburg-Altona Abschriften aus seinen Aufzeichnungen machen zu dürfen (s. a. Paul von Lettow-Vorbeck: »Duel for Kilimanjaro«). Er hatte beide Männer gut gekannt und war zusammen mit ihnen in Südwestafrika gewesen. Damals traf er sie oft und hatte dienstlich mit ihnen zu tun. Mit Fanny Göring und ihrer Familie stand er sich gut, und als Lettow-Vorbeck 1920 wegen seiner Teilnahme am Kapp-Putsch inhaftiert wurde, besuchte auch Hermann

Göring ihn im Gefängnis. Wahrscheinlich ist es Göring gewesen, der Hitler den Vorschlag machte, den General zum Botschafter des Dritten Reichs in Großbritannien zu ernennen, ein Angebot, das Lettow-Vorbeck ablehnte.

In Wien habe ich in die Akten des verstorbenen Professors Hans Thirring Einblick genommen; und in Neuhaus und Mauterndorf, wo die Familie Göring einige Jahre gelebt hatte, sprach ich mit den älteren Bewohnern dieser Orte. Außerdem habe ich die Erinnerungen von Frau Olga Riegele, der älteren Lieblingsschwester Görings, verwendet, ebenso das, was Göring seiner Frau Emmy und seinem Stiefsohn Thomas von Kantzow über seine Kindheit erzählt hat. Auch auf Görings offizielle Biographie von Erich Gritzbach habe ich Bezug genommen, obwohl dieses Werk, das zwar in Zusammenarbeit mit Göring selbst geschrieben wurde, gewisse Tatsachen ausläßt und andere falsch darstellt.

Die Angaben über die Tätigkeit von Heinrich Göring und Epenstein in den Kolonien stammen von Lettow-Vorbeck und aus deutschen Quellen: »Das Kolonialreich«, Bd. I. Bibliographisches Institut Leipzig und Wien 1909; »Geschichte der deutschen Kolonialpolitik«; Berlin 1914; Schnee: »Deutsches Koloniallexikon« 1920.

1 Frau Graf, Görings Pflegemutter, war mit der Familie Göring befreundet. Ihre beiden Töchter Fanny und Erna starben Ende der sechziger Jahre.

2 Göring wandte sich gegen den Vorschlag, verheiratete Frauen als Fabrikarbeiterinnen zu verpflichten und ihre Kinder in Kindergärten unterzubringen.

3 Zu den Einzelheiten über Fanny Görings Verhältnis mit Epenstein hat Professor Thirring ausführlich berichtet. Allerdings war es auch Lettow-Vorbeck bekannt, und der Schweizer Historiker Carl J. Burckhardt hat dem Verfasser erzählt, er habe von Parteiführern als Hochkommissar in Danzig davon gehört.

4 Semi-Gotha: das 1912 in Weimar erschienene antisemitische »Weimarer historischgenealoge Taschenbuch des gesamten Adels jehudaeischen Ursprungs«. Verschiedene Beschlagnahmeversuche (Oberlandesgericht, Kgl. Amtsgericht München) wurden 1913 eingestellt.

5 Der Verfasser der offiziellen Biographie Görings, die 1938 in Deutschland erschien, Erich Gritzbach, schreibt, Hermann habe Ansbach verlassen, weil er dafür bestraft worden sei, daß er einen Streik wegen des schlechten Essens im Internat angezettelt habe. Seine Fahrkarte habe er mit dem Geld bezahlt, das er beim Verkauf seiner Geige erhalten habe. Diese Version stammt von seiner Lieblingsschwester Olga. (Erich Gritzbach: »Hermann Göring, Werk und Mensch«, München 1938.)

6 Über die Begegnung von Epenstein mit seiner späteren Frau Lilly hat Thomas von Kantzow dem Verfasser berichtet. Seine Version stammt von seiner Mutter, Karin Göring.

Zu Kapitel 2:

Die Angaben über den Beginn der militärischen Laufbahn Görings stammen aus Akten des deutschen Heeres und der Biographie von Gritzbach.

Über den Luftkrieg an der Westfront im Ersten Weltkrieg hat der Verfasser das, was in diesem und in den beiden folgenden Kapiteln gesagt wird, der Lektüre mehrerer Bücher zu verdanken. Die wichtigsten sind: Aaron Norman: »The Great Air War«, New York 1968; Oswald Boelcke: »An Aviator's Field Book«, New York 1917; Anthony G. H. Fokker und Bruce Gould: »Flying Dutchman«, New York 1931; Floyd Gibbons: »The Red Knight of Germany«, New York 1927; Hans Herlin »Udet: A Man's Life«, London 1960; Ernst Udet: »Ace of the Black Cross«, London 1935; H. J. Nowarra und Kimbrough S. Brown: »Richthofen und der fliegende Zirkus«, Harleyford 1959; Baron Manfred von Richthofen: »The Red Air Fighter«, London 1918; Karl Bodenschatz: »Jagd in Flanderns Himmel«, 5. Aufl. München 1941. Einzelheiten über Görings Tätigkeit im Heer zu Beginn des

Ersten Weltkriegs stammen aus Akten des deutschen Heeres. Siehe auch Erich Gritzbach: a. a. O.

1 Die hier dargestellten Tatsachen wurden dem Autor in Gesprächen mit General Karl Bodenschatz und Bruno Loerzer geschildert. Siehe auch Gritzbach: a. a. O.
2 Die durch den französischen Flieger Roland Garros eingeleitete revolutionäre Entwicklung wird sehr lebendig von Aaron Norman: a. a. O. dargestellt.
3 Norman: a. a. O.
4 Gritzbach: a. a. O.
5 Die Angaben stammen von der Familie Thirring, von Frau Olga Riegele und Thomas von Kantzow, der berichtet, seine Mutter habe erwähnt, daß Göring ihr ein Bild seiner Verlobten gezeigt habe.

Zu Kapitel 3:

Die Quellen, die für dieses Kapitel verwendet wurden, sind bereits in den Anmerkungen zum vorigen Kapitel erwähnt worden. Die Darstellung der allgemeinen Luftlage an der Westfront stützt sich auf Norman: a. a. O., und Nowarra und Brown: a. a. O. (hier ist Richthofens Tod geschildert) sowie auf Gespräche mit Karl Bodenschatz und Bruno Loerzer. Siehe auch Manfred Richthofen: a. a. O., und Erich Gritzbach: a. a. O.

Zu Kapitel 4:

Ebenso wie die beiden vorangegangenen Kapitel stützt sich auch dieses auf zahlreiche authentische Bücher über den Luftkrieg an der Westfront. Bei der detaillierten Darstellung der Kämpfe des Richthofen-Geschwaders nach der Übernahme durch Hermann Göring habe ich Gritzbach und Bodenschatz a. a. O. sowie Gespräche mit Karl Bodenschatz verwendet. Außerdem habe ich entsprechende Akten im deutschen Militärarchiv eingesehen.

1 Heinrich Fraenkel/Roger Manvell: »Hermann Göring«, London 1962 (deutsch: Hannover 1964).
2 Karl Bodenschatz: a. a. O.
3 Richard M. Watt: »The Kings Depart«, London 1969.
4 Fraenkel/Manvell: a. a. O.
5 Gritzbach: a. a. O., zitiert in Fraenkel/Manvell.

Zu Kapitel 5:

Für die Schilderung der Atmosphäre in München nach Ende des Ersten Weltkriegs habe ich vor allem General Josef Kammhuber zu danken, der später Befehlshaber der Nachtjagdgeschwader der Luftwaffe unter Göring im Zweiten Weltkrieg wurde. Kammhuber, ein geborener Münchner, kehrte nach dem Waffenstillstand in seine Heimatstadt zurück. Als aktiver Offizier war er in der Kaserne in der Schwindstraße gegenüber seiner heutigen Wohnung stationiert. Dort hielt er sich während der Revolution in Bayern, zur Zeit der Kommune und des fehlgeschlagenen Hitlerputsches von 1923 auf. Er ist ein großer Musik- und Theaterliebhaber. Vom Leben in der bayerischen Hauptstadt in den schweren Jahren unmittelbar nach Beendigung der Feindseligkeiten konnte er mir ein sehr lebendiges Bild vermitteln. Ebenso habe ich dem gut belegten Bericht über diese Jahre »The Kings Depart« von Richard M. Watt viel zu verdanken. Hier findet sich die beste Beschreibung der chaotischen Verhältnisse in Deutschland nach Kriegsende, die ich kenne.

Görings Erfahrungen werden von Gritzbach beschrieben. Über Görings Beziehungen zu Captain Frank Beaumont hat Kammhuber mir berichtet, dem Göring selbst davon erzählt hat.

1 Fanny Gräfin von Wilamowitz-Moellendorff: »Carin Göring«, Berlin 1934.

2 a. a. O.

3 Die Darstellungen auf den folgenden Seiten stützen sich auf Gespräche mit Thomas von Kantzow und auf Briefe und Dokumente, die er dem Verfasser zur Verfügung gestellt hat.

Zu Kapitel 6:

Eine der besten Arbeiten über den fehlgeschlagenen Hitlerputsch in München ist Harold J. Gordon jr.: »Hitlerputsch 1923. Machtkampf in Bayern 1923 bis 1924«, Frankfurt a. M. 1971. Daneben habe ich mich eingehend mit den Forschungsergebnissen von Professor Werner Maser von der Universität München beschäftigt, dessen Dokumentation über Adolf Hitler heute unerreicht ist. Siehe auch Maser: »Adolf Hitler, Legende, Mythos, Wirklichkeit«, München 1971, und »Hitlers Briefe und Notizen«, Düsseldorf 1973.

1 Fraenkel/Mavell: a. a. O.: zitiert nach Gritzbach.

2 a. a. O.

3 Der vollständige Text befindet sich in National Archives, Washington D. C.

4 Die Zahlenangaben stammen aus Unterlagen des Bayerischen Hauptstaatsarchivs, München.

5 Gordon jr.: a. a. O.

6 Den Brief hat der Verfasser bei Thomas von Kantzow eingesehen.

7 Eine Beschreibung des Hauses gibt Fanny von Wilamowitz-Moellendorff a. a. O.

8 a. a. O.

9 Gordon jr.: a. a. O.

10 Aus Unterlagen des Bayerischen Hauptstaatsarchivs, München.

11 Wilamowitz-Moellendorff: a. a. O.

12 Siehe Karl Alexander von Müller: »Im Wandel einer Zeit«, München 1938.

13 Zitiert in Arthur Müller: »Die Deutschen«. München 1972.

14 a. a. O.

15 Der Marsch zur Feldherrnhalle und die folgenden Ereignisse werden beschrieben in Gritzbach: a. a. O., Maser: a. a. O. und Gordon jr.: a. a. O.

16 Göring hat sich später an die Hilfe erinnert, die die Ballins ihm gewährten, und versucht, sich dafür erkenntlich zu zeigen.

Zu Kapitel 7:

Die Angaben in diesem Kapitel sind fast ausschließlich Briefen von Karin Göring an ihre Eltern und Geschwister entnommen. Thomas von Kantzow hat dem Verfasser erlaubt, sie zu zitieren.

1 Wilamowitz-Moellendorff: a. a. O.

2 a. a. O.

3 a. a. O.

4 Nach Angaben von F. Wilamowitz-Moellendorff hat Karin Göring Hitler mehrmals in Landsberg besucht: a. a. O.

Zu Kapitel 8:

Der Bericht über die Morphiumsucht Hermann Görings, die Entziehungskuren in Stockholm und seinen Aufenthalt in der Anstalt Langbro stützt sich auf Gespräche mit Thomas von Kantzow und auf in seinem Besitz befindliche Akten. Der Verfasser hat mit ihm ausführlich über die damalige Situation in der Göringschen

Wohnung und seine Beziehungen zu Göring und zu seiner Mutter, Karin Göring, gesprochen.

1 Wilamowitz-Moellendorff: a. a. O.

2 a. a. O.

3 Der schriftliche Untersuchungsbefund liegt in Stockholm nicht mehr vor. Wahrscheinlich ist er Göring 1934 bei einem Besuch in Schweden ausgehändigt worden. Aber andere Unterlagen schildern die Vorgänge genau.

4 W. Wheeler-Bennett: »Wooden Titan«, London 1936, Neuaufl. 1963.

Zu Kapitel 9:

Es gibt ausgezeichnete Darstellungen des Lebens in Berlin Ende der zwanziger und Anfang der dreißiger Jahre, kurz vor der Machtübernahme durch die Nationalsozialisten. Vor allem die Romane »Goodbye to Berlin« und »Mr. Morris Changes Trains« von Christopher Isherwood fangen die Atmosphäre ein. Auch die »Tagebücher 1918–1937« von Harry Graf Kessler (Frankfurt a. M. 1961) vermitteln ein lebendiges Bild des politischen, künstlerischen und gesellschaftlichen Lebens dieser Epoche.

1 Wilamowitz-Moellendorff: a. a. O.

2 a. a. O.

3 a. a. O.

4 a. a. O.

5 a. a. O.

Zu Kapitel 10:

Die Darstellung des Schicksals von Göring und der nationalsozialistischen Partei stützt sich auf zahlreiche Quellen einschließlich von Dokumenten aus dem Bundesarchiv Koblenz, aus dem Institut für Zeitgeschichte, München, auf die Aussagen vor dem IMT in Nürnberg u. a. siehe auch William Shirer: »The Rise and Fall of the Third Reich«, New York 1960 und Kurt G. W. Ludecke, »I Knew Hitler«, London 1938.

1 Kessler: a. a. O.

2 a. a. O.

3 Wilamowitz-Moellendorff: a. a. O.

4 a. a. O.

5 Geli Raubal erschoß sich in München, aber ihre Leiche wurde nach Österreich überführt. Heinrich Himmler und Ernst Röhm nahmen als Vertreter Hitlers an der Beerdigung teil.

6 Wilamowitz-Moellendorff: a. a. O.

7 Thomas von Kantzow gab dem Verfasser diesen Bericht über die letzten Stunden Karin Görings.

8 Es gibt zahlreiche Berichte über die Begegnung mit Hindenburg, hier wird Bezug genommen auf Wheeler-Bennett: a. a. O.

9 Die Berichte über den Wahlkampf und die dort angegebenen Zahlen werden in Shirer: a. a. O. zitiert.

10 Das Zitat stammt aus Wheeler-Bennet: a. a. O. Görings Bemerkung wurde später von Otto Meißner an Franz von Papen weitergegeben und von ihm in seinen Erinnerungen verwendet.

11 Das Gespräch zwischen Goebbels und Planck wird im Tagebuch von Joseph Goebbels zitiert.

12 Aus einem Brief Otto Meißners an Hitler nach der Unterredung, zitiert bei Joachim C. Fest: »Hitler«. Frankfurt a. M. 1973.

13 Otto Meißner vor dem IMT in Nürnberg.

Zu Kapitel 11:

Der Verfasser hat Emmy Göring 1939 als Korrespondent in Berlin und Karinhall kennengelernt. Nach dem Krieg begegnete er ihr zum erstenmal wieder während der Verhandlungen gegen die Hauptkriegsverbrecher vor dem IMT – durch Vermittlung von Hermann Görings Anwalt Dr. Otto Stahmer – und führte mit ihr 1948 während ihres Entnazifizierungsverfahrens in Garmisch und danach ausführliche Gespräche über ihr Leben an der Seite Görings. Als der Autor 1954 wieder mit ihr zusammentraf, sprach sie ganz freimütig mit ihm. 1963 ließ sie ihn wissen, daß alte und neue Nazis sie unter Druck setzten und von ihr verlangten, über ihr Leben im nationalsozialistischen Deutschland Schweigen zu bewahren (auch Görings Freund General Bodenschatz wurde unter Druck gesetzt, indem man seine Frau bedrohte; ebenso Görings Diener Robert Kropp, der damals in einem amerikanischen Ferienzentrum in Berchtesgaden arbeitete). Der Verfasser ist 1973 zum letztenmal mit Emmy Göring zusammengetroffen, als sie mit einigen Freunden, aber keinen ehemaligen Nationalsozialisten im Hotel Vier-Jahreszeiten in München ihren achtzigsten Geburtstag gefeiert hatte. Karin Görings Sohn, Thomas von Kantzow, für den Emmy eine zweite Mutter geworden war, kam zu dieser Gelegenheit aus Stockholm nach Deutschland, obwohl er an einer schweren Lungenerkrankung litt. Emmy Göring war guter Stimmung, aber in schlechtem Gesundheitszustand und mußte wenig später in eine Klinik eingewiesen werden, wo sie starb. 1967 schrieb sie einen Bericht über ihr Leben mit Hermann Göring »An der Seite meines Mannes«. Es ist ein naives, unpolitisches Buch mit – wie der verstorbene Sam Goldwyn gesagt hätte – vielen Lücken. Thomas von Kantzow glaubt, mehrere Abschnitte daraus seien auf das dringende Ersuchen alter Nationalsozialisten herausgenommen worden.

1 Emmy Göring: »An der Seite meines Mannes. Begebenheiten und Bekenntnisse«, Göttingen 1967.
2 a. a. O.
3 a. a. O.
4 Zitiert nach Fraenkel/Manvell: a. a. O.
5 Werner Bross: »Gespräche mit Hermann Göring während des Nürnberger Prozesses«, Flensburg und Hamburg 1950.
6 Franz von Papen: »Der Wahrheit eine Gasse«, München 1952.
7 a. a. O.
8 Zitiert in Emmy Göring: a. a. O.
9 Emmy Göring: a. a. O.
10 a. a. O.
11 Zitiert in Emmy Göring: a. a. O.
12 »Hermann Göring, Reden und Aufsätze«, hrsg. von Erich Gritzbach, München 1939.
13 Emmy Göring: a. a. O.
14 Diese Begegnungen Görings mit Dr. Kempner, dem späteren Vernehmungsrichter und Ankläger beim IMT Nürnberg, hat Dr. Kempner selbst geschildert.
15 Zitiert aus Hermann Göring: »Aufbruch einer Nation« in Charles Bewley: »Hermann Göring«, Göttingen 1956.
16 Aus der Beweisaufnahme vor dem IMT.
17 Amtliche Meldung des Preußischen Pressedienstes, zitiert in Joachim C. Fest: a. a. O.

Zu Kapitel 12:

Ich bin dem Institut für Zeitgeschichte für die Unterstützung mit Quellenmaterial über den Reichstagsbrand zu Dank verpflichtet, ebenso auch Görings ehemaligem Diener Robert Kropp. Wie erwähnt, ist Kropp, der als Rentner in Königsee bei Berchtesgaden lebt, in letzter Zeit unter Druck gesetzt worden, nichts über das Leben mit Göring zu erzählen. Bei früheren Gesprächen mit dem Verfasser hat er sich freimütiger geäußert.

1 Kessler: a. a. O.
2 Göring vor dem IMT
3 a. a. O.
4 a. a. O.
5 Emmy Göring: a. a. O.
6 Bross: a. a. O.
7 Zitiert in Fraenkel/Manvell: a. a. O.
8 a. a. O.
9 Nach Willi Frischauer: »Göring«, London 1951.
10 Nach David Irving: »Die Tragödie der deutschen Luftwaffe«, Frankfurt 1970, und Nachlaß Erhard Milch im deutschen Militärarchiv, Freiburg. David Irving behauptet, Milch sei tatsächlich außerehelich geboren und seine Geburtsurkunde mit dem Nachweis der arischen Abstammung sei keine Fälschung. Das widerspricht der Auffassung aller nicht-nationalsozialistischen Historiker. Emmy Göring berichtet zudem, ihr Mann habe nie daran gezweifelt, daß Milch Halbjude war.
11 Zitiert in Gritzbach: »Hermann Göring, Mensch und Werk«, München 1938.
12 nach Gritzbach: a. a. O.

Zu Kapitel 13:

1 Emmy Göring: a. a. O.
2 Über Görings Gesundheitszustand und seine Eßgewohnheiten haben Emmy Göring und Robert Kropp berichtet.
3 Über den Rückflug von Rom berichtet Milch in Irving: a. a. O. Gritzbach: a. a. O. bringt eine andere Version der Geschichte. Danach hat Göring den Piloten während des Unwetters selbst abgelöst und die Maschine sicher nach Hause geflogen.
4 Das bezog sich auf in Berlin kursierende Gerüchte, van der Lubbe habe sich in Henningsdorf mit zwei Nazis getroffen, vor denen er sich damit gebrüstet habe, den Reichstag in Brand stecken zu wollen. Sie hätten ihn angeblich mitgenommen.
5 Der Bericht über den Prozeß stammt von Augenzeugen und aus der Tagespresse.
6 Dimitroff wurde 1946 Ministerpräsident von Bulgarien, fiel jedoch einer stalinistischen Säuberungsaktion zum Opfer.
7 Der vollständige Text des Briefes an Röhm findet sich in der Parteizeitung »Völkischer Beobachter« vom 2. Januar 1934.

Zu Kapitel 14:

1 Das Gesetz enthielt auch ein Verbot der Vivisektion.
2 Die Beschreibung von Karinhall stützt sich auf persönliche Eindrücke des Verfassers und Augenzeugenberichte sowie auf Gritzbach: a. a. O.
3 Abgedruckt in »Documents on British Foreign Policy 1919–1939«, Bd. VI, S. 749–751.
4 Einen skandinavischen Jagdspeer, ein Geschenk des Grafen Rosen. Göring

suchte einen Platz, an dem er ihn aufhängen konnte, denn Rosen wurde am nächsten Tag erwartet.

5 Albert Speer: »Erinnerungen«, Frankfurt a. M. 1969
6 a. a. O.
7 a. a. O.
8 Der Abhördienst von Hermann Göring wird behandelt in »Breach of Security«, Hrsg. David Irving, London 1968, und Burton Whaley: »Codeword Barbarossa«, Cambridge, Massachusetts 1973. Das letztere Werk beschäftigt sich allerdings in der Hauptsache mit den Ereignissen, die zum Kriege Deutschlands gegen Rußland führten. Die zitierten Dokumente befinden sich im Archiv des Auswärtigen Amts in Bonn. Das Institut für Zeitgeschichte, München, hat eine ausgezeichnete Darstellung der Tätigkeiten Görings auf diesem Gebiet herausgebracht: Martin Broszat, »Forschungsamt«.
9 a. a. O.
10 Für die Darstellung des Röhm-Putsches sind eine Reihe verschiedener Quellen benutzt worden, darunter Dokumente des Instituts für Zeitgeschichte, München; der Forschungsstelle zur Geschichte des Nationalsozialismus, Hamburg; Vernehmungsprotokolle des IMT, Nürnberg, »Sitzungsprotokolle«, Baden-Baden 1947–1949; die Verfahren gegen Josef Dietrich und Michael Lippert in München, 6.–14. Mai 1967; Charles Bloch: »La Nuit des Longs Couteaux«, Collection Archives, Paris 1964; Max Gallo: »La Nuit des Longs Couteaux«, Paris 1970.
11 Speer: a. a. O.
12 a. a. O.
13 a. a. O.

Zu Kapitel 15:

1 Emmy Göring: a. a. O.
2 Eric Phipps: a. a. O.
3 Emmy Göring: a. a. O.
4 Eric Phipps: a. a. O.
5 Adolf Galland: »Die Ersten und die Letzten«, Darmstadt 1953.
Die Darstellung der Auffassung von Schacht stützt sich auf die englische Ausgabe »Account Settled«, London 1948.
6 Die Entwicklung des Stuka durch Udet wird in Dokumenten dargestellt, die sich im Militärarchiv in Freiburg befinden. Siehe auch Irving: a. a. O.
7 Der Bericht stützt sich auf Gespräche mit General Paul Stehlin.
Siehe auch »Témoignage pour l'Histoire«, Paris 1964.
8 Diese Tradition geht auf die Olympischen Spiele von 1908 zurück, als der amerikanische Fahnenträger in London an Eduard VII., der dort auf der Ehrentribüne stand, vorbeikam, die Fahne aufrecht hielt und sagte: »Diese Fahne senkt sich vor keinem irdischen König.«

Zu Kapitel 16:

1 Görings Verhalten beim Zahnarzt Professor Hugo Blaschke wird in den Vernehmungsprotokollen des IMT von 1945 geschildert.
2 Einige Historiker haben behauptet, Göring sei trotzdem nach London geflogen, aber Ribbentrop habe ihn bewogen, sich nicht zu zeigen. Er sei nur eine Nacht geblieben und wieder nach Deutschland zurückgekehrt. Nur das Foreign Office und eine Sonderabteilung von Scotland Yard hätten gewußt, daß er in Großbritannien sei. Ich habe sorgfältige Nachforschungen angestellt und keine Be-

weise für diese Geschichte gefunden. Göring selbst hat sie kategorisch bestritten.

3 Das Material über die Skandale um Blomberg und Fritsch stammt aus Vernehmungen Görings durch Dr. Robert Kempner vor dem IMT, aus dem Tagebuch des Generals Jodl im Militärarchiv Freiburg und aus Telford Taylor; »The Sword and the Swastika«, New York 1952.

4 Göring vor dem IMT

5 Zitiert in »Hermann Göring, Reden und Aufsätze«: a. a. O. Diese Rede erschien in der Tagespresse, der fehlende Satz wurde nach Washington telegrafiert und ist im vollständigen Text der Rede enthalten, der in den National Archives in Washington liegt.

Zu Kapitel 17:

1 Über die Geburt ihrer Tochter berichtet Emmy Göring: a. a. O.

2 Über seine Bekanntschaft mit Olga Riegele berichtete Paul Stehlin dem Verfasser.

3 Göring wird aus den Gesprächen im Nürnberger Gefängnis mit Captain G. M. Gilbert, dem Gefängnispsychologen, zitiert. Siehe »Nuremberg Diary«, London 1948.

4 Zitiert in Stehlin: a. a. O.

5 Stehlin: a. a. O.

6 Aus Gesprächen des Verfassers mit Thomas von Kantzow.

7 Siehe auch Fritz Thyssen: »I Paid Hitler«, London 1941.

Zu Kapitel 18:

1 Dieses Kapitel aus dem stürmischen Liebesleben von Dr. Joseph Goebbels wird von Emmy Göring erzählt. Siehe auch Albert Speer, a. a. O.

2 Die Darstellung der Rolle von Birger Dahlerus als Mittelsmann von Göring stützt sich auf Gespräche mit Thomas von Kantzow und die Aussagen von Dahlerus vor dem IMT, wo er als Zeuge der Verteidigung im Verfahren gegen Göring auftrat. Siehe auch Birger Dahlerus: »The Last Attempt«, London 1948.

3 Vgl. »Documents on British Foreign Policy, London 1947, Bd. VII.

4 Siehe Thyssen: a. a. O.

5 Die weitere Tätigkeit von Dahlerus wird dargestellt in Akten des deutschen Auswärtigen Amts in Koblenz. Vgl. auch »The Diaries of Sir Alexander Cadogan«, Hrsg. David Dilkes, London 1971.

6 Chamberlains Briefe an seine Schwester sind aus Iain Macleod: »Neville Chamberlain«, London 1961, entnommen.

7 Der Besuch von Sumner Welles wird beschrieben in Akten des deutschen Auswärtigen Amts in Koblenz. Vgl. auch Welles: »The Time for Decision«, New York 1944 und Paul Schmidt: »Hitler's Interpreter«, London 1951.

8 Emmy Göring: a. a. O.

Zu Kapitel 19:

1 Siehe Irving: a. a. O.

2 Vernehmungsprotokolle des IMT.

3 General Blumentritt wird aus Akten des deutschen Heeres im Militärarchiv, Freiburg, zitiert.

4 Thomas von Kantzow hat dem Verfasser den Brief Görings gezeigt.

5 Die Auszüge aus der Hitlerrede sind der Tagespresse entnommen. (Reichstagsrede in der Kroll-Oper v. 19. 7. 40)

6 Shirer, a. a. O.

7 Thomas von Kantzow hat das Fest beschrieben.

8 Der italienische Fliegergeneral Douhet glaubte, man könne einen Gegner allein mit Luftstreitkräften besiegen, und faßte seine Theorie mit den Worten zusammen: »Die Bodentruppen bleiben in der Defensive, um die Luftstreitkräfte massiv und geschlossen einsetzen zu können.«

9 Galland, a. a. O.

10 Vernehmungsprotokolle des IMT.

11 Vernehmung Görings vor dem IMT.

12 Die Produktionsziffern sind Irving: a. a. O. entnommen.

13 Vernehmungsprotokoll Görings vor dem IMT.

14 Siehe Galland: a. a. O.

Zu Kapitel 20:

Über die von den Nationalsozialisten im Zweiten Weltkrieg geplünderten Kunstschätze gibt es eine Reihe von Berichten und Büchern. Die wichtigsten sind: Rose Valland: »Le Front de l'Art«, Paris 1961 und Thomas C. Howe: »Salt Mines and Castles«, New York 1946; Bericht der Dokumentationsabteilung des War Institute, Defense Department, Holland, hat die Beschlagnahmen und »Ankäufe«, der sich in einem Abschnitt mit den Erwerbungen Görings beschäftigt; Bericht des U.S. Office of Strategic Services (OSS) über den Kunstraub, der sich heute in den National Archives in Washington befindet.

Ein Teil der Sammlungen Hermann Görings ist in den letzten Kriegstagen verlorengegangen, weil ein paar von den Lastwagen, die sie von Karinhall nach Berchtesgaden bringen sollten, in Berlin verlorengingen oder beschlagnahmt wurden. Wenigstens ein Gemälde, eine »Venus« von Boucher, ist vor einiger Zeit in London aufgetaucht, nachdem es von Schweden zu einer Versteigerung dorthin geschickt worden war.

1 Die Pläne für das Hermann-Göring-Museum befinden sich im Bundesarchiv Koblenz.

2 Über das Bild von Robert Kropp berichten Roger Manvell und Heinrich Fraenkel a. a. O.

3 Das Zitat Görings stammt aus dem Vernehmungsprotokoll in Augsburg.

4 Der Bericht über die Kunstschätze wurde von amerikanischen Vernehmungsoffizieren in Augsburg geschrieben, nachdem sie Göring und andere nationalsozialistische Funktionäre verhört hatten, die in Gefangenschaft geraten waren.

5 Göring schätzte besonders die Akte des älteren und jüngeren Cranach. Die Stadt Köln schenkte Edda Göring zu einem ihrer Geburtstage einen Lukas Cranach und versuchte, das Bild nach dem Krieg durch ein gerichtliches Verfahren zurückzubekommen. Edda Göring focht den Anspruch der Stadt Köln an und durfte das Gemälde behalten, weil es ein Geschenk an sie und nicht an ihren als Kriegsverbrecher verurteilten Vater war.

6 Speer: a. a. O.

Zu Kapitel 21:

1 Über seinen sogenannten Mittelmeerplan hat Göring bei seinen Vernehmungen in Augsburg und vor dem IMT in Nürnberg ausgesagt.

2 Über seine Begegnung mit Hitler, bei der dieser ihm seine Absicht mitteilte, die Sowjetunion anzugreifen, sprach er bei seiner Vernehmung in Augsburg.

3 Siehe Galland: a. a. O.

4 Die Besprechung zwischen Kammhuber und Göring wurde dem Verfasser von General Kammhuber geschildert.

5 Über Görings Antipathie gegen Bormann haben Bodenschatz und Emmy Göring dem Verfasser berichtet.

6 Von Hitlers Ausspruch berichtete Bodenschatz.

7 Bodenschatz erzählte von Hitlers Plan und Görings Reaktion darauf. Siehe auch Irving: a. a. O.

8 Der vollständige Text der Denkschrift befindet sich in der IMT-Dokumentensammlung PS 2718, 1743 ung U.S.S.R. 10.

9 Das Gespräch Görings mit Hitler wurde bei Görings Vernehmung in Augsburg erwähnt.

Zu Kapitel 22:

1 Speer: a. a. O.

2 Das Gespräch zwischen Milch und Göring erscheint im Nachlaß Milch.

3 Udets Äußerung gegenüber Heinkel wird zitiert in Irving a. a. O.

4 Galland: a. a. O.

5 Udets letzte Stunden werden im Nachlaß Milch beschrieben, ebenso in der Vernehmung von Paul Körner zur Vorbereitung des Verfahrens gegen Göring vor dem IMT und in Irving a. a. O.

5 Milch in seinem Tagebuch, jetzt im Nachlaß Milch.

7 Über seine Beziehungen zu Göring hat sich General Adolf Galland in einer Reihe von Gesprächen mit dem Verfasser in Deutschland, Spanien und Großbritannien geäußert. Siehe auch Galland: a. a. O.

8 Die Ermächtigungsverfügung und die sich darauf beziehenden Umstände sind den IMT-Dokumenten PS 1666 und 1183 entnommen.

9 Über die Vernichtungskommandos im Osten und Görings Beziehungen zu ihnen siehe Helmut Krausnick, Hans Buchheim, Martin Broszat und Hans-Adolf Jacobsen: »Anatomie des SS-Staates«, Olten 1965, »Anatomy of the SS State«, London 1968.

10 Die Beschreibung der Szene im Führerhauptquartier von Bodenschatz findet sich in Willi Frischauer: a. a. O.

11 Aus einem Gespräch des Verfassers mit Thomas von Kantzow.

12 Über die Begebenheiten mit Rommel siehe »Rommel Papers«, London 1953 und Desmond Young: »Rommel«, London 1950.

13 Fred Majdalany: »The Fall of Fortress Europe«, London 1968.

14 Die Literatur über Stalingrad ist zu reichhaltig, als daß man hier alle wichtigen Publikationen zitieren könnte. Milch behandelt seine Rolle im Nachlaß Milch (und färbt sie natürlich zu seinen Gunsten). Göring wird aus seinen Vernehmungen von Paul Kubala und Captain Rolf Wartenberg vom amerikanischen militärischen Nachrichtendienst zitiert.

15 Die Gespräche zwischen Milch und Hitler finden sich in Irving: a. a. O.

Zu Kapitel 23:

1 Die Zusammenkunft von Göring, Speer und Goebbels wird beschrieben in Speer: a. a. O. Die Zitate von Goebbels finden sich im Tagebuch des Propagandaministers. Siehe Louis Lochner Hrsg.: »The Goebbels Diaries«, London 1948.

2 Über den Ausspruch Hitlers berichtet Bodenschatz.

3 Zu den Zitaten von Goebbels siehe Lochner: a. a. O.

4 Über die Geschichte von Rose Korwan berichtete Emmy Göring bei ihrem Ver-

fahren vor dem Entnazifizierungsausschuß in Garmisch-Partenkirchen, bei dem sie freigesprochen wurde. Hier sagten mehrere Flüchtlinge zu ihren Gunsten aus.

5 Jeschonnek hatte sich aus Verzweiflung über den Verlauf des Krieges erschossen.

6 Die Zitate der Seiten 291–293 sind Galland: a. a. O. entnommen. Adolf Galland hat dem Verfasser die damals im Führerbunker herrschende Stimmung geschildert.

7 Diese Äußerung hat Speer gegenüber dem Verfasser getan.

8 Görings Ausspruch über Milch findet sich im Nachlaß Milch.

9 Über seine Eindrücke von Göring berichtete Speer dem Verfasser.

10 An das Fest in Karinhall erinnerte sich Emmy Göring.

Zu Kapitel 24:

1 Speer: a. a. O.

2 Über das Essen mit Göring in Karinhall berichtete Speer dem Verfasser.

3 Über die letzten Stunden in Karinhall berichteten Göring und Berndt von Brauchitsch dem Captain Rolf Wartenberg im Vernehmungslager Augsburg. Die mit der Auffindung gestohlener französischer Kunstschätze beauftragte französische Kunstexpertin, Madame Rose Valland, war eine der ersten Personen, die aus dem Westen in das zerstörte Karinhall kamen. Sie behauptet, unter den Trümmern den Karin zugeschriebenen Schädel gesehen zu haben. Sie sprach ein Gebet und ließ den Schädel liegen. Es wird sich nicht mehr feststellen lassen, ob der Schädel noch heute unter den Trümmern liegt oder von einem der alten Jagdaufseher Görings gefunden und beigesetzt worden ist. Heute ist er jedenfalls nicht mehr dort.

4 Es gibt zahlreiche Bücher über Hitlers letzte Stunden im Berliner Bunker. Die Zitate stammen aus Speer: a. a. O.

5 Der Bericht über Görings Tätigkeit in den letzten Lebensstunden Hitlers stützt sich auf verschiedene Quellen, unter anderen auf Karl Koller: »Der letzte Monat«, Mannheim 1949, auf seine Vernehmungen in Augsburg und spätere Aussagen Görings. Die Zitate auf den Seiten 300–303 sind Speer: a. a. O. a. a. O., entnommen.

6 Diese Ereignisse wurden von Emmy Göring dem Verfasser geschildert. Siehe auch Emmy Göring: a. a. O. Das Zitat auf S. 304 ist Fraenkel/Manvell: a. a. O., entnommen.

7 Butler/Young: »Marshal without Glory«, London 1951.

8 Diese Ereignisse wurden dem Verfasser von Emmy Göring und Robert Kropp geschildert.

9 Emmy Göring: a. a. O.

10 Den Aufenthalt Görings in Augsburg schilderte Rolf Wartenberg dem Verfasser.

11 Der Bericht wurde von den Vernehmungsoffizieren in Augsburg verfaßt.

12 Die von Göring unterzeichnete Erklärung wurde im Vernehmungslager Augsburg verfaßt.

Zu Kapitel 25:

Für die Darstellung der Haftzeit Görings in Mondorf und in Nürnberg habe ich vielen Persönlichkeiten zu danken. Während der Verhandlungen des IMT in Nürnberg hatte ich Gelegenheit zu ausführlichen Gesprächen mit dem Psychiater Dr. Douglas M. Kelley und dem Psychologen G. M. Gilbert. Von beiden wurden umfangreiche Aufzeichnungen über ihre Erfahrungen und Gespräche mit den ihnen anvertrauten Kriegsverbrechern angefertigt, deren vollständige Abschriften in den National Archives in Washington liegen. Sie sind zum Teil noch nicht für die Veröffentlichung freigegeben. Sowohl Dr. Kelley als auch Dr. Gilbert haben jedoch die Erlaubnis erhalten, ihre Berichte auszugsweise zu veröffentlichen: Douglas M. Kelley: »22 Cells, in Nuremberg«, New York 1947 und G. M. Gilbert: »Nuremberg, Diary«, New York 1947.

Außerdem habe ich mit einer Reihe ehemaliger amerikanischer Soldaten und Zivilisten gesprochen, die entweder in den Vernehmungslagern, in denen Göring festgehalten wurde, oder im Nürnberger Gefängnis Dienst getan haben: Rolf Wartenberg, heute amerikanischer Staatsbürger, arbeitete im Zweiten Weltkrieg als Vernehmungsoffizier der amerikanischen Armee in Deutschland. Er begrüßte Hermann Göring bei dessen Ankunft im Vernehmungslager bei Augsburg und ist anschließend in Nürnberg häufig mit ihm zusammengetroffen, wo Dr. Wartenberg als Zivilist bei der Anklagebehörde des IMT eingesetzt war.

Howard Triest, amerikanischer Dolmetscher in Nürnberg und Zeuge der meisten Vernehmungen der Hauptkriegsverbrecher; Dr. Robert Kempner, heute international bekannter Anwalt; Walter H. Rapp und Morton E. Rome, der heute als Anwalt in Baltimore, Maryland lebt.

Zu Kapitel 26:

1 Montgomery Hyde: »Lord Birkett«, London 1964.
2 Die Quellen für die Vorgänge im Nürnberger Gefängnis während des Verfahrens sind schon oben genannt. Die Einzelheiten des Verfahrens sind den offiziellen Protokollen entnommen. Dazu kommen die Beobachtungen, die der Verfasser an Ort und Stelle gemacht hat.
3 Über die Besuche von Emmy Göring im Gefängnis siehe Emmy Göring: a. a. O.

Zu Kapitel 27:

Der genaue Bericht über die letzten Stunden von Hermann Göring und die Umstände, unter denen er Selbstmord beging, stützen sich auf den vollen Wortlaut des »Report of Board of Proceedings in Case of Hermann Göring (Suicide)« vom Oktober 1946 aus den National Archives in Washington, der jetzt für die Veröffentlichung freigegeben worden ist. Alle Aussagen von Oberst Burton C. Andrus und seinen Untergebenen sind diesem Bericht entnommen.

1 Emmy Göring: a. a. O.
2 Aus einem Gespräch Albert Speers mit dem Verfasser.
3 Die Schilderung der Hinrichtungen und der Beseitigung der Leichen stammt aus einem anonymen Bericht. Der Name des Berichterstatters wird noch offiziell geheimgehalten. Bei der Beschaffung von Einzelheiten über die Ereignisse nach dem Tod von Hermann Göring hat mir Mr. Owen Cunningham, der sich als Rechtsanwalt in Des Moines, Iowa, niedergelassen hat, sehr geholfen, und ich bin ihm dafür zu Dank verpflichtet.

Bildnachweis

(Die Zahlen verweisen auf die gegenüberliegenden Textseiten)

Bilderdienst Süddeutscher Verlag: 33 oben; 65 unten; 128 oben; 145 oben; 225 unten; 289; 305 oben – *Keystone:* 128 unten – *Staatsbibliothek Berlin:* 32 unten; 145 unten; 225 oben – *Ullstein Bilderdienst:* 32 oben; 33 unten; 48; 65 oben und Mitte; 129; 144 beide; 224; 240 beide; 241 beide; 288; 304 beide; 305 unten.

Register

Karin Göring und Emmy Göring-Sonnemann wurden wegen des häufigen Vorkommens nicht in das Register aufgenommen.